사료로 읽는
동아시아의 접경

전근대편

이 저서는 2017년 대한민국 교육부와 한국연구재단의 지원을 받아 수행된
연구임(NRF-2017S1A6A3A03079318)

접경인문학
자료총서
008

사료로 읽는
동아시아의 접경

전근대편

이근명·조복현·서각수 편역

學古房

    중앙대·한국외대 HK⁺ 접경인문학연구단은 2017년 한국연구재단의 인문한국지원사업(HK⁺)에 선정되어 1단계 사업을 3년에 걸쳐 수행한 후, 2020년부터 2단계 사업을 시작했습니다. 접경인문학에서 접경은 타국과 맞닿은 국경이나 변경만을 의미하지 않습니다. 같은 공간 안에서도 인종, 언어, 성, 종교, 이념, 계급 등 다양한 내부 요인에 의해 대립과 갈등이 발생하기 때문입니다. 연구단이 지향하는 접경인문학 연구는 경계선만이 아니라 이 모두를 아우르는 공간을 대상으로 진행됩니다. 다양한 요인들이 접촉 충돌하는 접경 공간(Contact Zone) 속에서 개인과 집단이 이를 어떻게 인식하고 변화시키려 했는지를 추적하고 분석하는 것이 접경인문학의 목표입니다.

    연구단은 2단계의 핵심 과제로 접경인문학 연구의 심화와 확장, 이론으로서의 접경인문학 정립, 융합 학문의 창출을 선택하였습니다. 1단계 연구에서 우리는 다양한 접경을 발견하고 그곳의 역사와 문화를 '조우와 충돌', '잡거와 혼종', '융합과 공존'의 관점에서 규명하였습니다. 이 성과를 바탕으로 삼아 2단계에서는 접경인문학을 화해와 공존을 위한 학술적이면서 동시에 실천적인 방법론으로 제시하고자 합니다. 연구단은 이 성과물들을 연구 총서와 번역 총서, 이론총서 및 자료 총서로 간행하여 학계에 참고 자원으로 제공하고 문고 총서의 발간으로 사회적 확산에 이바지하고자 합니다.

유례없는 팬데믹을 맞아 세상은 잠시 멈춘 듯합니다. 이 멈춤의 시간 속에서도 각종 국가주의와 민족주의가 횡행하며, 국가와 민족 사이의 충돌은 더욱더 첨예해지고 있습니다. 접경은 국가주의의 허구성, 국가나 민족 단위의 제한성, 그리고 이분법적 사고의 한계성을 여실히 드러내는 대안적인 공간이자 역동적인 분석의 틀이라 생각합니다. 우리 연구단은 유라시아의 접경에서 일어나는 다양한 조우들이 연대와 화해의 역사 문화를 성취하는 여정에 대해 끝까지 기록하고 기억할 수 있기를 희망합니다.

중앙대·한국외대 HK⁺ 접경인문학연구단 단장 손준식

인류의 역사를 살펴보면 고래로 이질적인 집단이나 문화가 어우러지며 다양한 사회 현상을 배태하였다. 서로 다른 요소가 접촉하게 되면 가끔 평화적인 교류를 통해 상호 간의 발전이 초래되기도 한다. 하지만 대부분의 경우 상이한 요소의 조우는 대립과 갈등으로 발전하는 것이 보통이었다. 때로는 그 경쟁이 파괴적인 충돌로 확대되기도 하였다. 오랜 시간을 두고 그러한 다각적인 절충의 과정을 거친 다음에야 비로소 상호 이해와 타협의 시각이 자리를 잡았다.

이질적 요소 사이의 접촉과 충돌로 말미암아 야기되는 다양한 굴곡, 사실 이것이야말로 인류의 역사와 문화를 구성하는 주요 장면의 하나라 하여 과언이 아닐 것이다. 일찍이 단재 신채호는 '역사란 아我와 비아非我의 투쟁'이라 단언하였다. 또 토인비는 '역사는 도전과 응전으로 점철되어 있다.'고 입론한 바 있다. 이러한 논단은 그 내포하는 바가 다소 다르기는 하지만 그와 같은 측면, 즉 인류 역사에서 점유하는 이질적 요소 간의 접촉 및 그로 인한 상호작용의 중요성을 잘 반영하는 것이라 하겠다.

동아시아 역시 선사 이래 근현대에 이르기까지 다양한 집단과 문화가 공존하는 공간이었다. 오늘날의 중국은 전근대 시기를 통해 존속하였던 다양한 민족과 문화가 융합된 산물이다. 그렇기에 그들 스스로 '통일적 다민족 국가'라 지칭하고 있다. 중국의 역사를 두고 중국 당국 및 관변 학자들은 통일적 다민족 국가의 형성과 발전, 확대의 과정이라 말하고 있다. 물론 이러한 관점 내지 인식에는 다분히 수많은 소수 민족을 포용해야 하는 정치적 필요성이 작용하고 있는 것이 사실이다. 하지만 그러한 입론을 펼칠 수 있을 만큼, 중국사의 전근대 시기에 다양한 민족과 문화 사이의 대립 내지 통합이 진행되었던 것 또한 부인할 수 없다. 특히 만리장성 이북의 북방민족과 남방의 농경민족 사이의 대립은 중국사의 기축을 형성한다고 말할 수 있을 정도이다.

한국이나 일본, 그리고 베트남 역시 그 역사 전시기를 통해 끊임없이 대외 세력에 의해 커다란 영향을 받았다. 이들 국가 모두 중국에서 연원한 정치적, 문화적 요소를 받아들여 국가 체제를 정비하고 또 문화적 발전을 이룰 수 있었다. 하지만 중국의 영향이 그처럼 긍정적인 측면으로만 작용한 것은 결코 아니다. 중국은 여타 동아시아 국가에게 정치적으로 군사적으로 커다란 압박과 부담을 주는 존재이기도 했다. 동아시아 국가들은 중국의 간섭과 견제 속에서 그 독자성을 확보하기 위해 부심해야만 하였다.

이 책은 동아시아의 역사에 대해 '접경'이라는 키워드를 통해 고찰하고자 하는 시각을 지니고 있다. 이질적인 집단과 문화 사이에 존재하는 경계, 즉 접경의 동태와 귀추를 살피고자 하는 것이다. 구체적으로는 동아시아 지역에 있었던 각 민족 사이의 교류와 전쟁, 외교적 접촉, 그리고 이질적 문화 요소의 도입과 전파 등을 사료를 통해 확인하고자 하였다.

다만 이 책에서는 동아시아의 여러 나라 가운데 중국과 일본의 역사만을 대상으로 하였다. 한국을 제외한 것은, 한국사가 우리의 자국사이기에 동아시아사의 일부가 아닌 독자적인 영역이라 판단하였기 때문이다. 베트남사의 경우는 우리 사회에서 그 관심 정도가 중국사나 일본사에 비해 상대적으로 작다는 점을 고려하여, 일단 이 책의 구성에서는 제외하기로 결정하였다.

이 책은 전근대의 사료 가운데 중국사 및 일본사의 '접경'과 관련된 사항을 추출하여 번역한 것이다. 이 책의 내용 가운데 중국편은 이근명과 조복현이, 그리고 일본편은 서각수가 담당하였다. 편역자 세 사람은 작업을 진행하면서 비교적 긴밀히 협의하였다. 수시로 회합하며 번역 대상의 추출로부터 번역 내용에 대한 검토에 이르기까지 밀도 있게 상호 점검하였다.

편역자들이 만나 이 책의 출간을 처음 기획한 것은 2021년 가을의 일이었다. 원고를 완성하기까지 그로부터 2년여의 시간이 지났다. 심하게 채근하지 않으며 참고 기다려 준 중앙대-한국외대 HK[+] 연구단에 감사드린다.

2024년 4월
편역자 일동

제**1**장

중국 전근대사 편

1. 중국 고대사

전국 시대 조趙 무령왕武靈王의 호복기사胡服騎射

무령왕 19년(기원전 307) 정월 신궁信宮에서 대규모 조회를 거행하였다. 무령왕은 비의肥義를 불러 5일 동안이나 계속하여 천하의 대사를 의논하였다. 이후 북으로 중산국中山國의 땅을 침략하여, 방자읍房子邑을 거쳐 대代에 이르렀으며 북으로 더 진군하여 무궁無窮까지 이르고 서쪽으로 황하에 이르러 황화산黃華山 정상까지 올랐다. 그리고 누완樓緩1)을 불러 상의하며 말하였다.

"우리 선왕은 세상의 변화에 잘 발맞추어 남번南藩2)의 땅을 지배해 왔소. 장하障河와 부수釜水의 험준함에 의지하며 장성까지 쌓았소이다. 그런 다음 인藺과 곽랑郭狼을 탈취하고 임읍荏邑에서 임인林

---

1) 樓緩 : 趙의 大臣.
2) 南藩 : 남쪽의 屬地.

人[3]을 패퇴시켰으나 공업功業을 완성하지는 못하였소.

지금의 상황을 보면 중산국은 우리의 한복판에 있는 근심거리이고, 북에는 연燕이 있으며, 동에는 동호東胡가 있소. 서에는 임호林胡·누번樓煩과 진秦·한韓의 변경 지대가 있소. 그러니 강한 병력으로 무장하지 않으면 사직이 망할 것이외다. 어찌해야 하오? 대저 불세출의 공명을 이루고자 하면 반드시 세속의 인습을 넘어서야 될 것이오. 나는 호복胡服을 채용하려 하오."

누완이, "좋습니다."라고 말하였다. 하지만 신하들은 모두 싫어하였다.

이때 비의가 곁에서 시중을 들고 있었다. 무령왕이 말하였다.

"선왕들인 간자簡子과 양자襄子의 공적은 호胡와 적翟의 장점을 잘 헤아려 공격하였기에 가능하였소. 신하가 되어 총애를 받으려면 효제孝悌의 미덕과 장유長幼의 이해 및 순종·명철이라는 장점을 지녀야 하오. 또 고위직에 오르기 위해서는 백성에게 보탬이 되고 군주에게 이익이 되는 업적이 있어야만 하오. 이 두 가지 덕목은 신하의 본분이오. 나는 이제 양자襄子의 업적을 계승하여 호와 적의 땅을 개척해 가려 하오. 하지만 세상을 두루 돌아보아도 그런 덕목을 갖춘 현신賢臣을 찾지 못하였소.

내가 호복을 채용하려는 것은 적을 약화시키기 위한 것이오. 그리하면 힘을 덜 쓰면서도 성취는 많아져서, 백성의 힘을 소모시키지 않고도 선왕인 간자와 양자의 공적을 계승할 수 있을 것이요. 대저 불세출의 공업을 이루고자 하는 자는 틀림없이 세속의 인습으로부

---

3) 林人 : 목축과 수렵에 종사하며 晉의 北邊에 거주하던 부족인 林胡.

터 속박을 당하게 되오. 또 홀로 심원한 지혜에 도달한 사람은 오만한 백성으로부터 원한을 삽니다. 이제 나는 호복胡服을 입으며 말 타고 활 쏘는 것을 백성들에게 가르치려 하오. 그러면 세상에서는 필시 나를 두고 이리저리 공박할 것이오. 어찌하면 좋겠소?"

비의가 말하였다.

"신이 듣건대 일에 머뭇거리면 성공하지 못하고 행동에 생각이 많으면 이름을 떨칠 수 없다고 하였습니다. 왕께서 이미 세속의 인습으로부터 닥칠 비난을 당당히 감당키로 결정하셨으니, 천하의 공박을 돌아볼 필요가 없습니다. 대저 최고의 도덕을 논하는 사람은 억지로 세속의 생각에 자신의 견해를 조화시키려 하지 않습니다. 커다란 공훈을 이루는 사람은 중인衆人과 함께 도모하지 않습니다. 저 옛날 순舜은 삼묘三苗 앞에서 춤을 추었고,4) 우禹는 나국裸國에서 웃옷을 벗었습니다.5) 욕망을 만족시키거나 마음을 즐겁게 하기 위해 그러했던 것은 아닙니다. 사람들에게 덕德을 선포하고 공업을 이루기 위해 애써 그러했던 것입니다. 어리석은 자는 일이 이루어진 후에도 그렇게 된 이유를 알지 못하나, 지혜로운 사람은 아직 일이 형체를 갖추기 전에 미리 알아차립니다. 그런데 왕께서는 무엇을 걱정하십니까?"

무령왕이 말하였다.

"호복胡服의 채용을 두고 의심하는 것은 아니오. 내가 우려하는

---

4) 舜이 三苗 부족을 感化시키기 위해 兵器를 들고 舞蹈하였던 것을 가리킨다. 『韓非子』「五蠹」에 나오는 일화이다.

5) 禹가 옷을 입지 않는 裸國에 들어가기 위해 웃옷을 벗었던 것을 가리킨다. 『呂氏春秋』「貴因」에 실려 있다.

것은 세상이 나를 보고 비웃는 것이오. 미친 자의 쾌락을 보고 지혜로운 사람은 슬퍼하오. 어리석은 자가 일소에 붙이는 것을 두고도 현명한 사람은 유심히 헤아려 보오. 세상이 나를 따른다면, 호복을 채용하는 효과는 알 수 없을 정도가 될 것이오. 설령 온 세상이 나를 비웃는다 해도 호인胡人의 땅과 중산국은 결국 내 것이 되고 말 것이오."

이에 마침내 호복 채용을 결정하였다.

무령왕이 왕설王緤을 보내 공자公子 성成[6]에게 알렸다.

"과인은 호복을 할 것이며 장차 그 차림으로 조회에 임하려 합니다. 숙부 역시 호복을 따라 주시기 바랍니다. 집안에서는 부친을 따르고 나라에서는 군주를 따르는 것, 이것이 고금의 법칙입니다. 자식이 부친을 거스르지 않고 신하가 군주의 뜻을 거역하지 않는 것, 이것이 대대로 전해지는 도리입니다. 이제 과인이 명령을 내려 복장을 바꾸라 했는데 숙부가 따르지 않는다면 천하가 이 명령을 두고 의견이 분분해질 것입니다. 나라를 다스리는 데 통상적인 규율이 있으니, 백성에게 이롭게 하는 것을 근본으로 삼는 일입니다. 정치를 펴는 데 원칙이 있으니, 명령이 집행되도록 하는 것을 우선시하는 일입니다. 덕德의 정치는 먼저 평민 백성에게 펼쳐져야 하고, 명령의 발포는 먼저 귀족들에게 적용되어야 합니다.

지금 호복을 채용하는 것은 욕망을 만족시키거나 마음을 즐겁게 하기 위함이 아닙니다. 사업에는 이루려는 목적이 있어야 하고 공적에는 성취하려는 목표가 있어야 합니다. 사업은 성취되고 공업은 이

---

6) 公子 成: 무령왕의 숙부.

루어져야만 그것이 처음부터 좋은 것이라 할 수 있을 것입니다. 지금 과인은 숙부가 명령을 따라야 한다는 원칙을 위배하지나 않을까 걱정스럽습니다. 그러할 경우 사람들이 숙부에 대해 비난하는 여론이 커질 것입니다. 또한 과인이 듣기에 나라를 이롭게 하는 사업은 시행하여 잘못이 없고, 귀족부터 시작하는 것이 명분에 손상이 없다 했습니다. 그래서 숙부의 위망威望에 의지하여 호복을 채용하는 사업을 완성시키고자 합니다. 왕설을 보내 숙부에게 아뢰니 청컨대 호복을 입어 주십시오."

공자 성이 두 번 절하고 머리를 조아리며 말하였다.

"신은 이전부터 왕께서 호복을 채용하려 한다는 것을 듣고 있었습니다. 신은 무능하고 또 현재 병들어 침상에 누워 있기에, 달려가 이런저런 진언을 드릴 수는 없습니다. 왕께서 명하시면 신이 용기를 내어 회답하는 것이야말로 어리석으나 충성을 다하는 도리일 것입니다. 신이 듣건대 중국은 총명과 예지를 지닌 사람들이 사는 곳이자 만물과 재화가 모이는 곳이요, 성현이 교화를 펼치는 곳이자 인의가 시행되는 곳입니다. 또한 『시경』과 『서경』, 예禮와 악樂이 운용되는 곳이자 온갖 기교와 기능이 응용되는 곳이요, 먼 곳에 사는 사람들이 바라보며 가고자 하는 곳이자 만이蠻夷가 모범으로 여기는 곳입니다. 그런데 지금 왕께서는 이를 버리고 먼 곳의 옷을 채용하려 하십니다. 고래의 가르침을 바꾸고 고래의 정도正道를 변화시키며, 사람의 마음을 거스르는 것입니다. 또한 학자의 가르침에 위배되는 것이자 중국의 풍속에서 이탈하는 것입니다. 그러므로 원컨대 왕께서는 다시 한 번 헤아려 주십시오."

사자 왕설은 사실대로 보고하였다. 무령왕이 말하였다.

"숙부가 아프다고 들었다. 내가 직접 가서 부탁드리겠다."

무령왕은 마침내 공자 성의 집으로 가서 직접 부탁하여 말하였다.

"의복은 입기에 편해야 하고 의례는 일을 하기에 편해야 합니다. 성인은 민간의 풍속을 보며 그것에 순응하였고, 일에 따라 의례를 제정하였습니다. 백성을 이롭게 하고 나라를 부강하게 만들기 위해서였습니다.

무릇 머리를 자르고 몸에 문신을 하거나 양팔에 문신을 새기고 좌임左衽[7]하는 것은 구월甌越[8]의 백성이 지닌 풍속입니다. 이빨을 검게 물들이고 이마에 문신을 하거나 물고기 껍질로 만든 모자를 쓰고 성긴 옷을 입는 것은 오吳 일대의 습속입니다. 이처럼 의례나 복장은 제각각 달라도 편리함을 추구한다는 점에서는 동일합니다. 지역이 다르기에 용법도 변하고 사정이 다르기에 의례도 바뀌는 것입니다.

그러기에 성인은 그것이 나라를 이롭게만 한다면 용법을 꼭 통일시키지 않았습니다. 일 처리에 편하기만 하다면 그 의례를 똑같이 하지 않았습니다. 천하의 유생은 동일한 스승을 지니고 있지만 습속은 제각기 다르고, 중국의 의례는 동일하나 교화 역시 모두 다릅니다. 하물며 산간벽지야 두말할 나위가 있겠습니까? 고로 취사선택의 변화에서 지혜로운 사람은 하나만을 고집하지 않았습니다. 원근 각 지방의 의복에 대해서도 현자와 성인은 억지로 일치시키지 않았습니다. 궁벽진 지방일수록 풍속에 변화가 많고 천박한 학설일수록 궤

---

7) 左衽 : 옷깃을 왼쪽으로 묶는 것.
8) 甌越 : 浙江省 일대에 거주하던 민족.

변이 많아지는 법입니다, 알지 못한다고 하여 의심하고 자기와 다른 의견이라 하여 비난하지 말아야 합니다. 공정하게 여러 사람의 의견을 구해야 완벽을 기할 수 있습니다. 지금 숙부가 말하는 것은 관습이고, 제가 말하는 것은 관습을 변화시키자는 것입니다.

우리 나라에는 황하와 박락진薄洛津9)이 있고 제국齊國 및 중산국中山國과 그것을 공유하고 있지만, 우리에게는 선박이 부족합니다. 상산常山에서는 바로 대代와 상당上黨에 이르며, 동쪽으로는 연국燕國과 동호東胡의 국경이 있고 서쪽으로는 누번樓煩·진국秦國·한국韓國의 변경이 있습니다. 하지만 우리는 이에 대비할 기병이 없습니다. 그래서 과인은 선박을 보유하지 않고는 강 주변에 사는 백성들이 황하와 장수漳水를 지켜낼 수 없을 것이라 생각합니다. 호복을 채용하여 말 타고 활 쏘기를 연습하는 것은 연국과 삼호三胡·진국·한국의 접경을 지키기 위함입니다.

저 옛날 우리 간공簡公은 진양晉陽으로부터 상당에 이르는 지역에 요새를 건립하지 아니했습니다. 그 후 양공襄公 시기에 이르러 융족戎族을 쳐서 대代를 취득하고 난 다음에야 비로소 호족胡族들을 막을 수 있었습니다. 이는 어리석은 자건 지혜로운 자건 모두 잘 아는 사실입니다. 또 지난 날 중산국은 제국의 강병에 의지하여 우리 땅을 침략하고 또 우리 백성을 포로로 잡아갔습니다. 강물을 끌어 공격하며 호성鄗城을 포위하기도 했습니다. 사직의 신령이 돕지 않았다면 호성은 함락되고야 말았을 것입니다. 선왕께서 이를 치욕스러워하셨으나 아직 그 원한을 갚지 못하고 있습니다.

---

9) 薄洛津 : 漳水의 나루터.

지금 말에 타서 활 쏘는 군대를 갖추게 되면, 그것으로써 가까이는 상당의 지세를 잘 이용할 수 있게 될 것이며, 멀리는 중산의 원한을 갚을 수 있게 될 것입니다. 그런데 숙부는 중국의 습속대로 따르며 간공簡公과 양공襄公의 뜻을 저버리려고 하십니다. 복장 개변이라는 명분이 싫어서 호성에서의 치욕을 망각하고자 하는 것입니다. 이는 과인이 바라는 바가 아닙니다."

공자 성은 두 번 절하고 머리를 조아리며 말하였다.

"신이 어리석어 왕의 뜻을 이해하지 못하였습니다. 감히 세간의 천박한 의견을 말씀드린 것은 신의 죄입니다. 지금 왕께서 간공과 양공을 계승하여 선왕의 뜻을 따르고자 하시는 데 신이 감히 어찌 명을 거역하겠습니까?"

그는 두 번 절하고 머리를 조아렸다. 무령왕은 그에게 호복을 하사하였다. 이튿날 공자 성은 호복을 입고 조회에 출석하였다. 이에 무령왕은 호복령胡服令을 발포하였다.

조문趙文·조조趙造·주소周紹·조준趙俊이 모두 왕에게 간언하여, 호복의 채용을 그만두고 옛 방식대로 하는 것이 좋다고 하였다. 무령왕이 말하였다.

"선왕들이 채용한 습속은 하나가 아니오. 어느 방식을 따라야 하오? 상고의 제왕들도 서로 이전의 제도를 계승한 것은 아니오. 그렇다면 어느 예법을 준수해야 하는 것이오? 복희와 신농은 교화를 펼쳤으되 형벌은 시행하지 않았소. 황제黃帝와 요·순은 형벌은 시행하였으나 가혹하지 않았소. 삼왕三王10)은 시세의 변화에 따라 법제를

---

10) 三王 : 夏의 禹王, 商의 湯王, 周의 文王.

제정하고 사정에 따라 의례를 조정하였소. 법령과 제도는 그 시의時宜에 순응해야 하고, 의복과 농기구는 그 용도에 맞게 편리해야 하오. 고로 예제禮制는 꼭 하나의 유형을 따를 필요가 없소. 나라에 편하면 되는 것이지 반드시 옛것을 따를 필요가 없소.

성인들도 서로 같은 방식을 따라 흥기하여 천하의 통치자가 된 것은 아니오. 하와 은이 멸망한 것도 제도를 바꾸어 그리 된 것은 아니오. 그러니 옛것을 바꾼다 하여 비난할 일이 아니고 제도를 그대로 따른다 하여 칭찬할 일도 아니오. 또한 기이한 옷을 입었다고 그 마음이 음탕해 지는 것이라면, 추鄒와 노魯에는 기괴한 행위가 없어야 할 것이오. 습속이 괴이하다고 하여 백성이 경솔해지는 것이라면 오와 월에는 뛰어난 인재가 없어야 할 것이오. 성인은 몸에 이로운 옷이 좋은 복장이라 하였고 일 처리에 편한 것이 좋은 예제라 하였소.

진퇴進退의 예절이나 의복의 제도는 일반민을 다스리기 위한 것이지 현자인가 아닌가를 구분하기 위한 것이 아니오. 또 일반민은 습속을 따라가는 것이고 현자는 변혁을 선도하는 것이오. 그렇기에 속담에 말하기를, '책으로 배워 말을 모르는 사람은 말의 습성을 다 알지 못하고 옛 제도에 따라 통치하는 사람은 사세의 변화를 이해하지 못한다.'고 말하는 것이오. 옛 제도만 따르게 되면 세간의 수준을 뛰어넘을 수 없고 옛 학문만 따르게 되면 지금 세상을 다스릴 수 없소. 그대들은 알 수 없을 것이오."

그리하여 호복을 착용하게 되었으며 말 타고 활 쏘는 병사를 모집하게 되었다.

무령왕 20년(기원전 306), 왕은 중산국의 땅을 빼앗아 영가寧葭에

28

이르렀다. 서쪽으로는 호인胡人의 땅을 빼앗아 유중榆中에 이르렀다. 이에 임호국林胡國의 왕이 말을 바쳤다. 이후 돌아올 때 누완樓緩을 진국秦國에 사자로 보내고, 구액仇液을 한국韓國에 보내고, 왕분王賁을 초국楚國에 보내고, 부정富丁을 위국魏國에 보내고, 조작趙爵을 제국齊國에 보냈다. 그리고 대代의 승상 조고趙固로 하여금 호인胡人을 관리하며 그 군대를 모집하도록 하였다.

무령왕 21년(기원전 305), 중산국을 공격하였다. 조소趙祒로 하여금 우군右軍을 거느리게 하고 허균許鈞으로 하여금 좌군을 거느리게 하였으며 공자公子 장章으로 하여금 중군을 거느리게 하였다. 무령왕은 전체를 통솔하였다. 한편 우전牛翦은 전차戰車와 기병을 거느리고 조희趙希는 호胡와 대代의 군대를 거느렸다. 조의 군대는 그들과 나란히 산의 협곡을 지나 곡양曲陽에서 회합한 다음 단구丹丘·화양華陽·치鴟의 요새를 함락시켰다. 무령왕의 군대는 호鄗·석읍石邑·봉룡封龍·동원東垣을 빼앗았다. 그러자 중산국은 4개의 읍을 바치고 강화를 요청하였고, 무령왕이 이를 허락하고 군대를 철수시켰다. 23년(기원전 303), 중산국을 다시 공격하였다. 25년(기원전 301), 혜후惠后가 세상을 떠났다. 주소周祒로 하여금 호복을 입고 왕자 하(何)를 훈도하게 하였다. 26년(기원전 300) 다시 중산국을 공격하여, 빼앗은 땅이 북으로는 연국燕國과 대代에 이르렀으며 서로는 운중雲中·구원九原에 이르렀다.

무령왕 27년(기원전 299) 5월 무신戊申, 동궁東宮에서 대규모 조회를 거행하고 국왕의 지위를 전하였다. 왕자 하何를 세워 왕으로 하였다. 새로운 국왕은 태묘太廟를 참배하는 전례가 끝난 후 조정에 나와 정무를 돌보았다. 대부들은 모두 신이라 칭하였으며 비의肥義를 승상으로 삼아 새 국왕을 보도輔導하도록 하였다. 이 국왕이 혜문왕惠文王이다. 혜문왕은 혜후 오왜吳娃의 아들이다. 무령왕은 스스로 주보主父라 칭하였다.

주보는 아들로 하여금 스스로 국정을 처리하게 하고 싶었다. 그래서 호복을 입고 사대부들을 이끌고서 서북쪽으로 호인胡人의 땅을 공략하였다. 그리고 나서 운중雲中·구원九原으로부터 바로 남하하여 진을 공격하고자 하였다. 그는 사자로 위장하여 진국에 들어갔다. 진의 소왕昭王은 처음에는 알아채지 못하였으나 얼마 후 그 외양이 대단히 비범한 것을 이상히 여겨 신하된 자의 풍모가 아니라 판단하였다. 그래서 사람을 보내 쫓아가게 하였으나 주보는 말을 달려 이미 국경을 벗어난 후였다. 진에서는 자세히 조사해 본 연후 비로소 주보임을 알았다. 이에 진에서는 크게 놀랐다. 주보가 진에 들어간 것은 직접 그 지형을 관찰하고 더불어 진왕의 사람됨을 살피기 위함이었다.

혜문왕 2년(기원전 297), 주보가 새로운 영토를 순행하였다. 이어 대代를 지나 서쪽으로 가서 서하西河에서 누번왕樓煩王을 만나 그 군사를 거두어 조의 군대로 삼았다.

3년(기원전 296), 중산국을 멸하고 그 왕을 부시膚施로 이주시켰다. 이어 영수궁靈壽宮의 건설을 시작하였다. 이 무렵 북방의 땅이 순종하였으며 대로 향하는 길도 잘 통하게 되었다. 돌아와 논공행상을 하고 크게 사면령을 내렸으며 5일 간에 걸쳐 잔치를 열었다.

출전 『사기』 권43, 「趙世家」.

내용 전국 시대에 들어 전쟁의 양상에도 큰 변화가 발생하였다. 그 변화가운데 하나가 기병의 출현이다. 전국 시대 각국은 흉노의 기마병 전법을 접하며 그 영향을 받아 기병을 채용하였다. 의복도 북방 민족을 따라 승마에 적합한 바지를 입었다. 이른바 호복胡服을 입고 말 위에서 활을 쏘는 기사騎射를 도입한 것이다. 이 호복기사를 처음 도입한 인물이 기원전 300년 전후의 조趙 무령왕武靈王이다. 처음 호복기사를 도입하려 했을 때 보수 세력의 반발은 드셌다. 무령왕은 종실과 귀족을 위시한 보수 세력의 반발을 억누르며 호복기사를 관철시켰고, 그 결과 조는 부국강병을 이루어 일시 그 무력이 사방을 압도하게 되었다.

가의賈誼의 흉노 정책 비판

　지금 천하의 형세는 뒤집혀져 있습니다. 무릇 천자는 천하의 머리입니다. 왜 그럴까요? 위에 있기 때문입니다. 오랑캐는 천하의 발입니다. 왜 그럴까요? 아래에 있기 때문입니다. 지금 흉노는 오만하게 우리를 깔보며 침략하여 약탈하니 지극히 불경스럽습니다. 저들은 천하의 우환이지만 그 끝이 없습니다. 그럼에도 우리 한漢 나라에서는 해마다 황금과 비단을 주어 저들을 받들고 있습니다. 오랑캐가 명령을 내리고 있는데 이는 폐하가 취해야 되는 자세입니다. 천자가 공손히 공물을 바치는데 이는 신하가 취해야 되는 예절입니다. 발이 도리어 위에 있고 머리가 도리어 아래에 있습니다. 뒤집혀진 것이 이와 같음에도 불구하고 누구도 해결하지 못하고 있습니다. 그러고도 나라에 인물이 있다 할 수 있겠습니까?
　단지 뒤집혀진 것에 그치지 않습니다. 다리에 병이 들고 중풍까지 겹쳤습니다. 다리에 병이 들면 다리만 아프지만 중풍이 들면 온 몸을 쓸 수 없습니다. 지금 서북 변경 지방에서는 높은 작위爵位의 상급을 받았을지라도 군역 동원에서 면제를 받을 수 없습니다. 150센티미터 이상의 키가 되면 누구나 동원되기에 쉬지 못합니다. 척후병은 봉수대를 지켜보아야 하므로 누울 수 없고, 장수와 관리들은 갑옷을 입고 잠을 자야 합니다. 신은 그러기에 '온 몸을 쓸 수 없다.'고 했습니다. 의사[11]는 고칠 수 있지만 폐하께서는 이 사람을 쓰려 하지 않으시니 눈물을 흘려야 하는 일은 바로 이것입니다.

폐하께서는 어찌 황제라는 존귀한 칭호를 지니고도 오랑캐의 제후 노릇하는 것을 참고 계십니까? 형세는 이미 굴욕적으로 되었고 재앙은 그치지 않는데 이를 더 키우면 어찌 되겠습니까? 간언하는 자들은 모두 지금의 상태가 옳다고 합니다. 진실로 이해할 수 없습니다. 나라를 올바르게 다스리는 계책이 아닙니다.

삼가 헤아려 보건대 흉노의 무리는 우리 한 나라의 현縣 가운데 큰 것 정도에 불과합니다. 드넓은 천하를 보유하고도 현 하나 정도의 무리에게 곤욕을 치르고 있습니다. 조정의 대신들이 심히 수치스러워해야 될 일입니다. 폐하께서는 시험 삼아 신을 속국 담당 관리로 임명하여 흉노 관련 업무를 주관하게 해 주십시오. 청컨대 신의 계책을 시행함으로써 흉노 선우의 목을 졸라 그 목숨을 좌우하게 해 주십시오. 그렇게 하면 중항열中行說[12]을 무릎 꿇려 그 등을 채찍으

---

11) 顏師古는 賈誼 자신을 가리키는 말이라고 註를 붙이고 있다.

12) 中行說 : 전한 문제 시기 흉노에 파견된 환관. 흉노의 묵특선우(冒頓單于)가 죽고 뒤를 이어 아들인 老上單于가 즉위하자 漢은 宗室 여인을 公主라 칭하며 降嫁하였다. 중항열은 이때 흉노에 갔다가 그 신하로 투항하였다. 그는 흉노에게 문자를 가르쳤다. 또한 漢의 황제가 선우에게 보낸 書狀은 길이 1尺 1寸의 木牘이었는데, 그는 선우에게 권해서 漢에게 보낸 書狀의 木牘을 길이 1尺 2寸으로 하고 封印의 印章도 더 크게 만들었다. 書狀의 내용도

로 내리치고 흉노의 무리로 하여금 폐하의 명령만을 따르게 할 수 있을 것입니다. 사나운 적을 치는 대신 멧돼지나 잡으러 다니고 나라를 배반한 역적을 붙잡는 대신 토끼나 잡아서는 안 됩니다. 자질구레한 오락에 탐닉하여 국가의 커다란 우환을 돌아보지 않는 것은 천하를 안정시키는 길이 아닙니다. 폐하의 덕망은 멀리 펼쳐져야 하고 폐하의 위세는 멀리 떨쳐야 합니다. 그런데 지금은 단지 수백 리만 벗어나도 위엄이 통하지 않습니다. 눈물을 흘려야 하는 일이 이것입니다.

출전 『한서』 권48, 「가의전賈誼傳」.

내용 한 고조 유방劉邦은 천하를 통일한 기원전 200년 흉노를 제압하기 위해 진양晉陽을 거쳐 평성平城으로 진격하였다. 하지만 흉노의 역습을 받아 평성의 백등산白登山에서 7일 간이나 포위되었다가 가까스로 탈출하였다. 이후 한은 흉노와 화약을 체결하고 종실 여인을 공주라 칭하며 선우의 연지閼氏로 강가降嫁하였다. 또 우호의 댓가로 매년 막대한 물자를 제공하였다. 가의는 문제文帝에게 상주하여 이러한 굴욕적 대 흉노 관계의 청산과 한-흉노 사이 화이적華夷的 명분의 재정립을 주장하였다.

조조晁錯의 흉노 대책對策

흉노족은 먹고 입는 일을 땅에 기대지 않기 때문에 중원의 변경을 약탈하고자 하는 유혹에 쉽게 빠집니다. 어떻게 그것을 설명할

"天地所生, 日月所置, 匈奴大單于, 敬問漢皇帝, 無恙?"이라는 방자한 태도를 취하게 하였다.

수 있을까요? 흉노족은 고기를 먹고 가축의 젖을 마시며 의복은 가죽이나 털로 만들어 입습니다. 성곽도 없고 돌아가 살아갈 집이나 경작지도 없습니다. 광야에서 날아다니는 새나 달리는 짐승처럼, 좋은 풀이나 맑은 물이 있으면 멈추었다가 풀이 다 없어지고 물이 마르면 다른 데로 옮겨 갑니다.

이렇게 볼 때 이리저리 떠돌아 다니며 불시에 쳐들어 왔다가 사라지는 것은 오랑캐들의 생리입니다. 이 때문에 중국인들이 전토를 버리고 떠나가는 것입니다. 지금 흉노족은 변경 지대에서 떠돌며 가축을 치고 사냥을 합니다. 그러한 상태에서 연燕이나 대代, 혹은 상군上郡, 북지北地, 농서隴西[13]와 마주하여 그 변방 수비대의 상황을 감시합니다. 그러다가 조금이라도 군사의 수가 줄어들면 침입해 옵니다. 폐하께서 구원병을 보내지 않으면 변경의 백성들은 절망하여 적에게 항복해 버리고픈 마음이 생겨납니다. 구원병을 보내되 적으면 아무런 효과가 없으며, 많이 보낸다고 해도 먼 곳에서 출발하여 가까스로 다다르면 저들은 이미 다 사라지고 없게 됩니다. 변경에 군대를 모아두고 철수하지 않으면 그 경비가 엄청납니다. 그렇다고 철수하면 흉노는 다시 쳐들어옵니다. 이런 일이 해마다 계속되니 중국은 날로 빈궁해지고 백성은 편안히 살 수 없습니다.

폐하께서 다행히 변경 문제를 근심하시어 장수를 파견하고 군대를 보내 변방을 지키게 했으니 그 은혜가 심히 큽니다. 하지만 멀리서 동원된 병사로 하여금 변경을 지키다가 1년이 지나 교대하게 하면

---

13) 燕·代·上郡·北地·隴西 : 燕과 代는 國, 上郡·北地·隴西는 郡으로서 모두 북방으로부터 서북에 이르는 변경 지대에 위치하였다.

흉노의 생리를 알 수 없습니다. 변방에 상주할 자를 뽑아 집 짓고 밭을 경작하며 살면서 흉노에 대비하게 하는 것이 훨씬 낫습니다. 방어를 위해 성벽을 높이 쌓고 주변에 깊은 해자를 파야 합니다. 또 유사시 위에서 던질 수 있는 돌멩이를 많이 쌓아 두고 성벽 주변에는 거답渠答14)을 설치해야 합니다. 성은 이중 구조를 취해 그 안에 다른 성을 쌓되 성 사이의 거리는 150보를 떼어 놓아야 합니다. 요충지와 강나루의 길목에는 1,000명 이상이 거주하는 성읍城邑을 세우고 그 주위에 호락虎落15)을 둘러치게 하십시오. 우선 집을 짓고 농기구를 갖춰둔 다음 죄인 및 면도복작免徒復作16)을 모아 거주시킵니다. 그것으로 모자라면 성년 노비로서 평민이 되고 싶어 하는 자, 그리고 부호가 관작을 받기 위해 바친 노비로 채우도록 합니다. 그러고도 부족하면 백성 가운데 오고 싶어 하는 자를 모집하고 그들에게 높은 작위 및 부세 면제의 혜택을 줍니다. 주민들에게는 자급이 가능해질 때까지 의복 및 식량을 지급해야 할 것입니다. 군현의 백성은 경卿의 신분17)까지 그 작위를 매입하는 것을 허용하십시오. 남편이나 아내를 잃은 자에게는 관아에서 사람을 사서 제공해 주도록 하십시오. 사람의 정리 상 배우자가 없으면 오래 안착할 수 없습니다.

변경의 백성들은 경제적 혜택이나 이익이 충분치 않으면 위험한

---

14) 渠答 : 철조망

15) 虎落 : 대나무 울타리

16) 免徒復作 : 죄인으로서 사면을 받았다가 다시 그 형기를 마치라는 명령을 받은 자.

17) 卿 : 한 대의 20등작에는 卿이 없다. 顏師古는 아마도 그 등급이 列卿에 이른 것을 의미할 것이라 말하고 있다.

땅에 오래 살게 할 수 없습니다. 흉노가 침범해 왔을 때 그 약탈을 멈추게 한 자에게는 약탈당하여 사라졌을 재산의 반을 지급하고, 관아에서 그 비용을 대 주어야 합니다. 이와 같이 한즉 읍내 사람들이 서로 도와서 흉노가 침입해도 죽음을 무릅쓰고 싸울 것입니다. 이는 폐하의 은덕을 갚기 위한 것이 아니라, 친척을 보전할 뿐더러 재물의 보상이 따르기 때문입니다. 이렇게 조치한다면 변경의 지형에 익숙치 않고 또 흉노를 마음 속으로 두려워하는 동부 지방 출신의 수비병보다 만 배가 넘는 효과를 올릴 것입니다.

폐하의 치세 동안 백성을 이주시켜 변방을 채운다면, 먼 지방 백성들로 하여금 수자리에 동원되는 부담이 사라지게 하고 또 변경의 백성들로 하여금 오랑캐의 근심 없이 부자 간에 서로 의지하며 살 수 있게 할 것입니다. 뿐만 아니라 그 이익이 대대로 미쳐 폐하의 이름이 성스럽고 명철하다고 칭해질 것입니다. 진秦이 백성들로부터 원망을 샀던 것과 비교하면 그 차이가 심대하다 하겠습니다.

출전 『한서』 권49, 「조조전晁錯傳」.

내용 묵특冒頓 선우의 뒤를 이어 즉위한 노상老上 선우는 한의 문제文帝 시기인 기원전 155년 14만 기의 병사를 이끌고 간쑤 방면에 침입하여 약탈하였다. 당시 흉노의 척후를 담당한 기병은 장안에서 불과 300리 떨어진 감천甘泉에까지 출몰하였다. 문제는 10만 군사를 동원하여 장안을 방비하게 하고 아울러 장상여張相如를 보내 흉노를 격퇴시켰다. 이후에도 흉노는 거의 매년 변방에 침입하여 한을 괴롭혔다. 이러한 상황에서 가의와 조조의 흉노에 대한 적극적 대책이 개진되었다. 조조는 흉노의 북변 약탈이 그 사회 경제적 구조 때문에 불가피한 것이라 논하고, 이에 대비하기 위해 적극적인 대책이 필요하다고 역설한다. 그 구체적인 방법으로 제시하는 것이 둔전제와 사민책이다.

장건張騫의 교통로 개척

장건은 한중漢中[18) 출신으로서 무제 건원建元(기원전 140~기원전 135) 연간에 낭관郎官[19)이 되었다. 그 무렵 흉노에서 항복한 자가 말하기를, '흉노가 월지의 왕을 죽이고 그 두개골로써 음기飮器[20)로 삼았다. 이에 월지는 도망가서 흉노에 대한 원한을 품고 있으나, 함께 흉노를 공격할 세력이 없다.'라고 했다. 한漢은 그때 마침 흉노를 섬멸하려 계획하고 있었다. 이 말을 듣고 월지로 사신을 보내고자 하였다. 그런데 월지로 가려면 반드시 도중에 흉노를 지나야 했다. 이에 능히 이를 이뤄낼 사자를 모집하였고, 장건이 낭관의 신분으로 응모하여 월지로 가게 되었다. 그는 당읍씨堂邑氏의 노복인 감보甘父[21)와 함께 농서군隴西郡을 나서서 서쪽으로 향하였다.

그런데 흉노의 땅을 지나다가 흉노 사람들에 의해 사로잡혀 선우

---

18) 漢中 : 한중군.

19) 郎官 : 관료나 부호의 자제로서 황제의 측근에 宿衛하거나 혹은 황제의 공식 행사에 임하여 황제 신변을 보호하는 근신. 중앙과 지방의 주요 관료는 이 낭관 중에서 선발하여 임명하였다. 따라서 한대의 고급 관료는 우선 낭관이 되어 황제의 신변에서 시중을 들면서 황제와의 사이에 사적인 주종 관계가 맺어진 후 승진하여 갔다. 한대에는 황제와의 사적인 주종 관계가 관료 제도의 기저에 복재해 있었다.

20) 飮器 : 술 마시는 그릇.

21) 甘父 : 顏師古는, '본디 흉노 출신이다. 주인의 성을 따라 堂邑父라 불리기도 했으며 그냥 이름만으로 보라 불리기도 했다.'라고 註를 붙이고 있다.

에게 보내졌다. 선우가 말하였다.

"월지는 우리의 북쪽에 있다. 한이 무슨 일로 사신을 보내겠다는 것인가? 내가 남방의 월越에 사신을 보내겠다고 하면 한이 내 말을 들어줄 것인가?"

선우는 장건을 10여 년 동안 붙잡아 두었다. 그 동안 아내를 붙여 주어 아들을 낳았으나 장건은 한에서 가져온 부절을 잃어버리지 않고 간직하였다.

흉노의 서쪽에 살던 장건은 기회를 엿보아 탈출하여 부하와 함께 월지로 향하였다. 그리고 수십 일을 달려 대완大宛22)에 이르렀다. 대완은 한에 물자가 풍부하다는 얘기를 듣고 통교하려 하였으나 이루지 못하고 있다가, 장건을 보자 기뻐하며 어디로 가는 길인지 물었다. 장건이 대답하였다.

"한으로부터 월지에 사신으로 가는 길인데 흉노에 의해 길이 가로막혔다가 이제야 도망쳤습니다. 왕께서 사람을 시켜 우리를 그리로 데려다 주게 하십시오. 월지에 이르렀다가 무사히 한으로 돌아가게 되면, 한의 조정에서 왕에게 이루 다 헤아릴 수 없을 정도로 많은 재물을 보내줄 것입니다."

대완에서는 그럴 듯하다 여기고 장건을 보내주면서 통역과 길잡이를 붙여서 강거康居23)에 데려다 주었다. 강거에서는 다시 대월지에 데려다 주었다. 대월지는 왕이 흉노에 의해 살해된 뒤 그 부인24)

---

22) 大宛 : 아랄해로 흘러드는 시르 강의 상류인 페르가나 지방에 세워진 나라.
23) 康居 : 대완의 북방에 위치한 나라, 시르 강을 따라 펼쳐진 초원 지대에 세워진 유목 국가.
24) 『사기』「대완열전」에는 부인이 아니라 태자라 기록되어 있다.

을 왕으로 삼고 있었다. 또 대하大夏25)를 복속시켜 지배하고 있는 상태였으며, 땅은 비옥한 데다가 외부의 침략이 적어 안락하게 살고 있었다. 더욱이 멀리 떨어져 있는 한과 가까이 하려 들지 않았다. 흉노에게 복수할 생각도 전혀 없었다. 장건은 월지로부터 대하로 갔으나 그때까지 월지의 의향을 알아낼 수 없었다.

장건은 그렇게 한 해 남짓 머물다가 귀로에 올랐다. 그는 남산南山26)을 따라 강羌27)의 땅을 거쳐 돌아오려다 다시 흉노에게 사로잡혔다. 그리고 흉노 땅에서 한 해 남짓 살다가 선우가 죽고 그 국내 사정이 어수선한 틈을 타서, 흉노인 아내 및 당읍보와 함께 도망하여 한에 돌아왔다. 조정에서는 그를 태중대부太中大夫28)에 임명하고 당읍보에게 봉사군奉使君이란 칭호를 주었다.

장건은 사람됨이 강인한 데다가 관대하고 남에게 신용을 지켰으므로 만이蠻夷가 좋아했다. 당읍보는 흉노 출신인데 활을 잘 쏘아서 다급할 때는 활로 새나 짐승을 잡아 먹을 것을 댔다. 처음 장건이 떠날 때는 100여 명이었으나 13년이 지나 겨우 두 사람만이 돌아올 수 있었다.

장건이 직접 갔던 곳은 대완·대월지·대하·강거였으며 그 근처

---

25) 大夏 : 대월지의 남방, 즉 힌두쿠시 산맥과 아무(옥수스) 강 사이에 있던 나라인 박트리아. 그리스계 나라로서 남하한 월지에 의해 붕괴되었다.

26) 南山 : 서역의 남방, 즉 타림 분지의 남쪽을 이루고 있는 일련의 산맥. 카라코람 산맥, 쿤룬 산맥, 기련 산맥 등을 가리킨다.

27) 羌 : 천산남로의 남방에 거주하던 티베트계의 羌族. 현재의 陝西省 서부에서 간쑤성 동부 및 칭하이성 동부의 황하 상류 지역에 걸쳐 거주하였다.

28) 太中大夫 : 郎中令에 소속된 관직으로 秩比二千石. 궁정 안의 議論을 관장하였다.

대여섯 개의 큰 나라 사정도 전해 들었다. 그는 그 지형 및 물산을 소상히 무제에게 보고하였다. 그 내용은 모두 「서역전」에 적혀 있다.

장건이 말했다.

"신이 대하에 머물 때 공죽邛竹[29]으로 만든 지팡이와 촉蜀에서 난 삼베를 보았습니다. 그래서 '이것을 어디서 얻었느냐?'고 물으니, '우리 상인들이 신독국身毒國에 가서 사 왔다.'고 했습니다. 신독국은 대하의 동남방으로 수천여 리 떨어진 곳에 있습니다. 대하와 마찬가지로 정착하여 살아가며 또 지대가 낮고 습하며 기후가 덥습니다. 그 나라 사람들은 코끼리를 타고 싸우며 곁에 큰 강이 흐르고 있다고 합니다. 신이 헤아려 보건대 대하는 한으로부터 서남방으로 12,000리 떨어져 있습니다. 지금 신독이 다시 대하로부터 동남방으로 수천 리 떨어져 있고 촉의 물품이 유통되고 있으니 이는 촉으로부터 멀지 않다는 의미입니다. 지금 대하에 사신을 보내려면 강羌의 땅을 지나야 하는데 험할 뿐더러 강족도 싫어합니다. 그렇다고 조금 북방으로 가게 되면 바로 흉노에게 사로잡히게 됩니다. 촉에서 간다면 거리도 짧고 적을 만날 일도 없을 것입니다."

무제는 대완과 안식安息[30] 등이 모두 대국이며 기이한 물산이 많다는 것, 그리고 정착 생활을 하여 중국과 풍속이 매우 비슷하다는

---

29) 邛竹 : 邛山에서 나는 대나무. 마디가 길어 지팡이 용도로 많이 쓰였다. 邛山은 邛峽山으로서 현재의 四川省 榮經 서남방에 위치한다.

30) 安息 : 이란 동북부의 호라산 지역에 건설되었던 파르티아(BC 247~AD 224). 아케메네스 왕조 페르시아 제국의 전통을 계승하였으며 기원전 2세기경에 전성기를 구가하였다. 메소포타미아 평원에서 인더스강 유역에 이르는 지역을 지배하며 동서무역로를 장악하였다.

것, 또 이들 나라의 군대가 약하며 한의 물자를 귀히 여기고 있다는 사실을 알게 되었다. 아울러 그 북방에 대월지, 강거 등이 있는데 군대는 강하지만 선물을 보내 경제적 이익으로 유도하면 조공하러 올 것이란 사실도 보고를 받아 알게 되었다. 만일 도리로써 복속시키게 되면 만 리에 걸쳐 영토를 넓힐 수 있고, 또 그 말들이 전해져 풍속이 다른 나라들도 조공을 바치러 올 테니 중국의 위세와 덕망이 사해에 두루 펼쳐지리라 여겼다.

무제는 기뻐하며 장건이 말이 옳다고 생각하고 촉군蜀郡과 건위군犍爲郡[31]에 명하여 네 갈래로 밀사를 파견토록 하였다. 하나는 방駹에서, 하나는 작筰에서, 하나는 사徙와 공邛에서, 그리고 나머지 하나는 북僰[32]에서 출발하였다. 각각 1, 2천 리를 갔을 때 북방에서는 저氐와 작筰에게 가로막히고, 남방에서는 수嶲와 곤명昆明에게 가로막혔다.[33]

곤명의 무리는 군장君長이 없이 도적질을 일삼아 한의 사자를 죽이고 공격하였으므로 끝내 한과 통교하지 못하였다. 그런데 그 서쪽으로 천여 리를 가면 전월滇越이라 불리는 코끼리 타는 나라가 존재한다고 알려져 있었다. 그래서 촉의 상인 가운데 밀무역하는 자들이

---

31) 犍爲郡 : 오늘날의 四川省 筠連.

32) 駹・筰・徙・邛・僰 : 쓰촨성에 분포하던 소수 민족. 駹・徙는 북부에, 邛은 서남방에, 筰과 僰은 남부에 위치하였다.

33) 氐・嶲・昆明 : 소수 민족의 명칭. 氐는 쓰촨성 북부, 嶲는 윈난성 서부, 昆明은 윈난성 남부에 분포하였다. 다만 본문에서 네 갈래로 파견한 밀사 가운데 하나가 筰에서 출발하였는데 다시 筰에서 가로막혔다 하는 것은 앞뒤가 맞지 않는다. 顔師古는 이에 대해 별다른 설명 없이 '氐와 筰은 二種의 夷이다.'라고 註를 가하고 있다.

간혹 갔다고 한다. 그래서 한이 전국滇國34)을 통해 대하로 가는 길을 찾으려 하였다. 한은 이처럼 서남방의 오랑캐를 경유하고자 하였으나 비용이 많이 들어 그만두었다. 그러다 장건이, '대하와 통할 수 있다.'고 하자 다시 서남방의 오랑캐를 통해 가는 길을 추진하게 되었다.

장건이 교위校尉35)의 신분으로 대장군 위청衛靑을 따라 흉노를 공격하게 되었는데 물과 풀이 있는 곳을 알아 군대가 곤란을 겪지 않을 수 있었다. 이에 장건을 박망후博望侯에 봉하였다. 원삭元朔 6년(기원전 123)의 일이다.

두 해가 지나서 장건은 위위衛尉36)의 신분으로 이광李廣과 함께 우북평右北平을 나서서 흉노를 공격하게 되었다. 이때 흉노의 군대가 장군 이광을 포위하여 많은 병사가 죽고 도망쳤는데, 장건이 애초의 약속보다 늦게 도착하여 참형을 당하게 되었지만 속전贖錢을 내고 서인庶人이 되었다. 이 해에 표기장군驃騎將軍 곽거병霍去病의 군대가 흉노의 서쪽 변경을 깨트리고 수만 명을 죽인 다음 기련산祁連山까지 진격하였다. 그 해 가을에는 혼야왕渾邪王37)이 무리를 이끌

---

34) 滇國 : 윈난 성 동부의 뎬츠滇池 부근에 있던 나라. 현재의 쿤밍시 주변을 지배하였다.

35) 校尉 : 군대를 통솔하는 무관으로서 將軍보다는 낮고 都尉보다는 높은 직책으로 秩二千石. 출정 시에 임시로 임명되며 校兵을 지휘하고 司馬·侯 등의 속관을 거느렸다.

36) 衛尉 : 궁정의 경비를 담당하는 무직으로 秩中二千石. 九卿 가운데 하나.

37) 渾邪王 : 休屠王과 함께 甘肅 河西回廊 지대에서 유목하던 흉노인의 수령. 한 武帝 元狩 2년(기원전 121) 한의 군대에게 누차 패배한 것에 대해 선우가 격노하여 주살하려고 하자 휴도왕을 살해하고 한에 투항하였다.

고 한에 항복하니, 금성金城38)과 하서河西 서쪽으로부터 남산을 따라 염택鹽澤39)에 이르기까지 흉노족이 살지 않게 되었다. 이후 흉노는 매우 이따금 척후병을 보내기도 하였다. 그로부터 다시 두 해가 지나 한은 흉노의 선우를 공격하여 사막의 북쪽으로 내쫓았다.

무제는 장건에게 대하 등의 나라에 대하여 자주 물었다. 당시 장건은 후侯의 작위를 잃은 상태였다. 장건은 다음과 같이 대답하였다.

"신이 흉노 땅에 있을 때 오손烏孫의 왕을 곤막昆莫이라 부른다고 들었습니다. 곤막의 난두미難兜靡가 이끄는 오손은 본디 대월지와 함께 기련산과 둔황 사이에 사는 작은 나라였습니다. 대월지가 난두미를 공격하여 죽이고 그 땅을 빼앗자 백성들은 도망하여 흉노에게 갔습니다. 곤막이 막 태어났을 때 부모傅母40)인 포취布就와 흡후翕侯41)가 안고 도망가다가 먹을 것을 구하기 위해 잠시 풀밭 속에 숨겨두었다고 합니다. 그런데 돌아와 보니 이리가 젖을 먹이고 있었으며, 또 까마귀가 고기를 물고 날아와 그 곁에 두는 것이었습니다. 사람들은 신령한 아기라 여겨 그를 안고 흉노에게 귀순하자 선우도 어여삐 여기며 길렀다고 합니다.

곤막이 장성하자 선우는 그 아비의 휘하 백성이었던 자들을 주어 군대로 거느리게 하였더니 여러 차례 공을 세웠습니다. 그 무렵 월

---

38) 金城 : 현재의 甘肅省 蘭州.

39) 鹽澤 : 현재의 롭 노르. 鹽水라고도 칭하였다.

40) 傅母 : 귀족 자녀의 보육과 훈도를 책임지던 노년의 부인.

41) 布就와 翕侯 : 顏師古에 의하면, 翕侯는 오손의 대신을 가리키는 官號로서 한의 將軍에 해당하며 布就는 翕侯 가운데 하나로 右將軍이나 左將軍 같은 직위라고 한다.

지는 흉노에게 패한 후 서쪽으로 색왕塞王[42)]을 쳐서 이겼습니다. 이에 색왕은 남쪽으로 멀리 도망가고 월지가 그 땅을 차지하였습니다. 당시 건장해진 곤막은 선우에게 아비의 원한을 갚게 해달라고 자청하고 서쪽으로 대월지를 공격하여 마침내 격파하였습니다. 대월지는 서쪽으로 도망하여 대하의 땅으로 이주하였습니다. 곤막은 대월지를 치고 나서 그 땅에 거주하며 군세를 키웠습니다. 그 무렵 선우가 죽었는데 이후 그는 더 이상 흉노를 섬기려 하지 않았습니다. 이에 흉노가 군대를 보내 공격하였지만 이기지 못하자 그를 더욱 신령하다 여기며 경원하였습니다.

지금 선우는 한의 공격을 받아 곤란을 겪고 있으며 곤막의 옛땅은 여전히 비워진 상태입니다. 무릇 오랑캐들은 옛땅을 그리워하고 또 한편으로 한의 문물을 가지고 싶어 합니다. 그러니 이때를 이용하여 오손에게 많은 물자를 주며 동쪽의 옛땅으로 돌아오라 하고, 또 우리의 공주를 보내 그 부인으로 삼으며 인척 관계를 맺자고 하면 저들은 반드시 응할 것입니다. 그렇게 되면 이는 흉노의 오른쪽 팔을 잘라내는 것과 마찬가지입니다. 오손과 연합하게 되면 그 서쪽에 있는 대하 등까지 모두 불러 들여 외신外臣으로 삼을 수 있을 것입니다."

무제는 그 말이 옳다고 여기고 장건을 중랑장中郎將[43)]에 임명하여 300명의 군졸을 거느리게 하여 파견했다. 군졸들은 각각 말 2필을 거느리게 하였으며 이밖에 소와 양 각각 만여 마리, 만여 냥의 황금

---

42) 塞王 : 안사고는 음이 '색'이며, 서역의 나라 이름이라고 註를 붙이고 있다.
43) 中郎將 : 궁정의 宿衛를 관장하고 御駕를 수행하는 무직. 郎中令을 보좌하여 郎官을 선발하는 임무를 수행하였다.

과 만여 필의 비단을 가져가게 했다. 또 여러 명에게 부사副使의 부절을 주어서 길이 닿는 이웃 나라에 파견하도록 하였다. 장건은 오손에 도달하여 하사품을 주고 황제의 뜻을 알렸으나 그들의 동의를 얻지 못하였다. 그 전말은 「서역전西域傳」에 적혀 있다. 이에 장건은 부사들을 대완, 강거, 월지, 대하에 나누어 파견하였다. 이후 오손은 통역과 길잡이들을 붙여서 장건을 환송해 주었다. 그러면서 오손의 사자 수십 명으로 하여금 말 수십 필을 끌고 한에 가서 사례하게 하는 한편으로 한의 국정을 살피고 또 그 규모가 어떠한 지 알아보게 하였다.

장건은 돌아와 대행大行44)에 임명되었다. 그리고 그 1년여 후에 세상을 떠났다. 그로부터 1년여가 지나서, 장건이 대하 등에 파견하였던 부사들이 모두 그 나라 사람과 함께 돌아왔다. 이에 서북의 나라들이 처음으로 한과 통교하게 되었다. 그런데 장건이 통교를 뚫은 이래 그곳에 사신으로 가는 자가 모두 박망후라 칭하며 외국에 신용을 얻으려 하였다. 외국은 또 그렇게 하면 신임하였다. 그 후 오손과 한이 마침내 통혼하였다.

애초에 무제가 『역』으로 점을 쳤는데, '신마神馬가 서북에서 올 것이다.'라는 점괘가 나왔다. 이후 오손으로부터 좋은 말을 얻어 '천마天馬'라 칭하였다. 그런데 그 뒤 대완의 한혈마汗血馬45)를 얻었는데 더욱 크고 강건하였다. 그래서 오손의 말을 서극마西極馬라고 바꿔 부르고 대완의 말을 '천마'라고 칭했다고 한다.

---

44) 大行 : 四方 賓客의 迎接을 담당하는 관직. 外交와 出使도 관장하였다.

45) 汗血馬 : 쉬지 않고 달려 피와 같은 땀을 흘리는 말. 서역의 명마를 가리키는 용어이다.

그 뒤에 한이 영거슈居46)의 서쪽에 요새를 구축하고 주천군酒泉郡
을 설치하여 서북의 나라들과 통교하기 시작하였다. 그때부터 자주
사자를 파견하여 안식·엄채奄蔡47)·여헌犂軒48)·조지條支49)·신독국
에 가게 하였다. 무제가 대완의 말을 좋아하여 이들 지역에 다녀오
는 사자들이 길에서 서로 마주칠 정도였다. 사신단의 규모는 클 경
우 수백 명이었고 적을 경우에도 백여 명이었다. 지니고 가는 부절
과 물품은 대략 박망후 때와 비슷하였다. 그 후 서역 물산이 익숙해
지자 사신단의 규모도 줄었다. 한에서는 사자를 대략 한 해에 많을
때는 십여 차례, 적을 때는 대여섯 차례 파견하였다. 사자는 먼 곳은
8, 9년만에, 가까운 곳은 몇 년만에 돌아왔다.

그 무렵 한이 월越을 멸망시키자50) 촉을 통해 통교하던 서남 오랑
캐들이 두려워하며 복속하기를 청하였다. 이에 장가군牂柯郡·월수
군越巂郡·익주군益州郡·침려군沈黎郡·문산군文山郡51)을 설치하고 이
렇게 변경을 이어 나아가 대하와 통교하고자 하였다. 이후 이들 군

---

46) 슈居 : 金城에 속해 있던 縣. 무제 元鼎 2년(기원전 115) 郡으로 승격되었다.

47) 奄蔡 : 『사기』 「大宛列傳」에서는, '康居 서북방으로 2천리 떨어진 곳에 있다.
풍속은 康居와 대체로 동일하다.'고 적고 있다.

48) 犂軒 : 안사고에 의하면 大秦國을 가리킨다고 한다. 張掖郡의 驪軒縣은 大
秦國의 명칭에서 취한 것으로, 驪와 犂는 음이 동일하다고 註를 가하고 있
다. 고래로 로마의 페트라, 알렉산드리아, 카스피해 남방 등의 여러 학설이
제기되어 있다.

49) 條支 : 安息에서 大秦(로마)으로 가는 교통로 상에 위치하였던 나라.

50) 한 무제 元鼎 5년(기원전 112) 南越을 정벌하고 그 땅에 9郡을 설치한 것을
가리킨다.

51) 牂柯郡·越巂郡·益州郡·沈黎郡·文山郡 : 각각 且蘭, 邛, 滇越, 莋, 冉과 駹
땅에 설치되었다. 현재의 雲南省, 四川省, 貴州省 일대에 분포하였다.

으로부터 해마다 10차례 사자를 파견하였으나, 모두 곤명에서 가로
막혀 사자는 살해되고 재물은 탈취되었다. 그리하여 한이 군대를 파
견하여 곤명을 공격하고 수만 명의 목을 베었다. 이후 다시 사자를
파견하였으나 끝내 통교하지 못하였다. 그 사정은 「서남이전」에 적
혀 있다.

장건이 외국으로 나가는 길을 개척함으로써 존귀하게 된 이래로
그 휘하에 있던 부하와 병졸들이 다투어 상주하여 신기한 외국의 물
산을 설명하며 그 통교의 이익을 주장하였다. 그러면서 자신이 사자
로 나갈 것을 주청하였다. 무제는 그 길이 극히 멀어 보통 사람이
좋아하지 않을 일임에도 자청한다고 여겨 들어주었다. 그리고 부절
을 준 다음 누구인지도 묻지 않은 채[52] 사람을 모집하여 사절단을
꾸린 다음 파견하였다. 이렇게 외국으로 나가는 길을 넓혔다.

하지만 오가는 길에 사절단의 물품이 침탈당하는 일이 없을 수
없었다. 사절이 무제의 뜻을 어기는 일도 있었다. 무제는 그런 일이
관행이 되었다고 판단하고 격노하여, 중죄로 처벌하겠다고 하며 공
을 세워 속죄하라고 하였다. 그러자 모두 다시 사신으로 나가겠다고
자원하였다. 하지만 사절에게는 별의별 일이 많고 변명거리도 많아
가벼이 법을 어겼다. 사절단의 부하와 병졸들 또한 외국의 물산을
멋대로 과장하여 떠벌렸다. 크게 떠벌리면 정사가 되고 작게 떠벌리
면 부사가 되었다. 그래서 망언을 일삼고 불량배가 서로 나쁜 짓을
다투었다. 사자들은 조정의 재물을 훔쳐 싸게 내다 팔아 이익을 챙

---

52) 이러한 사정에 대해 안사고는 '遠近을 不問하였으며 家人 私隷일지라도 다
받아들였다.'고 註를 붙이고 있다.

겼다.

외국에서도 한의 사자들이 모두 작게든 크게든 허언을 일삼는 것을 보고 싫어하게 되었다. 그리하여 한이 멀리 떨어져 있으니 군대를 보내지 못할 것이라 여기고 사자에 대한 음식의 제공을 중단하여 곤경에 빠트리기도 하였다. 한의 사자들은 곤궁해지자 질책하고 원망하며 서로 공격하였다. 누란樓蘭53)과 고사姑師54)는 작은 나라지만 교통의 요지에 있으면서 한의 사자를 공격하고 약탈하였다. 왕회王恢55) 등이 특히 심하게 당하였다. 흉노 또한 기습 부대를 이용하여 수시로 사자를 가로막고 공격하였다.

사자들은 외국을 복속시키고 정복해야 이익이 된다고 다투어 주장하였다. 외국에 성읍이 있으나 군대가 약하여 공략하기 쉽다고 말하였다. 이에 무제는 종표후從票侯 조파노趙破奴56)를 파견하여 속국의 기병 및 군郡의 군대 수만 명을 이끌고 흉노를 공격하게 하니 흉노가 퇴각하였다. 이듬해에 고사姑師를 격파하고 누란의 왕을 사로잡았다. 그리하여 주천酒泉에서 옥문관玉門關57)까지 정亭과 장鄣58)

---

53) 樓蘭 : 타림 분지 동변의 롭 노르 부근에 있던 오아시스 도시. 昭帝 元鳳 4년 (기원전 77)에 鄯善으로 개칭하였다.
54) 姑師 : 현재의 투르판 부근에 있던 도시 국가.
55) 王恢 : 기원전 107년 姑師 정벌의 공으로 浩侯에 봉해진 인물. 이후 같은 해에 皇命 날조의 혐의로 封爵을 박탈당하였다.
56) 從票侯 趙破奴 : 驃騎將軍의 司馬로서 흉노 원정에 출전하여 從票侯에 봉해졌으나 기원전 112년 작위를 상실하였다. 기원전 108년에는 樓蘭을 공격하여 그 왕을 포로로 잡고 그 공으로 浞野侯에 봉해졌다. 『한서』 권55에 열전이 있다.
57) 玉門關 : 陽關과 함께 마지막에 위치한 關所, 燉煌의 서북에 위치.
58) 亭과 鄣 : 변경과 關塞에 설치하여 적의 동태를 살피고 경비하기 위한 시설

이 이어지게 되었다.

대완과 그 주변 나라들은 귀국하는 한의 사자를 따라 사신을 파견하였다. 그리고 한이 광대한 것을 보고 큰 새의 알과 여헌의 현인眩人[59]을 한에 바치니 무제가 크게 기뻐하였다. 이후 한의 사자가 황하의 발원지를 찾아냈는데 그 산에 옥이 많았으므로 채취하여 왔다. 무제는 옛 지도와 서적을 살펴보고 황하가 발원하는 산의 이름을 곤륜산昆侖山이라 부르게 하였다.

이 무렵 무제는 자주 해변 지역을 순행巡行하였는데 늘 외국에서 온 빈객賓客들을 데리고 다녔다. 그리고 큰 도회지의 사람 많은 곳을 지나며 외국 빈객들에게 많은 재물과 비단을 상으로 하사하였다. 한의 부유함을 과시하기 위함이었다. 큰 각저角氐[60] 대회를 열고, 기이한 유희와 여러 신기한 물건을 펼치고 사람들을 모아 관람시키기도 하였다. 상을 하사하기도 하고 주지육림을 펼쳐 주었으며 때로 외국의 빈객에게 각지 창고에 쌓인 물자를 두루 구경시키기도 하였다. 한의 광대함을 보고 놀라게 만들려 했던 것이다. 곡예사인 현인의 재주가 다양해지고 씨름꾼의 기술과 각종 유희의 수준이 해마다 발달하여 이들 공연이 더욱 성행하게 된 것도 이때부터였다.

외국 사신의 왕래도 더욱 잦아졌다. 하지만 대완 서쪽에 있는 나라는 멀리 떨어져 있다는 생각에 여전히 교만하였다. 이들에 대해서는 무력으로 굴복시키지 못하고 예로써 구슬리며 사신을 왕래하였다.

물.

59) 眩人 : 마술사 혹은 곡예사. 안사고에 의하면 입으로 칼을 삼키거나 불을 토하기도 하고, 사람을 죽이거나 말을 토막 내는 듯한 묘기를 공연하였다고 한다.

60) 角氐 : 씨름 등의 경기. 角抵, 爭交라고도 하였다.

한의 사자가 많이 외국에 나가게 되자, 사자를 따라 다녀온 수행원들도 다들 그럴듯한 말을 무제에게 아뢰었다. '대완에는 좋은 말들이 이사성貳師城이란 곳에 모여 있는데 한의 사자에게는 감추고 보여주려 하지 않는다.'는 말을 한 자도 있었다. 무제는 대완의 말을 좋아하고 있었는데 이 말을 듣고 귀가 솔깃해졌다. 그래서 장사 차령車令에게 많은 재물과 황금으로 만든 말을 주어, 이를 갖고 대완의 왕에게 가서 이사성에 있는 명마를 달라고 청하게 하였다. 그런데 대완에는 이미 한의 물자가 대단히 많았다. 그들은 다음과 같이 모의하였다.

"한은 우리와 멀리 떨어져 있다. 또 이리로 오는 도중 염수鹽水[61]를 건너다 많이 죽는다. 그 북쪽으로 오려 하면 흉노가 있다. 그렇다고 그 남쪽을 거쳐 오려 하면 물과 풀이 부족하며 왕왕 사람 사는 고을이 끊겨 음식이 부족해질 때가 많다. 그리하여 한의 사자는 한 번에 수백 명 씩 무리를 지어 오는데 항상 먹을 것이 부족하여 죽는 자가 반이 넘는다. 그런데 어떻게 대군을 보낼 수 있겠는가? 더욱이 이사성의 말은 대완의 보배이다."

그들은 끝내 한에게 말을 내주려 하지 않았다. 한의 사자는 노하여 욕을 하며 방망이로 황금 말을 부숴버리고 나왔다. 이에 대완의 중신이 노하여 말했다.

"한의 사자가 너무도 우리를 업신여기는도다!"

이후 한의 사자를 돌아가게 한 다음 그 동쪽 변방의 욱성왕旭成王으로 하여금 길목을 가로막고 공격하게 하였다. 한의 사자는 살해되

---

61) 鹽水 : 롭 노르, 鹽澤이라고도 불렸다.

고 그 재물도 탈취되어 버렸다. 이 소식을 듣고 무제는 대노하였다. 이에 일찍이 대완에 사자로 다녀온 바 있는 요정한姚定漢 등이 말하였다.

"대완의 군대는 약합니다. 한의 군대라면 3,000명이 안 되어도 쇠뇌를 발사하여 정복할 수 있을 것입니다."

무제는 일찍이 착야후涊野侯[62]로 하여금 누란을 공략할 때 기병 700기를 먼저 보내 누란의 왕을 사로잡은 적이 있어서, 요정한 등의 말이 맞을 것이라 여겼다. 그래서 총애하던 후궁 이씨李氏의 오빠 이광리李廣利를 후侯로 봉하고자 하여 그를 장군으로 삼아 대완을 정벌하였다.

출전 『한서』 권61, 「장건전(張騫傳)」.

내용 한 무제 시기 서역이라 불리던 중앙아시아 지역과의 교통로가 처음 개척되었다. 그 주역이 장건이다. 장건은 무제의 즉위 직후인 건원 2년(기원전 139) 월지와의 군사 동맹 체결을 위해 파견되었다. 하지만 서역으로 가는 도중 흉노의 영역을 지나다가 사로잡혀 10년 동안 억류당했다. 이후 탈출하여 대완을 거쳐 월지에 도착하였으나 군사적 동맹을 성공시키지는 못하였다. 장건은 돌아오는 길에 다시 흉노에 붙잡혔다가 귀국하였다. 그는 기원전 116년 다시 사자가 되어 서역으로 가서 오손과의 연합을 도모하였으나 역시 실패하고 이듬해에 돌아왔다.

---

62) 涊野侯 : 趙破奴. 從票侯였다가 封爵을 상실하고 후일 다시 涊野侯에 봉해졌다.

이광리李廣利의 오손烏孫 정벌

이광리의 여동생 이 부인이 무제의 총애를 받아 창읍애왕昌邑哀王[63]을 낳았다.

태초太初 원년(기원전 104) 이광리를 이사장군貳師將軍으로 임명하고 속국屬國[64]의 기병 6,000과 군국郡國의 불량배들 수만 명을 징발하여 출동시켰다. 오손烏孫의 이사성貳師城에 가서 좋은 말을 가져올 것을 기대하고 '이사장군'이라 이름을 붙였다. 전 호후浩侯 왕회王恢[65]로 하여금 군대의 길을 안내하게 하였다.

군대가 서쪽으로 염수鹽水를 건너자 진군로에 위치한 소국들이 각각 굳게 성을 지키며 식량을 공급하려 들지 않았다. 한의 군대는 이들을 공격하였으나 함락시키지 못하였다. 간혹 함락시킬 경우 식량을 획득하고, 함락되지 않을 경우에는 며칠 간 공격하다 떠나갔다.

가까스로 욱성郁城에 도착했을 때 군사는 겨우 수천밖에 남지 않았고 그나마 모두 굶주려 지쳐 있었다. 그런 상태로 욱성을 공격하였으나 저항을 받아 죽거나 다친 병사가 대단히 많이 발생하였다. 이사장군이 좌우의 참모들과 논의하였다.

"욱성조차 함락시키지 못하는데 하물며 그 도성이야 어찌 되겠는

---

63) 昌邑哀王 : 본명은 劉賀. 昭帝의 뒤를 이어 황제로 즉위했다가 無道함을 이유로 27일만에 폐위되었다.

64) 屬國 : 투항한 소수 민족이 거주하는 지역. 연변의 5郡 및 河南에 배치하고 고유의 풍속을 유지할 수 있도록 하였다.

65) 전 호후(浩侯) 왕회(王恢) : 무제 元封 3년(기원전 108) 趙破奴가 누란 정벌의 공으로 浞野侯에 봉해질 때 함께 王恢는 浩侯가 되었다가 한 달 후 죄를 지어 侯位를 삭탈당하였다.

52

가?"

곧바로 군대를 이끌고 후퇴하였다. 오가는 데 두 해가 걸렸는데 둔황에 도착해 보니 남은 군사가 열 가운데 하나 둘에 불과하였다. 그는 사자를 보내 상주하였다.

"길은 멀고 군량이 몹시 부족했습니다. 그래서 병졸들은 전투보다도 굶주림을 더 걱정하였습니다. 인원이 적어 대완을 함락시키기에는 역부족입니다. 우선 철수하였다가 군사를 증원하여 다시 공격에 나서도록 해 주십시오."

이에 무제는 대노하여 사자를 보내 옥문관玉門關을 닫아 걸고 다음과 같이 이르게 하였다.

"무단히 들어오면 참하겠다."

이사장군은 두려워 그대로 둔황에 머물며 주둔하였다.

그해 여름 한은 착야후浞野侯로 하여금 흉노를 공격하게 했다가 군대 2만여 명을 잃었다. 공경 대신들은 모두 대완 정벌군을 해체하고 흉노 공격에 집중하자고 말하였다. 무제는, '이미 대완을 치기 위해 군대를 출동시켰는데, 대완이 소국임에도 불구하고 정벌하지 못한다면 대하 등은 점점 더 한을 없수이 여길 것이다. 대완의 명마도 끝내 입수하지 못할 것이며 오손과 윤대輪臺66)는 한의 사자를 경시하며 괴롭힐 것이니 한이 외국의 웃음거리가 될 것이다.'라고 생각하였다. 그리하여 대완의 정벌을 심하게 비판한 등광鄧光 등을 처벌하였다.

무제는 죄수를 사면하고 종군시켜 척후병으로 삼는 한편, 불량배

---

66) 輪臺 : 쿠차 부근에 있던 도시 국가.

들과 변경의 기병을 징발하여 6만 명의 군대를 편성하였다. 그리고 일년여 만에 다시 둔황을 나서서 출동토록 하였다. 6만은 장교 등이 부리는 하인이라든가 혹은 장교 등을 위해 사사로이 식량을 운반하는 자는 제외한 숫자였다. 이밖에 소 10만 마리, 말 3만 필, 나귀와 낙타 만여 마리로 하여금 식량을 운반시켰다. 병장기와 쇠뇌도 충분히 갖추었다. 대완 정벌의 조령으로 인해 천하가 떠들썩해졌으며 교위 50여 명이 군대를 이끌었다.

대완의 성 안에는 우물이 없어 성 바깥을 흐르는 하천으로부터 물을 끌어와 쓰고 있었다. 이에 수공水工을 데리고 가서, 그 성으로 들어가는 물길을 다른 데로 돌리는 한편 성벽에 있는 이전의 물 구멍을 더 확대하여 그곳을 통해 성을 공략하도록 하였다. 여기에 더해 18만 명의 수자리 병사를 동원하여 주천과 장액張掖의 북쪽에 포진시키고 거연현居延縣과 휴도현休屠縣을 두어 주천을 지키게 하였다. 그리고 말에 대해 잘 아는 자 두 명을 집마교위執馬校尉와 구마교위驅馬校尉로 임명하여 대완 함락 후 그 명마를 선별하여 데리고 오는 일에 대비하였다.

이처럼 이사장군의 두 번째 출정은 군사가 많았으므로 지나는 곳마다 소국들은 모두 성문을 열고 맞이하여 군량을 지급하였다. 윤대에 이르렀을 때는 항복하지 않아 며칠 동안 공략하여 함락시킨 다음 성을 도륙하였다. 이후 서쪽으로 계속 진군하여 별일 없이 대완성에 이르렀다. 도착한 병졸은 3만 명이었다. 대완의 군대가 한의 군대에 맞서 공격해 오자 한의 군대가 이를 맞아 싸워 패퇴시켰다. 대완의 군대는 성 안으로 도망하였다.

이사장군은 욱성성郁成城을 함락시킬까 하는 생각도 했지만, 그로

54

인해 행군이 지체되어 대완이 간교한 일을 꾸미지나 않을까 우려가 되었다. 그리하여 먼저 대완의 도성에 이르러 그 물줄기를 끊은 다음 물 흐름을 다른 데로 돌렸다. 그 결과 대완은 곤란에 빠져 동요하기 시작하였다. 한의 군대는 도성을 포위하고 40여 일 간 계속 공격하였다. 그러자 대완의 귀족들이 모여 대책을 모의하였다.

"우리 왕 무과毋寡가 명마를 숨기고 한의 사자를 죽여 이 전쟁이 벌어졌다. 우리가 왕을 죽이고 명마를 한에게 내준다면 한의 군대는 철수할 것이다. 만일 그래도 포위를 풀지 않는다면 그때 힘을 다해 싸우다 죽는다 해도 늦지 않을 것이다."

대완의 귀족들은 모두 그 말이 옳다고 여겨 함께 왕을 살해했다. 그 무렵 바깥 쪽 성이 무너져 대완의 귀족이자 핵심 장수였던 전미煎靡가 포로로 잡혔다. 대완은 크게 두려워하며 도망쳐서 중앙의 성으로 들어갔다. 그들은 다시 모여 대책을 논의하여, '한이 공격해 온 것은 왕 무과 때문이다.'라고 하고, 사람을 보내 그 머리를 들고 이사장군에게 가서 말하였다.

"한이 더 이상 우리를 공격하지 않으면 명마를 모두 내놓을 테니 마음대로 골라 가십시오. 한의 군대에게 식량도 지급하겠습니다. 하지만 만일 우리 제안을 거절한다면 명마를 모두 죽여 버리겠습니다. 얼마 후면 강거로부터의 구원병도 올 것입니다. 그들이 오면 우리와 강거가 안팎에서 한의 군대를 맞아 싸울 것입니다. 어느 쪽이 좋을지 잘 헤아려 보십시오."

당시 강거는 한 군대의 기세가 드센 것을 보고 감히 싸우러 오지 못하고 있는 상태였다. 이사장군은 정보를 통해, 대완의 도성에서 우물을 파는 데 능숙한 한 나라 출신의 기술자를 얻어 물 부족을 해결하였고 또 성내에 아직 식량도 많다는 사실을 탐지하고 있었다. 그래서 '이번 전쟁은 문제를 일으킨 중심 인물인 무과를 주살하려는 것이다. 무과의 수급은 이미 도착하였다. 그럼에도 저들의 말을 들어주지 않는다면 저들은 결사적으로 싸울 것이다. 그리고 강거에서 우리 한의 군대가 피로해지기를 기다려 구원병을 보내온다면 우리가 패배할 것이 뻔하다.'라고 생각하였다. 휘하의 장수들도 모두 그렇다고 여겨 대완의 제안을 받아들였다.

대완은 명마를 내놓고 한으로 하여금 뜻대로 고르라 하였으며 많은 식량을 풀어 한의 군대를 먹였다. 한에서는 그 가운데 명마 수십 마리 및 중등 이하의 말을 암수 합하여 3,000여 마리를 골랐다. 그리고 대완의 귀족 가운데 과거 한에 대해 우호적인 자세를 취하였던 인물인 매채昧蔡를 대완의 왕으로 세웠다. 이사장군은 그와 맹약을 체결한 이후 철수하였다. 도읍의 중앙 성에는 끝내 들어가지 못한 채 전투를 중지하고 철수한 것이다.

그에 앞서 이사장군은 둔황의 서쪽에서 출동할 때 인원이 많아 도중에 만나는 나라에서는 군량을 댈 수 없을 것이라 판단하였다. 그래서 몇 개의 부대로 나누어 각각 남과 북으로 길을 달리 하여 진군시켰다. 교위 왕신생王申生과 전에 홍려鴻臚[67]였던 호충국壺充國에게는 별동 부대 1,000여명을 이끌고 욱성성旭成城으로 진군하게 했다. 욱성에서는 문을 닫아 걸고 군량을 지급하지 않았다. 왕신생 등은 본진의 대군과 불과 200리 떨어져 있다는 것을 믿고 욱성을 가볍게 여겼다. 그들은 성급하게 욱성을 공격하고 나섰다. 욱성에서는

---

67) 鴻臚 : 빈객의 접대를 담당하는 기구. 그 관원을 가리키는 용어로도 사용되었다.

왕신생의 군대가 적다는 사실을 알아차리고, 새벽에 3,000명으로 공격하여 왕신생 군대를 패배시켰다. 이에 왕신생은 전사하고 몇 명만 살아 도망하여 이사장군에게 돌아왔다.

이사장군은 수속도위搜粟都尉 상관걸上官桀에게 명하여 욱성을 공격하여 함락시키라고 하였다. 상관걸의 공격에 욱성은 항복하고 그 왕은 강거로 도망갔다. 상관걸도 강거까지 추격하였다. 강거는 한이 이미 대완을 함락시켰다는 사실을 전해 듣고 욱성의 왕을 상관걸에게 내주었다. 상관걸은 4명의 기마 병사로 하여금 이사장군 진영까지 압송토록 하였다. 네 사람은 서로 상의하였다.

"욱성왕은 한이 심히 증오하는 자인데 지금 살려서 데려가면 결국 우리가 화를 당할지도 모른다."

그들은 욱성왕을 죽이고자 하였으나 누구도 선뜻 먼저 나서서 죽이겠다는 자가 없었다. 그러다 상규上邽의 기병인 조제趙弟가 칼을 뽑아 욱성왕을 쳐서 살해하였다. 상관걸 등은 이후 이사장군 진영에 합류하였다.

이에 앞서 이사장군이 두 번째로 출정하였을 때, 무제는 사신을 오손으로 보내 대병을 동원하여 대완을 공격하라고 통고하였다. 오손은 2,000여 명의 기병을 출동시켰으나 중간에서 눈치를 보며 전진하지 않았다. 이사장군이 동쪽으로 돌아올 때 지나는 길의 소국들은, 대완이 평정되었다는 소식을 듣고 그 일족을 파견하여 군대를 따라 한에 들어와 조공을 바쳤다. 또 무제를 알현한 다음 그대로 인질이 되었다. 군대가 귀환하였을 때 옥문관에 들어온 자는 만여 명이었고 말은 천여 필이었다. 두 번째의 원정 때는 군량이 부족하지 않아 전사자도 그다지 많지 않았다. 다만 부하 장수들이 탐욕스러워 병졸을

돌보지 않으며 군량을 가로챘다. 이 때문에 죽은 자가 많았다. 무제
는 이역만리까지 가서 정벌에 성공한 것을 높이 사서 그 허물을 묻
지 아니하였다. 그리고 다음과 같은 조령을 내렸다.

"흉노가 해를 끼친 지 오래되었도다. 지금은 비록 사막의 북쪽으
로 도망갔으나 주변 나라들과 공모하여 대월지로 가는 사신의 길을
끊었다. 그리하여 중랑장中郞將 강江과 전직 안문雁門 태수 양攘의
일행을 가로막고 살해하였다. 위수危須68) 서쪽으로부터 대완에 이르
는 나라가 모두 동맹하여 기문랑期門郞 차령車令과 중랑장 조朝, 그
리고 신독국 사자를 살해하고 동서로 통하는 길을 가로막았다. 이러
한 상황에서 이사장군 이광리는 그 죄를 물어 대완을 정벌하였다.
하늘의 신령함에 힘입어 산을 타고 황하를 거슬러 올라갔으며 사막
을 건너 서해西海로 나아갔다. 다행히 산에 눈이 많지 않아 장수와
병졸이 큰 어려움 없이 진군하여 대완 왕의 수급을 얻었다. 또 진귀
한 물건도 모두 가져와 궁궐에 바쳤다. 이에 이광리를 해서후海西侯
에 봉하고 식읍 8,000호를 내린다."

더불어 욱성왕을 벤 조제를 신치후新時侯에 봉하였고, 군정軍正 조
시성趙始成의 공이 가장 컸으므로 광록대부光祿大夫69)로 삼았으며,
상관걸은 용감하게 적진 깊이 진입했으므로 소부小府로 삼았고, 이치
李哆는 계략이 뛰어났으므로 상당上黨의 태수에 임명하였다. 군대의
장수로 구경九卿에 오른 자가 3명이고, 제후국의 승상과 태수, 이천
석二千石70)에 오른 자가 100여명이나 되었다. 1,000석 이하는 1,000

---

68) 危須 : 현재의 투르판과 카라샤르(焉耆) 사이에 있던 국가.
69) 光祿大夫 : 秩二千石으로 最高位의 大夫.
70) 二千石 : 漢의 官秩로 郡守과 諸侯相 등이 이에 해당한다.

여 명이었다. 자진하여 종군한 자는 바라던 것보다 높은 관직을 받았고, 죄를 지어 종군한 자는 포상은 없지만 그 죄를 사면 받았다. 병졸들에게는 4만 전에 해당하는 상급이 하사되었다. 대완의 정벌은 두 번에 걸쳐 진행되었으며 4년이 걸려서야 모두 종료되었다.

출전 『한서』 권61, 「이광리전李廣利傳」.

내용 태초太初 원년(기원전 104)과 태초 3년(기원전 102) 두 차례에 걸친 이광리의 대완 원정 시말을 기록하고 있다. 대완 원정은 한혈마汗血馬를 탐냈던 무제의 지시에 의해 추진되었다. 이광리의 첫 번째 원정은 참담히 실패하였으나, 두 번째의 원정은 무제의 전폭적인 지원에 힘입어 큰 성공을 거두었다. 한에 적대적인 자세를 취하던 대완의 왕을 살해하고 대신 한에 우호적인 인물을 왕으로 세웠다. 또 무제가 그토록 원하였던 대완의 명마도 수천 필이나 획득하여 개선하였다.

쯩짝·쯩니의 반란과 마원馬援의 진압

그 무렵 또 교지交趾의 여인 쯩짝徵側과 그 여동생 쯩니徵貳가 반란을 일으켜 교지군을 장악하였다. 구진군九眞郡·일남군日南郡·합포군合浦郡[71]의 오랑캐도 모두 이에 응하여 영남嶺南에 있는 60여개 성을 함락시켰다. 쯩니는 자립하여 왕이라 칭하였다.[72] 이에 조서를

---

71) 九眞郡·日南郡·合浦郡 : 기원전 111년 漢이 南越을 멸망시키고 설치한 7군의 일부. 九眞郡·日南郡의 현재의 베트남 북부에, 合浦郡은 중국의 廣西省 남부에 위치하였다.

72) 후한 光武帝 建武 16년(기원 후 40) 徵王이라 칭하였다.

내려 마원을 복파장군伏波將軍에 임명하고 부락후扶樂侯 유릉劉隆으로 하여금 보좌하게 하였다. 이 두 사람에게 누선장군樓船將軍 단지段志 등을 거느리고 남으로 가서 교지를 평정하라 명하였다. 그런데 군대가 합포에 이르렀을 때 단지가 병으로 죽어 마원으로 하여금 그 병사까지 함께 거느리게 하였다. 마원의 군대는 바닷가를 따라 진군하였는데, 산을 따라 천여 리에 달하는 길을 새로 내기도 하였다.

건무建武 18년(기원후 42) 봄, 군대는 낭박浪泊에 도착한 다음 반란군과 싸워 격파하고 수천 급을 참수하였다. 항복한 자도 만여 명에 달하였다. 마원은 쯩짝을 추격하여 금계禁谿에 이르러 이곳에서도 여러 차례 패배시켰다. 반란군은 마침내 흩어져 달아났다. 이듬해 정월 쯩짝과 쯩니를 참수하고 그 수급을 뤄양으로 보냈다. 이 공로로 마원은 신식후新息侯에 봉해지고 식읍 3,000호를 받았다. 마원은 소를 잡고 술을 빚어 군사들을 위로하는 잔치를 벌였다. 마원은 조용히 부하들에게 말하였다.

"내가 어려서 놀 때 사촌 동생은 나를 보고 호탕하고 품은 뜻이 크다며 늘 안타까워했다. 그는, '사나이 한 평생은 그저 옷과 먹을 것에 부족함이 없으며 작은 수레를 타고 다니고 또 말이나 한 마리 느긋하게 몰 수 있으면 된다. 군의 하급 관리가 되어 조상의 분묘를 지키면서, 인근 향리 사람들로부터 좋은 사람이라는 말을 들으면 그것으로 충분하다. 그 밖에 차고 넘치는 것을 구하면 저절로 고달파질 따름이다.'고 말한 바 있다. 내가 낭박과 서리西里에 와서 아직 반란 집단이 다 진압되지 않았을 때, 아래로는 큰 물이 지고 위로는 안개가 자욱했고 또 독기를 품은 뜨거운 기운이 가득 차 있었다. 고개 들어 보니 하늘을 나는 물수리는 천천히 물 가로 내려앉고 있었다. 누워 가만히 생각해 보았다. 어떻게 하면 어렸을 때 늘 듣던 말대로 살아갈 수 있을까? 지금 그대들의 힘을 빌어 폐하로부터 큰 은혜를 입었다. 그런데 미안하게도 그대들보다 앞서 금인과 자수를 차고 있으니 한편으로는 기쁘고 또 한편으로는 부끄럽도다." 부하 장수와 병사들은 이 말을 듣고 모두 엎드려 만세를 불렀다.

마원은 크고 작은 누선樓船73) 2천여 척에다가 병사 2만여 명을 태워 거느리고 구진군으로 진격하여 반란군 쯩짝의 잔당인 도양都羊 등을 토벌하였다. 또 무공無功에서부터 거풍居風까지74) 진군하며 5천여 명을 참하거나 포로로 잡았다. 이로써 교지 일대의 반란은 모두 평정되었다. 마원은 상주하여, '서우현西于縣의 인구는 3만 2천 호戶이며 먼 곳은 현의 소재지로부터 천여 리나 떨어져 있으니, 봉계현封溪縣과 망해현望海縣 두 곳으로 나누자.'라고 하여 허락을 받았다. 마원은 군과 현을 지날 때마다 성곽을 건설하고 수로를 뚫어 관개함으로써 백성의 생활에 이롭게 하였다. 또한 교지의 법률과 한의 법률 사이에 차이가 나는 것 10여 개를 조목별로 분석하여 상주한 다음, 교지인들과 더불어 옛 제도, 즉 교지의 전통을 존중하기로 약속하였다. 그리하여 이후 교지에서는 마장군馬將軍의 전례가 시행되었다.

건원 20년(기원후 44) 가을, 군대를 거두어 수도로 귀환하였다. 장수와 병졸 가운데 장역瘴疫75)에 걸려 죽은 자가 열 가운데 4, 5명이

---

73) 樓船 : 누각이 있는 큰 배.
74) 無功과 居風은 모두 九眞郡에 속하는 縣의 명칭이다.
75) 瘴疫 : 영남 지방 및 베트남 일대에 존재하는 습하고 높은 온도의 해로운 기운. 山林과 壑谷에서 뿜어져 나온다고 일컬어졌다. 瘴氣, 瘴毒이라고도 불렸다.

나 되었다.

출전 『후한서』 권24, 「마원열전馬援列傳」.

내용 전한은 무제 원정元鼎 5년(기원전 112) 남월을 멸망시키고 그 자리에
9군을 설치하였다. 광무제에 의해 후한이 건립된 이후에도 중앙으로부터 자
사나 태수가 파견되었다. 그런데 광무제 건무 16년(기원후 40) 교지에 쯩짝
·쯩니 자매가 지도하는 대규모 반란이 발생하였다. 후한 조정이 마원을 파
견하여 토벌에 나서자 쯩짝·쯩니는 금계禁谿(오늘날의 하노이 일대)로 도망
가서 1년 간 저항을 계속하였으나 결국 진압되고 말았다.

반초班超의 서역 경영

후한 명제 영평永平 16년(기원후 73) 봉거도위奉車都尉 두고竇固가
흉노 원정에 나서며 반초를 가사마假司馬[76]로 삼아 군대를 거느리고
따로 이오伊吾를 공격하게 하였다. 반초는 포류해蒲類海에서 전투를
벌여 많은 오랑캐를 참수하고 돌아왔다. 두고는 그를 유능하다 판단
하여 종사從事 곽순郭恂과 함께 서역에 사신으로 파견하였다.

반초가 선선鄯善[77]에 도착하니 선선왕 광廣이 반초를 대단히 깍듯
하게 대하더니 뒤에 갑자기 느슨해졌다. 이에 반초가 부하에게 말하

---

76) 假司馬에서 '假'는 임시직, 대리직의 의미이다.

77) 鄯善 : 타림 분지 동변의 롭 노르 부근에 있던 오아시스 도시. 4세기 전반 이후
어느 시점엔가 타림 강의 수량과 물길이 변화하여 도시에 물을 공급하던 호수
가 사라짐에 따라 폐허화되어 사막 속에 묻히게 되었다. 章懷太子 李賢은
'본디 樓蘭으로 昭帝 元鳳 4년(기원전 77)에 鄯善으로 개칭하였다. 陽關으로
부터 1,600리, 장안으로부터 6,100리 떨어져 있다.'고 註를 붙이고 있다.

었다.

"왕의 대우가 박해진 것을 알고 있는가? 이는 필시 흉노의 사자가 왔기 때문에, 여우처럼 어느 쪽을 따를지 망설이고 있는 것이다. 눈이 밝은 사람은 싹트기 전에 미리 안다. 하물며 이미 뚜렷하다면 두말할 나위도 없다."

그리고나서 시중드는 선선국 사람을 불러 짐짓 물어보았다.

"흉노 사자가 온 지 여러 날 되었는데 지금 어디 있는가?"

시중드는 사람이 황공해 하며 사실대로 말하였다. 이에 반초는 시중드는 선선 사람을 물리친 다음 휘하의 장교와 병사 36명을 모두 모아 함께 술을 마셨다. 술이 거나해지자 격앙된 목소리로 말했다.

"그대들은 나와 함께 이 머나먼 땅에 왔다. 큰 공을 세워 부귀를 이루고자 하는 것이다. 그런데 지금 흉노의 사자가 와서 여러 날이나 되었고 왕인 광의 대우도 갑자기 소홀해졌다. 만일 선선이 우리를 사로잡아 흉노로 보내면 우리 몸은 이리 떼의 밥이 될 것이다. 어찌하면 좋겠는가?"

부하들이 한 목소리로 대답하였다.

"지금 다급한 상황이니 생사를 모두 사마께 맡기겠습니다."

반초가 말하였다.

"호랑이 굴로 들어가지 않으면 호랑이 새끼를 잡을 수 없다.[78] 지금의 계책은 밤을 틈타 흉노의 사자를 불로 공격하는 것밖에 없다. 그렇게 하면 저들이 우리의 숫자를 몰라 반드시 몹시 두려워할 것이고 그것을 이용하여 모두 다 죽일 수 있을 것이다. 흉노 사자들을

---

78) 이 유명한 말은 이때 班超가 처음 사용한 것이다.

모두 죽이면 선선은 겁이 나서 우리 말을 따를 것이다."

무리가 말하였다.

"이번 일은 종사와 의논해야 할 것입니다."

반초가 화를 내며 말하였다.

"일의 성패는 오늘 결판내야 한다. 종사는 예법과 전례에 얽매인 관리[79]이다. 이 얘기를 들으면 두려워할 것이고 그리하여 일이 누설될 것이다. 명분 없이 죽는 것은 사나이가 아니다."

무리들이 대답하였다.

"좋습니다."

초저녁이 되자 장교와 병사를 거느리고 흉노의 숙소로 쳐들어갔다. 때마침 큰 바람이 불어왔다. 반초는 10명에게 북을 지니고 흉노의 숙소 뒤에 숨어 있으라 하고 다음과 같이 일렀다.

"불이 타오르는 것을 보거든 모두 북을 두드리며 크게 소리 질러라."

조금 후 반초가 바람을 타고 불을 지르자 여기저기에서 요란하게 북소리가 났다. 흉노 무리가 놀라 흩어지자 반초는 손으로 세 사람을 쳐 죽였다. 장교와 병사들은 흉노의 사자 및 그 휘하의 병졸 30여 명을 죽였다. 나머지 백여 명은 모두 불에 타 죽었다. 이튿날 아침 종사 곽순에게 보고하자 크게 놀라 안색이 변하였다. 반초는 그 마음을 알고 손을 잡고 말하였다.

"종사가 우리와 함께 하지는 않았지만 내가 어찌 독단적으로 그리했겠소?"

---

79) 원문은 文俗吏. 文規와 禮俗을 지키는 관리라는 의미.

그러자 곽순이 좋아하였다. 이후 반초는 선선왕 광을 찾아가 흉노 사신의 수급을 보여주었다. 온 나라 전체가 두려워 떨었다. 반초는 잘 다독거려 국왕의 아들을 인질로 삼았다.

귀국하여 두고에게 보고하자 두고는 크게 기뻐하며 반초의 공적을 명제明帝에게 아뢰었다. 아울러 다시 사신을 뽑아 서역으로 보내자고 주장하였다. 명제는 반초의 기개를 칭찬하며 두고에게 말하였다.

"반초와 같은 인물이 있는데 왜 그를 안 보내고 다시 뽑자는 것이오? 반초를 군사마軍司馬로 삼아 이전의 공을 이어 완수하게 하시오."

반초가 다시 사신으로 나가게 되자 두고는 군사 숫자를 더 늘려주려 하였다. 이에 반초가 말하였다.

"본래 데리고 갔던 30여 명이면 충분합니다. 만일 무슨 일이 생기게 되면 많을수록 더 거추장스럽습니다."

그 무렵 우전于窴[80]의 왕 광덕廣德은 새로이 사차莎車[81]를 격파하고 남도南道[82] 일대에서 세력을 떨치고 있었다. 흉노는 사자를 파견하여 우전을 감독하며 보호하였다. 반초는 서역으로 향하여 먼저 우전에 도착하였다. 광덕의 대우는 대단히 소홀하였다. 당시 그 풍속은 무당을 믿고 있었는데 무당이 말하였다.

"왜 한을 따르려 하느냐고 신이 노하셨다. 한의 사자에게 연한 노란색의 말이 있다. 빨리 데려와서 신에게 제사지내라."

광덕은 사람을 보내 반초에게 말을 달라고 청하였다. 반초는 은밀

---

80) 于窴 : 타림 분지 남변의 주요한 오아시스 도시인 호탄(和田). 章懷太子 李
賢은 장안으로부터 9,600리 떨어져 있다고 註를 붙이고 있다.
81) 莎車 : 오늘날의 카슈가르 인근의 莎車縣(야르칸드) 인근.
82) 南道 : 서역의 남도, 즉 타림 분지의 남쪽을 지나가는 길.

히 그 상황을 탐지한 다음 허락하겠다고 답하고, 무당으로 하여금 직접 와서 받아 가라 하였다. 얼마 후 무당이 도착하자 반초는 즉시 그 머리를 베어 광덕에게 보내며 힐난하였다. 광덕은 이미 반초가 선선에서 흉노의 사자를 베어 죽였다는 사실을 알고 있었다. 광덕은 크게 두려워 떨며 즉시 흉노의 사자를 죽이고 반초에게 항복하였다. 반초는 그 왕 이하에게 많은 상을 내리고 진무하였다.

당시 구자龜茲[83])의 왕 건建은 흉노에 의해 옹립되어, 흉노의 위세에 의지하여 북도北道[84]) 일대를 장악하고 있었다. 소륵疏勒[85])을 정벌하여 그 왕을 죽이고 구자 사람 두제兜題를 소륵의 왕으로 삼았다. 이듬해 봄 반초는 샛길로 해서 소륵으로 갔다. 그리고 두제가 사는 반탁성盤橐城으로부터 90리 떨어진 곳에서, 먼저 부하 장수 전려田慮를 보내 두제를 항복시키라 명하였다. 그리고 다음과 같이 전려에게 일렀다.

"두제는 본디 소륵 출신이 아니다. 그러니 나라 사람들도 필시 그 명령을 듣지 않을 것이다. 만일 항복하지 않는다면 포박하여도 좋다."

전려가 도착하니, 두제는 그 군대가 소수인 것을 보고 항복하려 들지 않았다. 전려는 경비가 허술한 틈을 보아 두제를 포박해 버렸다. 주변 사람들은 뜻밖에 일이 벌어지자 모두 놀라 달아나 버렸다. 전려는 서둘러 반초에게 보고하였고 이에 반초는 급히 달려와서, 소륵의 장수와 관리를 모두 불러 모으고 구자의 무도한 행태를 말해 주었다. 이어 죽은 왕의 형이 낳은 아들인 충忠을 왕으로 삼으니 구

83) 龜茲 : 오늘날의 쿠차
84) 北道 : 서역의 북도, 즉 타림 분지의 북쪽을 지나가는 길.
85) 疏勒 : 오늘날의 카슈가르.

자 사람들이 크게 기뻐하였다. 충과 구자의 관리들은 모두 두제를 살해하자고 청하였으나 반초는 듣지 않았다. 오히려 위세와 신뢰를 보이기 위해 두제를 살려 주고 구자로 돌려 보냈다. 이로 인해 소륵 은 구자와 원수가 되었다.

영평 18년(기원후 75) 명제가 붕어하였다. 언기焉耆[86]가 중국의 대 상大喪[87]을 이용하여 서역도호西域都護 진목陳睦을 공격하여 살해하 였다. 반초는 고립무원의 처지에 빠졌고, 구자와 고묵姑墨[88]은 자주 군대를 출동시켜 소륵을 공격하였다. 반초는 반탁성을 지키며 장수 와 군대가 적었지만 충과 잘 연대하여 1년여를 지켜냈다. 장제章帝는 즉위한 후 진목이 살해된 상태에서 반초가 홀로 지켜낼 수 없을 것이 라 우려하여 귀환하라는 명령을 내렸다. 반초가 돌아가려 하자 소륵 은 온 나라가 근심과 공포에 빠졌다. 도위都尉 여엄黎弇이 말했다.

"한이 우리를 버린다면 우리는 반드시 다시 구자에 의해 멸망할 것입니다. 한의 사자가 돌아가는 것을 정말 두고 볼 수 없습니다."

그리고 칼을 뽑아 자결하였다.

반초는 소륵을 떠나 우전에 이르렀다. 왕과 대신 이하 모두가 울 며 말했다.

"한의 사자를 부모처럼 의지하였습니다. 정말 가시면 안 됩니다."

그리고 반초가 탄 말의 다리를 붙들고 가지 못하게 막았다. 반초 는 우전이 끝내 자신을 가로막아 동쪽으로 가지 못하게 할 것을 알 고, 또 본디 품었던 뜻을 이루기 위해 다시 소륵으로 돌아갔다. 소륵

---

86) 焉耆 : 카라샤르. 오늘날의 쿠얼라 북방에 위치.
87) 大喪 : 제왕의 喪事.
88) 姑墨 : 오늘날의 아커쑤(阿克蘇) 일대.

의 두 성은 반초가 떠나간 후 다시 구자에 항복하고 위두尉頭[89]와 연합해 있는 상태였다. 반초는 모반한 자들을 포박하여 참수하고 위두를 격파하여 6백여 명을 죽였다. 소륵은 다시 안정을 되찾았다.

장제章帝 건초建初 3년(기원후 78) 반초는 소륵·강거·우전·구미拘彌[90]의 군대 1만 명을 이끌고 고묵의 석성石城을 공격하여 함락시키고 700명을 참수하였다. 이를 기회로 서역의 제국을 평정하려 마음먹고 군대의 증파를 요청하는 상주문을 올렸다.

"신이 삼가 살피건대 선제께서는 서역으로 통하는 길을 개척하고자 하셨습니다. 그리하여 북으로 흉노를 격파하고 서쪽으로는 외국에 사신을 보냈습니다. 이에 선선과 우전은 즉시 복속되었습니다. 현재 구미·사차莎車·소륵·월지·오손·강거 등은 다시 귀부歸附를 원하고 있으며, 함께 힘을 합하여 구자를 쳐서 멸망시킴으로써 한으로 통하는 길을 열고 싶어 합니다. 만일 구자를 얻는다면 서역 가운데 복속되지 않은 것은 백분의 일에 불과할 것입니다.

삼가 엎드려 생각하건대 신은 작은 부대의 하급 장수이지만, 진실로 머나먼 이국에서 목숨을 바친 곡길谷吉[91]을 본받아 장건처럼 광야에 몸을 내던지기를 원합니다. 저 옛날 진晉의 위강魏絳은 제후국의 대부大夫이지만 여러 오랑캐들을 복속시켰습니다. 하물며 신은 대한大漢의 위세를 받들고 있으니 무딘 칼을 한 번 사용하는 정도의 효과는 올려야 하지 않겠습니까?

---

89) 尉頭 : 오늘날의 아커쑤 북방의 烏什縣 부근.
90) 拘彌 : 오늘날의 호탄(和田)과 策勒縣 인근에 위치.
91) 谷吉 : 전한 元帝 시기의 인물. 衛司馬가 되어 장안에 와 있던 郅支 선우의 侍子를 호송하여 흉노에 갔다가 郅支에게 살해되었다.

전한의 논객들은 모두, '36개 나라를 취하는 것은 흉노의 오른 팔을 잘라 버리는 것과 같다.'고 말하였습니다. 지금 서역의 여러 나라들은 해지는 곳의 저 멀리부터 모두 한에 복속되어 있습니다. 크고 작은 나라 모두 기뻐하여 조공을 바치는 것이 끊이지 않습니다. 다만 언기焉耆와 구자만 복종하지 않고 있습니다.

신은 지난 번에 휘하의 무리 36명과 함께 아득히 먼 곳에 사신으로 가서 온갖 고초를 겪은 바 있습니다. 외롭게 소륵을 지킨 것도 지금까지 5년이나 되었습니다. 그러기에 오랑캐들의 사정을 두루 알고 있습니다. 그들에게 성곽의 크기라든가 방어의 문제점에 대해 지적하면, '한을 의지하는 것이 하늘을 의지하는 것과 같다.'고 모두 말합니다. 이로 비추어 보건대 총령葱嶺[92]을 넘어 그 바깥과 통할 수 있습니다. 총령을 넘어 통하게 된다면 구자도 가히 정벌할 수 있을 것입니다.

지금 마땅히 구자의 시자侍子[93] 백패白霸를 그 국왕으로 임명하고, 보병과 기병 수백 명으로 하여금 따라가게 한 뒤 다른 나라들과 연대하도록 해야 합니다. 그렇다면 머지않아 구자 왕을 사로잡을 수 있을 것입니다. 이적夷狄으로써 이적을 정벌하게 하는 것이 좋은 계책입니다. 신이 보건대 사차와 소륵은 경작지가 넓고 비옥하며 목초지도 드넓고 넉넉하여 둔황이나 선선鄯善 일대와 비할 바가 아닙니다. 이들 지역의 군대는 중국의 비용 지출 없이도 유지될 수 있으며 군량도 자급이 가능합니다. 또한 고묵姑墨과 온숙溫宿[94] 두 나라의

---

92) 葱嶺 : 파미르 고원.

93) 侍子 : 속국의 왕이나 제후로부터 천자에게 보내져 入侍하는 아들.

94) 溫宿 : 오늘날 아커쑤 북방의 烏什縣 부근.

왕은 구자에 의해 옹립되었고 그 민족 출신이 아닙니다. 그래서 백성들이 싫어하기에 언젠가는 변란이 발생하여 투항해 올 것입니다. 두 나라가 복속된다면 구자도 저절로 무너질 것입니다.

원컨대 신의 보고서를 조정에 내려 정책 시행에 참고하여 주십시오. 진실로 만분의 일이라도 폐하의 은혜에 보답할 수 있다면 죽어도 다시 한이 없겠습니다. 신 반초는 미천한 몸이지만 신령의 특별한 도움을 받아, 삼가 쓰러져 죽기 전에 서역이 평정되는 것을 눈으로 보기를 바랍니다. 그리하여 폐하께서 만수무강을 누리시며 종묘에 업적을 보고하고 천하에 큰 기쁨을 펼치시기 바랍니다."

반초의 상주문이 올려지자 장제는 그가 공을 이룰 것이라 판단하고 군대를 붙여 주려 하였다. 그때 평릉平陵 출신의 서간徐幹이 평소 반초와 뜻을 같이 하고 있어, 상주하여 몸을 바쳐 반초를 돕겠다고 하였다. 건초 5년(기원후 80) 서간을 가사마假司馬로 삼고 이형弛刑[95] 및 의종義從의 오랑캐 1천명을 거느리게 하여 반초에게 보냈다.

이에 앞서 사차는 한의 군대가 출동하지 않을 것이라 여겨 구자에 항복하였다. 소륵의 도위 번진番辰도 한에 반기를 들었다. 그러던 차에 때마침 서간이 도착하자 반초는 서간과 함께 번진을 공격하여 대파하였다. 천여 급을 참수하고 많은 숫자를 포로로 잡았다. 반초는 번진을 제압한 다음 구자에 대한 공격을 계획하였다. 그는 오손의 군대가 강하므로 그 힘을 이용하고자 하였다. 그래서 다음과 같이 상주하였다.

"오손은 대국으로서 10만의 군대를 거느리고 있습니다. 그렇기에

---

95) 弛刑 : 죄수의 형틀이나 족쇄를 풀고 力役에 동원하는 것.

무제께서 공주를 오손의 왕비로 보내서서 선제 시대에 이르러 그 도움을 받은 바 있습니다. 지금 사신을 보내 위무하고 그들과 함께 힘을 합해 공격하면 좋겠습니다."

장제는 이를 받아들였다. 건초 8년(기원후 83) 반초를 장병장사將兵長史에 임명하여 임시로 고취鼓吹와 당휘幢麾[96]를 허용하였다. 또 서간을 군사마로 삼았으며 이밖에 위후衛侯 이읍李邑을 파견하여 오손의 사자가 귀국하는 것을 호송하게 하였다. 이읍에게는 오손에 가서 대소 곤미昆彌[97]에게 비단을 하사하도록 하였다.

이읍은 우전에 도착하여 구자가 소륵을 공격하는 것을 보고 두려워하며 더 이상 앞으로 나아가지 못하였다. 그리고 상주하여 서역 경영의 공을 완수할 수 없을 것이라고 주장하였다. 또한 반초가 부인 및 아들을 데리고 외국에서 안락하게 지낼 뿐 국사를 돌보는 마음이 없다고 심하게 비방하였다. 반초는 그런 사실을 듣고 탄식하였다.

"내가 증삼曾參도 아닌데 세 번이나 참언을 듣는구나.[98] 다른 사람들 모두 그렇게 생각할까 두렵도다."

그리고는 아내를 떠나보냈다. 장제는 반초의 충성스러움을 알기에 이읍을 심하게 질책하였다.

"설령 반초가 아내와 아들을 데리고 있다 한들 무엇이 문제더냐?

---

96) 鼓吹와 幢麾 : 고취는 武樂을 연주하는 것이며 당휘는 깃발을 내거는 것, 모두 將軍에게만 허용되었다.
97) 대소 곤미 : 곤미는 오손 국왕의 지칭. 곤막(昆莫)의 사후 자손 사이에 계승 분쟁이 벌어지자 漢이 조정에 나서서, 元貴靡가 大昆彌로, 烏就屠가 小昆彌로 되게 하였다.
98) 曾子의 三人成虎 고사에 자신을 빗댄 것이다.

반초에게 마음을 주고 있는 병사가 천여 명이나 된다. 그들이 모두 반초와 한마음이 되어 있지 않느냐?"

장제는 이읍으로 하여금 반초의 지휘를 받도록 하였다. 반초에게는, '만일 이읍이 외직을 맡으려 할 지라도 데리고 함께 업무를 수행토록 하라.'는 명령을 하달하였다. 반초는 곧바로 이읍으로 하여금 오손이 보내는 시자侍子를 따라 경사로 돌아가게 하였다. 그러자 서간이 반초에게 말하였다.

"이읍은 전에 직접 그대를 비방하며 서역 경영을 방해하였소. 왜 그런데 폐하의 명령대로 이곳에 붙잡아 두지 않고 그가 시자를 따라 돌아가게 하는 것이오?"

반초가 대답하였다.

"어찌 그리 속 좁은 말을 하시오? 이읍이 나를 비방하였기에 돌려보내는 것이오. 스스로 돌아보아 잘못이 없다면 어찌 남의 말에 연연할 필요가 있겠는가? 내 마음 후련하겠다고 그를 붙잡아 두는 것은 충신이 할 도리가 아니오."

이듬해 다시 가사마假司馬 화공和恭 등 4인으로 하여금 병사 800명을 거느리게 하여 반초에게 파견하였다. 반초는 소륵과 우전의 군대를 동원하여 사차를 공격하였다. 사차는 몰래 소륵왕 충에게 사자를 보내 많은 재물로 유인하였다. 충은 넘어가 한에게 등을 돌리고 서쪽으로 가서 오즉성烏卽城에서 대항하였다. 반초는 이에 소륵의 부승府丞인 성대成大를 소륵의 왕으로 옹립하고 한에 우호적인 무리를 동원하여 충을 공격하였다. 그렇게 반년이 지났을 때 강거에서 정병을 보내 충을 구원하자 반초는 토벌할 수 없었다. 그 무렵 월지는 강거와 새로 혼인을 맺어 서로 친밀하였다. 반초는 월지의 왕에게 사자를 보내 많은 비단으로 회유하여 강거왕의 마음을 돌리도록 하였다. 결국 강거왕은 군대를 철수시키며 충을 잡아 자신의 나라로 돌아갔다. 오즉성도 마침내 반초에게 항복하였다.

그로부터 3년이 지나 충은 강거왕을 설득하여 군대를 빌려 돌아와 손중損中을 장악하였다. 그리고 은밀히 구자와 통모한 후 반초에게 사신을 보내 거짓으로 항복하였다. 반초는 속으로는 그 간교함을 알아채고도 겉으로 짐짓 허락하는 체하였다. 충은 크게 기뻐하며 몇 명의 기병만 데리고 반초에게 왔다. 반초는 몰래 군사를 배치하여 대기시킨 상태에서 장막을 치고 음악을 연주하였다. 술 자리가 무르익자 반초는 군리에게 소리쳐 충을 포박한 다음 참수하였다. 이후 그 무리를 격파하고 700여 명을 죽였다. 이에 남도가 다시 통하게 되었다.

이듬해 반초는 우전 등 여러 나라의 군대 25,000명을 동원하여 다시 사차를 공격하였다. 이에 구자왕은 좌장군을 파견하여 온숙·고묵·위두로부터 총 5만 명을 동원하여 구원하였다. 반초는 휘하의 장교와 우전왕을 불러 의논하였다.

"지금 군대가 적어 저들에게 대적하기 힘들다. 몇 개의 부대로 나누어 사방으로 흩어져 도망치는 체하는 것이 좋다. 우전은 이곳에서 동쪽으로, 나는 이곳에서 서쪽으로 가도록 하자. 밤이 되면 북 소리를 내며 떠나도록 한다."

그리고 가만히 포로로 잡은 자들을 풀어주어 상대 진영에 알리게 하였다. 구자의 왕은 이 사실을 알고 대단히 기뻐하며, 자신은 만기를 이끌고 서쪽에서 반초를 가로막고 온숙의 왕은 8,000기를 거느리고 동쪽에서 우전을 공격하기로 했다. 반초는 구자와 온숙이 떠난 다음 은밀히 각 부대를 배치하여 닭이 울 무렵 사차의 진영에 쳐들어갔다. 적들은 크게 놀라 어지럽게 달아났다. 이 전투에서 5천여 급을 베고 말을 위시한 가축과 재물을 대거 노획하였다. 사차는 마침내 항복하였고, 구자 등도 각각 물러나 흩어졌다. 이로부터 한의 위세가 서역 전역에 떨치게 되었다.

이에 앞서 월지는 한을 도와 차사車師[99])를 정벌할 때 공을 세운 바 있는데, 이 해에 진귀한 보배와 부발符拔[100]), 사자 등을 바치고 한에게 공주를 보내달라고 요청하였다. 반초가 그 사신을 가로막고 되돌려 보내자 이로부터 원한을 품게 되었다. 화제和帝 영원永元 2년 (기원후 90) 월지는 그 부왕副王 사謝를 보내 군사 7만 명으로 반초를 공격해 왔다. 반초의 군사는 적었기에 모두 크게 두려워하였다. 반초가 군사들을 타일러 말하였다.

"월지의 군사는 비록 숫자가 많으나 수천 리를 지나 총령蔥嶺을 넘어왔다. 군량도 날라 오지 않았으니 무엇이 두려운가? 다만 식량을 거두어 굳게 지키기만 하면 저들은 굶주려 스스로 항복할 것이다. 불과 수십 일 이내에 결판이 날 것이다."

사謝는 전진하여 반초를 공격하였으나 함락시키지 못하였다. 또 약탈을 하였지만 아무 것도 얻지 못하였다. 반초는 머지않아 그들의 양식이 바닥나면 필시 구자에 구원을 요청할 것이라 판단하였다. 이에 병사 수백 명을 보내 동쪽에서 기다리게 했다. 사는 과연 기병을 파견하여 금은보화를 싣고 가서 구자를 구슬리려 하였다. 반초의 복

---

99) 車師 : 오늘날의 투르판 인근에 있던 오아시스 국가.

100) 符拔 : 章懷太子 李賢은, '기린과 유사하되 뿔이 없는 동물'이라 註를 붙이고 있다.

병이 이를 가로막고 공격하여 모두 살해하고, 그 사자의 수급을 갖다가 사에게 보여주었다. 사는 크게 놀라 즉시 사자를 파견하여 사죄하고 살아서 돌아가게만 해 달라고 요청하였다. 반초는 그들을 가만 놓아주었다. 월지는 이후 크게 두려워하며 해마다 조공품을 바쳤다.

이듬해 구자·고묵·온숙이 모두 항복하였다. 이에 반초를 도호都護에, 서간을 장사長史에 임명하였다. 또 백패白覇를 구자의 왕으로 삼고 사마司馬 요광姚光으로 하여금 호송하여 본국으로 가게 하였다. 반초와 요광은 함께 구자를 협박하여 그 왕 우리다尤利多를 폐위시키고 대신 백패를 즉위시켰다. 그리고 요광으로 하여금 우리다를 데리고 경사로 가게 하였다. 이후 반초는 구자의 타건성它乾城에 머물렀으며 서간은 소륵에 주둔하였다. 서역에서는 오직 언기·위수危須·위리尉犂[101]만 이전에 도호 진목陳睦을 살해한 이래 두 마음을 품었지만 그 나머지는 모두 평정되었다.

영원 6년(기원후 94) 가을 반초는 마침내 구자, 선선 등 8국의 군대 총 7만 명 및 군리와 병졸, 상인 1,400명을 동원하여 언기의 토벌에 나섰다. 군대가 위리의 경계에 진입하자 반초는 사람을 보내 언기·위리·위수에게 다음과 같이 전하게 하였다.

"도호가 온 것은 너희 세 나라를 진무하기 위해서이다. 잘못을 뉘우치고 앞으로 명령을 따르겠다고 한다면 대인大人[102]을 보내 우리를 맞으라. 그러면 가서 왕과 제후들에게 상을 내린 다음 일이 다 끝나면 즉시 돌아올 것이다. 우선 왕에게 비단 500필을 하사한다."

---

101) 尉犂 : 오늘날의 쿠얼라 남방 尉犂縣 부근.
102) 大人 : 章懷太子 李賢은 추장을 의미한다고 註를 붙이고 있다.

언기의 왕 광廣은 그 좌장군 북건지北鞬支를 파견하여 쇠고기와 술을 받들고 반초를 맞이하였다. 반초가 북건지를 꾸짖어 말하였다.

"너는 비록 흉노의 시자侍子였지만 지금 나라의 권세를 장악하고 있다. 도호가 직접 왔는데 왕이 제때 영접하지 않은 것은 모두 너의 죄이다."

곁에 있는 누군가 반초에게 복건지를 바로 죽이자고 하였다. 이에 반초가 말하였다.

"네가 나설 일이 아니다. 이 사람의 권세는 왕보다도 더 강하다. 지금 그 나라에 들어가지도 않았는데 그를 죽이면 저들의 의심을 사서 험한 곳에서 저항하게 만들 것이다. 그렇게 되면 어떻게 저들의 성 아래까지 갈 수 있겠는가?"

반초는 그에게 하사품을 주어 돌려보냈다. 광은 위리에서 대인들과 함께 반초를 영접하며 진기한 물건을 바쳤다.

언기국에 위교葦橋라는 험한 요충지가 있었는데 광은 한의 군대가 나라 안으로 들어오지 못하게 하려고 이 다리를 절단해 버렸다. 반초는 다른 길로 돌아 허리춤까지 옷을 적셔가며 강을 건넜다. 7월 그믐 언기에 도착하여 도성으로부터 20리 떨어진 곳에 있는 연못가에 숙영하였다. 광은 뜻밖에 한의 군대가 들이닥치자 크게 두려워 백성들을 모두 데리고 산으로 들어가서 방어 태세를 갖추었다. 그런데 언기의 좌후左候 원맹元孟은 일찍이 한의 도성에 인질로 가 있었다. 그는 은밀히 사람을 보내 이 상황을 반초에게 보고하였다. 반초는 즉시 그 사신을 참함으로써 그런 말을 믿지 않는다는 것을 보여주었다. 그리고 여러 나라의 왕들에게 전갈하여 모두 모이는 날을 정하고 그때 큰 상을 내리겠다고 널리 공표하였다. 그날이 되자 언기의 왕 광, 위리의 왕 범汎, 그리고 북건지 등 30명이 모여 반초 앞으로 왔다. 언기의 승상 복구腹久 등 17명은 주살될까 두려워 모두 도망하여 북해北海[103]로 들어가 버렸다. 위수의 왕 또한 오지 않았다. 모두 자리에 앉자 반초가 광을 꾸짖어 말했다.

"위수의 왕은 무슨 까닭에 오지 않았는가? 복구 등은 또 왜 도망하였는가?"

그리고 군리와 병졸에게 명하여 광과 범 등을 붙잡게 하여 진목이 머물던 예전의 성에서 참수하고 그 수급을 경사京師로 보냈다. 이어 군대를 풀어 노략질을 허용하고 5천여 급을 참수하였다. 또 15,000인을 포로로 잡고 말과 소·양 등 가축 30만여 마리를 노획하였다. 그런 다음 원맹을 언기의 왕으로 삼았다. 반초는 이후 반년 동안 언기에 머물며 진무하였다. 이로써 서역 50여 국이 모두 인질을 바치고 한에 복속되었다.

출전 『후한서』 권47, 「반초전班超傳」.

내용 왕망 정권 시기 서역 제국과 중국의 관계는 완전히 단절되었다. 그 대신 흉노가 세력을 확장하여 서역을 장악하였다. 후한이 적극적으로 서역에 진출하기 시작하는 것은 명제 시기인 기원후 73년부터였다. 북흉노를 공격하기 위해 서북 방면으로 출격한 장군 두고竇固가 그 부하인 반초를 서역에 파견하였던 것이다. 반초는 서역에 부임한 이래 30여 년 머물며 천산 남로와 북로 연변의 오아시스 제국을 모두 한에 복속시켰다. 이로써 파미르 이동의 서역 제국은 제압되어 동서 교통로가 다시 개통되었다.

---

103) 北海 : 아랄해.

후한과 흉노

두헌寶憲이 주살될까 두려워하여 스스로 흉노를 정벌함으로써 죽음을 용서받겠다고 나섰다.[104] 그 무렵 남선우가 북벌하겠다며 군대의 파견을 요청하였다. 이에 두헌을 거기장군車騎將軍에 임명하고 금인金印과 자수紫綬[105]를 수여하였다. 휘하 속관들은 사공司空[106]에 준하여 배치하고 집금오執金吾[107] 경병耿秉을 부장군으로 삼았다. 그리고 북군北軍[108]의 5교校, 여양영黎陽營·옹영雍營[109] 및 연변 지역 12군의 기병, 강족의 병사 등을 이끌고 변방으로 나서게 하였다.

이듬해가 되어 두헌과 경병은 각각 기병 4천과 남흉노 좌욕려왕 사자師子가 이끄는 기병 만 명을 거느리고 삭방군朔方郡의 계록새雞鹿塞를 나서서 출격하였다. 남흉노의 선우 둔도하屯屠河도 기병 만여 명을 거느리고 만이곡滿夷谷에서 출발하였으며, 도요장군度遼將軍 등홍鄧鴻과 연변 지역 의종義從[110]의 강족 기병 8천여는 좌현왕左賢王 안국安國의 기병 만여 명과 함께 고양새稒陽塞에서 출발하였다. 이들

---

104) 후한의 제2대 황제 明帝 시기 寶憲은 齊 殤王의 아들 都鄕侯 劉暢을 살해하고 그 죄를 유창의 동생인 劉剛에게 뒤집어 씌웠다. 이후 발각되어 太后의 노여움을 사 內宮에 유폐된 상태였다.

105) 金印과 紫綬 : 황금 인장 및 인장을 매다는 자색 끈. 丞相 太尉 大司空 장군 后妃 등만 소지할 수 있었다.

106) 司空 : 御史大夫. 漢代에 大司空으로 개칭하였다가 후에 단지 司空이라 하였다. 大司馬·大司徒와 함께 三公의 하나였다.

107) 執金吾 : 전한말 禁兵을 이끌고 京城과 宮城을 보위하던 관직.

108) 北軍 : 南北軍은 전한 초 長安城에 설치된 禁衛軍. 북군은 中尉, 즉 후일의 執金吾가 통솔하였다.

109) 黎陽營·雍營 : 黎陽縣과 雍縣에 설치하였던 營.

110) 義從 : 중국에 귀순한 胡羌 등의 소수 민족을 가리키는 말.

78

군대는 모두 탁야산涿邪山에 집결하였다.

두헌은 부교위 염반閻盤과 사마司馬 경기耿夔·경담耿譚으로 하여 금 좌욕려왕 사자와 우호연왕右呼衍王 수자須訾 등을 이끌고 정예 기 병 만기로써 계락산稽落山에서 북흉노의 선우와 전투를 벌이게 하였 다. 여기서 대승을 거두어 북흉노 무리는 무너졌으며 선우는 달아났 다. 계속하여 여러 부족을 추격하여 마침내 사거비제해私渠比鞮海[111] 에 이르렀다. 이 전투에서 명왕名王 이하 만 3천여 급을 베고 살아 있는 말과 소·양·낙타 백만여 두를 노획하였다. 이에 온독수溫犢須 ·일축日逐·온오溫吾·부거왕夫渠王 유제柳鞮 등 81부가 무리를 이끌 고 항복해 왔다. 이들은 모두 합하여 20여만 명에 달하였다. 두헌과 경병은 마침내 변경으로부터 3천여 리 떨어져 있는 연연산燕然山에 올라 비석을 세우고 군공과 함께 한의 위덕威德을 적었다. 이 비석의 명문은 반고班固가 작성하였다.[112]

…(중략)…

그리고 나서 두헌은 군대를 이끌고 귀환하였다. 조정에서는 군사 마軍司馬 오사吳汜와 양풍梁諷으로 하여금 황금과 비단을 지니고 북 흉노의 선우에게 가서 국위를 떨쳐 알리게 하였다. 군대도 그들의 뒤를 따라가게 하였다.

당시 북흉노에는 내분이 발생한 상태였다. 오사와 양풍은 가는 곳 마다 투항을 권유하여 총 만여 명을 귀순시켰다. 그리고 서해[113]에 있는 선우를 찾아가 한의 위세와 명망을 떨치고 조서와 하사품을 전

---

111) 私渠比鞮海 : 오늘날 몽골 서남방에 위치한 분차칸 호수.

112) 永元 원년(89년) 7월의 일이었다.

113) 西海 : 오늘날의 내몽골 자치구 額濟納旗 동남방의 居延海.

달하였다. 선우는 머리를 조아리며 받았다. 양풍은, '마땅히 호한야呼韓邪의 전례114)를 본받아 국가를 보호하고 백성을 편안히 하는 복을 받으라.'고 말하였다. 선우는 기뻐하며 그 무리를 보내 양풍이 귀환할 때 같이 따라가게 하였다. 그들이 사거해私渠海115)에 이르렀을 때, 한의 군대가 이미 변경 지대에 주둔하고 있다는 사실을 듣게 되었다. 이에 아우인 우온우제왕右溫禺鞮王을 파견하여 조공 물품을 받들고 황제를 알현하게 하였다.

북흉노의 사자는 양풍을 따라 궁궐에 들어왔다. 두헌은 선우가 직접 오지 않자 상주하여 그 아우를 돌려보냈다. 남흉노의 선우는 사막의 북방에서 두헌에게 다섯 말5斗들이 오래된 정鼎 하나를 보내왔다. 그 정에는, '중산보仲山甫116)의 정은 만년토록 자자손손이 영원히 아끼며 사용하리라.'라고 새겨져 있었다. 두헌은 이를 황제에게 바쳤다.

…(중략)…

북흉노의 선우는 한이 아우를 돌려보내자 다시 거해저왕車諸儲王 등을 거연채居延塞117)로 파견하여, 입조入朝하여 황제를 알현하겠다고 청하며 사신을 파견해 달라고 하였다. 이에 두헌은 대장군의 중호군中護軍118)인 반고를 중랑장中郎將으로 삼아 사마司馬인 양풍과

---

114) 전한의 宣帝 시기 呼韓邪 선우가 투항하여 연변 지역으로 이주하였던 사실을 가리킨다.
115) 私渠海 : 私渠比鞮海의 약칭
116) 仲山甫 : 周 宣王 시기의 賢臣. 후에 賢臣의 대명사로 사용되었다.
117) 居延塞 : 張掖郡에 소속되었으며 郡都尉의 治所가 위치하였다.
118) 대장군의 中護軍 : 대장군인 竇憲 자신의 부대에서 中護軍 직위로 있는 인물.

함께 가서 그들을 맞이하라 하였다. 그런데 그때 북흉노의 선우는 남흉노에게 패배하여 부상당한 채 도망간 상태였다. 반고는 사거해私渠海까지 갔다가 그냥 돌아왔다.

두헌은 북흉노가 허약해졌다 판단하고 멸망시키고자 하였다. 이듬해 다시 우교위右校尉 경기耿夔, 사마 임상任尚·조박趙博 등을 파견하여 군대를 거느리고 금미산金微山에서 북흉노를 공격하게 하였다. 이들은 북흉노를 대파하고 매우 많은 무리를 포획하였다. 북흉노의 선우는 멀리 도망하여 어디로 갔는지 모른다.

출전 『후한서』 권23, 「두헌전寶憲傳」.

내용 후한의 광무제 건무建武 23년(기원후 47) 흉노에 내분이 발생하여 남흉노와 북흉노로 분열되었다. 남흉노는 후한에 투항하여 복속되었지만 북흉노는 후한과 거리를 두며 수시로 변경을 침탈하였다. 이후 반초班超의 활약으로 서역의 제국에 대한 경략이 일단락되자, 후한은 두헌을 파견하여 북흉노를 제압하고자 하였다. 두헌은 화제和帝 영원永元 원년(기원후 89)과 2년(기원후 90) 북흉노를 공격하여 대타격을 가하였다. 이후 북변에서 북흉노의 위협은 완전히 사라졌다.

불교의 전래

유흠劉歆의 『칠략七略』이나 반고의 「예문지」에는 불교에 관한 기록이 없다. 한 무제 원수元狩(기원전 122~기원전 117) 연간 곽거병霍去病을 파견하여 흉노를 정벌할 때, 고란皐蘭에 이르고 거연居延을 거치며 많은 무리를 죽이고 대승을 거두었다. 이후 혼야왕渾邪王이 휴도왕休屠王을 죽인 다음 그 무리 5만과 함께 한에 투항하였다.[119]

그들로부터 금인金人의 조각상을 얻었는데 무제는 대신大神이라 여기고 감천궁甘泉宮에 세워두었다. 금인의 조각상은 대략 높이가 1장丈 정도였다. 평상시에는 제사를 드리지 않고 다만 향을 불사르고 예배를 드렸다. 이것이 불교가 중국에 유입되는 시발점의 일이다.

서역으로 통하는 길을 개척하며 장건을 대하大夏로 파견하였다.[120] 그는 돌아와 대하의 인근에 신독국身毒國, 일명 천축天竺이라 불리는 나라가 있다고 전하였다. 이와 함께 불교란 말이 처음 알려졌다. 애제哀帝 원수元壽 원년(기원전 2) 박사博士 제자 진경헌秦景憲이, 대월지 왕이 보낸 사자 이존伊存으로부터 구두로 불경을 전수받았다. 하지만 중국 사람들은 그것을 전해들은 후 믿지 않았다.

그 이후 효명제孝明帝가 밤에 금인金人의 꿈을 꾸었는데 머리 뒤로부터 빛이 나와 궁전의 뜰을 이리저리 비추고 있었다. 명제가 이를 신하들에게 물어보니 부의傅毅가 부처라고 대답하였다. 명제는 낭중郎中 채음蔡愔과 박사 제자 진경秦景 등을 천축에 사자로 보내 부도浮屠의 유범遺範[121]을 그려오게 하였다. 채음은 승려 섭마등攝摩騰·축법란竺法蘭과 함께 낙양으로 돌아왔다. 중국에 불교 승려 및 불교식 예배 방법이 들어온 것은 이것이 처음이다.

채음은 또한 불경 42장 및 석가의 입상을 얻어 돌아왔다. 명제는 화공畫工에게 명하여 불상을 그리게 한 다음 청량대淸涼帶 및 현절릉顯節陵에 두고, 불경은 봉하여 난대蘭臺의 석실石室에 보관하였다. 채음은 돌아올 때 백마白馬에게 불경을 지게 하였다. 한은 그 때문에

---

119) 한 무제 元狩 2년(기원전 121)에 발생한 사건이다.
120) 大夏는 아무다리아 남방에 있던 국가인 박트리아.
121) 遺範 : 遺像

낙양의 옹문雍門 서쪽에 백마사白馬寺를 세웠다. 섭마등과 축법란은 모두 후일 이 사찰에서 세상을 떠났다.

부도의 정식 명칭은 불타이다. 불타와 부도의 발음은 비슷하다. 모두 서방의 말인데 전해지면서 두 개의 말이 생겨났다. 한자로 번역하면 '정각淨覺'이라 할 수 있으며, 더러운 것을 없애고 밝게 되어 나아가 성스러운 깨달음을 이루었다는 의미이다.

무릇 그 경전의 요지는 대략 생생生生[122]과 같은 것으로 모두 행업行業의 인연으로 발생한다는 것이다. 사람은 과거와 현재, 미래의 삼세三世를 거치며 그 영혼이 불멸한다고 말한다. 선악에는 반드시 응보가 있으니, 점차 좋은 업을 쌓아 정신을 도야하고 비루함을 제거한 다음, 무수한 형체의 수련을 거쳐 마음을 씻고 정련함으로써 마침내 무생무사無生無死의 경지에 이르러 성불한다는 것이다. 그 과정에 마음과 행동을 수련하는 많은 단계가 있으며 그 등급도 하나 둘이 아니다. 모두 얕은 곳에서 깊은 곳에 이르고, 미미한 단계에서 분명한 상태에 도달하는 것이다. 인자함과 선함을 쌓아 욕망을 버리고 허정虛靜함을 익혀 일체를 통찰하기에 이른다고 한다.

따라서 처음 그 마음을 닦을 때는 불·법·승에 의지하는데 이를 삼귀三歸라고 일컫는다. 군자의 삼외三畏와 같은 것이다. 또 오계가 있는데, 살인·절도·음란·망언·음주를 피하는 것이다. 그 대의는 인·의·예·지·신과 같고 명칭만 다를 뿐이다. 이러한 것을 잘 받들어 지키면 하늘과 인간계의 좋은 곳에 태어나고, 이를 지키지 못하고 범하면 고통스러운 귀신이나 짐승으로 떨어진다고 한다. 또 그

---

122) 生生 : 만물이 생성되어 끊이지 않고 번성한다는 의미.

윤회의 등급에 모두 육도六道가 있다.

…(중략)…

후한 장제章帝 시기에 초왕楚王 영英이 불교의 재계齋戒[123] 논리를 좋아하였는데 낭중령郞中令을 보내 황겸黃縑과 백환白紈[124] 30필을 지니고 재상에게 찾아가 속죄하고자 했다. 장제가 다음과 같은 조서를 내렸다.

"초왕은 불교를 믿어 3개월이나 몸과 마음을 정결하게 하여 신에게 기원을 하였다. 무슨 잘못이라도 있다면 마땅히 이처럼 참회하고 반성해야 할 것이다. 그 속죄의 재물을 돌려보내고, 그것으로 이포색伊蒲塞과 상문桑門[125]의 식사비로 쓰게 하라."

이어 이 조서를 각 지방에 하달하였다.

환제桓帝 시기 양해襄楷가 불타와 황노黃老의 종지를 언급하며, 백성을 사랑하고 살생을 피할 것과 욕망의 절제, 사치에 대한 경계, 무위無爲의 숭상을 간언하였다. 위魏 명제明帝는 황궁 서쪽에 있는 불탑을 무너뜨리려 했다. 이에 외국의 승려들이 황금 쟁반에 물을 가득 채우고 그 안에 부처의 사리를 담아 불전 앞에 두었다. 사리에서 나온 오색 광채가 사방으로 빛났다. 이에 명제가 감탄하며 말하였다.

"특별한 신령이 아니라면 어찌 이러할 수 있겠는가?"

그리고 불탑을 대로의 동쪽으로 옮기고 100간의 건물을 지어 그 것을 에워싸게 하였다. 원래 불탑이 있던 자리에는 연못을 파서 몽범지濛氾池라 부르고 그 안에 연꽃을 심었다.

---

123) 齋戒 : 八關齋戒, 在家의 신도가 지켜야 할 8조의 계율.
124) 黃縑과 白紈 : 노란 색 합사 비단과 흰색 비단, 모두 최고급 비단이다.
125) 伊蒲塞과 桑門 : 伊蒲塞은 在家의 남신도인 우바새(優婆塞), 桑門은 沙門.

그 후 천축의 승려 담가가라曇柯迦羅가 낙양에 와서 불교의 계율을 강론하며 번역하였다. 이것이 중국에 계율이 전해진 첫 번째 일이었다. 낙양에 백마사가 지어진 후 화려하게 장식된 불탑을 세우고 사방에 정묘한 조각을 새겨 넣었다. 이것이 각지의 모범이 되었다. 무릇 불탑의 양식은 천축의 원래 모습을 본뜨면서도 다층 구조를 취하였다. 1층에서 3층·5층·7층·9층까지 있었다. 사람들은 이를 계승하며 '부도' 혹은 '불탑'이라 불렀다. 진 시기 낙양에는 불탑이 21개 있었다. 한漢의 승려들은 모두 빨간 도포를 입었으나 후에 여러 색깔로 바뀌었다.

출전 『위서』 권114 「석노지釋老志」.

내용 중국에 불교가 전래된 시기에 대해서는 여러 학설이 존재한다. 전통적으로는 불교계를 중심으로 하여, 후한 명제가 꿈에서 감화를 받아 불법을 구했다고 전해져 왔다感夢求法說. 하지만 명제의 치세, 즉 기원후 1세기 중반 이전에도 중국 사회에 불교가 신봉되었음을 알려주는 흔적은 많이 남아 있다. 근래에는 대략 기원 전후의 시기 서역 상인의 도래와 함께 불교가 유입되었을 것이라 이해되고 있다. 특히 반초의 서역 경영 이후 동서 교통이 활성화되어, '중국을 찾아오는 서역 출신 상인의 행렬이 매일 이어졌다.'고 한다(『후한서』「서역전」). 불교는 전래 초기 유가와 도가 등 중국 사회의 전통적 관념에 의거하여 받아들여졌다. 이를 격의불교格義佛敎라 칭한다.

2. 중국 중세사 1(위·진·남북조 시대)

강통江統의 「사융론徙戎論」

당시 관롱關隴 일대는 저氐와 강羌의 침략을 자주 받고 있었다. 맹관孟觀은 서쪽으로 토벌에 나서서 저의 추장 제만년齊萬年을 사로잡았다. 강통江統은 장차 사이四夷가 화인華人을 어지럽힐 것이라 깊이 걱정하여, 미리 그 싹이 움틀 때 막아야 한다고 생각하였다. 이에 「사융론」을 작성하였다. 그 내용은 다음과 같다.

"대저 이夷·만蠻·융戎·적狄을 일컬어 사이四夷라고 합니다. 구복九服의 제도1)에서 요황要荒2)에 위치해 있습니다. 『춘추』의 대의는 제하諸夏를 가까이 하고 이적을 멀리 하는 것입니다. 그들은 언어도

---

1) 九服 : 『주례』에서 설정한 王畿 이외의 9등 지구, 500리의 간격을 두고 侯服·甸服·男服·采服·衛服·蠻服·夷服·鎮服·藩服이라 하고 있다.
2) 要荒 : 要服과 荒服, 가장 먼 지역이다.

86

통하지 않고 화폐도 다르며 예법과 습속도 괴이하여 종류가 특수하기 때문입니다. 또한 멀리 떨어진 외딴 지방의 산속이나 강기슭, 혹은 험하고 구불구불한 계곡에 살아 중원과 단절되어 있습니다. 그들과는 왕래도 어렵고 부역이나 조세도 부과할 수 없으며 역법曆法의 정삭正朔도 통하지 않습니다. 그렇기에, '천자에게 도道가 있으면 사이四夷는 지켜야 한다.'고 말했습니다. 우禹가 구주九州3)를 평정하였을 때도 서융西戎은 복종하였습니다.

그 성질이 탐욕스러우며 사납고 거칠기가 사이 중에서도 융적戎狄이 가장 심합니다. 그들은 약해지면 두려워하며 복종하지만 강해지면 배반하여 침략합니다. 어진 성현의 시대라든가 큰 덕망을 지닌 군주라 해도 그들을 교화하지 못하였으며 은혜와 덕으로 회유하지 못하였습니다. 그들이 강할 때는, 은殷의 고종高宗도 귀방鬼方 때문에 고초를 겪었으며, 주의 문왕도 곤이昆夷와 험윤獫狁으로 인해 근심하였습니다. 한의 고조는 백등산白登山에서 곤경에 처했으며4) 문제文帝는 패상霸上에 군대를 주둔시켜야 했습니다.5) 그들이 약할 때는, 주공은 구역九譯6)의 지역으로 하여금 조공을 바치게 했고 중종中宗은 흉노 선우의 입조入朝를 받았습니다. 원제와 선제의 쇠미한 시기에조

---

3) 九州 : 중국 전역을 가리키는 지칭. 『尙書』「禹貢」에 나온다.

4) 한 고조 7년(기원전 200) 겨울, 고조가 흉노 정벌을 취해 출격하였다가 묵특 선우의 계략에 빠져 平城의 白登山에서 7일 동안 포위되어 있었던 것을 가리킨다. 고조는 閼氏에게 뇌물을 주고서야 가까스로 포위망을 벗어날 수 있었다.

5) 한과 흉노 사이 화친에도 불구하고 흉노가 남침하자, 文帝 後元 6년(기원전 158) 霸上 등지에 군대를 주둔시켜 대비한 것을 가리킨다.

6) 九譯 : 9번이나 통역을 해야 하는 먼 지역.

차 사이四夷는 복속하였습니다.

이러한 일들은 이미 지나간 사실로 입증이 됩니다. 그렇기에 흉노가 변경 요새의 수비를 맡겠다고 했을 때 후응侯應은 안 된다고 진언하였습니다.[7] 호한야 선우가 미앙궁未央宮에서 무릎을 굽혔을 때도 소망지蕭望之는 그 반역의 가능성을 지적하였습니다. 이런 까닭에 유능한 군주는 이적의 문제를 처리할 때 유비무환의 자세를 지니고 늘 방어 태세를 갖추었습니다. 설령 그들이 머리를 조아리며 조공을 바칠 때도 변방 성채의 방어는 느슨히 하지 않았습니다. 또한 그들이 포악하게 약탈 행위를 하여도 군대를 멀리 파견하지는 않았습니다. 경내가 안정되고 강역이 침탈당하지 않기를 기하였을 뿐입니다.

주 왕실의 통어가 흔들리자 제후들이 전쟁에 골몰하여 대국이 소국을 겸병하며 서로 죽이고 멸망시키기에 이르렀습니다. 그리하여 변경이 느슨해지고 각국 사이 이해 관계도 달라졌습니다. 이때 융적戎狄이 그 틈을 노려 중원에 들어오기 시작하였습니다. 이에 제후들은 혹은 초유招誘하여 안무安撫하기도 하고, 혹은 그들을 데려다 쓰기도 하였습니다. 이로 인해 신申·증繒의 화禍[8]로 종주宗周[9]가 전복되었으며, 양공襄公이 진秦을 협박하여 강융姜戎이 흥기하였습니다.[10] 춘추 시기에는 의거義渠[11]와 대려大荔[12]가 진秦과 진晉의 강역

---

7) 전한 元帝 시기 呼韓邪 선우가 入朝하여 邊塞의 방어를 담당하겠다고 自願하였을 때의 논의를 가리킨다.

8) 申繒之禍 : 申侯가 繒國 및 犬戎과 연합하여 西周의 幽王을 치고 鎬京을 점령하였던 사건. 이로 인해 서주는 몰락하게 된다.

9) 宗周 : 周 王朝, 周가 諸侯國의 宗主國이기에 붙여진 명칭이다.

에 자리 잡았으며, 육혼陸渾13)과 음융陰戎14)이 이수伊水와 낙수洛水 사이에 거주하게 되었습니다. 수만鄋瞞 부류의 침탈은 제수濟水의 동쪽에 미쳤고 이어 그들은 제齊와 송宋에 침입하였으며 형邢과 위衛를 공격하여 해쳤습니다. 이와 더불어 남이南夷와 북적北狄이 번갈아 침입하여 중원은 가느다란 실오라기처럼 위태로웠습니다.

이러한 때 제齊의 환공桓公이 그들을 몰아내고 멸망한 나라를 다시 일으켜 사직을 잇게 하였습니다. 북으로는 산융山戎을 정벌하여 연燕에 이르는 길을 열었습니다. 그렇기 때문에 공자는 관중管仲을 칭찬하여, 중원 지역으로 하여금 좌임左衽하는 오랑캐의 지배로부터 벗어나게 한 공적이 있다고 하였습니다.

춘추 시대의 말기에 이르러서는 전국의 여러 나라가 흥성하였습니다. 그리하여 초楚가 만씨蠻氏를 병탄하고 진이 육혼을 소멸시켰으며 조의 무령왕은 호복胡服을 채용하여 유중楡中의 땅을 점령하였습니다. 진秦은 함양咸陽을 수도로 하여 강성해진 다음 의거義渠 등을 멸망시켰습니다. 시황제는 천하를 병합하고서, 남으로는 백월百越을 겸병하고 북으로는 흉노를 내쫓았습니다. 남쪽의 오령五嶺으로

---

10) 東周 襄王 24년(기원전 628) 晉 襄公이 穆公 시기 秦의 대두를 견제하기 위해, 崤山의 전투에서 姜戎을 동원하여 秦軍을 섬멸하였던 것을 가리킨다.

11) 義渠 : 오늘날의 甘肅省 慶陽 동남방에 거주하던 부족, 기원전 4세기 이래 西進하여 秦을 압박하게 된다.

12) 大荔 : 오늘날의 陝西省 중동부 大荔縣 인근에 거주하던 부족.

13) 陸渾 : 본디 燉煌 인근에 거주하였으나 춘추 시기 秦과 晉에 의해 이주되어 伊水 인근에 정착하게 되었다.

14) 陰戎 : 본디 西戎의 하나였으나 춘추 시기 楚에 의해 이주되었으며 이후 중원에 거주하게 되었다.

부터 북쪽의 장성에 이르기까지 수많은 군대가 배치되었습니다. 비록 군대의 동원은 대단히 번다하고 도적떼는 횡행하였으나 한 시대의 위업을 이루어 오랑캐들을 모두 물리쳤습니다. 당시 중원에는 사이四夷의 문제가 없어지게 되었습니다.

한이 일어나 장안에 도읍을 정하자 관중關中에 있는 군郡은 삼보三輔라 불렸습니다. 『우공』의 옹주雍州, 종주宗周의 풍豊·호鎬가 그것입니다. 이후 왕망 정권이 일어섰다 망하고 적미군赤眉軍이 뒤를 이으면서 서도西都 장안은 황폐해지고 백성도 각지로 유망하였습니다.

후한의 광무제 건무建武(25~56) 연간에 이르러 마원馬援을 농서隴西의 태수로 삼아 강羌의 반란을 토벌하였습니다. 그리고 그 잔당을 관중으로 이주시켜 풍익馮翊과 하동河東의 빈 땅에서 화인華人과 뒤섞여 살게 하였습니다. 그로부터 몇 년이 지나 부족의 인구가 많아지자 그들은 한편으로 그 세력의 강대함을 믿고 횡행하였으며 또 한편으로 한인漢人의 침탈 때문에 고통을 받았습니다.

안제安帝 영초永初 원년(107), 기도위騎都尉 왕홍王弘이 서역에 사신으로 가며 강족羌族과 저족氐族 사람을 징발하여 호위병으로 삼았습니다. 그러자 강족 사이 소동이 일어났습니다. 서로 선동하며 2개 주의 융인戎人들이 일시에 들고 일어나, 장수와 군수를 살해하고 성읍을 약탈하였습니다. 이에 등즐鄧騭이 진압에 나섰으나 패전하여, 전사한 군사를 나르는 행렬이 앞뒤로 줄을 이을 정도였습니다. 융족들은 기세등등해져서 남으로 촉한蜀漢에 들어갔으며 동으로는 조趙와 위魏를 약탈하고 지관軹關을 공격하였으며 하내河內까지 침입하였습니다. 조정에서는 북군중후北軍中候 주총朱寵을 파견하여 오영五營 병사를 거느리고 맹진孟津에서 강족을 막게 하였습니다. 그로부터 10년 동안 오랑캐도 하인夏人도 모두 피폐해졌습니다. 이후 임상任尙과 마현馬賢이 가까스로 강족을 진압하였습니다.

이처럼 피해가 막심하여 몇 년 동안이나 진정되지 않은 것에는, 대책이 부실했다든가 장수가 무능했다는 점이 영향을 미치기도 했을 것입니다. 하지만 그 근본적인 이유는, 도적이 한 복판에서 일어나 그 해가 팔꿈치와 겨드랑이에 미침으로써 질병이 심해지고 고치기 어려워져 마침내 장시간을 끌게 된 것이 아니겠습니까?

이후 그 여파는 사그라지지 않아 조금만 문제가 있으면 곧 다시 반란으로 발전하였습니다. 마현馬賢은 교만하고 사치스러웠기에 끝내 실패하였지만, 단경段熲은 전차를 이끌고 서에서 동으로 돌진한 바 있습니다. 옹주雍州의 융족戎族은 항상 나라의 근심이 되었습니다. 후한 중엽 이민족에 의한 난리는 이러한 것들이 큰 사례입니다.

후한 말기의 동란으로 관중關中의 융족은 모두 사라졌습니다. 위魏가 흥기한 초기 촉蜀 지방과 단절되자 변경 지대의 융족이 여기저기서 일어나 약탈을 하였습니다. 위의 무제武帝는 장군 하후묘재夏侯妙才[15])에게 명하여 저족 출신 아귀阿貴와 천만千萬 등의 반란을 토벌하게 하였습니다. 이후 위는 한중漢中을 점령하자 무도武都의 저족 사람들을 진천秦川으로 이주시켰습니다. 이민족을 변경에 배치함으로써 한편으로 그들을 이용하여 촉蜀을 방어하고 또 한편으로 그들을 약화시키고자 한 것입니다. 무릇 이것은 임시방편의 대책이었습니다. 일시적으로는 쓸 수 있을지언정 장기적인 방안이 될 수 없었습니다. 그로 인해 지금 이미 그 폐해를 받고 있습니다.

---

15) 夏侯妙才 : 夏侯淵(?~219), 字가 妙才이다.

대저 관중은 땅이 비옥하고 물산이 풍부하여 그 경작지는 최고 등급이라 할 수 있습니다. 나아가 경수涇水·위수渭水의 물줄기가 그 소금기를 씻어주고 정국거鄭國渠와 백거白渠를 통한 관개망이 서로 통합니다. 그렇기에 양식이 풍요로워 1무의 땅에서 1종鍾[16]을 거둔 다고 일컬어졌습니다. 이곳의 백성들은 노래 부르며 그 풍요로움을 즐겼고 제왕들은 늘 이곳을 수도로 삼았습니다. 융적戎狄이 이 땅에 거주한다는 말은 일찍이 들어본 적이 없습니다. 우리와 동족이 아니 라면 그 마음은 반드시 우리와 다를 것입니다. 융적의 사고방식은 화인華人과 다릅니다. 그런데 그들이 쇠미해졌을 때 수도 일대로 옮 겨 살게 하였습니다. 관료나 평민 모두 그들에게 익숙해져서 그들의 약소함을 깔보며 그들로 하여금 원한이 뼈에 사무치게 하였습니다. 그러다 번식하여 숫자가 많아지자 그들에게 다른 마음이 일어나기 시작하였습니다. 탐욕스럽고 사나운 본성에다가 원한에 찬 마음이 더해져 조금만 사단이 생기면 곧바로 반란을 일으켰습니다. 더욱이 중원 일대에 거주하여 중간에 가로막는 장애도 없기에 그들은 무방 비 상태의 사람들을 공격하고 들에 흩어져 있는 곡식을 거두어 갔습 니다. 그리하여 그 재앙이 커지고 그 피해도 예측할 수 없었습니다. 이는 필연의 추세였고 이미 경험한 바 있는 일이었습니다.

지금 마땅히 해야 할 일은, 군대가 강하고 여러 일들이 아직 유동 적인 때를 이용하여 만융蠻戎을 이주시키는 것입니다. 풍익馮翊·북 지北地·신평新平·안정安定 경내의 강족羌族은 선령先靈·한견罕幵· 석지析支로 옮겨 살게 하고, 부풍扶風·시평始平·경조京兆 지역의 저

---

16) 鍾 : 8斛 전후의 부피.

족氏族은 농우隴右로 옮겨 음평陰平·무도武都 지역에 정착시켜야 합니다. 이주하는 도중의 곡식은 제공하되 그들 스스로 목적지를 찾아가도록 합니다. 각각 본래의 출신 부족을 따라 옛 땅으로 돌아가게 해야 합니다. 그리고 속국屬國과 무이撫夷[17]로 하여금 그들이 질서 있게 정착하도록 유도해야 합니다.

융적戎狄과 진晉은 뒤섞여 살지 않고 각자의 거주지를 지키고 있습니다. 위로는 상고 시대 지역 구분의 대의에 부합되는 것이며 아래로는 태평성세의 영구한 모범이라 할 수 있습니다. 그곳에서도 중화를 배반하려는 교활한 마음이 생겨 바람에 먼지가 날리는 반란이 일어날 수 있습니다. 하지만 설령 반란이 일어날지라도 융적은 중국과 멀리 떨어져 있고 중간에 산하山河로 가로막혀 그 피해가 크지 않습니다. 이런 까닭에 조충국趙充國과 풍봉세馮奉世는 능히 수만의 군대만을 가지고 강족을 제압할 수 있었습니다. 그들은 출병하여 전투를 벌이는 일 없이 병력을 그대로 보전하면서도 승리를 거두었습니다. 비록 심오한 계책이 있고 조정의 지원과 대책이 있기는 하였지만, 그래도 화인華人과 만이가 떨어져 살아 그 구별이 있기에 가능한 일이었습니다. 그렇지 않다면 그들이 어떻게 변경을 보호하여 쉽게 지켜내는 공적을 이룰 수 있었겠습니까?

이에 반대하는 사람은 이렇게 말할 것입니다. '지금 관중關中의 재앙으로 전쟁이 벌어진 지 2년이나 되었다. 군대 징발의 고통을 받는 사람이 10만이나 된다. 홍수와 가뭄의 재해로 기근도 연속되고 있다. 게다가 역병이 만연하여 허다한 사람이 제 명에 죽지 못하였다.

---

17) 屬國과 撫夷 : 관직명. 屬國은 典屬國, 撫夷는 撫夷護軍의 簡稱.

그런데 흉악한 반역의 무리가 이미 주살되었고 잘못을 뉘우치는 자가 이제 막 귀순하였다. 그들은 진심으로 복속하여 모두 가슴에 두려움을 지니고 있다. 백성들은 고통을 걱정하고 있으며 이민족 역시 같은 마음을 지니고 편안한 세상이 오기를 바라고 있다. 마치 가뭄에 비를 기다리는 심정과 마찬가지이다. 그러니 진실로 그들을 편안히 다독여 주어야 할 것이다.

그런데 그대는 무단히 일을 만들어 사람들을 힘들게 만들려 한다. 지치고 피폐해진 사람들을 동원하고 그렇지 않아도 의심 많은 오랑캐를 옮겨 가게 하려 한다. 양식이 부족한 백성들을 동원하여 식량이 없는 오랑캐를 옮기려 하는 것이다. 그러다 힘이 못 미쳐 일을 그르치게 되면 강족은 흩어져 변란을 일으킬지도 모른다. 사람 마음은 제각각이기 때문이다. 이전에 일어난 재앙들도 채 진정되지 않았는데 새로운 문제가 걷잡을 수 없게 일어날 것이다.'

그러한 의구심에 대한 대답은 다음과 같습니다. '강족은 교활하여 제멋대로 명령을 발동하며 읍내와 들판을 공격하고 있다. 지방관을 해치고 군대를 모아 횡행하는 것이 1년도 넘었다. 그리하여 저들로 인해 다른 부족은 와해되어 버리고 같은 족속도 무너지듯 흩어졌다. 노약자는 포로가 되고 청장년은 항복하거나 도망해 버렸다. 이렇듯 새나 짐승처럼 분산되어 합칠 수 없는 상태가 되었다. 그대는 그럼에도 이들에게 도덕성이 남아 있다고 생각하는가? 그리하여 잘못을 반성하고 우리의 은혜를 바라보며 귀순할 수 있을 것이라 여기는가? 아니면 세력이 다하여 궁박해진 다음에야 우리 군대의 토벌이 두려워 항복할 것이라 보는가? 필시 힘이 다하고 쇠잔해진 후에야 투항할 것이다.

그런즉 우리는 능히 저들의 운명을 통제할 수 있다. 우리의 뜻대로 저들의 행동을 제어할 수 있다. 대저 그 본업을 즐기는 자는 그 본업을 그만두게 할 수 없다. 그 땅에 사는 것을 편안히 여기는 자는 다른 곳으로 옮겨가게 할 수 없다. 스스로 의심하고 두려워하여 그 공포가 급박해진 다음에야 군대로 제압하여 무슨 일이든 말없이 따르게 할 수 있다. 저들이 죽고 사방으로 흩어져 다시 모일 수 없게 되어야 한다. 관중 사람들과 모두 원수가 되어야 한다. 그래야 저들을 가히 먼 곳으로 옮겨서 그 마음에 다시 돌아올 생각이 없게 할 수 있다.

대저 성현은 일을 도모할 때, 아직 정황이 생성되기 전에 준비하였으며 어지러워지기 전에 처리하였다. 도道는 두드러지지 않아야 두루 시행되고 덕德은 드러내지 말아야 이루어진다. 그 다음에야 능히 재앙을 복으로 만들 수 있고 패배를 승리로 돌릴 수 있으며, 곤란에 직면하여 그것을 넘어갈 수 있고 또 잘못된 것을 만나 좋은 것으로 바꿀 수 있다.

그런데 지금 그대는 잘못된 일의 끝자락에서 새로운 시작을 도모하지 않는다. 열심히 수레 바퀴가 지나가는 길을 바꾸고자 하나, 이전의 수레 바퀴가 전복된 궤도에 다시 빠지고 있다. 이는 무슨 까닭인가?

또한 관중의 인구 100여만 가운데 그 비율로 따지면 융적戎狄이 절반이 된다. 그들을 그대로 둘 것인가 아니면 다른 데로 옮길 것인가를 결정할 때 반드시 고려해야 되는 것이 식량 문제이다. 만일 융적을 관중에 그대로 두게 되면, 그 가운데 궁핍하여 끼니를 잇지 못하는 자가 생길 경우 관중의 곡식을 끌어다 그들에게 주어 살아가도록 만들어야 한다. 그래야 험한 구덩이에 빠져 주변의 화인을 침탈하는 문제가 발생하지 않을 수 있다.

그런데 지금 우리가 그들을 옮길 경우 도중에 식량을 제공하여야 한다. 그 후 원래 살던 곳의 종족에게 붙여 스스로 먹고 살게 할 수 있다. 그렇게 하면 관중의 사람들은 그 절반의 곡식을 마저 먹을 수 있게 된다. 관아의 양식으로 옮겨 가는 자들을 먹이고 남아 있는 사람에게는 다른 창고의 곡식을 주는 셈이다. 그리하여 관중의 식량 부족을 해결하고 도적의 근원을 없애는 것이다.

당장 아침 저녁의 손해는 감수하면서 장기적인 이익을 세우는 것이다. 만일 잠시 동안의 작은 불편을 두려워한다면 영구적인 태평의 대계大計를 얻지 못한다. 몇 날 몇 개월의 번거로움과 고통을 견디지 못한다면 대대로 노략질 당하는 우환을 남길 것이다. 이는 이른바 개물성무開物成務[18]가 아니며 창업수통創業垂統[19]이 아니다. 기초를 튼튼히 하고 길을 열어 자손에게 복을 전하는 것이 아니다.'

병주幷州[20]의 호인胡人은 본디 흉노의 잔폭한 도적이었습니다. 한 선제의 시기 추위와 굶주림으로 무너져 부족이 사분오열되었다가 후에 다시 합해져 두 개가 되었습니다. 그 가운데 호한야는 고립되어 쇠약해져 홀로 살아갈 수 없자 변경 지대로 내려와 한에 복속되었습니다. 후한의 광무제 건무建武(25~56) 연간에 남선우가 다시 귀순해 와서 변경 지역으로 들어오도록 허락한 다음 사막의 남쪽에 거주하게 하였습니다. 그로부터 얼마 후 역시 그들이 반란을 일으켜

---

18) 開物成務 : 만물의 이치에 通曉하여 그 이치에 따라 일을 성공시키는 것.
19) 創業垂統 : 創業하여 자손에게 전하는 것.
20) 幷州 : 오늘날의 山西省 太原市.

하희何熙와 양동梁憧이 여러 차례 전차를 앞세워 토벌에 나섰습니다.

영제靈帝 중평中平(184~189) 연간에는 황건적의 난이 발생하자 그들의 군대를 징발하고자 하였으나 그 무리가 따르지 않고 오히려 일어나 선우 강거羌渠를 살해해 버렸습니다. 이에 그 아들 어미부라於彌扶羅가 한에 구조를 요청하여 그 도움으로 반란의 무리를 토벌하였습니다. 이후 세상에 전란이 일어나자 그 틈을 노려 반란을 일으켰습니다. 그리고 조趙와 위魏 땅을 침략하고 황하의 남쪽까지 약탈하였습니다. 헌제 건안建安(196~220) 연간에는 우현왕右賢王 거비去卑로 하여금 호주천呼廚泉의 귀순을 권유하게 하고, 그 부족을 6개 군에 흩어져 살게 하였습니다.

삼국 위魏의 원제元帝 함희咸熙(264~265) 연간에는 그 가운데 한 부족이 너무 강해져서 3개로 나누었습니다. 서진 무제 태시泰始 원년(265)에는 다시 4개로 늘렸습니다. 이 무렵 유맹劉猛이 반란을 일으켜 외부의 오랑캐와 연대하였습니다. 근래에는 학산郝散의 반란이 곡원穀遠에서 발생하였습니다. 지금 흉노 5부의 무리는 호수戶數가 수만에 이릅니다. 그 인구의 많음이 서융西戎을 넘어서고 있습니다. 하지만 천성이 날래고 사나운 데다가 말 타고 활 쏘는 것이 저氐나 강羌보다 배나 능숙합니다. 만일 이들이 반란을 일으키게 되면 병주 일대는 크게 혼란에 빠질 것입니다.

형양滎陽의 구려句驪는 본디 요동의 변경 바깥에 살았습니다. 그런데 삼국 위의 제왕齊王 정시正始(240~249) 연간에 유주幽州 자사 관구검毌丘儉이 그 반란한 자를 토벌하고 나머지 부족을 옮겨 왔습니다. 처음 이주시켰을 때는 수백 호였는데 자손이 번창하여 지금은 천을 넘습니다. 얼마 지나지 않아 더욱 번성하게 될 것입니다.

화인華人 백성들이라 해도 생업을 잃으면 도망하여 반란을 일으킵니다. 개나 말은 자라서 살찌게 되면 서로 물어뜯습니다. 하물며 이적夷狄이야 어찌 변란을 일으키지 않을 수 있겠습니까? 다만 그들이 미약하고 세력이 커지지 않기를 바랄 뿐입니다.

무릇 나라를 다스릴 때 유념해야 할 일은 가난이 아니라 불균등입니다. 근심해야 할 일은 인구의 부족이 아니라 불안정입니다. 천하는 광대하며 인구도 많습니다. 어찌 이적夷狄을 안에 두어 그로부터 무엇을 얻으려 할 필요가 있겠습니까? 이들을 잘 깨우쳐 본래의 고향으로 돌아가게 만들어야 합니다. 그래야 그들도 타관 생활을 하며 고향을 그리는 마음을 달랠 수 있을 것이고, 우리 화인華人들도 걱정을 덜 수 있게 될 것입니다. 이것이 중국을 이롭게 하는 일이요, 또 천하를 태평하게 하는 일입니다. 또한 후대에 영구히 도움이 되는 장구한 계책입니다."

하지만 혜제惠帝는 이 주장을 채용하지 않았다. 그로부터 10년이 지나지 않아 이적이 난리를 일으켜 화하華夏는 난리에 휩쓸렸다. 그때야 사람들이 강통의 탁월한 식견에 탄복하게 되었다.

출전 『진서』 권56, 「江統傳」.

내용 후한말로부터 위진 시대를 통해 북중국에 혼란이 지속되자 변경 방어 태세도 느슨해졌다. 이러한 정세를 이용하여 북방 민족이 대거 중원으로 진입하였다. 이들이 중원 일대에서 세력을 규합하여 국가를 건설하게 되고, 이윽고 북중국에서는 5호 16국 시대가 펼쳐지기에 이른다. 3세기 후반이 되면 북중국에 거주하는 북방 민족의 숫자가 이미 상당수에 달하였다. 이들과 한족 사이의 모순도 날로 첨예해 졌다. 이러한 상황에서 299년(서진 혜제 元康 9) 태자세마太子洗馬로 있던 강통이 「사융론」을 상주하였다. 관중 지역에 거주하는 흉노 등의 북방 민족을 중원 바깥으로 옮김으로써 장차 있을지도 모를 변란을 막자는 주장이었다. 하지만 그의 주장은 가남풍賈南風 등의 집권 세력에 의해 받아들여지지 않았다. 그로부터 얼마 후 영가永嘉의 상란喪亂으로 서진은 화북을 북방 민족에게 내주게 된다.

북방 민족의 화북 장악과 오호십육국 시대

옛날에 제왕은 왕왕 기이한 부류를 만들어 내기도 하였다. 순유淳維·백우伯禹[21])의 후예가 그러한 부류가 아니겠는가? 그들은 머리를 풀어 헤치고 모피 옷을 입으며 짐승의 고기를 먹고 그 젖을 마신다. 그리고 멀리서부터 들이닥쳐 중원 땅을 공포로 몰아넣는다. 그들은 자기들이 일으킨 재앙에 대해 반성하지 않는다. 도리어 그 무리는 날이 갈수록 번성한다. 그 습속은 음험하고 사악하며 그 성정은 기민하고 거칠다. 그것에 대해서는 이전의 사서에 잘 기록되어 있으므로 더 상세히 적지 않는다.

헌제軒帝[22])는 그들이 기강을 어지럽히는 것을 우려하여 정벌을 단행하였다. 주의 무왕은 멀리 황복荒服[23])으로 내쫓고 금수와 같이 치부하였다. 그들은 추운 광야에서 노숙하며 세월의 변화를 엿보다가 틈이 생기면 먼지를 날리며 쳐들어와 약탈한다. 그러니 변경의 성채에서는 방어를 느슨히 할 수 없고 백성들 또한 편안하게 살 수

---

21) 淳維·伯禹 : 淳維는 흉노의 시조, 伯禹는 夏后氏의 수령이다.

22) 軒帝 : 黃帝 軒轅氏.

23) 荒服 : 『상서』 「禹貢」에 기록된 五服의 하나. 京師로부터 2,000리 내지 2,500리 떨어진 邊遠地方.

없다. 공자는, '관중管仲이 아니었다면 우리는 모두 머리를 풀고 좌임左袵하게 되었을 것이다.'[24) 라고 하였다. 이 말은 군사를 훈련시키고 병장기를 잘 갖추어 변경 일대가 무사하도록 하여야 경내가 안정될 수 있음을 지적한 것이다. 그리하여 연燕은 조양造陽의 교외에, 진은 임조臨洮에 성을 쌓아, 하늘에 닿을 듯한 산의 정상까지 이르고 지맥을 잘랐으며 현토군玄菟郡을 두고 황하를 정비하였다. 이적夷狄이 중화를 어지럽히지 않도록 방비한 것이 이와 같이 엄밀하였다.

전한 선제宣帝(재위 기원전 73~기원전 49)의 초기에 호한야 선우의 투항을 받아들여 정장亭障[25)에 거주하도록 하고 흉노의 정황을 정찰하는 임무를 맡겼다. 이것이 융적戎狄에게 관대한 시책을 베푼 첫 번째 일이었다. 후한의 광무제 또한 남흉노의 무리 수만 명을 서하西河에 받아들였다가 얼마 후 오원군五原郡[26)으로 옮겼다. 이들은 얼마 후 인근의 7군으로 퍼졌다. 동탁董卓의 난이 발생하였을 때는 이들로 인해 진의 분수汾水 일대가 소란해졌다.

일찍이 곽흠郭欽은 위의 무제武帝에게 그리고 강통江統은 혜제惠帝에게 상주하여, 모두 위魏의 내부에 이적夷狄이 함께 살고 있기에 중원이 비루한 곳으로 바뀌었다고 말하였다. 그러니 이적을 변경과 사막의 바깥으로 이주시켜 은주殷周 시대와 같은 화이華夷의 준별을 재수립하자고 주장하였다. 강통은 병주幷州 지역을 우려하였고 곽흠은 맹진盟津 등지를 걱정하였다. 그러한 주장이 막 등장하였을 때 유원해가 이미 출현하였다. '작은 실수가 커다란 차이를 낳는다.'고 말

---

24) 齊 桓公 시기 관중이 山戎을 정벌하였던 것을 가리킨다.
25) 亭障 : 邊塞의 要地에 설치한 보루.
26) 五原郡 : 지금의 내몽고 자치구 包頭市 서북방 일대.

한다. 서진의 실권자였던 경대부들을 두고 해야 되는 말이다.

이윽고 유총劉聰이 군대를 거느리고 동진하여 제齊의 땅을 차지하였으며, 유요劉曜는 서쪽으로 진군하여 농산隴山을 넘은 다음 장안과 낙양의 양경兩京을 함락시켰다. 지배하는 백성의 수는 백만에 이르렀다.[27] 이에 천자는 장강을 건너서 남방만을 통치하며 험한 지세에 의거하여 방어하였다. 중원은 회복할 여력이 없어 기나긴 회수淮水의 이북은 모두 버렸다. 호인胡人은 우리의 곤란함을 이용하여 분분히 군대를 이끌고 난리를 일으켰다. 또 서진의 신하들은 멀리서 군사를 거느리고 웅거하였으나 점차 호인을 따라 포악해졌다.

유원해는 혜제惠帝 영흥永興 원년(304) 이석離石을 장악하고 한漢이라 칭하였다. 그 후 9년이 지나 석륵石勒이 양국襄國을 근거지로 하여 조趙라 칭하였다. 장씨張氏는 먼저 하서河西를 장악하고 있다가 석륵으로부터 36년이 지나 장중화張重華가 양왕凉王이라 자칭하였다. 그 1년 후 염민冉閔이 업鄴을 장악하고 위魏라 칭하였다. 그 1년 후에는 부건苻健이 장안을 장악하고 진秦이라 칭하였다. 모용씨慕容氏는 먼저 요동을 점거하고 연燕이라 칭하였다가 부건으로부터 1년 후에 준儁이 비로소 황제를 참칭하였다. 그로부터 31년이 지나 후연後燕의 모용수慕容垂가 업鄴을 장악하였다. 그 2년 후 서연西燕의 모용충慕容冲이 아방阿房을 점거하였다. 이해에 걸복국인乞伏國仁이 포한枹罕을 점거하고 진秦이라 칭하였으며 그 1년 후 모용영慕容永이 상당上黨을 장악하였다. 이해에 여광呂光이 고장姑臧을 장악하고 양

---

27) 이 부분의 서술은 석연치 않다. 원문은 '覆滅兩京, 燕徒百萬.' 燕徒는 衆人, 百姓의 의미.

凉이라 칭하였으며, 그 12년 후에는 모용덕慕容德이 활대滑臺를 장악하고 남연南燕이라 칭하였다. 이해에 독발오고禿髮烏孤가 염천廉川을 장악하고 남양南凉이라 칭하였으며, 단업段業이 장액張掖을 장악하고 북량北凉이라 칭하였다. 그 3년 후에는 이현성李玄盛이 돈황을 장악하고 서량西凉이라 칭하였다. 그 1년 후 저거몽손沮渠蒙遜이 단업段業을 살해하고 양凉을 자칭하였으며, 그 4년 후 초종譙縱이 촉蜀을 장악하고 성도왕成都王이라 칭하였다. 그 2년 후에는 혁련발발赫連勃勃이 삭방朔方을 장악하고 대하大夏라 칭하였으며 그 2년 후에는 풍발馮跋이 이반離班을 죽이고 화룡和龍을 장악하여 북연北燕이라 칭하였다.

그리하여 온 천하 가운데 10분의 8을 상실하였다. 모든 정권이 다 황제의 깃발을 세우고 황제의 복장을 하였으며 사직을 세우고 종묘를 열었다. 여기에 화인華人과 이적의 인물이 다 모여들었다. 혹은 사통팔달의 도시를 점령하고 혹은 몇 개 주州를 장악하여, 안으로 웅대한 계획을 꾸미고 밖으로 군대를 보내 다른 지역을 병탄하였다. 그리고 병력을 징발하여 전쟁을 벌임으로써 사람 목숨이 칼날과 화살에 쓰러져갔다. 이처럼 전쟁판으로 치달은 것이 136년, 그 재앙으로 이끈 장본인이 유원해이다.

출전 『진서』 권101, 「劉元海載記」.

내용 「진서」 재기載記의 서론에 해당하는 부분이다. 304년의 한漢과 성한成漢의 자립부터 439년 북량北凉이 북위에 의해 멸망될 때까지를 5호 16국 시대라 부른다. 사천을 포함한 북중국 일대에 5개의 이민족에 의해 16개 국가가 세워져 명멸하였다는 의미이다. 5개의 이민족이란 흉노, 저氐, 강羌, 갈羯,

선비를 가리킨다. 이들은 팔왕의 난이 종결될 즈음 각각 독자적인 정권을 수립하기 시작하였다. 이러한 분열과 혼란은 439년 탁발족의 북위가 화북을 통일하기까지 136년간 지속되었다.

흉노족의 반란과 유연劉淵의 한漢 건국

유원해劉元海는 신흥新興의 흉노인으로 묵특 선우의 후손이다. 그의 이름이 고조에 대한 피휘避諱를 범하고 있기에 자字로써 칭하기로 한다.[28]

처음에 한 고조는 종실 여인을 공주로 삼아 묵특 선우의 부인으로 주고 형제 관계를 약속하였다. 그래서 그 자손은 모두 유씨(劉氏)라 칭하게 되었다. 광무제 건무建武(25~56) 연간의 초기에 오주유약제烏珠留若鞮 선우의 아들 우오건일축왕右奧鞬日逐王 비比는 자립하여 남선우가 되어 내지로 들어와 서하西河의 미직美稷에 살았다. 지금의 이석離石 좌국성左國城이 바로 선우가 이사하여 거주한 지역이다. 영제靈帝 중평中平(184~189) 연간에는 선우 강거羌渠가 아들 어부라於扶羅로 하여금 군대를 거느리고 한을 도와 황건적을 토벌하게 하였다. 그때 강거가 부족 사람들에 의해 살해되자 어부라는 자신이 이끄는 무리를 거느리고 한에 남았다가 자립하여 선우가 되었다. 동탁董卓의 난이 발생한 뒤에는 태원太原·하동河東을 약탈하고 하내河內로 옮겼다. 어부라가 사망하자 동생 호주천呼廚泉이 뒤를 이어 어

---

28) 劉元海의 본명은 劉淵(?~310). 元海는 字이다. 당 태종 시기에 편찬된 『진서』에서는 고조 李淵의 이름에 대해 避諱하기 위해 劉元海라 칭하고 있다.

부라의 아들 표豹를 좌현왕左賢王으로 삼았다. 유표가 바로 유원해의 부친이다.

위魏의 무제武帝는 그 무리를 5부로 나누어 유표를 좌부左部의 통수統帥로 삼았다. 나머지 부의 통수 또한 모두 유씨가 임명되었다. 서진 무제 태강太康(280~289) 연간에는 도위都尉로 그 명칭을 바꾸었는데, 좌부는 태원의 자씨玆氏, 우부는 기祁, 남부는 포자蒲子, 북부는 신흥新興, 중부는 대릉大陵에 위치하였다. 유씨는 5부에 나뉘어 분포하였지만 모두 진양晉陽의 분수汾水와 간수澗水 주변에 거주하였다.

유표의 부인은 호연씨呼延氏로 위의 제왕齊王 가평嘉平(249~254) 연간에 용문龍門에 가서 아들 얻기를 기원하였다. 그런데 홀연히 이마에 뿔 두 개 달린 큰 물고기 한 마리가 지느러미를 펼치고 기도하는 곳으로 뛰어 올라 한동안 머물다 갔다. 무당이 모두 신기해 하며 상서로운 징조라고 하였다. 그날 밤 꿈 속에서 낮에 보았던 물고기가 사람으로 변하여 나타났다. 왼손에 무얼 하나 들었는데 크기가 계란의 반쪽 만하였고 그 모양이 대단히 이상하였다. 이를 호연씨에게 주며 말하였다.

"이것은 태양의 정기인데 먹으면 귀한 아들을 낳을 것이다."

호연씨가 깨어나 유표에게 알리니 유표가 말하였다.

"길한 징조이다. 내가 전에 한단邯鄲에서 장경張冏의 모친 사도씨司徒氏로부터 관상을 본 적이 있는데, 장차 귀한 아들이 생겨 3세대 후에 크게 창성할 것이라는 말을 들었다. 그것과 잘 들어맞는 것 같다."

이로부터 13개월만에 원해가 태어났는데 왼손의 무늬에 이름이 있어 그것으로 이름을 삼았다. 그는 어려서부터 대단히 똑똑하고 총명하였다. 7살에는 모친이 세상을 떠나자 가슴을 치고 발을 동동 구르며 소리쳐 울었다. 그 애절함이 인근을 감동시켜 동족 사람들이 모두 칭찬하였다. 당시 사공司空이었던 태원의 왕창王昶 등은 이 말을 듣고 어여삐 여겨 재물을 보내 조위를 표하였다. 어려서 학문을 좋아하여 상당上黨의 최유崔游를 스승으로 모시며 『모시毛詩』『경씨역京氏易』29) 『마씨상서馬氏尙書』30)를 배웠다. 특히 『춘추좌씨전』과 『손오병법』을 좋아하여 거의 외울 정도였다. 그밖에 『사기』『한서』와 제자백가 서적까지 통독하지 않은 것이 없었다. 그는 일찍이 동문의 생도인 주기朱紀와 범륭范隆에게 다음과 같이 말하였다.

"나는 책을 볼 때마다 항상 수하隨何와 육가陸賈는 무예가 없고, 주발周勃과 관영灌嬰은 학문이 없었던 것이 안타깝다. 도道는 인간에 의해 선양되는 것이다. 한 가지라도 알지 못하는 것이 있다면 그것은 군자의 수치이다. 수하와 육가는 한 고조를 만났으나 후侯에 봉해질 만한 공적을 세우지 못하였고, 주발과 관영은 또 문제의 대신이었으나 학교를 세우지 못하였다. 참으로 아쉽다."

그리고는 무예를 익히기 시작하였는데 그 실력이 남보다 훨씬 뛰어났다. 팔이 길어 활을 잘 쏘았으며 힘도 보통 사람보다 셌다. 외모도 우람하여 신장이 8자 4치였고 수염의 길이는 3자를 넘었는데 그 한 가운데 붉고 긴 털 세 가닥이 있었다. 둔류屯留의 최의지崔懿之, 양릉襄陵의 공사욱公師彧 등이 사람의 관상을 잘 보았는데 유원해를

---

29) 『京氏易』: 西漢의 京房이 찬술한 『京氏易傳』, 현재는 3卷 전하고 있다.
30) 『馬氏尙書』: 西漢의 馬融이 찬술한 『尙書馬氏傳』.

보고는 놀라 서로, "이 사람의 외모는 대단히 특별하다. 우리가 일찍이 본 바가 없을 정도이다."라고 말하였다. 그리고 유원해를 깊이 존경하여 따랐으며, 태원의 왕혼王渾도 허심탄회하게 사귀어 아들 왕제王濟로 하여금 그를 모시게 하였다.

위 원제元帝 함희咸熙(264~265) 연간에 유원해는 아들을 낙양에 인질로 보냈는데 문제文帝[31]가 정성껏 보살펴 주었다. 서진 무제 태시泰始(265~274) 연간 이후 왕혼은 여러 차례에 걸쳐 무제武帝에게 유원해를 소개하였다. 무제는 그를 불러 얘기를 나눈 다음 크게 기뻐하며 왕제에게 말하였다.

"유원해는 용모도 단정할 뿐더러 지혜도 뛰어나다. 설령 유여由余[32]나 김일제金日磾라 할지라도 그보다 낮지 않을 것이다."

이에 왕제가 대답하였다.

"유원해의 용모가 단정하고 지혜가 뛰어난 것은 실로 폐하의 지적대로입니다. 나아가 문무의 재간도 유여나 김일제에 비해 훨씬 앞서 있습니다. 폐하께서 만일 그에게 동남 지방의 일[33]을 맡겨 주신다면 오군吳郡과 회계會稽를 쉽사리 평정할 것입니다."

무제도 그러할 것이라 여겼다. 이에 공순孔恂과 양요楊珧가 다음과 같이 간언하였다.

"신들이 보건대 유원해의 재능은 현재 누구도 그와 비교할 수 없을 정도라 두렵습니다. 폐하께서 그 휘하의 무리를 가벼이 여기시면

---

31) 文帝 : 司馬昭(211~265).
32) 由余는 秦 穆公의 上卿으로서 西戎을 攻伐하여 12국을 병합하고 千里를 개척함으로써 秦 穆公으로 하여금 春秋五霸의 하나가 될 수 있게 한 인물.
33) 동남 지방의 일 : 吳의 평정을 가리킨다.

안 됩니다. 만일 그에게 권력을 준다면 오吳를 평정한 후 다시는 장강을 건너 돌아오지 않을까 걱정스럽습니다. 그는 우리와 같은 종족이 아니니 그 마음도 필시 다를 것입니다. 그에게 지나치게 중요한 일을 맡기는 것에 대해 신들은 삼가 폐하를 위해 두렵기만 합니다. 험산준령의 땅을 주어 그곳에 머물게 한다면 아무 일 없을 것입니다."

무제는 아무 대답하지 않았다.

그 후 진秦과 양凉이 무너져 무제가 이를 해결할 장수를 두루 찾았다. 상당上黨의 이희李憙가 말하였다.

"폐하께서 흉노 5부의 무리를 출동시키며 유원해에게 장군의 칭호를 내려주신다면 북을 울리며 서쪽으로 진군하여 며칠 만에 토벌하고 올 것입니다."

이에 공순이 말하였다.

"이공李公의 말대로 하면 우환을 없애버릴 수 없습니다."

이희가 발끈하여 화를 내며 말하였다.

"흉노의 날래고 사나움에다가 유원해의 통어능력이라면, 폐하의 명령을 받들고 나아가 무언들 토벌하지 못하겠소이까?"

공순이 대답하였다.

"유원해가 만일 양주凉州를 평정하고 수기능樹機能을 참한다면, 필시 양주에서 화란이 생겨날 것입니다. 교룡蛟龍[34]은 비와 구름을 만나면 다시 연못 속으로 들어가지 않는 법입니다."

이에 무제는 마음을 돌리고 유원해를 보내지 않았다.

---

34) 蛟龍 : 深淵 속에 있는 용.

이후 왕미王彌가 낙양으로부터 동쪽으로 돌아갈 때 유원해는 구곡九曲의 물가에서 그에게 전별연을 베풀며 말하였다.

"왕혼과 이희는 동향 출신이라서 늘 나를 칭찬한다오. 하지만 그 때문에 비방도 생겨나고 있소. 그들이 칭찬하는 것은 내 바램이 아니오. 오히려 해가 될 뿐이오. 나는 본디 출세에 뜻이 없소. 이 점 귀하가 잘 알아주기 바라오. 나는 아마 이대로 낙양에서 죽을지 모르오. 그러니 그대와 영원히 이별할 것 같소."

그는 감정이 격앙되어 울었다. 그리고 폭음을 하고 휘파람을 부는데 그 곡조가 높고 처량하여 앉아 있는 사람들이 눈물을 흘렸다. 그 무렵 제왕齊王 유유攸가 구곡에 있었다. 그는 이 말을 듣고 말을 타고 달려가 살펴보았다. 유원해는 아직 머물고 있었다. 제왕이 무제에게 말하였다.

"폐하께서 유원해를 제거하지 않으신다면, 병주幷州가 오래도록 안정을 유지하지는 못할 것이라 여겨집니다."

이에 왕혼이 진언하였다.

"유원해는 덕이 있는 사람입니다. 제가 폐하께 보증하겠습니다. 하물며 우리 진 왕조는 지금 이민족에 대해 신뢰를 표명하며 덕으로써 그들을 포용하고 있습니다. 어찌하여 아무 근거 없는 의심으로 인질로 와 있는 사람을 죽인단 말입니까? 그래서는 진 왕조의 덕을 널리 알릴 수 없습니다."

"왕혼의 말이 맞다." 무제가 말하였다.

유표劉豹가 죽자 그 대신 유원해를 흉노 좌부左部의 통수로 삼았다. 무제 태강太康(281~289) 연간의 말엽에는 북부도위北部都尉에 임명되었다. 유원해는 법 기강을 분명히 하고 간사함을 금절하였다.

또 재물에 인색하지 않고 베풀기를 좋아하였으며 정성을 다해 사람을 대하였다. 이에 흉노 5부의 인재가 모두 그에게 모여들었다. 유주幽州와 기주冀州의 유명한 유생이라든가 한문寒門 출신의 수재들도 먼 길을 마다하지 않고 찾아와서 그와 교분을 맺었다. 양준楊駿은 보정輔政을 하며 그를 건위장군建威將軍·오부대도독五部大都督으로 삼고 한광향후漢光鄕侯에 봉하였다. 혜제惠帝 원강元康(291~299) 연간의 말엽에는 흉노 좌부 사람이 반란을 일으키고 변경 바깥으로 나가자 면관免官되었다. 성도왕成都王 사마영司馬穎이 업鄴에 진수鎭守할 때 표를 올려, 유원해를 영삭장군寧朔將軍·감오부군사監五部軍事로 삼았다.

혜제가 정치를 그르치자 도적떼가 사방에서 일어났다. 유원해의 종조부從祖父이자 전직 북부도위·좌현왕인 유선劉宣 등이 몰래 의논하였다.

"옛날 우리 선조와 한 왕조는 형제의 맹약을 맺고 우환과 태평을 같이 하기로 하였다. 그런데 한이 망한 이래 위와 진이 뒤를 이어 일어나면서 우리 선우는 헛된 명칭만 있을 뿐 조그마한 영지도 없게 되었다. 왕과 후들도 모두 강등되어 평민과 다를 바 없다. 지금 사마씨 사이의 골육상쟁으로 사해가 뜨거운 솥처럼 끓어오르고 있다. 지금이야말로 우리가 다시 나라를 일으키고 공업을 세울 때이다. 더욱이 좌현왕 유원해는 그 자질과 재능이 뛰어나고 도량이 세상에 비할 바가 없을 정도이다. 만일 하늘이 선우를 다시 높이 떠받들지 않을진대 이런 사람을 세상에 냈을 리 없다."

그리고 은밀히 유원해를 대선우로 추대하고 그 무리 가운데 하나인 호연유呼延攸를 업鄴으로 보내 그 모의 내용을 알렸다. 유원해는 돌아가 장례에 참가하고 싶다고 청하였지만 사마영이 허락하지 않았다. 이에 호연유로 하여금 먼저 돌아가서, 유선 등에게 알려 5부의 군사를 불러 모으게 하였다. 또한 의양宜陽의 여러 호족胡族을 모아 사마영에게 호응한다고 선전하게 하였다. 이렇게 사실상 사마영을 배반하였다.

사마영은 황태제皇太弟라 자립하고 유원해를 태제둔기교위太弟屯騎校尉로 삼았다. 이에 혜제가 사마영을 토벌하기 위해 탕음蕩陰으로 오자, 사마영은 유원해를 보국장군輔國將軍·독북성수사督北城守事로 임명하였다. 이후 사마영은 직속 군대가 대패하자 유원해를 관군장군冠軍將軍에 임명하고 노노백盧奴伯에 봉하였다. 그 직후 병주자사并州刺史 동영공東瀛公 사마등司馬騰과 안북장군安北將軍 왕준王浚이 군대를 일으켜 사마영을 토벌하고자 하였다. 이에 유원해가 사마영에게 권하였다.

"지금 2개 진鎭이 발호하여 그 무리가 10여만입니다. 황실의 친위대나 도성 부근의 백성들이 막아낼 수 없을 듯합니다. 흉노 5부에게 가서 전하를 위해 일어나 국난을 막자고 달래 보겠습니다."

사마영이 대답하였다.

"5부의 무리를 가히 동원해 올 수 있겠소? 설령 동원할 수 있다 하더라도 선비와 오환은 날래고 기민하기가 바람이나 구름과 같소.[35] 어떻게 그들과 쉬이 맞설 수 있겠소? 나는 폐하를 모시고 낙양으로 돌아가 그 예봉을 피하겠소이다. 그리고 천천히 천하에 격문

---

35) 당시 王浚은 幽州를 장악하고 烏桓, 鮮卑의 군사를 동원하여 成都王 司馬潁을 공격하였다.

을 띄워 도리로써 그들을 제압하고자 하오. 그대 생각은 어떠하오?"

"전하는 무제의 아들이고 황실에 특별한 공훈이 있습니다. 또 덕망이 두루 퍼져 있어 온 백성이 우러러 보고 있습니다. 그러니 누군들 전하를 위해 헌신하고자 하지 않겠습니까? 5부의 동원에 무슨 어려움이 있겠습니까? 왕준은 무식한 자이고 동영공은 먼 종실입니다.36) 어찌 능히 전하와 비교할 수 있겠습니까? 전하께서 일단 업鄴의 궁전을 떠나서 사람들에게 약함을 보이신다면 다시 낙양으로 돌아가실 수 있을까요? 설령 낙양에 도달한다 해도 그때 권세는 전하께 있지 아니할 것입니다. 격문 한 장을 날린들 누가 그것을 받들겠습니까? 하물며 동호東胡37)의 용맹함은 5부의 흉노를 따라가지 못합니다. 원컨대 전하께서는 군사를 잘 격려하여 안심시켜 주십시오. 그러면 전하를 위해 2부의 군대로 동영왕을 꺾고 3부의 군사로 왕준을 파멸시키겠습니다. 두 적당의 머리는 머지않아 벨 수 있을 것입니다."

사마영은 기뻐하며 유원해를 북선우·참승상군사參丞相軍事에 임명하였다.

유원해가 좌국성左國城에 이르자 유선 등은 대선우의 칭호를 바쳤다. 20일 사이에 무리가 5만에 달하여 이석離石에 도읍하였다.

왕준은 장군 기홍祁弘에게 명하여 선비 부대를 이끌고 업鄴을 공격하게 하였다. 사마영은 패하여 혜제와 함께 남으로 도망하여 낙양

---

36) 東嬴公 司馬騰은 司馬懿의 4弟인 司馬馗의 손자이다. 따라서 武帝 司馬炎과는 再從(6촌)사이이다.

37) 東胡 : 오환과 선비의 합칭. 東胡는 묵특 선우 시기 흉노에 의해 패퇴된 이후 오환, 선비로 분열되었다.

에 들어갔다. 유원해가 말하였다.

"사마영이 내 말을 듣지 않고 반란을 일으켰다가 스스로 무너져 버렸다. 진실로 바보다. 하지만 나는 그와 얘기한 것이 있으니 구하지 않을 수 없다."

그는 우어륙왕右於陸王 유경劉景과 좌독록왕左獨鹿王 유연년劉延年 등에게 명하여 보병과 기병 2만을 이끌고 선비를 공격하게 하였다. 그러자 유선 등이 강하게 간언하였다.

"서진이 무도하여 우리를 노예처럼 대하였습니다. 그리하여 지난날 우현왕 유맹劉猛이 분함을 참지 못하고 반기를 든 것입니다. 그때는 서진의 기강이 해이해지지 않아 거사가 실패로 돌아가고 우현왕은 패배하였습니다. 이는 우리 흉노에게 치욕이었습니다. 지금은 다릅니다. 사마씨의 부자형제가 서로 골육상쟁을 벌이고 있습니다. 이는 하늘이 서진을 싫어하여 천하를 우리에게 주려 하는 것입니다. 선우께서는 선행과 덕을 쌓아 서진의 백성들로부터 신복을 받고 있습니다. 지금이야말로 우리 부족을 부흥시켜 호한야 선우의 대업을 재건할 때입니다. 선비와 오환은 그 대업의 후원 세력으로 삼아야 합니다. 어찌 그들과 맞서 원수를 구원하려 하십니까? 지금 하늘은 우리의 손을 빌려 천하를 안정시키려 하고 있습니다. 그 명을 어겨서는 안 됩니다. 하늘을 어기는 것은 옳지 않으며 백성의 여망을 거슬러서는 안 됩니다. 하늘이 주려는 것을 받지 않으면 오히려 그 징벌을 받게 됩니다. 선우께서는 머뭇거리지 마시기 바랍니다."

이에 유원해가 대답하였다.

"좋다. 마땅히 높고 험준한 산과 고개가 되겠다. 작은 언덕이 되어서야 되겠느냐? 대저 제왕이 되는 데 어찌 정해진 출신이 있겠는가?

112

우왕禹王은 서융에서 났고 문왕文王은 동이에서 출생하였다. 제왕의 자리는 덕이 있는 사람에게 주어지는 것일 따름이다. 지금 우리는 10여만이고 모두 한 사람이 서진의 열을 당해낼 수 있다. 북을 울리며 진군하여 서진을 무너뜨리는 것은 썩은 가지를 부러뜨리는 일처럼 쉽다. 그리하여 위로는 한 고조의 위업을 이룰 수 있고 아래로는 삼국 위 정권처럼 될 수 있다. 물론 서진 치하의 사람들이 쉽게 우리를 따르려 들지 않을 것이다. 하지만 한이 오랫동안 천하를 지배하며 민심에 은덕을 심어두자, 소열황제 유비가 한 귀퉁이 땅에서 어렵사리 정권을 유지하였지만 천하에 맞설 수 있었다. 우리는 또 한 왕조의 인척으로 서로 형제 관계를 약속하였다. 형이 망하여 동생이 뒤를 잇는 것이 어찌 불가하겠는가? 한漢이라 칭하여 후주後主 유선劉禪을 계승한다 하면 민심을 수람할 수 있을 것이다."

그리고 좌국성으로 옮겨가니 멀리서부터 와서 투항하는 자가 수만이나 되었다.

혜제 영흥永興 원년(304) 유원해는 남교南郊에 제단을 쌓고 제사를 올린 후 한왕漢王의 자리에 올랐다. 이어 다음과 같은 명령을 내렸다.

"저 옛날 우리 한의 태조 고황제高皇帝께서는 신령스러운 무위武威로 하늘의 뜻에 부응하여 대업을 개창하셨다. 태종 효문제께서는 밝은 덕德으로 계승하여 한 왕조의 앞길을 평탄하게 만드셨으며, 세종 효무제께서는 이적을 물리치고 영토를 넓히시어 국토 면적이 당요唐堯 시기를 뛰어 넘었다. 중종 효선제孝宣帝께서는 준걸俊傑을 널리 구하시어 조정에 각종 인재가 넘쳐났다. 우리 선조 황제들의 도의는 3왕38)을 초과하고 공로는 5제보다 더 크다. 그렇기에 왕조의 존속 기간도 하夏나 상商보다 배나 되었으며, 황제가 이어진 세대의 숫자도 주의 희씨姬氏를 넘어선다. 이후 원제와 성제 시기에는 재앙이 많고 애제와 평제의 재위 연도는 길지 않았으며, 역적 왕망이 하늘을 속이고 찬탈하는 일도 있었다. 그러나 세조 광무제께서 성스러운 무덕武德을 지니고 왕실을 부흥시키셨다. 한 왕실이 받은 천명을 이어 이전의 문물을 다시 회복하고, 시들해진 삼광三光39)으로 하여금 다시 빛을 발하게 하셨다. 신기神器40)도 감추어졌다가 다시 밝게 드러났다. 현종顯宗 효명제와 숙종 효장제는 잇따라 왕실의 위엄을 떨치어 그 빛이 다시 떨치게 하셨다. 그런데 화제와 안제 이후 기강이 점차 무너져 국운이 어려움에 처하고 그 체통도 자주 끊어졌다. 그리하여 황건적이 구주九州의 땅에 난리를 일으키고 환관들이 천하에 해독을 뿌렸다. 이러한 정황을 이용하여 동탁이 멋대로 날뛰고 조조 부자는 대를 이어가며 패역을 부렸다. 그리하여 효민제孝愍帝41)가 어쩔 수 없이 국가를 넘기셨고, 소열황제는 민岷과 촉42)의 땅으로 쫓겨 가서 고난이 끝나 옛 수도로 돌아오기를 바라셔야 했다. 하지만 하늘의 재앙은 끝나지 않아 후주後主43)께서는 욕됨을 당하셨다. 사직이 끊기고 종묘에서의 제사가 중단된 지44) 지금 40년에

---

38) 3왕: 夏의 禹, 商의 湯, 周의 文王.

39) 三光: 日, 月, 星.

40) 神器: 玉璽와 寶鼎 등 왕조나 정권을 대표하는 신성한 물건, 帝位, 政權을 의미한다.

41) 孝愍帝: 전한의 마지막 황제인 獻帝. 孝愍帝는 촉한의 유비가 제정한 시호.

42) 岷과 蜀: 岷江, 혹은 汶山과 蜀國, 四川을 가리킨다.

43) 後主: 촉한의 후주 劉禪, 昭烈皇帝는 劉備.

44) 263년 蜀漢의 멸망을 가리킨다.

114

달한다. 이제 하늘이 보우保佑하사 우리 한 왕실에 내린 재앙을 걷으
시려 하고 있다. 그리하여 사마씨의 부자 형제로 하여금 서로 골육
상쟁을 벌이게 하였다. 백성의 삶은 도탄에 빠져 어디 하소연할 데
가 없다. 나는 이제 외람되지만 여러 사람의 추대를 받아 선조의 위
업을 계승하고자 한다. 돌아보면 유약하고 우매하기에 두려워 어찌
할 바를 모르겠도다. 하지만 지난 날의 큰 치욕은 아직 갚지 못하였
고 사직에는 주인이 없다. 함담서빙銜膽栖氷45)하며 힘써 중의를 따
르고자 한다."

이어 경내에 사면령을 내리고 연호를 원희元熙라 하였다. 또 유선
劉禪을 추존하여 효회황제孝懷皇帝라 하고 한 고조 이하 삼조오종三
祖五宗의 위패를 세워 제사지냈다. 그 처 호연씨呼延氏는 왕후王后로
세워졌다. 아울러 백관을 두어 유선劉宣을 승상으로, 최유崔游를 어
사대부로, 유굉劉宏을 태위로 삼았으며 그 나머지 사람에게도 각각
관직을 수여하였다.

동영공 사마등이 장군 섭현聶玄을 보내 유원해를 토벌하게 하였
으나 대릉大陵에서 전투를 벌여 대패하였다. 사마등은 두려워 병주
2만여 호를 이끌고 산동으로 갔다가 그곳에서 도적떼가 되었다. 유
원해는 건무장군建武將軍 유요劉曜를 파견하여 태원太原·현씨泫氏·
둔유屯留·장자長子·중도中都를 침범하게 하여 모두 함락시켰다. 2년
째 해에 사마등이 다시 사마유司馬瑜·주량周良·석선石鮮을 보내 유
원해를 토벌하게 하여 이석離石의 분성汾城에 주둔하였다. 유원해는

_____

45) 銜膽栖氷 : 銜膽은 嘗膽, 栖氷은 얼음 속에 살아가는 것, 고초를 마다하지
않고 각고의 노력을 기울이는 것을 가리킨다.

무아장군武牙將軍 유흠劉欽 등을 보내 여섯 개 부대를 이끌고 사마유 등을 막게 하였다. 유흠 등은 네 번 싸워 승리하고 군대의 진열을 정비하여 철수하였다.

이해 이석에 큰 기근이 들어 유원해는 여정黎亭으로 옮겨 그곳의 창고에 저장되어 있는 양곡을 군량으로 사용하였다. 그 대신 태위 유괭과 호군護軍 마경馬景을 남겨 두어 이석을 지키게 하고, 대사농大司農 복예卜豫로 하여금 양곡을 옮겨 그들에게 공급토록 하였다. 이어 전직 장군 유경劉景을 사지절使持節·정토대도독征討大都督·대장군으로 삼아 판교版橋에서 병주자사幷州刺史 유곤劉琨을 공격하게 했다. 유곤은 대패하여 진양으로 도망갔다. 이 직후 시중 유은劉殷과 왕육王育이 유원해에게 진언하였다.

"전하가 거병하신 이래 만 1년이 되어가지만 조심스레 외진 지역만 지배하고 있어 아직 위세가 떨쳐지지 않고 있습니다. 진실로 장수들에게 명하여 사방으로 진격하게 한 다음, 때를 노려 결전을 벌임으로써 유곤을 참수하고 하동을 점거하여 황제를 칭해야 됩니다. 그리고 북을 울리며 남으로 진군하여 장안을 점령하고 도읍으로 삼아야 합니다. 관중의 백성을 거느리고 낙양을 석권하는 것은 손바닥 뒤집는 것처럼 손쉬운 일입니다. 이것이야말로 고조께서 대업을 개창하시고 사나운 항우의 초군을 섬멸하신 길입니다."

유원해는 기뻐하며 말하였다.

"그것이 바로 내 뜻과 같다."

마침내 진격하여 하동을 장악하고 포판浦坂·평양平陽을 공격하여 모두 함락시켰다. 유원해는 또 포자蒲子로 들어가 도읍으로 삼았다. 하동과 평양의 속현은 모두 항복하였다. 당시 급상汲桑이 조趙와 위

魏에서 거병한 상태였는데 이윽고 항복해 왔다. 상군上郡에 있던 4부의 선비 육축연陸逐延, 저氐의 추장인 대선우 징徵, 동래東萊의 왕미王彌 및 석륵石勒 등도 차례로 항복하였다. 유원해는 이들에게 관작을 수여하였다.

회제懷帝 영가永嘉 2년(308) 유원해는 황제를 참칭하고 경내에 대사령을 내렸다.

출전 『진서』 권101, 「劉元海載記」.

내용 5호 16국 시대의 개막을 알리는 사건이 유연劉淵(字가 元海)에 의한 한漢의 건립이다. 그는 흉노족 출신으로서 산서 일대를 근거로 하여 304년 8왕의 난을 틈타 거병하여 대선우라 칭하였다. 이어 한왕漢王에 올라 연호를 원희元熙라 하였다. 308년에는 칭제하고 이듬해 평양平陽에 도읍하였다. 이후 조趙, 前趙라 개칭한 유총의 군대는 서진의 수도 낙양을 점령하고 회제懷帝와 서진의 신하 등 10만여 명을 살해하였다(310년), 이에 서진은 장안으로 천도하여 명맥을 유지하였으나 그마저 316년 유요劉曜의 전조군 앞에 무너져 52년만에 멸망하고 만다.

선비족의 전연前燕 건립과 모용황慕容皝

그해[46] 모용황이 고구려를 공격하자 고구려 왕 쇠釗[47]가 강화를 요청하여 철수하였다 이듬해 쇠는 그 세자를 파견하여 모용황에게 조배朝拜하였다.

---

46) 동진 成帝 咸康 5년(339)이다.
47) 고구려 왕 釗: 제16대 고국원왕(재위 331~371), 이름이 斯由라고도 한다.

그 이전 단요段遼[48])가 패배하자 건위建威[49]) 모용한慕容翰은 달아나 우문귀宇文歸에게 투항하였다.[50]) 그는 스스로 명성이 사방에 떨쳐 있다고 생각하였는데 이처럼 곤경에 처하자 거짓으로 미친 체하며 술에 취해 살았다. 그리고 머리를 풀어 헤치고 노래를 불러댔다. 우문귀는 그를 신임하였기에 아무런 제재를 가하지 않았다. 이에 그는 자유롭게 놀러 다니며 산천의 형세와 전략적 요충지를 모두 머리에 담았다. 그 후 모용황이 상인 왕거王車를 보내 모용한을 찾아가게 하였다. 모용한은 왕거를 보고 아무 말 없이 손으로 가슴을 쳤다. 왕거가 돌아와 이를 보고하자 모용황은, '모용한이 돌아오고 싶어 하는 것이다.'라고 말하고 왕거를 다시 보내 모용한에게 활과 화살을 주었다. 모용한은 우문귀의 준마를 훔쳐 자기의 두 아들과 함께 돌아왔다.

모용황은 석씨石氏[51])를 공략하기 위해 차분하게 여러 장수들에게 말하였다.

"석계룡石季龍[52])은 스스로 낙안樂安에 있는 성들의 방비가 엄밀하다고 여겨 필시 성 남북에는 별다른 설비를 해 두고 있지 않을 것이다. 지금 만일 그 의표를 찔러 작은 길로 출격하면 기주冀州의 북방 지역을 모두 점령할 수 있을 것이다."

---

48) 段遼 : 遼西에 거주하던 선비족 段部의 추장.
49) 建威 : 建威將軍의 약칭.
50) 慕容翰은 慕容皝의 부친 慕容廆의 庶長子로서 일시 段遼에게 투항하여 존중을 받았다.
51) 石氏 : 羯族의 後趙.
52) 石季龍 : 後趙의 제3대 황제인 石虎.

그는 기병 2만을 이끌고 열옹새鸒蝓塞를 출발하여 멀리 계성薊城까지 다다른 다음 무수진武遂津을 건너 고양高陽에 들어갔다. 지나는 곳마다 재물을 불사르고 유주幽州와 기주의 3만여 호를 약탈하여 다른 곳으로 이주하게 했다.

이어 양유陽裕와 당주唐柱 등을 파견하여 용성龍城을 쌓고 궁전과 종묘를 건조하게 하였다. 유성柳城의 명칭도 용성현龍城縣으로 고쳤다. 그러자 동진의 성제成帝는 겸대홍려兼大鴻臚 곽희郭希에게 부절符節을 주어 파견하여, 모용황을 시중·대도독하북제군사大都督河北諸軍事·대장군·연왕燕王에 임명하였다. 나머지 관료는 모두 예전대로 하되 공신 100여명을 분봉하였다.

동진 성제 함강咸康 7년(341) 모용황이 용성으로 천도하였다. 이어 정예부대 4만을 이끌고 남협南陜으로부터 출정하여 우문宇文[53]과 고구려를 공격하였다. 한편으로 모용한과 아들 모용수慕容垂를 선봉으로 삼고 장사長史 왕우王寓 등을 보내 1만 5천의 군대를 이끌고 북치北置로부터 진군하게 하였다. 고구려 왕 쇠는 모용황의 군대가 북로로 올 것이라 생각하고 동생 무武를 파견하여 정예병 5만을 이끌고 북치에서 방어하게 하였다. 그리고 자신은 직접 약한 부대를 이끌고 남협을 방어하였다. 모용한은 쇠와 목저木底에서 전투를 벌여 대파하고, 그 기세를 몰아 환도丸都로 진입하자 쇠는 홀로 말을 탄 채 도망하였다. 모용황은 쇠의 부친 묘를 파헤치고, 그 시신과 어머니, 그리고 보물 및 남녀 5만여 명을 포로로 잡아 돌아왔다. 또 그 궁전을 불태우고 환도를 파괴하였다. 이듬해에 쇠는 사신을 보내 모

---

53) 宇文 : 遼西에 거주하던 선비족 宇文部.

용황에게 칭신하고 토산물을 바쳤다. 이에 그 부친의 시신을 돌려보냈다.

우문귀宇文歸가 그 재상 막천혼莫淺渾을 파견하여 모용황을 공격하였다. 이것에 맞서 여러 장수들이 응전을 주장하였으나 모용황이 듣지 않았다. 막천혼은 모용황이 자신을 두려워한다고 여기고, 마음껏 술을 마시고 사냥을 하며 아무 대비를 하지 않았다. 모용황이 말하였다.

"막천혼이 사치스럽고 게으르기가 정점에 다다랐다. 이제 전투를 벌일 때가 되었다."

그는 모용한을 보내 기병을 거느리고 공격하게 했다. 막천혼이 대패하여 겨우 몸만 빼내 도망가고 나머지는 모두 포로로 잡혔다.

이후 모용황은 직접 각지의 군현을 순시하며 농경을 권장하고 아울러 용성에 궁궐을 건설하였다.

얼마 후 다시 기병 2만을 이끌고 직접 우문귀를 토벌하며 모용한과 모용수를 선봉으로 삼았다. 우문귀는 그 기병 부대를 모두 섭혁우涉奕于로 하여금 거느리게 하여 우문한에 맞섰다. 모용황은 급히 사람을 보내 모용한에게 일렀다.

"섭혁우는 거칠고 강하니 조금 피하는 것이 좋다. 저들의 기세가 교만해졌을 때 공격하도록 하라."

우문한이 대답하였다.

"우문귀의 정예부대는 모두 이곳에 와 있습니다. 만일 이를 깨뜨린다면 힘들이지 않고 우문귀를 멸망시킬 수 있을 것입니다. 섭혁우는 한갓 헛된 명성만 지니고 있습니다. 쉽게 승리할 수 있습니다. 부질없이 적의 기세를 높여서 우리 사기를 꺾을 필요가 없습니다."

우문한은 곧바로 나가 전투를 벌여 섭혁우를 참하고 그 무리를 모두 포로로 잡았다. 우문귀는 멀리 사막의 북쪽으로 달아났다. 이 승리로 모용황은 천여 리의 땅을 획득하여 그 종족 5만여 호를 창려昌黎로 이주시켰다. 섭혁우성涉奕于城은 위덕성威德城으로 개칭하였다. 이를 종묘에 고하고 음주하는 전례를 거행하고 논공행상을 행하였다.

이어 가난한 가구에 소를 나눠 주고 왕실 소유의 토지를 경작하게 하여, 그 수확량의 8할은 조세로 납입토록 하고 나머지 2할을 소유하게 하였다. 소는 있지만 경작지가 없는 사람에게도 역시 왕실 토지를 경작하게 하여, 7할은 세금으로 내고 나머지 3할은 소유하게 하였다.

…(중략)…

모용각慕容恪이 고구려의 남소南蘇를 공격하여 승리한 후 수비 시설을 설치하고 돌아왔다. 동진 목제穆帝 영화永和 3년(347) 모용각과 그 세자 모용준慕容儁을 파견하여 기병 1만 7천을 이끌고 동쪽으로 부여를 공격하게 하였다. 승리를 거두고 그 왕 및 무리 5만여 명을 사로잡아 돌아왔다.

모용황이 친히 동상東庠에 가서 학생에 대한 시험을 진행하고 경전의 성적이 우수한 자를 발탁하여 시종으로 삼았다. 또 오랫동안 가뭄이 계속된 까닭에 백성의 조세를 면제해 주었으며, 성주成周·기양冀陽·영구營丘 등의 군을 폐지하였다. 대신 발해인으로 흥집현興集縣을 설치하고 하간인河間人으로 영집현寧集縣을 설치하였으며, 광평光平·위군魏郡 사람으로 흥평현興平縣을 설치하고 동래東萊·북해北海 사람으로 육여현育黎縣을 설치하였으며 오인吳人으로 오현吳縣을 설치하였다. 이들 현은 모두 연국燕國에 예속되었다.

출전 『진서』 권109, 「慕容皝載記」.

내용 5호 16국 시대 선비족은 대(315~376), 전연(337~370), 후연(384~407), 서진(385~431), 남연(398~410), 남량(397~414) 등을 건립하였다. 3세기 전후 선비족은 우문부宇文部 · 모용부慕容部 · 탁발부拓跋部 · 단부段部 등으로 나뉘어져 있었다. 이 가운데 탁발부는 북위로 이어지는 대代를 세웠고, 그 뒤 모용부가 전연을 건립하였다. 모용부는 요동 지역에 거주하며 모용외慕容廆 시기부터 발흥하기 시작하였다. 이어 모용황 시대가 되어 한족 인재의 채용을 확대하고 중국적 제도를 받아들인 후 전연 정권을 건립하기에 이른다.

저족氐族의 관중 점거와 전진前秦 건립

임위臨渭의 저족 사람 부건苻健은 자字가 건업建業이고 조상들은 약양略陽 임위臨渭에서 살았다. 조부 부회귀苻懷歸는 부족의 하급 장수였으며 부친 부홍苻洪은 자가 광세廣世였다.

부홍이 태어날 무렵 농우隴右 일대는 궂은 비가 계속 내려 백성들이 고통을 받고 있었다. 당시 '비가 그치지 않으면 반드시 홍수가 일어나리.'라는 노래가 유행하였다. 그래서 이름을 홍洪이라 하였다. 부홍의 나이 12살 때 부친이 세상을 떠나자 그 뒤를 이어 부족의 장수가 되었다. 얼마 뒤 저족들이 그를 추대하여 맹주로 삼았다. 이에 유요劉曜는 부홍을 영서장군寧西將軍 · 솔의후率義侯로 임명하여 고륙高陸으로 옮겨 살게 하였다가 올려서 저왕氐王에 봉하였다. 석호石虎가 진秦과 농隴을 장악한 이후 부홍은 석륵石勒에게 표를 올려 관군장군冠軍將軍 · 경양백涇陽伯에 임명해 달라고 하였다. 이어 방두

枋頭로 이사하였다. 얼마 후 광열장군光烈將軍이 되었고 작위가 올라 후侯가 되었으며, 다시 관군대장군冠軍大將軍으로서 서평공西平公에 봉해졌다. 양독梁犢을 토벌하고 난 다음에는 거기대장군車騎大將軍·개부의동삼사開府儀同三司·약양공略陽公으로 지위가 올라갔다.

염민冉閔의 난이 발생하자 진주秦州과 옹주雍州의 주민들이 서쪽으로 돌아와 부홍을 군주로 떠받들어 무리가 10여만에 달하였다. 부홍은 대장군·대선우·삼진왕三秦王이라 자칭하였다. 그 뒤 부장 마추麻秋의 계략으로 독이 든 술을 마시고 죽기 직전 아들 부건苻健에게 말하였다.

"관중은 주周와 한의 옛 도읍지이자 천혜의 형세를 지닌 지역이다. 이곳으로부터 나아가 천하를 장악할 수 있고 물러나 진秦과 옹雍 일대를 지키는 데 부족함이 없다. 내가 죽으면 바로 북을 울리며 서쪽으로 가라." 부건이 이에 따랐다.

부건은 처음에 이름이 부비苻羆였으며 자字는 세건世建이었다. 그런데 석호石虎의 외조부인 장비張羆를 피휘하여 고쳤다.[54] 부건은 활을 잘 쏘고 승마에 능하였으며 남을 잘 섬겼다. 그래서 석호가 깊이 총애하여 익군교위翼軍校尉·진군장군鎭軍將軍 등의 직위를 역임하였다.

그 무렵 경조京兆의 두홍杜洪이 장안을 점거하자 관중 일대의 군웅이 모두 그에게 복속하였다. 부건은 은밀히 관중을 검거하고자 하였지만 두홍이 알까 두려워, 방두枋頭의 궁전을 보수하고 백성들에게 밀의 파종을 독려함으로써 서진의 뜻이 없음을 내보였다. 그러다

---

54) 당시 苻健은 石氏의 後趙에 出仕하고 있었다.

가 이윽고 정서대장군征西大將軍·옹주자사雍州刺史를 자칭하고 무리를 거느리고 서쪽으로 진격하였다. 맹진盟津에 이르러 부교浮橋55)를 설치하고 건넌 다음, 동생 보국장군輔國將軍 부웅苻雄으로 하여금 보병과 기병 5천을 이끌고 동관潼關으로부터 관중으로 진입하게 하였다. 이와 동시에 형의 아들 양무장군揚武將軍 부청苻菁으로 하여금 군사 7천을 이끌고 지관軹關으로부터 하동으로 들어가게 하였다. 부건은 부청의 손을 잡고 말하였다.

"만일 일이 성공하지 못하면 너는 하동에서 죽고 나는 하남에서 죽어 황천에 가서야 서로 만날 수 있을 것이다."

황하를 건넌 후에는 다리에 불을 질러 버렸다. 그리고 직접 무리를 이끌고 부웅의 뒤를 이어 진군하였다. 두홍은 장군 장광張光을 보내 동관에서 막게 하였으나 부웅에 의해 격파되었다. 이에 두홍은 관중의 군대를 총동원하여 부건에 대항하려 하였다. 부건은 이 소식을 전해 듣고 점을 쳤더니 태괘泰卦56)가 나왔다. 부건이 말하였다.

"작은 것이 가고 큰 것이 오니 길한 기운이 창성한다고 한다. 예전에 동쪽으로 가서 작아졌는데 이제 서쪽으로 돌아와 커지니 길한 기운이 이보다 더 클 수가 없다. 그대들도 이것을 아는가? 이는 한고조가 진을 멸망시킬 때의 조짐이다."

부건은 길게 내달려 장안에 이르렀다. 두홍은 사죽司竹으로 도망하고 부건이 마침내 장안에 들어와 수도로 정하였다.

건국한 지 14년 만에 부건은 천왕天王이라 참칭하고 연호를 황시

---

55) 浮橋 : 배나 뗏목을 띄우고 그 위에 널빤지를 이어 만든 다리.

56) 泰卦의 卦辭는, 苻健의 말대로 '小往大來 吉亨'이다.

皇始라 하였다. 나라 이름은 대진大秦이라 하고 백관을 두었다. 부건은 이윽고 황제라 칭하였다. 얼마 후 환온桓溫이 군대를 이끌고 장안을 공격하려 파상灞上에 주둔하였다. 이에 부건의 아우 부웅이 환온을 공격하여 격파하였다. 환온은 군대를 이끌고 동쪽으로 도망갔다. 부건은 태자 부장苻萇을 파견하여 환온을 추격하여, 동관에 다다라 9번 격파하였으나 부장 또한 화살에 맞아 전사하였다. 이후 관중 지방에 큰 기근이 들었다. 화택華澤에서 메뚜기 떼가 생겨나 서쪽으로 농산隴山까지 날아갔다. 모든 풀이 다 말라 죽었으며 소와 말이 서로 가죽과 털을 뜯어 먹을 정도였다. 호랑이와 늑대가 나타나 사람을 잡아 먹어 길에는 다니는 사람이 없어졌다. 건국한 지 18년에 부건이 죽고 그 아들 부생苻生이 뒤를 이어 황제가 되었다.

출전 『위서』 권95, 「苻建傳」.

내용 『위서』「부건전」의 전문이다. 5호의 하나인 저족은 티베트계로서 350년 부홍이 삼진왕이라 칭하였다가, 그 아들 부건에 이르러 351년 칭제하고 국호를 대진이라 한 다음 장안에 도읍을 두었다. 이를 역사가들은 전진前秦(351~394)이라 부른다. 전진은 부건苻堅 시기에 전연, 전량, 대代를 차례로 멸하고 화북을 통일하였다. 이후 천하 통일을 이루기 위해 남하하였다가 비수淝水의 전투에서 동진에게 완패한 후 분열되어 394년 후진後秦에게 멸망되었다.

강족羌族의 후진後秦 건립

강족 사람 요장姚萇은 자字가 경무景茂로서 남안南安의 적정赤亭 출신이다. 소당燒當57)의 후예이다. 조부 요가회姚柯回는 위魏의 장수를 도와 촉의 강유姜維를 묘중杳中에서 막아냈다. 이 공으로 가수융교위假綏戎校尉·서강도독西羌都督이 되었다. 부친인 요익중姚弋仲은 서진 시기 영가永嘉의 난 때 동쪽의 유미楡眉로 이주하였다. 유요는 요익중을 평서장군平西將軍·평양공平襄公으로 삼았다. 열제烈帝[58] 5년 요익중은 부족의 무리를 이끌고 석호石虎를 따라 청하淸河의 섭두灄頭로 옮겨갔다. 석륵石勒은 요익중을 분무장군奮武將軍에 임명하고 양평공襄平公에 봉하였다.

소성제昭成帝[59] 시기 요익중이 죽고 아들 요양姚襄이 뒤를 이어 초성譙城에 주둔하였다. 모용준慕容儁은 요양을 예주자사豫州刺史·단양공丹陽公으로 삼아 회수의 남쪽으로 내려가 주둔하게 하였다. 요양은 이곳에서 대장군·대선우를 자칭하였다. 하지만 사마담司馬聃의 장수 환온桓溫에게 패배하여 하동으로 도망갔다가 뒤에 부미苻眉에게 살해되었다.

요익중에게는 아들이 마흔 둘이 있었는데 요장은 그 중 24번째였다. 형 요양을 따라 정벌에 나섰는데 요양이 그를 대단히 아꼈다. 요양이 패배한 다음 요장은 일족을 따라 부견苻堅에게 항복하였다. 이후 부견을 따라 정벌하여 자주 공을 세웠다. 이 공으로 영주寧州·유주幽州·연주兗州 3주의 자사를 역임하고 익도후益都侯와 식읍 500호

---

57) 燒當 : 후한 시대 西羌의 族長. 일족의 부흥을 이끌어 이후 그의 이름 燒當이 한동안 종족의 명칭으로 사용되었다. 이에 대해 『後漢書』에서는, "從爰劍種五世至研 研最豪健 自後以研爲種號. 十三世至燒當 復豪健 其子孫更以燒當爲種號."(권 117, 「西羌傳」)라 기록하고 있다.

58) 烈帝 : 太祖 道武帝의 從祖父, 이름은 拓跋翳槐.

59) 昭成帝 : 태조 道武帝의 조부, 이름은 拓跋什翼犍.

126

에 봉해졌다. 부견은 사마창명司馬昌明을 정벌하며 요장을 용양장군
龍驤將軍·도독익양주제군사都督益梁州諸軍事로 삼으며 말하였다.

"짐은 본디 용양장군으로 업적을 쌓아 대업을 이루었소. 그래서
처음에는 용양이란 칭호를 남에게 주지 않으려 했다가 이제 특별히
수여하는 것이오. 산남山南의 사정은 모두 경에게 맡기겠소."

부견의 좌장군左將軍 두충竇衝이 진언하였다.

"제왕은 우스갯소리를 하지 말아야 합니다. 이 칭호는 좋지 않은
징조입니다. 폐하께서는 다시 생각해 주십시오."

부견은 아무 말을 하지 않았다.

모용홍慕容泓이 화택華澤에서 거병하자 부견은 아들인 위대장군衛
大將軍 부예苻叡를 보내 토벌하게 했다. 하지만 패하여 모용홍에게
살해되었다. 당시 요장은 부예의 사마司馬였는데 처벌이 두려워 목
마장으로 도망하였다. 이곳에서 무리 만여 명을 모아 대장군·대선
우·만년진왕萬年秦王이라 자칭하고 연호를 백작白雀이라 하였다. 이
후 수개월 만에 군사가 10여만에 이르자 모용충慕容沖과 연합하여
북지北地에 주둔하였다. 이에 부견이 출정하여 오장산五將山으로 왔
으나 요장에게 사로잡혀 살해되었다.

등국登國 원년(386) 요장은 황제를 참칭하고 백관을 설치한 다음
국호를 대진大秦이라 하였다. 연호는 건초建初라 하고 장안은 상안常
安이라 고쳐 수도로 삼았다. 그리고 태자 요흥姚興으로 하여금 장안
을 지키게 하고, 스스로 안정安定에서 부등苻登을 공격하여 패배시
켰다.

요장은 병이 들어, 자다가 부견이 하늘의 사자와 귀신 병사 수백
명을 거느리고 군영 안으로 쳐들어오는 꿈을 꾸었다. 꿈속에서 요장

은 놀라 후궁으로 달아났고, 궁녀가 요장을 에워싼 귀신을 죽인다는
것이 그만 잘못하여 요장의 음부를 찔러 버렸다. 귀신들은 이를 보
고, '죽는 곳에 들어갔다.'라고 말하며 창을 뽑아내자 피가 한 양동
이나 흘러나왔다. 요장은 놀라 깨어났는데 이후 음부에 종기가 생겨
났다. 의사가 칼로 자르니 꿈에서처럼 피가 많이 흘렀다. 요장은 미
쳐서 혹은 '신'이라 말하기도 하고 혹은 '저'라고 말하기도 했다. 또
이렇게 말하기도 했다.

"폐하를 죽인 것은 형인 요양이지 신이 아닙니다. 신은 잘못이 없
습니다."

요장이 죽자 아들 요흥姚興이 계승한 후, 요장의 죽음을 감추고
알리지 않았다.

출전 『위서』 권95, 「姚萇傳」.

내용 『위서』「요장전」의 전문이다. 강족은 5호의 하나로서 저족과 마찬가
지로 티베트계이다. 강족은 요장 시기에 16국의 하나인 후진後秦(384~417)
을 건국하였다. 요장은 전진의 부견 휘하에서 장군으로 활약하다가, 383년
부견이 비수의 전투에서 패배한 이후 강족을 이끌고 독립하였다. 이어 부견
을 전사시키고 칭제하여 후진을 건국하였다. 요장의 사후 아들 요흥이 뒤를
이어 전진을 멸망시켰다.

북위 효문제의 낙양 천도

고조가 천도하고자 하여 태극전太極殿에서 유수留守60)의 관리들을

---

60) 留守 : 황제가 지방으로 순시에 나서거나 親征할 때 京師를 관리하며 포괄적

불러 큰 회의를 열었다. 동양왕東陽王 원비元조 등에게 명하여 다른 생각이 있으면 각자 밝히라 일렀다. 연주燕州 자사 목비穆羆가 나와 말하였다.

"천도는 대사업입니다. 신의 어리석은 생각으로는 아직 불가하다 여겨집니다."

고조가 말하였다.

"경이 그 불가한 이유를 말해 보라."

"북으로는 험윤獫狁의 침입이 있고 남으로는 형주荊州와 양주揚州[61]가 아직 복속되지 않았습니다. 서쪽으로는 토욕혼의 저항이 있으며 동쪽으로는 고구려라는 난제가 남아 있습니다. 사방이 아직 평정되지 않았고 구주九州가 아직 통일되지 않았습니다. 그 때문에 불가하다 아뢰는 것입니다. 원정을 위해서는 북방의 전마戰馬가 필요합니다. 만일 말이 없으면 전쟁에서 이길 수 없습니다."

고조가 말하였다.

"경은 말을 구할 수 없다 말하는데 그 말은 납득할 수 없소. 말은 늘 북방에서 나는 것이지만 마굿간은 여기 두고 있소. 경은 무슨 이유로 말을 걱정하오? 지금 대성代城[62]은 항산恒山의 북방에 있고 구주九州의 바깥이오. 그래서 중원으로 천도하려 하는 것이오."

목비가 말하였다.

인 재량권을 행사하는 직위. 陪京이나 行都에는 留守가 상설되어 지방관이 겸임하였다. 北魏 효문제 시기 처음으로 정식 제도로 자리잡았다.

61) 荊州와 揚州 : 남조의 宋을 가리킨다.

62) 代城 : 北魏 전기의 수도인 平城으로 오늘날의 山西省 大同市. 漢代 代國의 수도였기에 代京이라고도 칭해졌다.

"신이 듣기에 황제黃帝는 탁록涿鹿63)에 도읍했다 했습니다. 이로써 보건대 옛 성왕들이 모두 중원에 도읍을 둔 것은 아닙니다."

고조가 말하였다.

"황제는 천하가 아직 평정되지 않았기에 탁록에 있었던 것이오. 평정 이후에는 역시 황하 이남으로 옮겨갔소이다."

상서尚書 우과于果가 말하였다.

"신은 진실로 옛날 일은 모릅니다. 하지만 백성들의 말을 듣자면 선대 황제께서 이곳에 수도를 두었다고 합니다. 그런데 아무 까닭 없이 옮겨 가는 것은 안 된다 여겨집니다. 중원이 뭐 그리 좋은 점이 있습니까? 찬탈만 자주 발생했을 뿐입니다. 평성平城에 도읍한 이래 우리 왕조는 천지와 마찬가지로 굳건하였고 해나 달처럼 밝게 빛났습니다. 신이 비록 식견이 적고 이치에도 밝지 않으나 평성의 땅이 낙양의 아름다움만 못할 것이라 생각됩니다. 하지만 사는 곳에 안주하며 옮기는 것을 꺼리는 것은 인지상정입니다. 일단 남쪽으로 옮겨 가면 사람들이 좋아하지 않을 것이라 걱정됩니다."

동양왕 원비가 말하였다.

"폐하께서 지난 해 친히 육군六軍을 거느리고 소씨蕭氏를 토벌한 후 낙양에 도착하셨습니다. 그리고 임성왕任城王 원징元澄에게 폐하의 뜻을 전하여, 신 등으로 하여금 낙양으로 천도하는 문제를 논의해 보라 하셨습니다. 처음 폐하의 명령을 받들었을 때는 황공하기 그지없었습니다. 무릇 천도를 단행한다면 마땅히 먼저 점복으로 그 길흉을 알아보아야 한다고 여겨집니다."

---

63) 涿鹿 : 오늘날의 河北省 涿鹿縣 일대

130

고조가 원비에게 말하였다.

"지난 번에 업鄴에 있을 때 사도공司徒公 원탄元誕·함양왕咸陽王 원희禧·상서 이충李冲 등이 모두 낙양으로 천도하는 것에 대해 그 길흉을 거북이 딱지를 통해 점쳐 보자고 청한 바 있소. 짐은 당시 이탄 등에게 말했소이다. '저 옛날 주공周公과 소공邵公이 점복을 통해 거주지를 이락伊洛64)으로 정하였소. 그리고 그 점복의 결과가 극히 길하다는 것을 알아챘소이다. 하지만 지금은 그렇게 점복을 식별할 사람이 없으니 점복이 아무 도움이 되지 못하오.' 더욱이 점복이란 의혹을 풀고자 하는 것이오. 이것은 아무 의혹이 없으니 점복이 무슨 필요가 있소? 옛날 헌원軒轅이 점복을 하였는데 거북이 딱지가 너무 타버려서, 점복을 보는 사람이 현인을 찾아 물어보는 게 좋다고 하였소. 이에 헌원이 천노天老65)에게 물으니 좋다고 하였소. 그래서 그 말에 따랐더니 마침내 창성한 좋은 일을 이루게 되었소. 그런즉 현인이 판단하기 어려울 때 거북이 딱지로 점을 치는 것이오.

짐은 이미 천하를 장악하고 혹은 남으로 혹은 북으로 오가며 천천히든지 빠르게든지 끊임없이 순시하고 있소. 짐을 따라 남으로 옮겨가는 백성에 대해서는 창고의 비축분을 풀어 궁핍하지 않게 할 작정이오."

원비가 말하였다.

"신은 폐하의 자애로운 명령을 받들게 되어 기쁘기 그지없습니다."

---

64) 伊洛 : 伊水와 洛水.
65) 天老 : 黃帝 軒轅氏의 輔臣.

고조가 여러 관리들에게 명령을 내렸다.

"경들은 혹시 짐이 무단히 옮겨 가려 한다고 여길지도 모르겠소. 옛날 평문황제平文皇帝[66])가 세상을 떠나신 후 소성제昭成帝[67])가 성락盛樂[68])으로 옮겨가셨소. 이후 태조 도무황제道武皇帝께서 신령한 무용을 지니시고 하늘에 순응하여 평성으로 옮기셨소이다. 짐은 비록 덕이 부족하나 다행히도 흉악함을 막을 수 있는 운세를 만나서, 중원으로 천도하여 나라를 발전시키려는 것이오. 경들은 마땅히 선대 황제들의 덕망을 받들어 그 업적을 계승해야 할 것이오."

전직 회주懷州 자사 청룡青龍과 전직 진주秦州 자사 여수은呂受恩 등이 여전히 어리석고 완고한 태도를 보이자, 고조는 잘 위무하며 다시 설명해 주었다. 그들은 말문이 막혀 물러났다.

고조는 곧이어 북쪽으로 순시하고자 하여, 원비를 태부太傅·녹상서사錄尙書事로 승진시켰다. 원비는 여러 차례 상주하여 고사하였으나 더 이상 상주하지 말고 취임하라는 조령이 내려졌다. 고조는 대경代京을 떠나며 원비를 유수留守로 삼는 조령을 내렸다.

"중원을 처음 지배하게 되어 짐이 순시에 나서려 한다. 대경의 일은 모두 태부에게 맡기노라."

이와 동시에 황제가 타던 거마車馬를 하사하여 이를 타고 각 관아에 왕래하게 하였다.

원비는 본디 선비족의 구습을 좋아하여 새로운 법식을 이해하지 못하였다. 습속을 바꾸고 낙양으로 천도하는 것, 관제를 고치고 옛

---

66) 平文皇帝 : 태조 道武帝의 증조부, 이름은 拓跋鬱律.

67) 昭成帝 : 태조 도무제의 조부.

68) 盛樂 : 현재의 내몽고 呼和浩特市 일대.

언어를 금지하는 것 등에 대해서도 모두 찬성하지 않았다. 고조도 이러한 사실을 알기에 강하게 윽박지르지는 않았다. 다만 도리로써 이끌며 그로 하여금 반대만 하지 않게 하였다. 복색이 바뀌어 관료들이 붉은 색 관복을 입고 조정에 늘어섰을 때도 원비는 평상복을 한 채 귀퉁이에 앉아 있었다. 한참 후 모자와 요대를 착용하게 되었을 때도 그는 따르지 않았다. 고조는 그가 나이도 많고 체중도 무겁기에 마찬가지로 강요하지 않았다. 얼마 후 태조 자손이 아니거나 이성異姓인 왕의 지위를 박탈할 때 그 역시 강등되어 공公이 되었다. 그에게는 이전처럼 동일한 봉읍封邑을 지니게 하는 조치가 내려졌지만 불쾌해 했다.

고조가 남쪽으로 정벌에 나서려 할 때 원비는 상주하여, 조금 머물며 차후의 일에 대해 재고해 달라고 하였다. 마침 그때 사도司徒 풍탄馮誕이 작고하여 육군六軍으로 하여금 철수하도록 명하였다. 원비는 또 풍희馮熙가 대도代都에서 작고하자 상주하여 고조에게 직접 문상하기를 요구하였다. 이에 고조는 다음과 같이 하조下詔하였다.

"지금 낙양이 막 조성되기 시작하여 가서 둘러보는 것도 매우 고되다. 더욱이 천지가 개벽한 이래 지금까지 존귀한 천자가 국구國舅의 상69)에 간 적이 있는가? 짐은 효을 다하고 싶지만 어떻게 해야 대효大孝인가? 짐은 의義를 이루고 싶지만 어떻게 해야 대의大義인가? 천하는 지극히 무겁고 군신 간의 도리는 매우 멀다. 어찌 멋대로 이끌어 군주를 부덕不德으로 빠지게 하려는가? 상서령과 복야 이

---

69) 馮熙는 文明太后의 친정 오빠이며, 그 딸이 효문제의 황후였다. 馮誕은 그의 아들이다. 馮熙, 馮誕 부자는 太和 19년(495년)에 모두 작고하였다.

하를 법에 회부하여 폄직시키도록 하라."

동시에 조령을 내려 원비를 도독으로 삼아 병주자사幷州刺史를 겸하게 했다. 그 뒤 다시 조령을 내려 평양平陽이 경기 지구이므로 격하시켜 신흥공新興公으로 바꾸어 봉하였다.

당시 이충李冲이 두루 덕망을 얻고 있었고 또 중요한 지위에 있기에 원비는 그 권세에 의지하려는 마음을 품었다. 그리하여 아들 원초元超를 이충의 조카딸과 결혼시켰다. 원초의 처는 형의 딸이자 이백상李伯尙의 누이가 된다. 또 원비는 전처와의 사이에 원융元隆을 비롯한 몇 명의 아들을 두었지만 이들과 모두 별거하였다. 그러다 후에 궁녀를 처로 얻어 낳은 아들과는 동거하며 재산을 공유하였다. 이 때문에 부자간의 정은 매우 소원하였다.

원비 부자는 낙양으로의 천도를 달가워하지 않았다. 고조가 평성을 떠나고 태자 원순元恂을 옛 수도에 남겨둔 채 낙양으로 돌아가고자 할 때, 원융과 원초 등은 은밀히 모의하여 원순을 붙잡아 두고 거병하여 관문을 모두 닫았다. 그리고 정형井陘 이북을 점거하고자 하였다. 당시 원비는 늙어 병주幷州에 거주하고 있었다. 비록 그 모의가 시작될 때 참여하지는 않았지만 원융과 원초는 모두 그에게 알려주었다. 그는 겉으로는 일이 성공하지 못할 것을 우려하여 입으로는 책망하였지만 마음 속으로는 동조하였다. 이후 고조가 평성으로 돌아와 목태穆泰 등 주모자를 잡아 심문하였다. 원융·원초 형제도 모두 그 동조자였다. 원비 또한 고조를 따라 평성으로 돌아왔다. 고조는 심문할 때마다 원비로 하여금 옆에 앉아 보게 하였다. 원융·원초와 원업元業 등의 형제는 모두 모역죄로 주살되었다. 해당 관청에서는 일가 전체의 노륙을 상주하였다. 원비는 응당 연좌되어야 하지만 그 자신 역모에 참여하지는 않았기에 사형에 처하지 않는다는 조령을 내렸다. 사형을 면해 주되 태원太原의 평민으로 강등시키고 그 후처 소생 아들 둘을 신변에 둘 수 있게 하였다. 원융과 원초의 동복 동생 및 서출庶出의 형제는 모두 돈황으로 보내졌다.

출전 『위서』 권14, 「東陽王丕傳」.

내용 오랫동안 분열과 혼란에 휩싸여 있던 북중국은 439년 선비 탁발부의 북위에 의해 통일되었다. 그로부터 약 30여년이 지난 471년 북위 효문제가 즉위하였다. 효문제는 남진 정책에 효율을 기하기 위해 중원의 고도 낙양으로 천도하였다. 아울러 이 천도에는 호족胡族 중심의 국가 체제를 개혁하고자 하는 의지가 담겨 있었다. 이전의 수도 평성은 문치를 행하는 국도國都의 입지가 될 수 없다고 판단하였다. 천도를 통해 호족 중심 '무'의 정치에서 한족 중심 '문'의 정치로 변화시키고자 하였다. 그렇기에 탁발족 보수 세력의 반대가 적지 않았지만 모두 누르고 강한 의지로 천도를 관철시켰다.

북위 효문제의 한화 정책

고조는 조정 대신들을 접견하고 다음과 같은 조령을 내렸다.

"경들은 우리 위魏 왕조로 하여금 은이나 주와 같이 아름다운 명성을 갖게 하기를 바라오? 아니면 우리는 묵살되고 한과 진晉만 일컬어지기를 바라오?"

원희元禧가 대답하였다.

"영명하신 폐하께서 천하를 통치하고 있으니 그 위업이 전대의 제왕들을 뛰어넘기 바랍니다."

고조가 말하였다.

"만일 그렇다면 어떻게 해야 그리 될 수 있겠소? 몸을 수양하여 습속을 바꾸어야 하겠소? 아니면 그냥 예전대로 인습에 젖어 있어야 하겠소?"

원희가 대답하였다.

"마땅히 옛 습속을 고쳐야지요. 그래서 날마다 새로워지는 아름다움을 이루어야 합니다."

고조가 말하였다.

"그것이 내 몸 하나로 그쳐야 하겠소? 아니면 자손에게 전해지도록 해야 하겠소?"

원희가 대답하였다.

"우리 왕조는 대대로 장구하게 이어질 것이니 마땅히 후대에 전해지도록 해야 합니다."

고조가 말하였다.

"만일 그렇다면 의당 개혁해야 할 것이오. 경들은 모두 마땅히 따르고 위반하지 않도록 하시오."

원희가 대답하였다.

"위에서 명하시면 아래는 따르는 법입니다. 마치 바람이 불면 풀이 휩쓸리는 것과 마찬가지입니다."

고조가 말하였다.

"상고 이래 지금에 이르기까지, 그리고 어떠한 경서를 보든, 먼저 명분을 바르게 하지 아니하였는데 예禮가 행해진 적이 있었소? 이제 북방의 언어들을 금지하고 모두 바른 말을 사용하도록 하시오. 나이 30살 이상은 이미 습성이 굳어져서 혹시 갑작스레 고칠 수 없을지도 모르오. 하지만 30살 이하로 현재 조정에 있는 사람은 말하는 것을 예전대로 해서는 안 되오. 만일 고의로 위반하는 자가 있으면 관직을 박탈하고 파면할 것이오. 모두 깊이 마음에 새기도록 하시오. 이와 같이 하여 점차 익숙해지면 새로운 교화가 가능해질 것이오. 만일 예전 습속을 고집하면 몇 세대가 지나지 않아 이수伊水와 낙수洛水 일대는 다시 머리를 풀어헤친 야만족 땅이 될지도 모르오. 왕실의 귀족과 대신들은 어떻게 생각하시오?"

원희가 대답하였다.

"실로 폐하의 말씀대로입니다. 마땅히 바꾸어야 합니다."

고조가 말하였다.

"짐은 일찍이 이 문제를 이충李沖과 의논한 적이 있소. 이충은, '사방의 말 가운데 어느 것이 옳은지 어찌 알겠습니까? 제왕이 말하면 바로 그 말이 옳은 것이지요. 반드시 옛것을 고쳐 새로운 것을 따르라 할 필요는 없습니다.'라고 말한 바 있소. 이충의 이 말은 사형죄에 해당되오."

그리고 이충에게 말하였다.

"경은 사직을 저버렸소. 어사에게 명하여 끌어내리게 해야 할 것이오."

이충은 관을 벗고 사죄하였다.

또 왕실의 귀족과 대신을 접견하며 수도에 남아 있던 관료들을 질책하였다.

"지난 번 부녀자의 복장을 보니 여전히 목을 꽉 끼는 옷깃에 짧은 소매를 하고 있었다. 내가 동산東山에 갔다가 온 지 비록 3년은 되지 않았지만70) 이미 추위와 더위가 한 차례 지나갔다. 경들은 어찌하여 이전의 명령을 지키지 않는가?"

원희가 대답하였다.

"폐하의 영명함은 요순을 넘어서서 빛과 같이 중원을 비추고 있습니다. 신은 비록 폐하로부터 명확한 지침을 받았으나 매사에 제대로 따르지 못하니, 장차 어떻게 폐하의 지시를 떠받들고 또 어떻게 폐하의 방침을 보필할 수 있을지 모르겠습니다. 혼란을 초래한 죄, 벌을 받아 마땅합니다."

고조가 말하였다.

"만일 짐이 한 말이 옳지 않다면 경들은 응당 조정에서 논의해야 할 것이다. 왜 앞에서는 지시에 순응한다 하고 나가서는 따르지 않는가? 옛날 순舜이 우禹에게, '너는 앞에서는 따르는 체하고 물러나 다른 말을 하지 말라.' 했는데 그것이 경들을 두고 하는 말이 아니겠는가?"

출전 『위서』 권21 상, 「咸陽王禧傳」.

내용 북위의 효문제는 493년 낙양으로의 천도와 병행하여 적극적인 한화 정책을 추진하였다. 그 핵심은 선비어의 사용 금지와 선비족 풍습의 개변이었다. 북방 민족의 의복도 버리고 한족의 방식을 따르게 하였다. 이러한 정책은 이윽고 선비족의 성을 중국적인 것으로 고친다거나, 혹은 호족과 한족 사이의 통혼을 장려하는 것에까지 미쳤다. 이러한 정책을 통해 효문제는 호족을 중심으로 하는 국가에서 중국적 전통에 기반한 중원 국가로 변모하는 것을 지향하였다.

---

70) 周公이 東征에 나섰다가 3년 만에 돌아온 것을 비유한 것. 당시 효문제는 鄴城에서 막 낙양으로 돌아온 상태였다.

138

구마라습鳩摩羅什의 활동과 역경 사업

구마라습은 천축 출신으로 그의 가문은 대대로 국상國相이었다. 부친 구마라염鳩摩羅炎은 총명하고 의연하였는데 승상 자리를 이어받아야 할 즈음 사양하고 출가하였다. 동쪽으로 파미르 고원을 넘어 서역으로 갔다. 구자龜玆의 왕이 그 명성을 듣고 교외까지 나가 영접하여 국사國師가 되기를 청하였다. 구자의 왕에게는 누이동생이 있었는데 나이가 20살로 총명하여 여러 나라가 서로 왕비로 맞으려 했다. 하지만 모두 거절하고 있다가 구마라염을 보고 마음속으로 마땅한 사람이라 여기고 억지로 강요하여 결혼시켰다. 이윽고 구마라습을 임신하였다. 구마라습의 모친은 보통 사람보다 훨씬 지혜로웠다. 그리하여 구마라습의 나이 7살에 모자가 함께 출가하였다.

구마라습은 스승을 따라 경전을 공부하며 매일 천 개의 게偈를 암송하였다. 게 하나당 32개 글자이니 도합 3만 2천 자였다. 그 뜻도 저절로 알게 되었다. 나이 12살에 모친이 그를 데리고 사륵沙勒71)에 갔는데 국왕이 그들을 대단히 우대하여 1년 동안 머물렀다. 그는 오명五明72)의 여러 학설과 점성술도 모두 배웠다. 그리하여 길흉을 보는 것에 통달하여 예언이 마치 부절을 맞추는 것마냥 일치하였다. 그는 성격이 너그럽고 솔직할 뿐더러 사소한 것에 얽매이지 않아 수행자들로부터 의혹을 샀다. 하지만 구마라습 자신은 편안히 여기고

---

71) 沙勒 : 오늘날의 新疆 카슈가르. 疏勒이라고도 칭하였다.

72) 五明 : 불교에서 말하는 인도 고대의 5가지 학문, 즉 聲明(문자학), 工巧明(陰陽의 曆數), 醫方明(주술 퇴치 및 針藥), 因明(진위 판별), 內明(因果의 이치 이해).

개의치 않으며 오로지 대승불교만을 신봉하였기에 학자들이 모두 그를 스승으로 여겼다. 20살에 구자 왕의 부름에 따라 돌아와 여러 경전을 널리 가르쳤는데, 원근 각지의 학자들 가운데 그와 비교할 만한 사람이 없었다.

얼마 후 구마라습의 모친은 구자의 왕을 떠나 천축으로 가며 구마라습에게 말하였다.

"저 심오하고 불가사의한 교의를 동쪽의 땅에 전하는 것이 너의 임무이다. 다만 이 일이 너한테는 아무 이로움이 없을 텐데 괜찮겠느냐?"

"이 큰 가르침이 전해질 수만 있다면 저는 어떠한 고난을 받을지라도 후회 없습니다."

모친은 천축에 도착하여 도道를 완성하고 제3과73)에 올랐다. 서역의 나라들은 구마라습의 탁월한 지혜에 탄복하였다. 그가 강설을 할 때마다 왕들은 모두 좌석 옆에 꿇어 엎드려 구마라습으로 하여금 밟고 올라가게 하였다.

부견符堅은 이러한 얘기를 듣고 은밀히 구마라습을 데려올 뜻을 갖게 되었다. 때마침 태사太史가 다음과 같이 상주하였다.

"외국에 해당하는 구역에서 별이 출현하였습니다. 장차 크게 지혜로운 사람이 중국을 도우러 올 것입니다."

"짐이 듣건대 서역에 구마라습이라는 인물이 있다고 한다. 바로 이 사람이 아니겠는가?"

---

73) 第三果: 不還果. 欲界의 修惑 제9품을 끊은 성자. 不還이란 欲界로 되돌아 오지 않는 것, 즉 欲界에 다시 태어나지 않는 것을 뜻한다.

이에 효기장군驍騎將軍 여광呂光 등으로 하여금 군대 7만을 이끌고 서쪽으로 가서 구자를 정벌하게 하였다. 그리고 여광에게 일렀다.

"만일 구마라습을 잡으면 바로 역마驛馬를 이용하여 보내도록 하라."

여광의 군대가 도착하기 전 구마라습이 구자의 왕 백순白純에게 말하였다.

"국운이 쇠하였습니다. 틀림없이 사나운 적이 장안에서 이리 올 것입니다. 그러면 공손히 맞도록 하고 그들과 싸우지 마십시오."

백순은 그 말을 듣지 않고 군대를 이끌고 나가 싸웠다. 여광은 이를 깨트리고 구마라습을 사로잡았다. 여광은 그 나이가 아직 젊은 것을 보고 그를 보통 사람으로 취급하며 희롱하였다. 그는 강제로 구마라습에게 구자 왕의 딸을 아내로 삼으라 했다. 구마라습은 강한 어조로 거절하며 받아들이지 않았다. 여광이 말하였다.

"절조節操를 지키는 승려라도 죽은 부친의 후손을 이어가야 한다. 왜 고사하는가?"

그리고는 독한 술을 마시게 한 후 함께 밀실에 가두어 버렸다. 구마라습은 이러한 핍박에 어쩔 수 없어 마침내 아내로 맞이하였다.

여광은 돌아오는 길에 군대를 산 아래에 주둔시켰다. 장수와 병졸들이 모두 쉬고 있을 때 구마라습이 말하였다.

"이곳에 있으면 필시 낭패를 당할 것입니다. 군대를 산 위로 옮겨야만 합니다."

여광은 그 말을 듣지 않았다. 밤이 되자 과연 큰 비가 내려 갑자기 홍수가 들이닥쳤다. 물의 깊이는 수십 척尺이나 되어 죽은 사람이 수천 명에 달하였다. 이후 여광은 마음속으로 구마라습을 경이롭게 여겼다.

여광은 그대로 서역에 머물며 왕으로 군림하고 싶어 했다. 이런 여광을 보고 구마라습이 말하였다.

"이곳은 흉한 땅입니다. 오래 머물 곳이 못 됩니다. 가다 보면 도중에 살기에 적당한 좋은 땅이 있을 것입니다."

여광은 돌아오다가 양주涼州에 이르러 부견이 이미 요장姚萇에게 살해되었다는 소식을 들었다. 여광은 하서河西에서 황제라 자칭하였다. 마침 그때 고장姑臧에 큰 바람이 불어닥쳤다. 구마라습이 말하였다.

"이는 상서롭지 못한 바람입니다. 장차 반역이 있을 것입니다. 하지만 힘들일 일 없이 저절로 가라앉을 것입니다."

얼마 지나지 않아 반란이 발생하였으나 이윽고 모두 진압되었다. 저거몽손沮渠蒙遜이 건강建康의 태수 단업段業을 맹주로 추대하였다. 이에 여광은 아들 여찬呂纂을 보내 군대를 이끌고 토벌하게 하였다. 단업 등은 오합지졸이고 여찬은 무장으로 상당한 명성이 있기에 사람들은 여찬이 손쉽게 승리할 것이라고 여겼다. 그런데 여광이 구마라습을 찾아 자문을 구하니 다음과 같이 대답하였다.

"이번 전투는 승리하지 못할 것입니다."

얼마 후 여찬은 합려合黎에게 패하고 나서 또 곽향郭黁의 군대에 급습을 당하였다. 여찬은 대군을 버리고 가까스로 피하였다가 다시 곽향에게 패배하여 겨우 살아 돌아왔다.

중서감中書監 장자張資가 병이 들어 여광은 온갖 방법을 동원하여 치료하고자 하였다. 그때 나차羅叉라는 외국의 승려가 나서서 장자의 병을 낫게 할 수 있다고 말하였다. 여광은 기뻐하며 많은 하사품을 주었다. 구마라습은 나차의 말이 거짓임을 알고 장자에게 말하였다.

"나차는 아무 도움이 되지 않습니다. 한갓 돈만 허비할 것입니다. 죽고 사는 운세는 내밀한 것이지만 점쳐 볼 수 있습니다."

그는 오색 실로 매듭을 엮은 다음 불태워 재로 만들었다. 이를 물 속에 넣어 다시 매듭으로 바뀌면 병이 낫지 않을 것이라 하였다. 잠시 후 재가 다시 떠올랐는데 다시 매듭이 되어 있었다. 나차의 치료는 아무 효과가 없었다. 며칠 후 장자는 사망하였다.

조금 시간이 지나 여광이 죽고 여찬이 뒤를 이었다. 그 무렵 돼지가 새끼를 낳았는데 머리가 셋 달려 있었다. 또 동쪽 건물에 있는 우물 속에서 용이 나와 대궐 앞에 웅크리고 누워 있다가 이튿날 아침에 사라졌다. 여찬은 이를 상사라 여기고 그 대궐을 용상전龍翔殿이라 고쳤다. 그 직후에는 검은 용이 당양當陽의 구궁문九宮門 위에 올라가 있어, 여찬은 구궁문을 용흥문龍興門이라 고쳤다. 이에 구마라습이 말하였다.

"근래 숨어 있는 용들이 바깥으로 나오고 요괴 같은 돼지가 출현하였습니다. 용은 음류陰類[74]입니다. 출입에 때가 있어야 하는데 근래 자주 보이는 것은 재난의 징조입니다. 필시 아랫사람이 역모를 꾸미는 변고가 있을 것입니다. 마땅히 스스로 돌아보며 수양해야 합니다."

하지만 여찬은 듣지 않았고, 그 뒤 여초呂超에 의해 살해되었다.

구마라습은 양주涼州에 몇 해나 있었지만 여광 부자가 불교의 포교에 아무런 관심이 없었기에 그 깊은 식견을 가슴에만 담고 백성을 교화할 수는 없었다. 그러던 차에 요흥姚興이 요석덕姚碩德을 파견하

---

74) 陰類 : 陰의 성질을 가진 물체.

여 서쪽 일대를 정벌하고 여륭呂隆를 격파하였다. 요흥은 구마라습을 맞이하여 국사國師의 예를 갖춰 대하고 서명각西明閣과 소요원逍遙園에 거주하며 경전들을 번역하게 하였다.

구마라습은 많은 불경을 암송하며 그 의미를 잘 알고 있었는데 번역된 옛 경전들을 보니 많은 오류가 있었다. 이에 요흥은 승려 승예僧叡·승조僧肇 등 800여명으로 하여금 그 가르침을 전수받아 약 300여권에 달하는 불경을 다시 펴내도록 하였다. 특히 승려 혜예慧叡는 식견이 높았는데 항상 구마라습과 함께 지내며 번역하였다. 구마라습은 늘 혜예에게 인도의 문장 작성 방식을 설명하면서 한문과의 대비를 상의하였다. 구마라습이 말하였다.

"인도의 풍속은 예와 악樂을 중시하는데, 음악의 화음에 있어서도 관악기와 현악기를 좋아한다. 국왕을 알현할 때 그 덕을 찬양하는 것이라든가 불경 중의 게송偈頌 등도 모두 동일한 방식을 취한다."

구마라습은 대승불교를 좋아하여 그것을 쉽게 잘 설명하고자 하였다. 그는 항상 탄식하며 말하였다.

"내가 만일 대승의 아비담阿毗曇75)을 저술한다 하여도 가전자迦旃子76) 만큼 하지 못할 것이다. 이제 식견을 지닌 사람들이 거의 사라졌으니 장차 어떻게 설명할 수 있으리오?"

그는 다만 요흥을 위해 『실상론實相論』 2권을 지었는데 요흥은 이를 신처럼 받들었다.

---

75) 阿毗曇 : 산스크리트어 Abhidharma의 音譯, 阿毗達磨라고도 번역한다. 불법 (dharma)에 대한 해석이라는 뜻이므로 한문으로 對法이라 적기도 한다. 경전에 대한 해석, 즉 論을 의미한다.
76) 迦旃子 : 석가모니의 10대 제자 가운데 하나인 論議 제일의 마하 카트야아나.

어느 날 초당사草堂寺에서 불경을 강설하고 있을 때의 일이다. 요흥과 조정 대신, 고승 천여 명이 숙연하게 그 설법을 듣고 있었다. 구마라습은 갑자기 아래로 내려와 요흥에게 말하였다.

"내 어깨에 두 어린아이가 올라타 있습니다. 정욕이 있으니 여인이 필요합니다."

요흥은 궁녀를 불러 그에게 주었다. 그는 궁녀와 한 번 동침하여 아들 둘이 생겼다. 요흥이 일찍이 구마라습에게 말하였다.

"대사께서는 총명함이나 깨달음이란 면에서 천하에 견줄 사람이 없습니다. 불법이 조금이라도 계승되게 할 방법이 없겠습니까?"

그리고 억지로 기녀 10명을 그에게 주었다. 이후 그는 승방에 머물지 않고 따로 집을 지어 거기에 거주하였다. 그러자 다른 승려들도 대부분 그것을 본받았다. 이에 구마라습은 바늘을 그릇에 가득 채운 다음 승려들을 불러 말하였다.

"만일 나처럼 이것을 먹을 수 있다면 여인과 같이 살아도 된다."

그리고 수저를 들어 바늘을 한 숟갈 뜬 다음 밥과 다를 바 없이 씹어 먹었다. 다른 승려들은 부끄러워하며 여인과 사는 것을 그만두었다.

비구 배도杯渡77)가 팽성彭城에 있을 때 구마라습이 장안에 있다는 말을 듣고 탄식하며 말하였다.

"내가 이 분과 놀다 헤어진 것이 300여년이나 되었다. 아득히 멀리 있어 다시 만나기를 기약할 수 없도다. 내세에나 만날 수 있기를

---

77) 杯渡 : 남북조 시대의 승려. 목재로 만든 작은 그릇(杯)을 타고 강을 건너다녔다 하여 杯渡라 칭해졌다고 한다.

바랄 뿐이다."

구마라습이 세상을 떠나기 며칠 전 병이 중하여 일어나기 힘들 것이라 생각하고, 3개의 주문을 내어 외국 제자들에게 외우게 하였다. 이로써 병세를 돌리려 하였으나 효과가 없었다. 그는 위태로워진 것을 알고 애써 몸을 일으켜 승려들에게 이별을 고하며 말하였다.

"불법에 의지하여 만났지만 내가 마음을 다해주지는 못하였다. 이제 다음 세상으로 돌아가려 하니 슬퍼 말이 나오지 않는구나."

그는 장안에서 죽었다. 요흥은 소요원逍遙園에서 외국의 법도에 따라 화장하였다. 장작불이 다 꺼지니 형체는 다 사라졌으되 혀만 타지 않은 상태로 남아 있었다.

출전 『진서』 권95, 「鳩摩羅什傳」.

내용 구마라습(350~409)은 서역의 쿠차龜玆 출신으로 중국에 건너와 활동하였다. 그의 명성을 들은 전진의 부견이 장안으로 데려오기 위해 여광呂光을 쿠차에 파견하였다. 384년 여광은 쿠차를 함락시키고 구마라습을 붙잡았지만 부견이 후진의 요장姚萇에게 살해된 사실을 전해 듣고 고장姑臧, 涼州에 머물러 후량을 개창하였다. 구마라습은 그대로 양주에 있다가 401년 후진의 요흥이 후량을 멸하자 장안에 오게 되었다. 이후 그는 장안에서 역경에 종사하며 8년 동안 35부 294권을 번역하였다고 전해진다. 특히 『법화경』『아미타경』『구품반야경』과 『대지도론』『유마힐경(유마경)』『중론』『십이문론』 등을 번역함으로써 초기 중국 불교사에 큰 업적을 남겼다.

불교와 현학玄學의 융합

지둔支遁의 자字는 도림道林이고 본래의 성은 관씨關氏로서 진류陳

留 출신이다. 혹은 하동 임려林慮 출신이라고도 한다. 어릴 때부터 훌륭한 판단력을 지니고 있었으며 총명하고 행동거지도 착하였다. 처음 경사에 이르자 태원太原의 왕몽王濛이 중히 여기며 말하였다.

"학문이 정묘한 경지에 이르러 보사輔嗣[78]에 뒤지지 않는도다."

진군陳郡의 은융殷融이 일찍이 위개衛玠와 교유한 다음, 그 근엄함과 뛰어난 기상은 뒷사람이 따르지 못할 것이라고 말하였다. 그런데 지둔을 보고 난 다음에는 탄식하며 그러한 사람을 다시 만났다고 하였다.

지둔의 집안은 대대로 부처를 섬겼다. 그는 어려서 심오한 이치를 깨달아 여항산餘杭山에 은거하였다. 수행을 게을리하지 않으며 지혜를 이루고자 노력을 다하다가 홀연히 본성을 깨쳤다. 25세에 출가하였는데, 강론하는 장소에서는 종지의 대의를 드러내는 것에 주력하였으며 작은 어귀에 구애받지 않았다. 그렇기에 문장에 집착하는 사람들로부터는 박대를 받았다. 사안謝安이 그 소식을 듣고 칭찬하며 말하였다.

"이야말로 바로 구방인九方歅[79]이 말을 평가하던 방식이다. 병든 말을 버리고 준마만을 취하는 것이다."

왕흡王洽·유회劉恢·은호殷浩·허순許詢·극초郗超·손작孫綽·환언표桓彦表·왕경인王敬仁·하차도何次道·왕문도王文度·사장하謝長遐·원언백袁彦伯 등은 한 시대의 명사들이자 속세를 벗어나는 교류를 나눈 사람들이다. 지둔이 일찍이 백마사에 있을 때 유계지劉系之 등

---

78) 輔嗣: 王弼(226~249), 삼국시대 魏의 사상가.

79) 九方歅: 전설 속 相馬의 달인.

과 『장자』의 「소요편逍遙篇」에 대해 이야기한 적이 있다. 이때 유계지가 각자 성품에 맞게 하는 것이 소요라고 말하였다. 이에 지둔이 말하였다.

"그렇지 않습니다. 대저 걸桀과 도척盜跖은 잔악하게 해치는 것이 본성이었습니다. 만일 성품에 맞게 하는 것을 추구한다면 그들 역시 소요를 한 셈입니다."

그리고 지둔은 돌아와 「소요편」에 주를 달았다. 많은 유생들이나 나이든 학자들이 모두 이를 보고 탄복하였다.

그 뒤 오吳로 돌아와 지산사支山寺를 세웠다. 만년에 섬현剡縣80)으로 들어가려 하자 오흥吳興의 태수로 있던 사안이 지둔에게 편지를 보냈다.

"오랫동안 그대 만나기를 간절히 기다렸습니다. 그런데 섬현으로 돌아가 홀로 있겠다 하니 슬프기 그지없습니다. 인생은 잠시 머물다 가는 것이지요. 더욱이 근래에 저는 풍류를 즐기며 마음을 달래는 것에도 거의 생각이 없습니다. 종일 우울하고 슬프기만 합니다. 오직 기다리는 것은 그대가 와서 이야기를 나누면서 시름을 푸는 일입니다. 하루가 천년과 같군요. 이곳은 산이 많고 조용한지라 병세를 구완하는 데도 좋습니다. 세상사야 섬현과 다를 바 없되 의약은 조금 낫습니다. 우리의 인연을 고려하여 반드시 그대를 기다리는 마음에 부응해 주십시오."

당시 왕희지가 회계會稽에 있었는데 평소 지둔의 명성을 들었지만 신뢰하지 않았다. 그는 사람들에게 다음과 같이 말하였다.

---

80) 剡縣: 오늘날의 浙江省 紹興市의 嵊州.

"한 번 지나가는 인기이니 뭐 말할 필요가 있겠는가?"

후에 지둔이 섬현으로 돌아가며 회계를 지나게 되었다. 왕희지는 짐짓 지둔에게 찾아가 그 역량을 살펴보기로 하였다. 왕희지는 그에게 가서 말하였다.

"「소요편」에 대해 얘기해 줄 수 있겠소?"

지둔은 수천 글자의 문장을 지었는데, 거기에 담겨진 이치가 독창적이었으며 문장력도 매우 놀라울 정도였다. 왕희지는 마침내 지둔에게 흉금을 터놓고 대하며 오랫동안 사귀었다. 그리고 영가사靈嘉寺에 머물기를 청하였다. 그와 가까이 지내고 싶은 생각 때문이었다.

…(중략)…

이후 병이 심해지자 오塢[81]에 들어갔다가 동진 태화太和 원년(366) 윤4월 4일 그곳에서 세상을 떠났다. 그때 나이 53세였다. 오 안에 묻혔으며 그 무덤이 아직 남아 있다. 혹은 섬현에서 죽었다고도 하지만 확실하지 않다. 극초郄超는 서문과 전기를 지었으며 원굉袁宏은 묘비명과 찬문贊文을 썼고, 주담보周曇寶는 조문을 지었다. 손작孫綽의 「도현론道賢論」에서는 지둔을 상자기向子期[82]와 비교하며 다음과 같이 논하고 있다.

"지둔과 상수는 모두 노장을 숭상하였다. 두 사람은 시대는 다르나 현학을 좋아한 것은 동일하다."

출전 『고승전』 권4, 「支遁傳」.

---

81) 塢 : 위진남북조 시대 산간의 요지에 위치하였던 自衛 시설.
82) 向子期 : 向秀, 子期는 字.

내용 위진 시대의 현학은 도가를 중심으로 하여 유가와 불교를 결합한 학문이었다. 한대의 경학 위주에서 탈피하여 제자백가의 학문 경향을 부흥시키는 측면도 존재하였다. 지둔(314~366)은 동진 시대의 승려로서 많은 저서와 시를 남기고 있다. 왕희지, 사안謝安 등과 교유하며 노장을 불교에 접목시켜 '색즉위공色即爲空'을 주장하였다. 위진남북조 시대 불교와 현학의 교류 내지 융합을 잘 보여주는 단적인 사례라 하겠다.

3. 중국 중세사 2(수·당 시대)

수 왕조 시기 서역에 대한 인식

당시 서역의 여러 이민족들이 장액張掖에 많이 와서 중국과 교역을 하였다. 양제는 배구裴矩로 하여금 그 일을 관할하게 하였다. 배구는 양제가 먼 지역의 경략에 관심이 많다는 것을 알고, 서역의 상인이 올 때마다 자기 나라의 풍속과 산천 지리의 개황에 대해 말하도록 유도하였다. 이에 의거하여 『서역도기西域圖記』 3권을 저술하고 입조하여 바쳤다. 그 서문은 다음과 같다.

"신은 듣건대 우禹는 구주九州를 평정한 다음 황하가 적석산積石山을 넘지 않도록 하였고 진秦은 6국을 병합한 다음 방어의 범위를 임조臨洮까지로 하였다고 했습니다. 그러므로 서호西胡의 잡다한 종족은 먼 지역에 치우쳐 살아 예교禮敎가 미치지 못하고 서적의 기록도 거의 없습니다.

한 왕조가 흥기하여 하서河西 일대를 개척하며 처음으로 그 이름을 칭하기 시작한 것이 36국이고, 그 후에 그것이 나뉘어 55개 왕으로 되었습니다. 이후 교위校尉와 도호都護를 두어 초무招撫하였습니다. 하지만 그들은 반란과 복속을 되풀이하여 여러 차례 전쟁을 거쳐야 했습니다. 후한 이후에는 이러한 관직을 여러 차례 폐지하였습니다. 대완大宛1) 이래로 그 인구의 수는 대략 알지만 각국의 산하에 대해서는 그 이름을 알지 못하였습니다. 이를테면 성씨와 풍토, 복장, 물산 등에 대해서는 아무런 기록이 없으며 세상에 알려진 바도 없습니다.

더욱이 시간이 흘러 오래 지나다 보니 서로 겸병하고 토벌하며 흥망의 변천이 거듭되었습니다. 그리하여 땅은 그대로이지만 지금의 호칭으로 바뀌기도 했고, 사람은 옛날과 달라졌지만 예전대로 불리기도 했습니다. 더불어 거주민이 서로 뒤섞이고 영역도 변화되어 갔습니다. 이민족들의 언어도 다르다보니 사정을 더욱 파악하기 어려워졌습니다. 우전于闐2)의 북쪽 총령葱嶺3)의 동쪽에는 전대의 사서를 고찰해 보면 30여국이 있었습니다. 하지만 이후 서로 싸워 죽여서 겨우 10개만 남아 있습니다. 나머지는 사라지고 폐허만 남아 알아볼 수 없습니다.

폐하께서는 천명을 받아 만물을 양육하시며 중화와 이적을 구별하지 않으십니다. 그러기에 땅 위의 모든 백성들이 흠모하여 귀화하지 않음이 없습니다. 바람이 불어 미치는 곳마다 해가 비치는 곳마

---

1) 大宛 : 파미르 고원 서쪽의 페르가나 일대에 세워진 나라.
2) 于闐 : 타림 분지 남부에 위치한 오아시스 도시 호탄.
3) 葱嶺 : 파미르 고원.

다 직공職貢4)이 모두 통하여 아무리 멀어도 조정에 이르지 않음이 없습니다.

신은 서역에 대해 초납招納하여 안무하는 직무를 수행하고 변방의 통상 업무를 감독하였습니다. 그러면서 서적을 조사하고 호인胡人에게 탐문하며 혹시 의문이 드는 사항이 있으면 여러 사람에게 자세히 물어 보았습니다. 그들 본국의 복식과 신체의 모습에 대해 왕으로부터 평민에 이르기까지 각각 그 특징을 드러내어 붉은 색과 푸른 색으로 모사하여 『서역도기西域圖記』를 저술하였습니다. 모두 3권이며 담겨 있는 나라는 44개국입니다. 그리고 별도로 지도를 만들어 그 군사적 요지를 상세히 그렸습니다.

서쪽의 변경에서 시작하여 북해北海5)의 남쪽까지 종횡으로 걸치는 지역이 약 2만 리입니다. 대상인들은 이들 지역을 두루 지나다니기 때문에 여러 나라의 사정에 대해 모르는 것이 없습니다. 다만 거칠고 먼 지역이 있지만 자세히 알 수 없는 지역은 허구로 적을 수 없기에 공백 상태로 남겨 두었습니다. 전한과 후한이 서로 이어 서역에 대해 기록을 남기고 있는 것에 의하면, 주민이 수십 호에 불과함에도 국왕을 칭하는 경우도 있습니다. 다만 명칭뿐으로서 그 실제와는 부합하지 않는 것입니다. 이번에 기록한 대상은 모두 1,000호 이상으로서 서해西海6)에 이르기까지 진귀하고 기이한 물산을 가진

---

4) 職貢 : 藩屬 혹은 外國이 중국의 朝廷에 때 맞춰 朝貢하는 것.

5) 北海 : 바이칼호.

6) 西海 : 어느 곳인지는 不明. 이 『西域圖記』의 서문에서는 각각 다른 곳을 가리키고 있다. 즉 南道에서는 인도양, 中道에서는 페르시아만, 北道에서는 지중해를 의미한다.

나라들입니다. 산악 지역에 위치한다든가, 혹은 나라의 명칭이 없다든가, 부족이 작은 것은 대부분 기재하지 않았습니다.

　돈황에서 시작하여 서해에 이르기까지 세 개의 길이 있는데 각각 따라가는 산기슭과 하천이 있습니다. 북도北道7)는 이오伊吾8)로부터 포류해蒲類海9) · 철륵부鐵勒部 · 돌궐 카간의 조정을 거치고 북류하수北流河水10)를 건너 불름국拂菻國11)을 지나 서해西海12)에 도달합니다. 중도中道13)는 고창高昌14) · 언기焉耆15) · 구자龜玆16) · 소륵疏勒17)을 따라가다 총령을 넘고 또 발한鏺汗18) · 소대사나국蘇對沙那國19) · 강국康國20) · 조국曹國21) · 하국何國22) · 대소안국大小安國23) · 목국穆國24)을 거

---

　7)　北道 : 天山北路.

　8)　伊吾 : 오늘날의 新疆省 하미.

　9)　蒲類海 : 오늘날의 新疆省 巴里坤.

10)　北流河水 : 시르다리야 강.

11)　拂菻國 : 동로마 제국.

12)　西海 : 지중해

13)　中道 : 天山南路의 北道. 즉 타림 분지의 북쪽을 경유하는 길.

14)　高昌 : 오늘날의 투르판 인근.

15)　焉耆 : 오늘날의 카라샤르.

16)　龜玆 : 오늘날의 쿠차.

17)　疏勒 : 오늘날의 카슈가르.

18)　鏺汗 : 『사기』 『한서』 등에 大宛國이라 적혀 있는 곳, 즉 페르가나 일대.

19)　蘇對沙那國 : Satrishna.

20)　康國 : 오늘날 우즈베키스탄의 사마르칸트.

21)　曹國 : 오늘날 우즈베키스탄의 Kaboudhan

22)　何國 : Koshania.

23)　大小安國 : 오늘날 우즈베키스탄의 부하라.

24)　穆國 : 오늘날 우즈베키스탄 카라칼파크스탄의 Muynak.

154

쳐 파사波斯25)를 지나 서해26)에 도달합니다. 남도南道27)는 선선鄯
善28)·우전·주구파朱俱波29)·갈반타喝槃陀30)를 따라가다 총령을 넘
고 또 호밀護密31)·토화라吐火羅32)·읍달挹怛33)·범연帆延34)·조국漕
國35)을 거쳐 북바라문北婆羅門36)을 지나 서해37)에 도달합니다. 이들
삼도三道 인근의 여러 나라들은 또한 각각의 길이 있어 남북으로 서
로 통합니다. 그밖에 동여국東女國이나 남바라문국南婆羅門國 등은
도로를 따라 각 지방에 도달할 수 있습니다. 그러므로 이오·고창·
선선은 서역으로 나가는 문호임을 알 수 있습니다. 돈황은 이들 길
이 모두 모이니 그 길목에 위치한 땅입니다.

우리 수 왕조의 위세와 덕망에 의거하여 굳세고 날쌘 군대가 깃
발을 날리며 몽사濛汜를 건넌다든가 말 타고 곤륜산崑崙山을 넘는
것은 손바닥 뒤집듯 쉬운 일이니 어디인들 못가겠습니까? 다만 돌
궐과 토욕혼이 강인羌人과 호인胡人의 나라를 나누어 장악하고 그

---

25) 波斯 : 페르시아.
26) 西海 : 페르시아만.
27) 南道 : 天山南路의 南道. 즉 타림 분지의 남쪽을 경유하는 길.
28) 鄯善 : 오늘날 新疆省의 鄯善縣.
29) 朱俱波 : 오늘날의 新疆省 葉城縣의 카르갈릭.
30) 喝槃陀 : 오늘날의 新疆省 타슈쿠르간 타지크 自治縣.
31) 護密 : Vakhana.
32) 吐火羅 : Tukhara.
33) 挹怛 : 에프탈.
34) 帆延 : 바미안.
35) 漕國 : 가즈니.
36) 北婆羅門 : 인도.
37) 西海 : 인도양.

길을 가로막고 있기에 조공이 통하지 않습니다. 지금 그들은 상인을 통해 그들의 충성을 은밀히 전달하고서, 목을 빼고 고개를 치켜든 채 우리에게 복속되기를 희망하고 있습니다. 폐하께서는 만물을 양육하시며 그 은혜가 온 천하에 미치고 있습니다. 그리고 만민을 복속하여 안무함으로써 안정과 평화를 주려 노력하십니다. 그러기에 폐하께서 사신을 파견하시면 군대를 동원하지 않고도 여러 이민족들을 복속시켜 토욕혼과 돌궐을 멸망시킬 수 있을 것입니다. 중국과 이민족을 하나로 융합시킬 수 있는 호기가 바로 지금입니다. 폐하의 위덕威德과 교화의 심원함을 어떻게 기록하여 표현해야 할지 모르겠습니다."

양제는 크게 기뻐하며 비단 500필을 하사하였다. 그리고 매일 배구를 불러 어좌 앞에 앉히고 친히 서방의 일을 하문하였다. 배구는 호인胡人에게 보물이 많이 있으며 토욕혼은 쉽게 병탄할 수 있다고 자신 있게 말하였다. 이에 양제는 마음이 흔들려 서역과 통상하고 사방 이민족을 경략하고자 하였다. 이 일은 모두 배구에게 맡겨졌다.

출전 『수서』 권67, 「裴矩傳」.

내용 배구(547~627)는 북제로부터 북주, 수, 당의 4왕조에 걸쳐 사환仕宦한 인물로 이들 왕조의 황제들로부터 신임을 받아 중용되었다. 수 양제 시기에는 장액張掖에서 서역 각국과의 무역 업무를 담당하며 습득한 지식을 바탕으로 『서역도기』를 편찬하였다. 그는 서역 상인을 통해 돈황으로부터 서해西海에 이르는 세 갈래의 길이 있다는 사실을 전해 듣고 그 경로를 소상히 기록하고 있다. 즉 북도北道라 불렀던 천산북로, 그리고 천산남로의 두 갈래 통로인 중도中道와 남도南道가 그것이다. 배구는 이들 교통로를 따라가면 종국적으로는 동일한 목적지인 서해에 이르게 된다고 인식하고 있었다.

당의 기미羈縻 지배

당이 건국되고 처음에는 사이四夷를 돌볼 여유가 없었다. 태종이 돌궐을 평정한 이후 서북의 제번諸蕃과 만이蠻夷가 점점 복속해 와서 그 지역에 주현을 두어갔다. 그 가운데 큰 것은 도독부라 하고 그 수령을 도독 및 자사로 삼았으며 모두 세습을 허용하였다. 비록 대부분 호부에 부세를 납입하거나 호적을 보고하지 않았지만 조정의 명령은 하달되었다. 변경 지역에 위치한 도독과 도호의 관할 지역도 영令과 식式의 적용을 받았다.

이제부터 초항招降하여 기미 주부를 설치한 지역의 목록을 적음으로써 그 성대한 면모를 나타내기로 한다. 설치 이후 때로는 복속하고 또 때로는 반항하여 그 통치 양상은 제각각이었으므로 상세하게 기록할 수는 없다.

관내도關內道의 예하에 있는 돌궐·위구르·당항党項·토욕혼은 부府가 29개이고 주州가 90개였다. 하북도河北道의 예하에 있는 돌궐의 분파와 해奚·거란·말갈·항호降胡[38]·고려(고구려)는 부가 14개이고 주가 46개였다. 농우도隴右道에 예속되어 있는 돌궐·위구르·당항·토욕혼의 별부·구자龜玆·우전于闐·언기焉耆·소륵疏勒 및 하서河西의 복속된 호족, 서역의 16국은 부가 51개이고 주가 198개였다. 검남도劍南道에 예속되어 있는 것은 주가 92개였다. 그 밖에 당항은 주가 24개였는데 어디에 예속되었는지 불분명하다. 모두 합하여 부와 주가 856개였는데 이들을 이름하여 기미부주羈縻府州라 하였다.

---

38) 降胡 : 투항한 북방 민족.

출전 『신당서』 권43의 下, 「지리지」.

내용 당은 복속된 주변의 이민족을 직접 지배하지 않고, 해당 부족에게 자치를 허용하는 정책을 펼쳤다. 전래의 지배 체제를 그대로 답습하고 또 고유의 풍속도 용인하는 방식이었다. 부족장은 형식상 도독과 자사에 임명되었다. 이러한 정책을 '기미 정책'이라 한다. 기미란 소나 말을 고삐로 채워둔다는 의미로, 형식적으로 당의 지배를 받는 것으로 되어 있었지만 실질적 지배는 아니었다. 기미주는 강력하고 통일된 유목 국가의 등장을 막기 위한 장치였다.

현장의 구법 여행과 역경譯經 사업

승려 현장玄奘은 성이 진씨陳氏이고 낙주洛州 언사偃師 출신이다. 수 양제 대업大業(605~618) 연간의 말엽에 출가하여 경經과 논論을 두루 공부하였다. 그는 일찍부터 불경의 번역물에 오류가 많으니 서역에 가서 널리 여러 판본을 구한 다음 대조하여 수정하고 싶다고 말하였다.

태종 정관貞觀(627~649) 연간의 초엽에 상인을 따라 서역으로 건너갔다.39) 현장은 언변과 박식이란 점에서 출중하였기 때문에 어느 곳에서든 경전에 대한 강의와 논의에서 두드러진 모습을 보였다. 그리하여 외국인들이 원근 각처에서 와서 모두 그에게 존경을 표하였다. 이렇게 서역에 머물기를 17년, 100여 국을 경유하며 그 나라의 언어를 모두 이해하게 되었다. 아울러 이들 나라 각지의 전승과 지

---

39) 玄奘이 서역으로 求法 여행을 떠난 것은 貞觀 원년(627) 8월이었다.

158

형, 산물 등을 채록하여 『서역기西域記』 12권을 저술하였다.

정관 19년(645) 수도 장안으로 돌아왔다. 태종은 그를 만나보고 크게 기뻐하며 함께 대화를 나누었다. 그리고 나서 산스크리트어로 된 657부를 홍복사弘福寺에서 번역하라고 명하였다. 또한 우복야 방현령·태자좌서자太子左庶子 허경종許敬宗에게 지시하여 널리 석학의 승려 50여명을 모아 그를 도와 정리하게 하였다.

고종은 동궁에 있을 때 문덕태후文德太后를 추복追福[40]하기 위하여 자은사慈恩寺와 번경원飜經院을 만들었다. 그리고 사찰 안에 커다란 깃발을 내걸은 상태에서 칙명으로 구부악九部樂을 연주하고, 또 경사에 있는 사찰로부터 각종 깃발과 천막을 모아 여러 기예인技藝人들로 하여금 공연을 펼치게 하였다. 이러한 환대 속에 현장과 여러 고승들, 그리고 번역한 경전 및 불상을 자은사로 옮겨 가게 하였다.

현경顯慶 원년(656) 고종은 다시 좌복야 우지녕于志寧·시중侍中 허경종·중서령 내제來濟 이의부李義府 두정륜杜正倫·황문시랑黃門侍郎 설원초薛元超 등에게 명하여 현장이 번역한 경전을 잘 관리하도록 하였다. 또한 국자박사 범의석范義碩·태자세마太子洗馬 곽유郭瑜·홍문관학사 고약사高若思 등에게 명하여 경전의 번역을 돕게 하였다. 이렇게 하여 총 75부가 완성되어 상주하였다. 그 후 경사의 사람들이 현장을 보기 위해 다투어 몰려왔다. 이에 현장은 조용한 곳에 가서 번역 사업을 진행하고 싶다고 상주하므로, 칙명을 내려 의군산宜君山의 옛 옥화궁玉華宮으로 옮겨가도록 하였다.

현경 6년(661) 작고하였는데 당시 나이는 56세였다. 백록원白鹿原

---

40) 追服: 死者를 위해 冥福을 기원하는 것.

에 묻힐 때 장례 행렬을 따르는 남녀가 수만 명에 달하였다.

출전 『구당서』 권191, 「玄奘傳」.

내용 현장(602~664)은 태종 정관 원년(627) 서역을 향해 구법 여행에 나서, 17년 동안 100여 개국을 여행하고 정관 19년(645) 장안으로 돌아왔다. 출국할 때는 조정의 불허로 몰래 떠나야 했으나 귀국할 때는 태종을 위시한 수많은 사람들의 환영을 받았다. 이후 홍복사, 자은사 등에 머물며 불경의 번역 사업에 전념하였다. 그가 번역한 업적을 신역新譯이라 부른다. 그의 역경 사업으로 말미암아 이전까지의 번역물舊譯은 모두 신역으로 대체되기에 이른다.

의정義淨의 구법 여행과 역경 사업

의정의 자字는 문명文明이고 성은 장씨張氏로서 범양范陽 출신이다. 어렸을 때 부모와 헤어져 머리를 자른 채 두루 이름난 학자를 찾아다니며 공부하였으며 여러 서적을 탐독하였다. 그리하여 내학內學과 외학外學41)에 조예를 갖추고 모든 학문에 널리 통달하게 되었다. 나이 15세가 되던 해에는 서역으로 구법 여행을 가겠다는 생각을 품으며 법현法顯의 고상한 인격과 현장玄奘의 고매한 풍모를 흠모하게 되었다. 이후 더욱 노력하여 시간을 조금도 허투루 쓰지 않으며 손에서 책을 놓지 않고 학업을 닦았다. 약관弱冠의 나이가 되어서는 구족계具足戒를 받고 더욱 마음을 다졌다. 고종 함형咸亨 2년(671), 나이 37세에 비로소 실행에 옮겨 처음 번우番禺42)에 이르렀을

---

41) 內學과 外學 : 佛學(內學, 智)과 世間의 학문(外學).

때는 같이 여행에 가겠다는 사람 수십 명을 만났으나, 막상 배에 올라타려 할 때는 모두 물러나 포기해 버렸다.

하지만 의정은 마음을 굳세게 먹고 홀로 길에 나서 온갖 어려움을 다 견뎌냈다. 그는 이르는 곳마다 그 말을 익혔으며 추장을 만나게 되면 정중히 예의를 갖추었다. 취봉鷲峰43)과 계족雞足44)도 답사하였으며, 녹원鹿苑45)과 기림정사祇林精舍46)도 모두 둘러보았다. 그 밖의 성지도 모두 찾아가 살펴보았다. 이렇게 25년 동안 30여 개 나라를 여행하고 나서, 측천무후 증성證聖 원년(695) 한여름에 낙양으로 귀환하였다. 그가 얻어온 산스크리트어 경전과 율, 논論은 400부, 모두 합하여 50만 편에 달하였다. 또 실제 모양대로 제작한 금강좌金剛座47) 한 점과 부처님의 사리 300과顆도 같이 지니고 왔다. 측천무후는 상동문上東門48) 앞까지 나가 그를 친히 영접하였으며, 각 사찰의 승려들은 대오를 이뤄 깃발과 화려한 양산을 떠받치고 음악을 울리며 그 앞을 인도하였다. 측천무후는 칙령을 내려 의정으로 하여금 불수기사佛授記寺49)에 머물도록 하였다.

---

42) 番禺 : 오늘날의 廣東省 廣州市.

43) 鷲峰 : 인도 마가다 왕국의 王舍城(라자가하) 동쪽에 위치한 지역.

44) 雞足 : 인도 마가다 왕국의 王舍城 서남방에 위치한 지역.

45) 鹿苑 : 鹿野苑, 석가모니가 成道 後 初轉法輪을 행한 곳, 바라나시의 동북방에 위치하였다.

46) 祇林精舍 : 석가모니가 생전에 자주 방문하여 설법하였던 곳으로 祇園精舍라고도 한다. 인도 코살라 왕국의 수도인 舍衛城(사르나트) 남쪽에 위치하였다.

47) 金剛座 : 부다가야의 보리수 아래에 있었다는 석가모니가 성도할 때 앉았던 자리.

48) 上東門 : 洛陽城의 북방에 있는 문. 후한 시기에 건설되어 建春門이라 칭해지기도 하였다.

…(중략)…

의정은 측천무후의 구시久視(700~701) 연간부터 예종 경운景雲(710~712) 연간에 이르기까지 모두 56부 230권의 불전佛典을 번역하였다. 이 밖에 『대당서역구법고승전大唐西域求法高僧傳』『남해기귀내법전南海寄歸內法傳』『별설죄요행법別說罪要行法』『수용삼법수요법受容三法水要法』『호명방생궤의護命放生軌儀』 등 5종의 서적 총 9권을 찬술하였다. 또한 『설일체유부발솔도說一切有部跋窣堵』를 펴냈으니, 율律 가운데 건도犍度와 발거跋渠 등의 용어50)는 산스크리트어 중에도 초楚 지방과 중원 지방의 발음 차이51)일 따름이라고 밝혔다. 이 저술은 대략 78권에 달하였다.

의정은 삼장三藏52)을 두루 번역하였으나 그 중에서도 율부律部에 자못 집중하였다. 또 서적을 번역하여 펴내는 막간을 이용하여 정성을 다해 생도들을 가르쳤다. 그가 했던 일은 모두 불교를 보호하고 전파하는 것에 초점이 맞춰져 있었다. 남루한 행색으로 지저분한 것만 겨우 면할 정도의 생활을 하였으니 통상적인 관념과는 매우 다른 모습이었다. 하지만 그에게 배운 제자들은 그 가르침을 전하고자 노력하였다. 그러한 제자들이 장안과 낙양 일대에 대단히 많았다. 아름답도다, 이 또한 불법을 따르는 훌륭한 행동이 아니겠는가? 그는

---

49) 佛授記寺 : 洛陽城의 上東門 안쪽에 있던 사찰. 측천무후 시기 白馬寺 주지 懷義가 건립하였으며 이후 三藏을 보관하여 譯經 사업을 주도하는 역할을 담당하였다.

50) 犍度는 篇章, 跋渠는 品의 다른 표현(別名)이다.

51) 지역적 차이에 따라 남방의 발음(楚言)과 중원 일대의 발음(夏音)의 차이가 있는 것을 가리킨다.

52) 三藏 : 經(불경), 律, 論(經의 해석서)을 가리킨다.

현종 선천先天 2년(713)에 입적하였다. 그의 나이는 79세, 법랍法
臘[53]으로 59세였다. 장사의 비용은 모두 관아에서 부담하였다.

의정의 저술 가운데 지금은 겨우 『설일체유부발솔도』만이 남아
있으나 그나마 다시 간행되지 못하여 사라질 위기에 처해 있다. 하
지만 그의 불교 포교 활동과 역경 사업은 현장과 비견될 만큼 업적
이 크다. 현장과 비교하자면 그의 저술은 문체의 측면에서 조금 더
수식이 많다고 하겠다.

출전 『宋高僧傳』 권 1.

내용 의정(635~713)은 현장보다 약 40여 년 늦게 중국을 떠나 인도로 구법
여행을 다녀왔다. 현장이 사막길(비단길)을 통해 왕래했던 것과는 달리, 의정
은 광저우를 떠나 남방의 바닷길을 따라 인도로 향했다가 귀로 역시 바닷길
을 택하였다. 그는 17년 동안 남방에 머물며 산스크리트어를 익히고 불경을
연구한 다음 많은 경전과 불교 유물을 지니고 귀국하였다. 이후 국가의 지원
을 받아 낙양과 장안 등지에 머물며 대중 포교와 역경 사업에 진력하였다.

당과 돌궐의 관계

이곳 외튀캔 산지보다 더 좋은 곳은 전혀 없을 것이다. 나라를 다
스릴 곳은 외튀캔 산지일 것이다. 나는 이곳에 앉아 중국 백성과 화
해하였다. 중국 백성은 금, 은, 비단을 어려움 없이 우리에게 준다.
중국 백성의 말은 달콤하고 비단은 부드럽다. 그들은 달콤한 말과

---

53) 法臘 : 출가하여 승려가 된 이후의 기간.

부드러운 비단으로 속여 먼 백성을 자기들 가까이 오게 한다. 가까이 온 뒤에 그들은 악의를 꾸민다.

그들은 좋고 현명한 사람을, 좋고 용감한 사람을 쓰러뜨린다. 한 사람이 잘못하면, 그 부족, 백성, 친척까지 죽이지는 않는다고 한다. 그들의 달콤한 말과 부드러운 비단에 속아, 튀르크 백성아, 너희는 많이 죽었다. 튀르크 백성아, 너희는 분명히 죽을 것이다. 남쪽의 초가이 산맥에, 퇴귈튄 평원54)에 자리 잡겠다고 한다면 튀르크 백성아, 너희는 분명히 죽을 것이다. 그곳에서는 나쁜 사람들이 이렇게 유혹한다고 한다. '멀리 있으면 나쁜 비단을 주고 가까이 있으면 좋은 비단을 준다.'고 꼬드긴다고 한다. 무지한 자들아, 너희는 그 말을 듣고 가까이 가서 많은 사람이 죽었다. 그곳에 가면 튀르크 백성아, 너희는 죽을 것이다. 외튀캔 땅에 앉아서 상인을 보낸다면 전혀 걱정이 없다. 외튀캔 산지에 있다면 너희는 영원히 나라를 유지할 것이다.

…(중략)…

위에서 푸른 하늘이 아래에서 어두운 땅이 창조되었을 때 둘 사이에서 인류의 자손이 만들어졌다. 인류의 자손 위에는 나의 조상 부믄 카간과 이스테미 카간이 서 있었다. 그들은 서서 튀르크 백성의 나라와 법을 통치하고 정비하였다. 사방은 모두 적이었지만 그들은 정벌에 나서 사방에 있는 모든 백성을 얻었다. 그리고 예속시켜 머리를 숙이게 하고 무릎을 꿇게 만들었다. 그들은 동쪽으로는 흥안령 산맥까지 서쪽으로는 테미르 카프그까지 백성들이 자리 잡게 만

---

54) 초가이 산맥은 總材山, 퇴귈튄 평원은 白道川이다.

들었다. 또 그 사이 무질서하였던 푸른 튀르크55) 사람들을 통합시켰다. 그들은 현명하고 용감한 카간이었다. 그들의 부하 장수들도 현명하고 용감하였다. 그들의 벡56)과 백성도 모두 협조적이었다. 그렇기에 그처럼 드넓은 지역을 통치하여 안정시킬 수 있었다.

그리고 나서 그들은 운명에 따라 세상을 떠났다. 그들의 장례식에는 동쪽의 해 뜨는 곳에서부터 멀리 뷔클리,57) 쵤 백성, 중국, 티베트, 아바르, 비잔틴, 키르기즈, 위치 쿠르칸58), 오투즈 타타르, 거란, 타타브59) 등의 백성이 조문을 와서 울며 애도하였다. 그들은 이처럼 유명한 카간이었다.

그 뒤를 이어 그들의 동생과 아들이 카간이 되었다. 하지만 그 동생과 아들은 형이나 아버지만 못하였다. 즉위한 사람이 어리석고 나쁜 카간이었다. 그들의 부하 장수들도 마찬가지로 어리석고 나빴다. 그들의 벡과 백성도 융화를 이루지 못하였다. 덧붙여 중국 백성들은 교활한 사기꾼이어서, 형제들이 서로 다투도록 부추기고 벡과 백성들을 서로 중상하게 만들었기 때문에 튀르크 백성의 나라는 와해되어 버렸다.

카간은 사망하고 벡이 될 아들이나 귀부인이 될 딸은 중국 백성의 노비가 되었다. 튀르크 벡들은 튀르크 칭호를 버리고 중국 칭호를 받아들여 중국 황제에게 복종하였다. 그렇게 50년을 섬겼다. 그

---

55) 푸른 튀르크 : 쾩 튀르크, 동돌궐을 의미한다.
56) 벡 : 돌궐의 유목 영주, 부족장.
57) 뷔클리 : 고구려.
58) 위치 쿠르칸 : 야쿠트 족.
59) 타타브 : 奚族.

러면서 동쪽으로 해뜨는 곳에서 멀리 뷔클리 카간이 있는 곳까지 출정하였다. 서쪽으로는 테미르 카프그까지 출정하였다. 모두 중국 황제를 위한 일이었다. 튀르크 백성들은 이렇게 말하였다.

"우리는 나라를 지닌 백성이었다. 우리 나라는 지금 어디 있는가? 우리는 누구를 위해 전쟁에 나서는가? 우리는 카간이 있는 백성이었다. 우리 카간은 어디 있는가? 우리는 어느 카간에게 봉사하는가?"

그들은 이렇게 말하며 중국 황제에게 저항하였다. 그들은 이렇게 저항을 일으켰지만 스스로를 잘 조직하지 못하여 다시 복속되었다. 또 중국 백성은 도리어 튀르크 백성을 죽여 멸종시키겠다고 벼렀다. 튀르크 백성은 연이어 실패하여 위기에 처했다.

이때 튀르크의 신들이, '튀르크 백성이 사라지지 않도록 하라.'고 말하였다. 그리고 나의 아버지 일테리쉬 카간과 나의 어머니 일빌개 카툰을 일으켜 세워 보호하였다. 나의 아버지 카간은 17명의 병사와 함께 반란을 일으켰다. 반란을 일으켰다는 소식을 듣고 도시에 있는 사람이 산으로 올라갔고, 산에 있는 사람은 도시로 내려왔다. 이렇게 70명이 되었다. 하늘이 힘을 주어 나의 아버지 군대는 늑대 같았으며 적들은 양 같았다. 그들은 동서로 뛰어다니며 사람을 모아 모두 700명이 되었다. 700명이 된 후 나라가 없고 카간이 사라진 백성을, 노비가 되어 튀르크 풍속을 잃어버린 백성을 조상의 법에 따라 조직하였다. 퇼리스와 타르두시 백성을 조직하고 그들에게 야브구와 샤드를 만들어 주었다.[60]

60) 퇼리스와 타드두시 : 퇼리스는 제2 돌궐제국의 동쪽에 있는 지역으로 그 군

남쪽으로는 중국 백성이 적이었고, 북쪽으로는 바즈 카간과 토쿠즈 오구즈 백성이 적이었다. 키르키즈, 쿠르칸, 오투즈 타타르, 거란, 타타브도 적이었다. 나의 아버지 카간은 이들과 싸워 47번이나 출정하였으며 직접 전투를 벌인 것도 20번이나 되었다. 하늘이 명령하였기 때문에 나라가 있는 자를 나라가 없도록 하였고 카간이 있는 자를 카간이 없도록 하였다. 그렇게 적을 복속시켜 무릎을 꿇게 만들고 머리를 숙이게 만들었다. 나의 아버지 카간은 그렇게 나라를 재건하고 돌아가셨다. 나의 아버지 카간에 앞서 바즈 카간이 죽었다.

그리고 뒤를 이어 숙부 카간[61]이 즉위하였다. 숙부 카간은 튀르크 백성을 다시 조직하여 배부르게 만들고 부유하게 만들었다. 나의 숙부 카간이 즉위하였을 때 나는 타르두시 백성의 샤드였다. 우리는 숙부 카간과 함께 동쪽으로 황하와 산동 평원까지 출정하였다. 서쪽으로는 테미르 카프그까지 출정하였으며 쾨그맨[62]을 너머 키르기즈 땅까지 나아갔다. 모두 25번 출정하여 13차례 전투를 벌였다. 우리는 나라가 있는 자를 나라가 없도록 하였고 카간이 있는 자를 카간이 없도록 하였다. 적을 복속시켜 무릎을 꿇게 만들고 머리를 숙이게 만들었다. 튀르기시 카간은 우리 튀르크 백성이었지만 우리에게 잘못했기 때문에 죽였다. 그 부하 장수와 벡들도 죽였다. 온 오크 백성은 고통을 당하였지만 우리 조상의 영토에 주인이 없어지지 않기

주가 야브구(葉護)이며, 타르두시는 서쪽에 있는 지역으로 그 부족장이 샤드(設)였다.

61) 숙부 카간 : 카파칸 카간.

62) 쾨그맨 : 오늘날의 사얀 산맥. 러시아와 몽골의 국경을 이루며 알타이 산맥에서 바이칼 호수 방향으로 뻗어 있다.

를 바랐다. 우리는 이 작은 부족을 다시 조직해 주었다. 또한 바르스는 벡이었지만 카간의 칭호를 주고 나의 여동생을 그 배우자로 주었다. 그럼에도 잘못을 범하여 죽고, 그 백성은 노비가 되었다. 쾨그맨 땅에 주인이 없어지지 않도록 우리는 아즈와 키르기즈 백성을 조직하여 싸웠다.

우리는 동쪽으로 흥안령 산맥을 넘어 백성들로 하여금 잘 자리 잡아 살게 하고 또 조직해 주었다. 서쪽으로는 캥위 타르만까지 튀르크 백성이 거주하게 하였다.

출전 「퀼 테긴 비문」.

내용 552년 아사나阿史那씨의 족장인 토문土門이 유연柔然을 무너뜨리고 독립하여 일릭 카간이라 칭하였다. 이후 동서로 영역을 확장하여 대제국을 건설하고 남으로 남북조 시대의 중국을 압박하였다. 하지만 630년 당 태종의 정벌에 의해 멸망되고 이후 기미지배를 받았다. 돌궐이 당의 지배에서 벗어나게 되는 것은 682년의 일이다. 일테리쉬와 카파칸 형제의 활약으로 돌궐은 독립하여 다시 대제국으로서 초원 일대에 군림하게 되었다. 이를 돌궐 제2제국이라 부른다. 그리고 제2제국 시기 돌궐은 몽골 초원의 한복판을 흐르는 오르콘 강 유역에 고대 튀르크어로 된 장대한 비석을 몇 개 세웠다. 바로 퀼테긴 비석, 빌개 카간 비석 등이 그것이다. 이들 비석은 19세기 말 유럽에 그 존재가 알려져 1893년 덴마크의 언어학자 톰센에 의해 해독되었다.

8세기 중엽 이후 위구르 사회의 변화

처음에 위구르의 풍속은 질박質朴하여 군신 사이의 등급에도 큰 차이가 없었다. 따라서 중지가 잘 모아졌으며 강건하여 대적할 세력이 없었다. 그런데 당에 공적을 세워[63] 당이 많은 재물을 하사하게 되면서 이후 텡그리데暈里 카간은 스스로 존엄함을 추구하여 궁전을 쌓고 거주하였으며, 부인 가운데 화장을 하고 수 놓은 장식의 옷을 입는 사람도 생겨났다. 중국은 이 때문에 많은 비용이 소모되었고 위구르의 풍속 또한 나약해졌다.

대종代宗이 붕어하자 당은 중사中使[64] 양문수梁文秀를 고애사告哀使[65]로 파견하였으나 텡그리데는 교만하게도 예를 표하지 않았다. 이때 위구르에 복속된 구성호九姓胡[66]가 텡그리데에게, '중국은 부유하니 이 국상을 이용하여 침략하면 큰 이익이 있을 것'이라 말하였다. 텡그리테가 이 말을 듣고 대대적으로 침략을 준비하자, 승상이자 텡그리데의 숙부뻘인 톤 바가 타르칸頓莫賀達干이 간언하였다.

"당은 대국이고 우리를 저버린 적도 없습니다. 우리가 지난 해 태원을 침범하여 양과 말 수만 필을 얻었으니 가위 대첩이라 하겠습니다. 하지만 길이 멀고 군량이 부족하여 돌아올 때 병사들은 거의 아무 얻은 것 없이 왔습니다.[67] 지금 대대적으로 침략하여 승리를 거두지 못하면 장차 어떻게 돌아올 수 있겠습니까?"

텡그리데는 듣지 않았다. 이에 톤 바가 타르칸은 사람들이 남쪽으로 중국에 침범하지 않으려 하는 마음을 이용하여 거병하여 그를 살

---

63) 당을 지원하여 안사의 난을 평정하였던 것을 가리킨다.

64) 中使 : 궁중에서 파견된 환관 신분의 사자.

65) 告哀使 : 제왕의 喪을 알리기 위해 파견하는 사신.

66) 九姓胡 : 소그드 상인.

67) 이에 대해 胡三省은 註를 달아, '양식이 부족하여 병사들이 말을 잡아 식용으로 썼다. 그래서 거의 아무 얻은 것이 없이 왔다(徒行)고 하였다.'라고 적고 있다.

해하였다. 구성호 2천 명도 복속시키고 자립하여 알프 쿠틀룩 빌게 合骨咄祿毗伽 카간이 되었다. 그리고 신하 욜 타르칸聿達干과 양문수를 보내 함께 덕종德宗을 알현하고 번신藩臣이 되기를 청한 다음 아이처럼 머리를 늘어뜨리고 자르지 않은 채 조령을 기다렸다. 을묘일, 경조소윤京兆小尹인 임장臨漳의 원휴源休로 하여금 톤 바가頓莫賀를 무의성공武義成功 가한可汗에 책립하게 하였다.

출전 『자치통감』 권226, 唐紀 42, 德宗 建中 元年.

내용 위구르는 8세기 초 돌궐 제2제국이 혼란에 빠지면서 그 뒤를 이어 초원지역의 패권을 장악하였다. 위구르는 카를룩 등과 더불어 돌궐에 반기를 들었다가 740년대에 국가를 건설하였다. 중국에 안사의 난이 발생하자 당 조정의 요청을 받아들여 원군을 파견하였고, 이들 위구르 기병의 활약은 반란 진압에 결정적인 역할을 하였다. 이후 당으로부터 막대한 물자를 공급받으며 긴밀한 관계를 유지하였다. 이러한 물자의 유입으로 말미암아 여성들 사이 화장이 유행하고 사치 풍조가 확산되는 등 위구르 사회에 심대한 변화가 발생하기에 이른다.

당과 위구르의 관계

황제가 삼가 위구르의 카간에게 문안드립니다. 더운 여름인데 잘 지내기를 바랍니다. 카간은 웅대한 무인의 풍모를 갖추고 영용하고 과단성 있는 지략을 지니고 있습니다. 그리하여 여러 부족을 통제하며 한 지역의 군주 역할을 잘 수행하고 있습니다. 선대의 현자들을 계승하여 예전에 당 조정과 맺은 우호 관계도 잘 지킵니다. 그러한 까닭에 영역 내 인구가 번성하고 군대와 말도 강하여, 서융西戎을 연달아 패배시켜 중국의 번병 역할을 영구히 잘 수행하고 있습니다. 하물며 중국을 앙모하는 마음으로 우리 조정의 소환에도 성실히 응하며, 사대하는 공경심이 상주하는 표장表狀에도 잘 나타납니다. 모든 움직임에 정성이 잘 드러나며 언사 또한 늘 예에 잘 부합합니다. 짐은 이러한 충성심을 심히 가상하게 여겨 멀리서 그 품격과 법도를 높이 평가하고 있습니다. 심지어 잘 때나 일어날 때나 늘 감탄하며 주시합니다. 바라건대 그 아름다운 마음을 잘 키워서 짐의 배려에 부응해 주기 바랍니다.

달람達覽 장군 등이 와서 그 상표上表한 것을 보니, 말의 숫자가 모두 6,500필이고 이밖에 인납마印納馬[68]가 모두 2만 필로서 말 가격은 도합 비단 50만 필이라 합니다. 그런데 근년 이래 물난리와 가뭄이 있어 조정의 재정이 다소 부족합니다. 지금 그 액수 가운데 먼저 25만 필을 달람 장군에게 지급하여 귀국시키면서 중사中使를 보내 국경 지역까지 전송하게 하였습니다. 비록 총액을 모두 충족시키지는 못하였지만 다음 번 사자가 오면 지체 없이 다 지급토록 하겠습니다.

근래 서로 간 약속한 말의 숫자가 오래도록 유지되기를 바랍니다. 왜냐하면 지불하는 비단이 적은 즉 그대들의 마음이 아쉬워지고 납입하는 말이 많아진즉 우리의 힘이 부치게 되는데, 말의 숫자가 점점 늘어나 지급되지 못한 액수가 점점 많아지고 있기 때문입니다. 이로써 판단하건대 마땅히 미리 약속을 정하는 것이 서로 편하고 또

---

68) 印納馬 : 조사한 후 烙印을 찍어 수납한 말. 당대에는 말이 牧監에 들어오면 그 등급에 따라 낙인을 찍었다. 良馬는 '飛', 다음 등급에는 용 모양의 도장을 목 왼쪽에 찍도록 되어 있었다.

이치상으로도 마땅할 것입니다. 하물며 카간은 사신의 왕래 시에 예의를 다하고 시종 도의를 지킵니다. 누대에 걸쳐 선린 관계를 유지하고 있으며 지난날보다 우호도 더욱 두터워졌습니다. 그러니 미리 약속을 정함으로써 영원히 성심을 지니고 대하며, 또 한번 약속하면 그 신의를 지키고 싶습니다. 명철한 지혜로 멀리 내다보며 짐의 마음을 잘 헤아려 주기 바랍니다.

또한 동도 낙양과 태원太原에 사원을 설치[69]하고 품행이 좋은 사람으로 하여금 담당하게 하여, 그 교리에 맞게 일처리하며 근엄하게 관리하고 있습니다. 그러니 그대 국가의 승려는 굳이 다른 사람을 시켜 감독할 필요가 없습니다. 현재의 연척물시撚拓勿施 오달어鄔達於 등은 모두 돌려보내겠습니다. 승려에 대한 공양을 담당하던 제덕장군帝德將軍 안경운安慶雲은 다른 곳의 주택에 살도록 해 주기 바랍니다. 또 골도록骨都祿 장군을 검교공덕사檢校功德使[70]에 임명하였습니다. 귀국하는 사신을 따라 본국으로 돌아가기를 원하는 사람은 그 주청대로 해 주기로 했습니다. 이러한 사정을 알고 있기 바랍니다.

덧붙여 물품을 조금 하사합니다. 그 목록은 별도로 적었습니다. 내외의 재상과 판관, 마니교 승려 등에게도 각각 하사 물품이 있습니다. 적절히 수를 나누어 지급하기 바랍니다. 내외의 재상, 관리, 승려 등에게 함께 안부를 전합니다. 서신이라서 많이 언급하지 못하고 이만 줄입니다.

---

69) 憲宗 元和 2년(807) 위구르의 요청으로 마니교 사원을 건립한 것을 가리킨다.

70) 檢校功德使 : 당 代宗 이후 설치한 관직. 長安의 종교 업무를 관할하던 직위로 통상 內監 중의 유력자가 담당하였다.

출전 白居易, 『白氏長慶集』 권57, 「與迴鶻可汗書」.

내용 원화 3년(808) 위구르의 카간에게 보내는 당 황제 헌종의 서신으로 백거이가 작성하였다. 안사의 난 이후 위구르는 여러 경로를 통해 당으로부터 막대한 물자를 공급받았다. 매년 비단 2만 필을 지급받는 것 이외에도 변경에 시장이 개설되어 말과 비단 중심의 교역이 이루어졌다. 또한 정기적으로 막대한 숫자의 군마를 공급하고 그 댓가를 수취하기도 했다. 이처럼 8세기 후반 위구르는 군사적 우위를 바탕으로 당을 압박하며 정치적 안정과 경제적 번영을 구가하였다. 하지만 800년을 전후하여 위구르 제국은 갑작스럽게 동요하기 시작하였다. 급기야 840년에는 키르기즈에 의해 수도가 점령됨으로써 사실상 제국이 와해되어 버렸다.

금성공주金城公主의 토번 강가降嫁

성인의 교화는 백성을 중심으로 하고 제왕의 인정仁政은 팔황八荒71)이라 하여 예외로 두지 않는다. 그런 고로 황제의 덕은 멀고 가까움을 가리지 않고 두루 빛나서 만물이 고르게 본성을 이루게 한다. 이 때문에 융성한 주周가 왕업王業을 이루었고 먼 나라를 안무할 수 있었다. 또한 강대한 한漢이 적절히 외국과 화친을 유지하였다. 이것이야말로 천하를 통치하는 제일의 책략이요 나라를 다스리는 전범典範이다.

짐은 하늘로부터 천명을 받아 왕조의 대업을 계승하였다. 삼재三才72)를 거두어 천하를 다스리며 육합六合73)을 모아 한 집안으로 하

---

71) 八荒 : 八方의 荒遠한 지역.
72) 三才 : 天地人, 三極 三元 三靈이라고도 한다.

였다. 조정의 권위와 교화는 남방의 끝이나 동방 가장자리의 바깥까지 미치며, 그 지배 지역은 서방의 약수弱水74)와 사막의 너머까지 이른다. 유장하게 지극한 도를 펼치며 소리 높여 태평의 훈풍薰風75)을 노래하노라. 병장기를 모두 거두고 예악禮樂을 크게 펼쳐야 하리. 전대 성현을 이어받아 화평을 크게 이룰진저.

돌아보아 저들 토번은 서쪽 귀퉁이에 위치하여 제업帝業의 통치가 시작되는 곳으로서 일찍부터 조공을 바쳐왔다. 태종 문무성황제文武聖皇帝께서는 덕을 천지에 두루 미치시고 정성을 만백성에 깊이 드리워, 전쟁을 그치게 하고자 마침내 통혼하여 우호관계를 여셨다. 그리하여 수십 년 간 한 방면이 평화를 유지하였다. 하지만 문성공주文成公主76)가 그 나라에 강가降嫁한 이래 많은 변화가 발생하여, 우리 변경에서는 자주 군대가 출동해야 했으며 저들의 백성은 대단히 피폐해졌다.

근래 찬보贊普와 그 조모 카툰 등이 조정에 충성을 다하며, 예전의 친선 관계를 재건하기 위해 혼인을 맺자는 청원을 해온 지 여러 해 되었다. 금성공주77)는 짐의 딸로서 궁궐에서 자라나 이제 멀리 가야한다니 매우 애처롭도다. 하지만 짐은 딸의 부모이지만 만백성을 돌보아야 한다. 이에 저들의 정성스런 청원을 윤허하여 우호 관

---

73) 六合 : 天地와 四方.

74) 弱水 : 오늘날의 甘肅省와 內蒙古 자치구를 흐르는 弱水河.

75) 薰風 : 舜이 지었다는 「南風」의 詩, '南風之薰兮'로 시작되며, 『孔子家語』 「辨樂解」에 나온다.

76) 당 태종 貞觀 15년(641) 티베트의 松贊干布에게 降嫁한 종실 여인.

77) 金城公主 : 雍王 李守禮의 딸이자 章懷太子 李賢의 손녀. 당 中宗에게는 姪孫女가 된다.

계를 다지고자 한다. 그런즉 변방은 편안해지고 군대의 동원은 그칠 수 있으리라. 그리하여 부모로서의 자애심을 떼어내고 나라를 위한 대계를 이루기로 하였다. 바깥으로 새로 집을 지어 가례嘉禮를 거행한 다음 저들 토번의 찬보贊普에게 강가降嫁시키도록 하라. 이번 달[78] 27일 짐이 친히 교외에 나가 환송토록 하겠다.

출전 『唐大詔令集』 권42, 「和蕃」「金城公主降吐蕃制」.

내용 티베트吐蕃 왕국은 7세기 초 라싸를 중심으로 건국되어 고원 지대의 여러 종족을 통합하고 9세기 중반까지 명맥을 유지하였다. 티베트 왕국을 건설한 주역은 송첸캄포였다. 그는 당에 공주를 보내달라고 요청하여 태종 시기인 641년 문성공주가 왕비로 파견되었다. 문성공주의 혼인을 계기로 당과 티베트 사이에는 평화가 한동안 지속되었다. 그러나 송첸 감포 사후 양국 간에는 다시 전쟁이 발발하였다. 토번은 7세기 말 이후 강대해져서 8세기 중엽 안사의 난 시기에는 한때 장안까지 점거하였다. 당 왕조는 토번을 회유하기 위하여 710년 금성공주를 시집보냈다. 하지만 금성공주의 파견으로 인한 평화 관계는 이내 깨지고 714년 티베트의 대군이 당에 침입하면서 양국은 평화와 전쟁 상태를 반복하게 된다.

당과 티베트의 관계

그때 마침 토번吐蕃이 강화를 요청하여 그 대장 논흠릉論欽陵이 4진四鎭 군대의 철수와 10성 땅[79]의 양도를 요청하였다. 이에 곽원진

---

78) 당 中宗 景龍 4년(710) 정월이다.
79) 10성 땅: 十姓 돌궐이 점거하고 있는 지역.

郭元振을 사신으로 보내 토번의 정황을 탐지하게 하였다.[80] 그는 돌아와 다음과 같이 상주하였다.

"이익이 때로 해를 낳기도 하고 손해가 때로 이익이 되기도 합니다. 우리 조정이 근심으로 여기는 것은 오직 토번과 묵철黙啜[81]입니다. 이들은 지금 모두 복속되어 있습니다. 이는 장차 중국에 큰 이익이 될 것입니다. 하지만 신중하게 대처하지 않으면 해가 따를 것입니다.

논흠릉은 10성 땅의 양도와 4진 군대의 철수를 바라고 있습니다. 이는 그가 움직이느냐 여부를 결정짓는 관건과 같은 것이니 가볍게 보아서는 안 됩니다. 만일 그 바램을 곧바로 거절하면 필시 변경의 전쟁이 이전보다 훨씬 심각해질 것입니다. 마땅히 적절한 책략으로써 그 마음을 누그러뜨려 주어야 합니다. 그렇게 해야 그 강화를 바라는 마음을 버리지 않을 것이고 또 나쁜 마음도 먹지 않을 것입니다. 마땅히 취사선택에 신중을 기하여야 합니다.

지금의 우환으로서 바깥에 있는 것은 10성과 4진입니다. 우환으로서 안에 있는 것은 감주甘州·양주凉州·과주瓜州·숙주肅州입니다. 관롱關隴 일대에 군대가 주둔하여 변경을 지키는 것이 30년 가까이 되어 그 힘이 다해가고 있습니다. 만일 감주와 양주에 어느 날 갑자기 일이 생기면 대규모 군대와 군량의 조달을 어떻게 감당할 수 있겠습니까? 국가를 잘 통치하는 사람은 먼저 내부를 안정시킨 다음 외부의 적에 대항합니다. 바깥을 탐하여 내부에 문제가 생기게 해서

---

80) 則天武后 萬歲登封 원년(696) 9월의 일이다.
81) 黙啜 : 돌궐 제2제국의 제2대 카간인 카파칸. 695년 당에 사신을 보내자 측천무후는 그를 遷善可汗에 봉하였다.

는 안 됩니다. 그렇게 해야 태평을 유지할 수 있습니다.

논흠릉은 4진이 자신들에게 가까워 우리로부터 침략을 받게 되지 않을까 두려워합니다. 이는 토번이 걱정하는 바입니다. 그리고 청해와 토욕혼은 난주蘭州 및 선주鄯州에 가까워 우리의 우환 거리가 되기 쉽습니다. 이는 우리가 걱정하는 바입니다. 그러니 지금 마땅히 논흠능에게 다음과 같이 답해야 합니다.

'4진은 본래 여러 이민족을 막아 그 병력을 분산시킴으로써 그들이 군대를 모아 동쪽으로 침범하지 못하도록 하던 근거지였다. 지금 그것을 버리게 되면 이민족의 힘이 강해져 쉽게 소동을 일으킬 것이다. 훗날 그들이 동쪽으로 중국을 침략할 우려가 없어지고 토욕혼의 각 부족과 청해靑海의 땅이 예전처럼 우리에게 귀속된다면, 이르킨俟斤82) 부족도 곧바로 토번에 돌려줄 것이다.'

이와 같이 하면 족히 논흠릉의 입을 막고 화의 또한 단절되지 않을 것입니다. 더욱이 4진은 복속된 지 오래라 우리 조정에 의지하는 심정이 어찌 토번과 비교할 수 있겠습니까? 지금 이해득실의 실정을 알지 못하고 그 땅을 분할하자고 하는 것은 여러 나라에 많은 문제를 야기할 수 있습니다. 좋은 대처 방법이 아닙니다."

측천무후는 그 말에 따랐다.

곽원진은 또 다음과 같이 말하였다.

"토번 백성들이 노역과 전쟁을 싫어한 지 오래되었습니다. 모두 강화를 원합니다. 그런데 논흠릉이 4진을 차지하고 멋대로 토번을 지배하려 하기에 진심으로 복속되지 않는 것입니다. 폐하께서 매년

---

82) 俟斤 : 10성 돌궐의 하나인 서돌궐 弩失畢 부족.

화친의 사자를 보내는데 논흠능이 매번 그것에 따르지 않는다면 그 부하들은 반드시 원망하게 될 것입니다. 그렇게 되면 논흠릉이 설령 대거 군대를 일으키려 해도 진정 불가능해질 것입니다. 이것이 그들을 점차 이간하는 길입니다."

측천무후는 그 계책이 옳다 여겼다. 그 뒤 몇 년이 지나 토번의 군신은 서로 의심하게 되어 마침내 논흠릉이 주살되었다. 그리고 그 동생 찬파贊婆 등이 투항하였다. 이에 따라 곽원진과 하원군대사河源 軍大使 부몽령경夫蒙令卿[83])으로 하여금 기병을 이끌고 나가 맞이하게 하였다. 곽원진은 주객랑중主客郎中에 임명되었다.

한참 지나 돌궐과 토번이 연합하여 양주涼州에 침범하였다. 그때 측천무후는 낙성洛城의 문에서 잔치를 주재하고 있었는데 변경에서 급보가 도착하자 바로 연회를 정지시켰다. 그리고 곽원진을 양주 도독에 임명하여 즉시 파견하였다. 그 이전 양주의 영역은 불과 4백 리여서 이민족이 침범하면 바로 성 아래에 도달하였다. 곽원진은 남방의 협곡 입구에 화용성和戎城을 설치하고 북방의 사막에 백정군白 亭軍을 배치하여 요충지를 장악하였다. 그리고 영역을 1,500여 리나 개척하여 이후 양주에 이민족 침략의 우려가 사라졌다.

출전 『신당서』 권122, 「郭元振傳」.

내용 7세기 중반 이후 당과 티베트는 다시 심각한 전쟁 국면으로 치달았다. 문제가 된 것은 토욕혼을 둘러싼 주도권 문제였다. 티베트는 수 차례 군대를 보내 친당 정책을 취하던 토욕혼과 당의 군대에 심대한 타격을 주었다. 당은

---

83) 夫蒙令卿 : 羌族 출신으로 夫蒙이 姓이고 令卿이 이름이다.

670년 설인귀가 이끄는 10만 대군을 파견하였지만 마찬가지로 티베트에 참패하고 토욕혼도 멸망하고 말았다. 678년에 파견된 당의 18만 대군도 티베트 군대에 포위되어 괴멸적 타격을 받았다. 이러한 정황에서 당과 티베트 사이 곽원진의 티베트 대책이 제시되었다. 하지만 이후에도 중앙아시아를 둘러싼 중국과 티베트의 대결은 지속되었으며, 747년에는 대장군 고선지가 파견되어 파미르를 넘어 티베트에 대한 원정을 감행하게 된다.

당과 티베트 사이 장경長慶의 회맹會盟

장경 원년(821) 9월 토번이 회맹을 요청하여 목종穆宗이 이를 허락하였다. 재상은 이 일을 중시하여 종묘에 고하자고 청하였다. 태상예원太常禮院이 다음과 같이 상주하였다.

"삼가 숙종과 대종 시기의 전례를 살펴보건대 토번과 회맹할 때 모두 종묘에 고하지 않았습니다. 다만 덕종 건중建中(780~783) 연간의 말엽84) 토번과 연평문延平門에서 회맹할 때 그 진심을 중히 여겨 특별히 종묘에 고하였습니다. 정원貞元 3년(787) 평양平涼에서 만났을 때도 종묘에 고하지 않았습니다. 삼가 살피건대 종묘에 고한 일이 한 번 있었고 또 통상적인 일이 아닙니다. 그래서 전례를 찾아보았으나 역시 그러한 일이 없었습니다. 삼가 신중히 헤아려 보건대 종묘에 고하지 않는 것이 좋을 듯합니다."

그 상주에 따랐다.

그리고 대리경大理卿 겸 어사대부 유원정劉元鼎을 서번회맹사西蕃會盟使로 임명하고 병부랑중 겸 어사중승 유사좌劉師佐를 부사로 삼

---

84) 건중 4년(783) 4월에 있었던 일이다.

고, 상사봉어尙舍奉御[85] 겸 감찰어사 이무李武와 경조부 봉선현奉先縣 현승縣丞 겸 감찰어사 이공도李公度를 판관으로 삼았다. 이해 10월 재상 최식崔植·왕파王播·두원영杜元穎에게 명하여 토번과 서약하는 곳에 가게 하였다. 태상예원이 상주하여 회맹의 담당관인 상서우복야 한고韓皐·어사중승 우승유牛僧孺·이부상서 이강李絳·병부상서 소면蕭俛·호부상서 양어릉楊於陵·예부상서 위수韋綬·태상경 조종유趙宗儒·사농경司農卿 배무裵武·경조윤 유공작柳公綽·우금오위장군右金吾衛將軍 곽총郭鏦도 모두 마땅히 서약하는 곳에 가야 한다고 상주하였다.

그 서사誓辭는 다음과 같았다.

"당 왕조는 천명을 받아 팔굉八紘[86]을 점유하고 있어 위세와 교화가 이르는 곳이면 모두 조정에 와서 조공을 한다. 우리 당 왕조는 근신하고 황공해하며 혹시라도 잘못이 있을까 두려워하였다. 선대의 문무文武를 잇고 위업과 성덕盛德을 계승하였다. 또 명철名哲을 다하여 전통에 욕됨이 없도록 노력하였다. 이렇게 하기를 12대 204년이 되었다. 우리 태조께서는 당이라는 국호로 흔들리지 않을 나라를 세우고 그 이름을 영구히 드리우게 하셨다. 또 하늘에 고하여 상서로운 응답을 받았으며 조상을 제사 지내 커다란 복을 받으셨다. 그러니 어찌 게으를 수 있으랴?

신축년(821) 10월 계유에 문무효덕황제文武孝德皇帝 덕종께서는 승상 신 최식·왕파·이원영 등에게 조령을 내려 대토번의 화평을

---

85) 尙舍奉御 : 殿中省 尙舍局의 관리.

86) 八紘 : 九州 바깥에 있는 모든 범위, 九州 다음으로는 八殥과 八紘이 있다고 한다.

위한 사자 예부상서 논눌라論訥羅 등과 경사에서 회맹토록 하셨다. 이에 성의 서쪽 교외에 단을 쌓고 단의 북쪽에 갱혈坑穴을 만들었다.[87)

무릇 서사誓辭를 읽는 것, 가축을 잡는 것, 문구를 더하여 적는 것, 흙을 덮는 것, 위 아래로 오르내리는 것, 나가고 물러서며 읍揖하는 것 등의 의례를 흐트러짐 없이 수행하는 것은 전쟁을 멈추고 백성을 쉬게 하기 위해서이다. 그리하여 서로 친밀하게 하여 우호 관계를 계속시키고, 원대한 방략을 세워 큰 이익을 도모하고자 하는 것이다. 무릇 창천蒼天은 위로 덮고 대지는 아래로 떠받쳐 그 사이에서 움직이는 허다한 인간 무리는 반드시 정부가 있어야 하고 관료가 있어야 한다. 만일 통제와 질서가 없을진대 모두 멸망해 버릴 것이다.

지금 중화中華를 관리하는 것은 당이며 서부의 먼 곳은 토번이 지배하고 있다. 지금 이후 서로 병장기를 모두 없애고 묵은 원한이나 오래된 잘못은 모두 다 잊기로 한다. 예전의 친밀했던 혼인 관계[88)를 복원하고 서로 맺어 지원하던 관계로 돌아가기로 한다. 변경의 정찰과 경계 시설을 없애고 봉수대도 철거한다. 어려움이 있을 때는 서로 돕고 침략 행위는 하지 않도록 한다. 변경의 보루도 철거하고 서로 침범하는 것을 금한다. 다만 접경 지역의 요해처는 이전처럼 지켜 관리한다. 그쪽에서 이것을 잘 지키면 우리 쪽에서는 그쪽에 대한 우려가 없어질 것이다.

오호라, 남을 사랑하는 것이 인仁이고 경계를 지켜주는 것이 신信

---

87) 壇은 祭日을 위한 장소이고 坎은 祭月을 위한 장소이다.
88) 文成公主 및 金城公主의 降嫁로 인한 結姻을 가리킨다.

이며, 하늘을 섬기는 것이 지智이고 신을 섬기는 것이 예禮이다. 이 가운데 하나라도 지키지 못하면 그 몸이 재앙을 만난다. 변방의 산은 우뚝 솟아 있고 황하의 물은 질주하듯 흘러간다. 길하고 좋은 날 양국의 경계를 확정하여 서쪽은 토번으로 하고 동쪽은 당으로 한다. 이 회맹 사실을 문신文臣으로 하여금 받들게 하여 멀리 알리노라."

토번의 찬보贊普 및 그 재상 발천포鉢闡布·상기심아尙綺心兒 등은 이에 앞서 다음과 같은 내용으로 된 회맹의 개요를 보내왔다.

"토번과 당 두 나라는 각각 현재 관할하는 경계를 지키며 서로 침범하지 아니한다. 서로를 적으로 간주하지 않으며 서로의 영토를 침략하지 않는다. 의심되는 부분이 있어 상대방 백성을 포로로 잡게 되면 심문이 끝난 후 의복과 식량을 충분히 주어 되돌려 보낸다. 이대로 준수하며 다른 것을 고치거나 첨가하지 않는다."

회맹의 절충에 참여한 관료는 17명이었는데 모두 서명하였다.

이 달에 유원정 등은 논눌라論訥羅와 함께 토번 본국으로 가서 회맹을 맺었다. 그리고 유원정에게 명하여 그곳에 가게 되면 재상 이하로 하여금 각각 회맹 문서의 뒤에 서명하게 하였다. 유원정은 마용관磨容館에 이르러 토번의 급사중 논실답열論悉答熱과 장하藏河의 북천北川에서 만나 그들의 기병 천여 명이 둘러싼 속에서 회맹과 관련한 일을 논의하였다.

당시 찬보는 그 장막을 들에 세워두고 목책과 창으로 경비하고 있었다. 그리고 10보마다 긴 창 100자루씩 모아두고 그 중간에 큰 깃발을 세웠다. 차례대로 3개의 문이 있는데 그 거리는 각각 100보였으며 문마다 무장한 군사와 무당이 있었다. 무당은 새 깃털로 만든 모자를 쓰고 호랑이 가죽으로 만든 허리띠를 두른 채 북을 두드리며 화살로 치장하고 있었다. 안으로 들어가는 자는 모두 수색한 다음에 진입하였다. 장막 안에는 약간 높은 단상이 있고 그것을 잘 장식된 난간이 둘러치고 있었다. 이를 금장金帳이라 하는데 그 안에는 수 놓은 장식이 있었다. 대부분 금으로 칠해진 용과 이무기, 호랑이, 표범 등의 모양을 하고 있었는데 대단히 정교하였다. 유원정이 찬보를 알현하고 보니 나이가 17, 8세 가량 되었으며 가려가족可黎可足이라 불렸다. 소매가 짧은 차림에 하얀 털옷을 입고, 머리를 묶어올린 채 금으로 된 칼을 차고 앉아 있었다. 국정을 담당하는 승려는 발철포鉢掣逋라 불렸는데 그 오른쪽에 서 있었고, 시중과 재상은 단상 아래 줄지어 섰다.

다음날 그 장막의 서쪽에 음식을 차렸다. 음식의 맛이나 술 그릇 등은 중국과 같았다. 악공樂工들이 진왕파진악秦王破陣樂·양주涼州·녹요綠腰·호위주胡渭州 등을 연주하고 여러 가지 재주를 펼쳤다. 이들은 모두 중국인이었다.

맹대盟臺는 넓이가 10보, 높이가 2척이었다. 중국의 사자 및 토번의 승상과 고위 관료 10여 명이 서로 마주보며 늘어섰다. 그밖에 추장 100여 명이 단 아래에 앉았다. 단상에는 탁자 하나가 놓여 있었는데 높이는 5, 6척 정도 되었다. 먼저 발철포로 하여금 서문誓文을 읽게 하였다. 티벳의 문자로 되어 있었는데 그 뒤 한문으로 번역하여 읽었다. 읽기가 끝나자 삽혈歃血[89]을 하였지만 오직 발철포만 참여하지 않았다. 승려이기 때문이었다. 회맹이 끝나자 불상 앞으로 나아가 의식을 거행하였다. 승려가 서약의 의미를 담은 글을 독송한

---

89) 서로 맹세하며 짐승의 피를 나누어 마시는 것.

다음 울금鬱金으로 된 주수呪水를 마셨다. 이어 중국의 사자로 하여 금 향을 사르는 의식을 진행하게 하였다. 그 후 서로 축하하며 물러 났다.

유원정이 돌아오며 하주河州를 지날 때 원수 상탑장尙榻藏, 즉 토번의 승상인 상기심아가 맞아 대하천大夏川에 묵게 해 주었다. 그리고 동절도사東節度使의 장수 100여 명을 모아, 토번이 서명한 맹문盟文을 탁자 위에 올려놓고 큰 소리로 읽게 하였다. 모두 읽은 후에는 각자 맡은 경계를 지키며 서로 침략하지 않기로 약속하였다. 이로 인해 대화大和(827~835) 연간 이래 농우도隴右道 바깥이 점차 안정 되었다.

출전 『冊府元龜』 권981, 「外臣部」「盟誓」.

내용 당의 목종 장경 원년(821)에 체결된 당과 토번 사이 회맹의 경과 및 그 내용을 보여준다. 이 회맹의 체결을 위해 양측은 여러 차례 사신을 주고 받으며 그 형식과 내용을 절충하였다. 이 회맹의 서약문誓辭은 현재도 라싸 의 조캉 사원 앞에 비석으로 남아 있다. 장경의 회맹은 이후 티베트와 당 양국에서 비교적 충실히 이행되었다. 831년(당 文宗 大和 원년)에는 티베트 의 장수가 그 지배 영역과 함께 당에 투항해 왔으나 우승유의 주도로 티베 트에 반환하기로 결정하였다. 당시 반대편에 섰던 이덕유는 이에 대해 반발 하였으나 우승유는 장경의 회맹을 유지하는 것이 중요하다며 반대론을 누르 고 반환을 관철시켰다.

장안에 거주하는 서역인

이에 앞서 하서河西와 농우隴右가 토번에 의해 장악90)되자 천보天

寶(742~756) 연간 이후 안서安西와 북정北庭으로부터 조정에 파견된 관원 및 서역의 사자로서 장안에 온 자들의 돌아가는 길이 끊겼다. 그리하여 서역 사신단의 인원이나 말을 모두 홍려시鴻臚寺에서 먹여 살렸는데, 예빈원禮賓院[91]에서는 이 일을 다시 경조부京兆府와 현縣에 떠넘겨 처리하게 하였다. 경조부와 현은 그들에게 필요 물자를 지급한 다음 탁지度支에 비용을 청구하였다. 그런데 탁지에서 제때 그 비용을 지급하지 않아 장안의 점포와 시장에서는 그 폐해를 견디기 힘들 정도였다. 이필李泌[92]은, 서역 사람으로서 장안에 머문 지 오래된 사람은 때로 40여 년이나 된다는 사실을 잘 알고 있었다. 그들은 모두 처자가 있고 집과 토지를 지니고 있는 상태였으며 또 전당업으로 높은 이자를 받고 있기에 본국으로 돌아가려 하지 않았다. 이필은 서역 사람으로 집과 부동산이 있는 자를 조사하여 그 물자 지급을 중단시켰다. 그 결과 총 4천여 명을 파악하여 물자 공급을 정지하였다. 이에 서역 사람들이 모두 정부에 나가 항의하였다. 이필이 말하였다.

"이는 모두 전임 재상들의 잘못된 처사로 인해 생긴 일이다. 어찌 외국에서 조공 온 사자가 수도에 수십 년째 머물며 돌아가지 않을 수 있단 말이냐? 이제 위구르로 돌아가는 길을 택하든지 아니면 바닷길을 택하여 각각 본국으로 돌려보낼 것이다. 귀국을 원하지 않는 자는 홍려시에 자진 신고하라. 그러면 관직을 내려 당의 신하로 녹봉을 지급토록 하겠다. 사람은 마땅히 상황에 맞춰 능력을 펼쳐야

---

90) 代宗 寶應 2년(763) 7월의 일이다.
91) 禮賓院 : 鴻臚寺의 예하 기관.
92) 德宗 貞元 3년(787) 6월 재상인 同平章事에 임용된 상태였다.

한다. 평생토록 타관살이하다 객사해서야 되겠는가?"

그러자 서역 사람으로 귀국하겠다는 자는 하나도 나타나지 않았다. 이필은 이들을 모두 신책神策의 양군兩軍93)에 나누어 예속시켰다. 그 가운데 왕자와 사신은 산병마사散兵馬使94)나 압아押牙로 삼고 나머지는 모두 군졸로 삼았다. 이로 인해 금군은 더욱 강력해졌다. 이후 홍려시에서 물자를 지급하는 서역 사람은 10여 명에 지나지 않게 되어, 매해 탁지전度支錢 50만 민緡을 줄일 수 있었다. 시장 사람들도 모두 기뻐하였다.

출전 『자치통감』 권232, 唐紀 18, 德宗 貞元 3년(787) 7월.

내용 세계 제국인 당의 수도 장안에는 각국에서 온 사람들이 다수 거주하였다. 당은 외국에서 파견되어 온 사절단에 대해 국내 체류비 일체를 지급한다는 방침을 취하였다. 이 때문에 서역에서 온 사람들 가운데 상당수가 조공 사절이라는 명목으로 입국하여 그대로 장안에 정착하였다. 서역인들 중에는 수십 년째 장안이 거주하는 사람도 적지 않았다.

성당盛唐 시기 화북 일대의 서역 상인

사도司徒 이면李勉은 개원開元(713~741) 연간의 초에 변주汴州 준의현浚儀縣의 현위縣尉가 되었다가, 임기가 종료되어 변수汴水를 따라 광릉廣陵95)으로 유람을 가고자 하였다. 휴양睢陽96)에 이르렀을

---

93) 神策의 兩軍 : 左右神策軍.
94) 散兵馬使 : 職任이 없는 兵馬使.
95) 廣陵 : 揚州.

때 페르시아 출신의 병든 노인을 만났다. 그는 지팡이를 짚고 이면에게 다가와 말하였다.

"저는 타관살이하다가 병에 걸려 매우 아픕니다. 강도江都97)로 돌아가고 싶습니다. 귀하가 매우 너그럽다고 들었습니다. 부디 도와주십시오."

이면은 그를 불쌍히 여겨 자기 배에 태워준 다음 죽을 쑤워 주었다. 그 서역 사람은 몹시 부끄러워하며 말하였다.

"저는 본디 귀족 출신인데 이곳까지 무역하러 와서 20년이 지났습니다. 집안에 아들이 셋 있으니 필시 저를 찾아올 것입니다."

며칠 후 배가 사주泗州에 닿았을 때 그의 병이 매우 심해졌다. 그는 사람을 물리치고 이면에게 말하였다.

"지난 날 우리 나라에서 대대로 전해지던 보물 구슬을 잃어버렸습니다. 그래서 누구든 그 구슬을 찾아오는 사람이 있으면 그 집안에서 승상 직위를 세습하게 해 주겠다고 하였습니다. 저는 구슬을 판별하는 안목이 있기에 그 자리가 탐나 고향을 버리고 이곳까지 오게 되었습니다. 그리고 마침내 얼마 전 그 구슬을 찾아냈습니다. 이제 돌아가기만 하면 부귀가 기다리고 있는 셈입니다. 구슬의 가치는 백만 냥이 넘을 것입니다. 저는 그 구슬을 지니고 멀리 고국까지 돌아가는 것이 두려워 살을 찢고 그 속에 감추었습니다. 그런데 불행히도 병에 걸려 이제 죽게 되었습니다. 귀하의 은혜에 감복하여 이 구슬을 바치고자 합니다."

---

96) 睢陽 : 오늘날의 河南省 商丘市.
97) 江都 : 揚州.

그리고는 품에서 칼을 꺼내 팔을 찌르니 그 속에서 구슬이 나왔다. 그 직후 그는 죽었다. 이면은 자기 돈으로 장사 비용을 치르고 회수淮水의 언덕 위에 묻어 주었다. 매장할 때 이면은 그 구슬을 몰래 함께 묻었다.

이후 이면은 그곳을 떠나 양주로 가서 목기정目旗亭이란 곳에서 묵게 되었다. 어느 날 그는 서역 사람 몇 명과 어울려 이야기를 나누게 되었다. 그런데 그 곁에 있던 젊은이의 용모가 죽은 사람과 매우 흡사하였다. 그에게 이것저것을 물어보니 죽은 사람이 했던 말과 맞아떨어졌다. 이면은 즉시 그 젊은이의 내력을 캐물은 결과 그 젊은이가 바로 죽은 서역 사람의 아들이었다. 이면은 그에게 매장 장소를 가르쳐 주었다. 그 젊은이는 울면서 묘를 파헤친 다음 구슬을 찾아 떠났다.

출전 『太平廣記』 권402, 「李勉」.

내용 『태평광기』는 북송 태종 태평흥국太平興國 3년(978)에 완성된 유서類書의 하나이다. 그 수록 내용은 기본적으로 역사적 사실이 아니라 각종 서적 및 민간의 설화에서 채록한 소설류이지만, 실제 정황에 기초한 기록이기에 '기실소설紀實小說'이라 칭해졌다. 성당 시기에는 화북 일대에조차 상업에 종사하는 서역인들이 대단히 많았다. 또 양주揚州와 같은 도회지에서는 주루 등에서 서역인들과 어울리는 일이 일상화되어 있었다.

가탐賈耽의 지리 연구

가탐은 지리학을 좋아하여 사이四夷로부터 사자가 오거나 혹은 사이에 사자로 갔다가 돌아온 자가 있으면 반드시 찾아가 교유하며 그 산하와 지세에 대해 물어보았다. 그리하여 구주九州98)의 지형 및 이민족의 토속, 지역의 경계 등에 대해 그 근원까지 상세히 탐구하였다.

토번이 농우隴右99) 일대를 탈취하고 상당한 시간이 지나자 조정에서는 그 안쪽만을 지키기에 급급하였다. 그 너머 예전의 지배 지역에 대해서는 알지 못하게 되었다. 이에 가탐은 「농우산남도隴右山南圖」를 그리고 여기에 황하가 흘러가는 원근 각지의 지도를 덧붙인 다음 각종 학설을 모아 10권의 책을 저술하였다. 그리고 덕종德宗에게 바치며 말하였다.

"신이 듣건대 초楚의 좌사左史 의상倚相은 『구구九丘』100)를 읽고 이해할 수 있었고, 진晉의 사공司空 배수裴秀는 육체六體101)를 창시하였다고 합니다. 『구구』는 부역의 근거를 보였던 옛 서적이요, 육체는 지도를 그리는 새로운 방식입니다. 신은 비록 우매하나 일찍이 학업을 닦아 여러 차례 폐하의 발탁을 통해 마침내 외람되지만 재상의 직위에 올랐습니다. 지금까지 여러 관직을 역임하였으나 진실로 부족함이 많습니다. 하지만 천하의 산천 지리에 대해서는 언제나 관심을 지녀왔습니다. 대지도를 그리자면 바깥으로는 사해四海까지 이르고 안으로는 구주九州를 나누어 정밀하고 상세히 묘사해야 비로소

---

98) 九州 : 중국 전체, 『尙書』 「禹貢」에서 중국을 9주로 나누었던 것에서 유래한다.

99) 隴右 : 현재의 甘肅省 동남부와 靑海省 靑海 以東 지구. 안사의 난 이후 토번에 의해 점거되었다.

100) 『九丘』 : 전설상의 지방지, 九州를 대상으로 한 地誌였다고 한다.

101) 六體 : 지도를 그리는 6가지 원칙.

완성할 수 있을 것입니다. 앞으로 자료를 더 모아 완성하게 되기를 희망합니다. 그런데 농우 일대는 토번에게 빼앗긴 지 오래되었으므로 직방관職方官[102]도 그 지도가 없어 강역을 구분하기 어렵습니다. 이에 잘못을 바로잡고 여러 사람의 지식을 모아『관중농우급산남구주등도關中隴右及山南九州等圖』한 축軸[103]을 그렸습니다.

삼가 생각건대 조洮·황湟[104]의 옛 땅은 감목監牧[105]으로 이어지고, 감주甘州와 양주涼州의 서부 지역은 북방의 변경과 접해 있습니다. 갈림길에서 교통을 정찰하는 일이라든가 요충지에 군대를 배치하여 방어하는 것은, 가능한 한 사실에 맞게 조치해야 합니다. 만일 폐하께서 장수를 파견하여 변경을 지키게 하며 이 새로운 지도로 지침을 주신다면, 영주靈州와 경주慶州[106]의 요해지 방어는 눈에 보는 듯할 것입니다. 원주原州와 회주會州의 경계도 알 수 있을 것입니다. 각지의 행정 단위인 주州와 군軍에 대해서는 모름지기 그 리里의 숫자와 인구에 대해 언급하였습니다. 각지의 산과 하천에 대해서도 반드시 그 줄기와 원류源流를 적었습니다.

지도 위에는 상세히 기재할 수 없기에 그 근거는 반드시 주로 달아 삼가『별록別錄』6권을 저술하였습니다. 아울러 황하는 네 물줄기[107]의 근원이고 서융西戎은 강족羌族 가운데 대표입니다. 신은 역

---

102) 職方官 : 天下의 地圖 및 사방의 職貢을 담당하는 관리.

103) 軸 : 두루마리, 축을 중심으로 말은 것.

104) 洮·湟 : 甘肅에 있는 洮河와 靑海에 있는 湟水.

105) 監牧 : 당 高宗 麟德 연간(664~665)에 설치되어 養馬를 담당하던 관서. 監과 坊으로 나뉘어 있었다.

106) 靈州와 慶州 : 靈州는 오늘날의 寧夏省 서북부, 慶州는 甘肅과 陝西의 경계 지역.

사 서적을 두루 살펴보고 연구하였습니다. 그리하여 허황하고 불확실한 것을 잘라내고 습득하고 견문한 지식을 종합하여 4권의 책으로 묶었습니다. 『별록』과 합하면 모두 10권이 됩니다. 문장도 내용도 모두 천박하여 삼가 두렵고 부끄럽습니다."

덕종은 읽어 보고서 좋다고 칭찬한 후 길들인 말 1필과 흰 비단 100필, 은병과 은 쟁반 각각 하나씩을 하사하였다.

정원貞元 17년(801), 그는 다시 『해내화이도海內華夷圖』 및 『고금군국현도사이술古今郡國縣道四夷述』 40권을 저술한 다음 상주하여 바치며 다음과 같이 말하였다.

"신은 듣건대 대지는 넓고 두터워 만물을 실으며 만국은 바둑판처럼 펼쳐져 있다 하였습니다. 또 바다를 통해 두루 바깥으로 화물을 실어 나를 수 있고 수많은 이민족들은 비단처럼 얽혀 있다고 합니다. 그 가운데 중국은 오복五服[108]과 구주九州로 되어 있으며, 풍속이 다른 나라는 칠융七戎과 육적六狄이지만, 무릇 하늘 아래 천자의 신하가 아닌 자는 없습니다.

옛날 관구毌丘[109]는 정벌에 나서 동쪽으로 불내不耐[110]에 비석을 세웠고, 감영甘英은 사신으로 파견되어 서쪽으로 조지條支[111]에 이

---

107) 네 물줄기(四瀆) : 長江, 淮河, 黃河, 濟水를 가리킨다.
108) 五服 : 王畿 바깥에 대해 500리를 기준으로 하여 각각 侯服, 甸服, 綏服, 要服, 荒服이라 칭하는 것을 가리킨다. '服'은 천자에게 복종하여 臣事한다는 의미이다.
109) 毌丘 : 삼국 魏의 장수인 毌丘儉.
110) 不耐 : 만주의 어느 지점, 구체적인 장소는 不明.
111) 條支 : 安息(파르티아)에서 大秦(로마)으로 가는 교통로 상에 위치하였던 나라.

르렀습니다. 엄채奄蔡[112]는 끝없이 큰 물가에 있으며 계빈罽賓[113]은 극히 험합니다. 어떤 곳은 길이 멀리 돌아가고 또 어떤 곳은 이름이 바뀌어 옛일에 해박한 학자라 해도 상세히 아는 사람은 대단히 드뭅니다.

신은 약관弱冠의 시절부터 외국의 언어에 대해 익히기를 좋아하였습니다. 또 관직에 들어선 이래로 지리에 관심이 많아 살펴보고 탐구한 것이 30년 가까이 됩니다. 그리하여 변방의 인접국이나 다른 이민족의 습속, 조공을 위해 산을 넘어 오는 길, 배를 타고 조공을 바치러 오는 사람 등에 대해, 모두 그 원류를 살펴보았으며 그 거처를 물어보았습니다. 시장의 떠돌이 상인이라든가 서융西戎과 북적北狄의 노인에게도 모두 그 말을 들으며 요지를 적어 두었습니다. 뿐만 아니라 민간의 자질구레한 말이나 민요 속의 전설도 채집하여 틀린 것은 걸러내고 옳은 것을 모았습니다.

그런데 은과 주 이래로 중국의 영역이 분명해졌습니다. 천명을 받은 것이 여덟이요, 천하를 통일한 것이 다섯입니다. 그중에서 위세와 교화의 미치는 범위가 가장 큰 것이 당 왕조입니다. 진시황은 제후를 없애고 군수를 두었으며, 만리장성을 임조臨洮로부터 쌓았습니다. 한의 무제는 영역을 넓히고 변방을 개척하여 계록鷄鹿[114]에 보루를 쌓아 경계로 삼았습니다. 후한은 애뢰哀牢[115]까지 관리를 파견하였으며 서진은 비리裨離까지 수레가 통하였습니다. 수 왕조는 비화해卑和

---

112) 奄蔡 : 카스피해 인근에 위치한 나라.
113) 罽賓 : 오늘날의 카슈미르 일대.
114) 鷄鹿 : 오늘날의 내몽고 서쪽 변경 지대.
115) 哀牢 : 오늘날의 雲南 保山 일대.

海[116]의 서쪽에 4개의 군을 두고 부남강扶南江 북쪽에 3개의 주를 설치하였지만,[117] 요양遼陽에서는 패전하여 포기하였습니다.

고조 신요황제神堯皇帝는 천명을 이어받아 천하를 거두어 지니셨습니다. 태종은 그 뒤를 이어 국가를 더욱 빛나게 하여 먼 지역을 안무하고 이웃 나라와 화목을 이루었습니다. 그리하여 사막 너머까지 길을 내 북으로 선아仙娥강에 이르렀으며 골리간骨利幹에 현궐주玄闕州를 설치하였습니다. 고종은 그러한 대업을 계승하되 그 공적을 더 확대하였습니다. 조령詔令을 지닌 수레 하나를 서쪽으로 파견하여 총산蔥山[118]을 넘어 파랄사波剌斯[119]에 질릉부疾陵府를 설치하였습니다. 중종은 천명을 계승하여 이전의 영토를 상실하지 않았습니다. 예종은 선천적인 역량을 지녀 장대한 계책을 새로이 꾸몄습니다. 현종은 큰 효성으로 사직 내의 문제를 해결하고 무위無爲의 도리로 대외 문제를 다스렸습니다. 그리하여 대완大宛의 좋은 말이 해마다 마굿간을 채웠습니다. 한 무제 시기 이사장군貳師將軍이 무력을 남용했던 것[120]과 어찌 비교할 수 있겠습니까?

숙종은 분침氛祲[121]을 소탕하고 만백성을 다시 살아나게 하였습니다. 대종은 잔당을 제거하여 윤리가 천천히 살아나게 하였습니다. 엎드려 생각건대 폐하께서는 성인의 모습으로 태평의 기운을 맞이

---

116) 卑和海 : 靑海.

117) 蕩州·農州·沖州의 설치를 가리킨다.

118) 蔥山 : 蔥嶺, 즉 파미르 고원.

119) 波剌斯 : 波斯, 즉 페르시아.

120) 太初 원년(기원전 104) 貳師將軍 李廣利로 하여금 烏孫의 良馬를 확보하기 위해 6만여 騎兵을 동원하여 정벌하였던 일을 가리킨다.

121) 氛祲 : 妖氣, 혹은 재앙의 조짐, 여기서는 안사의 난을 가리킨다.

하시어, 신의를 돈독하게 하고 대의를 분명히 밝히셨습니다. 또 내외에 신뢰를 주고 오상五常을 지켜, 안으로 백성을 양육하고 밖으로 먼 이민족을 회유하십니다. 이러한 까닭에 노남瀘南122)에서 여수麗水123)의 금을 조공하고 사막의 북쪽에서 여오余吾124)의 말을 바쳤습니다. 대덕大德을 통한 교화가 넘쳐 온 천하를 적시고 있습니다.

신은 어려서부터 스승과 벗을 따라 오랫동안 학교의 처마 아래에서 공부하였습니다. 그리하여 돌아보아 비루함에도 외람되이 큰 은혜를 입었습니다. 그 큰 은총을 어찌 답할 수 있을지 늘 황공하였습니다. 지난 홍원興元 원년(784) 어명을 내려 신에게 나라의 지도를 작성하라 하셨습니다. 그런데 그 직후 위주魏州와 변주汴州의 지방관으로 나갔고 또 동도 낙양에서 근무해야 하였습니다. 이러한 여러 가지 직무를 수행하는 통에 지도 작성에 전념할 수 없었습니다. 어명을 완수하지 못하여 두려움과 부끄러움이 절절하였습니다.

그러다가 최근에 이르러 힘이 쇠잔해지고 병이 들었지만 듣고 배운 바를 다 쏟아 지도를 그리기 시작하였습니다. 삼가 장인匠人으로 하여금 「해내화이도海內華夷圖」 한 두루마리를 그리게 한 바, 넓이가 3장丈이고 길이가 3장 3척으로서 대략 1촌寸 당 100리의 비율이 되는 셈입니다. 장보章甫와 좌임左衽125)을 구별하고 고산高山과 대천大川을 그려 넣었습니다. 흰 비단에 사방 천지를 축소해 담았고 모든

---

122) 瀘南 : 瀘水의 남쪽. 오늘날의 雲南省 大姚縣.
123) 麗水 : 雲南省 伊洛瓦底江.
124) 余吾 : 余吾水, 오늘날 내몽고 자치구에 위치함.
125) 章甫와 左衽 : 章甫는 儒者, 左衽은 夷狄의 복식이다. 곧 中華와 夷狄을 가리킨다.

지방을 나누어 그려 넣었습니다. 우주는 비록 광활하나 그 지도는 궁정 안에서 펼쳐볼 수 있습니다. 배와 수레가 다니는 곳이라면 모두 한 눈에 살펴볼 수 있을 것입니다.

지도와 더불어 『고금군국현도사이술古今郡國縣道四夷述』 40권을 저술하였습니다. 중국은 「우공禹貢」을 시작으로 하고 바깥의 이민족은 『한서』를 그 연원으로 삼아, 군현郡縣은 그 변천을 기술하고 이민족은 그 성쇠盛衰를 서술하였습니다. 이전의 지리서에서는 검주黔州를 유양酉陽에 속하게 하였는데 이번에는 파군巴郡에 들어가도록 고쳤으며, 이전의 「서융지西戎志」에서는 안국安國을 안식安息이라 하였는데, 이번에는 강거康居에 들어가도록 고쳤습니다. 이밖에 소략히 처리했던 것과 오류는 모두 정정하였습니다.

농서隴西와 북지北地는 후한 안제 영초永初(107~113) 연간에 버려졌고, 요동과 낙랑은 후한 헌제 건안建安(196~220) 연간에 빼앗겼습니다. 조위曹魏 정권은 형북陘北을 버렸으며, 진晉은 강남으로 옮겨 갔습니다. 이 때문에 연변 지역은 여러 차례 침략을 받아 옛 지배 영역은 날로 줄어들었습니다. 이들 지역에 대한 옛 서적의 기록이 대단히 적어 이번에 많은 내용을 보완하였습니다. 『주례』의 「직방職方」에서는 치수淄水와 시수時水가 유주幽州 경내를 흘러간다고 적고 있고, 화산華山이 형하荊河 연변에 있다고 하고 있습니다. 이는 「우공」의 기술과 다르며 엄중淹中의 『일례逸禮』에도 그렇게 되어 있지 않습니다. 하지만 이들 내용은 익히 들어 의심이 생기지 않기에 그대로 두었습니다. 옛 군국郡國은 검은 색으로 표시하고 지금의 주현은 붉은 색으로 표시함으로써, 지금과 옛날을 달리 적었으니 열람하시기에 편리할 것입니다.

신은 학문을 조금 이뤘을 뿐이고 재식才識도 크지 않습니다. 저 옛날 복파장군伏波將軍 마원馬援은 쌀을 쌓아 군대에 내보였고,126) 찬후鄼侯 소하蕭何는 도서를 수집함으로써 천하의 지형을 알게 하였습니다.127) 신은 이전 시대의 훌륭한 학자를 흠모하여 늘 그들을 따르고자 하였습니다. 평범하고 견문이 없어 노력을 다하였지만 오류가 많아 부끄럽습니다."

이에 덕종은 칭찬하고 비단 200필, 도포를 만드는 용도의 비단 6필, 비단 장막 2개, 은 병과 은 쟁반 각각 1개, 은으로 만든 작은 상자 2개, 말 1필을 하사하였다. 또 가탐을 위국공魏國公에 봉하였다.

출전 『구당서』 권138, 「賈耽傳」.

내용 가탐(730~805)은 덕종 시기 13년 간 재상을 역임하며 몇 종의 지리서를 저술하였다. 그는 이들 저서의 편찬을 위해 큰 노력을 기울였다고 밝히고 있다. 각종 지리 관련 기록을 검토하는 것은 물론, 서역 출신의 상인이나 각지에 사자로 다녀온 관료들과 대화하며 자료를 수집하였다고 한다. 그의 저서 모두 지금은 산일되어 남아 있지 않으나 『신당서』 「지리지」를 편찬할 때 주요 참고 자료로 활용되었다. 특히 『신당서』 「지리지」에서는 서역으로 통하는 3개의 노선으로, 안서安西에서 서역으로 가는 길, 안남安南에서 인도로 가는 길, 광주廣州에서 해로로 가는 길을 들고 있다. 이 기술은 가탐이 고증하여 밝힌 것을 그대로 원용하고 있는 것으로 보인다.

---

126) 후한 광무제 시기 馬援이 隗囂를 정벌할 때 쌀을 쌓아 지형을 표시함으로써 衆軍을 따르게 했던 사실을 가리킨다.

127) 漢 高祖가 秦의 수도 咸陽을 점령하였을 때 諸將은 金帛의 약탈에 골몰하였으나 蕭何만은 秦의 律令과 圖書를 수집하였다. 이후 천하의 險要 지역과 戶口의 多少를 파악할 때 蕭何가 입수한 도서가 큰 작용을 했다고 한다.

네스토리우스파 기독교(경교)의 전파大秦景教流行中國碑

아! 여호와는 영원불멸의 참 고요함眞寂이자 태초보다 앞서 계시되 시작도 없으며 심원深遠하고 영묘靈妙하며, 만세 이후까지 오묘하게 길이 남으시리라. 현묘한 이치를 모아 만물을 창조하시고, 뭇 성인을 깨우쳐 인도하시는 지고의 존재로서, 우리의 유일한 삼위일체의 신묘하신 분, 태초부터 계시는 참 주님 여호와시라! 주는 십자十字로 판별하여 사방을 나누어 정하시고 성령을 일으켜 음과 양의 두 기운을 만드셨도다. 이에 어두움의 공허함이 바뀌어 하늘과 땅이 열리고, 해와 달이 운행하여 낮과 밤이 만들어졌다. 또 만물을 지으시고 첫 사람을 세우셨으며, 온화한 기운을 드리워 천하가 잘 조화를 이루게 하셨다. 그 천지 간의 기운은 겸허하고 교만하지 않아서 순박하고 평온하였다. 그렇기에 본디 탐욕이 없었다.

그런데 사탄이 망령을 부려 그 간교함으로 순수하고 정결한 마음을 더럽혔다. 저들의 이간질은 하느님의 진리 속에 있는 듯 그럴듯하고, 그 교묘함은 사탄 사이에 빠져 버린 듯 구별하기 어려웠다. 이러한 연유로 수많은 죄악들이 연이어 일어나 앞을 다투어 사람을 얽매어 갔다. 어떤 이는 물질을 숭배하고 또 어떤 이는 환상에 매어 이단에 빠져 버렸으며, 어떤 이는 기도와 제사로써 복을 구하고 또 어떤 이는 자신의 능력을 과시함으로써 남을 현혹하였다. 그리하여 세상 사람들은 사리 판단이 어지러워졌고, 시비를 분별하고자 애를 썼으나 아무런 소득이 없이 마음만 조급해졌다. 오히려 우매함이 쌓여 멸망의 길에 이르렀고 오랫동안 미혹에 휩싸여 다시 돌이킬 수 없게 되었다.

이에 삼위일체의 분신인 존귀하신 우리 메시아께서 참된 위엄을 지니시고 인간과 같은 모습으로 이 세상에 나타나셨다. 천사는 기쁜 소식을 선포하고 동정녀가 유대 땅에서 성자 예수를 낳으셨다. 크고 밝은 별이 기쁜 소식을 알리니 페르시아로부터 그 별빛을 보고 와서 예물을 바쳤다.

예수는 스물 네 명의 선지자가 말한 옛 율법을 완성하셨다. 또 하늘의 도로써 가정과 국가를 다스렸으며, 삼위일체의 성령으로 형언할 수 없는 새 가르침을 베푸셨다. 양심을 도야하여 바른 믿음에 이르게 하시고 모든 사람들이 지켜야 할 법칙을 제정하셨으며, 세상의 어리석은 사람을 연단하여 참된 진리에 이르게 하셨다. 그리하여 삼상三常128)의 문을 열어 생명을 건지고 사망에 이르는 길을 없앴다. 또 밝은 빛을 비추어 음부의 권세를 깨트리시니 마귀의 망령됨이 다 분쇄되어 버렸다. 이후 자비의 배를 저어 하늘나라에 올라 인류를 구원하셨다. 예수는 능히 이 일을 모두 마치고서 정오에 승천하셨도다.

이 땅에 남은 경전 27부는 세상의 이치를 밝혀 인간을 진리의 길로 인도하는 것이다. 그리고 물과 성령으로 세례를 주어 헛된 탐욕을 비우고 죄악을 정결케 하였다. 신자는 십자가를 손에 표지로 지니고 사방을 비춤으로써 모범이 되게 하였다. 그들은 목판을 두드리며129) 사랑과 은혜의 소리를 울려 퍼지게 하고, 동방을 향해 예배드리며130) 생명과 번영의 길로 나아갔다. 수염을 기르는 까닭은 바깥

---

128) 三常 : 영원불멸의 삼위일체 진리, 믿음·소망·사랑을 의미한다고 해석되기도 한다.
129) 경교의 사제는 새벽 무렵 예배당에 모여 목판을 두드리고 향을 피웠다.
130) 원문은 東禮, 동방 예루살렘에서 태어난 예수의 생애와 가르침을 마음에 새

으로 품격을 드러내기 위함이요, 정수리를 삭발하는 것은 마음 속의 정욕을 없애기 위함이다. 종을 두지 않고 사람을 귀천에 관계 없이 균등하게 대하였으며, 재산을 모으지 않고 자기가 가진 것을 다해 남을 구제하였다. 또한 목욕 재계함으로써 잡념을 없애고자 하였고, 계율을 지키며 정숙하고 조신한 몸가짐을 유지하였다. 매일 일곱 번 씩 예배하고 찬송하며, 산 자와 죽은 자를 위해 기도하였다. 또 7일 마다 예배드리며 마음을 씻어 본래의 깨끗한 상태로 되돌리고자 하였다.

참되고 영원한 이 도道는 오묘하여 뭐라 표현하기 어렵지만 그 효용이 뚜렷하니 이름하여 경교景敎라 하였다. 무릇 도는 성현이 아니면 넓어지지 않고 또 성현은 도가 아니면 위대해질 수 없다. 따라서 도와 성현이 서로 결부되어야 천하의 문명이 비소 드러난다.

당의 태종 문황제文皇帝131)는 영광스럽게 국운을 개창하고 밝은 성덕으로 백성을 다스렸다. 당시 대진국大秦國에 아라본阿羅本이라는 훌륭한 인물이 있었다. 그는 원대한 포부를 지니고 진리의 경전을 휴대한 채 새로운 교화를 바라며, 험난함을 무릅쓰고 길을 재촉하여 정관貞觀 9년(635) 장안에 도착하였다. 태종은 재상 방현령房玄齡으로 하여금 의장대를 거느리고 서쪽 교외로 나가 영접하게 하였다. 그가 오자 태종은 궁궐의 도서관에서 경전을 번역하게 하고 궁중에서 그 도道에 대해 물었다. 그러한 연후에 바른 진리를 깊이 이해하고 경교의 전파를 특별히 명하셨다. 정관 12년(638) 7월에는 다

<hr>

기며 그를 따르겠다고 다짐하는 景敎의 의식.

131) 太宗 文皇帝 : 태종은 廟號, 문황제는 시호.

음과 같은 조칙을 내리셨다.

"도道에는 단 하나만의 이름이 없고 성인에게도 단 하나만의 자세가 없도다. 어디에서나 교화를 펼쳐서 중생들을 면밀히 구제한다. 대진국의 고승 아라본이 멀리서 경전과 성상聖像을 가지고 수도에 와 헌상하였다. 그 가르침을 살펴보니 심오할 뿐더러 오묘한 무위자연의 이치를 지니고 있다. 그 근본 교리에는 우주 만물 생성의 요체가 잘 설명되어 있고 그 논설은 번잡하지 않다. 초월과 깨달음의 이치도 잘 갖추고 있다. 천하 만물을 구제하고 백성을 이롭게 하리니, 마땅히 천하에 널리 시행하도록 하라."

관아에서는 장안의 의녕방義寧坊에 대진사大秦寺 하나를 짓게 하였는데 사제가 21명에 이르렀다. 주나라가 쇠퇴하자 노자는 청우거靑牛車를 타고 서쪽으로 향하였는데,[132] 당의 명성이 떨치자 도리어 경교의 가르침이 서쪽에서 동쪽으로 전파된 것이다. 이후 관리에게 명하여 대진사의 벽에 태종의 초상화를 그려놓게 하였다. 그 태종의 풍채가 광채를 발하여 장중한 빛이 사원 경내를 가득 채웠으며, 또 경교가 사방으로 전파되어 온 세상을 밝게 비추었다.

『서역도기西域圖記』[133] 및 한漢, 위魏의 역사서에 의하면, '대진국은 남으로 산호의 바다를 거느리고 북으로는 여러 아름다운 산을 아우르고 있다. 서쪽으로는 기묘한 풍광을 지닌 아름다운 수풀에 이르고 동쪽으로는 거친 바람이 부는 약수弱水[134]에 접해 있다. 그 지역

---

132) 『列仙傳』「老子」에 등장하는 기록. 노자는, "後周德衰, 乃乘靑牛車去, 入大秦"하였다고 한다.
133) 『西域圖記』: 裴矩가 편찬한 서역 일대의 지리 기록. 현재 逸失되어 전하지 않는다.

에서는 화환포火綄布135)와 환혼향還魂香136) · 명월주明月珠 · 야광벽夜光璧 등이 산출되며 도둑질하는 풍습이 없어 백성들이 안락하게 살아간다. 법도는 모두 차질 없이 행해지며 유덕자만 군주로 세워진다. 영토는 광활하고 문물이 매우 발달되어 있다.'고 한다.

고종께서는 선조의 위업을 잘 계승하여 참된 종교를 더욱 빛나게 하였으며 여러 주州에 경교 사원을 설립하였다. 또 아라본을 진국대법주鎭國大法主로 삼았다. 그리하여 경교는 10도道137)로 확산되어 나라는 부유해지고 백성은 평안해졌다. 경교 사원은 각지 성읍에 세워졌으며 집집마다 큰 복이 가득하였다.

그런데 측천무후의 성력聖曆 원년(698)이 되자 불교 승려들이 득세하며 뤄양에서 횡행하였다. 현종 선천先天 2년(713)에는 비루한 무리가 서쪽 일대에서 경교를 크게 훼방하며 조소하였다. 그러나 대주교인 나함羅含과 주교 급열及烈, 멀리 서역에서 온 귀족 출신의 사제로 세상 물정에 물들지 않은 사람들이 현묘한 교리를 함께 설파하며 단절되었던 경교의 교세를 다시 이었다.

현종 지도至道138) 황제는 영국寧國 등 다섯 왕139)에게 명하여 직

---

134) 弱水 : 『後漢書』「西域傳」에 "大秦國東有弱水流沙."라 기록하고 있는 것으로부터 오늘날 이라크의 유프라테스, 티그리스강 일대를 가리키는 것으로 보인다.

135) 火綄布 : 石棉布. 불에 쉽게 타지 않도록 만든 하얀 포.

136) 還魂香 : 還魂樹에서 추출한다는 香. 方士들은 死者를 살리는 효과가 있다고 선전하였다.

137) 十道 : 당 태종 시기에 구획한 關內, 河南, 河東, 河北, 山南, 隴右, 淮南, 江南, 劍南, 嶺南의 10개 道.

138) 至道 : 현종의 시호. 정식 시호는 至道大聖大明孝皇帝.

접 대진사를 방문하고 제단을 건립하게 하였다. 이로써 경교의 교세가 잠시 꺾였다가 다시 떨쳐졌다. 진리의 초석도 잠시 기울어졌으나 다시 바로 놓여졌다. 천보 원년(742) 대장군 고력사高力士[140)에게 명하여, 다섯 황제[141)의 초상화를 보내 경교 교회당에 안치하고 비단 백 필을 하사하였다. 웅장한 업적을 이룬 선대 황제들의 초상화를 받들어 모시니, 그 치세는 지나갔어도 그들의 칼과 활을 받드는 듯하고 또 그 얼굴에서 발하는 광채가 퍼져 그 실제 모습이 바로 눈앞에 있는 듯하였다.

천보 3재(744)에 대진국의 경교 사제 길화佶和가 별을 따라 중국에 찾아와 현종을 알현하였다. 현종은 사제 나함과 사제 보론普論 등 17인로 하여금 사제 길화와 함께 흥경궁興慶宮[142)에서 예배를 보게 하였다. 그리고 경교 교회당의 편액을 현종이 친필로 적어 내려주었다. 그 편액은 보석으로 장식되어 구슬처럼 비취색으로 빛나고 선명한 광채가 붉은 노을처럼 떠올랐다. 황제의 필치는 하늘로 솟아올라 태양을 능가할 듯이 밝게 빛났다. 현종이 내리신 재화는 남산만큼이나 높았으며 성대한 은혜는 동쪽 바다만큼이나 깊었다. 도道는 할 수 없는 일이 없으며 그 행한 것은 모두 이름을 붙일 수 있다. 황제

---

139) 다섯 왕 : 현종 李隆基의 다섯 형제, 즉 寧王 李憲, 申王 李撝, 岐王 李範, 薛王 李業, 隋王 李隆悌를 가리킨다.

140) 대장군 高力士 : 환관 고력사는 천보 원년(742) 冠軍大將軍 右監門衛大將軍에 임명된다.

141) 다섯 황제 : 현종 이전의 5 황제, 즉 高祖, 太宗, 高宗, 中宗, 睿宗을 가리킨다.

142) 興慶宮 : 현종이 즉위하기 전에 거주하던 隆慶坊의 王邸. 李隆基가 帝位에 등극하며 피휘하여 興慶坊이라 하였다가 개원 2년(714) 興慶宮으로 격상시켰다.

는 할 수 없는 일이 없으며 그 한 일은 모두 기록할 수 있다.

숙종 문명文明143) 황제는 영무靈武 등 5군에 경교 사원을 중건하
였다. 황제가 큰 덕행과 재물로써 축복의 문을 열자 커다란 행운이
찾아와 황제의 공업이 이루어졌다. 대종 문무文武144) 황제는 성스러
운 경교의 교세를 크게 확장하였고 정치는 무위자연無爲自然의 방식
을 채택하였다. 매년 황제의 탄신일에는 천향天香을 하사하여 공업
의 성취를 하늘에 고하게 하였으며 어찬을 베풀어 경교도들로 하여
금 먹게 하였다. 이에 하늘이 풍성한 복과 이익을 내려 중생이 안락
해졌다. 황제는 하늘의 뜻을 살피어 능히 천하 백성을 잘 돌볼 수
있었다.

건중建中(780~783) 연간의 우리 덕종 성신문무聖神文武145) 황제
는 8정八政146)을 펼치며 승진과 처벌을 엄정히 하였으며, 9조의 규
범147)을 밝히 실행에 옮겨 당의 천명을 더욱 공고히 하였다. 아울러
현묘한 이치를 잘 깨우쳐 하늘에 기원할 때 부끄럽지 않을 수 있었
다. 엄정하면서도 관대하였고 침착하면서도 자애로웠다. 커다란 자
애로움으로 백성을 고통에서 구했으며 중생에게 풍족히 베풀었다.
우리 경교에서 수행하는 것도 사실 이러한 길을 따라가는 것이다.
이러한 자세를 갖추게 되면 설령 어려움이 닥쳐도 천하는 안정되고

---

143) 文明 : 숙종의 시호, 정식 시호는 文明武德大聖大宣孝皇帝.

144) 文武 : 대종의 시호, 정식 시호는 睿文孝武皇帝.

145) 聖神文武 : 덕종의 시호.

146) 八政 : 食·貨·祀·司空(水土)·司徒(재정)·司寇(刑獄)·賓(외교)·師(군사)
를 가리킨다. 『尙書』「周書」「洪範」에 등장한다.

147) 9조의 규범 : 九疇, 즉 禹가 천하를 다스린 9개 조목의 大法. 五行·五事·
八政·皇極·三德·稽疑·庶徵·五福을 가리킨다.

사람들은 사리를 분별할 수 있게 된다. 그리하여 천하 만물이 깨끗해져서 살아 있는 사람은 즐거움을 누리고 죽은 사람은 안락해지며, 깨달음이 생겨 서로 조화를 이루고 인정이 흘러 저절로 성실해진다. 이것이 바로 우리 경교를 믿어 얻게 되는 효과이다.

큰 시주施主인 금자광록대부金紫光祿大夫[148]이자 삭방절도부사朔方節度副使로서 시전중감試殿中監[149]으로 사자가사賜紫袈裟[150]의 사제 이사伊斯는 성품이 온화하고 남에게 은혜 베풀기를 좋아하였다. 그는 경교를 접하고 부지런히 실천하다가 멀리 왕사성王舍城[151]으로부터 중국에 왔다. 3대[152]에 걸쳐 재능이 출중하였으며 두루 재주가 뛰어났다. 처음에는 궁중과 관련을 맺고 충성을 바치다가 이윽고 과거에 합격하여 관직에 올랐다. 중서령中書令[153] 겸 분양군왕汾陽郡王 곽자의郭子儀가 처음 북방에서 군대를 통솔할 때, 숙종은 이사로 하여금 부사로서 그를 수행하게 하였다. 당시 이사는 비록 내실을 드나들 정도로 곽자의와 친밀하였지만 진중에서는 단언코 다른 사람과 마찬가지로 행동하였다. 그는 곽자의의 막하 장수로서 군대의 눈

---

148) 金紫光祿大夫 : 정3품의 勳官.
149) 試殿中監 : 試는 임시직의 의미, 殿中監은 궁중의 衣食을 주관하던 殿中省의 장관.
150) 賜紫袈裟 : 조정에 功이 있는 승려에게 하사했던 자주색 法衣. 측천무후 시기부터 수여하기 시작하였다.
151) 王舍城 : 아프가니스탄의 발흐(Balkh), 당대에 吐火羅라 지칭되기도 하였다.
152) 여기서 3대는 조부-부친-이사 당사자라는 의미라기보다 이사가 생활하였던 현종, 숙종, 대종의 시대를 가리키는 것으로 보인다.
153) 中書令 : 당대의 재상(右相). 후기 이후 同中書門下平章事가 재상으로 되면서 중서령은 除授되지 않고 공석으로 두었다. 당 말기 이후에는 중서령이 실권 없는 虛銜으로 전락한다.

이나 귀와 같은 역할을 하였다. 능히 마음대로 직위나 재물을 나눠 줄 수 있는 지위에 있었으나 결코 자신의 주머니를 채우지 않았다. 심지어 황제가 은상으로 하사한 파려(頗黎154)라든가 은퇴할 때 받은 금실로 짠 카페트조차 헌금으로 경교 사원에 바쳤다.

그는 옛 사원을 중수하고 법당을 더 넓혔으며 행랑과 건물을 장엄하게 꾸미니 마치 오색 깃털의 꿩이 날아가는 듯하였다. 나아가 경교의 가르침을 따라 재물을 널리 베풀었다. 또 매해 네 곳의 사원에서 사제와 신도들을 모아 경건하게 예배를 드리고 정성을 다해 50일 간 공양을 바쳤다. 굶주린 자가 오면 음식을 먹여주고 추위에 떠는 자가 오면 옷을 입혀 주었다. 병든 자는 와서 치료를 받고 일어났으며 죽은 자는 장사를 치러 안장해 주었다. 깨끗한 절개를 지닌 경교도로서 이처럼 미담을 남긴 사람은 일찍이 없었다. 거룩한 백의白衣의 경교 예복을 입은 사제, 이제 그 모범을 그에게서 본다. 큰 비석을 세워 그의 아름답고 위대한 행적을 선양하고자 한다.

다음과 같이 읊노라.
참된 구주는 태초부터 존재하시고 영원불변하시도다.
권능으로 교화를 베푸사 땅을 만들고 하늘을 세우셨다.
삼위일체의 분신으로 세상에 나셨으니 온 백성을 구원하시리라.
해가 떠오르면 어둠이 물러가듯 그 가르침은 참되고 오묘하시다.
밝게 빛나는 태종 황제는 그 다스림이 뭇 황제 가운데 발군이시니
때 맞춰 혼란을 잠재우고 천하의 영역을 드넓게 확장하였다.

---

154) 頗黎 : 수정과 같은 모양의 옥.

또 이 무렵 진리의 경교가 우리 당 나라에 전파되어
경전이 번역되고 사원이 건립되어 산 자와 죽은 자가 구원을
얻게 되었다.
이렇게 온갖 축복이 이루어져 온 세상에 평화가 드리워졌다.
고종 황제는 선대를 계승하여 다시 교회당을 세웠도다.
온화한 궁궐에서 밝은 빛이 발하여 중국에 가득 찼다.
진리의 경교를 밝게 선포하시고 법식에 따라 주교를 세우셨나니
사람들은 안락과 평강을 누리고 만물에도 재난이 사라졌구나.
현종 황제는 선대를 계승하여 진리의 경교를 본받아 실천하셨다.
친필 현액은 찬란하게 빛나고 천자의 글씨도 아름다운 자태로
구나.
그 초상화가 옥구슬마냥 영롱하니 온 나라가 높이 떠받들었다.
모든 업적이 모두 흥성하여 온 백성이 그 은혜를 입었을진저.
숙종 황제는 나라를 다시 일으켜 세워 천자의 위엄을 떨쳤도다.
성스러운 태양이 수정처럼 빛나고 상서로운 바람이 밤을 몰아
냈다.
하늘의 복이 황실에 돌아오니 불길한 기운이 영원히 사라졌다.
혼란을 잠재우고 소동을 그치게 하여 우리 중국을 다시 세웠다.
대종 황제는 효성스럽고 의로우셨으니, 그 덕은 천지와 부합하
였다.
또 천성적으로 자비로우사 물자가 넘쳐 풍요로워졌다.
그리하여 향을 살라 그 공적을 알리고 널리 구제를 베푸시니
해 뜨는 곳처럼 위엄이 살아나고 달 머무는 곳처럼 모두가 모
여들었다.
덕종 황제는 건중建中 연간에 등극하시어 덕을 닦은 후
무武로써 세상의 소란을 없애고 문으로써 만방을 깨끗하게 닦
았다.
백성들의 고통을 환하게 비춰 보고 만물의 형상을 거울 들여다

보듯 살피시니

온 천지가 생기를 되찾고 뭇 오랑캐들이 본받아 모범으로 삼았다.

진리의 도道는 드넓고 그 감응은 치밀하니

굳이 이름 지어 말하나니 이는 삼위일체라.

주님은 능히 지으실 수 있고 신하된 자는 능히 기록할 수 있으니

이에 큰 비석을 세워 큰 복을 기리는 바이다.

대당大唐 건중建中 2년(781) 신유辛酉 정월 7일 안식일에 세우다.

당시 총주교 영서寧恕는 동방의 경교도들을 관할하였다.

출전 「大秦景教流行中國碑」(『金石萃編』 권 102, 「唐」 62).

내용 네스토리우스는 5세기 초 콘스탄티노폴리스에서 대주교로 활동하던 기독교 지도자이다. 그의 주장(예수 二性說과 마리아 비성모설)은 431년에 개최된 에페소스 공의회에서 이단으로 규정되어 점차 로마 제국 내에서 입지를 상실하여 갔다. 이에 그의 추종자들(안티오키아 학파)은 동방으로 진출하여 페르시아 일대 및 중앙아시아에서 상당한 교세를 확보하였다. 네스토리우스파 기독교는 중앙아시아 상인의 활동에 확대에 따라 7세기 이래 중국에도 전파되었다. 중국에서는 스스로 경교景敎, 혹은 대진경교大秦景敎라 지칭하였다. 경교 사제들은 불교처럼 머리를 삭발하지만 수염은 기르고, 예배할 때는 목탁을 사용하며 한역 경전을 갖추는 등 중국화에 노력하였다. 781년에 세워진 대진경교유행중국비는 경교의 교리 및 중국 전파, 그리고 그 교세 확장에 큰 공을 세운 주교 이사伊斯의 업적을 기리는 내용을 담고 있다. 경교는 회창會昌의 폐불 이후 교세가 급격히 위축되었다. 대진경교유행중국비 역시 자취를 감추었다가 명 말기인 16세기 초 다시 발견되어 현재는 시안의 비림박물관碑林博物館에 보관되어 있다.

4. 중국 근세사 1(송·원 시대)

석경당石敬瑭의 후진 건국과 거란의 지원

후당의 조정에서는 석경당이 명령을 거역하자 그 관작을 삭탈하고 진주晉州 자사 겸 북면부초토사北面副招討使 장경달張敬達로 하여금 군대를 거느리고 진양晉陽으로가서 석경당을 포위하게 하였다. 석경당은 곧바로 상유한桑維翰에게 명하여 사방으로 나가 구원을 요청토록 하였다. 거란은 사자를 보내 지원을 허락하고 가을에 군대를 보내 주겠다고 약속하였다.

6월,[1] 북면초수지휘사北面招收指揮使 안중영安重榮이 휘하의 병사 수천 명을 이끌고 진양성에 합류하였다.

7월, 대주代州에 주둔하던 장수 안원신安元信이 서북면선봉지휘사

---

1) 後唐 末帝 淸泰 3년(936)이었다.

西北面先鋒指揮使 안심신安審信과 함께 기병 500을 이끌고 함께 도착하였다.

8월, 회주창덕군사懷州彰德軍使 장만적張萬迪 등이 각각 기병 천여 명을 이끌고 투항하여 왔다. 이 달에 성 바깥의 군대가 매우 격하게 공격하는 가운데 석경당이 친히 화살과 돌멩이 속을 오가며 지휘하였다. 이를 보고 인심이 안정되어 갔으나 성내의 식량 상황은 점차 나빠졌다.

9월 신축辛丑, 거란의 태종이 군사를 이끌고 안문관雁門關을 넘어 남하하였다. 그 깃발과 기병의 대오가 끊이지 않고 50여 리나 이어졌다. 거란의 태종은 먼저 사람을 보내 석경당에게 알렸다.

"내가 오늘 적을 깨트리려 하는데 그래도 괜찮겠는가?"

석경당은 급히 사람을 보내 고하였다.

"폐하께서 멀리 구원을 위해 오셨는데 반드시 성공하셔야 할 것입니다. 적들의 기세가 한창 드세니 내일 아침 적절한 대책을 세운 후 전투를 벌여도 늦지 않을 듯합니다."

그 사자가 미처 도달하기도 전에 거란은 이미 남하하여 후당後唐 기마부대의 장수 고행주高行周 · 부언경符彦卿 등과 전투를 시작한 상태였다. 당시 장경달張敬達 · 양광원楊光遠은 서쪽의 산 아래에 막 진을 펼치며 군대가 아직 대오를 갖추기 전이었다. 고행주와 부언경은 복병의 공격을 받고 떨어져 나갔다가 군대를 버리고 도망쳤다. 장경달 등의 보병도 대패하여 전사자가 만여 명에 이르렀다. 이날 밤, 석경당은 북문을 나가 거란의 태종과 만났다. 거란의 태종은 석경당의 손을 잡으며 말하였다.

"그대를 만나는 것이 너무 늦은 게 한스럽소."

그리고 부자의 관계를 맺기로 약속하였다.

이튿날, 석경당과 거란의 태종은 장경달의 군대를 포위하였다. 후당의 군대는 전투하러 나오지 못하였다. 석경당은 본디 거란과 아무런 친분 관계가 없었다. 그런데 말제未帝로부터 탄압을 받은 후 심복하복何福을 파견하여 착도錯刀²⁾를 신표로 보냈다. 이에 '구원해 달라.'는 말 한 마디를 듣자마자 바로 번개와 같이 빠르게 직접 도와주러 왔으니, 실로 하늘의 뜻이 석경당에 있었던 것이 아니겠는가? 기유己酉, 후당 말제가 친위 부대인 보병과 기병 3만을 이끌고 출병하여 하교河橋에 이르렀다. 그 이틀 후인 신해辛亥, 말제는 추밀사 조연수趙延壽로 하여금 2만을 나누어 거느리게 하고 북면초토사에 임명하였다. 또 위박절도사魏博節度使 범연광范延光으로 하여금 휘하의 군대 2만 명을 거느리고 나가 요주遼州에 주둔하라고 명하였다. 10월, 유주幽州 절도사 조덕균趙德鈞이 휘하의 병사 만여 명을 이끌고 상당上黨의 오아곡吳兒谷에서 조연수의 군대와 합류한 다음 단곡구團谷口에 주둔하였다. 단곡구에서 장경달 군대의 주둔지까지는 백여 리 떨어져 있었지만, 한 달이 넘도록 양측 사이에는 아무런 연락도 주고받지 못하였다.

11월, 거란의 태종이 군영 안에서 석경당을 만나 말하였다.

"나는 구원을 위해 3천 리를 달려왔으니 일을 반드시 완수할 것이다. 너를 보니 신체가 장대할 뿐더러 식견과 도량이 커서 참으로 일국의 군주가 될 만하도다. 천명이 이미 너한테 이르렀다. 결코 시기를 놓쳐서는 안 된다. 북방 민족과 한족 사람들의 바람에 따라 너

---

2) 錯刀 : 金錯刀, 黃金을 섞어 만든 검.

210

를 천자로 책봉하겠다."

석경당은 짐짓 오랫동안 사양하다가, 여러 부대에서의 청원이 잇따르는 것을 기다려 응낙하였다. 그리고 진양성의 남쪽에 단을 쌓으라 명하고 대진大晉 황제로 책봉을 받았다. 거란의 태종은 자신의 의관을 벗어 주었다. 그 책문冊文은 다음과 같았다.

"천현天顯 11년(936) 병신丙申 11월 12일, 대거란 황제가 말하노라. 아! 천지의 기운이 펼쳐져 군주를 새로 세우는도다. 천명天命은 영원불변한 것이 아니니 군주는 마땅히 하늘을 섬기며 덕을 쌓아야 한다. 그러한 까닭에 상商의 정치가 쇠미해지자 주周가 창성해졌으며, 진秦이 무도해지자 한이 뒤를 이어 번영을 이루었다. 인간 세상의 도리와 하늘의 뜻은 예로부터 지금까지 다르지 않았다.

나의 의붓아들 진왕晉王은 신령이 도운 예지와 하늘이 부여한 영웅의 면모를 지니고 있다. 또 태몽으로 태양을 본 것에 걸맞는 상서로움과 황하를 본받은 명철함을 지니고 천운天運을 열어가고 있다. 이전에 여러 황제를 섬기고 수많은 어려움을 이겨내며 하늘의 시험도 거쳤다. 하늘로부터 부여받은 문무의 능력을 겸비하며, 천성적으로 충성과 효성을 갖추었다. 나는 미천하고 작은 몸으로 외람되게 북방의 땅을 지배하고 있다. 지난 날 후당 명종이 통치할 때 나의 선철先哲3) 제왕과, 자자손손 대를 이어가며 어려움이 있을 때 서로 돕기로 약속하셨다.4) 그 문서의 붉은 서약이 아직 분명하다. 밝은 태양도 속일 수 없을 것이다. 그 약속 대로 나는 제위를 계승하였으

---

3) 先哲 : 이미 세상을 떠난 有德者.
4) 이러한 사정에 대해 『자치통감』에서는, 거란의 耶律阿保機와 明宗이 '約爲兄弟'하였다고 기록하고 있다(권 280, 後晉 高祖 天福 元年 5월 甲午).

니 감히 그 약속을 어길 수 없다. 너는 황실의 인척5)이니 사실상 황족이라 할 수 있다. 그런즉 나는 너를 아들처럼 여기니 너 또한 나를 아버지 같이 대하도록 하라.

짐은 말제 이종가李從珂6)의 무도함을 잘 안다. 그는 본디 황자皇子가 아니었음에도 황제 자리를 탈취하였다. 도리를 저버리고 은혜를 망각하였으며, 하늘을 거스르고 만물에 잔학하게 대하였다. 또 골육의 일족을 살해했으며 충직하고 어진 사람을 멀리한 채 거짓된 아부에 귀 기울였다. 백성에게도 잔혹하여 중화와 이적을 막론하고 모두 두려워하여 그 곁에서 떨어져 나갔다. 짐은 네가 무고함에도 그의 박해를 받은 사실을 잘 알고 있다. 그는 수많은 군대를 징발하여 네가 있는 진양성을 포위하였다. 하지만 그에게 너를 누르고 병탄해 버리려는 마음이 강하다 해도 세상의 인망을 넘을 수 있으리오? 짐은 그러한 사정을 듣고 난 다음 심히 놀라고 격분하여 출병을 명하였다. 그리하여 너를 둘러싼 환난을 제거하기 위해 친히 수만의 대군을 이끌고 멀리 내려와 흉악한 무리를 모두 없앴다. 오직 위급함을 구원하려 마음먹고 온갖 어려움을 마다하지 않았다. 이에 천지 신령의 도움을 얻어 장수와 병사들이 한 마음으로 협력하였다. 깃발을 한 번 휘두르자 저들이 버리고 간 갑옷이 산처럼 쌓이고, 북을 세 번 울리자 저들 군사의 전사한 시체가 들을 뒤덮었다. 이로써 짐의 마음이 후련해졌을 뿐더러 모든 사람 또한 기쁘게 되었다. 짐은 장차 금하金河에서 휴식을 취한 후 옥새玉塞7) 너머로 철군하려 한다.

---

5) 石敬瑭은 후당 明宗의 사위이다.
6) 李從珂(885~937) : 후당의 末帝로 明宗 李嗣源의 養子. 명종의 親子인 閔帝 李從厚를 타도하고 帝位를 탈취하였다.

그러나 지금 중원에는 주인이 없어 사해가 아직 안정되지 못한 상태이다. 수많은 백성들도 도탄에 빠져 있는 것이나 다름 없다. 하물며 천하사의 처리는 한 순간도 내버려 둘 수 없으며 황제의 보위는 오랫동안 빈 채로 둘 수 없다. 물에 빠지고 불에 탄 상태로 있는 백성을 구제해야 되는 시기가 바로 이때이다. 너는 백성들을 보호할 수 있는 덕망을 지니고 있어 천지를 감동시켰다. 또 너는 사해를 위기에서 구해낸 공적이 있어 성망이 천하에 빛나고 있다. 또 너는 공평 무사한 행동을 하여 영명한 신들이 신뢰하고 있다. 또 굳이 말을 하지 않아도 되는 신뢰를 지니고 있음을 만백성이 다 안다. 나는 너의 그 덕을 아름답게 여기고 너의 그 업적을 높이 칭송한다. 하늘의 운수가 네 몸에 함께 하나니, 그것이 바로 천명일진저. 마땅히 황제자리에 등극해야 할 것이로다. 너는 이곳 병주井州의 땅에서 의로운 기치를 세우라. 그리고 국호를 진晉이라 하고 짐과 부자 관계의 나라가 되어, 그 산하山河처럼 무거운 맹세를 영원토록 지키도록 하라. 아, 네가 역대 제왕이 일찍이 행한 적 없었던 예의를 갖추고 이처럼 성대한 의식을 거행하나니, 천년만년 이어진 대의大義를 완성하여 나의 바람을 모두 만족시키고 있도다. 너는 영구히 억만창생을 보호하고 그 덕망을 한결같이 유지하도록 노력하라. 또 신중히 황제 자리를 지키며 충실하게 공평을 지키도록 하라. 그리하면 무궁한 복을 받을 것이다. 마음에 잘 새겨둘 지어다.”

의식이 모두 끝나자 석경당은 의장대의 음악에 따라 돌아갔다.
…(중략)…

---

7) 玉塞 : 關塞.

이날, 석경당은 거란의 태종에게 장수를 기원하는 의미로 안문관 雁門關 이북 및 유주幽州의 땅을 할양하고 더불어 매해 비단 30만 필 을 바치기로 약속하였다. 거란의 태종이 이를 허락하였다.

출전 『구오대사』 권75, 「晉書」 1, 「高祖本紀」 1.

내용 후당의 명종이 죽은 후 궁정에 내분이 발생하여 이종가李從珂가 황제 의 자리를 탈취하고 말제末帝로 즉위하였다. 당시 진양晉陽을 장악하고 있던 석경당(892~942)은 만리장성 이북 지역의 할양을 조건으로 거란의 태종에 게 원조를 청하였다. 이러한 요청을 받고 거란은 즉시 대군을 이끌고 남하하 여 후당의 수도 낙양을 함락시킨 다음 석경당을 황제로 옹립하였다. 석경당 은 그 원조의 댓가로 거란에게 만리장성 이남의 지역인 연운십육주를 할양 하였다. 이와 더불어 매년 비단 30만필을 세폐로 바치기로 하였으며 동시에 거란 태종에게 신하의 예를 취했다.

연운십육주의 할양

석경당은 거란에 은밀히 사자를 파견하여 구원을 요청하였다.[8] 상유한桑維翰으로 하여금 거란의 황제에게 칭신하는 상표문을 작성 하게 하여 부친을 대하는 예절로 섬기겠다고 말하였다. 아울러 거사 가 성공하면 노룡盧龍 및 안문관雁門關 이북의 주州들을 주겠다고 약 속하였다. 이에 유지원劉知遠[9]이 간언하였다.

---

8) 後唐 末帝 淸泰 3년(936) 7월의 일이다.
9) 劉知遠(859~948) : 후일 오대의 4번째 왕조인 後漢을 건립하는 인물. 후한의 고조.

"칭신하는 것은 괜찮습니다. 하지만 부친을 대하는 예절로 섬기는 것은 너무 지나칩니다. 많은 금은재화를 주게 되면 필시 후일 그 군대의 남침을 초래할 것입니다. 또한 영토를 할양해 주어서는 안 됩니다. 중국에 두고두고 후환 거리가 될 것입니다. 그때가 되어 후회해도 늦습니다."

석경당은 이 말을 듣지 않았다.

상표문이 다다르자 거란의 황제는 크게 기뻐하며 그 모친에게 말하였다.

"아들이 근래 석경당으로부터 사자가 오는 꿈을 꾸었습니다. 지금 진짜로 사신이 왔으니 이는 하늘의 뜻인가 봅니다."

그리고 즉시 답신을 보내, 가을이 되면 전력을 다해 구원하러 가겠다고 하였다.

…(중략)…

거란의 태종이 말하였다.

"내가 3천 리 바깥으로부터 위기를 구원하러 왔으니 반드시 성공할 것이다. 너의 용모와 식견, 그리고 도량을 보니 참으로 중원의 군주가 될 만하다. 내 너를 천자로 세우려 한다."

석경당은 네 차례나 사양하다가 장수들이 거듭 즉위를 권하자 마침내 수락하였다. 거란의 태종은 책서冊書를 만들고 석경당에게 명하여 대진大晉 황제가 되도록 하였다. 그리고 자신의 의관을 벗어 주었다. 이날,10) 석경당은 유림柳林에 단을 쌓고 황제 자리에 올랐다. 그는 유주幽州·계주薊州·영주瀛州·막주莫州·탁주涿州·단주檀州·순

---

10) 後晉 天福 元年(936) 11월의 일이다.

주順州·신주新州·규주嬀州·유주儒州·무주武州·운주雲州·응주應州·환주寰州·삭주朔州·울주蔚州에 이르는 16주를 거란에게 할양하였다. 아울러 매년 비단 30만 필을 보내기로 하였다.

출전 『자치통감』 권 280.

내용 거란은 936년 태종 시대가 되어 연운십육주를 영유하기에 이른다. 연운십육주는 만리장성의 이남에 위치한 지역으로서 오늘날의 베이징과 다퉁 등이 속해 있다. 이들 지역의 확보는 북방 민족의 역사에서 중대한 전기를 이루는 것이었다. 이전까지 만리장성 이북에 세워진 유목 국가가 농경 민족의 거주지인 장성 이남 지역을 지배한 적이 없었다. 그런데 거란에 이르러 유목 민족이 최초로 농경 지역을 지배하게 된 것이다.

후진 고조(석경당) 시기의 거란 관계

후진의 고조는 거란의 황제 및 태후에게 존호尊號[11]를 바쳤다.[12] 무인戊寅, 풍도馮道를 태후책례사太后冊禮使로 삼고 좌복야左僕射 유후劉煦를 거란주책례사契丹主冊禮使로 삼아, 의장대와 수레 행렬을 갖추고 거란에 가서 의식을 거행하게 하였다. 거란의 태종은 매우 기뻐하였다.

후진 고조는 매우 공손하게 거란을 섬겼다. 상표문을 올려 칭신하였으며 거란의 태종을 '아버지 황제父皇帝'라 불렀다. 거란으로부터 사자가 오면 고조는 별전別殿[13]에서 공손하게 거란의 조칙을 받았

---

11) 尊號: 황제나 황후, 혹은 그 선조 등을 尊崇하는 칭호.
12) 後晉 高祖 天福 3년(938) 7월의 일이다.

다. 매년 금은과 비단 30만 필을 보내는 이외에 각종 경조사라든가 절기마다 진귀한 물품을 보냈다. 그렇게 보내는 수레가 길에서 잇따라 늘어설 정도였다. 또한 술율태후述律太后와 태자, 위왕偉王, 남왕南王, 북왕北王이나 한연휘韓延徽, 조연수趙延壽 등의 대신에 이르기까지 모두 때마다 선물을 주었다. 거란에서는 조금이라도 뜻에 어긋나면 곧바로 사신을 보내 책망하였고 그때마다 고조는 비굴한 어투로 사죄하였다. 후진의 사자가 거란에 가면, 거란에서는 거만하게 굴며 불손한 말을 일삼았다. 사자가 돌아와 그러한 사정을 전할 때마다 조야에서는 모두 부끄럽게 여겼다. 하지만 고조는 아무 흔들림 없이 시종일관하게 거란을 섬겼다. 이러한 까닭에 고조의 치세가 끝나도록 거란과는 어떠한 틈도 벌어지지 않았다. 후진에서 거란에 바치는 금은재화는 불과 몇 개 현縣의 세금일 뿐이었다. 그러나 후진은 이따금 백성이 곤궁하여 30만 필을 다 채울 수 없다고 핑계를 대기도 하였다.

얼마 후 거란의 태종은 후진 고조로 하여금 상표문을 올려 칭신하는 것을 그만두라고 여러 차례 권하였다. 다만 서신에서 집안의 식구들처럼 '아들 황제兒皇帝'라 칭하게 하였다.

이에 앞서 거란은 유주를 획득한 다음 남경南京이라 개칭하고 후당으로부터 항복해온 장수 조사온趙思溫을 유수留守로 삼았다. 조사온의 아들 조연조趙延照는 후진에 머물고 있었는데 고조는 그를 기주자사祁州刺史에 임명하였다. 조사온은 은밀히 조연조에게 명하여 거란의 태도가 언젠가는 변할 것이라고 후진 조정에 말하게 하였다.

---

13) 別殿 : 正殿 외부에 의식 등을 위해 별도로 세워둔 전각.

그리고 유주를 들어 후진에 투항하겠다고 요청하였으나, 고조는 불허하였다.

…(중략)…

성덕成德 절도사 안중영安重榮은 거란에 칭신하는 것을 수치스럽게 여겨 거란의 사자를 볼 때마다 버티고 앉아 오만하게 질책하였다. 때로는 그 사자가 경내를 지날 때 몰래 사람을 보내 죽이기도 하였다. 거란이 이를 두고 고조에게 질책하자 고조는 그 때문에 사죄해야 했다.

6월 무오戊午14), 안중영이 거란의 사자 혈랄拽剌15)을 사로잡고 기병을 파견하여 유주幽州의 남부를 약탈한 다음 박야博野에 군대를 주둔시켰다. 그리고 상주문을 올려 말하였다.

"토욕혼·돌궐·혼渾·계필契苾·사타沙陀가 각각 그 무리를 이끌고 투항하여 왔습니다. 당항党項 등도 또한 사신을 파견하여 거란으로부터 받은 고신告身16)과 직첩職牒17)을 제출하며 거란에게 능멸과 학대를 받았다고 말하였습니다. 또 말하기를, 2월 이래 거란은 각 부족에게 명하여 정병과 군마를 준비하여 두라고 하였다고 합니다. 거란은 이들과 함께 가을 이후 함께 화북으로 남침할 예정이라 합니다. 그리하면 하늘이 돕지 않아 자신들 또한 거란과 함께 멸망할 것이니, 원컨대 10만의 군대를 갖추어 후진과 함께 거란을 공격하고 싶

---

14) 後晉 高祖 天福 6년(941) 4월의 일이다.
15) 拽剌 : 거란어로서 용사란 의미. 혈랄군은 거란의 조정에 직속하여 황제의 의장대 역할을 하였으며 또 軍情을 정탐하는 임무도 수행하였다.
16) 告身 : 관원의 신분과 직무를 증명하거나 혹은 관직을 수여하는 공문서.
17) 職牒 : 관직의 사령장.

다고 말하였습니다. 또한 삭주朔州 절도부사 조숭趙崇은 이미 거란에서 임명한 절도사 유산劉山을 내쫓고 우리 조정에 귀순하겠다고 요청하고 있는 상태입니다.

신臣은 이러한 정황을 이미 차례로 보고한 바 있습니다. 그런데 폐하께서는 여러 번 신에게 명하시어 거란을 받들며 문제의 사단을 일으키지 말라 하셨습니다. 하지만 현재 하늘의 뜻과 인심은 실로 거역하기 어려울 정도에 이르렀습니다. 기회를 잃어서는 안됩니다. 호기는 두 번 다시 오지 않습니다. 거란의 경내로 소속이 바뀐 절도사들도 머리를 빼들고 발꿈치를 들어올린 채 우리 조정의 군대가 오기를 기다리고 있습니다. 실로 가엾기 그지없는 상황입니다. 원컨대 하루 빨리 결정을 내려 주십시오."

그 상주문은 수천 글자에 이르렀다. 그 대체적인 내용은, 고조가 거란에 대해 부친으로 섬기는 일, 그리고 중국의 재물을 다 바쳐 욕심이 끝이 없는 오랑캐에게 비위를 맞추는 일을 반대하는 것이었다. 안중영은 동시에 이러한 의사를 서신으로 작성하여 조정의 대신 및 각 번진에게 보냈다. 그는 군대를 내어 거란과 결전을 벌일 것이라고 말하였다. 고조는 그가 강병을 장악하고 있어 제압할 수 없는 상태이기에 매우 근심스러워하였다.

당시 업도유수鄴都留守이자 시위마보도지휘사侍衛馬步都指揮使 유지원劉知遠은 대량大梁[18]에 있었다. 한편 태령泰寧 절도사 상유한은 안중영이 이미 속으로 간사한 음모를 지니고 있다는 것을 알고 있었

---

18) 大梁 : 오늘날의 河南省 開封市. 오대를 통해 후량, 후진, 후한, 후주의 수도였다.

다. 또 조정에서 안중영의 제안에 대해 거부하기 어려운 상태라는 것을 감안하여 은밀히 다음과 같은 상주문을 올렸다.

"폐하께서 지난 날 진양성에서의 위기를 헤쳐내고 천하를 얻을 수 있었던 것은 모두 거란의 도움 때문입니다. 그것을 져버려서는 안 됩니다. 지금 안중영이 자신의 세력만을 믿고 적을 가벼이 여기는 것이라든가 혹은 토욕혼이 우리 손을 빌어 복수를 꾀하는 것은 모두 국가에 도움이 되지 않는 일입니다. 그 말을 들어서는 안 됩니다.

신이 삼가 살피건대 거란은 최근 몇 년 이래 군대가 강력한 상태가 되어 사방을 쳐서 병합하고 있습니다. 싸우면 반드시 이겨 공적을 이루고 있는 상태입니다. 그리하여 중국의 땅을 빼앗고 중국의 무기를 가로챘습니다. 뿐만 아니라 그 군주는 남다른 능력을 지니고 있으며 그 신하 또한 상하가 협력하고 있습니다. 이에 가축은 번성하고 그 국내에 천재지변도 발생하지 않습니다. 그러니 이러한 거란과 맞서 싸워서는 안 됩니다.

더욱이 우리 중국은 최근 거란과 싸워 패배한 뒤라서 군대의 사기가 땅에 떨어져 있습니다. 이러한 군대로 승승장구하는 거란을 당해낼 수 없습니다. 우리와 거란의 기세는 심대한 차이가 있습니다. 나아가 화친이 단절되면 바로 군대를 내어 변경을 지켜야만 합니다. 군사가 적으면 적에 대처할 수 없고, 군사가 많으면 그 비용을 댈 수 없을 것입니다. 또 우리가 나서면 저들은 후퇴하고, 우리가 돌아오면 저들은 바로 진군해 올 것입니다. 그러니 신은 우리의 수비 병사들이 이리저리 오가며 명령을 받들다가 피곤에 지치게 되지 않을까 걱정스럽습니다. 그리하여 진주鎭州와 정주定州의 땅에는 남아 있는 백성이 없게 될지도 모릅니다.

이제 막 천하는 조금 안정을 찾았을 뿐 상처에서 회복된 상태는 아닙니다. 정부의 창고는 텅 비어 있고 백성들은 매우 피폐해져 있습니다. 잠자코 지키며 문제가 생기는 것을 걱정해야 되는 때입니다. 어찌 망령되이 움직인단 말입니까?

거란과 우리 왕조 사이의 신의는 가볍지 않습니다. 서로 약속한 서약도 잘 지켜지고 있습니다. 저들이 아무런 문제를 일으키지 않는데 우리 스스로 사단을 일으킨다면, 설령 우리가 전쟁에서 이긴다 해도 그 후환이 막중할 것입니다. 만일 우리가 지게 되면 그때는 만사가 모두 끝날 것입니다.

어떤 사람들은 해마다 비단을 보내는 것이 쓸모없는 낭비이며 비루한 면이 있으니 굴욕이라고 말합니다. 그러나 그것은 전투가 발생하여 그치지 않을 경우 그로 말미암은 재앙이 얼마나 클지 모르고 하는 소리입니다. 전쟁으로 재력이 다 소진되면 어느 쪽에 쓸모없는 낭비가 더 크게 되겠습니까? 전쟁이 벌어지면 무장이나 전쟁의 공신들이 과도한 요구를 해댈 것입니다. 변경의 장수가 교만해져서 아랫사람이 윗사람을 이기려 들 것입니다. 그러니 어느 것이 더 굴욕이겠습니까?

원컨대 폐하께서는 농경을 독려하고 군사를 훈련시키며 병사를 육성하고 백성을 편안히 쉬게 하여 주십시오. 그리하여 나라가 안으로 근심이 없고 백성에게 여력이 있을 때, 저들의 틈을 보아 움직인다면 반드시 성공하게 될 것입니다. 업도鄴都는 부유하고 강성하여 조정의 번병藩屛인 셈입니다. 그런데 그곳을 지키는 장군은 조정에 와 있어 부대에 지휘자가 없는 상태입니다.[19] 신은 삼가, '창고 관리를 태만히 하여 도둑을 부른다.'는 말[20]이 떠오릅니다. '용감한 사람은 지키는 것을 중요시한다.'는 도리[21]도 상기됩니다. 폐하께서는 국내를 잘 시찰하며 간사한 계략을 근절하여 주십시오."

고조는 상유한의 상주문을 지니고 온 사자에게 말하였다.

"짐은 요 며칠 사이 번민이 깊어 어찌해야 하나 걱정하고 있었소. 이제 경의 상주문을 보니 마치 술 취한 상태에서 깨어나는 것 같소이다. 경은 걱정하시 마시오."

출전 『자치통감』 권 281 · 282.

내용 후진의 고조 석경당(892~942)은 그 재위 기간(936~942)을 통해 거란과의 우호 관계를 유지하는 데 진력하였다. 심지어 자신보다 연하인 거란의 태종(902~947)를 두고 칭신할 뿐만 아니라 '아버지 황제(父皇帝)'라고 칭할 정도였다. 거란의 황제, 황태후, 나아가 그 유력자에게도 정기적으로 재물을 바쳤다. 이러한 후진 고조의 방침과 태도에 대해 불만을 토로하며 굴욕적이라고 비판하는 인물도 적지 않았다. 하지만 후진 고조는 그것을 적절히 무마하며 거란의 환심을 유지하고자 노력하였다. 이로 말미암아 그의 치세 7년을 통해 거란과 평화로운 관계가 지속되었다.

---

19) 劉知遠이 조정에 와 있는 것을 가리킨다.
20) 『주역』「계사전」상에 나오는 말로서 '慢藏誨盜 治容誨淫'의 일부. '慢藏誨盜 治容誨淫'란 '물건을 허술하게 관리하는 것은 도둑에게 도둑질하도록 가르치는 것이요, 여자가 얼굴을 지나치게 치장하는 것은 남자들에게 음탕한 짓을 하도록 가르치는 것이다.'라는 의미이다.
21) 『좌전』 제12, 成公 8년에 등장하는 말로 '勇夫重閉'.

222

후진 출제出帝의 즉위와 거란 관계의 변화

이에 앞서 하양河陽의 아장牙將 교영喬榮은 조연수趙延壽를 따라 거란에 투항하였다가, 거란이 그를 회도사回圖使로 삼자 후진에 왕래하며 장사를 하게 되었다. 그는 대량大梁에 저택도 두고 있었다. 거란과 후진 사이에 틈이 벌어지자 경연광景延光은 출제出帝에게 말하여 그를 감옥에 가두고 그의 집 안에 있는 재물을 모두 몰수하였다. 이밖에 거란 사람으로 후진의 영토 안에서 장사하고 있는 자들도 모두 죽이고 그 재산을 빼앗았다. 이에 대신들이, 거란이 국가 창건에 공이 있다고 말하였으나 막을 수 없었다. 무자戊子,[22] 교영을 석방하고 달래는 의미로 하사품을 지급한 후 거란으로 귀환하게 하였다.

교영이 경연광에게 작별 인사를 하기 위해 들르자 경연광은 큰소리 치며 말하였다.

"돌아가거든 너희 군주에게 전하라. 선제인 고조는 북조北朝[23]에 의해 세워졌기에 칭신하며 상표문을 올렸다. 하지만 지금의 황제는 중국에서 세웠다. 그럼에도 북조에 대해 몸을 낮추는 것은 선제께서 맺은 맹약을 감히 저버릴 수 없기 때문이다. 이웃 나라로서 손자라 칭하는 것으로 족하다. 칭신할 이유는 없다. 북조의 황제께 조연수의 허황한 꼬임을 믿으며 중국을 업신여기지 마시라 하라. 중국의 군대와 군마軍馬는 너도 직접 보았을 것이다. 노인께서 노하셨다면 와서 싸워도 좋다. 손자에게는 10만의 횡마검橫磨劍[24]이 있어 족히

---

22) 後晉 出帝 天福 8년(943) 9월의 일이다.
23) 北朝 : 거란을 가리킨다.

상대해 드릴 수 있다. 후일 손자에게 패한 다음 천하의 웃음거리가 되어 후회하시지 말라 하라.”

교영은 재물을 다 잃어버려 돌아가게 되면 처벌을 받지 않을까 걱정이 되었다. 그래서 만일에 대비하여 증거로 삼기 위해 다음과 같이 말하였다.

“말씀하신 내용이 너무 많아 다 기억하지 못할까 걱정스럽습니다. 종이에 적어 주시면 좋겠습니다.”

경연광은 서리로 하여금 그 말을 적어 넘겨주게 하였다. 교영은 돌아가 그 사실을 거란의 군주에게 보고하였다. 거란의 군주는 크게 노하여 남침하려는 마음을 지니게 되었다. 이후 후진의 사자가 거란에 가면 모두 유주에서 구금되어 거란 군주를 만날 수 없었다.

상유한은 여러 차례 겸손한 어투로 거란 측에 사과하자고 요청하였으나 늘 경연광에 의해 저지되었다. 후진의 출제는 경연광이 자신을 옹립한 공이 있기에 여러 신하 가운데 가장 총애하였다. 또 그로 하여금 친위대를 통솔하도록 하였다. 이런 까닭에 대신들은 그와 더불어 다툴 수 없었다. 하동절도사 유지원은 경연광이 장차 반드시 거란의 침공을 불러오게 될 것이라는 사실을 알지만, 그가 권세를 쥐고 있기에 감히 나서서 말하지 못하였다. 다만 군대를 증강시키며 흥첩군興捷軍, 무절군武節軍 등 10여 부대를 설치하여 거란에 대비하였다.

…(중략)…

이 무렵 거란이 매해 남침하여 중국은 그 대응으로 인해 피폐해

---

24) 橫磨劍 : 길고 크며 날카로운 刀劍. 정예병을 가리킨다.

졌다. 변경 백성들의 삶은 도탄에 빠졌다. 거란 또한 사람과 가축이 많이 죽어 전쟁을 싫어하게 되었다. 술율태후述律太后가 태종에게 물었다.

"한인으로 하여금 거란의 군주가 되게 할 수 있는가?"

태종이 대답하였다.

"안 됩니다."

"그런데 너는 왜 중국의 군주가 되고 싶어 하는가?"

"석씨石氏가 은혜를 저버렸기에 용납할 수 없습니다."

"네가 설령 중국 땅을 얻는다 해도 그곳에서 살 수는 없다. 만일 차질이 생긴다면 그때 후회해도 늦다."

태후는 이어 아랫사람들에게 말하였다.

"중국의 아이25)는 언제나 편히 잠잘 수 있게 되려나? 자고로 한漢이 북방 민족과 통호하려 한다는 말은 들어보았어도 북방 민족이 한과 통호하려 한다는 말은 못 들어보았다. 중국의 아이가 생각을 돌리기만 한다면 나 또한 무엇 때문에 통호를 주저하겠는가?"

상유한은 거듭 출제에게 권하여, 다시 거란과 통호를 추진함으로써 국가의 위기 상황을 풀어가자고 말하였다. 출제는 개봉의 장수인 공봉관供奉官 장휘張暉를 사신으로 파견하여, 칭신하는 내용의 상표문을 지니고 거란에 가서 비굴한 어투로 사과하게 하였다. 거란의 군주가 말하였다.

"경연광과 상유한으로 하여금 직접 이리로 오게 하고, 아울러 진주鎭州와 정주定州를 할양하여 우리 나라에 귀속시킨다면 다시 통호

---

25) 중국의 아이 : 원문은 漢兒, 여기서는 後晉의 出帝를 가리킨다.

할 수 있다."

후진 조정은 거란의 말을 듣고 분노하며, 거란에게 통호 재개의
뜻이 없다고 판단하여 사신 파견을 중지하였다.

출전 『자치통감』 권 283·284.

내용 942년 후진의 고조가 죽고 뒤를 이어 출제가 즉위하며 거란 관계는
커다란 굴절을 맞이한다. 실권을 장악한 경연광의 주도로 거란에 대해 강경
한 자세로 선회하였기 때문이다. 이후 후진은 더 이상 칭신하지 않으며 그
사신들에게도 고압적인 자세를 취하였다. 이로 인해 후진과 거란은 대치 국
면으로 접어들고, 이것이 마침내 거란의 대대적인 남침으로 이어지게 된다.

후진의 멸망

12월 정사丁巳,[26] 이곡李穀이 직접 서신을 적어 은밀히 출제에게
상주하였다. 그는 군대가 맞이한 위급한 상황을 상세히 전하고, 출
제에게 활주滑州[27]로 가기를 청하였다. 그리고 고행주高行周와 부언
경符彦卿으로 하여금 황제를 호위하도록 하고, 군대를 보내 전주澶州
와 하양河陽을 수비하도록 하여 거란 군대의 침공에 대비할 것을 주
장하였다. 이곡은 부장 관훈關勳에게 일러 그 상주문을 시급히 출제
에게 전하게 하였다.

기미己未, 출제가 대군이 중도中度에 주둔하고 있다는 사실을 처

---

26) 後晉 出帝 開運 3년(946)의 일이다.
27) 滑州 : 오늘날의 河南省 滑縣, 오대와 송을 통해 황하를 건너는 요충지였다.

음 들었다.28) 이날 저녁 관훈이 도착하였다. 경신庚申, 두위杜威가 상
주하여 군대의 증원을 요청하였다. 이에 조령을 내려 궁궐을 수비하
는 인원 모두를 뽑아 수백 명을 파견하였다. 또 하북 및 활주·맹주
孟州·택주澤州·노주潞州에 조령을 내려 마초馬草와 군량 50만을 징
발하여 대군에 보내게 하였다. 그 징발령이 엄하여 각지에서 소동이
일어났다. 신유辛酉, 두위는 다시 부하인 장조張祚 등을 보내 위급함
을 알려왔다. 하지만 장조 등은 돌아가다가 거란에게 붙잡혔다. 이
후 조정과 군대 사이에 소식이 통하지 않게 되었다.

당시 숙위병宿衛兵 대부분이 행영行營29)에 있었기에 인심이 흉흉해
져서 어찌 해야 될지 모르는 상황이 되었다. 개봉윤開封尹 상유한은
사직의 안위가 다급해지자, 출제를 알현하여 대책을 논의하고자 하였
다. 하지만 그때 출제는 동산에서 매 사냥을 하면서 만나주지 않았다.
이에 상유한은 집정 대신에게 말하려 하였으나 집정은 다급하다 여기
지 않았다. 상유한은 물러나오며 주변 사람들에게 말하였다.

"후진의 종묘에서는 이제 제사가 끊어지겠구나."

…(중략)…

출제는 궁중에 불을 지른 다음 칼을 뽑아 후궁 10여 명을 몰고
함께 불 속으로 뛰어들고자 하였다.30) 하지만 친위대의 장수 설초薛
超에게 붙들렸다. 그 직후 장언택張彦澤이 관인문寬仁門을 통해 들어

---

28) 中度는 中渡橋로서 滹沱河를 건너는 관문, 오늘날의 河北省 正定縣 인근.
大軍이 이곳에 주둔하는 사실을 처음 인지하였다는 것은, 그 만큼 대군이 고
립되어 있으며 京師와의 驛報도 원활치 않은 상태였음을 보여준다.

29) 行營 : 황제가 出巡하였을 때 건립하는 駐蹕 장소.

30) 後晉 出帝 開運 3년(946) 12월의 일이다.

와 거란 황제와 태후의 서신을 갖고 출제를 위무하였다. 이어 장언택은 상유한과 경연광을 불렀다. 이에 출제는 불을 끄라고 명하고, 궁성의 문을 모두 열어 두게 하였다.

출제는 정원 한 가운데 후비后妃들과 함께 모여 앉아 울었다. 그리고 한림학사 범질范質을 불러 항복의 상표문을 작성하게 하였다. 여기서 그는 다음과 같이 말하였다.

"손자인 신臣 석중귀石重貴에게 재앙이 내려 신명神明이 의혹을 품었으며 운세가 다해 하늘이 멸망시켰습니다. 이제 태후 및 처 풍씨馮氏와 함께 온 일족을 들어 면박面縛³¹⁾한 채 처벌을 기다리고 있습니다. 아울러 아들인 진녕鎭寧 절도사 석연후石延煦와 위신威信 절도사 석연보石延寶를 파견하여 국보國寶³²⁾ 하나와 금인金印³³⁾ 세 개를 받들고 마중하게 하였습니다."

태후 또한 상표문을 올려 '신부이씨첩新婦李氏妾'³⁴⁾이라 자칭하였다.

얼마 후 부주아傅住兒³⁵⁾가 들어와 거란 태종의 명령서를 전하였다. 출제는 황포黃袍를 벗고 소삼素襂으로 갈아입은³⁶⁾ 다음 두 번 절하고 그 명령서를 받아들었다. 이를 보고 좌우에서는 모두 뒤돌아 눈물을 흘렸다.

---

31) 面縛 : 양손을 등 뒤로 묶고 얼굴을 치켜들게 하여 사람에게 보여주는 것. 항복을 표시하는 자세이다.

32) 國寶 : 國璽

33) 金印 : 황금으로 주조한 官印.

34) 新婦李氏妾 : 며느리인 비천한 여인 李氏. 新婦는 갓 결혼한 여인, 기혼녀 등의 의미가 있으나 여기서는 며느리를 가리킨다.

35) 傅住兒 : 거란의 태종이 파견한 사신, 通事였다.

36) 황제의 옷인 黃袍 대신 평민의 服色으로 갈아입었다는 의미.

…(중략)…

출제는 거란 태종이 장차 황하를 건너려 한다는 말을 듣고 태후와 함께 마중나가려 하였다.[37] 이 사실을 장언택이 먼저 보고하니 거란 태종은 허락하지 않았다. 또 출제로 하여금 입에 구슬을 문 채 양을 끌게 하고[38] 대신으로 하여금 관을 들고[39] 그 뒤를 따르는 모습으로 교외에 나가 태종을 마중하려 하였다. 이러한 의식의 거행을 거란 태종에게 보고하니 이에 대해 다음과 같이 말하였다.

"나는 군대를 파견하여 기습함으로써 대량을 함락시켰다. 항복을 받은 것이 아니다."

거란 태종은 그것을 불허하였다. 이어 조령을 내려, 후진의 문무백관을 모두 옛 관직 그대로 두며 조정의 제도는 중국의 의례를 병용할 것이라고 하였다.

출전 『자치통감』 권 285·286.

내용 후진의 출제가 즉위한 이래 거란은 수시로 남침하여 북변을 위협하였다. 그러다가 946년 11월 다시 대거 남침을 시작하였다. 남하하는 거란군과 이에 맞선 후진의 군대는 호타하滹沱河의 중도교中渡橋에서 대치하여 전투(호타하 전투, 혹은 중도교 전투라고 부른다.)를 벌였다. 하지만 여기서 후진이 대패하고 곧이어 수도 대량大梁, 開封도 함락됨으로써 후진은 멸망하고 말았다. 거란이 남침을 시작한 지 한 달만의 일이었다.

---

37) 後晉 出帝 開運 3년(946) 12월의 일이다.
38) 銜璧牽羊, 군주의 항복을 의미한다.
39) 輿櫬, 죽어 마땅한 죄를 지었음을 표시하는 행위.

거란의 화북 지배

거란의 태종이 봉구문封丘門40)으로 들어서니 백성들이 모두 놀라 소리지르며 달아났다.41) 거란 태종은 성루에 오른 다음 통사通事42)를 보내 백성들에게 다음과 같이 선포하였다.

"나 또한 사람이다. 너희는 두려워 말라. 나는 너희를 편히 살 수 있게 할 것이다. 나는 본디 남침할 뜻이 없었다. 중국의 군대가 나를 이리로 오게 했을 뿐이다."

태종은 명덕문明德門43)에 이르러 말에서 내린 다음 절을 하고 궁성으로 들어섰다.

…(중략)…

거란 태종은 적강赤岡으루부터 군대를 이끌고 입궁하였다.44) 도성의 모든 문과 궁궐의 문에 거란의 병사를 보내 지키게 하면서 주야로 무장을 풀지 않도록 하였다. 또 주술의 의미로 그 문 앞에서 개를 잡고, 광장에 장대를 높이 세워 거기에 양의 가죽을 꿰어 두었다. 거란 태종은 군신들에게 말하였다.

"이제 앞으로 군대 육성에 힘쓰지 않겠다. 군마도 구입하지 않겠다. 조세와 요역을 줄여 천하가 태평하게 하겠노라."

이어 동경東京이란 명칭을 폐지하고 개봉부를 변주汴州로 강등시켰으며, 부윤府尹을 방어사防禦使로 변경시켰다.

---

40) 封丘門 : 개봉성의 북쪽에 위치한 문.
41) 947년 정월의 일이다.
42) 通事 : 통역.
43) 明德門 : 후진 궁성의 남쪽에 위치한 세 개의 문 가운데 중앙의 정문
44) 947년 정월의 일이다.

을미乙未, 거란의 태종은 복색을 바꾸어 중국의 의관을 착용하였다. 문무 백관의 근무도 모두 이전대로 하게 하였다.

…(중략)…

거란의 태종은 사방에서 바치는 진공 물품을 기뻐하며 접수하였다. 또 잔치를 크게 열어 음악을 연주하게 하며 술을 마셨다. 그는 늘 후진의 신하들에게 다음과 같이 말하였다.

"중국의 일이라면 내가 모두 알고 있다. 하지만 너희는 우리 거란의 일을 모른다."

조연수趙延壽가 거란 군대에 대한 군량의 지급을 요청하였다. 태종이 말하였다.

"우리 나라에는 그러한 제도가 없다."

그리고 거란 기병을 사방으로 풀어 말 사육을 핑계로 각지에서 약탈을 자행하게 하였다. 이를 타초곡打草穀45)이라 불렀다. 그리하여 젊은이들은 거란 군대의 칼 아래 죽고 노약자들은 살해되어 구덩이를 메울 정도였다. 낙양과 개봉으로부터 정주鄭州·활주滑州·조주曹州·복주濮州에 이르는 수백 리 사이에 재산과 가축이 모두 사라졌다.

거란 태종이 판삼사사判三司使 유후劉昫에게 말하였다.

"거란의 군대 30만이 후진을 점령하였다. 응당 그에 따른 넉넉한 상급이 있어야 할 것이다. 속히 조치하도록 하라."

당시 나라의 창고는 텅 비어 있는 상태라서 유후는 어떻게 그 재원을 마련해야 될지 몰랐다. 그래서 태종에게 보고하고 도성의 주민으로부터 재물을 징발하였다. 여기에는 장군과 재상이라 할지라도

---

45) 打草穀 : '馬草와 말 사료의 확보'란 의미.

예외가 되지 않았다. 아울러 각지로 사자 수십 명씩 파견하여 각 주 州에서 재물을 차용해 왔다. 사자들은 모두 강력한 처벌을 들먹이며 윽박질렀기에 백성이 견딜 수 없었다. 이렇게 모은 재물은 실상 거 란 군사들에게 배급되지 않았다. 모두 창고에 쌓아두었다가 거란 본 국으로 실어갈 심산이었다. 이에 내외가 분노와 원한을 품으며 거란 의 지배에 대해 반감을 지니고 쫓아내려 하게 되었다.

…(중략)…

거란 태종이 후진의 문무 백관을 모두 조정에 불러 모으고 물었 다.

"우리 거란은 광대하여 그 영역이 수만 리에 달한다. 그래서 군장 君長이 27명이나 된다. 중국의 습속이 우리 나라와 다르니, 내가 한 사람을 택하여 군주로 삼으려 한다. 어떻겠느냐?"

모두가 대답하였다.

"하늘 아래 해가 둘 있을 수 없습니다. 이적과 중화의 사람 모두 폐하를 황제로 추대하고 싶어 합니다."

이렇게 두 차례나 말하였다. 이에 태종이 말하였다.

"너희들이 나를 황제로 떠받들자고 하니 그렇게 하겠노라. 그렇다 면 무슨 일부터 해야 하겠는가?"

"제왕이 천하를 지배하게 되면 먼저 대사면령을 내려야 합니다."

2월 초하루,46) 거란의 태종은 머리에 통천관通天冠47)을 쓰고 몸에 는 강사포絳紗袍48)를 입고 황궁의 정전正殿에 올랐다. 조정의 바깥에

---

46) 947년의 일이다.
47) 通天冠 : 황제가 쓰는 관.
48) 絳紗袍 : 황제의 의복으로서 짙은 붉은 색의 비단 옷.

는 음악이 연주하는 속에 의장대를 도열시켰다. 또 백관으로 하여금 조하朝賀[49]하며, 중국인은 중국식 예복을 입게 하고 거란인은 호복 胡服을 입은 채 문반文班과 무반武班의 중간에 서게 하였다. 이어 조령을 내려 대요大遼 대동大同 원년(947)으로 개원하고 대사면령을 내렸다.

…(중략)…

동방에서 군도群盜가 대대적으로 발생하여 송주宋州·박주亳州·밀 주密州의 3개 주를 함락시켰다. 거란의 태종은 좌우를 돌아보며 말하였다.[50]

"내 중국 사람이 이처럼 통치하기 어려운 줄 몰랐다."

…(중략)…

거란의 태종이 다시 후진의 백관을 불러 말하였다.[51]

"날씨가 점점 더워지고 있다. 내 이러한 곳에 오래 머물기 어려우 니 잠시 북쪽의 거란에 가서 태후를 뵈려 한다. 이곳에는 신임하는 인물 하나를 두어 절도사로 삼겠다."

이에 백관이 모두 태후를 대량大梁으로 모시자고 말하였다. 태종 이 대답하였다.

"태후의 일족은 그 수가 많다. 오래된 잣나무 뿌리와 같아서 옮겨 올 수 없다."

태종은 후진의 백관 모두 자신과 함께 북으로 데려가려 하였다. 그러자 누군가 말하였다.

---

49) 朝賀 : 조정에서 신료들이 황제에게 賀禮를 진행하는 것.
50) 후한 고조 천복 12년(947) 2월의 일이다.
51) 후한 고조 천복 12년(947) 3월의 일이다.

"온 나라가 모두 북쪽으로 옮겨 간다면 민심이 동요할까 두렵습니다. 천천히 옮겨 가는 것이 좋습니다."

이에 조령을 내려 중요 직책에 있는 사람만 따라가고 나머지는 그대로 대량에 남게 하였다.

출전 『자치통감』 권 285 · 286.

내용 거란의 태종은 946년 12월 후진을 멸하고, 이듬해 정월 변경(汴京)에 입성하였다. 그는 중국 황제의 의관을 착용하고 중국의 방식에 따라 백관을 접견하는 등 중원의 경영에 열의를 보였다. 하지만 중국과 거란의 습속이 달랐기에 중원의 통치는 얼마 되지 않아 난관에 봉착하였다. 대표적인 정책이 이른바 '타초곡打草穀'이라 불리는 대민 약탈이었다. 군량과 마초를 확보하기 위해 거란은 출정시의 관례대로 타초곡을 자행하였다. 또 사자 수십 명을 각지에 파견하여 조급하게 물자의 확보에 나섰다. 이러한 거란의 횡포에 화북민은 이윽고 격렬하게 저항하기 시작하였다. 결국 거란의 태종은 947년 3월 북방으로의 철수를 결정하기에 이른다. 중원을 점령하고 채 5개월도 지나지 않은 시점이었다.

송과 거란 사이 전연澶淵의 맹약

이 무렵 거란이 침범해 와 유기游騎[52]를 풀어 심주深州와 기주祁州 일대를 약탈하다가 조금 전세가 불리해지자 바로 돌아갔다. 이리저리 떠돌며 아무런 전쟁 의지가 없는 듯 보였다. 구준寇準이 말하였다.

"이는 우리를 기만하는 것입니다. 청컨대 군대를 조련하고 장수를

---

52) 游騎 : 이리저리 유동적으로 활동하는 기병.

임명토록 하십시오. 그리고 날쌘 정예병을 선발하여 요충지에 배치하고 대비해야 합니다."

이해[53] 겨울 거란이 과연 대거 침입하였다. 긴급을 알리는 문서가 하루 저녁에 5통이나 올라왔다. 구준은 서두르지 않고 태연자약하게 술을 마시며 웃었다. 이튿날 조정의 대신들이 보고하니 진종이 크게 놀라 구준에게 물었다. 구준이 대답하였다.

"폐하께서 이 일을 결말지으려 하신다면 5일이 걸리지 않을 것입니다."

그리고 진종에게 전주澶州로 행차하기를 청하였다. 동료 대신들이 두려워하며 밖으로 나가려 했다. 구준이 이들을 가로막으며 어가御駕의 출동을 대기하라고 하였다. 진종은 친정을 두려워하며 내궁으로 들어가려 하였다. 이에 구준이 말하였다.

"폐하께서 안으로 들어가시면 신은 알현이 불가능해지고 일은 돌이킬 수 없게 될 것입니다. 내궁으로 피하지 마시고 친정해 주십시오."

진종은 결국 친정을 결정하고 여러 신하들을 불러 대책을 논의하였다.

이윽고 거란이 영주瀛州를 포위하고 곧바로 패주貝州와 위주魏州 일대로 침범하자 조정 내외가 극도로 두려워하였다. 강남 출신인 참지정사參知政事 왕흠약王欽若은 진종에게 금릉金陵으로 몽진하자고 주장하였고, 사천 출신의 진요수陳堯叟는 성도成都로 몽진하자고 주장하였다. 진종이 구준에게 물어보자, 그는 내심 그 두 사람의 음모

---

53) 眞宗 景德 원년(1004)이다.

라는 사실을 알았지만 짐짓 모르는 체하고 대답하였다.

"누가 폐하께 이런 대책을 말했습니까? 주살하여야 할 것입니다. 지금 폐하께서는 용맹스럽기 그지없으시고 장수들은 잘 마음을 합하고 있습니다. 만일 폐하께서 친정만 하신다면 적은 자연스레 물러갈 것입니다. 설령 불러가지 않는다 해도 기병奇兵을 내어 저들의 전략을 어지럽히면서 견고히 수비를 한다면 저들은 피로해질 것입니다. 이처럼 우리는 쉬면서 저들을 어렵게 한다면 분명히 승리합니다. 종묘사직을 버리고 남방이나 사천의 먼 지방으로 가면 민심은 무너져 버릴 것입니다. 적이 그 기세를 타고 깊이 쳐들어오면 천하를 어떻게 지킬 수 있겠습니까?"

그리고 진종에게 전주로 친정할 것을 청하였다.

전주의 남성南城에 이르니 거란 군대의 기세가 거셌다. 여러 사람들이 잠시 어가를 멈추고 적의 동향을 살피자고 말하였다. 구준이 단호하게 말하였다.

"폐하께서 황하를 건너 북으로 가지 않으시면 민심은 더욱 흉흉해지다. 적의 기세도 누를 수 없어 이길 수 없게 될 것입니다. 지금 왕초王超는 정병을 이끌고 중산부中山府에 주둔하며 저들의 목을 막고 있습니다. 또 이계륭李繼隆과 석보길石保吉은 양 진영으로 나누어 저들의 좌우 양쪽을 막고 있습니다. 사방으로부터의 구원병도 날마다 도달하고 있습니다. 무엇이 의심스러워 나아가지 않는단 말입니까?"

하지만 사람들은 모두 두려워하였다. 구준이 힘껏 진언하였지만 진종은 결정을 내리지 못하였다. 구준은 나오다가 문 앞에서 고경高瓊을 만나게 되자 다음과 같이 말하였다.

236

"태위太尉는 나라의 은혜를 받았는데 지금 어떻게 보답하려 하오?"

"저는 무인입니다. 죽음으로써 보답하겠습니다."

구준은 다시 진종 앞으로 들어갔고 고경이 그 뒤를 따라 어전에 섰다. 구준이 큰 소리로 말하였다.

"폐하께서 신의 말을 믿지 않으시니 한 번 고경 등에게 물어보아 주십시오."

고경이 즉시 우러러 아뢰었다.

"구준의 말이 맞습니다."

구준이 말하였다.

"때를 놓쳐서는 안 됩니다. 어가를 재촉해 주십시오."

고경은 즉시 친위대를 지휘하여 어가를 전진시켰다. 이리하여 진종은 마침내 황하를 건너 북성의 문루門樓에 다다랐다. 원근 각처에서 모두 어가의 덮개를 볼 수 있게 되자 군사들의 환호성이 터져 나왔다. 그 소리가 수십 리 바깥까지 들렸다. 거란은 이를 보고 놀라 군진조차 갖추지 못하였다.

진종은 군사 관련 사항을 모두 구준에게 일임하였다. 구준은 황제의 명에 따라 모든 일을 독자적으로 처리하였다. 명령은 엄숙하였고 군대는 모두 기뻐하였다. 이때 적의 기병 수천이 성 아래로 다가왔다. 명령을 내려 맞아 싸우게 하여 그 태반을 죽이거나 사로잡았다. 진종은 행궁으로 돌아갔다. 구준은 성 위에 머물고 있었다. 진종은 사람을 보내 구준이 어떻게 하고 있는지 보고 오라고 하였다. 구준은 양억楊億과 더불어 술 마시며 도박을 하고 있었다. 큰 소리로 웃으며 노래도 불렀다. 진종은 기뻐하며 말하였다.

"구준이 저러한 것을 보니 내 걱정이 없겠도다."

이런 대치 상태로 10여 일이 지났다. 거란의 장수 달람撻覽이 전투를 독려하고 나섰다. 당시 호위군虎威軍 교두教頭 장괴張瓌가 상자노床子弩를 지니고 있었는데, 노를 겨누어 발사하자 화살이 달람의 이마에 명중하였다.

달람이 죽자 거란은 은밀히 서신을 보내 맹약을 요청하였다. 구준은 따르려 하지 않았지만 거란의 사자는 더욱 강하게 요청하여 진종이 허락하였다. 구준은 거란으로 하여금 칭신稱臣하고 유주幽州의 땅도 반환시키려 하였다. 하지만 진종은 전쟁을 싫어하여 거란과의 관계가 단절되지 않기만을 바랐다. 더욱이 누군가 구준이 진종의 친정을 이용하여 자신의 지위 강화를 노린다고 참언하였다. 구준은 어쩔 수 없이 맹약을 허락하였다.

진종은 조이용曹利用을 보내 세폐 액수를 의논하며 말하였다.

"백만 이하라면 모두 약속해도 좋다."

구준은 조이용을 자신의 막사로 불러 말하였다.

"폐하의 허락은 있었지만 너는 절대 30만 이상을 허락해서는 안 된다. 30만이 넘으면 내 너를 참수해 버리겠다."

조이용은 거란 진영에 가서 30만으로 약속하고 돌아왔다. 하북의 전쟁이 멎은 것은 모두 구준의 공적 때문이다.

구준은 재상의 자리에 있으면서 인재 등용에 자격을 따지지 않아 동료들이 매우 싫어하였다. 어느 날 관직의 선임이 있는데 동료가 서리를 시켜 관례에 따른 인사 후보자 명단을 보내왔다. 구준이 말하였다.

"재상은 훌륭한 사람을 등용하고 무능한 사람은 물러나게 해야 하오. 만일 관례대로만 한다면 서리와 무엇이 다르겠소?"

경덕 2년(1005) 구준에게 중서시랑 겸 공부상서의 직함이 더해졌다. 구준은 전연의 맹에 공이 있다고 자부하였다. 진종 역시 이 때문에 그를 매우 각별히 대하였다. 반면 왕흠약은 대단히 시기하였다. 하루는 조회가 끝나고 구준이 먼저 물러나자 진종은 눈 인사로 그를 보냈다. 왕흠약이 남아 말하였다.

"폐하께서는 구준을 공경하시는데 그가 사직에 공이 있나요?"

"그렇소."

"전연의 맹약을 두고 폐하께서는 수치로 여기지 아니하시며 늘 구준이 사직에 공을 세웠다 하시는데 그것은 무슨 이유 때문입니까?"

진종은 놀라 되물었다.

"그게 무슨 말이오?"

"성하지맹城下之盟54)은 『춘추』에서 수치로 치부하였습니다. 전연의 맹은 사실 성하지맹입니다. 천하를 다스리는 천자로서 성하지맹을 맺었으니 이보다 심한 치욕이 어디 있겠습니까?"

진종은 낯빛이 바뀌며 불쾌해 하였다. 왕흠약이 다시 말하였다.

"폐하께서는 도박에 대해 아시나요? 도박꾼에게 돈이 다 떨어져 갈 때 남아 있는 것을 모두 거는 것을 고주孤注라고 합니다. 폐하를 두고 구준은 고주를 한 것입니다. 이는 매우 위태로운 것이었습니다."

이로 인해 구준에 대한 진종의 마음은 점차 식어가기 시작하였다.

---

54) 城下之盟 : 적의 군대가 城下에 닥쳐 맺는 굴욕적인 맹약.

출전 『송사』 권281, 「寇準傳」.

내용 907년 야율아보기는 부족을 통합하고 거란을 건국하였다. 오대 시기에는 후진의 건국을 원조하여 그 대가로 연운 16주를 할양받았다. 송 태종은 중국을 재통일한 이후 두 차례에 걸쳐 거란에 대한 북벌을 감행하였으나 모두 거란의 역습을 받아 참패를 당하였다. 이후 송은 수세적인 자세를 취하다가 오히려 1004년에 거란으로부터 대대적인 공격을 받게 된다. 거란이 대군을 이끌고 남하하자 송 조야는 공포에 질려 우왕좌왕하였다. 이러한 상황에서 혼란을 진정시키고 진종으로 하여금 친정에 나서게 함으로써 거란에 대해 총력 대응 태세를 갖추게 한 인물이 구준(961~1023)이다. 결국 송과 거란은 맹약을 맺고 평화를 약속한다. 이를 전연의 맹약이라 부른다. 전연의 맹약은 송이 거란에 매년 막대한 물자(비단 20만 필, 은 10만 냥)를 지급한다는 내용이었다. 또 송과 거란은 대등한 관계로 규정되었다.

거란의 남침과 전연澶淵의 맹약을 둘러싼 절충

구준이 재상이 되었다. 그는 강직하여 악인惡人을 싫어했기 때문에 소인들이 그를 파직시키기 위해 날마다 궁리하였다. 그 무렵 신종고申宗古라는 평민이 그가 안왕安王 조원걸趙元傑과 결탁해 있다고 고발하였다. 구준은 두려워하며 어떻게 변명해야 될지 몰라 했다. 이에 필사안이 힘껏 무고하다고 변호하였다. 마침내 신종고를 심문하여 일을 꾸민 세력을 모두 체포하여 참수하였다. 구준은 비로소 안도하였다.

진종 경덕景德 원년(1004) 9월 거란의 총사령관 달람撻覽이 군대를 이끌고 위로威虜·순안順安·북평北平을 약탈하였다. 또 보주保州를 점령하고 정무定武까지 공격하였으나 송의 군대에 의해 격퇴되었다. 이후 군대를 증강하여 양성정陽城淀에 주둔하다가 마침내 고양高陽으로 공격해 왔으나 함락시키지 못하였다. 이에 방향을 바꾸어 패주·기주冀州·천웅군天雄軍 쪽으로 공격하며 총 군사가 20만이라 호언하였다. 진종은 편전에 앉아 대신들과 대책을 논의하였다. 필사안과 구준은 방어의 정황을 세밀히 보고한 다음 진종에게 전연으로 친정할 것을 함께 청하였다. 필사안은, 전연으로의 행차는 중동仲冬[55] 이 좋다고 말하였지만, 구준은 한시도 늦출 수 없으니 당장 가야 한다고 주장하였다. 최종적으로 필사안의 말에 따르기로 하였다.

이에 앞서 함평咸平 6년(1003) 운주雲州 관찰사 왕계충王繼忠이 거란 공격에 나섰다가 전황이 불리하여 오히려 투항하였다. 그리고 이때 거란 측에 서서 강화를 요청해 왔다. 대신들은 어떻게 해야 할지 몰라 잠자코 있었다. 다만 필사안이 나서서 믿을 수 있다고 말하며, 진종에게 '거란과의 관계가 단절되어서는 안 되니 응해야 한다.'고 강력히 주장하였다. 진종은, '적들이 이렇게 강한데 그것을 어떻게 믿을 수 있느냐?'고 망설였다. 이에 필사안이 말하였다.

"신이 거란에서 항복해 온 사람을 만나 보았습니다. 저들은 지금 깊이 침입해 왔으나 여러 차례 패배하여 그 뜻을 이루지 못하였기에, 내심 철수하고자 하나 명분이 없는 것을 곤혹스럽게 여기고 있습니다. 더욱이 누군가 빈 틈을 노려 자기들의 본거지를 덮칠까 두려워하고 있습니다. 필시 저들의 강화 요청은 거짓이 아닐 것입니다. 신은 왕계충의 말을 받아들이는 것이 좋다 생각합니다."

진종은 기뻐하며 왕계충에게 직접 서신을 주어 그 강화 요청을

---

55) 仲冬: 음력 11월.

허락하였다.

당시 친정한다는 조령은 내려졌지만 그에 앞서 여러 논의로 시끄러웠다. 두세 명의 대신은 금릉金陵이나 성도成都로 피한 다음 후일을 도모하자고 말하기도 하였다. 필사안은 극력 구준의 주장에 동조하여 그렇게 하면 안 된다고 하였다. 그리하여 친정이 결정되도록 하였다. 진종이 군대를 정비하고 진군하는데 태백성太白星[56]이 낮에 보이고, 유성이 상태성上台星[57]에 나타나 북으로 두괴斗魁[58]를 뚫고 지나갔다. 이를 두고 누군가는 북으로 친정해서는 안 된다는 의미라고도 하고, 또 누군가는 대신이 잘못하고 있다는 의미라고도 하였다. 그때 필사안은 병으로 몸져 누워 있다가 구준에게 편지를 보냈다.

"병을 무릅쓰고 친정에 동행하겠다고 여러 차례 청하였으나 수조手詔[59]를 내려 불허하셨습니다. 이미 대처 방향이 결정되었으니 그 일에만 힘써 노력해 주십시오. 저는 제 몸으로써 천체의 이변에 해당되는 것으로 하고 나랏일은 편안해지기를 원합니다."

얼마 후 전연으로 나아가 행재行在에서 진종을 알현하였다. 당시 집결한 군대는 수십만이나 되어 거란이 크게 두려워하였다. 그러다 거란은 많은 군사를 이끌고 덕청德淸을 공격하였다. 그리고 전연의 북부에 이르렀다가 복병이 발사한 쇠뇌를 맞고 달람이 전사하였다. 거란 군대는 무너져 본 진영으로 돌아갔다.

---

56) 太白星 : 금성.
57) 上台星 : 三台星, 文昌星 남쪽에 일렬로 위치한 3개의 별.
58) 斗魁 : 북두칠성.
59) 手詔 : 황제가 친히 작성한 詔書. 간절한 의지나 염원을 표시하는 용도로 사용된다.

그때 거란 진영에 사자로 갔던 조이용曺利用이 돌아와 저들의 강화 요지를 알게 되었다. 또 그 사자 요동지姚東之가 함께 와서 강화 조건이 마침내 확정되었다. 매해 거란에 은과 비단 30만을 주기로 하였는데 조정에서는 그 액수가 지나치다는 의견이 많았다. 이에 필사안이 말하였다.

"이렇게 하지 않으면 거란이 받는 것이 적어져 강화가 이내 깨질 것이다."

이후 군대를 철수하여 진종과 함께 돌아왔다. 그리고 연변의 요처에는 좋은 장수를 선임하여 배치하였다. 웅주雄州에는 이윤칙李允則, 정주定州에는 마지절馬知節, 진주鎭州에는 손전조孫全照, 보주保州에는 양연소楊延昭가 임용되었으며, 기타 지역에도 각각 적절한 인물이 파견되었다. 거란과는 호시互市를 개설하고 철기의 교역 금지를 해제하였다. 또 변경 지역에 유랑 농민을 불러 들여 안착시키고 식량 등의 비축분을 늘려갔다. 얼마 후 하주夏州의 조덕명趙德明60)도 투항하여 귀순하였다. 두 방향이 모두 안정되니 내외가 두루 평안해졌다. 이에 따라 각종 제도와 법령이 차례로 시행되었다. 현량賢良·방정方正·직간直諫 등의 관료 등용문도 부활되어 인재 발탁의 길을 넓혔다.

출전 『송사』 권281, 「畢士安傳」.

---

60) 趙德明(981~1032): 李繼遷(963~1004)의 아들로 그 뒤를 이어 탕구트족의 지배자가 되는 인물. 본디 李德明이나 宋에 귀순하여 황실 성인 趙氏를 하사받아 송측에서는 조덕명이라 칭하였다. 그 아들 李元昊(1004~1048) 시기에 이르러 稱帝建國하고 大夏라 칭하게 된다.

내용 송과 거란은 1004년 강화 조약을 체결하고 상호 간 기존 국경의 인정과 불가침을 약속하였다. 이 조약이 체결된 지점이 전주澶州이고 그 옛 명칭이 전연이었기에 전연의 맹이라 부른다. 이에 따라 송 태종 이래 그토록 수복을 염원하였던 연운 16주도 그대로 거란의 영토로 남았다. 송이 끝내 연운 16주를 되찾지 못하고 거란에게 내주게 되었던 것은 이후 두고두고 송대 지식인에게 치욕으로 인식되었다.

송-거란 사이 세폐의 증액을 둘러싼 외교 교섭

인종 경력慶曆 2년(1042) 부필富弼이 지제고가 되어 수도 동경의 사법 업무를 감찰하게 되었다. 도첩度牒을 위조한 당리堂吏[61]가 발각되었는데 개봉부에서 감히 처벌하지 못하였다. 부필은 집정에게 보고하여 그 서리를 감옥에 가두라고 요구하였다. 이에 재상 여이간 呂夷簡이 불쾌해 하였다.[62]

그때 마침 거란이 국경 지대에 대군을 주둔시킨 채 사신 소영蕭英과 유육부劉六符를 파견하여 관남關南의 땅[63]을 반환하라고 요구하였다. 조정에서는 보빙報聘할 사람을 선정하려 하였지만 거란이 어떠한 태도로 나올지 모르기 때문에 어느 누구도 사자로 가려 하지 않았다. 여이간은 이 때문에 부필을 천거하였다.[64] 구양수歐陽脩는

---

61) 堂吏 : 中書의 서리.
62) 堂吏는 재상이 소속된 관아인 中書의 서리였기에 부필의 처사를 못마땅하게 여긴 것이다.
63) 關南의 땅 : 연운 16주 가운데 翼津關과 瓦橋關 이남 지역으로서 瀛州와 莫州 2주를 가리킨다. 이 關南의 땅은 959년 후주 세종에 의해 수복된 지역이다.
64) 부필에 대한 악감정 때문에 일부러 그에게 위험한 임무를 맡긴 것이다.

안진경顔眞卿이 이희열李希烈에게 사자로 갔던 일65)을 들어 보내지 말 것을 주청하였지만 받아들여지지 않았다.

부필은 즉시 진종을 알현하고 머리를 조아리며 말하였다.

"군주를 근심하게 하는 것은 신하된 자의 치욕입니다. 신은 감히 죽음을 마다하지 않겠습니다."

이에 진종은 감동하여 먼저 그를 접반사接伴使로 임명하였다. 소영 등이 입국하자 중사中使66)가 맞아 노고를 위로하였지만 소영은 병을 핑계로 중사에게 절하지 않았다. 부필이 말하였다.

"내가 전에 북쪽으로 사신을 갈 때 병으로 수레 속에 누워 있었소 만 귀국 황제의 명을 전해 듣고는 곧바로 일어났소이다. 지금 중사 가 왔는데 그대가 절하지 않는 것은 무슨 예절이오?"

소영은 놀라 일어나 절을 하였다. 부필은 노여움을 풀고 그와 더 불어 말을 나누었다. 소영은 감격하여 기뻐하며 그 또한 사정을 숨 기지 않았다. 그리고 은밀히 그 군주가 얻으려 하는 바를 얘기해 주 며, '응할 만하면 응해 주고, 그렇지 않으면 한 마디도 나누지 말고 오라.'고 했다고 전해 주었다. 부필은 그대로 보고하였다. 진종은 세 폐의 증액 및 종실 여인을 거란 황제의 왕자에게 출가시키는 것을 허락하기로 하였다.

곧이어 부필을 추밀직학사樞密直學士로 승진시켰다. 부필이 사양 하며 말하였다.

"국가가 위기에 처하면 마땅히 노고를 아끼지 말아야 합니다. 어

---

65) 당 德宗 興元 원년(784) 顔眞卿이 淮西의 叛將 李希烈을 설득하기 위해 파 견되었다가 오히려 감금되어 살해된 것을 가리킨다.

66) 中使 : 궁중에서 파견된 환관 사자. 황제의 대리인과 같은 자격을 지녔다.

찌 도리어 관직을 보상으로 받겠습니까?"

거란에 도착하니 유육부가 와서 접대하였다. 부필이 거란의 군주를 알현하고 송에 사자를 파견한 까닭을 물었다. 거란의 군주가 말하였다.

"남조南朝[67]에서는 약속을 어기고 안문雁門을 정비한다든가 국경지대에 위치한 연못의 수량을 늘리고 있으며 또 성과 해자를 보수하고 민병을 모집하고 있소이다. 장차 어찌 하려는 것이오? 이를 보고 여러 신하들이 군대를 일으켜 남조를 정벌하자고 하고 있소. 그렇지만 내가 사자를 보내 영토의 할양을 요구하고 그것이 받아들여지지 않으면 그때 전쟁을 일으켜도 늦지 않다고 하였소."

부필이 말하였다.

"북조는 진종 황제의 큰 은혜를 잊으셨나요? 전연에서 전쟁이 있었을 때 만일 여러 장수들의 말대로 했다면 북조의 군대는 제대로 돌아가기 힘들었을 겁니다. 또한 북조와 중국이 선린 관계를 유지하면, 세폐로 말미암은 이익은 고스란히 황제에게 돌아가고 신하들은 전혀 얻는 것이 없습니다. 하지만 만일 전쟁이 벌어진다면 그 이익은 신하들에게 돌아가고 황제는 그 피해만 입을 것입니다. 그러므로 전쟁을 권하는 것은 모두 자신들의 이익을 위한 것일 따름입니다."

거란의 황제가 놀라 말하였다.

"그게 무슨 말이오?"

"후진의 고조는 하늘을 속이고 군주를 배반하였습니다. 후당의 말제는 어리석은 데다가 어지러운 정치를 펴서 영역은 협소해지고 상

---

67) 南朝는 宋, 北朝는 거란을 가리킨다.

246

하가 이반하였습니다. 그렇기에 거란이 승리를 거둘 수 있었지만 군사와 군마는 태반이 피해를 당하였습니다. 지금 중국은 만리의 영토를 지배하고 있으며 휘하에 정병이 100만입니다. 법령도 체계가 잘 잡혀 있어 상하가 한 마음을 이루고 있습니다. 이러한 때 북조가 전쟁을 일으켜서 능히 승리를 장담할 수 있겠습니까? 또 설령 승리한다 해도 죽은 군사나 군마의 피해는 신하들이 감당하겠습니까? 아니면 군주가 감당하겠습니까? 하지만 평화 관계가 끊어지지 않는다면 세폐는 남김없이 군주에게 돌아갈 것입니다. 신하들에게 무슨 이익이 있겠습니까?"

거란의 황제는 이 말에 크게 깨달아 오랫동안 고개를 끄덕였다. 부필이 말을 이었다.

"안문관雁門關을 정비한 것은 이원호李元昊에 대비하기 위한 것이고, 연못을 파기 시작한 것은 맹약이 맺어지기 전인 하승구何承矩 때입니다. 그리고 성곽과 해자는 모두 낡은 것을 수리했을 뿐입니다. 민병 또한 결손을 보충한 것입니다. 맹약을 어긴 것은 아닙니다."

거란 황제가 말하였다.

"경의 말이 아니었다면 그 실상을 알지 못했을 것이오. 그러나 내가 얻고 싶은 것은 선대 황제 시대의 옛 땅일 뿐이오."

부필이 말하였다.

"후진이 노룡盧龍을 거란에게 바친 것이라든가 후주의 세종이 관남의 땅을 수복한 것은 모두 지난 시대의 일입니다. 만일 각각 지난 시대의 땅을 얻고자 한다면 어찌 북조에게 이익이 되겠습니까?"

부필이 물러나오니 유육부가 말하였다.

"우리 군주는 비단과 물자를 받은 것을 수치스럽게 여겨 관남의

10현縣을 끝내 돌려받고자 합니다. 어찌할 생각이오?"

부필이 대답하였다.

"우리 황제는 다음과 같이 말씀하셨오.

'짐은 선대 황제들을 계승하여 나라를 지키고 있도다. 어찌 감히 망령되이 땅을 떼어 남에게 주겠는가? 북조가 바라는 것은 그 땅의 세금일 따름이다. 짐은 다만 땅 때문에 송과 북조 양방의 백성들이 죽는 것을 차마 볼 수 없다. 그래서 양보하여 세폐를 늘려 지급함으로써 그 세금 수입을 대신하고자 한다. 만일 북조가 반드시 땅을 얻어야만 하겠다면, 이는 그 뜻이 맹약을 져버리는 데 있으면서 이를 빌미로 삼는 것일 따름이다. 전연의 맹약은 천지와 귀신이 모두 알고 있는 것이다. 그런데 지금 북조가 먼저 전쟁을 일으키고자 한다면 그 잘못은 짐에게 있는 것이 아니다. 천지와 귀신을 어찌 속일 수 있겠는가?'"

이튿날 거란의 황제는 부필을 불러 같이 사냥을 갔다. 그리고 부필의 말을 가까이 오게 하더니 또다시, '땅을 주어야 양국의 우호 관계가 오래 갈 수 있다.'고 말하였다. 부필은 반복하여 그것이 불가함을 역설하고 다음과 같이 말하였다.

"북조가 땅의 획득을 영광스럽게 여긴다면 남조 또한 땅의 상실을 치욕으로 여길 것입니다. 형제 사이의 나라에서 하나는 영광으로, 또 하나는 치욕으로 해서야 되겠습니까?"

사냥이 끝나자 유육부가 말하였다.

"우리 황제께서 경이 제기한 영광과 치욕의 말을 듣고 매우 깨달은 바가 많다 하십니다. 그러니 이제 의논할 것으로 결혼 문제만 남았습니다."

248

부필이 말하였다.

"혼인은 오히려 틈을 만들어 내기 쉽습니다. 우리 송의 맏공주가 북조에 출가하면 가지고 가는 돈은 10만 민緡에 불과합니다. 어찌 무궁히 지급되는 세폐와 비교할 수 있겠습니까?"

거란의 황제는 부필에게 송으로 귀환하라고 하며 말하였다.

"경이 다시 오게 되면 그때 하나를 택하여 받도록 하겠소. 경은 올 때 서서誓書를 지니고 오도록 하시오."

부필이 조정에 돌아왔다가, 다시 2개의 대안 및 조정으로부터 구두로 전달할 말을 받아 가게 되었다. 낙수현樂壽縣에 이르러 묵게 되었을 때 그는 부사인 장무실張茂實에게 말하였다.

"내가 사자이되 채 국서를 못 보았소이다. 만일 국서의 내용과 구두로 전달하는 내용이 다르면 일을 그르치게 될 것이오."

국서를 뜯어보니 아니나 다를까 내용이 서로 달랐다. 부필은 급거 경사로 돌아와 저녁 무렵 황제를 알현하였다. 그리고 국서를 고쳐서 다시 떠났다.

거란 땅에 다달아 보니 거란은 혼인을 구하지는 않고 오로지 세폐의 증액만을 바라고 있었다. 그들이 말하였다.

"남조에서 우리 측에 국서를 보낼 때에는 마땅히 '올린다(獻).'라고 해야 한다. 그렇지 않으면 '바친다.(納)'라고 해야 한다."

부필이 맞서 언쟁을 벌이자 거란의 황제가 말하였다.

"남조는 이미 우리를 두려워하고 있소. 이 두 글자를 꺼릴 까닭이 없지 않소? 만일 우리가 군대를 이끌고 남하하게 되면 반드시 후회할 것이오."

부필이 대답하였다.

"우리 황제께서는 남조와 북조의 백성들을 모두 사랑합니다. 그래서 이미 정해진 액수를 늘리는 것도 꺼리지 않으시는 것입니다. 어찌 두려워한다고 말씀하십니까? 만일 전쟁을 하는 것이 부득이하다면 남북이 전쟁의 승부로써 옳고 그름을 가리게 될 것입니다. 이는 사신인 제가 걱정할 바가 아닙니다."

거란의 황제가 말하였다.

"경은 고집 피우지 마시오. 그러한 전례가 옛날에도 있었소이다."

"자고로 오직 당의 고조만이 돌궐로부터 군대를 빌린 다음 물품 보내는 것을 혹시 '올린다.(獻)'거나 '바친다.(納)'고 칭했는지는 모르겠습니다. 하지만 그 후 힐리頡利 카간이 태종에게 포로로 잡히고부터는 어찌 다시 이러한 격식이 있었겠습니까?"

부필의 목소리와 안색은 단호하기 이를 데 없었다. 거란 황제는 그 뜻을 꺾을 수 없다는 것을 알고 말하였다.

"내 그 문제는 다시 사람을 보내 의논하리다."

부필은 돌아와 상주하였다.

"신이 목숨을 걸고 막아 저들의 기세를 꺾었습니다. 결코 허용해서는 안 됩니다."

하지만 조정에서는 끝내 '바친다.(納)'는 글자를 사용하기로 하였다.

부필이 처음 거란으로 가는 사신의 명령을 받았을 때 딸 하나가 죽었다는 소식을 들었고, 두 번째로 사신의 명령을 받았을 때는 아들 하나가 태어났다는 소식을 들었으나 모두 돌아보지 않았다. 또 추밀직학사에 임명되었다가 얼마 후 한림학사로 승진하였지만 모두 간절히 사양하였다. 그리고 상주하였다.

"세폐의 증액은 신의 본 뜻이 아니었습니다. 다만 막 이원호의 토벌에 매달려 있는 시기라서 저들과 다툴 여유가 없다 판단하였습니다. 그래서 감히 죽음으로 저들과 다투지 못하였습니다. 그런데 어찌 그 관직을 받겠습니까?"

출전 『송사』권313, 「富弼傳」.

내용 인종 경력 2년(1042) 거란은 송에 사신을 파견하여 관남關南의 땅 2주의 반환을 요구하였다. 연운 16주 가운데 남쪽으로 돌출해 있는 지역으로서 후주 세종이 수복한 곳이었다. 당시 송은 이원호의 칭제건국, 즉 서하의 건립으로 인해 곤경에 처해 있었다. 이러한 절박한 사정을 이용하여 거란이 송을 압박하고 나선 것이다. 양측은 사신을 주고받으며 치열하게 절충한 끝에 전연의 맹약 당시 약조한 세폐 30만(은 10만 냥, 비단 20만 필)을 50만(은 20만 냥, 비단 30만 필)으로 증액하기로 합의하였다. 이때 송 측에서 거란에 사자로 파견된 인물이 부필(1004~1083)이다. 그는 매우 위압적인 거란의 요구에 맞서 의연하게 송 측의 입장을 개진하여 원만하게 합의를 도출하였다는 평가를 받았다.

북송 사자 진양陳襄의 거란 왕래

신臣 진양 등은 지난 번에 칙명을 받들어 황제께서 보위寶位에 오르신 것을 북조北朝[68]의 황태후와 황제에게 알리는 국신사國信使와 국신부사國信副使로 차충差充되어 5월 10일 웅주雄州의 백구역白溝驛에 도착했습니다.

11일, 접반사接伴使와 접반부사接伴副使인 태주관찰사泰州觀察使

---

68) 北朝 : 거란

소호고蕭好古와 태상소경太常少卿 양규중楊規中이 사람을 파견하여, 주명主名[69])과 국휘國諱,[70]) 그리고 관위를 전하며 서로 만나기를 청하였습니다. 신 등은 즉시 백구교白溝橋를 건너 북으로 가서 접반사 및 접반부사와 말을 세우고 서로 대면하였습니다. 접반부사는 남조南朝[71]) 황제의 성체聖體가 건강하신가 물었고, 신 등도 관례대로 다시 그 군주 및 모친의 안부를 묻고 난 다음, 서로 읍揖하고 북정北亭에 이르렀습니다.

양규중은 그 군주의 명령에 따라 잔치를 베풀었는데 술은 13잔이었습니다. 이어 신 등의 나이를 묻기에 사실대로 대답하였습니다. 신 등도 다시 접반사와 접반부사에게 나이를 물으니, 소호고는 43살이라 하고 양규중은 33살이라 하였습니다. 양규중은 또 유愈[72])에게 형제가 몇이냐고 물어, 친형제[73])만 12명이라 답하였습니다. 함융(咸融)

---

69) 主名 : 毛利英介와 Wright는 별다른 근거의 제시 없이 '契丹主의 名'일 것으로 추정하고 있다.(毛里英介, 「陳襄神宗皇帝卽位使遼錄注釋稿」, 『関西大学東西学術研究所紀要』 51, 2018). 아마도 '主名'의 '主'를 '군주'라 이해했던 것이라 추정된다. 하지만 이는 납득하기 어렵다. 毛利英介와 Wright의 견해대로라면 '황제명(實名인 耶律洪基든가 혹은 尊號), 國諱, 접반사 및 접반부사의 관위(泰州觀察使 및 太常少卿)'를 알려 왔던 것이 된다. 하지만 이 가운데 國諱, 즉 황제의 이름이 포함되어 있다. '主名'이라 할 경우 '황제의 명칭'이 반복되는 셈이다. 이 장면은 양국 사절이 초대면하여 거란 측이 상대방에게 접반사를 통보하는 상황이다. 그렇기에 여기서 主名은, 파견된 사람이 소개해야 되는 대상, 즉 접반사의 이름일 것이라 판단된다. 그렇기에 이때 전달하는 정보의 범위에 主名과 더불어 그들의 官位까지 포함되어 있는 것이라고 여겨진다.

70) 國諱 : 국가적인 避諱의 내용, 즉 前現 황제의 실명.

71) 南朝 : 송

72) 愈 : 구체적으로 누구였는지 불명확함.

252

에게도 형제가 몇이냐고 물어, 10명이라고 답하였습니다. 이어 손탄
孫坦이 '어디서 접견 의식이 거행되느냐?'고 묻자, 양규중이 "폐하께
서는 신은박神恩泊에 계시는데 이곳으로부터 31정程74)의 거리에 있
습니다. 관반부사館伴副使75)로 태상소경인 양익계楊益誠를 임명해 두
었다고 하며 대사大使는 아직 누군지 모릅니다."라고 말하였습니다.

양규중은 손탄에게, "남조의 양부兩府76) 대신은 변동이 없습니
까?"라고 물었습니다. 손탄은, "참지정사參知政事였던 구양수歐陽脩
는 안질 때문에 사직을 간청하여 박주亳州의 지주로 나갔고, 추밀부
사樞密副使였던 오규吳奎가 참지정사에 제수되었습니다."라고 대답
하였습니다. 또 묻기를, "문상공文相公과 증상공曾相公77) 및 추밀부
사는 이동이 없습니까?"라고 물었습니다. 이에, "모두 예전과 같습
니다."라고 대답하였습니다. 이어, "사방관사四方館使인 풍행기馮行己
는 어디서 만났습니까?"라고 물어, 유유愈가 "웅주雄州에서 만났습니
다."라고 대답하였습니다. 그후 삼사三司의 사람을 파견하여 차와 비
단, 은으로 만든 접시 등을 보내왔습니다.(이후의 연회라든가 각 주
에서의 영접, 그리고 관례에 따라 차와 비단 등을 선물한 사람 등에
대해서는 더 기록하지 않겠습니다.)

앞으로 나아갈 때마다78) 역주易州 용성현容城縣의 현위縣尉 동사

---

73) 친형제 : 원문은 當房.
74) 程 : 驛站이나 郵亭 등의 정박 지점 사이의 行程 단위.
75) 館伴副使 : 외국의 사신이 도래하였을 때 그 체류 기간 동안 應接을 담당하
　　는 館伴使의 副職.
76) 兩府 : 中書와 樞密院.
77) 文相公과 曾相公 : 文彦博과 曾公亮.
78) 앞으로 나아갈 때마다 : 원문은 行次. 行次는 到達, 여행의 순서, 혹은 여행

의董師義, 탁주涿州 신성현新城縣의 현위 조기趙琪, 귀의현歸義縣의 현위 왕본王本이 길옆에 서서 기다리고 있었습니다. 신성현의 역驛에 이르자 입내좌승제入內左承制[79] 송중용宋仲容이 와서 위문하였습니다. 신 등은 전례에 따라 즉시 공복[80]을 갖춰 입고 차와 술, 토물土物[81]을 준비하여 건너가 인사하고 유지諭旨를 전하였습니다.[82]

이어 접반사와 접반부사가 연회의 좌석 배치를 그린 그림을 보내왔습니다. 남조의 유류사遺留使인 사소史炤 때의 좌석 배치에 따라 신 진양의 좌석을 서북의 빈객 자리에 앉게 하는 것이었습니다. 신 등은 즉시 수행하는 통인관通引官[83]이자 일찍이 요에 간 바 있는 정문수程文秀의 「공록결죄장供錄結罪狀」을 살펴보니, '작년 10월에 일찍이 생신사生辰使인 소간의邵諫議와 부간의傅諫議를 따라 요에 갔는데, 그 도중에 술 자리를 열고 사신을 접대할 때 모두 소간의가 주인의 좌석에 앉았다.'라고 적혀 있었습니다. 접반사와 접반부사가 보내온 그림의 좌석과 달랐습니다.

신 등 또한 통인관 정문수로 하여금 생신사 때의 자리 순서에 따라 좌석배치도를 그리게 하여, 사람을 시켜 접반사 및 접반부사에게 전하게 하였습니다. 그리고 우리가 보낸 그림에 따라 생신사 소간의

중 잠시 머무는 장소 등의 의미를 지니고 있다. 여기서는 도달이란 뜻으로 사용되고 있다.

79) 入內左承制 : 內侍省의 관원, 환관.
80) 공복 : 원문은 公裳.
81) 土物 : 토산의 특산품.
82) '諭旨를 전하다.'의 원문은 傳諭. 거란 황실에서 파견된 中使에 대해 송 황제를 대신하여 인사한다는 의미.
83) 通引官 : 서리직의 하나.

등의 최근 사례에 의거하여 좌석을 배치하라고 하였습니다. 좌번대사左番大使[84]는 동남쪽에 앉아 사신과 머리를 맞대도록 좌석을 마주 배치함으로써 주인의 예를 취하고, 접반사는 서남쪽에 앉아 우번대사右番大使[85]와 마주 대하게 하여 역시 주인으로서의 지위를 잃지 않도록 하는 것이었습니다. 이렇게 하면 서로 대등하게 됩니다. 그 뒤 10여 차례의 절충이 오갔습니다. 접반사와 접반부사는 자리를 양보하려 하지 않았습니다. 신 등은 재차 사람을 보내 접반사와 접반부사에게 말을 전하게 하였습니다.

"사신이 지니고 간 임무의 수행이 중요하고, 술과 차를 마시는 연회는 지엽적인 문제입니다. 청컨대 먼저 유지諭旨를 전달하고 그 다음에 좌석의 배치를 논의하기 바랍니다. 말단의 문제 때문에 본래 임무를 오래 미루는 것은 심히 좋지 않을 것입니다."

접반사와 접반부사가 말하였습니다.

"남조 생신사 소간의 때의 자리 배치는 오랜 관례를 어긴 것이었습니다."

신 등이 답하여 말하였습니다.

"지난 번 소간의 등에 대한 사신 접대는 접반사인 한각사韓閣使와 관반사館伴使인 유시랑劉侍郎이 자리를 안배한 것이었습니다. 우리 측이 마음대로 만들어낸 형식이 아닙니다. 만일 관례에 따른 것이 아니라면 지난 번 한각사 등의 조치를 어떻게 이해할 수 있겠습니까?"

---

84) 左番大使 : 요의 황태후에 대한 사절
85) 右番大使 : 요의 황제에 대한 사절.

접반사와 접반부사는 사람을 보내 말하였습니다.

"사신과 함께 자리하여 마시지 않겠습니다. 차와 술 마시는 자리를 없애겠습니다."

이후 신 등은 노고에 대한 위문을 받은 다음 입내좌승제 송중용에게 사표謝表[86]를 전달하고 토물土物을 보냈습니다.(이후 요에서 파견되어 온 사신에게는 관례에 따라 표表를 주고 토물을 보냈지만 앞으로 더 기록하지 않겠습니다.)

12일, 탁주涿州[87]에 도착하였습니다. 지주·태사太師인 소지선蕭知先과 통판·이부랑중인 등원鄧願이 교외郊外에서 영접하였습니다. 남문의 정자에서 술을 접대하였는데 술은 11잔이었습니다.(이후 각 주에서의 접대와 환송, 그리고 성문 바깥에서의 음주는 더 기록하지 않겠습니다.)

13일, 소지선 등이 전별해 주며 술 5잔을 차렸습니다. 접반부사 양규중이 우리 측 함용에게, "부상공富相公[88]은 지금 어디에 계십니까?"라고 물어, "판하양삼성判河陽三城으로 재직 중입니다."라고 대답하였습니다. 또 신 등에게, "장승張昇 상공은 어떻습니까?"라고 물어, "지난 번에 판충무군判忠武軍으로 있었는데 근래에 은퇴하였습니다."라고 대답하였습니다. 양향현良鄕縣에 도착하려 할 때 양향현의 현위 남응南應과 범양현范陽縣의 현위 양극용梁克用이 길가에서 기다리고 있었습니다. 신 등은 접반사 및 접반부사에게 사적물私覿物[89]을 보냈습니다.(이후 7차에 걸쳐 관례대로 접반사에게 토물을

---

86) 謝表 : 북송의 사절이 요 황제에게 제출하는 감사의 上表.
87) 涿州 : 지금의 허베이성 주어저우(涿州).
88) 富相公 : 부필.

보냈고 그때마다 회답물이 왔습니다만 앞으로 더 기록하지 않겠습니다.)

14일, 가는 도중 비를 만났습니다. 접반부사 양규중이 말하였습니다.

"북조의 땅에서는 봄과 여름에 걸쳐 오랫동안 비가 내리지 않았습니다. 국신사와 부사가 신성新城 및 탁주에 이르렀을 때 모두 단비가 내렸습니다. 오늘 연경燕京에 도착하였는데 만일 더 많이 내리게 된다면 아주 좋겠습니다."

이어 우리 측 함융에게 물었습니다.

"남조에는 비가 많았습니까?"

"봄부터 여름까지 여러 차례 비가 내렸습니다."라고 답하였습니다.

하천의 얕은 물가를 지나며 우리 측 손탄이 접반사 소호고에게 물었습니다.

"이게 상건하桑乾河90)인가요?"

"그렇습니다." 소호고가 답하였습니다.

연경부유수燕京副留守 · 중서사인中書舍人 한근韓近이 교외에서 영접하며 술을 9잔을 차려 두고 있었습니다. 신 진양은 치평 원년(1064) 일찍이 진교陳橋에서 접반사로서 사신으로 온 한근 등을 맞아 연회를 베푼 적이 있습니다. 한근이 먼저 신 진양에게 물었습니다.

"지난 번 사자로 진교에 도착하여 간의諫議91)의 영접을 받은 적이 있지요. 다행히 여기서 다시 만나는군요."

---

89) 私覿物 : 사신으로 간 나라의 군주나 대신에게 사적으로 바치는 예물.

90) 桑乾河 : 현재 허베이 성 경내를 흐르는 루거우허(盧溝河).

91) 諫議 : 諫議大夫나 知諫院의 약칭으로 陳襄을 가리킨다. 治平 4년(1067) 당시 國信使로 파견되었던 陳襄은 知諫院의 직위에 있었다.

신 진양이 대답하였습니다.

"헤어진 지 벌써 3년이나 되었네요."

신 진양이 물었습니다.

"지난 번의 대사 직을 맡았던 관찰사 소희蕭禧는 지금 어디에 계시나요?"

한근이 대답하였습니다.

"사자로 임명되어 영년관永年館에 묵고 있습니다."

신 등은 접반사와 부사, 도총관都總管에게 토물을 보냈습니다.(이후 모두 5차례에 걸쳐 관례에 따라 토물을 보냈고 모두 회답품이 있었지만 앞으로 더 기록하지 않겠습니다.) 연경유수 야율인선耶律仁先이 신 등에게 술과 먹을거리를 보내왔습니다.

15일, 신 등은 연경유수에게 사적물私覿物을 보냈습니다.(중경유수에게도 이와 같이 하였지만 더 기록하지 않겠습니다.) 서두공봉관西頭供奉官 한자도韓資道가 신 등에게 술과 과일을 보냈으며, 동두공봉관東頭供奉官 정사종鄭嗣宗이 연회를 베풀고 삼사사三司使·예부상서 유운劉雲이 자리에 같이 하였습니다. 술은 13잔이었습니다. 유운이 신 등의 노고를 위로하며 말하였습니다.

"타는 듯한 더위에 길은 멀어 헤치고 오는 길이 쉽지 않았을 것입니다."

그리고 거듭하여 신 등에게 술을 권하며 말하였습니다.

"남조와 북조가 통호通好한 것이 오래되었습니다. 국신사와 부사, 그리고 접반사와 부사가 서로 만나는 것이 마치 한 집안 같습니다."

이에 신 진양이 대답하였습니다.

"소위 남과 북이 한 집안을 이룬 것입니다. 자고로 두 왕조가 서로 친밀하게 지내는 것이 이와 같은 적이 없었습니다."

유운이 대답하여 말하였습니다.

"그렇다면 오늘 감히 국신사와 부사가 술을 다 비워 주기를 청합니다."

신 진양 등이 대답하였습니다.

"후의에 감사드립니다. 그런데 주량이 많지 않아 아쉽군요."

유운이 다시 물었습니다.

"여시랑呂侍郎[92]과 호시랑胡侍郎[93]은 아직 조정에 계시나요?"

신 진양이 사실대로 답하였습니다. 유운이 또 말하였습니다.

"제가 남조에 사신으로 갔을 때 여시랑이 관반사였습니다."

이어 말하였습니다.

"우리 집안 사람 12명이 일찍이 남조에 사신으로 다녀왔습니다. 오늘 다시 연회에 함께 자리하여 이러한 인연을 맺게 되는군요. 모두 마음껏 마시며 즐겨 주시기 바랍니다."

신 등은 모두 그 뜻에 답하기 위해 흠뻑 마셨습니다. 신 등은 유운에게 사적물私覿物을 보냈습니다.(이후 주마다 모두 관례대로 연회가 있었으며 부유수 등에게 사적물을 보냈지만 더 기록하지 않겠습니다.)

16일, 전별의 연회를 열고 술 5잔을 차리고 있었습니다. 이어 망경관望京館에서 숙박하였습니다. 신 진양과 함융 등은 관례에 따라 회답하는 연회를 열었습니다. 접반사와 부사에게 삼절종인三節從

---

92) 呂侍郎 : 呂公弼.
93) 胡侍郎 : 胡宿.

人[94])과 함께 참석하여 음식을 먹기를 청하였습니다. 술은 13잔을 베풀었습니다. 접반부사 양규중이 말하였습니다.

"오늘은 매우 덥군요. 접반사인 관찰사께서는 용화주龍化州에서 근무하시기에 이런 더위에 익숙치 않으실 것입니다."

17일, 순주順州[95])에 도착하였습니다. 회유현懷柔縣 현위 유구사劉九思가 길 옆에서 기다리고 있었고, 지주·태부太傅인 양규정楊規正이 교외에서 마중하며 술 7잔을 주었습니다. 양규정은 재상인 양철楊哲의 장자이며 양규중의 형입니다. 그는 신 등에게, '도로가 구불구불하여 쉽지 않았을 것'이라며 위문하였습니다. 신 진양은, '다행히 소경少卿[96])을 접반부사로 만나 태부과 대면할 수 있었다.'고 대답하였습니다.

18일, 양규정이 전별의 의미로 술 5잔을 내었습니다. 백서하白絮河를 건너 단주檀州[97])에 도착하였습니다. 밀운현密雲縣 현위 이역간李易簡이 길가에서 기다렸으며, 지주·상시常侍 여사림呂士林이 교외에서 마중하며 술 7잔을 주었습니다. 밀운관密雲館에 묵었는데, 입내공봉관入內供奉官 진정秦正이 신 등에게 탕약을 각각 은 사발로 하나씩 주었습니다. 신 등은 문안 인사 채비를 갖추고 건너가 유지諭旨를 전하였습니다. 이어 접반사와 부사가 이전처럼 남조 유류사遺留使와 부사의 방식대로 좌석을 배치하려 하였습니다. 신 등은 생신사 소간

---

94) 三節從人 : 正使와 副使를 수행하는 관원의 총칭. 上節, 中節, 下節을 가리킨다.
95) 順州 : 지금의 베이징 시 順義.
96) 少卿 : 太傅 楊規正의 동생인 楊規中
97) 檀州 : 지금의 베이징 시 密雲.

의 등의 최근 사례에 따를 것을 고집하며 좌석의 배치를 바꾸지 않았습니다. 이러한 절충이 전후 10여 차례 지속되다가 공문을 보내와, '신 진양 등이 장기간 사자로서의 사명을 지체시키고 있다.'고 하였습니다. 그래서 공문으로 다음과 같이 회답하였습니다.

"신성현新城縣과 이곳에서 두 차례에 걸쳐 우리 의사를 알리는 사자를 보냈지만, 모두 귀측에 의해 받아들여지지 않고 지체되었습니다. 그리하여 밤늦도록 좌석 조정이 이루어지지 않았습니다. 우리 때문에 지체되는 것이 아닙니다."

이튿날 새벽 접반사와 부사는 입내공봉관 진정을 따라 와서 신 등에게 탕약을 주었지만 차와 술은 지급하지 않았습니다. 신 등은 표를 건네려 하였지만 진정이 그때마다 회피하고 오히려 신 등에게 몇 차례 자신의 의향을 전하였습니다. 그래서 접반사와 부사에게 표를 보내려 했더니 그때서야 표를 받아들였습니다.

19일, 지주 여사림이 전별의 의미로 술 5잔을 내었습니다. 이날 금구역金溝驛에서 묵었습니다. 손탄과 유愈 등이 관례에 따라 회답의 연회를 열었습니다. 그리고 망경관에서처럼 접반사와 부사에게 삼절종인三節從人과 함께 참석하여 음식을 먹기를 청하였습니다. 접반부사 양규중이 손탄에게 물었습니다.

"여지는 어디에서 나나요?"

"남방의 매우 더운 곳에서 납니다."

또 유愈에게 물었습니다.

"부친께서 일찍이 어떤 관직에 있었나요?"

"마군부도지휘사馬軍副都指揮使가 마지막 관직이었습니다."

또 물었습니다.

"반사伴射98)에 참여한 적이 있나요?"

"여러 차례 참여하셨습니다."

20일, 고북구관古北口館에 도착하였습니다.

21일, 신관新館에 도착하였습니다. 망운령望雲嶺을 넘을 때 접반사와 부사가 신 등과 함께 술 3잔을 마셨습니다.

22일, 와여관臥如館에 도착하였습니다. 접반사와 부사가 신 등에게 작은 사슴 1마리와 술 4병을 보내왔습니다. 신 등은 관례대로 회답의 물품을 보냈습니다.(이후 물품을 보내올 때마다 적절히 회답하였지만 더 기록하지 않겠습니다.)

23일, 적성령摘星嶺을 넘을 때 신 진양이 물었습니다.

"이 소나무에는 솔방울이 맺히나요?"

…(중간에 탈루가 있음)…

접반부사 양규중이 말했습니다.

"다만 동루東樓가 여진 및 고려와 접하는 곳에 있습니다."

이날 유하관柳河館에 묵었습니다.

24일, 모두령摸斗嶺에 오를 때 이전처럼 접반사와 부사가 신 등과 함께 술을 마셨습니다. 타조관打造關에 묵었습니다.

25일, 회선석會仙石을 지날 때 접반사와 부사가 청하기에 함께 술 7잔을 마셨습니다. 접반부사 양규중이 유愈에게 물었습니다.

"유부劉忿 태보太保는 지금 어디에 있나요?"

"현재 조정에 있습니다."

---

98) 伴射 : 거란의 사자가 송의 수도 開封에 왔을 때 玉津園에서 행하는 射弓의 禮에 隨伴하는 것.

우산관牛山館에 묵었습니다.

26일, 송자령松子嶺에 오를 때 접반사와 부사가 신 등과 더불어 함께 차를 끓여 마셨습니다. 녹협관鹿峽館에 묵었습니다.

27일, 철장관鐵漿館에 도착하였습니다.

28일, 부곡관富谷關에 도착하였습니다. 중경中京 유수留守인 상공相公 한회韓回가 사람을 파견하여 신 등에게 술과 과일을 보내왔습니다. 접반사와 부사가 신 등에게 사제麝臍99) 하나씩과 송화松花100) 등을 보내왔습니다.

29일, 장흥관長興館에 도착하였습니다.

6월 1일, 중경中京에 도착하였습니다. 부유수副留守·대경大卿인 우현牛玹이 교외에서 영접하며 술 9잔을 주었습니다. 우현이 물었습니다.

"도중의 폭염은 견딜만 했습니까?"

신 진양이 대답했습니다.

"북구北溝를 지나 고북구에 접어들고부터 비가 내려 조금 시원했습니다."

우현이 또 물었습니다.

"중경은 오랫동안 가물었는데 밤에 비가 내렸습니다. 아마도 국신사와 부사가 와서 그에 감응한 것이라 여겨집니다."

접반부사 양규중 또한 '그렇다고 할 수 있다.'고 말하였습니다. 대동관大同館에 묵었습니다.

2일, 좌승제左丞制101) 한군우韓君祐가 신 등에게 술과 과일을 하사

---

99) 麝臍 : 수컷 사향노루의 배꼽, 사향이 이곳에 응축되어 있다.

100) 松花 : 소나무 꽃가루.

101) 左丞制 : 內侍省의 관원, 환관.

하였습니다. 동두공봉관東頭供奉官 정전익鄭全翼이 연회를 베풀어 주었고, 탁지사度支使·호부시랑 조미趙微가 연회에 참여하여 술 11잔을 같이 마셨습니다. 조미가 신 진양에게 물었습니다.

"채내한蔡內翰102)은 지금 어디에 있습니까?"

"모친상에 복상하고 있습니다."

조미가 또 말했습니다.

"제가 남조에 사자로 갔을 때 채내한이 관반사였습니다."

이에 덧붙여, '예전에 시랑侍郎 구양수가 신임 황제의 즉위를 축하하는 사자로 왔을 때 제가 접반사를 맡았다.'라고 말했습니다.

3일, 중경 부유수 우현이 전별의 의미로 술 5잔을 내었습니다. 임도관臨都館에 묵었습니다.

4일, 과요관鍋窯館에 도착하였습니다. 접반사와 부사가 초복初伏103)이기에 모이자고 청하여 같이 술 7잔을 마셨습니다. 접반부사 양규중이 신 등에게 말했습니다.

"이제 산길로 들어서서 북으로 향할 텐데 대단히 멀어 쉬운 길이 아닙니다."

손탄이 말하였습니다.

"똑바로 가는 길을 따라간다면 더 가깝지 않나요?"

이어 신 진양이 말하였습니다.

"남쪽의 주군州軍으로 가는 것과 비교하여 이 길이 멉니다. 만일 장전帳前104)에서 변경汴京까지 간다면, 변경으로부터 항주杭州에 가

---

102) 蔡內翰 : 蔡襄

103) 初伏 : 하지 이후 세 번째 庚日.

104) 帳前 : 군주가 거주하는 장막의 앞, 遼 황제의 소재지.

는 것보다 훨씬 멉니다."

그러자 양규중이 물었습니다.

"항주는 어디에 속하나요?"

신 진양이 대답하였습니다.

"양절로兩浙路에 속합니다."

양규중은 다시 신 진양의 출신지에 대해 물어서 다음과 같이 대답하였습니다.

"복주福州이고 복건로福建路에 속합니다. 변경까지 4,000여 리 떨어져 있습니다."

양규중이 다시 물었습니다.

"복건로 바깥으로는 어떤 로가 또 있나요?"

"광남동로廣南東路와 광남서로廣南西路가 있는데 경사로부터 만 리 떨어져 있습니다."

접반사와 부사는 신 등에게 수정으로 만든 바둑알 각각 한 통과 종용蓰蓉,[105] 울리인鬱李仁[106] 등을 보내왔습니다.

5일, 송산관松山館에 도착하였습니다.

6일, 숭신전관崇信甸館에 도착하였습니다.

7일, 광녕관廣寧館에 도착하였습니다. 작은 성의 서쪽을 지나갔는데 주민은 겨우 200호戶 정도였습니다. 접반사 소호고가, '이곳이 풍주豊州이다.'라고 말했습니다.

8일, 사막 지역 60리를 지나 회성관會星館에 묵었습니다.

---

105) 蓰蓉 : 약초.

106) 鬱李仁 : 鬱李의 열매로서 약재.

9일, 함희전관咸熙氈館에 도착하였습니다.(이후는 모두 전관氈館[107])이었지만 더 기록하지 않겠습니다.)

10일, 황하黃河[108])를 건넜습니다. 접반사 소호고가 말했습니다.

"황하의 발원지는 용화주龍化州입니다."

흑애관黑崖館에 도착할 즈음 손탄이 물었습니다.

"여기서 상경上京까지 얼마나 됩니까?"

동북 방향을 가리켜 '300리'라고 말했습니다. 또 황하의 남쪽으로 부터는 다만 수십 리 떨어져 있다고 합니다.

11일, 흑애관을 출발하여 삼산관三山館에 도착하였습니다. 접반사와 부사가 만나기를 청하여 같이 술 7잔을 마셨습니다. 접반부사 양규중이 함융에게 물었습니다.

"방어사 상전범向傳範은 어느 직책에 있습니까?"

"현재 판삼반원判三班院입니다."

12일, 적애관赤崖館에 도착하였습니다. 가는 도중 유류예신사遺留禮信使와 부사일행인 사소史炤·주맹양周孟陽·이평李評·이기李琦 및 송반사와 부사인 야율세달耶律世達·양원梁援을 중로관中路館에서 만났습니다. 신 등은 유류사·부사와 어울려 술 3잔을 마셨습니다. 접반사와 부사, 송반사와 부사가 사소 및 신 진양 등에게 네 사신단의 사부使副[109])가 모두 모여 술을 마시자고 청하여 차례로 돌아가며 마셨습니다. 또한 이전과 같이 백석관柏石館에 묵었습니다.

14일, 중로관中路館에 도착하였습니다. 접반사와 부사가 공문서를

---

107) 氈館 : 게르.

108) 黃河 : 潢河, 즉 시라무렌 강.

109) 使副 : 正使와 副使.

보내고 우리와 헤어졌습니다. 관반사館伴使와 부사인 태부太傅 야율필耶律弼과 태상소경太常少卿 양익계楊益誠가 마중 나와 신 등과 만났습니다. 좌반전직左班殿直·합문지후閤門祗候인 이사문李思問이 신 등에게 술과 과일을 보냈으며, 좌승제左承制 유달劉達이 잔치를 베풀어 주었습니다. 술은 11잔이었습니다. 관반부사 양익계가 손탄과 함융, 유愈의 향관鄕貫을 묻기에, 모두 경사 출신이라고 대답하였습니다. 이어 돈성관頓城館에 도착하였습니다. 좌승제·합문지후 기순고祈純古가 와서 노고를 위문하기에, 신 등은 건너가 인사하고 유지諭旨를 전하였습니다. 다음으로 관반사와 부사가 관례에 따라 좌석 배치도를 보내왔습니다. 남조 유류사의 방식을 따르고자 하는 것이었습니다. 신 등은 이에 생신사 소간의 등의 좌석 배치도를 보내고 최근의 사례인 이 방식을 따라 좌석을 배치하자고 주장하였습니다. 마찬가지로 도합 10여 차례의 절충이 오갔습니다. 관반사와 부사는 사람을 보내 다음과 같이 말하였습니다.

"만일 남조 유류사의 방식에 따라 좌석을 배치하지 않는다면, 사신은 궐하闕下에 이르지 못하고 돌아가야 할 것입니다."

신 등이 대답하였습니다.

"차나 술을 마시는 것은 지엽말단의 일입니다. 이런 일 때문에 사자의 임무를 그르쳐서는 안 됩니다. 청컨대 관반사와 부사가 잘 헤아려 주십시오. 우리 측은 이미 오래 기다렸습니다. 한시 바삐 어전에 나가기를 희망합니다."

관반사와 부사는 그냥 돌아가며 사람을 시켜 다음과 같이 전하였습니다.

"관반사는 이미 돌아갔습니다."

15일, 새벽에 관반사·부사와 신 등은 돈성관으로부터 20리를 가서 요의 황제가 있는 장전帳前에 이르렀습니다. 그곳에서 객성사客省司로 가서 대장군·객성사客省使인 야율의耶律儀 및 조평趙平과 만났습니다. 술을 3잔 마련해 두고 있었습니다. 관반부사인 양익계가 말하였습니다.

"어제 좌석 배치 문제가 정해지지 않은 것을 이미 양부兩府에 알렸습니다. 폐하께 상주하여 알리지 말고 우선 저로 하여금 다시 상의하라고 하였습니다. 만일 좌석 배치가 정해지지 않으면 남조에 직접 연락하여 문의할 것입니다."

신 진양은 다음과 같이 대답하였습니다.

"생신사 때 채용한 최근 방식은 감히 고칠 수 없습니다. 남조에 문의해도 소간의와 부간의가 참여하여 동일하게 답변할 것입니다."

합문사인閤門舍人은 의례의 형식을 다시 연습시키지는 않았습니다. 곧바로 관반사와 관반부사가 신 등을 이끌고 알현시켰습니다. 신 진양은 국서를 요 태후에게 드리고 면전에서 성사聖辭110)를 전하였습니다. 술은 3잔 차려둔 상태였습니다. 이어 요 황제의 어전에 나아가 손탄이 요 황제에게 국서를 드리고 이전처럼 성사를 전하였습니다. 요 황제는 남조 황제의 옥체가 만복萬福하신지 물었습니다. 이에 신 등은 공손히 대답하였습니다. 술이 5잔 차려져 있었습니다. 이어 신 등과 삼절인三節人111)에게 옷과 요대腰帶를 하사하셨습니다.

16일, 동두공봉관 이숭李崇이 신 등에게 생희生餼112)를 보내주었

---

110) 聖辭 : 황제의 말.
111) 三節人 : 上節·中節·下節의 從人. 사절의 수행단을 총칭하는 말이다.
112) 生餼 : 음식으로 만들 산 짐승.

습니다. 하지만 좌석 배치 문제로 불편하여 건너가 인사드리지는 못했습니다.

17일, 곡연曲宴[113]에 참여하였는데 술은 9잔이었습니다. 관반사와 부사가 사람을 통해 신 등 및 삼절인에게 생희를 보내왔습니다. 신 등은 관례대로 공손하게 표表를 보냈습니다.

18일, 우반전직右班殿直·합문지후 한이훈韓飴訓이 신 등에게 술과 과일을 하사하였습니다. 우반전직·합문지후 마초馬初가 잔치를 베풀어 주었으며, 태위太尉·이리필夷离畢 소소蕭素가 같이 잔치에 참여하였는데 술은 13잔이었습니다. 소소가 장섬張掞에 대하여 물어 손탄이, '현재 군목사群牧使로 있다.'고 대답하였습니다. 관반부사 양익계가 유영년劉永年에 대하여 물어 함융이, '현재 대주岱州에 재임하고 있다.'고 답하였습니다.

19일, 서두공봉관 한종韓宗이 와서 신 등에게 첨식簽食[114]과 술을 하사하였지만 역시 건너가 인사드리지 못하였습니다. 관반사와 부사가 사람을 통해 요 황제의 조詔를 전하고 그에 따라 신 등과 삼절인에게 생희를 하사하였습니다. 신 등은 공손히 받고 표를 보냈습니다. 관반사와 부사가 함께 식사하고 술 마시자 하였습니다. 술은 8잔이었습니다.

20일, 공봉관·합문지후 경가관耿可觀이 신 등에게 술과 과일을 하사하였습니다. 한종은 사궁연射弓筵[115]을 베풀어 주었고, 여기에 추밀부사·태사太師 야율격耶律格이 참여하였습니다. 술은 13잔이었습

---

113) 曲宴 : 궁중의 잔치.

114) 簽食 : 不詳.

115) 射弓筵 : 활 쏘는 잔치. 그 성적에 따라 술을 마시는 잔치.

니다. 야율격이 신 등에게 물었습니다.

"한상공韓相公과 부상공富相公[116]은 아직 조정에 있나요?"

이에 모두 사실대로 대답하였습니다. 신 등과 삼절인에게 활과 말·의복·비단을 하사하였습니다.

21일, 어전의 객성사에 들어갔는데 술 3잔이 준비되어 있었습니다. 신 진양이 관반부사 양익계에게 말하였습니다.

"대행황제大行皇帝[117]의 발인이 얼마 남지 않았기에 건의 드리고 싶은 것이 있습니다. 만일 돌아갈 때 몇 개의 역驛을 그냥 지나칠 수 있다면 영가靈駕[118]를 만나 마지막 인사를 드릴 수 있을 것입니다. 이것은 신하의 마음입니다."

관반부사 양익계가 그렇게 하라고 말하였습니다. 이어 요의 태후와 황제에게 하직 인사를 드렸습니다. 태후와 황제의 어전에서는 모두 이전처럼 술을 내려 주었습니다. 또 신 등에게 신서信書[119]를 주고 각각 의복 3벌을 하사하였으며 삼절인에게도 활과 말·의복·비단을 하사하였습니다. 이날 저녁 관반사와 부사가 술자리를 마련하여 3잔을 같이 마시며 이별하였습니다. 관반부사 양익계가 말하였습니다.

"남조와 북조가 좋은 우호를 맺어 사신이 늘 오가지만, 이번의 이별이 가장 아쉽습니다. 모두 흠뻑 마시기를 청합니다."

---

116) 韓相公과 富相公 : 韓琦와 富弼.
117) 大行皇帝 : 붕어한 지 얼마 되지 않아 시호가 아직 결정되지 않은 황제. 전임 황제인 英宗.
118) 靈駕 : 천자의 영구를 실은 수레.
119) 信書 : 不詳.

270

신 등도 모두 사례하였습니다. 양익계는 또 말하였습니다.

"폐하께서 7월 상순 추산秋山[120]에 가서 사냥을 하시고, 9월 하순에 다시 연경으로 돌아와 각국 사절을 접견하십니다. 그러니 남조의 생신사와 정단사正旦使[121]도 그때 오는 것이 편할 것입니다."

22일, 돈성관頓城館을 출발하여 요관腰館에 도착하였습니다. 우승제 노용魯鏞이 신 등에게 술과 과일을 하사하였고, 좌승제 한군경韓君卿이 연회를 베풀어 주었는데 한림학사·급사중 왕관王觀이 연회에 참석하였습니다. 술은 9잔이었습니다. 관반사와 부사인 야율필과 양익계, 송반사送伴使와 부사인 소호고와 양규중도 참석하였습니다. 왕관이, '요의 군주가 유교와 불교의 서적을 좋아하며 일찍이 인종황제의 『삼보찬三寶贊』도 읽고 난 다음 오랫동안 감탄하였다.'고 말하였습니다. 이에 신 진양이 말하였습니다.

"인종 황제께서는 불교에 조예가 깊으셨습니다. 일찍이 게송偈頌을 지어 대각선사大覺禪師 회련懷璉에게 하사하셨는데 심오한 이치를 탁월하게 표현한 것이었습니다. 회련도 창화唱和하였지만 그에 미치지 못하였습니다."

백석관에서 묵었습니다.

23일, 적애관에 도착하였습니다. 송반사와 부사가 신 등에게 굵은 소금 한 쟁반씩 보내왔습니다.

24일, 삼산관에 도착하였습니다. 송반사와 부사가 함께 모여 식사하고 술을 마시자 청하였습니다. 술은 5잔이었습니다.

---

120) 秋山 : 가을의 捺鉢, 즉 가을의 行營.

121) 正旦使 : 새해를 축하하기 위해 파견된 사신.

25일, 흑애관에 도착하였습니다.

26일, 함희관에 도착하였습니다.

27일, 회성관을 거쳐 광녕관에 도착하였습니다. 송반부사 양규중이 함융에게 물었습니다.

"오대산으로부터 경사까지는 어느 정도의 거리입니까?"

"30여 정程입니다."라고 대답하였습니다. 양규중이 다시 말하였습니다.

"오대산은 우리의 운주雲州와 마주 보고 있는데 200리가 안 됩니다."

운주는 요의 서경西京입니다.

28일, 숭신관에 도착하였습니다. 송반사와 부사가 신 등에게 각각 사슴의 육포 15개를 보냈습니다.

29일, 송산관에 도착하였습니다.

30일, 과요관을 거쳐 임도관에 도착하였습니다.

7월 1일, 중경 대정부大定府에 도착하였습니다. 소윤少尹·대감大監 이용李庸이 교외에서 마중하며 술 9잔을 차려 두고 있었습니다. 대동관에서 묵었습니다.

2일, 송반사와 부사가 신 등에게 함께 진국사鎭國寺를 유람하자고 청하였습니다. 이어 대천경사大天慶寺에 가서 향을 불사르고 소식素食[122]을 하였습니다. 관례대로 승려에게 차와 비단을 보냈습니다. 동두공봉관·합문지후 왕숭이王崇彝가 대동관에 와서 신 등에게 연회를 베풀어 주었습니다. 좌승제·합문지후 왕수王綉가 술과 과일을

---

122) 素食 : 육류가 없는 식사.

하사하였습니다. 탁지사度支使·좌승左丞 이한李翰이 연회에 참석하였습니다. 술은 11잔이었습니다. 이한이 신 등에게 물었습니다.

"수석 승상은 누구인가요?"

"한시중韓侍中123)입니다." 신 진양이 대답하였습니다.

또 양부의 대신 및 한림학사는 누구냐고 두루 묻기에 신 진양이 모두 사실대로 대답하였습니다.

3일, 이용이 전별의 의미로 술 5잔을 차렸습니다. 장흥관을 거쳐 부곡관에 도착하였습니다. 송반사와 부사가 신 등에게 미각麋角124)과 송실松實을 보내왔습니다.

4일, 철장관에 도착하였습니다.

5일, 가는 도중 송반부사 양규중이 말하였습니다.

"최근 제전대사(祭奠大使)125)가 돌아와 전하는 말에 의하면 남조 하북로의 가을 결실 상황이 매우 좋다고 합니다."

녹협관에 묵었습니다.

6일, 우산관에 도착하였습니다.

7일, 취선석(聚仙石)126)을 지날 때 송반사와 부사가 회식(會食)을 청하였는데 술은 7잔이었습니다. 타조관에 묵었습니다.

8일, 유하관에 도착하였습니다. 송반사와 부사가 신 등에게 건어물 물고기 한 쟁반을 보냈습니다.

9일, 와여관을 거쳐 편상령偏廂嶺을 지날 때 송반사와 부사 및 신

---

123) 韓侍中 : 韓琦.

124) 麋角과 松實 : 고라니의 뿔과 소나무 씨松子.

125) 祭奠大使 : 송 英宗의 붕어에 따라 遼側이 파견한 祭奠使와 弔慰使.

126) 聚仙石 : 가는 길의 5월 25일 기록에는 會仙石이라 기록하고 있다.

등이 서로 술 3잔을 보냈습니다. 신관新館에 묵었습니다. 신 진양과 손탄 등은 관례에 따라 음식을 준비하여 송반사와 부사를 초대하고 삼절인도 잘 먹도록 하였습니다. 술은 7잔이었습니다. 송반부사 양규중이 말하였습니다.

"우리 폐하께서 신은박을 출발하신 지 3일 되었습니다. 종전에 연경에서 사절을 접견하실 때 남조의 대사는 심소경沈少卿127)이었습니다. 그것이 벌써 8년이나 지났군요."

12일, 단주에 도착하였습니다. 지주·급사중 이중연李仲燕이 교외에서 영접하여 술 5잔을 차렸습니다.

13일, 이중연이 전별의 의미로 술 5잔을 차렸습니다. 순주에 도착할 즈음 지주·태부인 양규정이 교외에서 영접하며 술 5잔을 차렸습니다.

14일, 양규정이 전별의 의미로 술 5잔을 차렸습니다. 망경관을 거쳐 연경 석진부析津府에 도착하였습니다. 소윤·소부少府·소감少監 정기程冀가 교외에서 영접하며 술 5잔을 차렸습니다. 영평관永平館에 묵었습니다.

15일, 동두공봉관·합문지후 마세장馬世章이 신 등에게 잔치를 베풀어 주었으며, 서두공봉관 유신劉伕이 술과 과일을 하사하고 보군태부步軍太傅가 잔치에 참여하여 같이 술 11잔을 마셨습니다. 유수가 신 등 및 삼절인에게 생희生餼·절견折絹·능라綾羅128) 등을 보내주었습니다.

---

127) 沈少卿 : 沈遘.
128) 綾羅 : 비단의 총칭.

16일, 양익이 전별의 의미로 술 7잔을 차렸습니다. 양향현良鄕縣에서 묵었습니다.

17일, 탁주에 도착하였습니다. 지주·태사 야율덕방耶律德芳과 통판·이부랑중 등원鄧願이 교외에서 영접하며 술 5잔을 차렸습니다. 탁주관涿州館에 묵었습니다. 동두공봉관·합문지후 혁진赫振이 와서 노고를 위문하였지만 차와 술은 내지 않았습니다. 나머지는 모두 통상적인 의례와 같았습니다. 이날 저녁 송반사와 부사가 송별의 술자리를 마련하여 13잔을 같이 마셨습니다.

18일, 야율덕방 등이 전별의 의미로 술 9잔을 차렸습니다. 신성현에 도착하였습니다.

19일, 북구北溝에 도착하였습니다. 동두공봉관·합문지후 마세연馬世延이 와서 신 등에게 연회를 베풀고 술 9잔을 차렸습니다. 사신은 차와 술은 보내지 않았지만 나머지는 통상적인 의례와 같았습니다. 길을 따라 가다가 송반사와 부사가 백구교白溝橋의 북에서 술을 내어 전송하였습니다. 신 등도 백구교 남쪽에서 술을 내어 전송하였습니다. 술은 각각 3잔이었습니다. 또 다리 한가운데에 이르러 모두 말을 세우고 마주 보며 술을 마시며 말 채찍을 교환하고 이별의 말을 나누었습니다. 나머지는 모두 전례대로 하였습니다. 이날 저녁 웅주에서 묵었습니다.

출전 陳襄, 『古靈集』 권25, 「神宗皇帝卽位使遼語錄」.

내용 1067년(송 治平 4, 요 道宗 咸雍 3) 송의 제5대 황제 영종이 붕어하고 새로운 황제 신종이 즉위하였다. 송은 신임 황제의 즉위를 요에게 알리는 사절단을 파견하였다. 이 사절단의 대표國信使로 임명된 인물이 진양(1017~

1080)이다. 1004년 송과 요 사이 전연의 맹이 체결된 이후 양국은 신년 축하 賀正使, 황제와 황태후의 탄생일 축하生辰使 등의 명목으로 매년 수 차례의 사절단을 주고 받았다. 이들 사절단의 기록이 현재 몇 개 남아 있지만, 그중에서도 진양의 보고서는 대단히 흥미롭다. 사행使行의 전 과정을 매우 소상히 기록하고 있기 때문이다. 진양은 출발부터 도착에 이르기까지 요 측의 접대, 사절단의 대응, 양측 사이 긴박한 절충의 전말 등을 생생히 전하고 있다. 송대 대외 관계를 파악하는 데 대단히 중요한 자료이다.

농지고儂智高의 반란

광원주廣源州[129]의 소수민족 출신 농지고[130]가 그 무리들과 더불어 반란을 일으켜, 남방에 방비가 허술했던 것을 틈타 옹주邕州[131]와 빈주賓州[132] 등 7개 주를 깨트리고 광주[133]에 이르렀다. 그는 이

---

129) 廣南西路 서남단에 위치. 오늘날의 베트남 廣淵.

130) 廣源州 소수민족의 首領으로서 그 모친 阿儂과 더불어 廣源州 일대를 점거하고 있다가, 仁宗 慶曆 元年(1041) 儻猶州(오늘날 廣西省 靖西縣의 동쪽)를 점거하고 大曆國을 건립했다. 그 후 安德州(靖西縣의 서쪽)로 옮겨 南天國이라 개칭하고 景西라는 연호를 사용했다. 仁宗 皇祐 4년(1052)이 되면 군사를 일으켜 宋을 공격하고, 邕州(오늘날의 廣西省 南寧市)를 점령하여 仁惠皇帝라 자칭한 다음 啓曆이라 改元하였다. 이후 송에 대한 공격을 계속하여 西江을 따라 남하하면서, 橫州·貴州·龔州·潯州·藤州·梧州·封州·康州·端州 등 9주를 점령하고 廣州를 위협하였다. 廣州 공방전에서는 패하였다. 皇祐 5년(1053) 宋朝는 狄靑을 宣撫使로 하고 余靖을 安撫使로 삼아 3만여 명을 파견하여 儂智高軍을 마침내 邕州에서 격파했다. 농지고는 이후 大理國으로 도망가 종적을 감추고 반란도 진압되기에 이른다.

131) 廣南西路 西南端에 위치. 오늘날의 廣西省 南寧市 일대.

132) 廣南西路 중앙부에 위치. 오늘날의 廣西省 賓陽縣.

133) 廣南東路의 路治 소재지. 오늘날의 廣東省 廣州市.

276

르는 곳마다 관리와 주민들을 살상했으며 멋대로 약탈했다. 이로 인해 동남 일대는 큰 소동이 벌어졌다.

조정에서는 효장驍將134) 장충張忠과 장해蔣偕를 파견하였다. 이들은 역전驛傳135)들을 빠르게 통과하여 가능한 한 신속히 진압한다는 방침을 취했으나, 현지에 다다르자마자 모두 농지고에 의해 패퇴하고 말았다. 다음으로는 양전楊畋과 손면孫沔, 여정余靖 등을 파견하여 초무하고자 했으나 이들 모두 오래도록 공을 세우지 못했다.

인종은 이러한 상황에 근심하다가 마침내 추밀부사인 적청狄青을 파견하기로 했다.136) 그를 선무사로 임명하여 군대를 이끌고 토벌하라는 임무를 부여하였다. 그러자 한림학사인 증공량曾公亮이 적청에게 어떠한 방략을 취할 것이냐고 물었다. 그는 처음에는 말하려 하지 않다가, 증공량이 거듭 물으니 마침내 대답했다.

"근래 군대의 기율과 조직이 흐트러져 있고, 게다가 광천廣川에서 패배한 이래로 포상과 처벌 또한 명확치 않소이다. 이제 마땅히 군대의 기율과 제도를 세우고 포상과 처벌을 분명히 하는 일부터 시작할 작정이오. 다만 우려하는 바는, 반란군들이 내가 파견되는 것을 보고 조정에서 추밀부사라는 막중한 관원을 보내는 것에 겁을 집어먹고, 모두 달아나 버리지는 않을까 하는 것이오."

---

134) 사납고 날랜 장수

135) 驛站 내지 驛館. 驛馬와 숙소를 설비하고 官吏 및 군대의 이동시 그 편의를 제공하는 곳. 통상 교통의 요충지에 설치되며, 다량의 驛馬를 양육하며 통과하는 관리나 군대에게 交替馬를 제공해주는 한편 숙소를 제공하는 기능도 담당한다.

136) 적청이 荊湖南北路宣撫使提擧廣南東西路經制賊盜事로 임명된 것은 仁宗 皇祐 4년(1052) 9월말의 일이었다(『續資治通鑑長編』 권 173).

증공량은 이어서 또 물었다.

"반란군의 표패군標牌軍[137]은 막강한 위력을 지니고 있다고 합니다. 어떻게 대비할 작정입니까?"

"그것은 쉽습니다. 표패군은 보병일 뿐이오. 기병을 만나면 표패標牌는 아무 쓸모가 없소."

처음 장충과 장해가 파견되었을 때 그들은 수도로부터 6, 7일 만에 마치 달리듯 광주에 다다랐다. 또 변변히 병사들을 조직으로 편재하지도 않은 채, 반란군을 만나자마자 서둘러 전투를 벌였다. 게다가 장해 등은 경계의 필요성조차 몰랐기 때문에 병사들은 반란군의 급습을 당하여 바람에 쓸리듯 패주했다. 그리하여 장충은 군진 속에서, 그리고 장해는 장막 안에서 잠을 자다가 반란군에 의해 사로잡혔다. 한편 양전과 여정 등은 내부의 분란으로 말미암아 제대로 활동을 할 수 없었다. 손면의 경우는 청탁에 의해 흔들리고 있었다. 그를 따르는 막료들은 주종도朱從道와 정서익鄭抒翊, 양건요揚乾曜 등이었는데, 이들은 모두 음험하고 경박한 데다가 신뢰하기 힘든 자들이었다. 그들은 어려운 것은 회피하려 들면서 재물을 탐하기만 할 따름이었다. 손면은 이러한 자들의 주장대로 따르고 있었다. 그리하여 원근의 사람들은 이러한 정황에 대해 탄식해 마지않았다. 손면은 담주潭州[138]에 이르러 병이 났다고 둘러대고 관망만 할 뿐 나아가려 하지 않았다.

적청에게 칙명이 내리자 그가 황제의 신망을 받고 있는 인물이기

---

137) 標牌는 兵刃矢石을 막아내는 방패의 일종. 標牌로 무장한 병사가 바로 標牌軍이다.

138) 荊湖南路의 路治. 오늘날의 湖南省 長沙市.

때문에 따라 나서겠다고 하는 자들이 적지 않았다. 그는 이러한 자들을 불러서 말했다.

"그대가 날 따라 나서겠다고 하는데 그것은 나 역시 바라는 바이다. 그런데 농지고는 작은 도적일 뿐이다. 그럼에도 나까지 파견하는 것은 일이 그만큼 급박하게 돌아가기 때문이다. 만일 나를 따르는 인물들 가운데 도적을 토벌하는 데 공을 세운 이가 있다면, 조정에서 두터운 상을 내릴 터이요, 나 역시 마땅히 상을 주청할 것이다. 하지만 출정하여 도적을 물리치지 못한다면 엄정히 군법에 따라 처단할 것이고 나는 여기에 사사로이 개입하지 않을 것이다. 그대는 심사숙고토록 하라. 그럼에도 나를 따라나서겠다 한다면 내 상주하여 그대를 데리고 가겠노라. 그대뿐만이 아니라 그대의 친척이나 친구들에 이르기까지 내 말을 널리 알려주기 바란다. 진실로 동행하기를 원하는 자가 있으면 그것이야말로 내가 원하는 바이다."

이 말을 전해 들은 자들은 모두 크게 놀라서 다시는 감히 따라가겠다고 나서지 못했다. 적청이 불러 모은 자들은 모두 그가 평소에 같이 일을 도모할 만하다고 여긴 인물들뿐이었다. 또 한결같이 남들로부터 인망을 받고 있는 인물들이었다.

적청은 군대를 이끌고 나서자 하루에 다만 역전驛傳 하나씩만을 갈 뿐이었다. 그리고 역전이 설치된 주州에 이르러서는 병사들을 하루씩 쉬게 했다. 이렇게 담주에 이르러 그는 부대조직을 만들고 규율을 명확히 세웠다. 군대가 행군하고 멈춤에 모두 행렬을 짓도록 했으며, 물품을 나르고 식사를 담당하며 경계에 임하는 일에 이르기까지 모두 명확히 직무를 구획지어 주었다. 병사들 가운데 민간으로부터 채소 한 묶음이라도 약취한 자가 있으면 참형으로 다스렸다.

이리하여 군내의 기강이 엄정해지고 감히 큰 소리 내는 자조차 없었다. 만여 명의 군사가 지나치는데 작은 소리도 나지 않을 정도였다.

적청은 역전에 머물 때마다 사방에 철저히 병사들을 배치하여 경계하도록 했으며, 또 문마다 각 부대로 하여금 2인의 보초를 세워서 한 사람도 멋대로 드나들지 못하게 했다. 적청 자신을 만나기 원하는 사람이 있으면 모두 즉시 만나 주었다. 야외에서 숙영을 할 때에는 반드시 군막 주변에 목책을 세워 두었으며, 자신의 숙소에는 사방에 병기를 소지한 병사들을 몇 겹으로 배치하였다. 또 정예부대를 자신의 숙소 좌우에 배치하는 등 방비와 경계태세를 매우 삼엄하게 했다.

적청이 도착하기 이전 현지의 장수들은 전투 때마다 져서 으레 패배를 당연한 것으로 여기고 있었다. 그 무렵 지계주知桂州[139]인 숭의사崇儀使 진모陳某와 지영주知英州[140]인 공비고사供備庫使 소함蘇緘이 적과 전투를 벌였다가 예나 다름없이 다시 패주하여 왔다. 당시 적청은 빈주賓州에 도착해 있었다. 그는 진모와 그 부장 32인을 불러 죄상을 꾸짖은 다음 모두 군법에 따라 참형에 처해 버렸다. 다만 소함은 다른 곳에 있었기 때문에 형구에 옭아매고 옥에 가두어 조정에 그 처벌을 주청하였다. 그러자 군중에서는 사람마다 분발하여 목숨을 걸고 싸우겠다는 생각을 갖게 되었다.

이때 농지고는 옹주邕州로 돌아와 지키고 있었다. 적청은 그가 험준한 곤륜관崑崙關에 의거하여 방어에 임하는 것이 걱정스러웠다.

---

139) 桂州는 廣南西路의 路治로서 廣南西路 北端에 위치. 오늘날의 廣西省 桂林市.
140) 英州는 廣南東路 중앙부에 위치. 오늘날의 廣東省 英德縣.

그래서 빈주에 군령을 내려 병사들에게 각각 5일치의 식량을 지급하여 휴식을 취하게 했다. 반란군 측의 첩자들은 방비태세가 허술해졌음을 농지고의 본부에 통지하였다. 그날 저녁 비바람이 몰아쳤다. 적청은 이슥한 밤을 이용하여 부대를 이끌고 곤륜관을 넘었다. 곤륜관을 넘은 후 적청은 이렇게 말했다.

"반란군들이 오늘 우리를 막아세우지 못한 것은 어쩔 수 없는 일이었다. 저들은 밤도 깊었고 비바람이 몰아치므로 우리가 감히 올 것이라 여기지 못했던 것이다. 우리가 올 수 있었던 것은 저들의 허를 찔렀기 때문이다."

적청의 군대가 옹주에 밀어닥친 다음에야 반란군들은 비로소 알아채고 귀인포歸仁舖로 물러나 반격태세를 취했다. 적청은 높은 산등성이에 올라 정황을 살폈다. 반란군들은 언덕받이 위에 진을 치고 진압군은 아래로부터 육박해 들어가다 부장인 손절孫節이 흐르는 화살에 맞아 전사했다. 적청은 부대로 하여금 서둘러 진격하도록 지시하였다. 병사들은 각각 용맹스럽게 싸웠다. 이보다 앞서 적청은 소수민족의 기병대 2,000여를 반란군의 배후에 배치해 두었었다. 이들에게도 습격을 명하여 반란군을 앞뒤로 협격토록 하였다. 반란군의 표패군은 기병대에게 짓밟혀 전열을 가다듬지 못했다. 군사들은 또 말 위에서 쇠도리깨로 반란군 병사들을 내리쳤다. 그리하여 반란군은 마침내 무너져 전사한 시체들이 쌓일 정도였다. 이렇게 하여 적들은 대패하였고 농지고는 성에 불을 지르고 달아났다.[141]

---

141) 이처럼 仁宗 皇祐 5년(1053) 儂智高가 邕州로부터 敗走함으로써 반란은 종식되었다. 이후 儂智高는 大理로 들어갔다가 얼마 되지 않아 이곳에서 살해되었다. 大理에서의 사망 전후의 사정에 대해 『宋史全文』에서는, "儂智高

적청은 앞서 증공량에게,

"군대의 기율과 조직을 세우고 포상과 처벌을 분명히 하면 반란군들은 패주할 것이고, 표패는 기병을 당할 수 없소." 라고 말한 바 있다. 실로 그가 판단한 대로였다. 적청은 이 공로로 인해 조정의 중신이 되었다.

수천 리 바깥의 일을 논함에 있어 그는 정확하고 간명한 정세판단을 내렸다. 장황한 수사도 없었다. 설령 저 옛날의 명장이라 할지라도 어찌 여기에 덧붙여지는 바가 있으리오? 그는 실로 갑자기 일어나 공을 세운, 일순간의 무인이 결코 아니었도다.

경력 연간에 갈회민葛懷敏이 이원호와 광천廣川에서 전투를 벌인 바 있다. 여기서 갈회민은 패사하고 여러 부장들과 사졸들은 대부분 산골짜기로 도망해 숨어들었다. 당시 조정에서는 초무에 급급하여 이들을 엄벌에 처하지 않고 가볍게 처벌하는 데 그쳤다. 이로부터 군대가 그 장수를 버렸으며 목숨을 걸고 싸우려 들지 않게 되었다. 이러한 까닭에 적청은, '광천의 패전 이래로 포상과 처벌이 불분명해졌다.' 라고 말했던 것이다. 한림학사 채양蔡襄 역시, '적청으로부터 들은 바가 이대로이다.' 라고 말한 바 있다.

출전 『五朝名臣言行錄』 권 8.

내용 11세기 초 베트남과 북송의 접경지역에서는 크고 작은 충돌이 단속적으로 발생하고 있었다. 문제의 발단이 되었던 것은 양국 접경지역에 거주하는 소수민족이었다. 북송과 리조 베트남은 공히 이들에 대한 경략에 공을

母儂氏弟智光子繼宗繼隆伏誅. 智高亦自爲大理所殺 函其首至京師." (권 9 上, 至和 2년 6월 乙巳)라 기록하고 있다.

들였다. 특히 관심의 초점이 되었던 것은 광원주 일대에 거주하는 농씨 세력이었다. 이들의 거주지역인 광원주는 금은의 산지였다. 이에 주목하여 송조와 베트남은 광원주 일대에 영향력을 확대하려 기도하였다. 접경 일대의 소수민족은 베트남, 송 양국의 압박을 받으며 한편으로 양국의 영역을 향해 공격하는 일도 잦았다. 하지만 베트남, 송 양국이 모두 광원주 일대를 향해 경쟁하였다 해도, 진종 및 인종 시대의 송은 베트남에 비해 현저히 소극적인 태도를 취했다. 이러한 정책으로 말미암아 태종 이후 인종 말년에 이르기까지 송과 베트남 사이에는 별다른 충돌이 발생하지 않았다. 그런데 1040년대 후반 이후 광원주에 거주하는 농씨 문제가 양측의 현안 문제로 대두하게 된다. 광원주는 좌강左江의 상류 일대로서 현재의 까오방 동부에 위치한 꽝 응우옌 일대이다. 베트남의 지배를 받고 있던 농씨는 리조 베트남의 압박과 통제가 강화되며 반란을 일으켰다. 이러한 반란은 송조에까지 파장을 미쳤다. 송조는 농씨의 반란에 대처하며 베트남과의 관계를 충분히 고려하는 정책을 편다. 농씨의 반란은 1053년 적청의 파견으로 진압되었다.

서하와 송 사이의 전쟁과 범중엄范仲淹의 활동

연주延州의 성채들이 많이 실함되어 범중엄이 스스로 서북 변경에 도임하기를 청하였다. 그는 호부시랑 겸 지연주知延州에 임명되었다. 이에 앞서 변경의 군사에 대해, 총관總管은 만 명을 거느리고 검할鈐轄은 5천 명을 거느리며 도감都監은 3천 명을 거느린다는 조령이 내려졌다. 그리고 적이 침략하여 방어할 때는 관직이 낮은 자가 먼저 나가도록 되어 있었다. 범중엄이 말하였다.

"장수를 능력에 따라 선발하지 아니하고 관직의 고하에 따라 출동하게 하니 이는 필패必敗의 길이다."

그는 주의 병사를 대대적으로 검열한 다음 정병 18,000명을 선발하고, 이를 6개의 부대로 나누어 각각 3,000명이 소속되도록 하였다. 또 각 부대별로 훈련시킨 후 침범하는 적의 숫자를 감안하여 나가 방어에 임하도록 하였다. 당시 새문채塞門寨, 승평채承平寨 등은 철거되고 충세형种世衡의 계책에 따라 적이 출몰하는 길목에 청간성青澗城을 쌓았다. 이곳을 중심으로 크게 둔전을 시행하고 아울러 백성들이 시장을 열어 상품을 유통시키도록 하였다.

또 백성들이 원거리로 군수 물자를 수송하는 것에 고통스러워하므로, 군대를 위해 부성鄜城에 새로운 행정 단위인 군軍를 설치하여 하중河中·동同·화華 일대 중하호의 조세를 그리로 운송시키자고 주청하였다. 그렇게 하여 봄과 여름마다 군대를 그곳으로 옮겨 밥을 먹게 하면, 군량 매입 비용 10분의 3을 절약하고 다른 지역의 부담도 덜 수 있을 것이라 주장하였다. 이에 따라 조정에서는 강정군康定軍을 설치하였다.

이듬해 정월 연변의 각 지방에 조령을 내려 서하를 토벌하라고 하였다. 이에 범중엄이 상주하였다.

"정월은 변방 일대가 몹시 추운 때입니다. 우리 군대가 추위에 그대로 노출될 것이니 봄을 기다려 깊숙이 공격하는 편이 좋습니다. 그때는 저들의 말도 야위고 사람도 주려 쉽게 제압할 수 있습니다. 더욱이 시간을 두고 변방의 방비 태세를 정비하며 군대에도 기강을 갖추면 적이 비록 기세가 드세나 쉽게 압도할 수 있을 것입니다.

부주鄜州와 연주延州는 저들의 영주靈州·하주夏州와 아주 가까워 서하가 반드시 지나야 하는 곳에 위치해 있습니다. 군대를 정비하고 가만히 있다가 저들의 틈을 엿보아 초무할 생각입니다. 그렇게 하지 아니하면 저들과 신뢰가 단절되어 전쟁 상태가 끝없이 계속될 수도 있습니다.

만일 이러한 방책이 성과를 거두지 못하게 되면, 군대를 이끌고 먼저 수주綏州와 유주宥州를 점령하고자 합니다. 그 다음 요해처를 점거하고 군대를 주둔시켜 둔전을 시행하며 지구전 태세를 갖출 것입니다. 그리하면 다산茶山과 횡산橫山의 사람들은 반드시 일족을 거느리고 투항해 올 것입니다. 변경의 영토를 개척하며 적을 방어하는 것, 이것이야말로 최고의 방책입니다."

인종은 이러한 제안을 모두 채택하였다. 이어 범중엄은 승평채와 영평채永平寨 등을 복구하고, 유망한 자들을 다시 불러들여 보루와 방어 시설을 쌓고 또 척후용으로 쓰자고 요청하였다. 이에 따라 12개 성채를 쌓자 강족羌族과 한인漢人 백성들이 잇따라 돌아와 농사를 지었다.

조금 시간이 지나 이원호가 포로로 잡았던 장수 고연덕高延德을 돌려보내면서 범중엄과 화약을 체결하자고 제의하였다. 범중엄은 서신을 보내 응하겠다는 뜻을 알렸다. 그런데 그때 임복任福이 호수천好水川에서 패배하여 이원호의 답장이 불손하였다. 범중엄은 사신이 가져온 답장을 불살라 버렸다. 대신[142]이 이에 대해 멋대로 적과 서신을 왕래하고 또 멋대로 서신을 불태웠다고 공격하였으며 송상宋庠은 범중엄을 참해야 한다고 주장하였다. 인종은 그 말을 듣지 않았다. 이 일로 범중엄은 관작이 강등되어 지요주知耀州가 되었다. 그 다음에는 지경주知慶州·좌사랑중左司郎中으로 전임되었다가 환경로경략안무사環慶路經略安撫使·연변초토사緣邊招討使가 되었다.

---

142) 당시 재상으로 있던 呂夷簡을 가리킨다.

이에 앞서 이원호는 반란을 일으키면서 자신에게 복속된 강족의 도움을 받아 은밀히 환경로環慶路의 추장 600여 명을 길잡이로 삼아 두었다. 이 사실이 얼마 되지 않아 드러나게 되었다. 범중엄은 강족이 본디 믿을 수 없는 존재라 여기고 부임 직후 변경 지대의 순시에 나섰다. 그리고 조정에 상주하여 강족에 대해 많은 음식을 하사한 다음 그들을 모아 약속하였다.

"상대방과의 분쟁을 끝내어 타협하였음에도 불구하고 멋대로 보복하여 상해를 입힌 자는, 벌로 양 100마리와 말 2마리를 내게 한다. 살인한 자는 참한다. 빚 때문에 다툼이 발생하면 관아에 신고하여 심리하게 한다. 멋대로 평민은 묶어 가둔 자는 벌로 양 50마리와 말 1마리를 내게 한다. 적의 말이 경계를 넘어 왔을 때 그 본거지로 쫓아내지 않았을 경우에는 벌로 가구마다 양 2마리를 내게 하고 그 수령을 감금한다. 적이 크게 침입할 경우 노약자는 그대로 보루에 남아 있어야 한다. 그 식량은 관아에서 지급한다. 보루에 들어오지 않은 가구는 벌로 양 2마리를 내게 한다. 부족 전체가 오지 않은 경우에는 그 수령을 잡아 가둔다."

이에 강족 전체가 복종하였고 이로부터 송에게 이용되기 시작하였다.

빈주관찰사邠州觀察使로 전임되자 범중엄이 상표하여 말하였다.

"관찰사의 지위는 대제待制의 아래입니다. 신은 수년 동안 변방에 근무하고 있습니다. 강인羌人들은 자못 신을 좋아하여 신을 '용도龍圖 노인'[143]이라 부릅니다. 그런데 이제 물러나 왕흥王興이나 주관朱

---

143) 龍圖老人 : 龍圖閣待制의 직위를 지닌 노인.

觀 같은 사람들과 무리지어 놀면, 적들로부터 업수이 여김을 당하게 되지 않을까 두렵습니다."[144]

그는 사양하며 부임하지 않았다.

경주慶州의 서북방에 마포채馬鋪寨가 있는데 후교천後橋川의 입구로서 서하의 한복판에 위치하였다. 범중엄은 여기에 성을 쌓고자 하였지만 필시 서하가 가만 두지 않을 것이라 생각하였다. 그래서 은밀히 아들 범순우范純祐와 이민족 장수 조명趙明을 파견하여 먼저 그 지역을 점거하게 한 다음 그 뒤를 이어 군대를 이끌고 당도하였다. 여러 장수들조차 어디로 향하는지 모르고 있었다. 유원채柔遠寨에 도착한 다음에야 비로소 마포채로 가라고 명령을 내렸다. 그곳에는 성을 쌓기 위한 판축版築 장비가 다 갖추어져 있어 열흘 만에 성이 완성되었다. 대순성大順城이 그것이다. 서하는 그 사실을 알고 기병 3만을 이끌고 공격하여 왔다가 짐짓 북으로 도망하였다. 범중엄은 쫓지 말라고 일렀다. 그곳에 과연 복병이 지키고 있었다. 대순성이 완성되자 백표白豹·금탕金湯도 감히 침범하지 못하였다. 환경로環慶路는 이후 서하의 침범이 매우 적어졌다.

명주明珠와 멸장滅臧에 정병 수만 명이 있었다. 범중엄은 경원로涇原路에서 이들 지역을 공격하려 한다는 소식을 듣고 상주하여 말하였다.

"이들 두 부족이 있는 곳은 길이 험하여 공격하기 힘듭니다. 전에 고계숭高繼嵩도 패전한 바 있습니다. 이들은 평소 복속과 반란을 왔

---

144) 범중엄의 上表는, 자신이 비록 待制는 아니나 변방의 이민족에게 '龍圖閣待制 노인'이라 불렸다는 점, 그렇게 친밀히 지냈는데 邠州로 전임 가서 邊方을 떠나게 되는 것을 원하지 않는다는 점을 피력하고 있다.

다 갔다 하고 있습니다. 그런데 지금 토벌한다면 필시 서하와 연계하여 남쪽으로 원주原州에 침입하고 서쪽으로는 진융鎭戎을 어지럽힐 것이며 동쪽으로는 환주環州를 공격하여 변경의 우환이 끊이지 않을 것입니다. 그것보다 북쪽으로 세요細腰와 호로胡盧를 점령하고 여러 하천에 보루를 만들어 서하의 진입로를 차단하는 것이 좋습니다. 그러면 두 부족도 안심하고, 환주·진융에 이르는 길도 잘 통하게 되어 근심이 사라질 것입니다."

그 후 마침내 세요채와 호로채 등을 쌓게 되었다.

갈회민葛懷敏이 정천채定川砦에서 패하자 서하가 반원潘原까지 대거 약탈하였다. 관중關中은 공포에 휩쓸려 백성 중에는 산골짜기로 달아나는 사람도 많았다. 범중엄은 군사 6,000명을 이끌고 빈주와 경주涇州로부터 구원에 나섰다가 서하가 이미 철수하였다는 소식을 듣고 돌아왔다. 처음 정천채의 패전 소식이 전해졌을 때 인종은 지도를 가리키며 좌우에 있는 대신에게 물었다.

"만약 범중엄이 구원에 나선다면 나는 걱정이 없을 것이다."

그 말 대로 범중엄이 나섰다는 상주문이 올라오자 인종은 크게 기뻐하며 말하였다.

"내 진즉부터 범중엄이 유능하다는 점을 알고 있었노라."

이후 추밀직학사·우간의대부로 승진하였다. 범중엄은 군대를 출동시켰다가 공적이 없었다며 사양하였지만 조詔를 내려 받아들이지 않았다.

당시 문언박文彦博이 이미 경원涇原에 파견되어 근무하고 있었다. 진종은 경원이 많은 피해를 입었기에 그 대신 범중엄을 파견하고자 왕회덕王懷德을 파견하여 그러한 방침을 전달하였다. 이에 범중엄이 사양하며 말하였다.

"경원은 중요한 지역이라 신이 이곳을 맡기에 부족하다 여겨집니다. 한기韓琦와 함께 경원을 방어하며 같이 경주涇州에 주재하게 해 주십시오. 한기는 진봉로秦鳳路를 겸하고 신은 환경로環慶路를 겸하며, 경원로에 비상 국면이 있으면 신과 한기가 진봉로와 환경로의 군대를 합하여 협공의 태세를 이루어 전진할 것입니다. 또 진봉로나 환경로에 비상 국면이 발생하면 마찬가지로 경원로의 군대를 이끌고 구원하겠습니다. 신은 한기와 함께 군사를 조련하고 장수를 잘 선임하여 머지않아 횡산橫山을 수복함으로써 저들의 양팔을 절단하겠습니다. 그리하면 몇 년 내에 저들을 평정할 수 있을 것입니다. 또한 원컨대 방적龐籍으로 하여금 환경로를 겸하여 통할하게 함으로써 수미일관의 형세를 이루게 해 주십시오. 진주秦州는 문언박에게 맡기고 경주慶州에는 등종량滕宗諒으로 하여금 관할하게 해 주십시오. 손면孫沔 또한 가히 업무를 맡길 만합니다. 위주渭州는 무신을 배치하면 족합니다."

인종은 그 말을 받아들여 섬서로에 안무사와 경략사, 초토사를 다시 두고 각각 범중엄·한기·방적으로 하여금 나누어 맡게 하였다. 범중엄과 한기는 경주涇州에 집무실을 열었으며, 문언박은 진주秦州로 옮겨가고, 등종량은 경주慶州를 담당하고, 장항張亢은 위주渭州를 관할하게 되었다.

범중엄은 장수로 재직할 때 명령이 엄정하였으며 병사와 장수를 잘 보살폈다. 강족 출신도 진심으로 대우하며 의심하지 않았다. 그래서 서하 또한 감히 그 경내를 쉽게 침범하지 못하였다. 이원호가 강화를 청하자 중앙으로 불려 올라가 추밀부사에 임명되었다.

출전 『송사』 권314, 「范仲淹傳」.

내용 탕구트족의 이원호는 부족을 통합하고 주변 지역을 정복한 다음 1038
년(인종 景祐 5) 송조의 지배를 전면적으로 거부하고 독립국가 서하를 건국
하였다. 이에 대해 송조는 무력을 통한 전면적 응징의 방침을 취하였다. 무
려 100만에 가까운 군대가 서하와의 전선에 대거 투입되었다. 하지만 전황
은 결코 송 측에 유리하게 전개되지 않았다. 1040년부터 1041년까지 연이어
중요 전투가 벌어졌으나 송은 참패를 거듭하였다. 송은 이후 명신이라 칭해
지던 범중엄과 한기 등을 급파하여 전세의 회복을 도모하였다. 특히 범중엄
은 방어에 치중하는 전략을 채택하여 전선의 붕괴를 막았다.

소식蘇軾의 고려 배척론 1「論高麗進奉狀」

  원우元祐 4년(1089) 11월 3일 용도각학사龍圖閣學士·조봉랑朝奉郎
·지항주知杭州145) 소식이 상주를 올립니다. 엎드려 생각하건대 희녕
熙寧(1068~1077) 연간 이래로 고려인들이 자주 들어와 조공을 하
여,146) 원풍元豊(1078~1085) 연간의 말엽까지의 16, 7년간 우리 조

---

145) 龍圖閣學士·朝奉郎·知杭州 : 龍圖閣學士는 職(職名), 朝奉郎은 官(寄祿
    階), 知杭州는 差遣(職事官)이다. 職이란 三館秘閣官 및 諸殿의 學士, 樞
    密學士 등에게 부여되는 명예직으로 文學의 高選을 나타낸다. 官은 官品
    및 녹봉의 高下를 표시하는 것이며, 差遣이 실제의 담당 직무를 보여주는
    것이었다. 朝奉郎은 正六品上이었다.

146) 고려와 宋 사이의 관계는 고려 成宗 13년(994, 송 태종 淳化 5년)에 공식적
    으로 단절되었다. 이후 1002년(고려 穆宗 5년, 송 眞宗 咸平 5년)에 복원되
    어 1031년(고려 顯宗 20년, 송 仁宗 天聖 9년)까지 단속적인 왕래를 계속하
    였다. 하지만 1031년 재차 중단된 다음에는 1071년(고려 文宗 25년, 송 神宗
    熙寧 4년)까지 40년 동안이나 양국 간 아무런 교류가 없었다. 신종의 新法

정이 접대하고 하사한 비용이 이루 헤아릴 수 없을 정도입니다. 양절兩浙과 회남淮南, 경동京東의 세 지방에서는 성을 쌓고 선박을 만들며 정관亭館[147]을 건립하느라, 농민과 수공업자를 징발하고 상인을 침탈하고 있습니다. 이 때문에 이들 지역에서는 많은 곳이 소란에 빠져 공사公私 모두 피해를 입었습니다.[148] 우리 조정에는 티끌만큼의 이익도 없는데 오랑캐(고려)는 엄청난 이익을 얻어가고 있습니다. 고려의 사자는 가는 곳마다 산하의 지도를 그리고 서적을 구입합니다. 사대부들은 고려가 얻는 사여품의 대부분이 거란으로 들어갈 것이라 생각하고 있습니다. 진정 그러한지는 명확하지 않습니다. 하지만 거란의 강력함은 족히 고려를 위협할 수 있을 것입니다. 만일 은밀히 서로 협의하지 않았다면, 고려가 어찌 감히 공공연하게 중국에 들어와 조공을 할 수 있겠습니까? 뜻있는 선비들은 이를 심히 우려하고 있습니다.

두 성인[149]께서 신종의 뒤를 이으신 이래 고려는 수년 동안 오지

시기에 들어서야 송의 적극적인 대고려 접근으로 양국간 국교가 재개되었다. 神宗 시기 송, 고려 사이의 교류는 이러한 송 측의 적극적인 태도로 인해 이전과 비교할 수 없을 정도로 활성화되었다.

147) 亭館 : 여행자의 편의(휴게와 숙박)를 위해 설비된 정자와 館舍.

148) 고려 사절단에 대한 접대와 관련하여 『石林燕語』에서는, "元豊以後, 待高麗之禮特厚. 所過州, 皆旋爲築館, 別爲庫以儲供帳什物. 始至, 太守皆郊迓, 其餞亦如之. 張安道知南京, 獨曰:「吾嘗班二府, 不可爲陪臣屈. 乃使通判代將迎, 已受謁而後報. 時以爲得體."(권3)라 적고 있다.

149) 두 성인 : 북송 제7대 황제인 哲宗과 宣仁太后 高氏. 元豊 8년(1085) 3월 神宗이 작고하고 哲宗이 즉위하였다. 하지만 당시 哲宗이 10세의 연소한 나이였기 때문에 조모(神宗의 母后)인 太皇太后 高氏(宣仁太后)가 垂簾聽政하게 되었다.

않았습니다. 이에 회남과 양절·경동의 관리와 백성들은 부담에서 벗어난 것을 기뻐하였습니다. 다만 복건 지방만은 대부분 해상海商으로 먹고 사는데, 그 가운데 흉험한 자들이 감히 고려와 교통하며 그들을 끌어들여 이익을 얻으려 하고 있습니다. 신은 그러한 사정을 탐지한 다음 조사하여 처리하려 마음먹고 있었습니다. 이달 3일에는 수주秀州150)에 사람을 보내 천주泉州151)의 백성 서전徐戩을 잡아 오게 하였습니다. 서전은 선박 안에 멋대로 고려 승통僧統 의천義天의 제자인 승려 수개壽介·계상繼常·영류穎流 및 원자院子152)인 김보金保·배선裵善 등 5인을 태워 왔습니다. 이들은 "국왕의 뜻을 받들어 수개 등으로 하여금 의천이 쓴 제문을 갖고 가서 항주의 승려 원도려源闍黎153)를 조문하게 한다."는 고려 예빈성禮賓省의 공첩公牒을 갖고 있었습니다. 신은 항주의 관아를 통해 이들을 승천사承天寺에 보내 감시하도록 조치하였습니다. 직원 2명과 병급兵級 10명154)을 파견하여 항상 주시하며, 이들이 마음대로 드나들며 사람을 만나지 못하게 했습니다. 아울러 행동거지가 바르고 경륜이 있는 승려를 선발하여, 그들과 대화한 다음 필요한 물품을 적절히 공급하게 하는 등 일 처리에 그르침이 없도록 했습니다. 기타 사정의 경과 및 처치

---

150) 秀州 : 兩浙路 東北端에 위치, 남송시대에는 嘉興府로 개칭된다. 오늘날의 上海市.

151) 泉州 : 福建路 동남 해안에 위치, 오늘날의 福建省 泉州市.

152) 院子 : 노복.

153) 慧因寺의 住持 淨源을 가리킨다. 『大覺國師文集』 권5, 表[1] 참조. 淨源이 寂沒한 것은 "戊辰, 杭州晉水法師淨源, 十一月示寂.(『佛祖歷代通載』 권19)"이라 하듯 哲宗 元祐 3년(1088)년 11월의 일이었다.

154) 職員은 하급 담당자의 汎稱, 兵級은 병사와 節級(하급 무관)의 合稱.

내용에 관해서는 모두 조정에 주청한 바 있습니다.

또한 고려 승려 수개의 상주문에 따르면, "떠나오던 날 국모國母께서 명하여, 금탑 2개를 지니고 가서 황제와 태황태후 폐하의 장수를 축원하라 하셨습니다." 라고 합니다. 신이 삼가 살펴보건대, 저들의 뜻은 두 성인께서 신종의 뒤를 이으신 지 수년이 되었기에, 감히 함부로 입공하였다가 난데없이 큰 이익을 잃어버리게 되지 않을까 염려한 것이 아닌가 생각됩니다.[155] 다시 사신을 파견하고 싶으나 두 성인의 뜻이 어떠한지 헤아릴 수 없었던 것입니다. 그래서 원도려源闍黎를 조문한다는 것을 명목으로 삼았습니다. 그리고 금탑을 바친다 하며 조정을 시험하여, 자신들을 접대하는 것의 경중輕重과 후박厚薄을 살펴보려 했던 것입니다. 그러지 않고서야 어찌 금탑을 바치고 장수를 빈다고 하면서 사자를 파견하여 표表를 바치지 않고, 다만 죽은 승려를 조문하며 이에 덧붙여 국모의 의사를 전달하겠습니까? 우리 중국이 받지 않을지도 모른다 우려하여, 이 구차하고 간단한 예의를 통해 조정을 시험하려 했던 것이라 여겨집니다. 만일 조정이 그들을 조금이라도 중하게 접대한다면 그 탐심貪心이 다시 커질 것입니다. 그리하여 빈번히 조공을 바쳐 끝없는 우환을 빚을 것입니다. 반면 이미 온 다음에 거절한다면 조정의 은혜에 손상을 입히게 될 것입니다. 삼가 바라건대 폐하께서는 사정을 명확히 파악하시고 조정에서 논의에 임해 주십시오. 신은 시종관侍從官[156]으로

---

155) 蘇軾의 이러한 발언과는 달리 元豊 8년(1085)년 7월 義天이 入宋하였을 당시 이미 哲宗이 즉위하여 宣仁太后가 垂簾聽政하고 있었다. 哲宗과 宣仁太后는 垂拱殿에서 직접 義天을 맞이하였으며, 義天에게 여러 가지 편의를 제공토록 조치한 바 있다.

서 바깥으로 파견되어 한 지방을 담당하고 있습니다. 제 소견을 아뢰어 폐하의 판단을 도와야 할 것입니다. 삼가 아래와 같은 의견과 조치를 아룁니다.

첫째로 복건의 교활한 상인들은 멋대로 고려와 교통을 일삼으며 모리를 도모하고 있습니다. 서전徐戩은 그러한 수많은 자들 가운데 하나입니다. 듣자 하니 서전은 고려로부터 먼저 돈을 받은 후 항주에서 주석이 붙은 ≪화엄경≫을 찍어 냈다고 합니다. 이에 든 돈은 엄청났는데, 인판印板이 완성되자 공공연히 선박에 싣고 가서 납품하고 고려로부터 많은 상까지 받았다고 합니다. 하지만 관아는 물론이려니와 민간에서도 누구 하나 알아챈 사람이 없었습니다. 신이 생각건대 이러한 풍조를 어찌 가만 내버려 둘 수 있겠습니까? 만일 그 폐해를 내버려 두면 적국 거란의 교활함은 어디까지 이를지 모를 것입니다. 또한 이번에 고려의 승려들을 끌어들인 일에 있어 필시 서전이 주도자일 것입니다. 신은 이미 서전을 좌사리원左司理院157)에 압송하여 심문하게 했습니다. 조사가 끝나면 그 내용을 소상히 보고토록 하겠습니다. 청컨대 법에 따라 엄중히 처벌하여 복건 일대의 간사한 백성과 교활한 상인을 깨우치도록 하십시오.

---

156) 侍從官 : 황제의 近臣. 송대에는 殿閣學士·直學士·待制·翰林學士·給事中·六部尙書·侍郞을 侍從이라 칭하고, 中書舍人·起居郞·起居舍人 이하를 小侍從, 外官으로서 諸閣의 學士와 待制를 帶銜한 경우 在外侍從이라 불렀다.

157) 左司理院 : 刑獄을 담당하는 州의 관서. 五代의 馬步院이 송 태조 시기 司寇院으로 변하였다가, 太宗 太平興國 4년(979) 司理院으로 개칭되었다. 司理參軍이 관할하였다. 大郡이거나 獄事가 번잡한 곳에는 左右司理院을 병설하였다.

둘째로 고려 승려 수개壽介의 상주문에 따르면, "떠나오던 날 국모께서 명하여, 금탑을 지니고 가서 장수를 축원하라 하셨습니다."라고 합니다. 신이 생각건대 고려는 죽은 승려의 조문을 핑계로 국모의 의사를 보내왔습니다. 구차하고 무례한 것이 이처럼 심한 것이 없을 정도입니다. 만일 조정에서 이를 받고 회사回賜하지 않거나 혹은 회사하더라도 가볍게 한다면 오랑캐는 이를 구실로 삼을 것입니다. 만일 받고서 두터이 회사한다면, 이는 많은 폐물로써 그 구차하고 간단한 무례無禮의 물품에 답한 셈이 됩니다. 신은 이미 담당 관원에게 명하여 저들의 상주문을 물리쳐 되돌려주게 하였습니다. 그러면서, '이는 조정에서 엄중히 처리할 일이지 한 지방의 수신守臣158)이 멋대로 상주하여 보고할 사안이 아니다.'라고 말하였습니다. 신이 생각건대 고려의 승려는 이러한 조치를 받아들이려 하지 않을 것입니다. 그리고 필시, '우리나라에서 나를 보내 금탑을 가지고 헌수獻壽하게 했는데, 지금 만일 바치지 못한다면 귀국 후에 큰 벌을 받을 것이다.'라고 말할 것입니다. 신은 이 승려의 상주문 뒤에 다음과 같은 판어判語159)를 적어주려 합니다. "항주의 관아에서는 조정의 지시를 받지 못했다. 고려에서도 정식 국서를 보내오지 않았으니 조정에 보고하기 곤란하다. 이 상주문을 그대로 갖고 귀국하여 보고하라." 이렇게 한다면 다만 신 한 사람의 조치일 뿐 조정에서 그 헌물獻物을 거절한 것은 아니니 매우 적당한 처리가 될 것입니다. 만일 좋다고 여기신다면, 바라건대 명령을 내려 그대로 시행하게 해 주십

---

158) 守臣 : 知州, 知府의 簡稱. 郡守·太守·州牧·使君이라 칭해지기도 하였다.

159) 判語 : 판결문, 혹은 명령문.

시오.

셋째로 고려의 승려 수개가 갖고 온 고려 예빈성禮賓省의 공첩公
牒에서는, '원도려를 조문하고 더불어 여러 곳에서 고승을 찾아 불
법을 배운다.'고 적혀 있습니다. 신이 보건대 수개 등은 단지 의천의
제자일 뿐 국왕의 친족이 아닙니다. 그들이 온 것도 사사로운 조문
을 위한 것이지 국사를 위한 것이 아닙니다. 그들에 대한 접대도 의
천 때와는 당연히 달라야만 합니다. 바라건대 다만 조문만 허락하고,
그 나머지 고승을 찾아 불법을 배운다거나 여기저기 오가며 유람하
는 등의 일은 모두 불허해 주십시오. 아울러 기한을 정해주고 그것
이 다 되면 배에 태워 명주明州160)로 보낸 다음 적당한 배에 실어
귀국하게 하십시오. 따로 이들만을 위한 선편을 구성하여 보내주지
마십시오. 만일 물품을 구입하려 한다면 한도를 정해주고 그것만 꾸
려가게 하고 대규모로 구매하지 못하게 하십시오.

신의 건의는 위와 같습니다. 만일 이처럼 처리한다면 저들로 하여
금 별다른 이익이 없어 다시 올 마음이 없도록 할 것입니다. 그리하
여 위로는 조정의 재물이 아무 쓸모없는 데 낭비되지 않도록 할 것
이며, 아래로는 회남과 양절·경동에서 관과 백성이 폐해를 입는 근
심이 사라질 것입니다. 구구한 마음을 이루 다 아뢰지 못하겠습니다.
삼가 상주문을 올리고 엎드려 칙지勅旨를 기다리겠나이다.161)

---

160) 明州: 兩浙路의 東端에 위치한 항구로서 市舶司가 설치되어 있었다. 송대
   고려와의 무역 및 교류에서 중심 창구와 같은 역할을 하였다. 남송시대에는
   慶元府로 개칭된다. 오늘날의 浙江省 寧波市.
161) 이 상주문에 대해 조정에서는 蘇軾의 건의대로 처리하기로 결정하였다. 이
   후 壽介 일행에 대한 접대와 관련하여 『續資治通鑑長編』에서는, "未幾, 高

출전 ≪蘇軾文集≫ 권 30.

내용 송대의 대문호 소식(1037~1101)은 고려에 대해 매우 편협하면서도 배타적인 태도를 취하였다. 고려에 대한 경계와 배척은 비단 소식뿐만 아니라 당시의 구법당 인사에게서 공히 보이는 현상이다. 하지만 그중에서도 소식의 논설은 가장 강경하면서도 집요한 면모를 지니고 있다. 그는 철종 원우(1086~1094) 연간의 구법당 시대 수차례나 상주문을 올려, 고려와의 통교가 무익할 뿐더러 오히려 송조에 큰 폐해를 불러일으키고 있다고 주장하였다. 고려 및 고려인에 대해서는 '성정이 탐욕스러운 오랑캐夷虜'라 단언한다. 북송 중엽의 왕안석 신법과 이를 둘러싼 신구 양당의 대립은 송조의 고려에 대한 태도에 커다란 영향을 미쳤다. 즉 왕안석을 비롯한 신법당 인사들은 재정의 재건과 이를 바탕으로 한 대외 적극책을 추진하며, 고려와 연대하여 북방의 거란(요)를 제어한다는 이른 바 연려제요책聯麗制遼策을 견지하였다. 이러한 방침에 따라 오랫동안 통교가 두절되었던 고려에 접근하여, 양국 사이에 긴밀한 교류가 진행되기에 이르렀다. 반면 구법당측에서는, 고려가 이미 거란에 복속되어 있는 상황에서 연려제요의 구상은 허구라고 비판하였다. 오히려 고려 사신에 대한 과도한 환대로 말미암아 공사의 부담만 증대될 뿐이라고 주장하였다. 위 논설은 의천의 제자 수개壽介 등이 건너왔을 때, 이들에 대한 접대와 처리 방향을 조정에 피력한 것이다. 철종 원우 4년(1089) 고려로부터 의천의 제자인 수개 등이 입송入宋하였다. 이들은 의천과 두터운 친분이 있었던 항주 혜인원의 주지 정원의 입적을 조문하고, 아울러 금탑 2점을 휴대하여 이로써 철종 및 선인태후의 장수를 축원하겠다는 목적을 지니고 있었다. 수개 등이 입송할 것이라는 정보를 입수한 지항주 소식은 조정에 상주하여 예전과 같이 이들을 환대해서는 안 된다고 주장한다. 이적

麗使果至, 軾按舊例, 使之所至, 吳越七州實費二萬四千餘緡, 而民間之費 不在此數, 乃令諸郡量事裁損. 比至, 民獲交易之利, 而無侵擾之害."(권435, 哲宗 元祐 4년 11월 甲午)라 기록하고 있다.

인 고려가 입송하는 것은 오직 자기네 이익이 있기 때문이라는 것이다. 고려 사절에 대한 융숭한 처우로 말미암아 그 사절단이 왕래하는 연도의 백성 및 관아는 심각한 피해를 입고 있다고 말한다. 수개 등의 금탑 희사도 사적인 행위로 격하시켜야 하며, 이들이 용무를 마친 다음에는 조속히 귀국하도록 조치할 것을 주장하고 있다.

소식의 고려 배척론 2「論高麗進奉 第二狀」

원우元祐 4년(1089) 11월 13일 용도각학사龍圖閣學士·조봉랑朝奉郎·지항주知杭州 소식이 상주문을 올립니다. 신은 최근의 상주문에서 고려 승려 수개壽介의 상주에 따르면, "떠나오던 날 국모께서 명하여, 금탑 2개를 수개에게 주시며 지니고 가서 황제와 태황태후 폐하의 장수를 축원하라 하셨습니다." 라고 되어 있다고 아뢴 바 있습니다. 신은 한편으로 저들의 상주문을 물리쳐 되돌려주고, 아울러 항주에서 선발한 접대승 사의思義에게 명하여 짐짓 자기 말인 양 금탑을 바치는 순서에 대해 물어보게 하였습니다. 고려 승려 수개는 신이 금탑에 관하여 조정에 상주하지 않은 것을 알고, 비로소 승통僧統 의천이 자신에게 준 문서를 꺼내 사의에게 보여주었습니다. 그것에 의하면 금탑 2개를 항주杭州 혜인원惠因院162) 등에 희사하고 성수聖壽

---

162) 중국측 기록에는 惠因院과 慧因院이 竝用되고 있다. 惠因院이라 기록하고 있는 서적은, 소식의 상주문 외에 『咸淳臨安志』(권23, 「城南諸山」「赤山」; 권78, 「寺院」「惠因院」), 『楊公筆錄』(宋 楊彦齡 撰), 『渭南文集』(宋 陸游 撰, 권40, 「高僧猷公墖銘」), 『宋詩紀事』(권69, 「曹旣明」「有懷湖山留題惠因院」) 등이다. 반면 『武林梵志』(明 吳之鯨 撰, 권10, 「慧因寺」 및 권 12, 「武林山」), 『林間錄』(宋 釋惠洪 撰, 권上) 등에서는 慧因院이라 기록하고

의 연장을 축원하되, 수개에게 금탑을 직접 지니고 있으라 말하고
있었습니다. 그리고 마음대로 봉인을 뜯어서는 안 되고, 조정의 후속
지침이 도착하는 날을 기다렸다가 비로소 뜯어야 한다고 되어 있었
습니다. 이로 보건대 고려 사람들은 이 금탑으로 중국의 의도를 시험
해 보려 했던 것이 분명합니다. 신이 이미 그 상주문을 물리쳐 되돌
려주었으니, 저들은 장래 필시 스스로 이 탑을 혜인원 등에 희사할
것입니다. 사사로이 사찰에 희사한 이상 조정에서 회사回賜할 수는
없습니다. 만일 받고서 회사하지 않는다면 오랑캐의 성정이 탐욕스
러운지라 혹시 원망이 생길지도 모르겠습니다. 엎드려 바라건대 조
정에서는 신의 이전 상주문을 검토하여 조속히 조치를 내려 주십시
오. 만일 수개 등이 금탑을 희사한다면, 바라건대 다만 신의 의사라
하면서 계속 '조정의 칙지를 받지 못하여 승원僧院으로 하여금 감히
받아들이라 명할 수 없었다.'고 말하게 해 주십시오. 가장 중요한 것
은 후환을 없애는 일입니다. 삼가 상주문을 올리고 엎드려 칙지勅旨
를 기다리겠나이다.

첩황貼黃.163) 혜인원의 작고한 승려 정원淨源은 본래 용렬한 사람
이었습니다.164) 다만 복건의 해상들과 자주 왕래하였습니다. 그리하

있다.

163) 貼黃 : 上奏文을 작성하고 난 후 미진한 부분이 있을 때 말미에 추가하는
내용을 가리키는 宋代의 용어. 이와 관련하여 葉夢得의『石林燕語』권 3에
서는, "唐制, 降勅有所更改, 以紙貼之, 謂之貼黃. 蓋勅書用黃紙, 則貼者亦
黃紙也. 今奏狀劄子皆白紙, 有意所未盡, 揭其要處以黃紙, 別書於後, 乃謂
之貼黃, 蓋失之矣."라 적고 있다.

164) 이러한 소식의 淨源에 대한 편견 내지 혹평은 다소 지나친 면이 없지 않다.
淨源은 華嚴의 중흥교주로 추앙받는 인물로서 佛書의 수집과 注疏, 저술

여 상인들이 고려에 가서 망령되이 훌륭하다고 떠들고 다니는 바람에 의천 등이 멀리서 와서 배우게 되었던 것입니다. 이로 인해 혜인원은 많은 희사의 이익을 얻은 반면, 회남과 양절에서는 관아와 백성이 두루 소란을 당하게 되었습니다. 근래 또 탐문한 바에 의하면, 혜인원의 안씨顏氏 성을 가진 행자가 정원의 유영遺影과 사리를 지닌 채 배를 타고 바다를 건너 고려에 갔다고 합니다. 이로 인해 의천이 다시 사람을 보내 조문하게 된 것입니다. 신은 담당 부서에 명하여 이에 관하여 철저히 조사하게 했습니다. 조사가 끝나는 즉시 사실대로 보고토록 하겠습니다. 지금 만일 혜인원으로 하여금 금탑을 보유할 수 있도록 허용한다면, 이는 간사하고 교활한 자가 스스로 큰 이익을 도모하면서 국가에는 분란을 일으키게 하는 것입니다. 심히 옳지 못한 일입니다.

출전 『蘇軾文集』 권 30.

내용 「논고려진봉장」을 상주하고 난 지 10일 만에 다시 작성하여 올린 문장이다. 거듭 고려로부터 내왕한 승려 수개 등에 대한 단호한 조치를 주장하고 있다.

소식의 고려 배척론 3(「乞令高麗僧從泉州歸國狀」)

원우 4년(1089) 12월 3일 용도각학사·조봉랑·지항주 소식이 상

등에서도 큰 업적을 남겼다는 평가를 받고 있다. 이에 대해서는 최병헌, <大覺國師 義天의 渡宋活動과 高麗·宋의 佛敎 交流-晉水淨源·慧因寺와의 관계를 중심으로->(『진단학보』 71·72 합병호, 1991)를 참조.

주를 올립니다. 신은 최근 상주문을 올려 천주의 객상客商 서전徐戩이 고려 승통 의천의 제자인 승려 수개 등을 데리고 항주에 왔다고 아뢴 바 있습니다. 수개 등은 작고한 승려 정원淨源에게 조문하며, 아울러 금탑 2개를 가지고 왔습니다. 이 사안의 맥락에 대해서는 상주문에서 소상히 아뢰었습니다. 그리고 조정의 지시에 따라, 수개 등이 작고한 승려 정원에 대해 조문을 하도록 허용하였습니다. 조문을 마친 후에는 사람을 파견하여 배에 태워 이들을 명주明州로 보낸 다음, 적당한 배에 실어 귀국토록 하였습니다. 또한 만일 정원의 제자들이 답례로 회사回贈를 원할 경우, 적절히 회증할 수 있도록 허가하였습니다. 항주에서는 이미 조정의 지침에 따라, 수개 등이 정원에 대한 조문을 마친 다음, 정원의 제자들이 수개 등에게 회증한 지역 특산품을 받을 수 있게 허용하였습니다. 갖고 온 금탑 2개는, 수개 등이 자신을 감시하고 접대하는 사람을 통해 신에게 전한 바에 의하면, '그대로 갖고 고려에 돌아갈 경우 큰 벌을 받을 것이다.' 라고 했습니다. 신은 이전의 상주에서 아뢴 대로, 그들의 상주문에 판어判語를 적어주고 그것을 갖고 본국에 돌아가 보고하게 했습니다. 또한 항주에서는 즉시 사람과 배를 동원하여 수개 등을 태워 가게 하고, 아울러 쌀과 국수, 초 등을 갖고 적절히 전송餞送하게 했습니다. 고려의 여러 승려들은 11월 30일 항주를 떠났습니다. 그런데 듣건대 근래 명주에는 고려로 들어가는 객상이 적다고 합니다. 이 때문에 고려 승려들이 오래 체류할까 걱정스럽습니다. 그들이 명주에 있는 것은 불편합니다. 삼가 듣건대 천주에는 고려에 왕래하며 매매하는 선박이 많다고 합니다. 이미 명주에 공문을 내려 조치하게 하였으나, 만일 수개 등이 내년이 되도록 적당한 선박을 구하지 못하게 된다면, 즉시 상주하여 천주로 가서 배를 타고 귀국하게 해 주십시오. 이러한 것들 외에 또 상주해야 할 일들이 더 있을 것입니다.

신은 조정에서 특별히 지시를 내려 줄 것을 엎드려 바랍니다. 명주에 하명하여 신속히 판단하여 이대로 시행하게 하십시오. 가장 중요한 것은 오래 체류하지 않게 하는 일입니다. 삼가 상주문을 올리고 엎드려 칙지를 기다리겠나이다.

출전 『蘇軾文集』 권 30.

내용 수개壽介 등이 고려로의 귀국을 위해 명주明州로 떠났으나, 명주로부터 고려에 도항할 선편이 여의치 않다는 사실을 알고, 명주가 아닌 천주로 가서 귀국토록 해야 한다고 주장하는 상주문이다. 이러한 소식의 주장은 송조에 의해 그대로 받아들여졌다.

소식의 고려 배척론 4(「乞禁商旅過外國狀」)

원우 5년(1090) 8월 15일 용도각학사·좌조봉랑·지항주 소식이 상주를 올립니다. 항주에서 지난 해 11월 23일 상주한 천주 백성 서전徐戩의 사건을 살펴보면, 서전은 멋대로 고려국을 위해 경판經板 2,900여 매를 만드는 불법을 저질렀습니다. 그리고 공공연히 그 나라에 싣고 가서 보수로 은 3,000냥을 받았으되 공사公私 모두 그 사실을 몰랐습니다. 그는 이 일을 통해 고려와 관계가 끈끈해져서, 마침내 멋대로 그 나라의 승려 수개壽介를 싣고 왔습니다. 수개는 작고한 승려 정원淨源을 조문한다는 명목으로 금탑을 바치고 또 이곳에 머물며 스승을 찾아 불법을 배우려 했습니다. 명백히 서전은 법을

302

무서워하지 않고 함부로 이익을 추구하였습니다. 그리하여 이들 승려를 데려와 지방에 분란을 일으켰습니다. 하물며 고려는 거란에 신속하여 그 속내를 알 수 없음에도, 서전은 공공연히 왕래하며 아무 거리낌이 없었습니다. 바라건대 가중처벌함으로써 복건과 양절 일대의 백성에게 경고하여 간사한 행위가 근절되게 해 주십시오. 폐하의 뜻을 받들어 서전은 특별히 천리 바깥의 지방에 보내 편관編管165)시켰습니다.

올해 7월 7일 항주 시박사는 밀주密州166)로부터 관련 업무의 통고를 받았는데 그것은 임해군臨海軍167)의 보고에 의거한 것이었습니다. 임해군에서는 고려국 예빈원禮賓院의 공문을 받았으며, 그 공문은 천주의 강수綱首 서성徐成이 올린 상주문에 따른 것이었다고 합니다. 또 임해군에서 보고하기를, 왕응승王應昇 등의 상인이 고려국으로 간다고 둘러대고 공빙公憑을 받은 다음 배를 대요국大遼國으로 돌려 가서 매매를 했다고 합니다. 얼마 후 왕응승 등 20명을 체포하고 배 안의 화물을 조사해 보니, 모두 대요국의 남정은사南挺銀絲 물품이었으며 이밖에 바다를 건너 대요국으로 들어갈 때 평안하기를 기원하는 문서 2장이 있었다고 합니다.

---

165) 編管 : 먼 곳의 州郡에 유배 보내 해당 지방의 호적에 편입시킨 다음 일정 지구 내에서만 거주하게 하는 것.

166) 密州 : 京東東路의 중부에 위치. 오늘날의 山東省 諸城市.

167) 臨海軍: 京東東路 密州 板橋鎮. 哲宗 元祐 3년(1088) 市舶司를 설치하며 膠西縣으로 개칭하고 臨海軍이란 軍名을 주었다. 이에 대해 『續資治通鑑長編』 권409에서는, "今相度板橋鎮委堪興置市舶司. 戶部勘當欲依范鍔等奏. 從之, 改板橋鎮爲膠西縣, 軍額以臨海軍爲名, 實錄: 密州板橋置市舶司, 仍改鎮爲膠西縣, 軍爲臨海軍."(哲宗 元祐 3년 3월 乙丑)이라 적고 있다.

항주 시박사가 파악한 바로는, 복건과 양절의 상인들이 고려에 갔다가 거란까지 다녀오는 사례가 많습니다. 이러한 일이 오래 계속되면 필시 막대한 문제 거리가 될 것입니다. 이제 관련 상황을 소상히 보고하니 상인의 왕래를 금지하여 주시기 바랍니다. 또한 이달 10일 전운사의 공문에 의거하여 보내온 명주明州[168])의 보고를 받았습니다. 이에 따르면 고려의 사신 이자의李資義 등 269명이 차례로 명주에 도착했다고 합니다. 그리고 객인客人[169]) 이구李球는 지난 해 6월 항주의 시박사에서 고려로 가서 무역을 하는 공빙을 발급받았습니다. 이후 고려국의 밀봉한 공문서 한 통과 송자松子[170]) 40여 포대를 싣고 왔습니다. 항주시박사가 보건대 객인 이구는 고려에 가서 관계가 긴밀해지자 그들의 앞잡이 노릇을 하며 큰 이익을 꾀하고 있습니다. 이는 지난 해 상주한 바 있는 서전과 정황이 완전히 동일합니다.

지금 양절과 회남에서는 공사가 소란을 겪고 있으며 문서가 빈번히 오가고 있습니다. 관리는 접대에 지쳐 있고 물품의 조달로 인해 행시行市[171])는 근심하고 있습니다. 명주로부터 윤주潤州[172])까지의 7주는 고려 사신 접대에 통상 약 24,600여 관貫의 비용을 쓰고 있습

---

168) 明州 : 兩浙路의 東端에 위치. 오늘날의 浙江省 寧波市. 南宋 寧宗 慶元 元年(1195) 慶元府로 승격되었다가 明 태조 시기 寧波로 개칭되었다. 唐代 이래 한반도 및 일본과의 교류에 있어 중심 창구와 같은 역할을 하였으며 眞宗 咸平 2년(999) 9월 市舶司가 설치되었다.

169) 客人 : 客商, 商販.

170) 松子 : 잣. 李時珍의 『本草綱目』권34, 「木一」「松」에서는 "松子多海東來, 今關右亦有, 但細小味薄也."라 적고 있다.

171) 行市 : 行會와 市場, 읍내.

172) 潤州 : 行會와 兩浙路 西北端에 위치, 오늘날의 江蘇省 鎭江市.

니다. 이밖에도 회남과 경동 2로 및 경사京師에서 접대하거나 물품을 사여하는 비용이 더 필요합니다. 그 비용도 10여만 관 이상입니다. 만일 이 돈으로 절서浙西의 굶주린 백성을 진제賑濟[173]한다면 몇만명을 살릴 수 있을지 모릅니다. 이는 다만 공사 모두 힘이 들고 또 돈이 낭비됨으로써 심히 안타까운 것일 뿐만 아니라, 고려가 거란과 결탁할 우려까지 생각하면 더욱 근심스럽습니다. 이는 모두 복건과 양절의 간민奸民들이 무역을 하면서 나라에 문제를 일으키는 것입니다.

이제 이에 대한 처리의 방향과 문제의 소재를 정리하여 상주하는 외에, 희녕 연간 이전의 「편칙編勅」을 정리하여 올리니, 객상客商이 무역할 때 고려·신라에 가지 못하고 또 등주登州·내주萊州[174] 일대에 가지 못하도록 하십시오. 위반하는 자는 모두 도徒 2년에 처하고 선박과 물품은 모두 관아에 몰수토록 하십시오. 삼가 태조와 태종이 입법한 취지를 헤아려 보면, 바로 간사한 자들이 거란과 결탁하는 것을 철저히 막고자 함이었습니다. 그런데 희녕 4년(1071) 발운사發運使 나증羅拯이 처음 사람을 파견하여 고려를 불러들인 이래[175] 한

---

173) 賑濟: 災荒時 貧民들에게 無償으로 식량을 분배해 주는 것. 저리 대여를 의미하는 賑貸, 미곡의 저가 방매를 의미하는 賑糶와 함께 대표적인 災荒 정책의 하나이다. 이에 대해, 『宋會要輯稿』에서는, "朝廷荒政有三, 一曰賑糶, 二曰賑貸, 三曰賑濟. 雖均為救荒, 而其法各不同. 市井宜賑糶, 鄉村宜賑貸, 貧乏不能自存者宜賑濟."(食貨 68之98, 「賑貸」, 寧宗 慶元 元年 2월 11일)라 말하고 있다.

174) 登州·萊州: 京東東路의 東端에 위치, 각각 오늘날의 山東省 蓬萊市와 萊州市.

175) 이때의 정황에 대해 『宋史』 「高麗傳」에서는, "熙寧二年, 其國禮賓省移牒福建轉運使羅拯云:「本朝商人黃眞·洪萬來稱, 運使奉密旨, 令招接通好.

번 화란이 생기자 지금까지 폐해가 계속되고 있는 것입니다.

「희녕편칙熙寧編勅」은 경력·가우 연간의 법제를 조금씩 변경하였습니다. 그리하여 원풍 8년(1085) 9월 17일의 칙령에 이르러서는 다만 대요大遼에 가는 것 및 등주·내주에서의 무역만을 금하고 그 나머지는 모두 풀었습니다. 또 여러 번이蕃夷들이 상선을 따라 와서 입공하거나 무역하는 것을 허용하였습니다. 「원우편칙元祐編勅」 또한 다만 신라로 가는 것만 금하였을 뿐입니다. 그리하여 간사한 백성과 교활한 상인들이 다투어 공빙公憑을 발급받아 끊임없이 오가며, 공공연히 외국의 사신을 태우고 와서 입공시킴으로써 곳곳이 소요에 휩싸였습니다. 특별히 지침을 내려 전후의 법률을 면밀히 대조시킨 다음, 그것을 개정하고 엄격하게 조치를 취해야 할 것입니다. 만일 그렇지 않는다면 간사한 백성과 교활한 상인들이 끝없이 왕래하다가 후일 반드시 의외의 우환을 만들 것입니다. 삼가 전후의 법률을 정리해 보자면 다음과 같습니다.

1. 「경력편칙慶曆編勅」: 객상으로 바다에 나서 무역하는 자는 고려·신라 및 등주·내주 일대에 갈 수 없다. 만일 여타 지방에 가고자 한다면 모름지기 먼저 출발지 주州와 군軍의 관아에 가서 신고 가는 물품의 종류와 수량, 그리고 어느 지방에 가서 판매할 것인지

奉國王旨意, 形于部述. 當國僻居暘谷, 邈戀天朝, 頃從祖禰以來, 素願梯航相繼. 藐爾平壤, 邇于大遼, 附之則爲睦鄰, 疎之則爲勍敵. …… 今以公狀附眞·萬西遷, 俟得報音, 即脩禮朝貢.」 徽又自言嘗夢至中華, 作詩紀其事. 三年, 拯以聞, 朝廷議者亦謂可結之以謀契丹, 神宗許焉, 命拯諭以供擬腆厚之意. 徽遂遣民官侍郎金悌等百十人來, 詔待之如夏國使."라 적고 있다. 熙寧 4년(1071) 羅拯의 직함은 본문에서 말하듯 發運使가 아니라 福建轉運使였다.

306

등을 보고해야 한다. 또한 그 지역의 재력이 있는 주민 3명의 보증을 받아, 불법 물품 및 무기를 제작할 수 있는 물건을 싣고 가지 않는다는 것, 그리고 금지된 지역으로 넘어가지 않는다는 것 등에 대해 연대책임을 지도록 한다. 그런 다음 관아에서는 공빙을 발급한다. 만일 규정을 위반하거나 공빙이 없는 선박은 모든 사람이 신고하거나 나포할 수 있으며, 선박과 화물은 관아에 몰수하고, 화물의 가치를 헤아려 그 절반은 고발자에게 상으로 준다. 어기는 자는 법률 위반죄로 처벌한다.

2. 「가우편칙嘉祐編勅」: 객상으로 바다에 나서 무역하는 자는 고려·신라에 가거나 등주·내주 일대에 도달할 수 없다. 만일 여타 지방에 가고자 한다면 모름지기 먼저 출발지 주와 군의 관아에 가서 신고 가는 물품의 종류와 수량, 그리고 어느 지방에 가서 판매할 것인지 등을 보고해야 한다. 또한 그 지역의 재력이 있는 주민 3명의 보증을 받아, 불법 물품 및 무기를 제작할 수 있는 물건을 싣고 가지 않는다는 것, 그리고 금지된 지역으로 넘어가지 않는다는 것 등에 대해 연대책임을 지도록 한다. 그런 다음 관아에서는 공빙을 발급한다. 만일 규정을 위반하거나 공빙이 없는 선박은 모든 사람이 신고하거나 나포할 수 있으며, 선박과 화물은 관아에 몰수하고, 수납된 화물의 가치를 헤아려 그 절반은 고발자에게 상으로 준다. 어기는 자는 법률 위반죄를 적용하여 처벌한다.

3. 「희녕편칙」: 객상으로 바다에 나서 무역하는 자들은 출발지 소재의 주州에 가서 신고 가는 물품의 종류와 수량, 그리고 어느 지방에 가서 판매하는지 등을 보고해야 한다. 또한 그 지역의 재력이 있는 주민 3명의 보증을 받아, 불법 물품을 싣고 가지 않는다는 것,

그리고 금지된 지역으로 넘어가지 않는다는 것 등에 대해 연대책임
을 지도록 한다. 그런 다음 관아에서는 공빙을 발급한다. 아울러 선
박의 화물을 기록하여 도착할 지점의 관아에 미리 통지해 주고, 도
착한 다음에는 공빙과 함께 면밀히 대조한다. 그런 다음 출발지의
주에 문서로 보고하고 나서 승선하게 한다. 해로로 계하界河176)에
들어가거나 혹은 북으로 고려·신라 및 등주·내주 일대로 가서 무
역하는 자는 각각 도徒 2년에 처한다.

4. 원풍 3년(1080) 8월 23일 중서 상주문의 일부 : 광주시박사廣州
市舶司가 아닌 곳에서 멋대로 남번南蕃으로 가는 화물 선박을 출발
시키거나, 명주시박사가 아닌 곳에서 일본·고려로 가게 하는 자는
법률 위반으로 처벌한다. 사면이나 강등, 혹은 사직 등으로 처벌을
감면하지 않는다. 고려로 선박을 출항시킬 경우 별도의 규정에 따른다.

5. 원풍 8년(1085) 9월 17일 칙勅의 일부 : 항주·명주·광주廣州가
아닌 곳에서 멋대로 해상 무역선을 출발시키는 자는 법률 위반으로
처벌하고, 사직이나 사면, 혹은 강등 등으로 처벌을 감면하지 않는
다. 바다로 나가 번이蕃夷와 무역하는 상인들은 대요국大遼國 및 등
주·내주로 갈 수 없다. 번이가 중국 상선을 타고 와서 입공하기를
원하거나 혹은 상행위를 하고자 하는 경우 허용한다.

6. 「원우편칙元祐編勅」: 상인들이 해로를 통해 외번外蕃으로 가서
무역하는 것을 허용한다. 사람과 선박, 물품의 명칭과 수량, 그리고
행선지 등을 거주지 주州에 신고토록 한다. 이어 그 지역의 재력이
있는 사람 3명을 불러, 화물 가운데 무기를 싣고 가지 않는다는 것,

---

176) 界河 : 경계를 이루는 하천.

불법 물품 및 무기를 제작할 수 있는 물건을 싣고 가지 않는다는 것, 그리고 금지된 지역으로 넘어가지 않는다는 것 등에 대해 연대책임을 지도록 한다. 주에서는 정확히 검토한 후에 공문을 발송하고, 선박의 출항을 원하는 주에서는 장부를 두어 기재한 다음 증명서를 발급한다. 돌아온 다음에는 출항했던 주에 정박시키고 증명서를 시박사에 제출토록 한다. 증명서를 신청하지 않은 채 멋대로 출항했다거나 혹은 배를 타고 해로로 나가 계하界河에 출입했을 경우, 그리고 신라·등주·내주 일대에 간 자는 도徒 2년에 처하고 500리 이상의 지역에 편관시킨다.

삼가 규정은 위와 같습니다. 원풍 8년(1085) 9월 17일의 규정을 살펴보면 가장 문제가 큽니다. 태조·태종 이래 사람이 고려·신라로 가는 것을 금지했던 조항을 단번에 삭제하였으며, 또 상인들로 하여금 멋대로 번이蕃夷들을 선박에 싣고 와서 입공시킬 수 있도록 허용하였습니다. 이 때문에 앞서 언급하였던 상인 서전·왕응승·이구의 무리가 그 간사함을 자행할 수 있었습니다. 이제 개정하지 않으면 안 됩니다. 3성과 추밀원이 면밀히 검토하여 모두 경력과 가우 연간의 「편칙」대로 시행토록 개정해 주십시오. 그렇게 한다면 고려가 수시로 교활한 상인을 따라 와서 조공함으로써 중국을 소란하게 하는 것을 그만두게 할 수 있을 것입니다. 또한 중국의 간사한 무리들이 고려로 갔다가 거란과 결탁하는 근심도 사라질 것입니다. 삼가 상주문을 올리고 엎드려 칙지勅旨를 기다립니다.

출전 『蘇軾文集』 권 31.

내용 상인들의 대외 무역에 대한 규제를 신종 시대 이전으로 되돌려 달라고 주청하는 상주문이다. 상주문의 제목인즉슨 해외무역 전반에 대한 것처럼 되어 있으나, 기실 그 내용은 고려와의 무역에 집중되어 있다. 즉「경력편칙」에 의하면 해상海商들의 고려 도항이 금지되어 있었는데, 이후 신종 시대에 이르러 조금씩 규제가 풀려서 마침내 원풍 8년(1085) 단계가 되면 고려로 향하는 것에 아무런 제약이 존재하지 않게 되었다는 것이다. 이 때문에 간사한 상인들이 고려와 결탁하여 그 사신을 끌어들이는 역할을 하고 있으니 이를 금지해야 한다고 말한다. 고려의 사신을 받아들임으로써 송조에는 아무런 실익이 없으되 그 접대에 공사 모두 많은 피해를 보고 있다고 지적하고 있다.

소식의 고려 배척론 5(「論高麗買書利害箚子 三首」)

원우 8년(1093) 2월 1일 단명전학사端明殿學士 겸 한림시독학사翰林侍讀學士 · 좌조봉랑左朝奉郎 · 예부상서禮部尙書[177] 소식이 상주하여 아룁니다. 신은 근래 도성都省[178]에서 내려 보낸 국자감의 공문을 보았습니다. "고려인을 맞이하는 관반사館伴使가 보낸 보고서에는, '고려의 사자가 국자감의 서적을 매입하고자 한다. 청컨대 검토 후 해당 서적을 인쇄하여 이곳으로 보내 지급토록 해 주기 바란다.' 라고 되어 있었다. 우리 국자감은 원우 연간의 조령에 따르면, 번국蕃

---

177) 端明殿學士 겸 翰林侍讀學士 · 左朝奉郎 · 禮部尙書 : 端明殿學士 겸 翰林侍讀學士는 職, 左朝奉郎은 官(寄祿階), 禮部尙書는 差遣(職事官). 左朝奉郎은 正6品上이었으며, 哲宗 元祐 4년(1089) 4월 左右로 나뉘어졌다. 左는 進士出身이었으며 右는 기타였다. 徽宗 大觀 2년(1108) 폐지되었다가, 高宗 紹興 元年(1131) 다시 左右로 分設되었으며 孝宗 淳熙 元年(1174) 최종적으로 폐지되었다.

178) 都省 : 尙書省의 별칭.

國의 조공 사신이 서적을 매입하고자 할 경우 서적 명칭과 수량을 적어 상서성에 보고하게 되어 있다. 이에 감히 서적을 팔 수 없으니, 도성에서 예부로 하여금 상세히 검토하게 해 달라." 라는 내용이었습니다. 이에 신은 즉시 예부에 지시하여 상서성에 보고토록 하였습니다. "고려 사자들에게 팔 수 있는 서적 이외에, 『책부원귀册府元龜』,[179] 역대의 정사正史, 태학의 칙식勅式[180]은 예부에서 감히 함부로 팔 수 없으니, 조정에서 상세히 검토하여 조치를 취해 달라." 라는 내용이었습니다. 그 얼마 후 도성으로부터 다음과 같은 내용의 답변을 받았습니다. "이전에 고려 사신이 궁궐에 왔을 때를 조사해 보니 이미 『책부원귀』와 『북사北史』의 매입을 허락한 바 있다. 지금 도감都監과 예부에서는 모두 전례를 살펴보지 않았다. 사신이 매입을 요청한 모든 서적에 대해서는, 정월 27일 예부로 이첩하여 그 지휘를 받아 매입할 수 있도록 하라. 그 이후 담당 서리의 죄상을 장부에 기록하여 올리도록 하라." 라고 되어 있었습니다.

신이 삼가 살펴보건대 고려의 사신이 매번 조공을 바치러 올 때마다 조정 및 회절淮浙 양로兩路에서 소요되는 사여와 궤송饋送, 연로燕勞[181]의 비용은 대략 10여 만 관에 달합니다. 정관亭館[182]을 꾸민다거나, 사신 접대에 행시行市를 동원한다거나, 민간의 선박을 동

---

179) 册府元龜 : 북송시대에 편찬한 4대 類書의 하나로 王欽若과 楊億 등이 奉詔 편찬하였다. 上古부터 五代까지를 다루고 있으며, '元龜'는 龜鑑의 의미로서 '册府元龜'라는 書名은 帝王의 통치를 위한 鑑戒書란 뜻이다.

180) 勅式 : 勅은 勅令, 式은 細則.

181) 饋遺는 증여, 燕勞는 잔치를 베풀어 위로하는 것.

182) 亭館 : 亭樓와 館舍.

원한다든가 하는 비용 등은 여기서 빠져 있습니다. 관리들이 약간의 선물을 받는 것을 제외하면 아무런 조그마한 이익도 없습니다. 반면 다섯 가지 폐해만 있으니 아뢰지 않을 수 없습니다. 저들이 바치는 조공품은 모두 아무 쓸데없는 노리개인데, 소요되는 것은 모두 국고의 재화로서 백성의 피땀입니다. 이것이 첫 번째 폐해입니다. 사신이 이르는 곳마다 인마人馬를 동원하고 행시에 어지러이 소동을 일으키며 정관을 꾸미느라 백성들의 부담이 암암리에 두 배나 늘어나 버립니다. 이것이 두 번째 폐해입니다. 고려는 조정으로부터 하사품을 얻어가는데, 만일 이를 거란 측에 나누어 주지 않는다면 거란이 어찌 그 조공을 허락할 리 있겠습니까? 명백히 도적에게 무기를 빌려주고 도둑에게 양식을 대주는 것[183]과 다를 바 없습니다. 이것이 세 번째 폐해입니다. 고려는 겉으로는 의리를 흠모하여 조공을 바치러 온다고 말하지만 실제로는 이익 때문입니다. 저들의 본심을 헤아리건대 필시 끝내는 거란에 보탬이 되고 말 것입니다. 왜 그런고 하니, 거란은 충분히 저들의 목숨을 제압하고 있으나 우리는 그렇지 못하기 때문입니다. 지금 사자들은 이르는 곳마다 산천의 지세를 그림으로써 우리의 허실을 엿보고 있습니다. 여기에 어찌 선의가 있겠습니까? 이것이 네 번째 폐해입니다. 경력 연간에 거란이 맹약을 어기려 할 때,[184] 먼저 송이 당박塘泊을 증치한 것[185]을 가지고 침략의

---

183) 原文은 '借寇兵而資盜糧', 李斯의 「諫逐客書」에 나오는 말이다.
184) 1042년(仁宗 慶曆 2) 2월 거란이 송에 사신을 보내 關南 지역 10縣의 반환을 요구하였던 사실을 가리킨다. 關南이란 燕雲十六州 가운데 後周의 世宗에 의해 수복되었던 2州 10縣 지역이다. 關南 지역, 즉 關南之地를 둘러싼 송-거란 사이의 절충과 외교의 始末에 대해서는, 본서, 244~251쪽 참조.

트집거리로 삼았습니다. 지금 거란과 한편인 고려를 불러들여 매년 조공을 바치게 하고 있습니다. 이는 당박보다 더 심한 트집거리가 될 것입니다. 다행히 지금 거란이 유순하여 감히 사단을 일으키고 있지는 않습니다. 하지만 훗날 만일 거칠고 날쌘 자가 나타나 이로써 구실을 삼는다면 조정에서 어떻게 대답할 수 있을지 모르겠습니다. 이것이 다섯 번째 폐해입니다.

신은 마음 속으로 이 다섯 가지 폐해를 알기에, 희녕 연간 항주의 통판으로 근무하던 때[186] 저들이 선물을 보내온 문서에서 조정의 정삭을 받들지 않은 것을 이유로 그 선물을 되돌려 보낸 바 있습니다. 그리고 문서에서 우리의 연호를 고쳐 쓰게 한 다음 받아들였습니다. 하지만 속히 떠나도록 재촉하고 오래 머물지 못하게 했습니다. 또 근래 항주의 지주로 있을 때[187]는 저들이 바친 금탑을 물리치고 조정에 바치지 못하게 하였습니다. 아울러 연도의 접대 업무를 통일시킴으로써 지나침이 없도록 조치하였습니다. 또한 교활한 상인과 승려[188]에 대해 모두 조종祖宗의 편칙에 따라 유배형에 처할 것을 상주하였습니다. 동시에 항주와 명주에서 고려로 향하는 선박이 출항하지 못 하도록 하고, 위반자는 도徒 2년에 처하는 한편 재산을

---

185) 宋側이 澶淵의 盟을 어기고 城寨 및 防禦用 施設을 擴張한 사실을 말한다. 이에 대해서는 『續資治通鑑長編』 卷137, 仁宗 慶曆 2年 7月 壬戌 참조.
186) 蘇軾은 神宗 熙寧 4년(1071)부터 熙寧 7년(1074)까지 杭州 通判으로 재직하였다.
187) 蘇軾은 哲宗 元祐 4년(1089) 7월부터 元祐 6년(1091) 3월까지 杭州의 知州로 재직하였다.
188) 고려와 交通하고 牟利하며 宋의 國益에 危害를 가하는 海商 및 승려를 가리킨다.

몰수하여 후일의 상금으로 충당할 것을 요청하였습니다. 이와 함께 원풍 8년(1085) 9월에 제정된, 「무역상船客으로 하여금 재량에 따라 외이外夷의 조공 사신이나 상인을 데려올 수 있도록 허용하는 조항」을 삭제해 줄 것을 요청하였습니다. 이상의 요청은 조정의 재가를 받아 전부 실행에 옮겨졌습니다. 이러한 일들은 모두 신이 평소 뜻한 바가 있었기 때문입니다. 즉 고려의 입공에 대해 조금씩 단속함으로써 점차 오지 않도록 만들어 후일 조정에 해가 없도록 하려는 것입니다.

지금 신은 예부상서 직을 맡고 있으니 제 담당 업무이기도 합니다. 근래 관반사館伴使를 맡은 중서사인中書舍人[189] 진헌陳軒[190] 등이 주청한 것을 보니, 상국사相國寺[191]의 점포를 모두 끌어다 고려 사신이 묵는 동문관同文館[192]에 판매대를 개설케 함으로써 그들이 쉽게 구매할 수 있게 하자고 요청한 것을 들었습니다. 이는 점포와 상인들을 이동시켜 소국의 배신陪臣들을 모시게 함으로써 국체를 손상시키는 일입니다. 뿐만 아니라 경사의 점포를 윽박질러 서리들이 멋대로 수탈하는 먹잇감이 되도록 하는 것이니 폐해가 작지 않습니다. 그래서

---

189) 中書舍人 : 詔令의 起草를 담당하는 중서성 산하 正4品의 관리,

190) 陳軒 : 仁宗 嘉祐 8년(1063)의 進士 출신으로 徽宗 시기 兵部侍郎에 올랐다. 『宋史』 권 346에 入傳되어 있다.

191) 相國寺 : 大相國寺, 北齊 시기인 555년 건립되었다가 唐代 초기에 相國寺로 改名되었다. 北宋 시대에는 皇家의 지원을 받아 여러 차례 확장되어 수도 최대의 사원이자 전국 불교의 중심 역할을 하였다. 이로 인해 주변에는 많은 상가와 오락장이 개설되어 언제나 대중이 운집하였다. 특히 相國寺 주변에 당시 최대의 瓦子가 개설되어 있었던 것은 유명하다.

192) 同文館 : 송대 高麗 사신이 來貢할 경우 留宿하던 館舍.

신은 도성에 자세히 보고하여 그렇게 시행되지 못하도록 요청하였습니다. 하지만 그 법도를 어기고 폐해를 일으킨 관리들은 아무도 도성으로부터 취조를 받지 않았습니다. 지금 진헌 등은 아무런 신청 절차도 없이 직접 국자감에 공문을 보내 각종 서적을 매입하게 했습니다. 그 중에는 『책부원귀』와 역대 정사正史 및 칙식도 있습니다. 국자감에서는 그것이 온당치 않음을 알고 도성에 품의稟議하여 예부에 내려 보내 검토케 하였습니다. 신이 삼가 살펴보건대 『한서』에 의하면, 동평왕東平王 유우劉宇가 조알朝謁하였을 때193) 상소하여 제자서諸子書 및 『태사공서太史公書』194)를 구하였습니다. 이에 당시 대신들은, "제후가 조빙하러 오면, 옛 문헌을 참조하고 법도를 바르게 갖추어야 하며 이치에 닿지 않으면 말하지 말아야 합니다. 지금 동평왕은 은총을 입고 조알하면서 절도를 지키며 잘못을 범하지 않으려 노력하지는 않고 여러 서적들을 구하고 있습니다. 이는 조빙하는 도리가 아닙니다. 제자서 가운데는 경술에 반하여 성인을 비방하는 것도 있고, 또 귀신을 연구하며 괴이한 것을 믿는 것도 있습니다. 『태사공서』에는 전국시대 종횡가의 권모술수, 전한 초기 모신謀臣들의 기묘한 책략, 천상天象에 따른 재이론, 지형의 험요險要에 대한 논의 등이 들어있습니다. 모두 제후왕의 가문에 있어서는 안 되는 것들입니다. 주어서는 안 됩니다." 라고 말하였습니다. 조정에서는 조령을 내려 이에 따랐습니다.195) 신이 삼가 생각건대 동평왕은 황제와 골육간의

193) 前漢 竟寧 元年(기원전 33)의 일이다. 당시 元帝가 崩御하고 成帝가 갓 즉위한 상태라서 入朝한 것이다.

194) 太史公書 : 『史記』의 별칭.

195) 『漢書』 권 80, 「宣元六王傳」 「東平思王劉宇」에 등장하는 내용이다.

지극히 친밀한 친척이고 특히 제후왕의 지위에 있었음에도 하사하지 않았습니다. 그런데 하물며 해외의 먼 오랑캐일 뿐더러 거란의 심복과 같은 고려에게 주어서야 되겠습니까?

신이 듣건대 하북의 각장権場에서는 서적의 유출을 금지하며 그 법도가 대단히 엄격하다고 합니다. 이는 거란의 존재 때문입니다. 현재 고려와 거란은 무엇이 다릅니까? 만일 고려에게 주어서 괜찮다면 각장의 법 또한 폐지해야만 할 것입니다. 또한 삼가 듣건대 과거 고려의 사자가 와서 『태평어람太平御覽』196)을 하사해 달라 했을 때 선제인 신종께서는 관반사에 조령을 내려, 동평왕의 전례를 핑계로 삼아 거절토록 하셨습니다. 근래에 또다시 요청하자 조령을 내려 선제의 유지를 이유로 지급하지 않았습니다. 지금 역대의 정사正史와 『책부원귀』는 『태평어람』과 무엇이 다릅니까? 신은 비록 이전에 일찍이 『책부원귀』와 『북사』의 매입을 허락해 주었던 사실을 알고 있으나, 삼가 생각건대 이전에는 본디 주어서는 안 되는 것이었습니다. 만일 이를 전례로 삼게 된다면 위로 선제의 유지를 어기는 것입니다. 또 아래로는 얼마 전 『태평어람』을 하사하지 않았던 폐하의 뜻과 어긋나는 것입니다. 모두 대단히 온당치 못한 일입니다. 그래서 도성都省에 보고하여 소상히 검토한 후 지침을 내려달라고 요청했던 것입니다. 이는 지나침이 없는 처사였음에도 불구하고, 담당

---

196) 太平御覽: 송초 4대 類書의 하나로 太宗 太平興國 8년(983) 李昉·李穆·徐鉉 등이 奉敕 編纂하였다. 완성된 이후 太宗이 매일 3권씩 1년 만에 전체를 완독하였다 하여 『太平御覽』이라 개명되었다. 天·地·人·事·物의 순서대로 총 55部로 나뉘어 있으며 古今의 萬象을 포괄하고 있다. 古書 1000여 권이 인용되어 있어 북송 이전을 연구하는 데 중요한 자료 역할을 한다.

서리들이 장부에 기록되어 보고되는 처벌을 받았습니다. 신이 삼가 생각건대 서리들은 지적할 만한 죄가 없었습니다. 장부에 기록된다 하더라도 이는 가벼운 처벌이고 지극히 작은 일이라서 신에게는 아무런 손해가 없습니다. 신이 이 때문에 상주하여 논하는 것은 아닙니다. 안타까운 점은 만족할 줄 모르는 오랑캐에게 사사건건 그 요구를 다 들어준다면, 관리들이 비록 그들의 뜻에 따라 백성을 동원하고 재화를 낭비해도 죄가 되지 않을 것이란 사실입니다. 또 누군가 접대를 줄이려는 뜻을 보이면 즉시 힐난하게 될 것입니다. 그러니 앞으로 아무도 그들의 요구를 감히 거스르지 못할 것입니다. 그리하여 저들의 뜻대로 다 이루어진다면 더 자주 찾아오게 될 것이며 그 폐해도 더욱 깊어질 것이 뻔합니다. 그래서 강력하게 주장하는 것입니다. 아울러 지금 조치해야만 하는 점을 다음과 같이 정리하여 아룁니다.

1. 신이 항주에 재임하던 시기, 명주와 항주에서는 앞으로 선박이 고려로 출항하는 것을 금지해 달라고 주청한 바 있습니다. 이 요청은 법령으로 제정되어 시행되고 있습니다. 그런데 최근 고려의 사신이 복건 상인 서적徐積의 무역선을 타고 입공하였습니다. 조사를 해보니 금지령이 내려지기 전 나갔던 선박이라고 합니다. 신이 삼가 말씀드리건대 금지령이 발포된 것은 이미 수년 전이니 해외에서도 모두 다 알고 있을 것입니다. 진헌陳軒이 상주한 내용에 의하면 고려 역시 이 금지령을 알고 있다 합니다. 그럼에도 서적은 아직 금지령 이전의 공빙公憑197)을 지닌 채 사상私商을 비호하며 해외를 왕래하였습니다.

---

197) 公憑 : 官衙의 증명서.

그러니 금지령이 있으되 사실상 없는 것이나 마찬가지입니다. 바라건대 특별히 지침을 하달하여 복건 및 양절에 방을 내붙이고, 바닷가의 주현에서는 반년의 기한을 설정하여 금지령 이전에 발급했던 공빙을 반납토록 하십시오. 만일 기한 내 반납하지 않고서 감히 그냥 사용한다면, 남들로 하여금 신고하여 체포한 다음 법에 따라 조치토록 하십시오.

2. 지금 고려의 사신이 매입하고자 하는 역대의 정사와 『책부원귀』 및 칙식勅式은, 바라건대 구매를 불허해 주십시오.

첩황貼黃: 도성都省에서 공문서를 내려 하달한 대로 고려 사신이 구입한 서적 가운데 칙식은, 만일 바깥의 오랑캐가 구입해 갈 경우 국익에 문제가 발생합니다. 상서성에서 상세히 검토한 것은 본디 『책부원귀』 및 『북사』입니다. 이전에 이미 전례가 있기에 예부에서 자세히 검토하지 않은 것을 잘못이라 지적하였습니다. 하지만 칙식은 어떠한 전례가 있기에 모두 구매를 허용하였습니까?

3. 근래 관반사가 고려의 사신을 위해 금박 100관을 구매하게 해달라고 신청하였습니다. 항주에 가서 불상을 장식하기 위한 것이라 합니다. 신은 허가하지 않고 도성에 그 사실을 보고하였습니다. 삼가 도성에서 다시 이를 잘못이라 추궁하지 않을까 우려됩니다. 금박은 본래 사신의 구매가 금지된 물품입니다. 또한 고려의 사신이 불상 장식을 명목으로 항주에 오래 머물게 되면 관아와 백성 모두 피해를 입을 것입니다. 삼가 들건대 최근 서번西蕃의 아리골阿里骨[198]

---

198) 西蕃의 阿里骨: 송대 青唐 唃厮囉 정권의 제3대 왕. 양부 董氈을 따라 서하 등과의 전투에 참전하여 많은 전공을 세웠다. 이에 神宗 熙寧 10年(1077) 松州刺史에 임명되었으며 元豊 5년(1082)에는 肅州防御使가 되었다. 董氈

이 금박의 구매를 요청하자 조정은 이를 난처히 여긴 끝에, 그 수량에 따라 허락 여부를 결정키로 했다고 합니다. 지금 고려의 사신은 조정에서 떠날 시간이 임박한 상태입니다. 관반사에 지침을 하달하여, 조달해 줄 수 없다는 것을 핑계로 들어 저들이 매입할 수 없도록 하십시오.

4. 최근 관반사가 신청한 바에 따르면, 고려 사신에게 악보를 베껴 지급하게 해 달라고 말하고 있습니다. 신이 생각건대 정鄭·위衛의 곡조199)는 해외로 흘러나가게 될 경우 중국의 성덕盛德을 보이는 데 불리할 것입니다. 만일 조정에서 특별히 지침을 내려 베껴 주도록 하는 것은 더욱 적절하지 않습니다. 관반사의 공문은 신이 그냥 압류하고 윤허하지 않았습니다.

첩황: 신은 이전에 항주 지주로 재직할 때 고려에서 진헌한 금탑을 받지 않았습니다. 이때 비록 비밀리에 상주하였으나 기본적으로 다만 신 개인의 판단에 따른 거절의 형식을 취하였습니다. 아울러 이전부터 오랑캐 사신에 대한 관반사가 되었을 경우, 만일 그들의 요청 가운데 들어주기 어려운 것이 있으면 즉시 그 자리에서 허용될 수 없다고 구슬리며 말했습니다. 혹시 중대한 사안이라면 면전에서 거절한 다음 은밀히 상주하여 보고하였습니다. 지금 진헌 등은 사사건건 저들의 요구에 따르며 곧바로 조정에 신청하고 있습니다. 만일 그대로 시행되지 못하면 바로 조정이 불허한 것이 되어, 오랑캐 사신이 자신을 좋아하며 조정을 원망하게 만드는 것입니다. 관반사로

의 사후 뒤를 이어 靑唐의 王으로 즉위하였다.

199) 鄭·衛의 곡조: 『詩經』 가운데 「鄭風」「衛風」에 기반한 노래, 남녀 간의 연애시를 소재로 하고 있기 때문에 淫風이라 일컬어졌다.

서의 적절한 태도가 결코 아닙니다.

앞서 말씀드린 바 있는 도성都省에 올린 공문서에서 역대의 정사와 『책부원귀』 및 칙식에 대해 상세히 검토하여 조치를 취해 달라고 요청한 것은 신 개인의 뜻에 따른 것입니다. 여기에 휘하의 관료라든가 서리는 간여한 바 없습니다. 만일 조정에서 여기에 죄가 있다 여기신다면 마땅히 신 개인이 모든 처벌을 받겠습니다. 서리들은 장부에 기록되어 보고되지 않도록 해 주십시오. 적절히 처분해 주시기 바랍니다.

첩황: 신이 삼가 『춘추』를 살펴보면, 진晉은 맹주이고 정鄭은 소국이었습니다. 진의 집정執政인 한기韓起가 정의 상인으로부터 구슬 반지玉環를 사고자 했습니다. 이에 정의 실권자 자산子産은 끝내 허가하지 않으면서, "대국이 재물을 요구하며 예로써 절제하지 아니한다면 이는 우리를 업수이 여기는 것이다." 라고 말했습니다.[200] 또한 진의 평공平公은 신하인 범소范昭를 파견하여 제齊의 정치 상황을 엿보게 했습니다. 범소는 축수祝壽의 의미로 제 경공景公의 술잔에 술을 따라 달라 청하였지만 안자晏子[201]가 허락하지 않았습니다. 또한 성주成周[202]의 음악을 연주해 달라고 하였지만 이번에는 태사太師[203]가 허락하지 않았습니다. 범소는 돌아와 진晉의 제후에게, "제

---

200) 『春秋左氏傳』第 18, 昭公 中 16년 3월 條 참조.

201) 晏子 : 춘추시대 齊의 정치가이자 사상가인 安嬰. 탁월한 정치가로서 靈公·莊公·景公의 세 군주를 모시며 약 40년 동안 齊의 정치를 주도하고 외교 활동을 이끌었다. 『晏子春秋』가 그의 저서로 알려져 있다

202) 成周 : 洛陽(洛邑)으로 東遷한 이래의 周室. 이에 대해 鎬京 시대의 周室을 宗周라 칭한다. 宗周는 西周와 東周를 合稱하는 용어로도 사용된다.

203) 太師 : 六卿의 首로서 邦治를 담당하는 관료, 太宰라고도 칭한다.

齊는 정벌할 수 없을 것 같습니다. 신이 그 예를 어지럽히려 하였지만 안자가 그것을 알아챘고, 그 음악을 어지럽히려 하였지만 태사가 그것을 알았습니다."라고 보고하였습니다.[204] 지금 고려의 사신은 거란의 패거리이자 우리의 배신陪臣입니다. 그런데 감히 우리 조정을 범하며 금지 물품을 구매하고 정·위의 악보를 베껴 가려 하고 있습니다. 그 방자함이 지나칩니다. 거친 거란 오랑캐가 이를 기화로 우리 조정의 무게와 깊이를 떠보려 하는 것은 아닌지 어찌 알겠습니까? 그런데 진헌陳軒 등은 사사건건 그들을 위해 조정에 요청을 하며, 혹시라도 그들의 마음을 상하게 하지는 않을까 걱정하고 있습니다. 신은 삼가 걱정스럽기만 합니다. 또한 진헌 등의 말에 의하면, 고려의 사신이 "송의 해상海商이 멋대로 거란과 왕래하기에, 우리나라 왕이 붙잡아 상국上國 송宋에 보냈습니다. 더욱 엄격히 단속하기 바랍니다. 불온한 사태가 있을까 걱정스럽습니다."라고 말했다고 합니다. 하지만 이에 진헌 등은, "풍향이 불순하여 표류해 간 것입니다."라고 대답하였습니다. 이는 복건의 간교한 상인들에게 핑계 거리를 주어 경계를 벗어날 수 있도록 허용하는 것입니다. 사사로이 북방의 경계를 넘어가는 것에 대해서는 금령이 지엄합니다. 해외의 배신陪臣조차 오히려 준수해야 함을 알고 있는데, 진헌은 잘못을 바람 탓으로 돌리고 그 죄를 가벼이 여기고 있습니다. 어찌 잘못됨이 이리 심할 수 있겠습니까? 신은 시종侍從[205]의 자리에 있기에 사안

---

204) 『晏子春秋』「內篇 雜上 第五」에 등장하는 내용이다.

205) 侍從 : 殿閣學士·直學士·待制 및 翰林學士·給事中, 六部의 尙書와 侍郎를 가리키는 용어. 이에 대해 中書舍人·起居郎·起居舍人 이하는 小侍從, 外官 가운데 諸閣의 學士 및 待制를 帶衛한 자는 在外侍從이라 불렀다.

이 엄중하기 때문에 아뢰지 않을 수 없습니다.

원우 8년(1093) 2월 15일 단명전학사 겸 한림시독학사·좌조봉랑·수예부상서²⁰⁶⁾ 소식이 상주하여 아룁니다. 신은 최근 고려 사신이 매입한 서적 및 금박 등의 일에 대해 논한 바 있습니다. 상서성의 공문에 따르면 2월 12일 삼성 및 추밀원이 함께 폐하의 뜻을 받들어, 고려 사신이 매입하고자 하는 서적 가운데 이미 사들인 서적은 규정에 따른 매입을 윤허하고, 금박에 대해서는 특별히 매입을 허용키로 했습니다. 기타 나머지는 신이 상주한 대로 하고 서리에 대해서는 죄상을 장부에 기록하여 보고하는 것을 면제해 주었습니다. 신이 구구하게 논하여 상주한 것은, 본디 고려가 거란의 부용국이니 서적을 갖고 가게 해서는 안 된다는 점이었습니다. 단지 서리를 장부에 기록하여 보고하는 문제만은 아닙니다. 지금 서리만 죄상을 기록하여 보고하는 것을 면제받았을 뿐 서적은 그대로 매입하는 것을 허가하였습니다. 신은 삼가 당혹스럽습니다. 『원우편칙』을 조회해 보면 숙철熟鐵²⁰⁷⁾ 및 서적, 금지 품목을 외국 사신에게 내다팔 경우, 그 죄가 가벼우면 도徒 2년에 처하게 되어 있습니다. 이 규정을 살펴보면 단지 서적이기만 하면 문제점의 유무를 묻지 않고 곧바로 도 2년에 처하게 되어 있습니다. 이로써 법률의 의도 또한 가히 알 수 있습니다. 서적이 외국에 흘러 들어가게 되면 해악만 있고 이익은 없기 때문입니다. 그래서 이 엄중한 법을 만들어 의외의 우환거리를

---

206) 守禮部尙書 : 元豊 官制改革 이후 禮部尙書는 從2品, 左朝奉郞은 正6品上이었다. 이처럼 職事官(差遣)이 寄祿官보다 1품 이상 높을 때 '守'란 글자를 職事官 앞에 덧붙였다.

207) 熟鐵 : 生鐵을 정련하여 만든 순도가 높은 鐵.

막고자 했던 것입니다. 이전에 『책부원귀』와 『북사』를 매입하도록 허가해 준 것은 잘못입니다. 옛 사람의 말에, "한 번 잘못으로 심하게 되었다면 두 번 그리해서야 되겠는가?"라는 것이 있습니다.[208] 지금 현행 편칙의 법을 버려두고 한때 잘못했던 전례를 따르고 있습니다. 후일 다시 오게 되면 전례가 더욱 확고해져서 설령 백부 천부를 사고자 해도 관아에서 감히 문제 삼지 못하게 될 것입니다. 그리하여 중국의 서적이 고려에 산적하게 되고 거란에 구름처럼 여기저기 퍼져 있게 될 것입니다. 신은 이러한 일이 중국에 과연 온당한 것인지 모르겠습니다. 저 옛날 제齊의 경공景公은 사냥에 나섰다가 깃발로 우인虞人[209]을 불렀으나 오지 않았습니다. 우인은, "피관皮冠[210]으로 불러야 합니다." 라고 말했습니다. 공자는 이를 옳다 여기시며, "도道를 지키는 것이 관직을 지키는 것만 못하다."라고 하셨습니다.[211] 무릇 깃발과 피관은 사람을 부르는 것에 아무런 차이가 없지만 우인은 이를 지키고자 했습니다. 지금 서적 구입의 위험성은 이처럼 지대하고 편칙의 규정은 저처럼 분명합니다. 결코 피관과 깃발에 비교할 바가 아닙니다. 신은 삼가 이전의 주장을 견지하며 재삼 논하여 상주하는 것을 피하지 않겠나이다. 엎드려 바라건대 폐하

---

208) 『春秋左氏傳』 第 5, 僖公 上 5년 條에 등장하는 내용이다.

209) 虞人 : 守苑囿之吏, 즉 동산을 지키는 사람.

210) 皮冠 : 가죽으로 만든 관.

211) 『春秋左氏傳』 第 18, 昭公 中 20년 12월 條와 『孟子』 권 6, 「滕文公 下」. 『춘추좌씨전』에서는 齊 景公이 최초 虞人을 부를 때 깃발(旌)이 아니라 활(弓)을 사용했다고 적혀 있다. '道를 지키는 것이 官職을 지키는 것만 못하다(守道不如守官).' 라는 말은, '신하의 도리를 지키고자 할 때 자신이 담당하고 있는 관직을 제대로 지키는 것보다 더 좋은 길은 없다.'는 의미이다.

께서는 조속히 지시를 내려 주십시오. 적절히 처분해 주십시오.

첩황: 신이 관반사의 공문을 살펴보니, 그 가운데 고려 사신이 구매한 서적의 종류에 관한 조치가 하달되어 접수된 것이 있었습니다. 그들이 구입한 『책부원귀』와 칙식은 관아에서 일찍이 판매한 바가 없었습니다. 그러니 고려의 의도가 무엇인지 또한 가히 알 만하다 하겠습니다.

다시 첩황: 신은 이미 예부에 명령하여, 편칙의 규정을 채록한 다음 고려의 사신이 지나는 주군에 내려 보내 그대로 시행하도록 지시하였습니다. 이 역시 마땅히 상주하여야 될 내용일 것입니다.

원우 8년(1093) 2월 26일 단명전학사 겸 한림시독학사·좌조봉랑·수예부상서 소식이 상주하여 아룁니다. 신은 최근 두 차례에 걸쳐 상주문의 형식을 갖추어, 고려의 사신이 서적을 구입하는 문제에 대하여 논하였습니다. 지금 칙령의 요약문을 살펴보고 『국조회요國朝會要』[212)를 조사해 보니, 태종 순화淳化 4년(993)과 진종 대중상부 9년(1016), 진종 천희天禧 5년(1021)에 일찍이 고려에 『구경서九卿書』 『사기』 『양한서兩漢書』 『삼국지』 『진서』·제자諸子·역일曆日·성혜방聖惠方[213)·음양지리서陰陽地理書 등을 하사한 적이 있습니다. 이에

---

212) 國朝會要: 송대에는 實錄에 기초하여 주기적으로 國史(正史)를 편찬함과 아울러, 檔案에 기반하여 주기적으로 會要를 편찬하였다. 王應麟의 『玉海』에 의하면 宋代에 발간된 會要는 모두 11부였다 하며, 오늘날의 연구에 따르면 총 16부(북송 3부, 남송 13부)에 이르렀다. 이에 대해서는 陳智超, 『解開宋會要之謎』(北京: 中國社會科學文獻出版社, 1996) 참조.

213) 聖惠方: 북송 太宗 연간에 편찬된 醫書인 『太平聖惠方』. 전체 100卷으로서 王懷隱·王祐 等이 太平興國 3년(978)부터 淳化 3년(992)에 이르기까지

성지聖旨를 받들어 이전에 내려진 지침, 즉 선례에 따라 고려에 서적 매입을 허용하였습니다. 신이 이전에 상주하여 고려인의 입공이 조정에 대해 다섯 가지 폐해를 미친다고 말했던 점은, 사리가 명백하니 다시 세세하게 말하지 않겠습니다. 고려 사신의 서적 구입 문제는 최근 다시 현행의 편칙을 조사하여 두 차례나 상주하여 논하였으나, 모두 조정에서는 이해 득실에 의거하여 정확한 판단을 내리지 않았습니다. 편칙의 취지에 따라 시행한다 하면서, 다만 『국조회요』의 사례를 조사하여, 이미 일찍이 사여한 바 있기 때문에 고려의 서적 매입을 허락하여 주었습니다. 삼가 신이 상주하여 논하였듯 그와 관련된 이해의 득실은 가볍지 않습니다. 따라서 전례가 있느냐 없느냐에 따라 시행할 일은 아닙니다. 일에 진실로 폐해가 없으면 전례가 없을지라도 시행할 수 있을 것이며, 만일 폐해가 있다면 비록 백번의 전례가 있을지라도 시행해서는 안 됩니다. 하물며 회요會要란 책은 조정에서 검열해 보기 위한 것입니다. 편칙과 같이 하나하나 마땅히 시행해야 되는 것은 아닙니다. 신은 조정에 이 일에 대해 상세히 논의해 볼 것을 요청합니다. 마땅히 편칙에 따라야 하는 것일까요? 아니면 회요만 검색해 보면 되는 것일까요? 신이 우려하는 바는 서적이 고려에 쌓인 다음 그것이 거란에 흘러 들어가게 되면, 적들이 우리 산천의 험요險要와 변방邊防의 이해득실에 대해 소상히 파악하게 되는 점입니다. 이는 후환이 지대할 것입니다. 비록 이전에 사여한 바 있을 지라도, 그것은 이전에 잘못 하였던 것이니 앞으로는 금지해야 됩니다. 그것이 계속 매입을 허용하여 아무 금지도

14년에 걸쳐 奉敕 편찬하였다.

가하지 않는 것보다 훨씬 낫습니다. 또한 고려인은 입공하면 곧바로 원하는 것을 얻으니 너무도 자주 사절단을 파견하고 있습니다. 그리하여 다섯 가지 폐해를 불러일으킵니다. 이러한 문제는 아직 조정으로부터 아무 답변을 받지 못했습니다. 고려인이 다시 오게 되면 마침내 관례가 되어 버리지 않을까 대단히 우려됩니다. 그래서 몇 번이고 거듭하여 상주하는 것입니다. 지금 고려인은 이미 떠나고 없으니 어떻게 처리할 도리가 없습니다. 적절히 처분해 주십시오.

첩황: 지금 조정의 뜻은, 그저 고려에 이미 이들 서적을 사여한 바 있으니, 다시 계속하여 매입하는 것을 허용한다는 것입니다. 예컨대 편칙에서는 숙철熟鐵을 외국 사신에게 매매하는 것을 금하고 있습니다. 이것이 어찌 외국에 숙철이 없기 때문이겠습니까? 저들에게 이미 있다 하여 다시 금지하지 않는 것은 참으로 잘못된 판단입니다.

출전 『蘇軾文集』 권 35.

내용 철종 원우 8년(1093) 당시 송에 입공한 고려 사신들이 서적의 구매를 요청한 것에 대한 반대의 상주문이다. 고려 사신을 접대하는 관반사 진헌 등은 고려의 요구를 무비판적으로 수용하고 있으나, 결코 서적의 구매를 허용해서는 안 된다는 주장을 펴고 있다. 특히 『책부원귀』와 역대의 정사, 태학의 칙식 등은 고려에 넘어갈 경우 송에 막대한 손실을 입힐 수 있다고 주장하고 있다. 고려는 거란의 부용국이고 사실상 그 압박을 무력하게 받아들일 수밖에 없다고 말한다. 그러니 고려에 송 측의 중요 정치적, 군사적 기밀 사항이 담긴 서적이 전해질 경우, 그것은 곧바로 거란에게도 유입될 수 있다는 것이다. 이러한 견지에서 고려 사신에 대한 서적의 판매는 강력하게 금지하고 단속해야만 한다고 상주하고 있다.

소식의 고려 배척 활동

그 무렵 고려에서 입공한 사자들이 주현을 능멸하였다. 이들을 맞는 압반사신押伴使臣은 모두 해당 지방의 관고管庫[214]였는데 위세를 부리고 포악하게 굴며 심지어 검할鈐轄[215]과 대등한 자세를 취하기도 했다. 소식은 사람을 보내 그들에게 일렀다.

"먼곳의 오랑캐가 교화를 흠모하여 왔으니 마땅히 공손해야 할 것이다. 그런데 저토록 방자한 것은 너희가 그렇게 유도하지 않았다면 그리 되지 않았을 것이다. 뉘우치지 않는다면 상주하여 처벌을 받도록 하겠다."

이에 압반사신은 두려워하며 조금 조심하였다. 얼마 후 고려의 사자가 가지고 온 물품을 관아에 제출하였는데 그 문서에서는 갑자(甲子)를 칭하고 있었다.[216] 소식은 이를 받아들이지 않고 물리치며 말하였다.

"고려는 우리 조정에 칭신하고 있다. 정삭正朔을 받들지 않고 있는데 내가 어찌 접수할 수 있겠는가?"

고려의 사자는 급히 문서를 고쳐서 희녕熙寧이란 연호를 적었다. 이에 받아들였다. 이러한 처리를 두고 내외에서는 합당한 조치라고 평하였다.

…(중략)…

항주의 승려 가운데 정원淨源이라는 자가 있었다. 과거 바닷가에

---

214) 管庫 : 창고를 관리하는 서리.
215) 鈐轄 : 安撫使를 보좌하며 路의 軍馬를 총괄하는 무관.
216) 송의 연호를 사용하는 대신 甲子 紀年을 기록하였다는 의미이다.

살며 상인들과 통하여 모리 행위를 하였다. 상인들은 배로 고려에 가서 다투어 그를 칭찬하였다. 신종 원풍(1078~1085) 연간의 말엽에는 고려의 왕자 의천義天이 송조에 들어와 그를 찾아가 인사를 드리기도 하였다.

정원이 죽자 그 제자들이 몰래 그의 초상화를 지닌 채 배 타고 가서 그 사실을 알렸다. 이에 의천 또한 그 제자들로 하여금 배를 타고 와서 제사를 지내게 하였다. 제사가 끝나자, '국모國母가 금탑 2점을 주어 황제와 태황태후를 축수祝壽하게 했다.'고 말하였다. 소식은 받아들이지 않고 상주하여 말하였다.

"고려는 오랫동안 입공하지 않아 우리 조정에서 내리는 하사품의 이익을 얻지 못하였기 때문에 다시 찾아와 조공하는 것입니다. 그런데 조정에서 어떻게 대우할지 예측되지 않으므로, 사망한 승려의 제사를 지낸다는 핑계로 찾아와 축수의 예의를 갖추겠다 하고 있습니다. 저들이 지니고 온 예의 물품이 대단히 빈약한 것을 보면 가히 그 의도를 알 수 있습니다. 만일 그것을 받고 답례로 하사품을 주지 않는다면 저 먼 나라 오랑캐는 원한을 품고 노여워할지도 모릅니다. 반면 두텁게 하사품을 내린다면 저들의 계략에 제대로 걸려드는 셈입니다. 신의 생각으로는, 조정에서는 아무 간여 없이 다만 지방의 주군으로 하여금 내치고 받아들이지 않도록 하는 것이 좋다 여겨집니다. 그런데 어리석은 승려와 교활한 상인들이 감히 멋대로 외국 오랑캐를 불러들였습니다. 그들은 이를 통해 조정으로부터 많은 하사품을 받고자 하고 있습니다. 또 이 일로 공연한 사단을 만들어냈습니다. 이를 내버려 두면 앞으로 어떤 일이 생길지 모릅니다. 마땅히 강력하게 징벌해야만 합니다."

328

조정에서는 그의 말대로 따랐다.

얼마 후 고려로부터 입공 사절단이 파견되어 왔다. 소식은 예전의 관례에 따라 접대하라고 지시하였다. 사절단이 지나가는 오吳와 월越의 7개 주에서는 모두 2만 4천여 민緡만을 사용하고 민간으로부터는 비용을 염출하지 말라고 지시하였다. 또 각지방으로 하여금 적절히 상황에 맞춰 예산을 증감하게 하였다. 이로 인해 백성들은 고려와 교역의 이익을 얻을 뿐 아무런 추가 징발의 고통을 겪지 않았다.

…(중략)…

고려에서 사절단을 파견하여 조정에 서적의 구매를 요청하였다. 조정에서는 전례에 따라 모두 허용하였다. 소식이 말하였다.

"한대에는 동평왕東平王이 제자서 및 『사기』를 요청하였지만 주지 않았습니다. 지금 고려의 요청은 그것보다 더 광범위합니다. 어찌 그것을 허용할 수 있겠습니까?"

그의 주장은 받아들여지지 않았다.

출전 蘇轍, 『欒城集』 권 22, 「亡兄子瞻端明墓誌銘」.

내용 소철蘇轍(1039~1112)이 작성한 소식(1037~1101)의 묘지명 가운데 일부이다. 소철은 소식의 아우로서 두 사람은 형제인 동시에 서로 가장 친밀한 교분을 나눈 사이였다. 정치적으로도 두 사람은 거의 일치된 입장을 보였으며 고려에 대한 배척의 관점도 동일하였다. 소철이 기록한 묘지명은 『송사』 「소식전」에서 다소 절록된 채 그대로 답습되고 있다.

북송 중엽 고려에 대한 접근

원우 2년(1087) 2월 17일 병지炳之 왕백호王伯虎[217]를 만났는데 다음과 같이 말하는 것이었다.

"지난 날 추밀원 예방禮房[218]에서 문서를 조사하면서 고려 관련 문건을 보았습니다. 장성일張誠一이 거란에 사신으로 갔을 때 그 장막 안에서 고려인을 만났는데, 자기 나라 군주가 중국을 앙모하는 생각을 지니고 있다고 은밀히 말했습니다. 장성일이 돌아와 신종에게 아뢰면서 고려를 불러들일 생각을 하게 되었습니다. 이에 추밀사 여공필呂公弼[219]이 영합하여 직접 상주문을 적어 불러오기를 요청하였습니다. 그리하여 마침내 발운사發運使 최증崔拯[220]에게 명하여 상인을 보내 부른 것입니다.[221]"

천하에서는 최증에게 죄가 있다고 말할 뿐 정황을 모르기 때문에

---

217) 炳之 王伯虎 : 炳之는 字이고 王伯虎가 성명이다.

218) 樞密院禮房 : 樞密院의 예하 부서인 五房의 하나. 樞密院 五房은 兵房·吏房·戶房·禮房·刑房으로서 官員은 없고 樞密副承旨 1인, 主事 1인, 令史 3인, 書令史 2인의 서리가 배속되어 있었다.

219) 呂公弼은 英宗 治平 2년(1065) 7월 樞密副使가 되었다가, 治平 4년(1067) 9월 樞密使로 승진하여 神宗 熙寧 3년(1070) 7월에 물러난다. 呂公弼은 樞密副使 및 樞密使로서 만 5년간 재직한 셈이다. 이에 대해서는, 徐自明, 『宋宰輔編年錄校補』 권 7을 참조.

220) 본문의 發運使 崔拯은 福建轉運使 羅拯의 착오이다.

221) 神宗 熙寧 4년(1071) 5월의 일이다. 이에 대해 『續資治通鑑長編』에서는, "通州言高麗使民官侍郎金悌等入貢至海門縣. 詔集賢校理陸經假知制誥館伴, 左藏庫副使張誠一副之."(권223, 5월 丙午)라 전하고 있다. 당시 고려의 사신 金悌 등이 도달한 通州 海門縣은 淮南東路의 南端에 위치한 곳으로서 오늘날의 江蘇省 啓東市에 해당한다.

여공필에게 죄가 있다고 말하지 않는다. 장성일 같은 자는 말할 가치도 없다.

출전 『蘇軾文集』 권 72, 「呂公弼招致高麗人」.

내용 『동파지림東坡志林』이라 알려져 있는 필기사료에도 담겨져 있다. 『동파지림』은 위로는 신종 원풍(1078~1085) 연간으로부터 아래로 철종 원부(1098~1100) 연간 까지의 정치, 인물, 괴기怪奇, 문학 등에 관련한 사실들을 기록한 저술이다. 위 내용은 신종 시기 고려와 통교하는 데 일반의 인식과는 달리 추밀사 여공필이 중요한 역할을 했다는 것을 특기하고 있다.

고려와의 통교에 대한 비난

어제 사주泗州222)의 통판 고도固道 진돈陳敦을 만났는데 다음과 같이 말하는 것이었다.

"원숭이가 사람 옷을 입고서, 말하는 대로 몸을 구부리고 돌리거나 또 고개를 들고 숙이거나 하였습니다. 자세히 관찰하니 거만하기 이를 데 없었습니다. 사람들은 '원숭이를 희롱한다.'고 말하지만 사실상 원숭이에 희롱당하는 것을 알지 못합니다."

그의 말이 매우 일리가 있는 까닭에 적는다.

또 회남의 제거提擧223) 황식黃寔을 만났는데 다음과 같이 말했다.

---

222) 泗州 : 淮南東路의 중부에 위치, 오늘날의 江蘇省 盱眙縣.

223) 淮南의 提擧 : 提擧淮南東路常平茶鹽等事의 簡稱. 黃寔은 神宗 元豊 7년 (1084) 淮南提擧에 임명되었다가 이듬해인 元豊 8년 提點開封府界諸縣鎭公事로 轉職한다. 이에 대해서는 李之亮, 『宋代路分長官通考』(成都, 巴蜀

"고려에 사신으로 갔다 온 사람이 말하는 것을 들었습니다. 고려에 보내준 물건 가운데 은 덩어리를 금으로 도금한 것이 있었는데, 오랑캐[224]가 모두 쪼개어 속에 있는 것을 바깥으로 드러나게 하였다고 합니다. 사신이 매우 불쾌히 여기자 오랑캐는, '감히 모멸하려는 것이 아니다. 거란北虜이 엿보고 진짜라 생각할까 봐 걱정이 되기 때문이다.' 라고 말했다 합니다."

이로부터 보건대 고려는 우리가 보내준 물품을 거란과 나누는 것이 틀림없다. 그럼에도 어떤 이는 그것을 깨닫지 못하고, '거란은 고려가 우리에게 조공하는 것을 알지 못한다.' 고 말한다. 또 어떤 이는 후일 고려를 이용하여 거란을 견제할 수 있을 거라 생각한다. 어찌 모두 잘못이 아니겠는가? 또 오늘 보니 삼불제三佛齊[225]로부터 조공하러 온 자가 사주泗州를 지나는데 관리와 기녀, 악단이 죄다 교외로 나가 맞이하였다. 그런데 머리는 상투를 틀고 짐승 같은 얼굴을 한 자들이 배 안에서 기뻐하며 느긋이 바라보고 있었다. 이에 '원숭이가 사람을 희롱한다.'는 말이 진실로 이치에 닿는다는 게 기억나서 함께 적어둔다.

書社, 2003), 2053쪽을 참조.

224) 原文은 夷人, 高麗를 가리킨다.

225) 三佛齊 : 스리비자야. 『新唐書』 외국전과 義淨의 『大唐西域求法高僧傳』에서는 室利佛逝로 등장한다. 7세기 경 수마트라 동남부 팔렘방 지역을 중심으로 흥기하여 동남아 해상 교역권을 장악하였으며, 전성기에는 말레이반도의 국가들과 자바 일대까지 세력을 떨쳐 도서부 동남아시아의 해양제국으로 평가된다. 宋朝와도 도서부 동남아 국가 가운데 가장 긴밀한 관계를 맺고 있어서, 『宋史』 「三佛齊傳」에만 24차례 朝貢團을 파견했던 기록이 보인다.

출전 『蘇軾文集』 권 72, 「黃寔言高麗通北虜」.

내용 『동파지림』에도 수록되어 있다. 고려가 거란과 긴밀한 관련을 맺고 있으므로 송조의 기대대로 거란을 견제하는 역할을 전연 하지 못할 것임을 강조하는 내용이다. 고려와 통교하는 것은 그 술수에 놀아나는 것일 뿐이라는 사실을 원숭이 희롱에 비겨 비유하고 있다.

소철의 고려 배척론 1(「乞裁損待高麗事件箚子」)

신이 삼가 살펴보건대 고려는 북으로 거란과 접해 있으며 남으로는 푸른 바다를 맞대고 있습니다. 그러니 중국과는 땅이 서로 떨어져 아무런 이해 관계가 없습니다. 우리 송조에서는 저들의 입공을 허락하였으나 선대 황제들께서 그 무익함을 알기에 단절한 채 통교하지 않았습니다.

그런데 희녕(1068~1077) 연간에 나증羅拯이 해상海商을 모집하여 이들로 하여금 고려에 가서 조공을 유도하도록 했습니다. 그 의도는 먼 오랑캐를 불러들임으로써 태평을 분식粉飾하고, 아울러 거란과 맞서게 하여 유사시 군사적으로 원조토록 하려는 것이었습니다. 하지만 그 처음 통할 때부터 현재 자주 입공하는 시점까지 실제로 무슨 이익이 있었습니까? 한갓 회남과 양절兩浙의 천 리를 통해 저들의 왕래 비용만 대게 했을 뿐입니다. 또 수도의 관청을 그 접대에 지치게 했습니다. 그런데 고려인들은 곳곳에서 두루 살피며 허실을 염탐하고, 지형을 그림으로 그리며 은밀히 거란의 첩자 노릇을 하고 있습니다. 어쩐 이는 심지어, '거란이 신임할 만한 인원을 보내 늘 고려의 삼절三節226) 가운데 숨겨두고 있으며, 고려가 우리 조정의 하사품을 받으면 그 가운데 절반을 거란에 나눠준다.'고 말하기도 합니다. 조정에서는 이처럼 이루 헤아릴 수 없는 재원을 소모하는데 반면 얻는 것은 이처럼 아무 것도 없으니 심히 애석할 따름입니다.

지금 저들이 다시 사신을 보낸다고 합니다. 조정에서는 저들을 갑작스레 거절할 수 없을 것이니, 마땅히 그 예산을 대폭 삭감함으로써 저들에게 별 이익이 돌아가지 않게 해야 합니다. 그러면 저들은 필시 이따금 오게 될 것이고 우리도 편해질 것입니다. 삼가 살펴 보건대 최근 조정에서는 이미 지시를 내려, 명주明州로부터 사신이 지나는 연변의 주군州軍으로 하여금 그 예우를 이전보다 삭감토록 하였습니다. 하지만 수도에서의 접대는 아직 삭감되지 않은 상태입니다.

어리석은 신의 판단으로는 우리 조정이 사방의 오랑캐와 접하고 있지만 그 중 요와 서하가 가장 중요한 상대입니다. 그런데 현재 고려에 대한 대우는 요와 서하에 비해 더 과한 상태입니다. 이는 우리 조정에게만 불편할 뿐 아니라, 만일 저들 두 나라가 알게 된다면 그들 또한 못마땅하게 여길 것입니다.

여기서 도정역都亭驛227)과 서역西驛228)의 서북 사신에 대한 접대 규정, 그리고 동문관同文館229)의 고려 사신에 대한 접대 규정을 간략히 취하여 대비해 보겠습니다. 살펴보아 주십시오. 삼가 그 규정을

---

226) 三節 : 大使(國信使 혹은 進奉使)와 副使를 제외한 나머지 수행 인원의 총칭. 上節, 中節, 下節의 3등급으로 나뉘어 있었다.

227) 都亭驛 : 거란에 대한 貢奉 업무를 담당하는 기관. 鴻臚寺에 소속되었다.

228) 都亭西驛 : 서방에 위치한 외국의 貢奉 업무를 담당하는 기관.

229) 同文館 : 고려 사신에 대한 접대 업무를 담당하는 기관. 神宗 熙寧 연간에 설치되었다.

들면 다음과 같습니다.

거란 사신에 대한 규정

1. 사신이 매입하고자 하는 물건의 목록을 보내왔는데 만일 그 가운데 구입이 금지된 물품이 포함되어 있는 경우, 거란의 국신사國信使에게 문서로 통보한다거나 혹은 관고官庫에서 공급해 주지 않는다. 관반사館伴使[230]와 부사로 하여금 부드럽게 설명하도록 한다. 그다음 조목에 구입이 금지된 품목은 차례로 상세하게 나열되어 있음.

서하 사신에 대한 규정

1. 서하인이 신년 초하루나 성탄聖誕[231]을 축하하기 위해 수도에 온 경우 20일 동안 머무는 것을 허락한다. 그것에 15일 이상 추가할 수 없다. 만일 추가적인 협의가 필요한 경우에는 조정의 지침을 받아 늦출 수 있다.

2. 서하인이 수도에 도착하면 따라온 서하의 추장들은 도정서역都亭西驛의 바깥으로 나갈 수 없다. 만일 매매할 일이 있으면 도정서역의 담당 관원 사무실에 신고하여 관아에서 매입하여 전달한다. 그 다음 조목에 구매가 불허되는 물품 목록이 마찬가지로 상세하게 나열되어 있음.

3. 서하인이 수도에 도착하여 물건을 팔고자 할 경우, 도정서역에서 그 가격을 정하되 시가보다 조금 낮게 책정하여 매입한 다음 약간 가격을 올려 매각한다. 그 차액분은 관아에 제출한다.

고려 사신에 대한 규약

사람들이 바깥으로 나가 물건을 매입하였는데 검찰을 받아 위반

---

230) 館伴使 : 외국 사신이 입국하여 수도에 머무르는 동안 그 접대의 책임을 총괄하는 관원.

231) 聖誕 : 황제 및 황태후의 탄신일.

사항이 발생하였을 경우, 즉시 부드럽게 처리하여 제출시킨다. 그 물건 대금은 예비비로 보전해 준다. 현실 정치에 대한 논의라든가 변경의 기밀에 관한 서적이 포함된 경우에는 그 판매처를 물어보아 개봉부開封府 관계 부서에 통보한다.

사절단이 도착하면 사록사司錄司232)가 행인行人233)에 고시하여 물품을 가지고 그 숙소에 들어오도록 한다. 행랑에 창구를 만들어 사절단과 교역하며, 그때 출입을 감시하는 서리가 가로막아서는 안 된다.

사절단이 외출하여 물건을 매입하거나 혹은 악예인樂藝人234)을 불러 술을 마시면서 금지 물품을 매입한다거나 문제를 야기했을 경우, 수행과 감시를 담당하는 서리에게 장杖 80대의 처벌을 가한다. 정황이 무거울 경우에는 조정에 보고하여 처리한다.

사절단의 하절下節 가운데 매일 차례대로 20명에 한해 관사 바깥으로 외출하여 물건을 매입할 수 있도록 허용한다. 이때 수행과 감시를 담당하는 서리 1인이 따라다닌다. 말 타기를 원할 경우에는 각 정부 부서에서 말 1필씩 빌려 준다. 말을 이끄는 병사도 한 사람 배당한다. 신시申時235)까지는 복귀해야 하며, 수행과 감시를 담당한 서리는 그 방문처를 모두 기록하여 보고해야 한다.

사절단이 불교 경전의 매입을 원할 경우 상서사부尙書祠部236)에

---

232) 司錄司 : 수도에 설치된 감옥, 정식 명칭은 開封府司錄司.

233) 行人 : 行會에 소속된 사람, 즉 상인.

234) 樂藝人 : 歌舞技藝人.

235) 申時 : 오후 3시부터 5시까지.

236) 尙書祠部 : 각종 국가 제사나 불교, 도교, 민간 사원 등 종교 관련 업무를 관장하는 중앙 정부 기관.

보고하여 적절히 응해 주도록 한다. 금지 목록에 포함된 서적이나 물품, 그리고 독약은 불허한다.

사절단이 기예인技藝人을 초청하여 삼절三節에게 교습하고자 하는 경우 관구동문관소管勾同文館所237)에 알려 조치한다.

좌장고左藏庫238)에서 매일 공사전公使錢239) 50관을 지급한다.240) 이것으로 3일마다, 혹은 5일마다 그 계절의 꽃이나 과일 등을 구입하여 대사와 부사, 그리고 삼절三節의 인원에게 공급한다. 부족할 경우 더 지급한다.

신이 판단하건대 요나 서하, 고려는 공히 이적夷狄입니다. 조정에서 취하는 외교 의례나 접대의 지침에 차이가 있어서는 안 될 것입니다. 하물며 고려는 거란과 비교하여 국력의 차이가 심대합니다. 또 그들 사이에는 군신 관계의 차별이 있습니다. 그럼에도 불구하고 사절단에 대한 접대 비용이라든가 왕래할 때의 처우가 동일하거나 혹은 더 과중합니다. 이러한 상황은 실로 도리에 맞지 않습니다. 삼가 바라건대 고려 사신에 대한 접대와 처우를 적절히 삭감해 주십시오. 사절단원의 입국과 체류도 거란 및 서하의 사례에 맞추어 단속해야 합니다. 그들이 머무는 기일은, 변수汴水241)가 가로막힌 때가

---

237) 管勾同文館所 : 神宗 熙寧 연간에 설치한 기관. 고려 사신이 입국한 이후 沿道 州縣에서 접대하는 것으로부터 체류 시의 편의 제공, 관련 儀禮의 점검, 賜與 물품의 관리 등을 담당하였다.

238) 左藏庫 : 전국의 財賦를 收藏하는 중앙정부의 창고.

239) 公使錢 : 공식 경비 이외에 별도로 지급되는 판공비. 宴會 비용 및 각종 공용 잡비 처리에 사용되었다.

240) 당시 米 1石의 가격이 대략 2관 전후였다.

241) 汴水 : 黃河와 淮河를 연결하는 운하 노선으로 수대의 通濟渠. 당과 송에서

아닌 한 규정대로 준수해야 합니다. 이와 같이 시행한다면 결코 저들에게 박한 것이 아닙니다. 적절히 재량하여 수용 여부를 결정해 주십시오.

첩황貼黃 : 고려인 사절단은 필시 이미 양절로에 도착하였을 것입니다. 새로이 결정하여 삭감한 규정은 성부省部242)에 하달하지 말고 조정에서 직접 지휘토록 하십시오. 그리해야 지체되어 그르치는 일이 없을 것입니다.

출전 蘇轍, 『欒城集』 권 46, 「乞裁損待高麗事件箚子」.

내용 철종 원우元祐 5년(1090)에 작성된 상주문이다. 동일한 내용은 『속자치통감장편續資治通鑑長編』 권 449에도 실려 있다. 소철이 취한 고려에 대한 입장은 그의 친형 소식과 대동소이하였다. 그는 정책적으로 고려의 이용 가치가 거의 없으며 고려와의 통교가 거란에 이용당할 소지가 다분하다고 역설하고 있다. 반면 고려의 사절단에 대한 처우가 거란이나 서하에 비하여 과도하니 시급히 축소해야 한다고 주장하였다.

소철의 고려 배척론 2(「再乞禁止高麗下節出入箚子」)

신은 얼마 전 상주문을 올려 동문관同文館에서 고려의 사신을 접대하는 규정을 개정해 달라고 요청한 바 있습니다. 이에 최근 성지聖旨를 내려 대략 신의 제안대로 시행하라고 지시하셨습니다. 하지만 하나의 사항, 즉 사신단 가운데 하절下節이 매일 차례대로 20명씩 관사 바깥으로 외출하여 물건을 매입하는 사안에 대해서는, 다만 10명으로 축소토록 하셨습니다.

삼가 생각건대 이적夷狄들은 간사한 마음을 품고 있어 그 속을 알 수 없습니다. 도성을 유람하도록 허용할 경우, 크게는 우리의 허실을 염탐하거나 궁궐·창고·영방營房243)·도로 등의 위치 및 실태를 그림으로 그릴 수 있어 대단히 위험스럽습니다. 또 작게는 금지된 물품이나 기밀 문서를 매입하거나 범법 행위를 자행할 수 있습니다. 이에 대해 처벌한즉 조정의 저들에 대한 은혜를 해치게 될 것이요, 그냥 둔즉 심각한 문제일 것입니다. 그러니 단 한 사람도 관사 바깥을 출입하게 해서는 안 됩니다.

과거의 규정에서는 담당 서리로 하여금 수행하며 감시하게 했습니다. 하지만 소인은 이익을 탐하기에 조금만 선물을 주게 되면 무엇이든 다 들어주어 사실상 아무런 효과가 없었습니다. 만일 조정에서 이전의 실태와 문제점을 전연 돌아보지 않겠다면 매일 20명을 출입하게 해도 좋습니다. 하지만 이전의 실태에 대해 우려한다면 10명만을 허용해도 사실상 역시 문제의 소지는 마찬가지입니다. 삼가 엎드려 바라건대 다시 성지를 내리시어 전면적으로 출입을 금해 주십시오. 적절히 재량하여 수용 여부를 결정해 주십시오.

출전 蘇轍, 『欒城集』 권 46, 「再乞禁止高麗下節出入箚子」.

내용 직전의 상주문「乞裁損待高麗事件箚子」에 이어 보완 조치의 시행을 요구하는 내용이다. 송 조정은 소철의 주장대로 고려 사신에 대한 접대와 처우를

---

243) 營房 : 군대의 주둔지 및 그 시설.

대폭 삭감하였다. 사신단의 체류 기간 역시 단축시켰다. 그런데 소철의 주장 가운데 하나의 사안, 즉 종래 하절의 인원이 매일 20명씩 도성에 출입하던 것에 대한 문제 제기만은 부분적으로 수용하였다. 매일 10명씩 관사 바깥으로 출타하게 한 것이다. 이에 대해 소철은 다시 상주하여 전면적으로 금지하자고 주장하고 있다.

남송 정흥예鄭興裔의 고려 배척론

신이 삼가 살피건대 고려인이 오면 명주明州와 월주越州의 두 지역으로 하여금 접대에 시달리게 하고 소동에 휩싸여 혼란에 빠지게 합니다. 경사에 이르게 되면 그 숙박과 연회, 하사품의 비용이 또 엄청나게 소요됩니다. 이와는 별도로 그 군주에 대한 선물도 꾸려 보내야 합니다. 사신이 간 다음 우리 조정에서 그 답례로 사자를 보내려 한다면 선박을 통한 항해 비용도 대단히 많이 듭니다. 고려 사신단의 삼절三節 관리를 접대하는 예산은 모두 조정에서 부담하는데 그 액수가 심히 과다합니다. 이 때문에 지난날 예부상서로 있던 소식은 조정에 상언하여, '고려의 입공은 사소한 이익도 없을 뿐더러 오히려 다섯 가지 해로움을 끼친다.'고 말한 바 있습니다.

또한 현재 우리 송조의 행도行都244)는 임안臨安입니다. 남도南渡 이전의 동도東都 개봉과는 상황이 매우 다릅니다. 과거 조선의 사신은 대부분 등주登州와 내주萊州를 통해 들어왔습니다. 등주와 내주는 양변梁汴245)까지 많은 산하를 두고 심히 멀리 떨어져 있습니다.

---

244) 行都 : 임시 수도. 본뜻은 京師를 나선 황제가 머무는 곳.
245) 梁汴 : 東都 開封. 전국 시대 魏의 수도 大梁이 이곳에 위치하였으며 北周

오늘날 삼한三韓은 곧바로 사명四明[246])에 다다릅니다. 그런데 사명은 행도와 불과 절강浙江[247]) 하나를 사이에 두고 있을 뿐입니다. 사명으로부터 고려에 이르는 바닷길은 아득히 멀고 중간에 섬들이 가로놓여 있기는 하나, 남과 북으로 오가는 데 순풍을 이용하게 되면 아주 쉽게 넘나들 수 있습니다. 양응침楊應忱[248])이 건염 무신戊申(1128)에 고려로 갔다가 돌아올 적에, 9월 계미癸未에 삼한을 떠나 무자戊子에 명주 창국현昌國縣까지 왔습니다. 겨우 6일이 걸렸을 뿐입니다. 그러니 이와 같은 바닷길을 마땅히 방어해야만 합니다. 삼가 고려로부터 입공하거나 이에 대한 보답으로 사신 보내는 것을 금지하여 주십시오. 그렇게 하면 비용을 줄임으로써 군사비에 여유가 있도록 할 수 있을 것이요, 선박의 왕래를 엄히 금지하여 국가의 영역을 견고히 함으로써 틈이 생길 여지를 봉쇄할 수 있을 것입니다. 그리하여 종묘사직에 많은 도움이 될 것입니다.

출전 『全宋文』 권 4991, 鄭興裔 2, 「請止高麗入貢狀」.

내용 효종 순희淳熙 원년(1174)에 올려진 상주문이다. 정흥예(1126~1199)는 외척 출신으로 고종과 효종 등으로부터 큰 신임을 받았다. 남송의 건립 이후 고려-송 관계는 초기의 몇 년 간 자못 활발한 양상을 보이다가, 이후

시기 梁州를 汴州로 개칭하였기에 梁汴, 혹은 汴梁이라 칭해졌다.
246) 四明 : 明州의 別稱.
247) 浙江 : 오늘날의 錢塘江.
248) 楊應忱 : 楊應誠의 착오. 楊應誠은 高宗 建炎 2년(1128) 國信使로 고려에 파견되어, 金으로부터 徽宗과 欽宗 두 황제를 迎還하기 위한 사절 파견의 길을 빌려달라고 요청한 바 있다. 이러한 남송의 假途 요구에 대해 고려는 완곡하게 사양하였다.

급속히 냉각되어 가기에 이른다. 특히 1170년대 이후가 되면 양국 간 외교 관계는 마침내 단절되고 만다. 정홍예의 상주문은 남송 중엽 무렵 남송 측의 고려에 대한 인식을 잘 대변하고 있다.

여진의 발흥과 거란에 대한 압박

소봉선蕭奉先은 천조제의 원비元妃 오빠이다. 겉으로는 관대한 듯 보였으나 속으로는 시기가 심하였다. 원비가 천조제의 총애를 받자 거듭 승진하여 추밀사가 되었으며 난릉군왕蘭陵郡王에 봉해졌다.

천경天慶 2년(1112) 천조제가 혼동강混同江에서 낚시를 하였다. 관례에 따라 생여진生女眞의 추장으로 천 리 안에 있는 자는 모두 행재소行在所에 나와 조알朝謁249)하게 되었다. 두어연頭魚宴250)의 석상에서 천조제는 여러 추장들로 하여금 차례대로 춤추며 노래하라고 일렀다. 아골타阿骨打의 순서가 되자 그는 똑바로 선 채 앞만 쳐다보며 못한다고 사양하였다. 천조제가 거듭 지시하였지만 그는 따르지 않았다. 천조제가 은밀히 소봉선에게 말하였다.

"아골타가 이처럼 사나우니 변경의 일을 구실로 죽여 버리시오."

소봉선이 대답하였다.

"저들은 거칠어서 예절을 모릅니다. 큰 잘못도 아닌데 죽이면 조정을 향한 충성심만 해칠 수 있습니다. 설령 다른 마음을 품고 있다 해도 작은 부족입니다. 저들이 무얼 할 수 있겠습니까?"

---

249) 朝謁 : 황제 앞에 나가 朝拜하는 것.
250) 頭魚宴 : 遼代에 皇帝가 봄에 遊獵을 할 때 최초로 물고기를 낚은 후 거행하는 연회.

천조제는 이에 그만두었다.

천경 4년(1114) 아골타가 군대를 일으켜 영강주寧江州를 공격하였
다. 동북로통군사東北路統軍使 소달불야蕭撻不也가 맞서 대적하였으
나 패전하였다. 천조제는 소봉선의 아우 소사선蕭嗣先을 도통都統에
임명하고 거란족과 한족 군사를 거느리고 나가 토벌하게 하였다. 소
사선은 출하점出河店에 주둔하고 있는데, 여진은 은밀히 혼돈강을
건너 거란이 채 준비를 갖추기 전에 공격하였다. 소사선은 패전하였
고 부대의 장수들은 뿔뿔이 흩어졌다. 소봉선은 아우가 주살될까 걱
정되어 다음과 같이 상주하였다.

"동쪽으로 출정하였다가 패전하여 도망간 군사들이 곳곳에서 약
탈을 하고 있습니다. 이들을 사면하지 않으면 무리를 이루어 장차
우환거리가 될 것입니다."

천조제는 이 말에 따랐다. 소사선은 궁궐에 나와 처벌에 대기하였
지만 다만 관직을 삭탈하는 것에 그쳤다. 이로부터 군사들은 투지를
잃어 적을 만나면 곧바로 무너졌다. 적에게 빼앗기는 지역도 날로
늘어났다.

이에 앞서 소봉선은 야율여도耶律余覩가 부마인 소욱蕭昱과 결탁
하여 자기의 생질인 진왕晉王을 황제로 즉위시키려 모의했다고 무고
하였다. 이 일이 성사되어 소욱이 주살되었다. 야율여도는 군영에
있다가 이 소식을 듣고 두려워 여진으로 도망하였다. 천조제 보대保
大 2년(1122) 야율여대는 여진의 감군監軍251)이 되어 여진 군대를
이끌고 거란 진영에 엄습하였다. 천조제는 몹시 걱정하자 소봉선이

---

251) 監軍 : 軍中에서 출정 장수를 감독하는 직위.

말하였다.

"야율여도는 황실의 후예입니다. 이번의 침공도 실제 요를 멸망시킬 뜻은 없고 진왕晉王을 황제로 세우고자 하는 것일 따름입니다. 사직을 위하신다면 아들 하나를 아끼지 말고 주살하도록 하십시오. 그러면 싸우지 않고 저들을 물리칠 수 있을 것입니다."

그리하여 진왕을 사형에 처하였다. 이에 궁정 내외를 막론하고 눈물을 흘리지 않은 이가 없었다. 민심은 이로 인해 더욱 이반되었다.

여진의 군대가 경사에 이르기 전 소봉선이 천조제에게 말하였다.

"여진이 설령 우리의 상경上京을 공격하더라도 종내 저들의 본거지에서 멀리 떨어질 수는 없을 것입니다."

그런데 여진은 하루만에 3,000리를 지나 곧바로 운중雲中에 쳐들어왔다. 소봉선은 당해낼 도리가 없어 다만 협산夾山으로 옮겨 가자고 청하였다. 천조제는 그때서야 깨닫고 소봉선을 돌아보며 말하였다.

"너희 부자가 나를 이 지경으로 내몰았다. 하지만 죽여서 무슨 보탬이 있겠느냐? 그냥 떠나거라. 그리고 나를 따라오지 말아라. 군사들이 분노하여 그 화가 나한테까지 미칠 수 있다."

소봉선 부자는 통곡하며 물러났으나, 주변 사람들에게 붙잡혀 여진 군대에 보내졌다. 여진 군사는 그 맏아들 소앙蕭昂을 참한 다음, 소봉선과 그 둘째 아들 소욱을 여진 군주에게 보내려 하였다. 그 도중 거란의 군대가 일행을 만나 여진으로부터 빼앗아 돌아왔으나 천조제가 그들 부자를 모두 사형에 처하였다.

출전 『요사』 권102, 「蕭奉先傳」.

내용 12세기 초 만주에서 새로운 민족이 발흥하여 동아시아 국제 질서를

344

송두리째 뒤흔들게 된다. 바로 수당 시대 말갈족이라 불리던 민족의 후신인 여진족이다. 그 가운데 생여진의 완안부에 아골타가 등장하여 부족을 통합하고 거란에 맞서 항전을 시작하였다. 1114년에 있었던 영강주의 전투는 거란과 여진족 사이의 전쟁의 귀추를 결정짓는 분수령과 같은 역할을 하였다. 이 직후인 1115년 아골타는 금을 건국하고 물 밀 듯 서진하기 시작하였다. 이러한 금의 기세에 밀려 거란의 마지막 황제 천조제는 서쪽으로 피신하였고 여기에서 요는 멸망하게 된다.

거란의 멸망

야율여도耶律余覩는 야율여도고耶律余都姑라고도 한다. 가까운 황족 출신으로서 성격이 호방하고 의리를 중시하였다. 천조제天祚帝 보대保大 원년(1121)에 부도통副都統을 역임하였다.

아내는 천조제 문비文妃의 동생이다. 문비가 진왕晉王을 낳았는데 대단히 현명하여 거란인들의 인망을 모았다. 당시 소봉선蕭奉先의 누이도 천조제의 원비元妃가 되어 진왕秦王을 낳았다. 소봉선은 진왕秦王이 황제가 되지 못할까 두려워 마음속 깊이 야율여도를 싫어하며 그를 몰래 죽이고자 하였다.

때마침 야율달갈리耶律撻葛里의 아내가 군영에서 야율여도의 아내를 만나는 일이 있었다. 이에 소봉선은 사람을 시켜, 야율여도가 부마駙馬인 소욱蕭昱 및 야율달갈리와 결탁하여 진왕晉王을 황제로 옹립하고 천조제를 태상황으로 만들려고 모의하고 있다고 무고하였다. 그대로 일이 꾸며져 소욱과 야율달갈리의 아내가 주살되고 문비도 사형에 처해졌다. 야율여도는 군부대 안에서 이러한 사실을 전해 듣고 스스로 결백을 밝히지도 못한 채 죽임을 당하지나 않을까 두려웠다. 그는 즉시 병사 천여 명 및 일족의 무리를 이끌고 여진에 투항하였다.

이때 큰 비가 내려 길이 지체되었다. 천조제는 지해왕부知奚王府 소하매蕭遐買와 북재상北宰相 소덕공蕭德恭·대상곤大常袞 야율체리고耶律諦里姑·귀주관찰사歸州觀察使 소화상노蕭和尙努·사군태사四軍太師 소간蕭幹을 파견하여 긴급히 쫓아가 체포토록 하였다. 여산閭山에 이르러 그들을 따라잡은 뒤 여러 장수들이 의논하였다.

"소봉선이 신임을 믿고 국가의 군사를 능멸하고 있다. 야율여도는 종실의 뛰어난 인재라서 평소 그 아래에 있으려 하지 않았다. 만일 야율여도를 잡아간다면, 후일 우리도 모두 야율여도 꼴이 될 것이다. 풀어주는 것이 낫다."

그들은 돌아가서 쫓아갔으나 잡지 못하였다고 거짓으로 말하였다.

야율여도는 여진으로 가서 그 나라의 선봉이 되어 누실婁室 패근孛斤252)의 군대를 인도하여 거란의 여러 지방을 함락시켰다. 그는 느닷없이 들이닥쳤다. 천조제는 이 소식을 듣고 크게 놀라 당해낼 수 없을 것이라 판단하고, 호위병을 이끌고 협산夾山으로 들어갔다.

야율여도는 여진에서 감군監軍이 되었으나 오래도록 그들과 어울리지 못해 내심 불안하였다. 이에 사냥을 핑계로 서하로 도망갔다. 서하 사람들이, '네가 이끌고 온 군사가 몇이나 되는가?'라고 물었다. 야율여도는 2, 3백 명이라 대답하였더니 서하에서 받아들여 주지 않았다. 그는 이후 죽고 말았다.

논하여 말한다. 요가 멸망한 것은 그 재앙이 하늘로부터 내려온

---

252) 孛斤 : 여진의 부족장. 金 건국 이후 맹안모극제로 통합되었다.

것이라 하겠으나, 그 근원은 국정을 담당한 대신들이 잘못했기 때문이다. 천조제 천경天慶(1111~1120) 연간 이래 정권은 황후 일족이 장악하였다. 여진의 아골타가 아직 강하지 않을 때 천조제는 그를 죽이고자 하였으나 소봉선이 가로막았다. 소봉선은 오히려 진왕晉王을 무고하여 주살하였다. 협산에서 요가 멸망하는 단초가 이미 여기서 나타났다. 이처온李處溫은 위왕魏王을 윽박질러 황제를 참칭하게 하고 송의 장수들과 결탁하여 나라를 팔아넘기려 하였다. 소봉선과 이처온의 간사함은 마치 한 줄기에서 나온 듯하다. 오호라, 천조제가 이러한 무리에게 의지하였으니 나라가 어찌 망하지 않을 수 있겠는가? 장림張琳은 자리 지키기에만 급급하였고 야율여도는 이리저리 항복하며 스스로 곤경을 자초하였다. 무엇 하나 논할 가치가 있겠는가?

출전 『요사』 권102, 「耶律余覩傳」.

내용 북방의 만주 일대에서 새로운 세력이 발흥하여 거란을 압박하고 있다는 소식은 남쪽의 송에도 전해졌다. 송은 사신을 파견하여 금과 맹약을 체결하였다. 이를 '해상海上의 맹약'이라 부른다. 금과 송이 남북으로 협공해 오자 거란의 마지막 황제 천조제는 서쪽으로 피신하였지만 결국 1125년에 멸망하고 말았다. 금의 건국으로부터 불과 10년이 지난 시점이었다.

위제僞齊의 건립과 유예劉豫

금이 남침하자 유예는 근무지를 버리고 의진儀眞으로 피신하였다. 유예는 평소 중서시랑 장각張慤과 친하였다. 고종 건염建炎 2년(1128) 정월 장각이 그를 지제남부知濟南府로 추천하여 제수되었다.

당시 산동에 도적이 일어난 상태라서 유예는 부임을 원하지 않았다. 그 대신 동남 지역의 지주로 바꾸어 달라고 주청하였다. 집정이 불쾌해 하며 불허하자 유예는 화를 내며 부임하였다. 이해 겨울 금이 제남을 공격하자 유예는 아들 유린劉麟으로 하여금 출전하게 하였다. 금이 군대를 동원하여 유린을 몇 겹으로 에워쌌다. 이에 제주의 통판인 장간張柬이 군대를 이끌고 구원하자 금은 포위를 풀고 물러갔다. 금 측이 사람을 보내 유예를 큰 이익으로써 꼬드기자 유예는 이전의 분함을 갚기 위해 마침내 반역을 모의하였다. 그리하여 장수 관승關勝을 살해하고 백성과 함께 금에 항복하고자 하였다. 하지만 백성이 따르지 않자 유예는 성벽에 줄을 매달고 내려와 금에 투항하였다. 건염 3년(1129) 3월 올출兀朮은 고종이 장강을 건넜다는 소식을 듣고 유예를 지동평부知東平府에 임명하였다. 그리고 경동서京東西·회남등로淮南等路 안무사를 겸하고 또 대명大名 개덕부開德府·복복濮·빈濱·박博·체棣·덕德·창滄 등 주를 관할하게 하였다. 유린은 지제남부로 삼았다. 황하 이남 지역은 모두 유예로 하여금 통할하게 하였다.

건염 4년(1130) 7월 정묘, 금은 대동윤大同尹 고경예高慶裔·지제고 한방韓昉을 파견하여 유예를 황제로 책봉하고 국호를 대제大齊라 하였으며 수도를 대명부大名府에 두게 하였다.

이에 앞서 북경北京 순예문順豫門에 서화瑞禾253)가 자랐으며, 제남의 어부가 드렁허리鱣를 잡았다. 유예는 이것이 자기가 천명을 받았

---

253) 瑞禾 : 한 그루에서 많은 줄기의 이삭을 맺거나 혹은 여러 그루에서 한 줄기의 이삭을 맺은 벼, 嘉禾라고도 한다. 吉祥을 나타내는 祥瑞라 여겨졌다.

음을 가리키는 상서라 여겼다. 그는 아들 유린을 파견하여 많은 보
화를 지니고 금의 좌감군左監軍 달랄撻辣에게 가서 뇌물을 주고 황
제 칭호의 수여를 부탁하였다. 달랄이 이를 허락하고, 사람을 유예
의 관할 지역으로 보내 군대와 백성들에게 누구를 세워야 할지 물어
보았다. 하지만 누구도 답하지 않자 유예의 동향 사람 장협張浹이 순
서를 뛰어넘어 유예를 세워 달라고 요청하였다. 이에 따라 마침내
결정되어 고경예와 한방에게 명하여 옥새와 인수印綬,[254] 보책寶
冊[255]을 준비하여 유예를 즉위시키도록 하였다.

9월 무신에 유예는 즉위하여 장효순張孝純을 승상으로 삼고 이효
양李孝揚을 좌승左丞에, 장간張柬을 우승右丞에, 이주李儔를 감찰어사
에, 정억년鄭億年을 공부시랑에, 왕경王瓊을 변경유수汴京留守에, 아
들 유린을 태중대부太中大夫·제령제로병마提領諸路兵馬 겸 제남부에
임명하였다. 이효순은 처음에 태원을 지키며 송에 충의를 보였다.
고종은 평소 왕의王衣가 이효순과 친밀한 사이였기에 왕의로 하여금
이효순을 남으로 불러오게 하였다. 하지만 그 무렵 점한粘罕이 사람
을 파견하여 이효순으로 하여금 운중雲中으로부터 유예에게 가게 하
여, 마침내 절개를 잃고 금에 항복하였다.

유예는 동평부로 돌아와 이곳을 동경東京으로 승격시켰다. 이전의
동경은 변경汴京이라 하고 남경南京은 귀덕부歸德府로 강등시켰다.
또 아우 유익劉益을 북경유수에 임명하였다가 얼마 후 변경유수로
바꾸었다. 회녕부淮寧府·영창부潁昌府·순창부順昌府·홍인부興仁府

---

254) 印綬 : 印과 綬. 綬는 玉과 官印을 佩用하는 끈. 綬의 색깔로써 신분을 구분
    한다. 天子는 검은 색이며 白玉을 매단다.
255) 寶冊 : 帝王이 尊號를 받거나 혹은 冊立, 冊封時에 사용하는 詔冊.

는 모두 주州로 강등시켰다. 그리고 자신이 경주景州에서 출생하여
제남에서 근무하였고, 또 동평부 지부를 역임하였으며 대명부에서
즉위하였으므로 이들 네 지역의 장정 수천 명을 선발하여 '운종자제
雲從子弟'256)라 칭하였다. 그리고 조를 내려 직언을 구하였다. 10월
그 모친 적씨翟氏를 황태후로, 첩 전씨錢氏를 황후로 책립하였다. 전
씨는 선화宣化 연간 휘종의 내인內人257)이었기에 궁중의 일을 잘 알
고 있었다. 유예는 전례를 묻기 위하여 전씨를 황후로 세운 것이다.
11월 이듬해를 부창阜昌으로 개원하였다.

　유예는 황제로 즉위하기 이전 동경부유수 상관오上官悟에게 여러
차례 사람을 보내 금에의 항복을 권하였다. 또 상관오의 측근 교사
공교恭喬思恭에게 뇌물을 주어 함께 투항을 설득하게 하였지만 상관오는
모두 참해 버렸다. 지초주知楚州 조립趙立에게도 투항을 권하였지만
조립은 서신을 펼치지도 않은 채 그 사자를 참하였다. 이에 다시 조
립의 친구인 유시劉偲를 보내 부귀로 유혹하며, '나는 그대의 친구'
라고 말하였다. 조립은, '나는 군주만 알지 친구는 모른다.'고 하며
유시를 불태워 죽였다. 그리고 박주博州의 판관 유장유劉長孺가 서신
을 보내 반정反正258)을 권유하자, 유예는 그를 100일 동안 가두었으
나 굴하지 않았다. 이에 유장유에게 관직을 주겠다 하였으나 받아들
이지 않았다.

　유예가 대대적으로 송의 종실을 찾아 나서자 승무랑承務郎 염기閻
琦가 그들을 숨겨 주었다. 유예는 염기를 몽둥이로 때려 죽였다. 적

---

256) 雲從은 隨從의 의미이다.

257) 內人：宮女.

258) 反正：僞齊의 폐지와 宋으로의 복귀.

공랑迪功郎 왕총王寵은 유예가 불렀으나 가지 않았다. 문림랑文林郎 이철李喆과 위씨령尉氏令 요방기姚邦基는 모두 관직을 버리고 달아났다. 조봉랑朝奉郎 조준趙俊은 문서에 갑자甲子를 적고 위제의 연호를 사용하지 않았으나 유예도 어찌할 수 없었다. 홍호洪皓는 오랫동안 금에 사로잡혀 있었는데, 점한이 유예에게 나아가 관직을 받으라 하였지만 따르지 않았다. 금은 홍호를 냉산冷山으로 내쫓았다. 처사 윤돈尹惇은 유예가 부른다는 소식을 듣고 산골짜기 사이로 도망하여 촉으로 갔다. 국신부사國信副使 송여위宋汝爲는 여이호呂頤浩의 서신을 유예에게 보여주며 충의를 권하였다. 그러자 유예가 말하였다.

"장방창張邦昌을 보지도 않았는가? 이미 대사가 결정되었는데 도대체 무슨 말을 하는가?"

창주滄州의 진사進士 형희재邢希載가 유예에게 상서하여 송과 통교할 것을 요청하자 유예는 그를 죽였다.

출전 『송사』 권475, 「劉豫傳」.

내용 금은 북송을 멸망시킨 후 송의 옛땅을 직접 통치하는 대신 괴뢰 정부를 세워 위임 통치하기로 결정하였다. 1127년 3월 금은 장방창張邦昌을 황제로 옹립하고 국호를 초楚라 칭하였다. 하지만 장방창은 금의 군대가 북으로 철수한 직후 강왕康王이 고종으로 즉위하자 항복해 버렸다. 금은 그 대신 1130년 9월 유예를 황제로 즉위시키고 국호를 제齊라 하였다. 이를 남송 측에서는 위제僞齊라 불렀다. 사이비 왕조라는 의미이다. 유예 정권은 이후 1137년 11월 철폐될 때까지 화북을 지배하며 남송과 대립하였다.

악비岳飛와 진회秦檜

당시 금과의 화의가 이미 결정된 상태라서 진회는 악비가 반대하는 것을 근심하고 있었다. 이에 은밀히 상주하여 3대 장군을 논공행상하겠다고 조정에 부르기로 하였다. 한세충韓世忠과 장준張俊은 바로 도착하였고 악비만 홀로 오지 않았다. 진회는 참지정사 왕차옹王次翁이 제안한 계책259)대로 6, 7일 더 기다리기로 하였다. 악비가 도착하자 그에게 추밀부사의 직위를 수여하였다. 그 지위는 참지정사보다 높았으나 악비는 병권을 다시 돌려달라고 강하게 요청하였다.

5월, 장준과 악비에게 같이 초주楚州에 가서 변경의 방어 상태를 점검한 후 한세충의 군대를 모두 진강鎭江으로 옮겨 주둔시키도록 하였다.260)

애당초 악비는 장군들 가운데 가장 나이가 어렸다. 군교軍校로부터 시작하여 여러 차례 공을 세워 승진을 거듭하였다. 그리하여 한세충과 장준이 내심 불쾌히 여겼기에 악비는 몸을 굽혀 그들에게 스스로를 낮추었다. 이를 보고 악비 막하의 젊고 패기에 찬 자들은 지나치게 겸손할 필요가 없다고 주장하였다.

금의 군대가 장준이 방어를 책임지던 회서淮西 일대로 공격해 왔을 때 장준은 처음에 나가 싸우려 하지 않았다. 그렇기에 부대의 장

---

259) 韓世忠, 張俊, 岳飛 세 사람의 대장에게 樞密使와 樞密副使의 직위를 수여하고 鎖院한 다음 병권을 회수한다는 계획이었다. 鎖院한 당일 한 밤중에 詔令을 내려, 列校로 하여금 휘하의 병사를 거느리고 각각 독립된 부대를 구성토록 하였다. 이튿날 列校들은 휘하의 부대를 거느리고 지방의 주둔지로 흩어졌다. 이러한 방식으로 3대장의 군권을 분할하여 회수하였다.

260) 고종 紹興 11년(1141)의 일이다.

병들에게 아무런 공로도 없었다. 반면 악비는 명령을 듣자마자 바로 출동하여 금의 군대를 공격하였다. 그리하여 여주廬州의 포위를 풀게 하였다. 고종은 악비에게 두 지역의 절도사 직위를 수여하였다.[261] 장준은 매우 수치스러워하였다.

양요楊么의 난을 평정한 다음 악비는 장준과 한세충에게 무기가 잘 갖춰진 누선樓船[262] 하나씩을 바쳤다. 한세충은 크게 기뻐한 반면 장준은 오히려 시기하였다.

회서의 전투 당시 장준은 악비에게, '앞에 군량이 없다.'며 진군을 만류하였지만 악비는 듣지 않았다. 이후 고종은 악비에게 포상을 내리며 그 어찰御札에서, '군량의 부족과 전도의 험난함을 돌아보지 않았다.'고 적었다. 이 때문에 장준은 악비가 자신의 말을 누설한 것은 아닌가 의심하였다. 조정에 돌아온 이후 장준은 도리어, '악비가 머뭇거리며 진군하지 않으며 군량 부족을 핑계로 댔다.'고 말하고 다녔다.

초주로 가서 한세충의 부대를 점검할 때, 장준은 한세충이 진회의 지시를 거스리고 있다는 사실을 알게 되었다. 그래서 악비에게, '한세충의 정예 부대인 배외군背嵬軍을 나눠 갖자.'고 제의하였다. 악비가 '도리 상 그럴 수 없다.'고 하자 장준은 매우 불쾌히 여겼다. 또 초주에서 장준은 성벽을 보수하여 수비를 강화하려 하였다. 이에 악비가 말하였다.

"마땅히 온 힘을 다해 중원의 회복을 도모해야지 왜 물러나 지킬

---

261) 고종 紹興 4년(1134)의 일이다.
262) 樓船 : 樓臺가 있는 大船.

생각을 하십니까?"

이 말에 장준은 안색이 바뀌었다.

그때 한세충 부대의 하급 장교인 경저景著와 총령總領 호방胡紡이 말하였다.

"두 분 추밀사께서 한세충 부대를 나누신다면 아마 일이 생길 것입니다."

호방은 이를 조정에 상주하였고 진회는 경저를 잡아 대리시大理寺에 가두었다. 그리고 한세충을 선동의 혐의로 무고하려 하였다. 악비는 이러한 사정을 서신으로 한세충에게 알렸고, 한세충은 고종을 알현하여 결백을 하소연하였다. 장준은 이 일로 악비에게 더 악감정을 지니게 되어, '악비가 산양山陽을 포기하려 했다.'고 말하고 다녔다.[263] 또 한편으로 은밀히 악비가 한세충에게 알려 주었다는 사실을 진회에게 보고하였다. 진회는 크게 노하였다.

그 이전 진회가 조정趙鼎을 내쫓자[264] 악비는 막료를 대할 때마다 한탄해 마지않았다. 또 중원의 회복을 자신의 책무라 여기고 진회의 화의에 동조하지 않았다. 그리고 진회의 상주문을 읽다가, '덕德에는 고정된 스승이 없다. 선善을 주도하는 것이 스승이다.'라는 대목에 이르러 그 사악함에 대해 분노하여 말하였다.

"군신君臣 간의 도리는 천륜을 바탕으로 한 것이다. 어찌 대신이 되어 차마 이처럼 주군을 기만할 수 있단 말인가?"

---

263) 山陽은 楚州의 별칭. 楚州에서 악비가 자신의 성벽 보수에 대해 힐난하였던 것을 역으로 뒤집어 씌운 것이다.
264) 紹興 8년(1138) 10월의 일이다. 講和를 둘러싸고 진회와 불화를 빚어 재상의 직위에서 파직된 것이다.

이 무렵 올출兀朮이 진회에게 서신을 보내 말하였다.

"그대는 아침 저녁으로 화의를 청하는데, 악비는 하북을 호시탐탐 노리고 있다. 악비를 죽여야만 화의가 가능하다."

진회 또한 악비가 죽지 않는다면 끝내 화의를 가로막을 것이라 생각하였다. 그리고 필시 자기에게 화가 미칠 것이라 여겨 있는 힘을 다해 죽이려 들었다. 당시 간의대부 묵기설万俟卨이 악비와 원한을 지니고 있기에 그를 부추겨 악비를 탄핵하게 하였다. 또 중승中丞 하주何鑄·시어사 나여즙羅汝楫을 시켜 악비를 비난하는 상주문을 올리게 하였다. 그 내용은 대략 다음과 같았다.

"올 봄에 금의 군대가 회서를 공격하였을 때 악비는 서주舒州와 기주蘄州까지만 가고 더 진군하지 않았습니다. 또 근래 장준과 함께 회서 지역에 가서 군대를 점검하면서 산양을 버리고 지키지 않으려 했습니다."

이에 악비는 여러 차례 상주하여 추밀부사 직위에서의 파직을 요청하여, 이윽고 다시 양진의 절도사가 되어 만수관사萬壽館使·봉조청奉朝請으로 물러났다. 그렇지만 진회의 뜻은 아직 다 관철되지는 않은 상태였다. 그는 장준에게 일러서, 악비의 부장이었던 왕귀王貴를 윽박지르고 또 한편으로 역시 악비의 부장이었던 왕준王俊을 꼬드겨서, '장헌張憲이 악비로 하여금 다시 군권을 장악할 수 있도록 음모를 꾸미고 있다.'라고 무고하게 하였다.

진회는 사람을 파견하여 악비 부자父子를 체포하여 장헌의 사건을 입증하려 하였다. 사자가 이르자 악비가 말하였다.

"하늘과 땅의 신이 내 마음을 밝혀 줄 것이다."

처음에는 하주가 악비에 대한 심문을 담당하였다. 악비는 웃옷을 찢어 자신의 등을 하주에게 보여주었다. 큰 글씨로 '진충보국盡忠報國'265)의 네 글자가 피부 깊숙이 문신되어 있었다. 얼마 후 아무리 조사해도 증거가 없자, 하주는 죄가 없다고 보고하였다. 그러자 묵기설에게 심문이 맡겨졌다. 묵기설은, '악비는 장헌에게 서신을 보내 허위로 적들이 침공한다는 보고를 올림으로써 조정을 동요시키려 하였고, 악비의 아들 악운岳雲은 장헌에게 서신을 보내 악비가 군중으로 다시 돌아올 수 있도록 조치하라고 하였다. 그 서신들은 다 불태워져 남아 있지 않다.'고 무고하였다.

악비는 두 달 동안이나 취조를 받았다. 하지만 죄를 입증할 아무 증거도 나타나지 않았다. 그때 누군가 묵기설에게, '회서의 일을 지적하였던 어사대의 상주문을 이용하라.'고 말하였다. 묵기설은 기뻐하며 진회에게 보고하였다. 진회는 악비의 집을 조사하여, 회서에서의 진군 당시 고종이 보냈던 어찰을 압수함으로써 증거를 없앴다. 또 손혁孫革 등을 윽박질러 악비가 조서를 받고도 머뭇거렸다고 증언하게 하였다. 평사評事 원구년元龜年에게는 행군의 일시를 적당히 꾸며서 조서대로 짜맞추라고 명하였다.

이해 겨울 사건의 조사와 처벌이 아직 확정되지 않았음에도 진회는 직접 작은 종이에 지침을 적어 감옥에 보냈다. 이에 따라 즉시 악비는 사형에 처해졌다.266) 그때 나이 39살이었다. 악운은 저잣거리에서 주살되었다. 집안의 재산은 모두 몰수되고 온 식구가 영남嶺南으로 옮겨졌다. 막료 우붕于鵬 등 6명도 연좌되어 처벌되었다.

---

265) 盡忠報國 : 충성을 다해 나라에 보답한다는 의미.
266) 악비가 독살된 것은 소흥 11년(1141) 12월의 일이다.

악비가 감옥에 있을 때 대리시승大理寺丞 이약박李若樸·하언유何彦猷와 대리경大理卿 설인보薛仁輔 등은 모두 악비가 무죄라 주장하였다. 묵기설은 이들 모두 탄핵하여 파면시켰다. 종정경宗正卿 사뇨士㒜는 전 가족 100명의 목숨으로 악비에 대한 담보로 삼자고 청하였다. 묵기설은 또한 그도 탄핵하여 건주建州로 유배가서 죽게 하였다. 평민 유윤승劉允升이 상주하여 악비의 원통함을 논박하자, 대리시에 회부하여 사형에 처하였다. 하지만 악비 사건의 날조에 가담한 자들은 모두 승진하였다.

악비의 사건이 고종에게 보고되려 하자, 한세충은 분노에 차서 진회를 찾아가 그 증거가 있느냐고 따졌다. 진회가 말하였다.

"악비의 아들 악운이 장헌에게 보낸 서신이 아직 확보되지 않았으나 그 일 자체는 반드시 있었을 것이오(莫須有)."[267]

한세충이 말하였다.

"'막수유莫須有(반드시 있었을 것이다.)라는 세 글자로 어찌 천하를 설득할 수 있겠오?"

당시 홍호洪皓는 금에 있었는데 서둘러 납서蠟書를 고종에게 상주하였다. 거기에는, '금의 군사들이 두려워하는 것은 오직 악비였다. 그를 두고 악씨岳氏 아버지라고 부르기까지 하였다. 그런데 악비가 죽었다는 소식을 듣자 그 지배자들은 술을 권하며 서로 축하하였다.'고 적혀 있었다.

---

267) 莫須有 : 秦檜의 岳飛에 대한 제거 의지, 獄案 자체의 무고함, 그리고 악비 죽음의 원통함을 상징하는 용어로 이용된다.

출전 『송사』 권365, 「岳飛傳」.

내용 화북을 버리고 남중국으로 옮겨간 남송 정권은 그 건립 초기 실로 풍
전등화의 위기에 처해 있었다. 금의 군대가 수시로 양자강을 건너 남중국
각지에 침공하였기 때문이다. 이러한 위기 국면에서 남송 조정을 보위해낸
존재가 악비, 한세충 등의 무장이었다. 남송 정권이 안정되자 재상 진회의
주도로 금과 남송 사이에 강화 조약의 교섭이 진행되었다. 이에 대해 악비와
한세충 등은 강력히 반대하였다. 진회는 이러한 반발을 누르기 위해 이들
무장의 군권을 박탈하고, 가장 강경한 입장을 취하고 있던 악비를 무고한
죄목으로 투옥시킨 다음 독살해 버렸다. 진회의 독재 정권이 종식된 다음
악비는 구국의 영웅으로 추앙을 받게 되었다. 반면 진회는 금에 나라를 넘긴
매국노라 지탄을 받았다.

13세기 초 금의 화북지배 상황

선종宣宗이 남으로 천도하자[268] 규군紀軍[269]이 무너져 흩어지고
군사력은 더욱 약해졌다. 이에 맹안호猛安戶 가운데 늙고 어린 사람
까지 모두 데리고 항하를 건넌 다음 총관부總管府를 두어 그들을 관
리하게 하였다. 하지만 농기구도 부족한 데다가 양식도 지급할 수
없어, 한족 농민의 고혈膏血을 짜다시피 하였지만 부족하였다. 그리
하여 식량을 긁어모으는 제도를 시행하여, 가족 가운데 장정이 군대
에 나가면 나머지 식구는 모두 굶게 되었다. 이렇게 하면 병사의 마

---

268) 宣宗 貞祐 2년(1214년) 5월 몽골의 압박을 피해 中都에서 汴京으로 천도한
    것을 가리킨다.
269) 紀軍 : 서북로와 서남로에서 거란과 몽골 등 유목 부족으로 구성된 군대.

음을 다잡을 수 없다 하여, 그 가족을 모두 경사로 이주시켰다. 하지만 몇 년이 되지 않아 이렇게도 식량을 지급할 수 없게 되었다. 이에 그들이 경사 바깥으로 나갈 수 있게 해 주었지만 그와 함께 나라도 망하게 되었다.

그런데 변경으로 천도한 초기에 하북의 병사 30만을 모두 하남행 추밀원河南行樞密院 및 원수부元帥府에 나누어 예속시켰다. 이 가운데 건장한 자들은 숨기고 허약한 자들로 하여금 전장에 나가게 하여 매번 패배하였다. 이에 그 후에는 25명을 1모극으로 하고 4모극을 1맹안으로 조직하였다. 매 모극은 기수旗手와 고수鼓手, 취사병 5명 등을 제외하면 전투 요원은 고작 18명이었다. 대오를 이루기도 부족하여 다만 명목만 남은 상태였다.

이 때문에 혼원混源 출신의 유기劉祁는, '금의 군사 제도가 가장 문란하다.'고 말한 바 있다. 변경의 전투라든가 원정 등의 상황이 발생하면 그때야 명령을 내려 병사를 징발하였으므로 원근 각처가 소동에 빠졌다. 민가의 성인이 건장하면 모두 남김없이 징발해 가서 그 울음소리가 동네 떠나갈 듯했으며 원성이 길에 가득 찼다. 이들을 몰아세워 전투에 나가게 하여 적에게 이기고자 하였으니 실로 바랄 수 없는 일이었다.

이에 앞서 정우貞祐(1213~1217) 연간에 명을 내려 징병할 때, 한 번은 임자제任子制에 따라 감당관監當官이 되어 봄에 행해지는 이부의 시험에 응시하러 가는 사람들이 있었다. 재집宰執이 그들도 역시 군사로 징집하라고 명령하자, 모두 애통하고 분노하여 어사대와 조정에 잇따라 투서하여 하소연하였다. 심지어 재상의 의장 행렬까지 가로막으며 호소하였다. 이에 승상 복산칠근僕山七斤이 대노하여 좌우의 호위병에게 명하여 그들을 활로 쏘아 내쫓게 하였다. 이윽고 선종이 그 사실을 전해 듣고 그래서는 안 된다고 하며 징집을 면해 주었다. 선종 운광云光 2년(1223), 동관潼關과 황하를 방어하기 위해 또다시 군대를 징발하였다. 각지에 파견된 관리들은 현직 관료를 제외하고는 문관과 무관의 각종 지위에 있는 사람조차 모두 군대로 데려갔다. 허주許州에서는 전직 시어사 유원규劉元規가 당시 60세였는데 마찬가지로 징집되어 천호千戶가 되었다. 진주陳州에서는 유기의 부친인 전직 감찰어사 유종익劉宗益이 마찬가지로 천호로 징집되었다. 그 나머지는 다 적기 어려울 정도이다.

출전 『금사』 권44, 「兵志」「兵制」.

내용 몽골은 초원을 통일한 이후 사방을 향해 정복 전쟁을 벌였다. 금에 대한 공격이 본격화하는 것은 1211년부터이다. 몽골 군대의 공격을 견디다 못한 금은 1214년 중도를 버리고 남방의 개봉으로 천도하였다. 이 전후 화북에 대한 금의 통치는 극심한 혼란상을 노정하고 있었다. 궁핍해진 맹안모극호(여진족)를 부양하기 위해 한족에 대한 압박이 가중되었으며, 무리한 병사 징집이 성행하였다. 이러한 혼란으로 말미암아 화북 일대에는 한인 유력자 중심의 자위 집단이 여기저기에 등장하게 된다.

몽골의 중앙아시아 일대 정복

토끼 해(1219)에 호레즘으로 아라이 고개를 넘어 출정할 때, 칭기즈 카안은 카툰 중에서 콜란 카툰을 데리고 떠나면서 아우들 가운데 막내 노얀에게 후방을 맡겼다. 제베를 선봉으로 보냈으며 그 다음으로는 수베에테이를 보냈고, 또 그 다음으로는 토코차르를 보냈다.

이들 셋을 보내면서 외곽을 통과하여 호레즘 술탄의 반대편으로 나가 있다가 칭기즈 카안이 당도하면 협공하기로 하였다.

제베가 헤라트 지사 말릭 칸의 도시들은 건드리지 않고 외곽으로 통과해 갔다. 그의 뒤에서 수베에테이가 마찬가지 방식으로 도시를 지나갔다. 그의 뒤에서 토코차르가 말릭 칸의 변경 도시들과 농민들을 약탈하였다. 말릭 칸은 자기네 도시들이 약탈당하자 저항하면서 이동하여 잘랄 앗딘270)에게 합류했다. 잘랄 앗딘과 말릭 칸은 칭기즈 카안에 맞서 출전하였다.

칭기즈 카안의 앞에서 시기 토코토가 선봉에 나섰다. 잘랄 앗딘과 말릭 칸이 시기 코토코를 제압하고 칭기즈 카안에게 압박해 오자, 제베·수베에테이·토코차르가 그 뒤로 들어와 그들을 제압하고 도륙하였다. 부하라, 사마르칸트, 오트라르 성에서 그들이 합류하지 못하도록 제압하며 인더스 강까지 추격해 가자, 그들은 강물에 풍덩 뛰어들었고 많은 호레즘 군대를 그 인더스 강에서 섬멸하였다.

잘랄 앗딘과 말릭 칸은 겨우 목숨만 부지한 채 인더스 강을 거슬러 도망쳤다. 칭기즈 카안은 인더스 강을 지나 바닥샨을 약탈하고 나아가 에케 개울과 게운 개울을 지나 파르완 평야에서 야영하였다. 잘랄 앗딘과 칸 말릭을 추격하도록 잘라이르족의 발라를 파견하였다. 제베와 수베에테이를 크게 칭찬하면서, "제베, 그대는 지르고아다이라는 이름이었다. 타이치오드로부터 와서 제베가 되었다."고 말하였다.

토코차르에 대해서는, "칸 말릭의 변경 도시들을 멋대로 약탈하여

---

270) 잘랄 앗딘 : 호레즘의 통치자 술탄 무함마드 호레즘 샤의 아들.

칸 말릭이 이반하게 하였다. 본보기로 참수하라!"고 하였다가, 다시 참수만은 면하게 한 뒤, 크게 꾸짖고 지휘권을 박탈하였다.

그렇게 칭기즈 카안이 파르완 평야에서 돌아와 조치, 차가타이, 우구데이 세 아들에게 우익의 군사를 주면서, "아무다리야를 건너 우르겐치 성에서 야영하라!"고 말하여 보냈다. 톨루이는, "헤라트, 니샤푸르를 비롯한 여러 도시에서 야영하라!"고 말하여 보냈다. 칭기즈 카안 자신은 오트라르 성에서 야영하였다.

조치·차가타이·우구데이 세 아들이, "우리의 부대가 통합되었습니다. 우르겐치 성에 도착하였습니다. 우리 가운데 누구의 말대로 합니까?"라고 물어왔다. 칭기즈 카안은, "우구데이의 말대로 하라!"고 답하였다.

그렇게 칭기즈 카안이 오트라르 성을 항복시키고 이동하여 세미스갑 성에서 야영하였다. 다음에는 보카르 성에서 야영하였다. 칭기즈 카안은 발라를 데리고 알탄 개울의 산등성이에 있는 술탄의 여름 궁전에서 여름을 나며 톨루이에게 사자를 보냈다. "해가 뜨거워졌다. 다른 부대들은 야영하고 있다. 너는 우리와 합류하라!"고 통보하였다. 톨루이는 이로, 이세부르 등의 성을 취하고 시스탄 성을 부수고, 축차란 성을 공략하고 있다가 사자가 이 말을 전하자, 축차란 성을 함락시키고 돌아와 칭기즈 카안과 합류하였다.

출전 『원조비사』 권11.

내용 1218년 칭기즈 칸은 중앙아시아의 이슬람 국가 호레즘에 사절단을 파견하였다. 하지만 호레즘 술탄의 묵인 아래 시르다리야 인근의 오트라르에서 무참히 살해되고 말았다. 이를 계기로 대대적인 정복 전쟁에 나서, 몽골 기병대는 일거에 중앙아시아 일대를 유린하고 호레즘의 수도인 사마르칸드를 점령하였다. 이 전쟁은 7년 간 지속되었다. 이로 인해 중앙아시아 일대 번영을 구가하던 많은 도시들은 폐허로 변하였고 주민들은 학살되었다.

송-몽골 사이 양양襄陽 공방전의 전개

세조 지원至元 4년(1267) 11월, 유정劉整은 입조入朝하여 세조에게 진언하였다

"송은 한 귀퉁이에 나라를 두고 있으나 그 군주는 나약하고 대신은 무도합니다. 지금이야말로 하늘이 내린 병합의 기회입니다. 신이 견마지로犬馬之勞를 다하여 먼저 양양을 점령함으로써 그 걸림돌을 제거하겠습니다."

조정의 대신들이 이에 동의하지 않자 다시 말하였다.

"자고로 제왕은 사해를 통일하지 않으면 정통이라 하지 않았습니다. 우리 원 왕조는 천하 열 가운데 7, 8을 지니고 있습니다. 어찌 한 귀퉁이를 그대로 두어 정통의 지위를 내버리려 하는 것입니까?"

세조가 말하였다.

"짐의 뜻은 결정되었도다."

지원 5년(1268) 7월, 유정은 진국상장군鎭國上將軍·도원수가 되었다. 9월, 그는 도원수 아주阿朮와 함께 군대를 통솔하여 양양을 포위하였다. 녹문보鹿門堡와 백하구白河口에 성을 쌓고 공격을 준비한 후, 5만의 군대를 이끌고 양자강 연안의 각지를 약탈하였다. 이들 지역에서는 모두 성을 닫아걸고 그 공격을 피하려 들어 백성 8만을 포로로 잡았다. 지원 6년(1269) 6월, 송의 도통都統 당영견唐永堅를 사로

잡았다. 지원 7년(1270) 3월, 한수漢水의 중류에 실심대實心臺를 쌓고, 적의 배가 접근하지 못하도록 그 위에는 쇠뇌弩와 화포火砲를 설치하고 아래에는 다섯 겹의 돌 담장으로 가로막았다. 이어 유정은 아주와 전술을 협의하였다.

"우리 정병은 날랜 기병으로 구성되어 어떠한 적도 모두 격파할 수 있다. 다만 수전水戰에서는 송보다 약하다. 저들의 강점을 무력화시키기 위해 전함을 건조하고 수군을 양성해야 한다. 그러면 문제가 다 없어질 것이다."

그는 역마를 타고 경사에 가서 이를 세조에게 보고하여 재가 받았다. 그는 돌아온 후 선박 5천 척을 건조하여 날마다 수군을 조련하였다. 비오는 날도 쉬지 않고 땅에 줄을 그어가며 전법을 훈련하였다. 이렇게 하여 숙련된 군사 7만을 확보하였다. 8월, 바깥으로 성채를 쌓아 송의 원병이 오는 것을 차단하였다.

지원 8년(1271) 5월, 송의 최고 지휘자 범문호范文虎가 도통 장순張順·장귀張貴를 파견하여 윤선輪船[271])을 타고 양양성에 의복과 병장기를 공급하고자 하였다. 이를 맞아 전투를 벌여 장순을 참하였으나 장귀는 성에 들어갔다. 9월, 유정은 참지하남행중서성사參知河南行中書省事로 승진하였다. 지원 9년(1272) 정월, 유정에게 제익한군도원수諸翼漢軍都元帥의 직위가 추가로 수여되었다. 양양의 지휘자 여문환呂文煥이 성벽 위에 올라 원의 군대를 바라보고 있었다. 유정은 말을 타고 그 앞으로 나가 말하였다.

"그대가 천명에 눈을 감아 백성들에게 해가 미치고 있다. 어찌 어

---

271) 輪船 : 바퀴를 양쪽에 달아 물을 저어 앞으로 나아가는 쾌속선.

진 사람이라 할 수 있겠는가? 더욱이 끈질기게 농성을 하며 나와 싸우지 않으니 어찌 용맹한 사람이라 할 수 있겠는가? 나와 승부를 겨뤄 보자."

여문환은 아무 대답이 없었다. 이에 쇠뇌를 몰래 발사하여 여문환을 맞추었다. 3월, 번성(樊城272))의 외곽을 깨트리고 2,000명을 참수하고 비장(裨將273)) 16인을 생포하였다.

얼마 후 여문환이 장귀를 파견하여 성 바깥으로 나가 구원병을 요청키로 했다는 첩보를 입수하였다. 유정은 선박을 몇 개씩 나누어 한수 기슭에 수초로 묶어 두었다. 또 그 위에 풀을 쌓아 소 모양으로 위장한 후 서로 엮어 늘여 세웠다. 아무도 그것이 무엇인지 모를 정도였다. 9월, 장귀가 밤을 이용하여 바깥으로 나왔다. 그는 윤선을 타고 강 물살을 따라 내려가기 시작하였다. 원의 군사들이 그것을 엿보고 있는데 갑자기 강기슭에 늘어서 있던 소 모양의 풀 더미에 불이 붙어 낮처럼 환해졌다. 유정과 아주는 전함을 지휘하여 장귀와 50리를 따라가며 전투를 벌였다. 결국 장귀는 궤문관(櫃門關)에서 포로로 잡히고 나머지 군사는 모두 죽었다.

11월 세조는 조령을 내려 유정으로 하여금 수군 4만 호를 통솔토록 하였다.274) 송의 형호제치사(荊湖制置使) 이정지(李庭芝)가 금인(金印)과 아부(牙符275))를 보내와 유정에게 한군도원수(漢軍都元帥)·노룡군절도사(盧龍軍節度使)의 직위를 주고 연군왕(燕郡王)에 봉하겠다는 사실을

---

272) 樊城 : 襄陽城을 엄호하는 子城.

273) 裨將 : 軍校.

274) 원대의 戶計에 따라 水軍의 軍戶 3만호를 관할하게 되었다는 의미이다.

275) 牙符 : 功이 있는 장수에게 주는 符信.

알려왔다. 이러한 내용이 문서로 작성되어 영녕永寧의 승려가 전달하였다. 이로써 원 왕조에 유정을 이간질하려 한 것이다. 유정은 이를 받아서 즉시 역마를 통해 조정에 보고하였다. 세조는 장역張易과 요추姚樞에게 심문하게 하였다. 그때 마침 유정이 경사에 돌아와 말하였다.

"송은 신이 주도하여 양양을 공격하는 것에 분노하여 이러한 방법으로 신을 죽이려 하는 것입니다. 신은 아무것도 모릅니다."

세조는 유정에게 명하여 다음과 같이 답장을 보내게 하였다.

"나는 천자로부터 명을 받은 이래 오직 군대의 지휘에만 진력하며 곧 함락될 처지에 있는 외로운 성을 공략하고 있을 뿐이다. 송이 진정으로 백성을 걱정한다면 마땅히 사신을 보내 조정에 항복해야 할 것이다. 이러한 잔재주를 피우는 것이 무슨 도움이 되겠느냐?"

당시 양양의 포위가 이미 5년을 넘기고 있었다. 유정은 양양과 번성이 순치脣齒의 관계에 있다고 판단하여 먼저 번성을 공격하기로 하였다. 번성에서는 목책으로 성 주위를 두르고, 나무 기둥을 강 속에 박아 쇠줄로 연결시켜 두었다. 유정이 승상 바얀伯顔에게, '수영 잘하는 자로 하여금 나무 기둥을 잘라 쇠줄을 가라앉히고, 전함을 성 아래에 다가가게 하여 회회포回回砲를 발사하여 목책을 불태우자.'고 말하였다. 지원 10년(1273) 정월, 번성을 함락시키고 도륙하였다. 그리고 당영견을 양양에 보내 여문환을 회유토록 하니, 마침내 성을 들어 항복하였다. 세조가 그 공을 치하하고 유정에게 토지와 주택, 재화, 말 등을 하사하였다.

유정은 조정에 들어와 상주하였다.

"양양이 함락되었으니 임안을 방어하는 저들의 근본이 흔들린 셈입니다. 조련된 수군을 거느리고 나아가면 장강을 쉽게 제압할 수 있을 것입니다."

이윽고 그는 회서추밀원사淮西樞密院事가 되어 정양正陽에 근무하게 되었다. 그는 회하淮河의 양 기슭에 성을 쌓아 남으로 양자강을 압박함으로써 그 동서의 왕래를 단절시켰다. 지원 11년(1274), 표기위상장군驃騎衛上將軍·행중서좌승行中書左丞으로 승진하였으며, 송의 하귀夏貴가 모든 수군을 이끌고 공격하였으나 대인주大人洲에서 격파하였다. 지원 12년(1275) 정월, 세조가 유정에게 명하여 군대를 거느리고 회남淮南을 나서서 진격하라고 하였다. 유정이 서둘러 양자강을 건너려 할 때 최고 사령관이 막아 그렇게 하지 못하였다. 그때 승상 바얀이 악주鄂州에 진입하였다는 첩보가 도착하였다. 유정이 큰 소리로 말하였다.

"최고 사령관이 나를 막아 공을 이루지 못하게 하였다. 잘 하는 사람이 꼭 먼저 이루는 것은 아니라 하더니 과연 그렇구나."

그날 저녁 유정은 너무 원통해 하다가 죽었다. 나이 63살이었다.

출전 『원사』 권161, 「劉整傳」.

내용 세조 쿠빌라이의 즉위 이후 몽골은 남송의 공격 전략을 바꾸었다. 우구데이나 뭉케 시기처럼 전면적으로 대군을 동원하여 남침하는 것이 아니라, 최고의 전략 요충지를 점령함으로써 방어선을 붕괴시키는 방식을 채택하였다. 그리하여 선택된 공격 목표가 양양이었다. 양양을 둘러싼 공방전은 1268년 9월부터 1273년 1월까지 지속되었다. 남송도 총력을 다해 양양성의 구원을 위해 노력하였다. 하지만 전투의 개시 4년여 만에 양양은 끝내 함락되었고, 그 승패는 곧바로 남송의 멸망으로 이어졌다.

남송의 멸망

도종度宗 함순咸淳 5년(1269) 몽골 군대가 양양을 매섭게 포위하였다. 하귀夏貴가 구원에 나섰으나 호미주虎尾州에서 대패하였다. 그 다음으로 범문호范文虎가 군대를 거느리고 나섰으나 또 패배하여 작은 배를 타고 도망하니 군대가 혼란에 빠져 한수漢水에 빠져 죽은 자가 대단히 많았다. 겨울에 이정지李庭芝를 경호제치대사京湖制置大使로 삼아 군대를 이끌고 양양을 구원하게 하였다. 범문호는 이정지가 온다는 소식을 듣고 재상인 가사도賈似道에게 서신을 보내 말하였다.

"내가 군대 수만 명을 거느리고 양양에 가면 단 한 번의 전투로 사태를 해결할 수 있습니다. 다만 중앙에서 파견된 부대의 지휘를 받으라는 얘기만은 하지 말아 주십시오. 이 일이 성공하면 그 공은 모두 승상께 돌리겠습니다."

가사도는 기뻐하며 범문호를 복주관찰사福州觀察使로 임명하고 이전처럼 그의 군대를 지휘하게 하였다. 범문호는 이후 매일 아름다운 여인을 끼고 놀았으며 부대 안에서 말 타고 격구擊毬하며 즐겼다. 이정지가 군대를 출동시키려 할 때마다 다음과 같이 말하였다.

"내가 폐하의 지시를 묻고 있는 중인데 아직 도착하지 않았소."

이듬해 6월 한수가 범람하자 범문호는 어쩔 수 없이 한 차례 군대를 출동시켰다. 하지만 녹문鹿門에도 가지 않은 채 중도에 되돌아왔다. 이정지는 여러 차례 그를 탄핵하며 자기를 대신 임명해 달라 요청하였으나 받아들여지지 않았고 결국 양양은 함락되었다. 진의중陳宜中이 범문호의 주살을 청구하였지만, 가사도의 비호로 단지 관직이

한 등급 강등되어 지안경부知安慶府가 되었다. 그리고 이정지 및 부장 소유의蘇劉義·범우신范友信은 좌천되어 광남廣南으로 보내졌다. 이정지는 사직하고 경구京口276)에 거주하였다.

얼마 되지 않아 원의 군대가 양주揚州를 포위하였을 때 제치사 인 응뢰印應雷가 갑자기 사망하자 이정지를 다시 양회제치사兩淮制置使로 기용하였다. 이정지는, '회서淮西를 분리하여 하귀에게 맡기고 자신은 회동淮東에 전념하고 싶다.'고 말하여 재가 받았다.

함순 10년(1274), 청하구淸河口를 수축하자, 청하군淸河軍으로 승격시킨다는 조령이 내려졌다. 이해 12월, 원의 군대가 악주鄂州를 점령하였다. 조정에서는 하조下詔하여 천하에 근왕병을 구하였다. 이정지는 맨 먼저 군대를 보내 여러 지방을 선도하였다. 공종恭宗 덕우德祐 원년(1275) 봄 가사도의 군대가 무호蕪湖에서 무너졌다. 양자강 연안에 있는 지방의 군대는 혹은 항복하고 혹은 도주하여 한 군데도 남아 방어하는 사람이 없었다.

하지만 이정지는 휘하의 군현郡縣을 거느리고 굳게 지켰다. 그때 이호李虎라는 자가 원이 항복을 권유하는 문서를 지니고 양주에 들어왔다. 이정지는 그를 주살하고 그 문서를 불태웠다. 총제總制 장준張俊이 성을 나서서 출전하였다가 맹지진孟之縉의 서신을 갖고 와서 투항을 권유하였다. 이정지는 그 서신을 불사르고 장준 등 5명을 주살하여 저잣거리에 효수하였다. 그리고 매일 묘재성苗再成를 파견하여 남방에서, 허문덕許文德을 보내 북방에서, 강재姜才·시충施忠을 보내 중부에서 전투를 벌였다. 또한 때때로 재물을 풀고 술과 고기

---

276) 京口 : 鎭江.

로 잔치를 열어 장졸을 배불리 먹였다. 이로 인해 누구나 죽음을 각오하고 싸웠다. 조정에서도 도독부의 재원으로 그를 넉넉히 지원하였으며 이정지에게 참지정사의 직함을 주었다. 7월, 이정지에게 지추밀원사知樞密院事의 직함을 주어 경사로 부르고 하귀를 지양주知揚州로 임명하였으나 하귀가 오지 않아 그 명령이 취소되었다.

10월 원의 승상 바얀이 임안臨安에 입성하였으며 원수 아주의 군대를 진강에 배치하여 회남 군대의 진입을 막게 하였다. 아주는 양주를 공격하였으나 오랫동안 함락시키지 못하자, 그 둘레에 긴 포위 시설을 쌓아 곤란에 빠지게 하였다. 겨울이 되자 성내에 식량이 떨어져 죽은 자가 거기에 가득하였다. 이듬해 2월, 기근이 더욱 심해져 해자 물에 빠져 죽는 자가 매일 수백 명이나 되었다. 길에서 죽은 자가 생기면 사람들이 다투어 그 살을 베어 먹는 바람에 금새 없어졌다. 송이 항복하여277) 사태후謝太后와 영국공瀛國公278)이 원에 항복하라는 조서를 보내왔다. 이정지가 성 위에 올라 말하였다.

"조령을 받들어 성을 지킬 뿐이다. 항복하라는 조서는 들어보지 못하였다."

얼마 후 양궁兩宮이 입조入朝하며279) 과주瓜洲를 지나게 되었다. 이곳에서 다시 이정지에게 하조下詔하였다.

"얼마 전 경에게 조령을 내려 항복하라 하였소. 시간이 지나도 응

---

277) 端宗 德祐 2년(1176) 정월 바얀이 이끄는 元軍이 臨安城 북방에 다다르자 謝太后와 恭帝는 元에 奉表하여 稱臣하였다.

278) 瀛國公 : 남송의 마지막 황제 恭帝, 1276년 5월 上都에서 세조를 알현한 후 瀛國公으로 降封되었다.

279) 謝太后와 恭帝가 원 세조를 알현하러 가는 것을 가리킨다.

답이 없는데 어찌 내 뜻을 따르지 않고 감옥과 같은 성의 방어를 고집하는 것이오? 지금 나와 어린 황제는 이미 항복하였소. 경은 대체 누구를 위해 성을 지키고 있는 것이오?"

이정지는 답을 하지 않고 쇠뇌를 발사하여 그 사자를 쏘게 하였다. 하나가 죽으니 나머지는 모두 도망갔다. 강재姜才는 군대를 내어 태후와 공제를 빼앗으려 하였으나 성공하지 못하고 다시 성으로 들어와 문을 닫아걸었다. 3월 하귀가 회서 지방과 함께 항복하자, 아주는 항복한 군대을 이끌고 성 아래에 와서 보여주었다. 그 깃발이 들판을 덮고 있었다. 막료 가운데 하나가 넌지시 이정지의 의중을 다시 물었다. 이정지가 말하였다.

"나한테는 오직 죽음만 있을 뿐이다."

아주의 사자가 다시 항복을 권유하는 조서를 들고 왔다. 이정지는 문을 열고 사자를 받아들인 다음 참하였다. 조서는 군대 앞에서 불살랐다. 얼마 후 지회안주知淮安州 허문덕許文德·지우이군知旴眙軍 장사총張思聰·지사주知泗州 유흥조流興祖가 모두 식량이 떨어져 항복하였다. 이정지는 민간의 식량을 모아 병사들에게 지급하였으며, 그 식량이 떨어지자 관료들로 하여금 식량을 내게 하였다. 그 식량마저 떨어지자 다음에는 장교들에게 식량을 내게 하고 소 가죽과 술지게미를 섞어 병사들을 먹였다. 병사들 가운데는 자식을 삶아 잡아먹는 자까지 있었으나 매일 나가 힘껏 싸웠다. 7월 아주는, '이정지가 조서를 불사른 죄를 사면해 주어 항복하게 하자.'고 주청하여 허락을 받았다. 하지만 이정지는 받아들이지 않았다. 이달에 익왕益王280)이 사자를 보내 소보少保·좌승상으로 이정지를 불렀다. 이정지는 주환朱煥에게 양주를 지키게 하고, 강재와 함께 군사 7,000명을 이끌고 동쪽으로 바다로 향하여 태주泰州에 이르렀다. 아주는 군대를 이끌고 추격하여 그를 포위하였다. 주환이 양주성을 들어 항복하자, 이정지 휘하 장졸의 처자식을 태주 아래로 데리고 왔다. 이에 부장인 손귀孫貴와 호유효胡惟孝 등이 성문을 열고 항복하였다. 이정지는 이러한 소식을 듣고 연지蓮池에 투신하였으나 물이 얕아 죽지 못하고 붙잡혀 양주로 끌려갔다. 주환이 원 측에 말하였다.

"양주는 개전 이래 주검이 쌓여 들판을 메울 정도였다. 모두 이정지와 강재 때문이다. 왜 주살하지 않고 놓아두느냐?"

이에 이정지를 참하였다. 그가 죽던 날 양주의 백성들은 모두 눈물을 흘렸다.

출전 『송사』 권421, 「李庭芝傳」.

내용 1273년 정월 양양을 함락한 원의 군대는 한 동안 휴식과 정비를 거친 후, 1274년 9월 양양을 출발하여 남하하기 시작하였다. 그리고 파죽지세로 진격하여 1276년 정월 남송의 수도 임안을 점령하였다. 양양성 함락 이후 불과 4년, 원의 군대가 전면적인 공격을 개시한 시점부터 헤아리면 불과 1년 반만에 남송은 멸망하여 버렸다. 남송의 멸망 전후 원에 최후까지 저항한 인물 가운데 하나가 이정지(1219~1276)이다. 그는 남송의 조정이 원에 항복한 이후에도 양주를 지키며 처절한 항전을 지속하다가 원에 사로잡혀 처형되었다.

---

280) 益王 : 道宗의 子로서 德祐 2년(1276) 5월 福州에서 陳宜中 등에 의해 옹립된 端宗.

원의 시박사 제도

대외 무역의 제도는 한漢이 남월南粵과 통교하면서 시작되었다. 그 후 역대 왕조가 모두 시행하였는데, 송대에는 양절兩浙과 광동廣東에 시박사市舶司를 설치하여 외국과의 교역을 주관하게 하였다. 이로써 무역 제도는 더욱 상세하게 완비되었다.

원대에는 세조가 강남을 평정한 이래 연해 지방에서 외국을 오가며 상품을 거래할 경우 그 10분의 1을 세금으로 징수하였다. 가격이 싼 상품의 경우에는 15분의 1을 징수하였다. 시박관市舶官이 업무를 관할하였는데, 출항하고 귀항할 때마다 그 경유지를 반드시 기록하게 하였으며 교역한 물품을 조사하여 공문을 발급하였다. 교역의 기한도 규정하였다. 모두 송의 옛 제도에 기반하여 제정한 법규이다.

세조 지원至元 14년(1277) 시박사 하나를 천주泉州에 세웠으며 망구타이忙古䚟로 하여금 관할하게 하였다. 또 경원慶元·상해上海·감포澉浦의 세 곳에 시박사를 세워 복건안무사福建安撫使 양발楊發로 하여금 감독하게 하였다. 매해 해상海商을 불러 모아 외국에 가서 진주와 비취, 향료 등을 사 오게 하였다. 이듬해 이들이 돌아오면 규정에 따라 추해抽解281)한 다음 매매를 허용하였다.

당시 무역선이 천주·복주福州로부터 나가 토산품을 판매하는 경우에도 징수하는 세금은 외국의 상품과 마찬가지였다. 이후 상해 시박사의 제공提控 왕남王楠의 건의에 따라 쌍추雙抽와 단추單推 제도를 만들었다. 쌍추는 외국 상품에 적용하는 것이고 단추는 토산품에

---

281) 抽解 : 항구에서 수출, 수입하는 경우 징수하는 실물 상세, 細貨(細色, 고가품)는 10분의 1, 粗貨(粗色, 저가품)는 15분의 1로 규정되었다.

적용하는 것이었다. 지원 19년(1282) 경좌승耿左丞의 건의에 따라 교초를 동전으로 바꾸어, 시박사로 하여금 동전으로써 해외의 금이나 진주 등 상품 대금을 지급하게 하였다. 그리고 추분으로 징수한 상품을 상인들로 하여금 판매하게 하였다.

지원 20년(1283) 항주와 천주 두 곳에 시박도전운사市舶都轉運司를 설치하고, 관아에서 직접 선박과 자금을 구비한 다음 사람을 선발하여 외국에 나가 여러 상품을 무역하게 하였다. 그렇게 얻은 이익은 10분으로 계산하여 관아에서 그 7할을 취하고 나머지 3할을 무역상에게 주도록 하였다. 권세 있는 집안에서 자기 돈으로 외국에 나가 무역하는 것은 금하였다. 위반하는 자는 처벌하고 그 재산의 절반을 몰수토록 하였다. 외국 상인으로 관아의 선박과 매매하는 자는 규정대로 추해를 징수하였다.

지원 22년(1285) 복건시박사를 염운사鹽運司와 병합하여 도전운사都轉運司로 개칭하고 복건의 장주漳州와 천주泉州의 소금과 해상 무역 업무를 관장하게 하였다. 지원 23년(1286), 해외 무역을 하는 자가 동전을 이용하지 못하도록 하였다. 지원 25년(1288) 광주廣州의 관아나 민간에서 미곡을 싣고 점성占城이나 외국에 나가 파는 것을 금지하였다. 지원 29년(1292) 시박사에 명하여 상품을 검사한 다음 추해토록 하였다.

이해 11월 중서성에서 추해의 비율과 세금 탈루에 관한 법을 제정하였다. 천주나 복주 등지에서 이미 추해를 징수한 상품으로서 시박사가 위치한 당해 성省의 관할 지역에서 판매하는 경우, 세색細色은 25분의 1, 조색粗色은 30분의 1을 징수하고 추가의 세금 납부는 면제해 주기로 하였다. 시박사에서 매입한 상품은 다만 판매처에서 세금을 내는 것으로 하고 추해는 다시 징수하지 않기로 하였다. 세금을 탈루한 상품은 규정대로 몰수하기로 하였다.

출전 『원사』 권94, 「市舶」.

내용 시박사는 당대 이후 명대까지 해외 무역 업무를 담당하였던 관청이다. 외국 상인 및 선박에 대한 검사, 관세 징수 등을 담당하였다. 원대에는 남송의 제도를 계승하여 7개 지역에 시박사를 설치하였다가 경원, 천주, 광주 세 곳으로 줄였다. 명대에는 해외 무역과 조공 업무를 담당하다가 점차 조공 위주로 변화하였다.

원대 해운의 활성화

원은 대도大都에 수도를 두어 강남과의 거리가 매우 멀었다. 대도에는 업무가 번잡한 많은 관서가 위치하고 또 병사와 백성들도 대단히 많이 살기에 강남으로부터 식량을 공급받지 않을 수 없었다. 승상 바얀이 해운을 건의한 이래 강남으로부터 바다를 통한 미곡 운송은 봄과 여름 두 차례 행해졌다. 경사로 날라진 미곡은 매년 많으면 300만 석에 달하였지만, 백성들은 운송에 따른 고통이 없되 나라는 충분한 재고량을 비축할 수 있었다. 어찌 한 시대의 우수한 제도가 아니겠는가?

처음에 바얀은 강남을 평정한 후 장선張瑄·주청朱淸 등에게 명하여 남송의 서고에 보관된 서적을 숭명주崇明州로부터 해도를 따라 경사로 나르게 하였다. 하지만 미곡의 운송은 절서浙西에서 장강을 건너 회하淮河로 들어선 다음, 황하에서 물길을 거슬러 올라와 중란中灤의 역참에 이르렀다. 이곳에서 다시 육로로 통해 기문淇門까지

나르고, 또 어하御河로 들어서서 경사에 이르게 하였다.

얼마 후에는 제주濟州에 사하泗河를 개착하여, 회하로부터 새로이 개착한 운하로 들어선 후 대청하大淸河를 거쳐 이진利津까지 가서 바다로 들어섰다. 그런데 바다 어귀에 모래가 쌓이자 다시 동아東阿의 역참에서 임청臨淸까지 가서 어하에 들어섰다. 그 이후에는 교하膠河와 내하萊河에 바다로 통하는 운하를 개착하고자 하였으나 예산이 확보되지 않아 끝내 완성되지 못하였다.

세조 지원 19년(1282), 바얀이 해도로 송의 서적을 실어 날랐던 일을 떠올리고 해도로 미곡도 운송할 수 있다 생각하여 조정에 이 방법을 청하였다. 이에 상해의 총관總管 나벽羅璧·주청朱淸·장선張瑄 등에게 명하여 바닥이 평평한 해선海船 60척을 건조하게 하였다. 여기에 미곡 46,000여 석을 싣고 해도로 경사에 이르게 하였다. 하지만 처음 바다를 항해하자니 연안의 산지를 따라갔기에 항만을 찾기도 어려웠고 또 제때에 바람이 불지 않아 이듬해야 비로소 직고直沽에 도착하였다. 이 때문에 조정은 해도의 우수성을 알지 못하였다.

이해 12월 경기도조운사京畿都漕運司와 강회도조운사江淮都漕運司를 설립하고 또 각각 그 분사를 두게 하여 강운綱運282)을 감독하게 하였다. 매년 강회조운사는 중란까지 미곡을 운송하고 경기조운사는 중란으로부터 대도까지 운송하였다. 지원 20년(1283) 왕적옹王積翁의 건의에 따라 아바치阿八赤 등에게 명하여 새로운 운하를 대거 개척하라 하였다. 하지만 새로운 운하는 조수가 만조일 때만 진입할 수 있었고 배도 많이 파괴되어 백성들이 고통스러워하였다.

---

282) 綱運 : 대량의 화물을 몇 개의 船團이나 車團으로 나누어 운송하는 것.

그런데 망구타이忙兀觧가 말하기를 해상으로 온 배들은 빠짐없이 목적지에 도착하였다고 하였다. 이에 새로 개착한 운하를 버리고 해운에 주력하게 되었다. 만호부萬戶府 2개를 설립하여 주청을 중만호中萬戶로, 장선을 천호千戶로, 망구타이를 만호부 다루가치에 임명하였다. 얼마 후 새로운 운하에 배치되었던 군사와 수부水夫, 선박을 나누어 양주揚州·평란平瀾 두 곳에 배치하여 미곡을 운송하게 하였다. 그리고 삼성三省에 명하여 선박 3,000척을 제주濟州에서 건조하고 운하를 통해 미곡을 운송토록 하였다. 아직 해도만을 통해 미곡을 운송하지는 않았던 것이다.

지원 24년(1287) 행천부사行泉府司를 처음 설립하여 해운을 전담시켰다. 또 만호부 2개를 증설하여 총 4개가 되었다. 이 해에 마침내 동평하東平河를 통한 미곡의 운송을 폐지하였다. 지원 25년(1288) 경사 내외에 조운사漕運司 2개를 나누어 설치하였다. 바깥에 있는 것은 하서무河西務에 설치되어 해도를 통한 미곡 운송을 관할하였다. 지원 28년(1291) 주청·장선의 주청에 따라 4개의 만호부를 합병하여 2개의 도조운사만호부都漕運司萬戶府로 개편하고, 주청·장선 두 사람으로 하여금 지휘하게 하였다. 그들 휘하의 천호, 백호 등의 관료는 각 부분을 보좌하며 매해 미곡의 운송을 감독하게 하였다.

무종武宗 지대至大 4년(1311) 강절江浙에 관료를 파견하여 해운을 논의하게 하였다. 당시 강동江東의 영국寧國·지주池州·요주饒州·건강부建康府 등지에서는 미곡을 운송할 때 해선海船이 대부분 양자강을 따라 역류하여 올라갔다. 그런데 강물이 급하고 강가에 바위도 많을 뿐더러 쓸려온 모래가 쌓여 바닥이 얕기 때문에 해마다 선박이 좌초되는 경우가 많았다. 또 호광湖廣이나 강서에서 실어온 미곡이 진주眞州283)에서 해선으로 옮겨 싣는데 배의 규모가 크고 바닥이 좁아 장강을 지나는 데 적합하지 않았다. 이에 가흥부嘉興府와 송강부松江府의 미곡은 강회江淮·강절江浙의 조세 징수분과 합하여 보관해 두었다가 매년 미곡의 필요 상황을 감안하여 운송토록 하였다. 이때에 이르러 해운의 이익은 더욱 분명해졌다.

미곡을 운송할 때는 매 석당 운반비脚力錢을 교초로 지급하였다. 지원 21년(1284)에는 중통초中統鈔 8냥 5전을 지급하였는데 그 후로 점차 줄어들어 6냥 5전이 되었다. 무종 지대 3년(1310) 복건과 절동의 선호船戶로 평강平江까지 미곡을 운반하는 자는 길도 멀고 비용도 많이 들기 때문에, 운반비를 지원초至元鈔 1냥 6전으로 올려 주었으며 향나香糯284)는 1냥 7전을 주었다. 지대 4년(1311)에는 2냥으로 올렸으며 향나는 2냥 8전을 주었고, 도곡稻穀285)은 1냥 4전을 주었다. 인종 연우延祐 원년(1314), 거리를 고려하여 그 운반비를 더 늘려 주었다. 복건에서 배로 조갱미糙粳米286)를 운송하는 경우는 매 석당 13냥, 온주溫州·태주台州·경원부慶元府에서 조갱미와 향나를 운송하는 경우는 매 석당 11냥 5전을 지급하였다. 소흥紹興·절서의 선박은 매 석당 11냥, 백미는 그와 동일하고, 도곡은 매 석당 8냥, 검은 콩은 매 석당 현미와 동일하게 지급하였다.

애초에 해운의 길은 평강부 유가항劉家港에서 바다로 들어가 양주로揚州路 통주通州 해문현海門縣 황연사두黃連沙頭와 만리장탄(萬里長

---

283) 眞州 : 현재의 南京市 六合區. 長江 北岸에 위치해 있다.
284) 香糯 : 품질이 좋은 찹쌀.
285) 稻穀 : 도정하지 않은 나락.
286) 糙粳米 : 현미.

灘)에서 큰 바다로 접어들어 바닷가의 산세를 따라 북행하였다. 이후 회안로淮安路의 염성현鹽城縣에 정박하였다가 서해주西海州·해녕부海寧府 동해현東海縣·밀주密州·교주膠州 지역을 거쳐 영산양靈山洋을 지나 동북쪽으로 방향을 틀었다. 그 도상에는 얕은 모래가 많아 지나가는 데 한 달 정도 걸려서 비로소 성산成山에 닿는다. 그 거리를 헤아리면 상해로부터 양촌楊村 부두까지 1만 3천 3백 5십리이다.

지원 29년(1292) 주청朱淸 등은 그 길이 험하므로 새로운 해도를 개척하자고 건의하였다. 즉, 유가항에서 바다로 나가 탱각사撑脚沙에서 사자沙觜로 방향을 튼 다음, 삼사三沙와 양자강洋子江에 이르고, 다시 변담사匾擔沙·대홍大洪을 지나고 또 만리장탄을 지나서 큰 바다로 접어들어 청수양靑水洋에 이르고, 다시 흑수양黑水洋을 지나 성산成山에 이르며, 유도劉島를 지나 지부芝罘와 사문沙門 2개 섬에 이르고, 내주대양萊州大洋을 거쳐 계하구界河口에 이르는 길이었다. 이 길은 비교적 짧았다.

이듬해 천호千戶 은명략殷明略이 다시 새로운 길을 개척하였다. 유가항에서 바다로 들어가 숭명주의 삼사三沙에서 큰 바다로 접어들어 한동안 동쪽으로 가다가, 흑수대양黑水大洋으로 들어가 성산에 이른 다음, 서쪽으로 방향을 틀어 유가도劉家島에 이르고, 다시 등주登州 사문도沙門島에 도착하였다가 내주대양萊州大洋에서 계하界河로 들어가는 길이었다. 바람이 부는 때를 맞춰 항해하면 절서에서 경사까지 열흘이 지나지 않아 도착하였다. 따라서 앞의 두 길에 비해 훨씬 편하였다고 일컬어졌다.

하지만 바람과 파도를 예측하기 어려워 미곡을 실은 배가 표류하고 침몰하는 일이 해마다 반복되었다. 때로는 배가 난파되어 미곡을 버리게 되는 일도 있었다. 지원 23년(1286) 운송을 담당하는 관료에게 손실을 배상케 하는 제도를 도입하였다. 사람과 배가 모두 침몰한 경우는 면제해 주었다. 그러나 운하를 통해 운송하는 것에 비하면 훨씬 비용이 적게 들었다.

출전 『원사』 권93, 「海運」.

내용 수대 대운하가 건설된 이래 남중국과 북중국 사이 물류가 현저히 증대되었다. 특히 당 후반기 이후 남중국이 경제의 중심지로 떠오르면서 강남으로부터 엄청난 양의 미곡이 대운하를 통해 운송되었다. 특히 송대에는 대운하가 남중국과 화북 지방을 잇는 경제의 대동맥 역할을 했다 하여도 과언이 아닐 정도였다. 하지만 원대 이래 점차 황해를 통한 해상 운송이 발달하기 시작하여, 그 비중이 점차 대운하를 압도하게 되었다. 특히 남중국에서 징수하는 조세 미곡의 운송, 즉 조운은 13세기 말 이후 해운이 주류를 점하기에 이른다.

원대 동남아 일대와의 교류

중국의 바깥은 사해四海가 둘러싸고 있으며 해외의 오랑캐 나라는 수만 개나 된다. 오직 북해北海만이 사나운 바람이 불어 들어설 수 없을 뿐, 동쪽과 서쪽, 그리고 남쪽으로 수천만 리는 배 등의 교통 수단을 타고 도달할 수 있다. 또 통역을 통해 그 말을 이해할 수도 있다. 지금 성인 군주가 재위하여, 사해의 오랑캐들은 서로 무리지어 와서 조공을 바치고 또 무역을 하고 있다. 그러니 비록 땅 끝에 위치한 불모의 땅일지라도 통하지 못할 까닭이 없다.

세조 쿠빌라이 황제는 남송을 정벌한 이후 정봉대부正奉大夫인 공부상서·해외제번선위사海外諸蕃宣慰使 포사문蒲師文[287]) 및 선위부사 손승부孫勝夫·우영현尤永賢 등으로 하여금 외국과 관계를 맺어 그들을 선무하라고 하였다. 그런데 조왜爪哇[288])만은 그 험난한 입지를 믿고 따르지 않았다. 이에 평장平章 고흥高興과 사필史弼 등에게 명하여 수군을 이끌고 가서 토벌하게 하였다. 그 이후 중국 상인이 도래하면 외번外蕃은 모두 봉명奉命의 사신을 맞는 예로써 접대하였다. 이 때문에 각지의 풍속과 토산, 인물, 특이한 일 등에 대해 중국에서 모두 인식하게 되었다. 중국 및 각지 외국 사이에 기이한 보배도 널리 교역되었다.

하지만 그 실태를 알고자 하면 당사자들이 대부분 말하지 않고 감추기 때문에, 처음 길을 찾아 나서는 사람은 그 상세한 내역을 알 수 없었다. 그런데 예장豫章[289]) 출신의 왕대연汪大淵은 어려서부터 호기심이 많아 저 옛날 사마천이 그러하였듯 천하의 거의 절반을 여행하였다. 그는 해외의 풍토에 대해 사서史書에서 그 자세한 사정을 충분히 기록해 두지 않고 있음을 알고, 배를 타고 해외로 나가 수년만에 돌아왔다. 그리고 눈으로 직접 본 것을 모두 기록해 책으로 완성하였다. 그 5년 후에는 이전 저술을 크게 보완하였다. 따라서 그가 전하는 것은 모두 믿을 만하다고 하겠다. 이러한 까닭에 그 저작을 『청원속지淸源續誌』[290])의 뒤에 붙여 둔다.

---

287) 蒲師文 : 남송 말기로부터 元初에 이르기까지 福建安撫沿海都制置使兼提擧市舶 및 昭勇大將軍·福建廣東市舶使 등을 역임한 蒲壽庚의 長子.

288) 爪哇 : 자와.

289) 豫章 : 江西의 南昌.

출전 汪大淵, 『島夷志略』, 「吳序」.

내용 이른바 '몽골의 평화' 시기 동서 교역은 매우 활발해졌다. 특히 바닷길이 번성하여 광주, 경원부慶元府, 천주 등 동남 해안의 각지에 시박사가 설치되었다. 이들 지역을 거점으로 하여 동남아시아와 인도, 서아시아로 이어지는 교역이 활성화되었다.

카라코룸 인근의 네스토리우스파 기독교도

우리는 종려 주일에 카라코룸 인근에 도착하였습니다. 동틀 무렵 우리는 아직 새순이 튼 흔적이 보이지 않는 버드나무 가지에 축성을 했습니다. 그리고 오후 3시쯤 우리는 시내에 들어갔습니다. 깃발 위에 매단 십자가를 높이 들고 우리는 광장과 시장이 있는 사라센 구역을 지나서 교회가 있는 곳까지 행진을 했습니다. 네스토리우스 교도들은 행렬을 이루어 우리를 마중하러 나왔습니다. 우리가 교회에 들어갔을 때 그들은 미사를 드릴 준비가 되어 있었습니다. 미사를 마친 뒤 그들은 모두 영성체를 했는데, 제게도 성체를 받겠느냐고 물었습니다. 저는 이미 술을 한 잔 마셨다고 대답하고 또 금식을 할 때만 영성체를 하는 것이 옳은 일이라고 대답했습니다.

미사가 끝나자 이미 저녁이 되었습니다. 장인 윌리엄은 우리를 자신의 숙소로 데리고 가서 함께 식사하게 된 것을 기뻐했습니다. 그는 로레인 지방 출신의 어떤 사람의 딸을 부인으로 두었는데, 그녀

---

290) 『淸源續志』: 淸源은 泉州의 옛 지명. 『淸源續志』는 元 吳鑑의 저술로서 총 20권으로 되어 있었다고 한다. 현재는 散逸되어 전하지 않는다.

는 헝가리에서 태어났지만 프랑스어와 쿠만어도 아주 잘 알고 있었습니다. 우리는 거기서 바실이라는 이름의 또 한 사람을 만났는데, 그의 아버지는 영국 출신으로, 그는 헝가리에서 태어났으며 역시 동일한 언어들을 알고 있었습니다. 아주 즐거운 저녁 식사가 끝난 뒤 그들은 우리를 우리가 머무는 천막까지 안내해 주었습니다. 그것은 타타르인들이 우리를 위해서 광장 안 교회 근처에, 그 수도승의 예배당과 함께 지어준 것입니다.

그 다음날 칸은 그의 궁전으로 갔고 나와 그 수도사와 사제들은 그를 방문했습니다. 저의 동료는 방문이 허락되지 않았는데 그 까닭은 그가 문지방을 밟았었기 때문입니다. 저는 제가 어떻게 해야 할지, 가야 할지 아니면 가지 말아야 할지에 대해서 많이 생각했습니다. 그러나 제가 다른 기독교도들과 어울리지 않는 것이 오히려 의혹을 불러일으킬지도 모른다는 걱정과 함께, 초청을 한 것이 칸의 뜻이었기 때문에 제가 그동안 얻으려고 했던 좋은 기회를 오히려 놓칠지도 모른다는 두려움이 들었습니다. 그래서 비록 그들이 미신과 우상으로 범벅이 된 의식을 치르는 것을 볼 수밖에 없는 처지가 되겠지만 그래도 가기로 마음을 먹었습니다. 사실 거기서 제가 한 일은 오로지 모든 교회를 위해서, 또 하느님께서 칸을 영원한 구원의 길로 인도하게 해 달라고 큰 소리로 기도를 올린 것뿐이었습니다.

그리고 나서 우리는 이 아정 안으로 들어갔는데, 그곳은 상당히 배치가 잘 되어 있었고 여름에는 그곳 여기저기로 흐르는 관개수로가 있습니다. 그 다음에 우리는 남자와 여자들로 가득 찬 궁전으로 들어가 칸 앞에 섰습니다. 우리의 등은 제가 앞에서 설명한 그 나무를 향했는데, 그 나무는 거기에 부속된 집기들과 함께 그 궁전의 대부분의 공간을 차지했습니다. 사제들은 축성된 두 덩어리의 빵과 접시 위에 놓은 약간의 과일을 가지고 왔습니다. 그들은 축도를 한 마디 한 뒤에 이것을 그에게 바쳤고, 집사가 그것을 눈에 확 띄는 높은 곳에 앉아 있는 그에게 올렸습니다. 그는 그중에 한 덩어리를 즉시 먹기 시작했고, 나머지 하나는 그의 아들과 젊은 동생 한 사람에게 보냈습니다. 이 동생은 한 네스토리우스 교도가 길렀고 성경을 잘 알고 있었는데, 이 왕자는 제가 가지고 있던 성경을 보자고 하며 사람을 보냈습니다. 그러자 수도승도 자기 나름의 기도를 하며 사제들의 뒤를 따랐고, 저는 그의 뒤를 따랐습니다. 그러자 칸은 다음 날 교회에 오겠다고 했습니다. 이 교회는 제법 크고 괜찮은 건물인데 그 지붕은 금실로 짠 비단 천으로 완전히 덮혀 있었습니다. 그러나 그 다음날 그는 자기 길로 가 버렸고, 자신이 교회를 방문하지 않게 된 것은 죽은 사람을 그곳으로 데려갔다는 이야기를 들었기 때문이라고, 일종의 변명으로 사제들에게 말을 전해 왔습니다.

그 둔영에 있던 다른 사제들이 그러했던 것처럼 우리와 그 수도승도 우리 나름대로 부활절을 축하하기 위해서 카라코룸에 남았습니다. 부활절 전의 세족 목요일과 부활절 날이 다가왔지만 제게는 제의祭衣가 없었습니다. 저는 네스토리우스 교도들이 예배를 드리는 방식을 관찰했고 제가 어찌해야 할지에 대해서, 즉 그들의 손으로 성찬식을 받아야 할지 아니면 그들의 제의를 입고 그들의 잔을 들고 그들의 제단에서 예배를 드려야 할지, 아니면 아예 성찬식을 그만두어야 할지 무척 많은 고민을 했습니다. 바로 그때 엄청나게 많은 기독교도들 - 헝가리인, 알란인, 러시아인, 조지아인, 아르메니아인 - 이 나타났는데, 그들 가운데 어느 누구도 포로가 된 이후 성찬식을 그들의 눈으로 본 사람이 없었습니다. 왜나하면 우리가 들은 바에 의하면 이 사제들은 자신들의 손으로 다시 세례를 준 네스토리우스 교도가 아니면 교회 안에 들이려고도 하지 않았기 때문이었습니다. 그렇지만 네스토리우스 교도들은 이러한 사실을 우리에게 전혀 언급조차 하지 않았습니다. 실제로 그들은 로마 교회가 모든 교회들의 우두머리라는 사실을 우리에게 인정하곤 했고, 만약 길이 열리기만 한다면 교황이 보내는 총주교를 받아들이는 것이 마땅하다고 말하기까지 했습니다. 그들은 우리에게 그들 방식으로 올리는 성찬식에 오도록 거리낌 없이 허락했고, 제가 그들이 성찬을 드리는 방식을 볼 수 있도록 성가대 입구에 서 있도록 했습니다. 그래서 부활절 전야에 성수대 가까이에 서서 그들이 세례를 주는 방식을 보도록 했습니다.

그들은 마리아 막달레나가 주님의 발에 발라 주던 기름의 일부를 자신들이 가지고 있다고 주장합니다. 그리고 그들은 꺼내 쓰는 만큼의 똑같은 양의 기름을 다시 부어넣고, 그 기름을 빵을 구울 때에도 사용합니다. 이들 동방 기독교도들은 모두 빵에 이스트 대신에 비계나 버터 혹은 양의 꼬리에서 취한 지방이나 기름 등을 씁니다. 또한 그들은 주님께서 축성했던 빵을 만들 때 사용한 밀가루를 조금 가지고 있다고 주장하는데, 그것도 그들이 꺼내는 똑같은 양을 다시 채워 넣습니다. 성가대 근처에 방 하나와 오븐이 하나 있는데, 거기서 그들은 축성할 빵을 한 덩이 굽고, 그리고 나서 이 조각들을 다시 사람들의 숫자에 맞게 자릅니다. 사제들은 각 사람에게 그리스도의 몸이라고 하며 그들의 손 위에 놓아주면, 그 사람은 그것을 손바닥에서 경건하게 들어서 자신의 이마에 묻지릅니다.

이 기독교도들과 그 수도승은 우리에게 하느님의 이름으로 예배를 드리라고 끈질기게 요구했습니다. 그래서 저는 그들로 하여금 모든 사람들이 있는 앞에서 자기 입으로 고해를 하도록 했습니다. 그리고 통역을 통해서 제가 할 수 있는 최선을 다하여, 10가지 계명과 7가지 죄악 그리고 인간이 회개하고 고백해야 할 다른 것들을 하나씩 열거했습니다. 그들은 도둑질은 눈감아 주었는데, 왜냐하면 그들의 주인들이 아무런 먹을 것도, 입을 것도 제공하지 않아서 도둑질을 하지 않고는 생존하는 것이 불가능하다고 생각했기 때문입니다. 그때 저는 몽골인들이 아무 이유도 없이 물건과 가축을 가져갔던 일들을 회상했고, 그래서 그들에게 자기 주인의 재산 중에서 생존에 필요한 것들이 있다면 가져가도 무방하다고 말해 주었고, 또 저는 뭉케 칸의 면전에서 그렇게 말할 각오가 되어 있다고 말했습니다. 더구나 그들 중 일부는 병사였습니다. 그래서 전쟁터에 나가야 하기에 훔칠 수밖에 없었으며 그렇지 않으면 자신들은 죽임을 당하고 말 것이라고 변명을 했습니다. 저는 그들에게 기독교도들을 공격하거나 해를 입히지 말라고 강력한 금령을 내렸습니다. 그렇게 하느니 차라리 스스로 죽임을 당하는 것이 더 나을 것이라고 했는데, 왜냐하면 그렇게 함으로써 그들은 순교자가 될 수 있기 때문이라고 말해 주었습니다. 그리고 제가 그런 것을 가르쳤다고 누군가가 저를 뭉케 칸에게 고발한다면, 저는 그가 듣는 앞에서도 그런 것을 담대하게 말하겠노라고 선언했습니다. 왜냐하면 제가 이런 준수 사항들을 말하고 있을 때 거기에는 둔영의 네스토리우스 교도들이 있었고, 저는 그들이 나를 험담할지도 모른다고 생각했기 때문입니다.

그 뒤 장인 윌리엄은 우리가 빵을 만들 수 있도록 철제 오븐 하나를 만들어 주었습니다. 그는 자신을 위해서 만든 약간의 예배용 옷들도 가지고 있었는데, 그것은 그가 예배에 관해서 약간의 지식을 배웠고 그래서 스스로 사제의 역할을 하기도 했기 때문입니다. 그는 프랑스 양식으로 성처녀의 상을 하나 조각했고, 그것을 가리는 차양막 표면에는 성경에 나오는 이야기들을 지극히 정교하게 새겨 넣었습니다. 또한 그리스도의 성체를 담는 은함 하나를 만들었는데, 그 안쪽에는 조그만 구멍들을 파고 거기에 성물을 조각했습니다. 그래서 그 은함을 마치 성스러운 이야기들이 표면에 새겨진 한 대의 멋진 수레 위에 실려 있는 예배당과 같은 모양으로 꾸몄습니다.

저는 그의 예복들을 받아서 그것을 축성했습니다. 그리고 우리의 양식에 따라서 훌륭한 성찬식 빵을 만들었습니다. 네스토리우스 교도들은 내게 그들의 세례용 도구들을 사용하도록 했는데 그중에는 제단도 하나 있었습니다. 그들의 총주교는 바그다드에서 이런 제단을 보내 주었는데, 그것은 일종의 휴대용 제단과 같은 것으로서 네모난 모양의 가죽으로 되어 있었고 성향유를 가지고 그것을 축성했습니다. 그들은 축성된 돌을 쓰지 않고 그 가죽을 사용했습니다. 그래서 세족식 목요일에 나는 그들이 사용하던 아주 커다란 은제 술잔과 접시로 미사를 드렸고, 부활절에도 그렇게 했습니다. 그리고 우리가 그 사람들에게 성체를 나누어 줄 수 있었던 것은 제 생각으로는 하느님의 축복에 힘입은 것이었습니다. 그들 네스토리우스 교도들은 그들 나름대로 부활절 전야에 세례를 받았습니다. 지극히 형식적인 방법으로 진행되었는데 60명 이상의 사람들이 받았고, 그것은 모든 기독교도들이 함께 나누는 커다란 기쁨의 원천이었습니다.

출전 『루브룩의 몽골 기행』 제30장.

내용 루브룩은 프랑스 국왕 루이 9세의 친서를 휴대하고 1253년 카라코룸에 도착하여 그해 겨울을 그곳에서 머문 뒤 1255년 돌아왔다. 그는 『몽골 기행』이라는 여행기를 남기고 있다. 이 기록은 13세기 몽골 제국을 생생한 필치로 전하고 있다. 당시 카라코룸 인근에는 수많은 네스토리우스파 기독교도들이 존재하였으며 그들 나름의 신앙 생활을 지켜가고 있었다. 뭉케 칸의 주변 인물 중에도 적지 않은 신도가 있었다. 루브룩은 이들을 만나 교유하며 그들의 미사에 참여하였으며, 때로 그들과 신학적 논쟁을 벌이기도 하였다.

원대의 항주에 거주하는 무슬림들

우리가 항주에 도착하자 법관 파흐룻 딘과 이슬람 샤이흐[291] 그리고 이집트인 오스만 븐 아판의 자제들이 마중 나왔다. 그들은 무슬림 상층으로서 마중 나오며 흰 깃발과 북, 나팔 등을 갖고 왔다. 이 도시의 아미르[292]도 공식적으로 마중 나왔다. 이러한 환영 속에 우리는 도착하였다. 이 도시에는 6개의 소도시가 있는데, 도시마다 담장이 쳐져 있고 또 전체 시를 하나로 에워싼 성벽도 있다.

첫 도시에는 시의 방위병과 사령관이 거주한다. 법관 등의 말에 의하면 방위병은 1만 2천 명이나 된다고 한다. 도착한 첫날 밤은 사령관 자택에서 보냈다. 다음날 우리는 유태인문이라는 성문을 통해 제2도시에 들어갔다. 거기에는 유태인과 기독교인, 그리고 태양을

---

291) 샤이흐 : 종교적으로 권위와 신망이 있는 사람에 대한 존칭.
292) 아미르 : 왕자, 수령, 지휘관의 의미.

숭배하는 튀르키예 인들이 살고 있는데 인구가 제법 많다. 이 도시의 아미르는 중국인인데 우리는 이틀째 밤을 그의 저택에서 보냈다.

셋째 날 우리는 제3도시에 들어갔다. 거기에는 많은 무슬림들이 살고 있다. 훌륭한 도시로서 시가는 여타 무슬림 지역처럼 잘 정돈되어 있으며, 많은 사원과 무앗진[293]들이 있다. 우리가 이 도시에 들어갈 때 정오 예배를 알리는 무앗진들의 선례성宣禮聲을 들었다. 우리는 이집트 출신의 오스만 븐 아판의 자제들의 집에 투숙했다. 원래 오스만 븐 아판은 대상인으로서 이 도시가 마음에 들어 정착했으며, 점차 이름이 알려지게 되었다. 그의 자제들은 그곳에서 선친의 명망과 사업을 이어받아 선친처럼 가난한 사람들을 구제하고 어려운 사람들을 도와주고 있다. 그들에게는 오스마니야라는 자위야[294]가 있는데, 훌륭한 건물에 기금도 넉넉하다. 일군의 수피들이 거기에서 수행하고 있다. 오스만 븐 아판은 이 도시에 대사원을 짓고 사원과 자위야에 많은 기금을 기탁하였다. 이 도시에는 무슬림들이 많다. 우리는 그곳에서 15일이나 체류하였다. 매일 밤낮으로 새로운 초대연이 베풀어지는데, 음식은 매번 다른 것이었다. 그리고 무슬림들은 매일 우리와 함께 말을 타고 시내 곳곳을 구경시켜 주었다.

…(중략)…

대 아미르 쿠르투와는 중국의 수석 아미르다. 그는 우리를 자택에 초대하여 잔치를 베풀었다. 잔치를 '연회'라고 한다. 시 당국의 중요 인사들이 두루 참석한 이 연회에는 무슬림 요리사들을 불러다가 가

---

293) 무앗진 : 사원에서 예배 시간을 알리는 告辭를 송독하는 사람.
294) 자위야 : 건물, 장소의 의미.

축을 잡아 요리를 만들도록 하였다. 이 아미르는 지위가 그렇게 높은 사람인데도 불구하고 손수 우리에게 음식을 권하고 고기도 잘라주었다. 우리는 3일 간 그의 대접을 받았다. 그는 아들을 보내 우리와 함께 운하를 유람하도록 하였다.

우리는 기름으로 불을 밝히는 배를 탔다. 아미르의 아들은 다른 배를 탔는데 거기에는 가수와 악사들이 같이 타고 있었다. 가수들은 중국어와 아랍어, 페르시아어로 노래를 불렀다. 아미르의 아들은 페르시아 노래를 퍽 즐겼다. 그들은 또 페르시아어 시 한 수를 노래로 불렀다. 그가 이 노래를 반복하여 부르라고 요구하였기 때문에 나는 그 시를 지금도 기억하고 있다. 선율이 매우 감동적이었다.

출전 『이븐 바투타 여행기』 제14장.

내용 이븐 바투타는 1304년 아프리카 북부의 모로코 왕국에서 태어나 21세이던 1325년부터 30년 동안 아시아, 유럽, 아프리카의 3대륙 각지를 여행하였다. 중국에 도달한 것은 여행을 시작하고 20여년이 지난 1346년경이었다. 그는 천주(자이툰)에 도착한 다음 남쪽으로는 광주, 북쪽으로는 항주를 거쳐 대도(북경)까지 여행하였다. 그의 여행기에는 원대 중국인들의 생활 모습이 생생히 묘사되어 있다. 특히 그 자신 무슬림이었기에 중국 여행 동안 접하며 편의를 제공 받았던 무슬림들 및 외국인들에 대한 기록은 대단히 유용하다.

5. 중국 근세사 2(명·청 시대)

자바의 화교 사회 형성

투반에서 동쪽으로 한 나절 정도 가면 신촌新村에 이르는데 이 지역에서는 혁아석革兒昔(크레시크)이라 부른다. 원래는 해안의 모래톱이었다. 중국인들이 이곳에 와 거주하기 시작하면서 신촌이라 불리게 된 듯하다. 지금 촌장은 광동 출신이며 약 천여 가구가 거주한다. 각지의 이민족이 대부분 이곳에 와서 상품 거래를 하는데, 황금과 여러 종류의 보석, 각지의 상품 등을 갖고 와서 판다. 백성들은 매우 부유하다.

신촌에서 남쪽으로 배를 타고 20여 리 가면 소로마익蘇魯馬益에 도착한다. 이 지역에서는 수라바야蘇兒把兒라고 한다. 그 항구에는 담수가 흘러나오는데 이곳에 큰 배는 들어가지 못하고 작은 배를 타고 20여 리 가야 비로소 그 땅에 다다른다. 마찬가지로 촌장이 있어 그 지역 사람 1,000여 가구를 관리한다. 그중에는 중국인도 있다.

출전 馬歡, 『瀛涯勝覽』 「爪哇國」.

내용 명의 제3대 황제 영락제는 정화로 하여금 대규모 선단과 군사를 이끌고 동남아시아와 인도양 일대로 원정에 나서게 하였다. 마환은 이때 통역관으로 정화를 수행하였다가 돌아와 『영애승람』을 저술하였다. 『영애승람』은 동남아시아와 인도양, 그리고 아라비아 반도 남부 지역에 걸쳐 각지의 지리, 풍속, 물산, 정치 상황 등을 간략히 서술하고 있다. 15세기 초 동남아 각지에는 이미 상당한 규모의 화교 사회가 형성되어 있었다.

정화鄭和의 원정

정화는 운남雲南 출신으로 세상에서 말하는 삼보태감三保太監이다. 연왕燕王 시절부터 성조成祖를 섬겨 정난의 변에서 공을 세웠기에 여러 차례 승진하여 태감에 이르렀다.

성조 영락제는 혜제惠帝가 해외로 망명하지 않았을까 의심하여 그 종적을 찾고자 하였다. 아울러 국외에 무위를 떨쳐 중국의 부강함을 과시하고자 하였다. 그리하여 영락永樂 3년1405 6월, 정화 및 그 동료 왕경홍王景弘 등에게 명하여 서양西洋1)에 사자로 가게 하였다. 장졸 2만 7천 8백 명을 거느리고 많은 재화를 지니고 갔다. 대선박을 건조하였는데 길이 44장丈이고 너비가 18장인 선박이 62척이었다. 소주蘇州의 유가하劉家河에서 바다로 나가 복건에 이르렀으며, 다시 복건의 오호문五虎門에서 돛을 띄워 먼저 점성占城에 이르렀다. 그리고 차례로 여러 이민족 국가에 들르며 천자의 조서를 선포하고 그 군주에게 하사품을 지급하였다. 신복하지 아니하면 무력으로 위

---

1) 西洋 : 남중국해 以西의 바다.

협하였다. 영락 5년(1407) 9월 정화 등이 돌아왔고, 여러 나라의 사자도 정화를 따라 조공을 바쳤다. 또 정화는 사로잡은 구항舊港의 추장을 바쳤다. 영락제는 크게 기뻐하며 정화와 그 일행에게 작위를 상으로 내렸다. 구항은 옛날의 삼불제三佛齊[2]로서, 그 추장 진조의陳祖義가 상인들을 약탈하므로 정화가 사신을 파견하여 타일렀다. 하지만 거짓으로 항복하고 은밀히 길을 막고 공격할 음모를 꾸몄다. 정화가 그 군대를 대패시키고 진조의를 사로잡아 영락제에게 바치니 조정에서는 도성에서 살해하여 거리에 내걸었다.

영락 6년(1408) 9월 다시 석란산錫蘭山에 갔다. 국왕 아열고날아亞烈苦捺兒[3]가 정화를 나라 안으로 유인하여 재물을 강요하고 또 군대로 정화의 배를 공격하였다. 정화는 이들의 대군이 이미 바깥으로 나가서 국내가 비어 있는 것을 알고 군사 2천여 명을 거느리고 허를 찔러 그들의 성을 공격하였다. 그리고 아열고날아 및 그 처자와 관료들을 사로잡았다. 정화의 배를 공격하던 자들이 이 소식을 듣고 돌아와 구하고자 하였으나 정화의 군대는 다시 대파하였다.

영락 9년(1411) 6월 정화는 포로를 조정에 바쳤다. 영락제는 그 국왕을 사면하고 주살하지 않았다. 그리고 석방하여 귀국시켰다. 이때 교지交阯[4]가 이미 정벌되어 그 땅에 군현을 설치하니 다른 나라들이 더욱 두려워하여 조공을 바치는 나라가 날로 늘어났다.

영락 10년(1412) 11월 정화 등에게 명하여 다시 원정에 나서게 하였다. 그는 수마트라에 닿았다. 이전의 위왕자僞王子 소간리蘇幹利[5]

2) 三佛齊 : 스리비자야 왕국, 오늘날의 수마트라 섬.
3) 石蘭山은 실론 섬, 亞烈苦捺兒는 알라각코나라.
4) 交阯 : 베트남.

라는 자가 군주를 시해하고 자립하려 모의하고 있었다. 그러던 차에 정화가 자신에게는 하사품을 지급하지 아니하자 군사를 이끌고 명의 군대를 공격하였다. 정화는 분전한 끝에 남발리喃渤利[6]에서 사로잡고 그 처자도 포로로 하여 영락 13년(1415) 7월 조정에 돌아왔다. 황제는 크게 기뻐하여 장졸들에게 상을 내렸다.

영락 14년(1416)년 겨울, 만랄가滿剌加,[7] 고리古里[8] 등 19개국이 모두 사신을 파견하여 조공한 후 돌아갔다. 이에 다시 정화 등에게 명하여 함께 가서 그 군장君長들에게 상사賞賜하도록 하였다. 영락 17년(1419) 7월에 돌아왔다. 영락 19년(1421) 봄에 다시 가서 이듬해 8월에 돌아왔다. 영락 22년(1424) 정월, 구항의 추장 시제손施濟孫이 선위사宣慰使 직위를 수여해 달라고 청하여 정화가 칙인勅印을 지니고 가서 하사하였다. 돌아왔을 때 성조成祖는 이미 세상을 떠난 후였다.

홍희洪熙 원년(1425) 2월 인종仁宗은 정화에게 명하여 이전에 원정하였던 군대를 거느리고 남경을 수비하게 하였다. 남경에 방어 시설을 구축한 것은 정화부터이다. 선종宣宗 선덕宣德 5년(1430) 6월, 선덕제가 즉위한 지 오래되었음에도 불구하고 여러 이민족 국가 가운데 먼 곳은 아직 조공을 바치지 않았다. 이에 정화와 왕경홍이 다

---

5) 僞王子 蘇幹利(세칸다르) : 那孤兒 花面王의 침략을 받아 蘇門答剌의 국왕이 죽자 그 복수를 한 후 국사를 처리하던 老王의 아들. 老王은 前國王의 처가 衆人에게 약속한 서약에 따라 왕위에 올랐다. 하지만 前國王의 幼子가 성장하여 老王을 살해하자 그 복수를 모의한 것이다.
6) 喃渤利 : 람브리 왕국, 오늘날의 수마트라 북부 반다 아체 일대.
7) 滿剌加 : 믈라카 왕국.
8) 古里 : 캘리컷 왕국.

시 명을 받들고 홀로모사忽魯謨斯[9] 등 17개국을 거쳐 돌아왔다.

정화는 3대의 황제를 받들며 전후 7차례 원정에 나섰다. 그가 거쳐온 나라는 점성·조왜爪哇[10]·진랍眞臘[11]·구항舊港·섬라暹羅[12]·고리古里·만랄가滿剌加·발니渤泥[13]·소문답랄蘇門答剌[14]·아로阿魯[15]·가지柯枝[16]·대갈란大葛蘭[17]·소갈란小葛蘭[18]·서양쇄리西洋瑣里[19]·쇄리瑣里[20]·가이륵加異勒[21]·아발파단阿撥把丹[22]·남무리南巫里[23]·감파리甘把里[24]·석란산錫蘭山·남발리喃渤利·팽형彭亨[25]·급란단急蘭丹[26]·홀로모사忽魯謨斯·비랄比剌[27]·유산(溜山)[28]·손랄孫

9) 忽魯謨斯 : 호르무즈 왕국.

10) 爪哇 : 자바 왕국.

11) 眞臘 : 캄보디아.

12) 暹羅 : 타이의 시암 왕국.

13) 渤泥 : 현재의 브루네이.

14) 蘇門答剌 : 수마트라 왕국.

15) 阿魯 : 아루 왕국, 오늘날의 수마트라 북동부 델리 강과 메단 인근.

16) 柯枝 : 코친 왕국, 남인도 서해안에 위치하였다.

17) 大葛蘭 : 오늘날 인도 서남부의 퀼론 일대.

18) 小葛蘭 : 콜람 왕국, 오늘날 인도 서남부의 케랄라 주 일대.

19) 西洋瑣里 : 오늘날 인도 동남 해안의 탄자부르 일대.

20) 瑣里 : 인도 남부에 있던 촐라 왕조.

21) 加異勒 : 오늘날 인도의 동남단에 위치한 카일.

22) 阿撥把丹 : 인도 남부의 파타나푸르, 혹은 서북부 해안의 아마다바드.

23) 南巫里 : 람브리, 오늘날 수마트라 서북부에 위치.

24) 甘把里 : 오늘날 인도의 코마린 곳 일대.

25) 彭亨 : 오늘날 말레이 반도 동부의 파항 주 일대.

26) 急蘭丹 : 오늘날 말레이시아의 켈란탄.

27) 比剌 : 소팔라 왕국, 오늘날 아프리카 남동부의 탄자니아와 모잠비크를 합한 지역.

刺29) · 목골도속木骨都束30) · 마림麻林31) · 날살刺撒32) · 조법아祖法兒33) · 사리만니沙里灣泥34) · 죽보竹步35) · 방갈랄榜葛刺36) · 천방天方37) · 여벌黎伐38) · 나고아那孤兒39) 등 무릇 30여개 국이다. 이름조차 모르는 보물을 이루 다 헤아릴 수 없이 가져왔다. 하지만 그에 따른 중국의 재정 소모도 대단히 컸다. 선덕 연간(1426~1435) 이후 먼 곳에서 이따금 조공을 바치러 오는 나라가 있었으나 영락제 시기만은 못하였다. 그리고 정화 또한 나이 들어 죽었다. 정화 이후 명을 받고 해외로 나간 사람 가운데 정화만큼 외국에 위세를 떨쳐 이름을 날린 경우는 없다. 그렇기에 세상에서, '삼보태감三保太監이 서양으로 나간 것은 명초의 장관이었다.'고 일컬어졌다.

성조의 시기에 의욕적으로 사방의 외국과 통교하고자 하였다. 사신으로 나간 사람 가운데 환관도 많았다. 서양으로는 정화와 왕경홍이 갔고, 서역으로는 이달李達이, 북방으로는 해동海東이, 서방의 외국으로는 후현侯顯이 갔다.

---

28) 溜山 : 몰디브 왕국.

29) 孫刺 : 소팔라 왕국.

30) 木骨都束 : 오늘날 소말리아의 모가디슈 인근.

31) 麻林 : 오늘날 케냐 동쪽의 말린디.

32) 刺撒 : 오늘날 예멘의 아덴 일대.

33) 祖法兒 : 두파 왕국, 오늘날 사우디아라비아의 동부에 위치.

34) 沙里灣泥 : 오늘날 인도 남단의 동해안 지역.

35) 竹步 : 오늘날 소말리아의 지움보.

36) 榜葛刺 : 벵갈 왕국.

37) 天方 : 메카 왕국.

38) 黎伐 : 리데 왕국, 오늘날 수마트라 북부의 아체 省에 위치

39) 那孤兒 : 나쿠르 왕국, 오늘날 수마트라 북부에 위치.

『명사』권304, 「鄭和傳」.

정화는 운남성으로 이주한 이슬람교도의 후예였다. 1405년부터 시작된 원정은 영락제 시대에 6차례, 선덕제 시대에 1차례 진행되었다. 1차 원정 때는 길이 약 140미터, 너비 60미터의 대형 선박 62척과 장졸 약 2만 8천명이 동원되었다. 이 함대에는 명의 황제가 각 지역의 왕에게 보내는 하사품과 엄청난 규모의 재화도 함께 탑재하고 있었다. 정화의 함대는 때로 왕위 계승 분쟁이나 화교를 둘러싼 갈등에 개입하였으며, 조공을 거부하는 나라와 전투를 벌이기도 하였다. 이 대규모 원정으로 명은 눈부신 외교적 성과를 거두었지만 한편으로는 막대한 재정 지출을 감당해야 했다.

토목土木의 변과 우겸의 활약

정통正統 13년(1448) 우겸于謙은 병부좌시랑丙部左侍郎으로 조정에 복귀하였다. 이듬해 에센이 대거 침공하자 태감太監 왕진王振이 정통제에게 권유하여 친정에 나서게 하였다. 우겸과 병부상서 광야鄺埜는 강력하게 간언하여 반대하였지만 받아들여지지 않았다. 광야는 황제를 수행하며 군사 업무를 처리하였고, 우겸은 경사에 남아 병부의 업무를 담당하였다. 그런데 토목에서 황제가 포로로 잡혀 경사는 큰 혼란에 빠졌다. 모두 어찌할 바를 몰랐다. 성왕郕王은 임시로 국정을 관리하며 여러 신하에게 명하여 싸울 것인지 수비할 것인지 논의하게 하였다. 시강侍講 서정徐珵은, '천체에 변고가 있으니 남쪽으로 천도해야 한다.'고 주장하였다. 이에 우겸이 큰 소리로 반박하였다.

"남쪽으로 천도하자고 말하는 자는 모두 참해야 한다. 경사는 천하의 근본이다. 한 번 움직인즉 일은 끝나 버린다. 송이 남쪽으로 옮겨간 다음 어떻게 되었는지 보지 못하였는가?"

성왕은 그 말이 옳다고 여겼고 이로써 경사에 남아 지키기로 하는 방침이 정해졌다. 당시 경사의 보병과 기병 가운데 정예병은 모두 흩어져, 남은 것이라고는 10만에도 미치지 못하는 쇠약한 병사뿐이었다. 민심은 흉흉하고 상하 모두 아무런 믿음이 없었다. 우겸은 성왕에게 주청하여, 격문을 내어 양경兩京40)과 하남의 비조군備操軍41), 산동과 남경 연해의 비왜군備倭軍,42) 강북江北 및 북경 각 부府의 운량군運糧軍43)을 집합시켜 즉시 경사로 오게 하였다. 그리고 차례로 대책을 입안하여 민심을 안정시켜 갔다. 이 직후 우겸은 병부상서로 승진하였다.

성왕이 임시로 국정을 관리하기 시작했을 때 조정의 대신들이 왕진을 족멸族滅하자고 주청하였다. 이에 왕진의 일당 마순馬順이라는 자가 간관들을 질책하였다. 이를 보고 급사중給事中 왕횡王竑이 조정에서 마순을 때리자 다른 사람들 모두 뒤를 따랐다. 이 때문에 조정에 큰 소동이 일어나 위병들도 떠들어대기 시작하였다. 성왕이 놀라 일어나려 하자 우겸은 사람들을 헤치고 성왕 앞으로 가서 겨드랑이를 감싸안아 자리에 앉게 하였다. 그리고 성왕에게 다음과 같이 유시하라고 청하였다.

---

40) 兩京 : 북경과 남경.

41) 備操軍 : 제2선의 예비부대로 전투력이 그리 강하지는 않았다.

42) 備倭軍 : 연해지역의 부대는 일부 둔전을 경영하는 군사를 제외하면 城守軍과 備倭軍이 있는데 備倭軍은 바다로 나가서 왜군에 대비하는 부대였다. 해상방위의 주력부대로서 일반적으로 해전에는 상당히 강하지만 육전에서는 정규군만큼 강하지 않았다.

43) 運糧軍 : 운하나 해로에 인접한 지역에서 조운을 담당한 부대. 차역에 동원된 군사가 많고 전투병이 적어서 정규군에 비해서 전투력이 약했다.

"마순 등의 죄는 사형에 해당한다. 더 논하지 말라."

그러자 소동이 가라앉았다. 우겸이 입고 있던 도포의 소매는 이 과정에서 다 찢어졌다. 그가 좌액문左掖門으로 나오려 하자 이부상서 왕직王直이 그의 손을 잡고 탄복하며 말하였다.

"그야말로 나라가 공에게 의지하고 있구려. 오늘 나 같은 사람이 설령 백 명 있다 한들 무슨 소용이 있었겠소?"

이때 상하가 모두 우겸에게 기대고 있었고 그 또한 의연하게 사직의 안위를 자기 임무로 여겼다.

대신들은 나라에 군주가 없는 데다가 태자도 나이가 어려 걱정하였다. 외적이 쳐들어 오려 하는 상황이라 황태후에게 성왕의 옹립을 주청하였다. 성왕은 놀라 몇 번이나 사양하였다. 우겸이 큰 소리로 말하였다.

"신들은 진실로 나라를 걱정하는 것이고 아무런 사사로운 타산이 없습니다."

이에 성왕이 받아들였다. 9월에 경태제景泰帝가 즉위하였다. 우겸이 입조하여 알현한 다음 감정이 북받쳐 울며 아뢰었다.

"적들이 뜻을 이루어 상황上皇 정통제를 사로잡고 있으니 필시 우리 중국을 경시하여 남침하여 올 것입니다. 청컨대 변방을 지키고 있는 장수들에게 칙명을 내려 잘 협력하여 방어하라 이르십시오. 수도 일대 군대의 병기는 거의 다 없어졌습니다. 서둘러 각지에서 민병을 모으고, 공부工部에 명하여 병기를 제작해야만 합니다. 또 도독 손당孫鐺·위영衛潁·장월張軏·장의張儀·뇌통雷通을 파견하여 군대를 도성의 요지인 아홉 개 문에 분산 배치하고, 또 성곽 바깥에 군사를 주둔시키도록 하십시오. 도어사都御史 양선楊善과 급사중 왕굉으로 하여금 이 일에 관여토록 하고 도성 인근에 거주하는 백성들을 성내로 이주시키십시오. 통주通州에 저장된 양곡은 관군으로 하여금 가서 직접 수취토록 하고 남은 쌀은 팔아 돈으로 바꾸도록 하십시오. 그리하여 쓸데없이 적이 차지하지 않도록 해야 됩니다. 또 마땅히 헌예軒輗와 같은 문신을 순무巡撫로 임용해야 합니다. 아울러 석형石亨·양홍楊洪·유부柳溥와 같은 무신을 장수로 임용해야만 합니다. 군사 관련 사항은 신이 직접 담당하겠습니다. 공적을 올리지 못하면 신을 죄로 다스려 주십시오."

경태제가 모두 받아들였다.

10월, 칙명을 내려 우겸을 제독각영군마提督各營軍馬로 삼았다. 얼마 후 에센이 상황을 데리고 자형관紫荊關을 깨트린 다음 곧바로 전진하여 경사를 넘보았다. 석형이, '군대를 성 안으로 들이고 견벽청야堅壁淸野[44] 계책을 써서 적을 피곤하게 하자.'고 건의하였다. 우겸은 안 된다고 하며 다음과 같이 말하였다.

"왜 약함을 보이는가? 적으로 하여금 더욱 우리를 경시하게 만들 뿐이다."

그는 서둘러 여러 장수를 파견하여 군대 22만을 거느리고 9개의 성문 밖에 진을 치게 하였다. 도독 도근陶瑾은 안정문安定門에, 광녕백廣寧伯 유안劉安은 동직문東直門에, 무진백武進伯 주영朱瑛은 조양문朝陽門에, 도독 유취劉聚는 서직문西直門에, 진원후鎭遠侯 고흥조顧興祖는 부성문阜成門에, 도지휘 이단李端은 정양문正陽門에, 도독 유득신劉得新은 숭문문崇文門에, 도지휘 탕절湯節은 선무문宣武門에 진

---

44) 堅壁淸野 : 군대를 성안으로 들이고 그 바깥의 곡식을 모두 없애는 전술.

을 치고, 우겸 자신은 석형과 더불어 부총병副總兵 범광范廣·무흥武興을 거느리고 덕승문德勝門 바깥에 진을 치고 에센을 기다렸다. 병부의 업무는 시랑 오녕吳寧에게 맡겼다. 그리고 모든 성문을 닫아걸고 직접 전투를 독려하였다. 군령을 내려, 전투에 임하여 군대를 돌보지 않고 먼저 물러나는 장령이 있는 경우 그 부대의 지휘자를 참한다고 하였다. 또 병사가 장령을 돌보지 않고 먼저 물러나는 경우, 뒤에 있는 부대의 병사로 하여금 앞 부대의 병사를 참하게 하였다. 그러자 장졸들은 모두 필사적이 되어 명령에 따랐다. 전투가 벌어져 부총병 고례高禮와 모복수毛福壽가 적을 창의문彰義門 북쪽에서 물리치고 그 장수 하나를 사로잡았다. 경태제는 기뻐하였다. 그리고 우겸에게 명하여 정병을 뽑아 교장敎場45)에 주둔시킴으로써 동원에 편리를 도모하라고 하였다. 또 태감 홍안興安과 이영창李永昌으로 하여금 우겸을 도와 군사 업무를 처리하게 하였다.

에센은 멀리 진격해 와서 도성을 하루 이내에 함락시킬 수 있을 것이라 생각하였다. 그런데 명의 군대가 진영을 엄정히 하여 기다리고 있는 것을 보고 의기가 상하였다. 나라를 배반한 환관 희녕喜寧은 에센을 사주하여, 명의 대신으로 하여금 상황上皇을 데려가되 그 대금으로 비단과 황금을 억 단위로 내게 하라고 말하였다. 또 우겸과 왕직·호영胡濴 등에게 나와서 상황의 송환을 논의하라고 하였다. 경태제는 모두 불허하였고 에센의 의기는 더욱 꺾였다.

경신일庚申日이 되자 적들은 덕승문으로 공격해 왔다. 우겸은 석형에게 명하여 빈 집에 복병을 숨겨 두고 몇 명의 기병을 파견하여

---

45) 敎場: 군대를 조련하거나 검열하는 넓은 공터.

적을 유인하게 하였다. 적이 기병 만 명으로 엄습해 오자 부총병 범광이 화포를 발사하고 또 복병을 일으켜 일제히 공격하였다. 에센의 동생 패라孛羅와 평장平章 묘나해卯那孩가 포에 맞아 죽었다. 적들이 돌아서 서직문에 이르자 도독 손당孫鐺이 막아서고 이에 덧붙여 석형이 군대를 거느리고 진격하자 적은 후퇴하였다. 또 부총병 무흥이 창의문에서 적을 공격하여 도독 왕경王敬과 함께 그 선봉을 꺾었다. 적이 조금 물러나자 내관內官 수백 명이 공을 다투어 말을 달려 앞으로 나갔다. 그리하여 진영이 무너져 무흥이 흐르는 화살에 맞아 전사하였다. 적이 승세를 타고 토성土城까지 쫓아오자 백성들이 지붕 위에 올라가 소리를 지르며 적을 향해 기와장과 돌을 던졌다. 그 소리가 하늘을 울리는 듯하였다. 그러던 차에 왕굉과 모복수의 원병이 이르자 적은 퇴각하였다.

그렇게 대치하기를 5일, 에센은 상황의 송환을 둘러싼 회담 요구에 아무런 응답이 없는 데다가 전황 또한 불리해지자 종내 그 뜻을 이루지 못할 것을 알았다. 더욱이 근왕병勤王兵이 도착하게 될 것이란 소식을 듣고 그 귀로가 차단될 것을 두려워하여 상황을 데리고 양향良鄕으로부터 서쪽을 통해 돌아갔다. 우겸은 여러 장수를 보내 그 뒤를 쫓다가 변경의 관문에 이르러 돌아왔다. 이후 논공행상이 이루어져 우겸에게 소보少保의 작위가 더해졌으며 군사 업무를 총괄하게 하였다. 이에 우겸이 말하였다.

"사방 변경에 전쟁이 지속되는 것은 경대부卿大夫의 수치입니다. 어찌 감히 공과 상을 바라겠습니까?"

그는 고사하였으나 윤허되지 않았다. 이후 군사를 증파하여 진주眞州·보주保州·탁주涿州·역주易州 등을 지키게 하였으며, 대신을 보내 산서山西에 머물며 적의 남침을 방어하게 하였다.

경태景泰 원년(1450) 3월 총병總兵 주겸朱謙이 상주하여, 적 2만 명이 만전萬全을 포위하였다고 보고하였다. 칙명을 내려 범광范廣을 총병관에 임명하여 방어하도록 하였다. 이윽고 적이 물러가자 주겸은 거용居庸에 군대를 주둔시키게 해 달라고 요청하였다. 적이 오면 이곳에서 관문을 나가 적을 물리치고, 물러난즉 경사로부터 군량을 제공받겠다고 하였다. 대동大同의 참장參長 허귀許貴가, '북쪽으로부터 3인이 와서, 조정이 사신을 파견하여 강화를 논의하기 원한다.'고 상주하였다. 우겸이 말하였다.

"이전에 지휘 계탁季鐸·악겸岳謙을 파견하였는데 에센은 그 직후 침략해 왔다. 이어 통정通政 왕복王復과 소경少卿 조영趙榮을 파견하였는데 상황上皇도 못 뵙고 돌아왔다. 강화를 믿을 수 없는 것은 분명하다. 하물며 우리와 저들은 불구대천의 원수이니 도리 상으로도 강화를 하면 안 된다. 만일 강화를 하여 저들이 끝없는 요구를 해 온다면, 그것을 따른즉 재정이 궁핍해질 것이요 따르지 않은즉 변고가 생길 것이다. 그러니 현실적으로도 강화를 할 수 없다. 허귀는 갑옷을 입은 무장으로서 이처럼 겁이 많으니 어떻게 저 가증스런 적에 맞설 수 있단 말이냐? 주살하여 마땅하다."

그는 공문을 띄워 강하게 질책하였다. 이로부터 변방의 장수는 누구나 방어에 힘쓰며 감히 강화를 주장하지 않게 되었다.

이에 앞서 에센이 내건 조건은 모두 희녕喜寧이 꾸민 것이었다. 우겸은 은밀히 대동의 진장鎭長에게 명하여 희녕을 잡아오게 한 다음 죽였다. 또 계책을 왕위王偉에게 주어 간첩 소전아小田兒를 유인해내게 하여 주살하였다. 한편으로 간첩을 사용하여 이간질을 하였다. 그리하여 특별히 충용백忠勇伯 파태가把台家를 석방해 달라고 청구하여 그에게 작위를 주고 은밀히 획책하게 하였다. 에센은 점차 상황을 돌려보낼 생각을 갖게 되어 사신을 보내 그러한 뜻을 알려주었다. 수도에서는 점차 경계가 느슨해져 갔다. 우겸이 아뢰었다.

"남경은 중요한 땅입니다. 안무하는 데 사람이 필요합니다. 반면 중원에는 유민이 많아 만일 흉년이라도 만나게 되면 이들이 한데 모여 무슨 일이 생길지도 모릅니다. 내외의 무신과 각지의 순무에게 칙명을 내려 유의하여 대처하게 하십시오. 그리하여 사전에 우환을 막아야 합니다. 또한 초모招募하여 각지로 파견된 문무의 관원 및 내지의 군사 거점에 파견된 환관을 소환토록 하십시오."

이해 8월이 되어 상황이 북으로 끌려간 지 1년째로 접어들었다. 에센은 중국에 아무런 빈틈이 없는 것을 보고 더욱 강화를 바라게 되었다. 사자가 빈번하게 와서 상황의 송환을 요구하였다. 대신 왕직王直 등은 사신을 파견하여 맞아들이자고 주장하였다. 하지만 경태제가 좋아하지 않으며 말하였다.

"짐은 본디 황위에 오르려 하지 않았소. 당시 추대를 받았던 것은 사실 경들의 의견에 따른 것이었소."

우겸이 천천히 말하였다.

"천자의 지위는 이미 결정되었습니다. 무슨 다른 일이 또 있겠습니까? 도리 상 마땅히 속히 받들어 모셔야 할 것입니다. 만일 저들에게 무슨 흉계가 있다면 우리가 막겠습니다."

경태제는 그를 돌아보며 얼굴 색을 고치고 말하였다.

"네 말대로 하겠다. 네 말대로 하겠다."

이후 이실李實·양선楊善이 잇따라 파견되어 마침내 상황을 모시고 돌아왔다.[46] 우겸 덕택이었다.

　상황이 돌아온 후 오이라트는 다시 조공하겠다고 청하였다. 그보다 이전 그들의 조공 사절단은 100명을 넘지 않았다. 그런데 정통 13년(1448)에는 3천여 명에 달하였다가 상사賞賜가 만족스럽지 않자 마침내 침략해 온 바 있다. 이번에도 또다시 3천여 명이 조정에 왔다. 우겸은 거용관居庸關에 군대를 배치하여 불의의 사태에 대비하자고 청하였다. 수도에도 대거 군대를 동원해 둔 상태에서 연회를 베풀었다. 이어 화의는 믿을 수 없다고 강조하며 변방을 안정시키기 위한 대책을 3가지로 정리하여 헌상하였다. 그는 또 대동·선부宣府·영평永平·산해山海·요동의 각로 총병관總兵官에 명하여 수비와 방어의 시설을 증설토록 하자고 청하였다. 수도의 군대는 나누어 오군五軍·신기神機·삼천三千의 각 영營에 소속시키고, 각각 군사를 총괄하되 통일적 체제를 취하지는 않게 하였다. 아울러 정예병 15만을 선별하여 10영으로 나누어 조련하게 하자고 주청하였다. 단영團營의 제도는 이로부터 시작되었다. 『명사』의 「병지」에 모두 기록되어 있다. 오이라트는 들어와 조공할 때마다 과거에 노략해 간 사람들을 늘 데리고 왔다. 우겸은 그 사자들에게 반드시 보수를 주어야 한다고 상주하였다. 이렇게 송환되어 온 사람들이 모두 수백 명에 달하였다.

　영락 연간(1403~1424)에 투항한 몽골인으로서 수도 인근에 살게 한 자가 매우 많았다. 에센이 침공해 오자 이들 중 다수가 내응하였

---

46)　正統帝는 1449년(正統 14) 8월 土木에서 오이라트의 에센에게 포로로 잡혔다가 이듬해인 1550년(景泰 원년) 8월 경사로 돌아온다.

다. 우겸은 각지로 이들을 분산시키고자 하였다. 이후 서남 지방에 전투가 발생하여 군사를 파견할 일이 생길 때마다 그들 가운데 정예 기병을 선발하여 보냈다. 그들에게는 넉넉하게 물자를 지원해 주었고 얼마 후에는 그 처자도 보냈다. 이로써 그들로 인한 우려는 모두 사라졌다. 양홍楊洪이 독석獨石으로부터 내지로 들어오자 8개의 성은 모두 포기하여 적들에게 내주게 되었다. 우겸은 도독 손안孫安으로 하여금 가벼운 기병을 이끌고 용문관龍門關 외곽으로 나가서, 백성을 모집하여 둔전을 하도록 하였다. 그리고 한편으로 싸우면서 또 한편으로 수비에 임하여 8개의 성을 모두 수복하였다. 귀주貴州의 묘족苗族 반란이 평정되지 않자 하문연何文淵이, '두 개의 사司를 없애고 도사都司를 설치하여 대장으로 하여금 지휘하게 하자.'고 주장하였다. 이에 우겸이 말하였다.

"두 개의 사司를 없앤다는 것은 포기하는 것과 마찬가지다."

하문연의 주장은 파기되었다.

우겸은 상황이 비록 돌아왔지만 국가의 치욕은 설욕하지 못한 상태인지라, 마침 에센이 톡토부하脫脫不花[47]와 분쟁을 벌이고 있는 것을 이용하여 크게 정벌에 나서자고 주청하였다. 그 자신이 정벌에 참여하여 이전의 원수를 갚고 변경의 우환도 없애겠다고 하였다. 경태제는 불허하였다.

우겸이 병부를 맡고 있을 때 에센의 세력이 크게 떨치고 있었고 복건의 등무칠鄧茂七과 절강의 엽종유葉宗留, 광동의 황소양黃蕭養이

---

47) 탈탈불화(脫脫不花)란 몽골어 톡토부하(Toγtobuq-a)의 한자 음역이다. 톡토부하는 쿠빌라이의 직계 후손으로 명대의 문헌에는 불화왕(不花王), 혹은 보화가한(普化可汗, Buq-a qaγan)으로도 기록되었다.

각각 무리를 거느리고 반란을 일으켰다. 호광湖廣·귀주·광서 등지에서는 요족瑤族·동족僮族·묘족苗族·요족僚族 등이 각지에서 봉기하였다. 이들의 반란을 진압하기 위한 군대의 징발과 파견은 모두 우겸 혼자서 처리하였다. 번잡한 군사 업무의 처리에 당하여, 순식간에 변란이 발생하기에 그는 일일이 확인하고 짚어가며 상주하여 처리하였다. 그가 취한 조치 모두 시의에 적절하였다. 휘하의 관리들은 일이 모두 원만히 처리된 후 서로 돌아보며 놀랐다.

그의 명령은 명확하고 세밀하였다. 설령 공훈이 있는 관료거나 명망 있는 장수라 할지라도 조금이라도 법령을 어기면 즉시 조정에 보고하여 엄히 질책하였다. 작은 서신일지라도 그가 적은 것이면 만리 바깥까지 도달하여 누구나 두려워하며 이행하였다. 그의 성품과 판단은 활달하면서도 기민하였으며 관심과 집중력은 주도면밀하여 한 시대에 비교할 사람이 없었다. 대단한 충성심을 지녀 나라에 대해서만 걱정할 뿐 자기 몸을 돌보지 않았다. 상황이 돌아온 뒤에는 그에 대한 자신의 공을 입에 올리지 않았다. 동궁東宮이 바뀐 뒤 두 궁궐에 같이 소속된 관료에게는 봉록이 두 배로 지급되었다. 이 관직을 모든 대신이 한 차례 사양한 후 받아들였지만 우겸만은 두 차례나 사양하였다. 그는 스스로에 대해서는 매우 검약하여 사는 집이 겨우 비바람이나 막을 수 있는 정도였다. 경태제는 서화문西華門 인근에 주택 하나를 하사하였다. 이에 그는, '국가가 어려움에 싸여 있는데 신이 어떻게 감히 편히 살겠습니까?'라고 하며 굳게 사양하였다. 하지만 재가되지 않자 어쩔 수 없이 받아들였다. 전후로 하사받은 천자의 명령문, 도포, 은괴 등도 모두 봉인해 두고 매년 몇 차례 살펴볼 뿐이었다.

경태제는 우겸을 잘 알기에 그가 올린 상주는 모두 그대로 따랐다. 일찍이 진정眞定과 하간河間에 사람을 보내 궁중에서 사용할 채소를 확보하고 직고直沽에서 건어물을 만들게 한 적이 있다. 이에 대해 우겸이 한 마디 하자 즉시 중지하였다. 사람 하나를 임용할 때에도 은밀히 우겸의 의견을 물어보았다. 우겸은 솔직하게 응답하며 숨김이 없었다. 의심이나 원망도 피하지 않았다. 이 때문에 직책을 맡지 못하였던 사람들은 모두 원망하였다. 임용되었으나 우겸보다 낮은 직위에 있던 사람들 또한 왕왕 시기하였다.

오이라트가 물러가자 도어사 나통羅通은 즉시 우겸의 공적부가 사실이 아니라고 탄핵하였다. 어사 고탑顧眈은 우겸이 너무 전권을 휘두른다고 말하며 6부의 일들은 내각과 함께 상주하여 시행하게 하라고 주청하였다. 이에 우겸은 이전의 전례에 의거하여 이들을 각하시켰지만, 호부상서 김렴金濂도 상주하여 우겸을 공격하였다. 그를 공박하는 자들 모두 그의 잘못을 모으는 데 진력하였다. 어사들은 통렬한 문장으로 여러 차례 그를 탄핵하였다. 하지만 경태제가 다른 의견을 물리치고 그를 신임하며 그로 하여금 소신껏 조치하게 하였다.

우겸은 성격이 본디 강직하여 자신의 뜻과 맞지 않는 일을 만나면 곧 가슴을 두드리며 탄식하였다.

"이 뜨거운 피를 어디에서 식혀야 하나?"

그는 나약한 대신들이나 훈구勳舊와 귀척貴戚48)을 내심 경시하여 그를 싫어하는 자가 더욱 많았다. 또한 시종 화의를 배격하였기에

---

48) 勳舊와 貴戚 : 功勳이 있는 舊臣 및 宗室.

상황 또한 비록 자신이 송환된 것은 그 때문이었지만 그다지 좋아하지 않았다. 서정徐珵은 남쪽으로의 천도를 주장한 것으로 인해 우겸에게 배척되었다. 그래서 서유정徐有貞으로 개명하여 차츰 승진해 갔으나 우겸에게 이를 갈며 원한을 지녔다. 석형石亨은 본디 군율을 어겨 관직이 삭탈되었으나 우겸이 사면을 주청하여 재임용되었다. 그리하여 10영營을 통솔하게 되었지만 우겸을 두려워하여 그 앞에서 함부로 하지 못하였다. 그 역시 우겸을 좋아하지 않았다. 덕승문의 승전에서 자신의 공이 우겸만 못했음에도 세후世侯가 된 것에 대해서도 속으로 수치스러워했다. 그래서 상주하여 우겸의 아들 우면于冕을 천거하였다. 우면은 명령을 받고 경사에 나가 사양하였으나 받아들여지지 않았다. 우겸이 말하였다.

"국가에 일이 많습니다. 신의 자식에 대해 사사로운 은정을 베푸셔서는 안 됩니다. 또한 석형은 대장의 지위에 있으면서 숨은 인재를 하나 천거했다든가 혹은 미천한 군졸 출신을 하나 발탁하여 국가와 군대에 보탬이 되었다는 얘기를 들어본 적이 없습니다. 그런데 다만 신의 자식을 천거하다니 공의公議에 맞는 것인가요? 신은 군사적 공훈을 처리함에 있어 요행히 승진하는 것을 두절하고 있습니다. 감히 자식의 일로 인해 공이 남발되게 할 수 없습니다."

석형은 다시 크게 분하게 여겼다. 도독 장월張軏도 묘족의 정벌에 나섰다가 군율을 어겨 우겸에게 탄핵을 받아, 내시 조길상曹吉祥과 함께 모두 우겸에게 원한을 지니게 되었다.

경태 8년(1457) 정월 임오일, 석형과 조길상, 서유정 등은 상황을 맞아 복위시키고 선유宣諭를 내려 조신朝臣들을 모두 모은 다음, 즉시 우겸과 대학사大學士 왕문王文을 잡아 하옥시켰다. 우겸 등이 황굉黃竑과 사악한 음모를 꾸며 동궁을 바꾸고, 태감 왕성王誠·서량舒良·장영張永·왕근王勤 등과 모의하여 양왕襄王의 아들을 세우려 했다고 무고하였다. 석형 등이 그 모의의 중심이 되어 언관을 사주하여 탄핵하게 하였다. 도어사 소유정蕭惟貞이 안건의 판결을 담당하여 역모로 판정하여 극형에 처하기로 하였다. 왕문은 모함을 견디지 못해 극력 반론을 폈다. 이에 우겸이 웃으며 말하였다.

"석형 등의 뜻일 따름이오. 쟁론하여 무슨 보탬이 있겠소?'

판결이 상주되자 영종은 머뭇거리며 말하였다.

"우겸은 실로 공적이 크오."

서유정이 나아가 말하였다.

"우겸을 죽이지 않으면 이 거사는 명분이 없어집니다."

황제 영종도 마침내 동의하였다.

병술일에 천순天順으로 개원하였다.

정해일에 우겸을 기시棄市하고 그 집안의 재산을 적몰하였으며 가족은 군대로 보내 변방을 지키게 하였다. 수계遂溪의 교유敎諭 오예吾豫가, '우겸의 죄는 족멸族滅되어 마땅하며, 우겸이 천거한 문무 대신도 모두 마땅히 주살되어야 한다.'고 상언하였다. 하지만 형부에서 반대하여 파기되었다. 천호千戶 백기白琦 또한 우겸의 죄를 방문榜文으로 만들어 철판에 새긴 다음 천하에 내걸자고 주청하였다. 시세에 영합하여 출세를 노리는 자들이 대거 우겸을 비판하고 나섰다.

우겸은 에센으로 인한 변고 이래 적과 함께 살 수 없다고 맹세하였다. 늘 당직 사무실에서 묵으며 집에는 들어가지 않았다. 평소 천식을 앓고 있었는데, 발작이 시작되면 경태제는 환관인 흥안興安과 서량舒良을 보내 당번을 서며 주시하게 했다. 또 그의 식사가 지나치게 소박하다는 얘기를 듣고 상방上方49)에 명하여 음식을 만들어 보내라고 하였다. 그것에는 술과 안주까지 구비되어 있었다. 또 한 번은 만세산萬歲山에 행차하여 대나무를 잘라 그 수액을 받아 하사하기도 하였다. 누군가 우겸에 대한 총애가 지나치다고 상언하자 흥안 등이 말하였다.

"그는 밤낮으로 나라를 위해 근심하며 집안의 살림살이조차 묻지 않는다. 그가 죽으면 조정은 어디 가서 다시 이러한 인물을 얻을 수 있겠는가?"

재산이 적몰되었을 때 보니 집안에 거의 값어치 있는 물건이 없었다. 다만 어떤 방에 자물쇠가 단단히 잠겨 있었다. 열고 보니 그 안에는 경태제가 하사한 망의蟒衣50)와 검기劍器51)였다. 그가 죽던 날 검은 구름이 사방에서 모였으며 천하가 원통해 했다. 지휘指揮 타아朵兒라는 자는 본디 조길상의 부하 출신이었는데 술로 우겸이 살해된 장소에서 제사를 지내며 통곡하였다. 이를 보고 조길상이 노하여 구타하였다. 하지만 이튿날도 다시 이전처럼 제사를 지냈다. 도독동지都督同知 진규陳逵는 우겸의 충의심에 감복하여 그 유해를 거두어 매장하였다. 이듬해 그 고향인 항주에 묻어 주었다. 진규는 육합六合 출신으로서 이전에 장수의 자질을 지녔다고 천거되어 이시면李時勉의 문하에 있었던 사람이다. 황태후는 처음에 우겸이 죽은 지 모르고 있다가 들은 다음 며칠을 슬퍼하며 애도하였다. 영종 역시 후회하였다.

---

49) 上方 : 尙方, 宮廷에서 膳食과 方藥을 주관하던 부서.

50) 蟒衣 : 관원의 예복, 가슴에 이무기(蟒)가 수놓아져 있었다.

51) 劍器 : 官爵을 표시하는 劍과 器物.

우겸이 죽고난 후 석형의 일당인 진여언陳汝言이 그 대신 병부상
서가 되었다. 그런데 채 1년이 안 되어 처벌되었다. 그 축적한 재산
이 엄청났다. 천순제52)는 대신을 불러 함께 가서 살펴보며 슬피 말
하였다.

"우겸은 경태 연간 총애를 누렸지만 죽을 때 거의 재산이 없었다.
그런데 진여언은 어찌 이다지 많단 말이냐?"

석형은 고개를 숙이고 차마 천순제를 마주보지 못하였다. 그 얼마
후 변경에서 급보가 날아와 천순제의 얼굴에 근심이 떠돌았다. 공순
후恭順侯 오근吳瑾이 곁에서 모시고 있다가 나와 말하였다.

"우겸이 살아 있다면 저들이 이처럼 쳐들어오지 않았을 것입니
다."

천순제는 잠자코 있었다. 이해에 서유정과 석형이 탄핵을 받아 유
배형에 처해져 금치金齒로 갔다. 또 몇 년 후에는 석형이 하옥되어
죽었으며 조길상은 모반하였다가 일족 모두 주살되었다. 우겸의 일
도 원한이 풀렸다.

성화成化(1465~1487) 연간의 초엽에 우면于冕이 사면되어 조정에
복귀하였다. 그는 상주하여 부친 우겸의 원통함을 진언하였다. 이에
관작이 회복되고 사제賜祭53)하였다. 그 고명誥命54)에서는 다음과 같
이 적고 있다.

"국가가 위기에 처했을 때 사직을 보호하여 아무 탈이 없게 하였

---

52) 천순제 : 1457(경태 8) 복벽의 쿠테타로 경태제가 폐위된 이후 다시 황제 자
   리에 오른 상황 영종.
53) 賜祭 : 황제가 勅命으로 사자를 보내 제사를 치르는 것.
54) 誥命 : 황제의 명령.

다. 오직 공정한 도리를 지켰기에 권귀權貴와 간신이 일제히 질시하였도다. 선제先帝 또한 그 원통함을 이미 알고 있었다. 짐은 마음 속 깊이 그 충성에 애련哀憐을 느낀다.”

천하에 이것이 두루 전해지며 외워졌다.

홍치弘治 2년(1489), 급사중 손수孫需의 상언에 따라 특진광록대부特進光祿大夫·주국柱國·태부太傅로 추증되었으며 숙민공肅愍公이란 시호가 내려졌다. 또 그의 묘소 옆에 정공사旌功祠를 짓고 관원으로 하여금 매년 제사를 지내게 하였다. 만력萬曆(1573~1620) 연간에 충숙공忠肅公으로 시호가 고쳐졌다. 항주·하남·산서 등지에서는 대대로 제사를 받들며 끊이지 않았다.

출전 『명사』 권170, 「于謙傳」.

내용 오이라트의 에센은 서역과 만주 일대까지 장악한 후 1449년 남하하여 산서, 감숙 일대를 공격하였다. 당시 국정을 농단하던 환관 왕진은 정통제를 부추겨 친정에 나서게 하였다. 하지만 50만이라 자랑하던 명의 군대는 2만의 에센 군대에 참패를 당하고 정통제마저 토목보에서 사로잡히고 말았다. 이를 ‘토목(보)의 변’이라 부른다. 명은 우겸을 중심으로 전열을 정비하고 경태제를 옹립하였다. 아울러 군제를 개혁하여 경영제京營制 및 단영제團營制를 도입하였다. 이러한 조치를 통해 오이라트의 내습을 효과적으로 방어하자 에센은 아무런 조건 없이 포로로 잡은 정통제를 송환하였다. 이로부터 7년이 지난 1457년, ‘탈문奪門의 변’이 발생하여 경태제가 폐위되고 정통제가 천순제로 복위되었다. 이때 우겸 또한 무고를 받아 처형되었다.

왜구의 횡행

이듬해[55] 7월 왜구가 발생하자 주환朱紈이 절강순무浙江巡撫가 되어 절강과 복건의 해방海防 관련 군사업무를 총괄하게 되었다.

처음에 명 태조는, '판자 한 조각도 바다로 들어가는 것을 불허한다.'고 규정하였다. 그런데 태평이 오래되다 보니 간사한 백성들이 멋대로 해상에 출입하며 왜국인 및 포르투칼인과 결탁하여 무역을 하였다. 복건 사람 이광두李光頭와 흡현歙縣 사람 허동許棟이 영파寧波의 쌍서雙嶼를 장악하고 섬주인 노릇을 하며 그 계약을 주관하였다. 위세 있는 집안들도 이들을 보호하였는데 장주漳州·천주泉州 사람들이 많았다. 때로 그들과 혼인 관계를 맺기도 하였다.

이들은 바다를 건넌다는 구실로 쌍 돛대의 큰 배를 건조하여 그위에 금지 물품을 탑재하였다. 이들의 행위를 군대의 장교들도 감히 제지하지 못하였다. 간혹 부채를 갚지 아니하면 허동 등은 곧바로 유인해내서 상해를 입히고 약탈하였다. 부채를 진 사람들은 장교들에게 그들을 체포해 달라고 요구하기고 하고 또 한편으로는 그들에게 군대의 출동 날짜를 누설하여 도망치게 만들기도 하였다. 그리고 다른 날 갚겠다고 약속하였다. 하지만 약속한 날이 와도 부채를 갚지 않았기에 왜구들은 원한을 품고 더욱 허동 등과 결탁하였다.

그런데 복건과 절동의 해안 방비가 오래도록 무너져 있어 전선과 초선哨船[56]은 열 가운데 하나, 둘만 남은 상태였다. 장주와 천주 순검사巡檢司의 궁병弓兵은 정원은 2천 500여 명이었지만 겨우 천 명

---

55) 嘉靖 26년(1547)의 일이다.
56) 哨船 : 경계하며 순시하는 선박.

만 남아 있었다. 그리하여 왜구들이 뜻대로 약탈을 하게 되어 점점 거리낌이 없어졌고 건너오는 자가 계속 이어졌다.

주환朱紈은 해상을 순시하며 첨사僉事 항고項高 및 신사와 백성들의 말을 수렴하였다. 그 결과 도선渡船[57]을 없애지 않고서는 바닷길을 깨끗이 할 수 없고 보갑保甲을 엄격히 하지 않고서는 해방海防을 회복할 수 없다고 판단하여, 그 내용을 열거하여 상주하였다. 이에 도선을 폐지하고 보갑을 엄격히 하였으며 불법 행위를 하는 백성들을 체포하였다. 그런데 복건 사람들은 바다를 통해 먹고 살았는데 갑자기 중요한 경제적 근거가 사라지자 사대부 가문조차 불편을 겪게 되어 주환의 조치를 무너뜨리려 하였다.

그 얼마 후 주환은 복정산覆鼎山의 반란 세력을 토벌하였다. 이듬해에는 쌍서를 공격하기 위해 먼저 부사 가교柯喬와 도지휘都指揮 여수黎秀로 하여금 장주·천주·복녕주福寧州에 군대를 주둔시켜 도적의 퇴로를 막게 하였다. 도사都司 노당盧鐘은 복청주福淸州의 군대를 이끌고 해문海門으로부터 진군하게 하였다.

일본의 조공 사절 주량周良이 이전의 약속을 어기고 600명을 이끌고 기일보다 먼저 도착하였다.[58] 주환에게는 조령詔令에 의해 포괄적인 재량권이 주어져 있었다. 하지만 일본 사절단을 되돌려 보낼 수는 없다 판단하고, 주량으로 하여금 과오를 인정하고 이후 그러지 않겠다는 약속을 받았다. 이에 그 선박을 등록시키고 주량을 맞아

---

57) 渡船 : 사람이나 물자를 싣고 강이나 바다를 오가는 배.

58) 명 영락제 시기 일본 무로마치 막부와 체결한 勘合貿易의 규정을 위반하였다는 의미이다. 당시 명과 무로마치 막부 사이에는 감합 무역의 횟수, 선박의 숫자, 조공 사절단의 인원까지 상세히 규정해 두고 있었다.

영파寧波의 영빈관에 묵게 하였다. 그러자 간사한 백성들이 주량에게 편지를 보내 변란을 일으키라고 부추겼다. 주환은 단속을 더욱 엄밀히 하여 그들의 계략이 성공하지 않게 하였다. 4월에 노당이 구산양九山洋에서 도적떼와 만나 일본인 계천稽天을 사로잡았고 허동 또한 포로로 잡혔다. 허동의 일당인 왕직汪直 등이 잔당을 모아 달아나자, 노당은 쌍서에 요새를 쌓고 돌아왔다. 이로 인해 그 나중에 오는 외국 선박은 쌍서로 들어가지 못하게 되자 남궤도南麂島 · 초문도礁門島 · 청산도青山島 · 하팔도下八島 등에 정박하였다.

연해 지구의 권세 있는 집안들은 이권을 상실하자, '사로잡힌 자들이 모두 양민이고 도적떼가 아니다.'라고 선전하면서 인심을 현혹시켰다. 또 지방 관아를 협박하여, 체포된 자들에 대해 포로가 되어 협종脅從59)한 죄목으로 가볍게 처벌하고, 중죄인조차 체포에 저항한 강도죄로 처벌하였다. 주환이 상소하여 말하였다.

"지금 해금령이 엄정히 시행되고 있는데 어떻게 포로가 되고 또 어찌하여 협종했다는 것인지 모르겠습니다. 외국에 들어가 도적을 이끌고 온 것을 두고 강도라 하고 해양에서 적대 행위한 것을 두고 체포에 대한 저항이라 하니, 어리석은 신臣으로서는 실로 이해할 수 없습니다."

조정에서는 주환으로 하여금 재량껏 주살하게 하였다.

주환의 법 처리가 엄격해지니 권세 있는 집안은 모두 두려워하게 되었다. 일본의 조공 사절 주량에 대한 처우가 결정되어 복건 사람 임무화林懋和로 하여금 주객사主客司를 주도하게 하였다. 그리고 일

---

59) 脅從 : 협박에 의해 어쩔 수 없이 따르는 것.

본 사절단을 곧 귀국시킨다고 선언하였다. 주환은 중국이 해외 각국에 대해 신의를 지켜야 한다고 여기고, 상주하여 그러한 생각을 강하게 주장하였다. 또 다음과 같이 상주하였다.

"외국의 도적을 없애는 것은 쉽습니다. 하지만 중국의 도적을 없애는 것은 어렵습니다. 또 중국 연해의 도적을 없애는 것은 오히려 쉽습니다. 중국 사대부들의 도적질을 제거하는 것은 더욱 어렵습니다."

복건과 절강 사람들은 더욱 주환에 대해 원한을 품었다. 주환은 일본의 사신 주량으로 하여금 바깥으로 나가 도서 근처에 정박하여 다음의 조공 기일을 기다리라고 하였다. 이부에서는 어사인 복건 출신의 주량周亮과 급사중 엽당葉鐺의 말에 따라, 주환에게 관원에 대한 감찰만을 담당하게 하고 그 권한을 박탈하자고 상주하였다. 주환은 분개하여 이듬해 봄 상소하여 말하였다.

"신은 해방海防을 정비하여 점차 성과를 이뤄가고 있습니다. 그런데 주량은 신의 권한을 삭탈하여 신의 속리屬吏로 하여금 명령을 따르지 않도록 만들려 하고 있습니다."

이어 그는 국시國是의 천명, 법령 체계의 준수, 기강 확립, 요해처의 방비, 우환의 근본 제거, 신속한 결단 등 6가지 사항을 역설하였다. 그 어조는 매우 격렬하였다. 조정에는 절강과 복건 주민의 얘기를 미리 들어 주환을 좋아하지 않는 사람도 있었다.

주환은 먼저 온주溫州의 반盤과 남궤南麂[60] 등지의 도적 토벌에 나섰다. 3개월에 걸쳐 전투를 벌여 대파하고, 귀로에 처주處州의 광산

---

60) 盤과 南麂는 浙江省 溫州 平陽縣에 속하는 지명이다.

반란을 진압하였다. 그해 3월, 포르투칼인들이 조안詔安을 약탈하였다. 주환은 이들과 맞아 전투하여 그 우두머리 이광두李光頭 등 96명을 사로잡고 전권을 행사하여 그들을 주살하였다. 이를 상주하여 보고하면서 다시 권세가들을 공박하였다. 이에 마침내 어사 진구덕陳九德이, '멋대로 사형을 행했다.'고 주환을 탄핵하였다. 주환은 파면되어 병과도급사兵科都給事 두여정杜汝禎으로 하여금 심문토록 하였다. 주환은 이 사실을 전해 듣고 분하여 눈물을 흘리며 말하였다.

"나는 가난하고 또 병들었다. 더욱이 분하여 심문에 응할 수 없다. 설령 천자가 나를 죽이려 하지 않으신다 해도 복건과 절강 사람들이 끝내 나를 죽이려 들 것이다. 죽어야 한다면 자결하겠다. 다른 사람의 손을 빌리지 않겠다."

그는 스스로 묘지명을 작성하고 절명사絶命詞를 지은 다음 독약을 먹고 죽었다. 가정 29년(1550), 급사 두여정과 순안어사巡按御史 진종기陳宗夔가 돌아와, '간사한 백성이 무역을 하며 단속에 불응한 사건으로서 반역을 하거나 약탈한 일이 없다.'고 보고하며, 주환에 대해 멋대로 사형을 내렸다고 고발하였다. 가정제는 하조하여 주환을 체포하라 하였다. 하지만 주환이 이미 죽었기에 가교와 노당 등을 모두 중죄에 처하였다.

주환은 청렴하고 강직하였으며 업무 처리에 과감하였다. 국가를 위하여 화란禍亂의 근원을 없애려 하다가 권세가의 모함을 받아 죽으니 조야朝野가 모두 탄식하였다. 주환이 죽은 이래 순시대신巡視大臣이 폐지되고 다시는 설치되지 않았다. 조정 내외의 대신들도 손을 내저으며 해금에 대해 감히 다시는 말하지 않았다. 절강 연해에 있던 위소衛所 41개, 전선 439척도 모두 사라졌다. 주환이 배치한 복청주의 포도선捕盜船 40여 척은 해도에 분포하였으며 태주台州 해문위海門衛에도 14척이 있어 황암黃巖을 보위하는 방패막이 역할을 하였다. 하지만 부사 정담丁湛이 모두 해산시킴으로써 방비는 철거되고 해금령은 느슨해졌다. 이로부터 얼마 되지 않아 해구가 크게 일어나 동남 연안에 10여년 간 해독을 끼쳤다.

출전 『명사』 권205, 「朱紈傳」.

내용 16세기 중반 이후 명의 동남 해안 일대에 왜구의 발흥이 극심한 양상을 보였다. 왜구가 출몰한 원인은 해금책과 무역의 제한 때문이었다. 그리하여 일본인뿐 아니라 중국인도 왜구로 가장하여 밀무역이나 약탈에 나섰다. 밀무역의 중국 쪽 거점은 절강 연해의 쌍서雙嶼, 복건의 장주 일대였다. 밀무역에는 신사층도 은밀히 개입하였다. 주환은 절강순무로 부임하여 연해 지역의 왜구 토벌에 임하였으나, 신사층을 비롯한 지역 유력자들이 격렬히 저항하면서 오히려 궁지에 몰려 자살하고 말았다.

척계광戚繼光의 왜구 격멸

척계광의 자는 원경元敬으로 그 집안은 대대로 등주위登州衛의 지휘첨사指揮僉事를 맡았다. 부친 척경통戚景通은 도지휘都指揮를 역임하고 대녕도사大寧都司 직위를 임시로 담당하였으며 입궁하여 신기좌영神機坐營에 소속된 바 있는데 절조와 덕행이 있다는 평판을 받았다. 척계광은 어려서부터 호방하고 범상치 않은 기개가 있었다. 집안이 빈한하였으나 독서를 좋아하여 경전과 사서의 대의에 두루 조예를 갖추었다. 가정嘉靖(1522~1566) 연간에 관직을 이어받고 난 다음 추천에 의해 임시직 도지휘첨사都指揮僉事에 발탁되어, 산동에

서 왜구를 방어하기 위한 직무에 배치되었다. 이윽고 절강도사浙江
都司로 배속된 후 참장參將이 되어 영파부寧波府·소흥부紹興府·태주
부台州府 3군을 관할하게 되었다.

가정 36년(1557) 왜구가 온주부溫州府의 낙청현樂淸縣과 서안현瑞
安縣, 태주부의 임해현臨海縣에 침공하였는데, 척계광이 구원을 하지
못하였으나 길이 멀어 갈 수 없었다는 사실이 참작되어 처벌을 받지
않았다. 얼마 후 유대유兪大猷의 군대와 연합하여 왕직汪直의 잔당을
잠항岑港61)에서 포위 공격하였다. 하지만 오랜 시간이 지나도록 토
벌하지 못하여 그 죄로 관직에서 파면되었으나 대죄戴罪62)의 처분
을 받고 그대로 왜구 토벌을 담당하게 되었다. 그 후 오래되지 않아
잠항의 왜구는 달아나고, 다른 왜구 집단이 태주부를 침공하여 불지
르고 약탈하였다. 이에 급사중給事中 나가빈羅嘉賓 등이, '척계광은
전공이 없을 뿐더러 외국인과 내통하고 있다.'고 탄핵하였다. 그에
따라 막 심문을 당하게 될 즈음 왕직을 토벌한 공로로 사면되어 다
시 관직에 복귀하였다. 그 후 태주부·금화부金華府·엄주부嚴州府 3
군을 담당하게 되었다.

척계광이 절강에 도착해 보니 위소衛所의 군대가 전투 훈련이 매
우 부족한 상태였다. 반면 금화부 의오현義烏縣 사람들을 두고 세간
에서 사납고 거칠다 칭하고 있어, 그들 가운데 3천 명을 모집하여
전투하고 공격하는 방법을 가르쳤다. 또 크고 작은 병기를 번갈아
사용하도록 훈련시켰다. 이후 척계광의 군대는 특별한 정예 부대가

---

61) 岑港 : 浙江의 舟山島 定海縣의 서쪽 해안에 위치.
62) 戴罪 : 明代의 제도로서, 처벌을 받은 관원이 그대로 직책을 담당하도록 처분
하는 것.

되었다. 한편 남방에는 늪과 하천이 많아 말 타고 달리는 것이 불리하였다. 그래서 지형에 따라 진용을 펼치는 것을 변화시켰으며, 보병의 전투가 편리하다는 사실을 알고 그에 맞추어 모든 전함과 대포, 무기를 세밀하게 변용시켜 재배치하였다. 이후 척계광의 군대, 즉 척가군戚家軍의 명성이 천하에 떨치게 되었다.

가정 40년(1561) 왜구들이 태주부의 도저소桃渚所와 기두圻頭를 공격하였다. 척계광은 급거 영해현寧海縣으로 나아가 도저소를 방어하면서 그들을 용산龍山에서 격퇴시켰다. 이후 안문령雁門嶺까지 추격하였다. 왜구가 달아나자 척계광은 그 틈을 노려 무방비 상태로 노출된 태주부의 소굴을 습격하였다. 그는 적당의 수괴를 직접 죽였으며, 나머지 잔당은 과릉강瓜陵江으로 몰아붙여 섬멸하였다. 또한 기두의 왜구가 다시 태주로 나아오자 척계광은 그들을 맞아 선거현仙居縣에서 공격하여 단 한 명도 달아나지 못하게 하였다. 이렇게 전후 9차례나 싸워 모두 승리하였고 포로로 잡거나 참하여 죽인 숫자가 천여 명에 달하였다. 불태워 죽거나 익사한 자는 헤아릴 수 없이 많았다. 이밖에 총병관總兵官 노당盧鐺과 참장參將 우천석牛天錫은 또 영파와 온주에서 왜구를 격파하였다. 이렇게 절동이 평정되자 척계광은 3등급이나 특진하였다. 그 후 복건과 광동의 도적이 강서로 흘러 들어가자, 총독 호종헌胡宗憲은 서신을 보내 척계광에게 도움을 청하였다. 척계광은 그 소굴인 상방上坊에서 격파하였다. 이에 도적떼는 건녕부로 달아났고, 척계광도 절강으로 복귀하였다.

이듬해인 가정 41년(1562) 왜구가 대거 복건을 침공하여 왔다. 온주로부터 온 왜구는 복녕주福寧州 및 복주부福州府 연강현連江縣의 왜구들과 연합하여 건령부建寧府 수령현壽寧縣과 정화현政和縣, 복녕

주의 영덕현寧德縣을 함락시켰다. 광동의 남오南澳 일대에서 온 왜구
세력은 복청현福淸縣 및 장락현長樂縣의 왜구들과 연합하여 장주부
漳州府의 현종소玄宗所를 함락시킨 다음, 장주부의 용암현龍巖縣, 건
령부의 송계현松溪縣, 연평부延平府의 대전현大田縣, 복주부福州府의
고전현古田縣, 흥화부興化府의 보전현莆田縣 등을 공격하였다. 당시
복녕주의 영덕현은 이미 여러 차례 함락된 바 있었다. 영덕현의 현
성縣城으로부터 10리 거리에 있는 횡서橫嶼는 사방이 모두 바다에
둘러싸인 험준한 지형에 자리 잡고 있었는데, 왜구들은 이곳을 장악
하고 그 한 가운데에 큰 본거지를 설치해 두었다. 관군은 횡서에 대
해 감히 공격하지 못한 채 1년여 간 대치하는 상태로 있었다. 이밖
에 새로운 왜구 무리들은 복청현의 우전牛田에 본거지를 건설하고
그 두목은 따로 흥화현興化縣에 본거지를 두어 남북으로 서로 성원
하는 형세를 구축하고 있었다.

　그리하여 복건 일대에서 연이어 급하게 구원을 요청하자, 호종헌
은 다시 척계광을 불러 왜구를 소탕하게 하였다. 척계광은 먼저 횡
서의 왜구에 대해 공격하기 시작하였다. 병사마다 볏단 하나씩 들고
왜구가 판 참호를 메우며 전진시킴으로써 그 소굴을 대파하고 2,600
명을 참수하였다. 이어 승세를 타고 복청현으로 진군하여 우전의 왜
구를 섬멸하고 그 소굴을 제거하였다. 우전의 잔당은 흥화현 방향으
로 도망갔다. 척계광은 재빠르게 이들을 추격하여 한 밤중에 그 근
거지에 도착하였다. 계속 이어진 공격에서 60개의 왜구 근거지를 쳐
부수고 천 수백 명의 왜구를 참수하였다. 그리고 나서 새벽 무렵 흥
화현의 현성縣城에 개선하였다. 이에 흥화현 사람들은 비로소 전투
사실을 알고, 위로하기 위해 술과 쇠고기를 내 오는 사람이 줄을 이

었다. 그 직후 척계광은 북상하여 복청현으로 진군하였다. 곧바로 왜구를 만나 동영오東營澳 방향으로 상륙하여 200명을 참수하였다. 이밖에 유현劉顯도 여러 차례 왜구를 격파하여 복건 해안 일대에 오랫동안 출몰하던 왜구가 거의 다 사라졌다. 척계광은 복주로 가서 축하연을 열었고, 그 공적이 비석에 새겨져 복주의 평원대平遠臺에 건립되었다.

이후 척계광이 절강에 복귀하였다. 그러자 새로운 왜구가 날로 늘어나 심지어 흥화부의 부성府城을 한달 간이나 포위하였다. 그때 유현이 병사 8명에게 서신을 주어 흥화부에 파견하였는데 '천병天兵'이라 수 놓은 옷을 입고 있었다. 왜구는 이들 병사를 사로잡아 죽인 후 그 옷을 입고 관군인양 성 안으로 들어갔다. 그리고 밤중에 성문을 부수고 일당을 성안으로 들였다. 이에 부사副使 옹시기翁時器와 참장參將 필고畢高는 피하여 화를 면하였으나 통판通判 해세량奚世亮은 흥화부 업무를 대리로 처리하다가 살해되었다. 성내도 모두 약탈되고 불살라졌다. 왜구 세력은 두 달 동안 흥화부에 머물다가 평해위平海衛를 함락시키고 본거지로 삼았다.

이에 앞서 흥화부가 위급을 고하자, 가정제는 유대유兪大猷를 복건총병관福建總兵官으로 척계광을 부총병관으로 임명하였다. 흥화부의 부성이 함락된 직후 유현의 군대는 성 아래에 진을 쳤으나, 군대 숫자가 적어 감히 왜구를 공격할 엄두를 내지 못하고 있었다. 유대유 역시 공격하려 들지 않고 대군이 파견되어 오면 함께 포위 공격한다는 방침을 취하였다. 이러한 상태에서 가정 42년(1563) 4월, 척계광이 절강의 병력을 이끌고 도착하였다. 이에 순무 담륜譚綸이 척계광에게 명하여 중군을 거느리게 하고, 유현은 좌군, 유대유는 우군을 거느리게 하여 연합하여 평해위의 왜구를 공격하였다. 척계광이 앞서고 좌군과 우군이 그 뒤를 따라 공격하여, 왜구 2,200명을 참수하고 포로로 잡혀 있던 백성 3,000명을 풀어주었다. 담륜은 전승의 공적을 상주하며 척계광을 맨 앞에 두고 유현과 유대유를 그 다음으로 두었다. 가정제는 종묘에서 제사를 지내며 이 승리를 고한 다음 대대적으로 논공행상을 베풀었다. 척계광은 이미 횡서에서의 공적으로 서도독첨사署都督僉事로 승진해 있는 상태였는데, 이때 다시 도독동지都督同知로 승급하였으며 대대로 봉음封蔭[63])의 천호千戶[64]) 직위를 받게 되었다. 그리고 마침내 유대유를 대신하여 총병관이 되었다.

이듬해인 가정 43년(1564) 2월, 왜구의 잔당이 다시 새로운 왜구 만여 명을 규합하여 3일 동안이나 흥화부 선유현仙遊縣을 포위 공격하였다. 척계광은 현성 아래에서 이들을 격파하고 왕창평王倉坪까지 추격하여 수백 명을 참수하였다. 나머지는 대부분 절벽 아래 계곡으로 떨어져 죽었다. 살아남은 무리 수천 명은 장주부 장포현漳浦縣의 채비령蔡丕嶺으로 달아났다. 척계광은 군대를 다섯 부대로 나누어 각 병사마다 작은 무기를 휴대한 채 절벽에 매달려 오르게 함으로써 수백 명을 죽이고 사로잡았다. 잔당은 고깃배를 탈취하여 바다로 달아났다. 그로부터 한참이 지나, 왜구들은 다시 절강 방향으로부터 복녕주로 침범해 왔다. 척계광은 참장 이초李超 등을 거느리고 그들을 격파하였다. 또 그 승세를 타고 천주부泉州府 영녕위永寧衛 관내

---

63) 封蔭 : 父母 · 祖父母 · 曾祖父母 · 妻家에 封贈이 주어지고 자손이 門蔭으로 官爵을 받을 수 있게 하는 賞爵.
64) 千戶 : 千戶所의 衛所를 담당하는 세습의 軍職. 1,000명의 부대를 관할하였다.

의 왜구를 공격하여 3백여 명을 참수하였다. 그 얼마 후에는 유대유와 연합하여 광동 조주부潮州府의 남오南澳에서 오평吳平이 이끄는 왜구의 무리를 격파하고, 그 잔당까지 모두 섬멸하였다.

척계광은 무장으로서 군령을 엄정히 하고 상벌에 신뢰를 주어 병사들이 모두 그 명령에 따랐다. 유대유와 함께 명장으로 이름을 날렸으나, 인품과 자질은 오히려 그를 뛰어넘어 더 과감하고 의연하였다. 유대유는 노년의 장수인지라 진중하였던 반면 척계광은 행동이 질풍노도와 같았다. 그리하여 여러 차례 왜구의 대군을 무찔러 유대유보다 더 명성이 높았다.

출전 『명사』, 권 212, 「戚繼光傳」.

내용 명 중엽 동남 해안 일대에 출몰하던 왜구 가운데는 중국인이 다수였다. 해안이나 먼 바다로 나가 왜구로 가장한 다음 다시 상륙하여 밀무역이나 약탈을 일삼았던 것이다. 그리하여 당시 전체의 7, 8할이 왜구로 위장한 중국인假倭이라 일컬어지기도 하였다. 16세기 중엽 왜구가 횡행하자 명 조정은 비로소 대대적인 공격에 나선다. 이 왜구 토벌에서 중심적 역할을 수행인 인물이 척계광과 유대유이다. 특히 척계광의 두드러진 활약으로 말미암아 1560년대 후반이 되면 이전까지 그토록 심각한 양상을 보이던 왜구의 활동이 마침내 종식되기에 이른다.

명말 모문룡毛文龍의 활동

모문룡은 절강의 항주 인화현仁和縣출신이다. 도사都司의 관함으로 조선을 지원하며 요동에서 머문 바 있다. 요동이 실함되고 난 후에는 해상으로 달아났다가 빈 틈을 노려 진강鎭江65)을 수비하던 후금의 장수를 살해[66]하고 그 사실을 요동의 순무 왕화정王化貞에게 보고하였다. 하지만 경략經略 웅정필熊廷弼에게는 알리지 않은 탓에 그와의 사이에 틈이 벌어졌다.[67] 그런데 당시 조정의 실권을 장악한 세력[68]이 왕화정을 지지하고 있었기에 모문룡은 총병總兵의 직위에 임명되었다.

이후 모문룡은 승진을 거듭하여 좌도독左都督에 이르렀으며 장군의 지칭이 주어졌다. 또 상방보검尙方寶劍[69]이 하사되었으며 그가 주둔하는 피도皮島[70]에는 마치 내륙과 마찬가지 시설의 군영이 설치되었다. 피도는 동강東江이라고도 불리는 곳으로서 등주登州와 내주萊州로부터 80리 떨어진 지점의 바다 한 가운데 있었다. 풀과 나무가 자라지 않으며, 남쪽 연안으로부터는 멀고 북쪽 해안에 가까웠다. 북쪽으로 80리를 가면 바로 후금의 경계에 다다르고 그 동북쪽 해안은 바로 조선이었다. 피도에 주둔하는 병사는 본디 하동河東[71] 출신이었다. 천계 원년(1621) 하동 일대가 실함되자 주민들 다수가 이 섬 안으로 들어와 살게 된 것이다. 모문룡은 섬 안의 백성을 조직

---

65) 鎭江 : 압록강변의 鎭江堡. 오늘날의 丹同市 인근.

66) 天啓 원년(1621) 5월의 일이다.

67) 당시 經略 熊廷弼과 巡撫 王化貞은 사이가 좋지 않아, 熊廷弼이 수차에 걸쳐 조정에 상주하여 王化貞을 거듭 고발하고 있는 상태였다.

68) 東林黨을 가리킨다.

69) 尙方寶劍 : 황제가 하사한 尙方의 寶劍. 尙方은 궁정의 음식과 器物을 관장하는 부서였다.

70) 皮島 : 지금의 평안북도 철산 앞 바다에 위치한 가도.

71) 河東 : 遼東. 『明史』 및 청측 자료에서는 종종 遼東과 河東을 혼용하기도 한다.

426

하여 병사로 삼고 이를 기반으로 초계 선박을 띄웠다. 그는 산동의 등주와 연결하여 서로 성원하는 태세를 갖추려 하였다. 조정에서도 이러한 그의 계략을 승인하였다. 이리하여 피도의 사단이 일어나게 되었다.

천계 4년(1624) 5월, 모문룡은 부장을 파견하여 압록강을 따라 장백산長白山을 넘은 다음 후금의 동부를 침공하게 하였다. 하지만 후금 장수의 역습을 받아 모두 섬멸되고 말았다. 8월에는 다시 군대를 파견하여 의주義州의 서쪽으로부터 압록강을 건너 섬들에 주둔하게 하였다. 그리고 이들 섬에 둔전屯田을 설치하였다. 이후 후금의 수비 장수가 그 사실을 알고 몰래 군대를 파견하여 습격하였다. 이로 말미암아 500여 명이 살해되고 섬 안의 군량은 모두 불살라졌다.

천계 5년1625 6월에는 군대를 보내 요주耀州의 관둔채(官屯寨)를 공격하였으나 패배하고 돌아왔다. 천계 6년(1626) 5월에는 군대를 파견하여 안산역鞍山驛을 공격하였다가 병사 천여 명을 잃었다. 며칠 후에는 다시 군대를 파견하여 철이하撤爾河를 공략하며 성의 남쪽으로 쳐들어갔으나 후금의 수비 장수에게 가로막혀 퇴각하였다. 천계 7년(1627) 정월에는 후금의 군대가 조선으로 출정하며 모문룡에 대한 토벌을 엿보았다. 이해 3월, 후금의 군대는 의주를 함락시킨 후 군대를 나누어 철산에 주둔한 모문룡의 군대를 야간에 습격하였다. 모문룡은 패배하여 섬 안으로 달아났다. 당시 후금은 모문룡이 후방에서 위협하는 것에 대해 매우 언짢아하고 있었다. 그래서 조선을 치며 모문룡에 대한 원조를 그 침공의 명분으로 들었다.

모문룡이 점거하고 있던 동강東江, 즉 피도는 후금을 견제하기에 대단히 좋은 입지를 지니고 있었다. 모문룡 본인은 그다지 큰 재능이 없어 가는 곳마다 실패를 거듭하는 상태였으며 그가 소모하는 군량도 이루 다 헤아릴 수 없을 정도였다. 또한 상인을 널리 불러 모아 금지 품목을 무역하는 것에 주력하였다. 대외적으로는 조선을 돕는다고 말하였지만 실상은 사욕을 취하는 것이었다. 그리하여 평상시에는 주로 인삼이나 직물 등을 파는 것을 일삼았으며, 막상 전투가 벌어질 때 그의 부대는 아무런 역할을 하지 못하였다.

그에 대해 공부工部 급사중給事中 반사문潘土聞은, '군량을 소모할 뿐더러 투항자를 멋대로 살해한다.'고 탄핵하였다. 상보경尚寶卿 동무충董茂忠은, '모문룡을 소환하여 산해관山海關이나 영원寧遠에 배치하자.'고 주장하였다. 병부에서는 이러한 주장을 각하시켰으나 원숭환袁崇煥[72]은 내심 모문룡을 좋아하지 않았다. 원숭환은 상주하여, '병부 관리를 모문룡 부대에 파견하여 군량 처리를 감독하자.'고 주장하기도 하였다. 그러자 모문룡은 문관의 감시와 통제를 싫어하여 자신도 상주문을 올려 원숭환을 반박하였다. 이에 원숭환은 더욱 불쾌히 여겼다. 이러던 차에 모문룡이 인사하기 위해 찾아오자 빈객賓客의 예로써 접대하였다. 하지만 겸손하지 않은 태도를 보고 그를 죽이려는 마음을 더욱 다지게 되었다.

이 무렵 원숭환은 열병閱兵을 구실로 하여 바다로 나가 쌍도雙島[73]에 도착하였고 이곳으로 모문룡도 소환되었다. 원숭환은 그를

---

72) 袁崇煥(1584~1630) : 明末의 명장. 1626년의 寧原城 전투에서 대승을 거두고 누르하치를 패퇴시킴으로써 그 남하를 저지하였으나 청의 이간에 넘어간 명 숭정제에 의해 처형되고 만다. 崇禎 원년(1628) 이후 兵部尚書 겸 右副都御史, 薊遼讀師의 지위에 올라 후금 전선의 전권을 장악하였다. 毛文龍(1576~1629) 역시 그 지휘와 통제를 받는 위치에 있었다.

맞아 잔치를 베풀며 매번 함께 밤늦게까지 술을 마셨다. 모문룡은 아무런 낌새를 알아채지 못하였다. 얼마 후 원숭환은 군영제도를 개편하여 감찰 관원을 설치하자고 제안하였다. 모문룡이 마땅치 않은 기색을 보이자 원숭환은 그에게 고향으로 돌아갈 것을 권하였다. 모문룡이 말하였다.

"일찍부터 다른 생각을 갖고 있었습니다. 오직 저만이 동방 관련 일들을 처리할 수 있습니다. 동방 관련의 일들이 다 처리되면 조선은 쇠약해질 것입니다. 그때 공격하여 점거하려 합니다."

이 말에 원숭환은 더욱 불쾌히 여겼다. 6월 5일, 원숭환은 모문룡을 초청하여 함께 부하 장수들의 활쏘기 대회를 참관하기로 하였다. 그는 산 위에 장막을 설치하고서 참장參將 사상정謝尚政 등으로 하여금 갑옷으로 무장한 병사를 장막 바깥에 매복시키라 하였다.

모문룡이 도착하자 그 부하들은 모두 돌려보내고 안으로 들어가지 못하게 했다. 원숭환이 말하였다.

"나는 내일 아침 일찍 떠나오. 이제 그대가 바다 위의 중차대한 모든 일을 담당하게 될 것이오. 내게 절 한 번 하기 바라오."

그렇게 서로 간 절하기를 마친 다음 산으로 올라갔다. 원숭환은 모문룡을 따르는 부하들의 이름을 물어보았다. 대부분 모씨毛氏였다. 모문룡이 말하였다.

"이들은 모두 내 손자들입니다."

원숭환이 웃으며 대답하였다.

"너희들은 바다 위에서 오랫동안 고생하면서도 녹봉으로 단지 매

---

73) 雙島 : 산동 반도와 요동 반도 사이에 위치한 도서.

달 쌀 한 가마니를 받을 뿐이로구나. 말하려다 보니 마음이 아프도다. 너희들도 내게 절 한 번씩 하려므나. 국가를 위해 온 힘을 다해주기 바란다."

그들 모두 머리를 조아리며 감사하다고 말하였다.

그리고 나서 원숭환은 모문룡이 군령을 어긴 일 몇 가지를 질책하자 모문룡이 항변하였다. 원숭환은 얼굴 색을 바꾸고 꾸짖으며, 그의 관모冠帽와 옥대玉帶를 빼앗고 결박하라 명하였다. 모문룡은 복종하지 않고 강하게 반발하였다. 이에 원숭환이 말하였다.

"너에게는 열 두 가지나 되는 죄가 있다. 알고 있느냐? 국가의 법제에 의하면 장군이 바깥으로 나가면 반드시 문신의 감독을 두도록 되어 있다. 너는 한 지역을 독단적으로 지배하며 군마軍馬와 군사비에 대한 조사를 거부하였다. 그것이 참형을 받아 마땅한 첫 번째 이유이다.

신하된 자의 죄로서 군주를 기만하는 것보다 더 막중한 것은 없다. 너의 상주문은 모두 거짓으로 가득 차 있으며, 투항한 사람들을 멋대로 죽이고 피난한 백성들이 이룬 공로를 가로챘다. 그것이 참형을 받아 마땅한 두 번째 이유이다.

신하된 자는 반역을 해서는 안 된다. 반역을 하면 반드시 주살된다. 너의 상주문에서는 등주登州에서 말을 길러 남경을 취하겠다는 얘기를 손바닥 뒤집듯 쉽게 거론하고 있다. 대역무도하기 이를 데 없다. 그것이 참형을 받아 마땅한 세 번째 이유이다.

너는 매해 군사비로 수십만 냥을 수령하여 이를 군대에 주지 않았다. 다만 1인당 매달 쌀 3말 반만을 지급했을 뿐이다. 군량을 도둑질한 것이다. 그것이 참형을 받아 마땅한 네 번째 이유이다.

피도에서 멋대로 물품과 말을 교환하는 시장을 개설하고 외국과 사사로이 통교하였다. 그것이 참형을 받아 마땅한 다섯 번째 이유이다.

부하 장수 수천 명에게 모두 자기 성씨를 바꾸게 하고, 부장군 이하 천여 명에게 멋대로 관직을 수여하는 문서를 남발하였다. 또 신변의 병사와 가마꾼까지 모두 금비金緋[74]를 드리우고 있다. 그것이 참형을 받아 마땅한 여섯 번째 이유이다.

영원寧遠으로부터 돌아온 이래 상선을 약탈하는 등 스스로 도적질을 하였다. 그것이 참형을 받아 마땅한 일곱 번째 이유이다.

민간의 자녀를 강탈하였던 것이 그 끝을 모를 정도이다. 부하들도 그것을 본받아, 백성들이 집안에서조차 편안히 쉴 수 없게 만들었다. 그것이 참형을 받아 마땅한 여덟 번째 이유이다.

난민들을 몰아 먼 데로 가서 인삼을 도둑질해 오게 하고 말을 듣지 아니하면 굶겨 죽였다. 섬 안에 백골이 덤불처럼 많다. 그것이 참형을 받아 마땅한 아홉 번째 이유이다.

금은을 싣고 수도로 가서 환관 위충현魏忠賢을 아비로 떠받들 듯하였다. 섬 안에는 면류관을 쓴 그의 동상까지 만들어 두었다. 그것이 참형을 받아 마땅한 열 번째 이유이다.

조선의 철산鐵山에서 전투를 벌였다가 패배하여 무수한 병사를 잃었다. 그런데 그 패배를 숨기고 오히려 공적으로 뒤바꾸었다. 그것이 참형을 받아 마땅한 열 한 번째 이유이다.

군 부대를 개설하고 8년이 지나도록 한 치의 땅조차 수복하지 못하였다. 오히려 관망하면서 적의 세력이 커지도록 만들었다. 그것이

---

74) 金緋 : 金色과 紫色이 交織된 印綬.

참형을 받아 마땅한 열 두 번째 이유이다."

이처럼 죄목을 나열하기를 마치자 모문룡은 사색이 된 채 넋이 나가 아무 말도 하지 못하였다. 다만 머리를 조아리며 용서를 빌었다. 원숭환은 그 부장들을 불러 말하였다.

"모문룡의 죄상이 참수에 처하여 마땅한가 그렇지 아니한가?"

모두 두려워하며 그 말에 순종하였다. 그것을 보고 원숭환이 꾸짖어 말하였다.

"모문룡은 일개 평민일 뿐이다. 그런데 관작이 최고에 이르고 온 가문이 봉음封蔭을 받았다. 포상이 넘치고 있다. 어찌 이토록 패역할 수 있단 말이냐!"

이어 원숭환은 머리를 조아리고 성지聖旨를 받들며 말하였다.

"신은 이제 모문룡을 참수하여 군의 기강을 세우겠습니다. 장수들 가운데 또 모문룡과 같은 자가 있으면 모두 주살하겠나이다. 신이 공을 이루지 못한다면 지금 모문룡을 참하듯 폐하께서 직접 신을 주살해 주십시오."

그리고 상방보검을 들어 장막 앞에서 모문룡을 참수하였다. 이어 그 부하 장수들에게 말하였다.

"다만 모문룡만 주살하겠다. 나머지는 죄가 없다."

당시 모문룡 휘하의 강건하고 사나운 장수와 병사가 수만에 달하였으나 원숭환의 위세에 눌려 단 한 사람도 감히 움직이는 자가 없었다. 원숭환은 그의 시신을 염하여 입관하라 명하였다.

이튿날 제사용의 가축과 음식을 차린 다음 장사지내며 말하였다.

"어제 너를 참하였다. 이는 조정의 법에 따른 것이었다. 지금 너를 장사지낸다. 이는 동료로서의 사사로운 정에 따른 것이다."

그리고 눈물을 흘렸다.

이어 그 휘하 장졸 2만 8천 명을 네 부대로 나누어 모문룡의 아들 모승조毛承祚와 부장 진계성陳繼盛, 참장 서부주徐敷奏, 유격遊擊 유흥조劉興祚로 하여금 관할하게 하였다. 모문룡의 칙인勅印과 상방보검은 진계성에게 대신 관리하게 하였다. 그 다음 군사들에게 음식을 내어 배불리 먹였다. 모문룡이 관할하였던 여러 섬에는 공문을 보내 안무하며 그 학정을 모두 제거해 주었다. 원숭환은 일을 마치고 본진에 복귀한 다음 그 전말을 상주하였다. 상주문의 말미에는 다음과 같이 적었다.

"모문룡은 대장이니 신이 멋대로 주살해서는 안 됩니다. 삼가 석고대죄하겠나이다."

이때가 숭정 2년(1629) 5월이었다.

숭정제는 돌연한 보고를 듣고 속으로 매우 놀랐다. 하지만 이미 모문룡이 죽은 데다가 당시 한창 원숭환을 신뢰하고 있는 상태라서 격려하며 포상을 내렸다. 얼마 후에는 유지諭旨의 형태로 모문룡의 죄상을 포고함으로써 원숭환의 마음을 안심시켰다. 모문룡의 부하로서 수도에 잠복한 자들은 명을 내려 관아에서 모두 체포하였다. 이에 원숭환이 상주하였다.

"모문룡은 일개 필부임에도 그 불법이 이 지경이었습니다. 그러니 해외에서 쉽게 난을 일으키는 것입니다. 모문룡의 무리는 노소老少를 합하여 모두 4만 7천에 이릅니다. 그런데 망령되이 10만이라 과장하였습니다. 그중에는 일반 백성도 많아서 병사는 채 2만도 되지 않습니다. 그럼에도 함부로 천여 명에 달하는 장수 직을 두었습니다. 앞으로 따로 장군을 설치하지 않은 채 그냥 진계성으로 하여금 통할

토록 하는 것이 여러모로 좋다고 여겨집니다."

숭정제는 그대로 조치하라고 회답하였다.

출전 『명사』, 권 259.

내용 1621년 요동 일대가 후금에 장악된 이후 모문룡은 수군을 이끌고 그 배후를 공격하는 활동을 전개하였다. 그는 요동 일대의 도서를 점거하여 한때 그의 위세가 수 천 리에 달할 정도였다. 1621년 7월 이후에는 평안도 철산 앞바다의 가도皮島에 본거를 두고 명의 패잔병과 난민을 수습하며 대오를 정비하였다. 명 말기 모문룡의 활동은 당시의 사회상 및 정치 군사적 기강의 해이를 단적으로 반영한다. 그는 명으로부터 대장군 직위를 부여받고 매년 막대한 재정적 지원을 받으면서도 서슴없이 사적인 모리 행위에 나섰다. 상인을 풀어 명에서 금지한 물품을 공공연히 교역하였으며 경우에 따라서는 주변 일대에서 약탈 행위도 자행하였다. 이러한 모문룡의 존재는 조선과 명, 후금의 관계 및 상호 대응에 심대한 굴곡을 초래하였다.

서양인의 도래와 마카오 사회

광주廣州의 남쪽에 향산현香山縣이 있는데 땅이 바다에 닿아 있으며 옹맥雍麥으로부터 호경오蠔鏡澳까지 대략 하루 거리이다. 이 지역은 산이 마치 둥그런 언덕처럼 마주 보고 있어 남북대南北臺라고 칭해진다. 즉 마카오澳門다. 그 바깥으로는 큰 바다가 둘러싸고 있으며 장가牂牁 지역과 접해 있는 곳이 있다. 이곳이 석협해石峽海라 하는데 바로 외국 오랑캐들의 배가 와서 교역하는 장소이다. 과거에는 외국인들이 입공하며 화물을 싣고 오면 규정대로 추반推盤75)하였다. 그밖에 외국 상인이 사사로이 화물을 가지고 오면 마카오의 관원은 자세히 조사한 후 해도海道76)에 보고하였다. 해도에서는 다시 무안 아문撫安衙門에 보고함으로써 비로소 안쪽 바다로 들어설 수 있게 하였다. 이어 관원이 장부에 기록하고 그 가운데 2할을 징수한 다음 무역을 허용하였다. 그들의 통역은 대부분 장주漳州와 천주, 영파, 소흥 및 광주의 동완東莞·신회新會 출신이었다. 그들은 상투를 틀되 귀 주변으로 둘둘 감고 외국의 의복 및 언어를 흉내냈다.

외국 선박은 매년 여름으로부터 가을 사이 바람이 불어올 때 그 것을 타고 도착하였다. 과거에는 다만 2, 3척에 불과하였는데 지금은 20여 척으로 늘어났으며 때로 그 두 배가 되기도 한다. 또 지난 날에는 모두 낭백오浪白澳 등에 정박하였는데, 그 일대가 바다에서 멀리 떨어져 있지도 않을 뿐더러 여건이 매우 좋지 않아 오래 머물기 어려웠다. 그래서 마카오의 관청에서 명하여 임시로 목책을 둘러 치고 그 안쪽에 머물게 하였다가 선박이 큰 바다로 나가면 목책을 철거하였다. 그런데 최근 몇 년 이래로 호경오까지 들어와 건물을 짓고 편하게 교역에 종사하기 시작하였다. 몇 년이 지나지 않아 그 집들은 수백 채가 되었으며 지금은 거의 천 채 이상이 되었다.

외국 상인들은 날마다 중국인과 거래하며 해마다 많은 이익을 남 겼다. 그 이익이 이루 헤아릴 수 없이 많다 보니 아예 그 나라 사람 들 모두가 몰려들어 어른과 아이 할 것 없이 이주해 오는 모습이 서 로 줄을 이룰 정도였다. 지금은 그들의 집이 또 얼마나 늘었는지 모 를 지경이어서 외국인 숫자가 거의 만 명에 달한다.

---

75) 推盤 : 抽解, 외국 상인의 화물에 대해 실물로 징수하는 통관세.

76) 海道 : 관아의 명칭. 각 省으로부터 지방에 파견되어 海道를 순시하는 副使.

괴이한 외모에 이상한 차림을 한 모습이 사방에 가득 찼다. 그들의 칼 끝은 햇빛에 빛나고 그 대포 소리는 하늘을 진동하고 있다. 그런데 그들은 기쁠 때는 사람처럼 행동하지만 화가 나면 짐승이 된다. 그 본디 성품이 그러하다. 또 간사한 무리는 그들을 이끌어 주민들을 업신여기게 하고, 마카오의 관료를 능멸하게 만든다. 그러니 그 추세가 더 심해지지 못하도록 해야 한다. 만일 승냥이나 이리의 무리들이 마음을 잘못 먹으면 개나 쥐 같은 피해를 입히는 것으로 그치지 않는다. 자그마한 이익을 탐하는 것이 아니라 무리를 이끌고 향산현의 현성縣城으로 몰려갈지도 모른다. 각지에 흩어져 살며 요해지를 점거하고 있다가 한꺼번에 소리지르며 모여들어 성내를 공격하게 되면 순식간에 일이 커질 것이다. 그 재앙은 실로 말로 이루 다 형용할 수 없을 지경이 되리니, 그에 대한 대비를 미리 해 두어야 될 것이다.

출전 『明經世文編』, 권 357, 龐尙鵬, 「題爲陳末議以保海隅萬歲治安事」.

내용 마카오에 포르투칼인들이 입항하기 시작한 것은 1530년대부터이다. 이후 1550년대가 되면 포르투칼인들이 마카오에 정주하기 시작하였다. 외국 선박은 중국에 입항한 이후 관아에 등록하고 현물의 통관세抽解를 납입하도록 규정되어 있었다. 추해를 납입한 이후 시장에서 상품을 교역하는 것이 허용되었다. 이 기록에서는 명 말기 유럽 상인들의 급속한 도래와 정주, 그리고 그로 말미암은 사회 동요의 양상이 잘 드러난다.

명말청초의 타이완

타이완은 바다 한 가운데 있는 황량한 섬이다. 숭정崇禎(1628~
1644) 연간 웅문찬熊文燦이 복건의 순무로 있을 때 큰 가뭄이 들어
백성이 기근에 빠졌다. 정부나 민간이나 아무런 대책이 없자 웅문찬
이 정지룡鄭芝龍에게 방책을 강구하라 일렀다. 정지룡이 말하였다.

"제 제안대로 따라 주실 수 있습니까?"

"그렇게 하겠다."

이에 정지룡은 식량이 없는 백성 수만 명을 모집하였다. 한 사람
당 은 3냥, 세 사람당 소 1마리를 지급한 후 배에 실어 타이완으로
건너갔다. 이들로 하여금 풀을 베어 집을 짓고 버려진 땅을 개간하
게 하였다. 그곳의 토질은 대단히 비옥하여 가을이 되어 수확해 보
니 중국 본토보다 배나 많이 거두었다. 이들 백성은 그것으로 의식
을 해결하였으며 그 나머지로 정지룡에게 세금을 납부하였다.

그 후 홍이紅夷[77]가 빼앗아 타이완臺灣,[78] 계롱鷄籠[79], 담수淡水[80]
등 몇 군데에 성을 쌓았다. 이밖에 또 수십 군데에 토성土城을 설치
하였다. 타이완 성은 돌들이 높이 수십 장丈[81]이나 되었으며 넓이는
약 1장 남짓이었는데, 여기에 석회를 넣고 불을 질러 한 덩어리 마
냥 단단히 얽히게 하였다. 또 팽호澎湖도 장악하였는데 그곳은 담수
가 많고 지세가 낮아, 이곳에 큰 배가 들어오면 배를 갈아타고 들어

---

77) 紅夷 : 명대 네덜란드에 대한 칭호. 紅毛夷라고도 불렀다.

78) 타이완(臺灣) : 오늘날의 臺南市.

79) 鷄籠 : 오늘날의 基隆市.

80) 淡水 : 오늘날의 타이페이(臺北).

81) 수십 丈 : 십여 미터. 1장은 약 30cm.

가야 했다. 따라서 험준하여 방어하기에 용이하였다.

　정지룡의 아들 정성공이 타이완을 공략하기 시작하여 팽호에 이르렀을 때, 마침 바닷물이 불어나서 큰 배로 건너가야 했다. 그는 바로 타이완 성 아래로 치고 들어갔다. 성 안에는 불과 천여 명의 홍이가 수비하고 있을 뿐이었다. 그 나머지는 모두 이전에 정씨에 의해 이주된 백성들이었다. 정성공은 대포로 공격하였지만 성이 견고하여 아무런 효과가 없었다. 이에 해안에 있던 백성들이 말하였다.

　"성 바깥에 높은 산이 있는데 물이 위로부터 아래로 흐르다가 성의 해자를 돌아 성 안으로 흘러 들어갑니다. 성 안에는 우물이 없고 다만 이 물에 의지할 뿐입니다. 만일 이 물을 막아버리면 사흘이 지나지 않아 곤경에 빠질 것입니다."

　정성공이 이 말대로 하자 홍이는 곧 항복하고 마침내 배를 타고 다른 곳으로 떠났다. 정성공은 그곳의 왕으로 살다가 신축년[82)]에 죽었다.

출전 黃宗羲, 『行朝錄』 권 11, 「易姓始末」.

내용 타이완은 고래로 유구流求라고 불리며 중국으로부터 화외化外의 땅으로 여겨졌다. 명말에 이르러 상당수의 중국인이 이주하여 처음에는 어업의 근거지로 이용되다가 이어 개간을 통한 농경도 행해졌다. 또 명의 해금 정책을 피하기 위한 무역 거점으로도 이용되었다. 그러다 1624년 네덜란드가 점령하여 성채를 쌓았다. 이후 정성공이 네덜란드인들을 내쫓고 이곳을 근거지로 삼았다.

---

82) 신축년 : 順治 18년(1661). 鄭成功(1624~1662)은 1662년에 사망한다. 이 기록은 착오이다.

정성공鄭成功의 타이완 점유

순치 18년(1661), 순치제의 뒤를 이어 강희제가 즉위하였다. 정월, 정성공이 타이완을 취하기로 결정하였다. 그 땅은 동남쪽 바다 한가운데 있는데 크기가 수천 리에 달하고 중국인과 유럽인이 뒤섞여 살고 있었다. 천계(1621~1627) 연간에 유럽의 홍이紅夷가 점거하여 중국·일본·광남廣南[83] 등지와 무역하였다. 해변의 빈민들은 사탕수수를 심은 다음 그것을 끓여서 설탕으로 만드는 것을 생업으로 삼고 있었다. 그러한 백성이 수천 호에 달하였다.

이 무렵 홍이 또한 해상으로 군대가 밀려올 것을 두려워하여 경자년(1660) 봄에 통사通事[84] 하빈何斌 및 우두머리 하나를 보내 조공하겠다고 제의하였다. 하빈은 이때 지도를 바치며 정성공에게 타이완의 점령을 권하였다. 정성공은 진남관鎭南關으로부터 원동院東까지 산을 따라 군대를 배치하였는데 그 길이가 10여 리에 달하였고 군사의 숫자가 수만 명이었다. 그중 주전빈周全斌이 거느리는 융기병戎旗兵이 7천 명이었으며 모두 금룡갑金龍甲[85] 차림을 하고 있었다. 그 군대의 위세가 매우 웅장하여 홍이가 두려워 떨었다.

정성공이 전군을 진군시키려 하니 여러 장수들은 비록 감히 거역하지는 못하나 모두 난처한 기색이었다. 선의후진宣毅後鎭 오호吳豪가 일찍이 타이완에 가본 적이 있었다. 그가 강력히 말하였다.

---

83) 廣南 : 베트남 남북조 시대의 남조 阮氏(응우옌씨). 후에를 도읍으로 삼아 베트남 중부를 영유하였다. 16세기 중엽부터 떠이 썬(西山)이 등장하는 18세기 후반까지 존속하였다.
84) 通事 : 통역.
85) 金龍甲 : 황금 빛 갑옷. 龍甲은 甲冑.

"항구가 얕아 큰 배가 들어가기 어렵습니다. 또 그 일대에 장려瘴癘[86]가 많습니다."

정성공이 머리를 끄덕였다. 그런데 판리융정辦理戎政 양조동楊朝棟이 나서서 타이완을 가히 취할 수 있다고 주장하였다. 정성공은 이 말에 따르기로 하였다.

2월, 정성공은 금문도金門島에 군대를 집결시키고 선박을 점검하였다. 병관兵官 홍욱洪旭과 이전의 제독提督 황정黃廷으로 하여금 사명주思明州에 남아 지키게 하고, 호관戶官 정소鄭素로 하여금 금문소金文所에 남아 지키게 하였다.

3월 1일, 강에 제사를 지냈다. 정성공은 친군무위親軍武威 주전빈·하의何義·진망陳蟒, 제독提督 마신馬信, 진장鎭將 양조楊祖·소공신蕭拱宸·황소黃昭·진택陳澤·오호·임복林福·장지張志 등 문무관을 거느리고 출진하였다. 팽호유격澎湖遊擊 홍훤洪暄이 앞서 인도하고 그 뒤를 이어 여러 선박들이 따라나서 요라만料羅灣에 이르렀다. 이곳에서 명령에 따라 정박하였다.

23일 오시午時(오전 11시~오후 1시), 요라만에서 바다로 나섰다. 24일, 선박들이 나란히 팽호열도에 도착한 후, 각 섬에 나누어 정박하였다. 정성공은 치내서峙內嶼에 본영을 설치하였다. 27일, 출발하여 감길서甘吉嶼에 도착하였으나 강풍에 가로막혀 되돌아왔다. 30일 저녁이 되도록 바람이 그치지 않았으나, 군량이 거의 바닥나서 정성공은 1경[87] 이후에 출발한다고 전군에 알렸다. 3경이 지나자 안개가

---

86) 瘴癘 : 열대 풍토병.
87) 1경一更 : 저녁 7시에서 9시 사이.

개고 바람이 잦아들었다.

4월 1일, 날이 밝자 정성공은 진군하여 타이완의 해안가 가까이 다가갔다. 다른 선박들도 연이어 뒤따라 와서 녹이문鹿耳門[88] 앞바다에 도달하였다. 그곳은 너무 얕은 데다가 모래톱이 연이어져 큰 선박이 출입하기 어려웠다. 그래서 홍이들의 방비가 허술하였다. 이날 파도가 높이 솟구치는 속에서 정성공은 작은 배로 갈아타고 녹이문으로 상륙하였다. 대선단을 이룬 배들도 함께 항진하여 화료항禾寮港에 정박한 다음 뭍에 올라 숙영하였다. 그리고 진택에게 명하여 병사들을 거느리고 총포를 장착한 선박을 배치하여 녹이문을 호위토록 하였다. 홍이의 갑판선甲板船을 견제하고 아울러 부대의 북방 후미를 엄호하기 위해서였다.

이에 적감성赤嵌城[89]을 지키는 홍이의 장수 묘난실정猫難實叮이 군영을 향해 포를 쏘아댔다. 또 마굿간과 군량 창고를 명중시켜 불살랐다. 정성공은 그 불이 적감의 읍내로 번지는 것을 우려하여, 양조동에게 명하여 장지張志와 병사를 거느리고 방어하며 잘 살펴보게 하였다.

3일, 진택이 부대의 맨 끝에 숙영하고 있었는데, 타이완 성[90]을 수비하고 있던 홍이의 우두머리 규일揆一은 정성공 부대가 채 전열을 갖추지 못한 것을 보고, 장수 발귀자撥鬼子를 파견하여 조총 부대 수백 명을 이끌고 공격하게 하였다. 진택이 이를 맞아 싸워 단번에 무찔렀다. 발귀자는 전사하고 나머지 오랑캐들은 후퇴하였다.

---

88) 鹿耳門 : 현재의 臺南市 安平港 북방.

89) 赤嵌城 : 현재의 臺南市 安平鎭.

90) 타이완 城 : 현재의 臺南市.

4일, 적감성의 장수 묘난실정은 고립무원의 상태였다. 이에 정성공이 양조동을 파견하여 초유하니 마침내 오랑캐 3백여 명을 이끌고 나와 항복하였다. 정성공은 그에게 적감에 있던 오랑캐로 하여금 우두머리 규일 등을 달래 항복하게 하였으나 규일 등이 따르지 않았다. 당시 홍이의 갑판선이 아직 항구에 있는 상태였다. 그래서 진택과 진광陳廣 등에게 명하여 공격하게 하였다. 진택 등은 그 가운데 한 척을 침몰시키고 또 한 척은 불태웠다. 나머지 한 척은 달아났다.

7일, 정성공은 군대를 거느리고 곤신昆身으로 옮겨 주둔하였다. 이곳에 둔덕을 쌓고 포대를 설치하여 타이완 성을 공격하였다. 규일 등은 성내에서 일제히 대포를 쏘아 응수하였다. 그로 말미암아 둔덕이 금세라도 무너질 태세여서 정성공의 부대가 후퇴하자, 오랑캐들이 성 바깥으로 나와 대포를 빼앗았다. 이를 보고 마신馬信과 유국헌劉國軒이 화살 부대를 이끌고 공격하니 후퇴하였다. 정성공은 적감성에서 항복한 오랑캐로 하여금 총포를 설치하고 타이완 성을 공격하게 하였다. 이어 마신 등을 파견하여 타이완 성의 앞에 주둔하게 하였다. 그들은 성을 굳게 포위한 채 공격하지는 않았다. 홍이들이 스스로 항복하기를 기다렸다. 그리고 각 부대를 나누어 주둔시키며 땅에 물을 뿌리고 개간하여 경작하도록 하였다.

…(중략)…

12월, 타이완 성을 지키던 우두머리 규일 등이 성을 들어 정성공에게 투항하였다. 그리고 나서 그 무기와 화물을 배에 실은 다음 살아 남은 오랑캐 500여 명을 거느리고 배와 함께 멀리 떠나갔다. 이렇게 하여 마침내 정성공이 타이완 성을 장악하고 그 이름을 동녕東寧으로 바꾸었다.

출전 阮旻錫,『海上見聞錄』.

내용 남명 정권이 무너지고 중국이 청조에 의해 장악된 이후에도 항청 활동을 지속하는 세력이 남아 있었다. 바로 대만에 웅거한 정성공과 그 자손이다. 명말 동남 연해에서 정지룡鄭芝龍이란 인물이 무역을 통해 대규모 해상 세력으로 성장하였다. 그는 처음에 남명 정권에 가담하였지만 1646년 당왕唐王이 사로잡히자 청조의 초무에 응해 항복하였다. 그렇지만 일본인을 어머니로 두었던 아들 정성공은 부친과 결별한 채 항청을 지속하였다. 그는 부친의 해상 세력을 계승한 다음 금문도金門島 등을 근거지로 하여 복건과 절동의 연해 지방에서 청군을 괴롭혔다. 그러다 1661년 청조가 천계령을 선포하자 타이완을 장악하고 이곳을 본거지로 삼아 항전을 지속하게 된다.

강희제의 타이완 정벌

타이완은 자고로 중국과 통하지 않았다.『문헌통고文獻通考』[91])에서, "천주泉州의 동쪽에 섬이 있어 팽호도澎湖島라 불린다. 팽호도의 인근에 비사야국毘舍耶國이 있다."라고 적혀 있다. 그것이 타이완이다. 명말에 네덜란드인에 의해 점거되었다. 청초에 명의 장수 정성공이 강남에서 패배한 후 마침내 이곳에 와서 네덜란드인으로부터 빼앗아 지배지로 삼았다.

그 아들 정경鄭經의 시기 세 역도逆徒가 반란[92])을 일으키자 그 틈

---

91)『文獻通考』: 원대의 馬端臨이 찬술한 책으로, 당대 杜佑의『通典』의 體例에 따라 上古로부터 南宋 寧宗 嘉定 5년(1212)에 이르는 典章制度의 연혁을 수록하였다. 전체 348권으로 元 成宗 大德 11년(1307)에 완성되었다.『通典』및 鄭樵의『通志』와 함께 三通이라 일컬어졌다.

92) 三藩의 亂을 가리킨다.

을 타고 여러 차례 동남 해안 일대를 침공하였다. 이에 강친왕康親王93)이 오흥조吳興祚와 요계성姚啓聖 등을 파견하여 하문廈門과 금문金門을 수복하게 하였다.

강희 22년(1683), 정해장군靖海將軍 시랑施琅이 팽호도를 점령하자 정경은 근심으로 말미암아 죽고, 그 뒤를 이은 아들 정극상鄭克塽이 항복하였다. 이로써 타이완은 마침내 청의 판도 안에 들어와, 이곳에 대만부臺灣府 및 대만·봉산鳳山·제라諸羅의 3현을 설치하였다.

출전 昭槤, 『嘯亭雜錄』 권 6, 「臺灣之役」.

내용 타이완은 1661년 정성공에 의해 점령된 이래, 그 아들인 정경(1642~1681)과 손자 정극상(1670~1717)에 이르기까지 3대에 걸쳐 정씨의 지배를 받으며 항청 활동의 근거지가 되었다. 청조는 1681년 삼번의 난을 진압한 이후 타이완의 정씨 세력 소탕에 눈을 돌려 1683년, 마침내 23년에 걸친 정씨의 타이완 지배를 종식시켰다. 이로써 타이완은 역사상 최초로 중국 중앙정부의 지배를 받게 되었다.

개토귀류改土歸流 정책의 추진

옹정 4년(1726) 봄 오르타이鄂爾泰를 운남雲南의 총독 겸 순무로 임용하였다. 그가 상주하였다.

"운남과 귀주貴州의 우환거리로 묘족苗族의 변란만한 것이 없습니

---

93) 康親王 : 누르하치의 증손인 愛新覺羅 傑書(1645~1697). 청 중기의 중요한 장수로서 三藩의 亂 및 타이완 鄭氏 세력의 정벌에 큰 공을 세웠다. 시호는 良이다.

다. 백성을 안정시키고자 한다면 먼저 만이蠻夷를 통제해야만 합니다. 또 이적을 통제하려 한다면 개토귀류94)를 실현시켜야만 합니다. 또한 묘족의 거주지역은 대부분 이웃 성省과 들쭉날쭉 교차되어 있습니다. 반드시 행정 관할권을 통합하여야만 합니다. 처음 한 번의 수고로움으로 영원히 편안함을 기할 수 있을 것입니다.

예컨대 동천부東川府,95) 오몽부烏蒙府,96) 진웅부鎭雄府97)는 모두 사천四川에 소속된 토사土司98) 관할 지역입니다. 그런데 동천은 운남과 단지 산 하나를 사이에 두고 있을 뿐입니다. 운남의 성성省城과는 4백여 리밖에 떨어져 있지 않은데, 사천의 성도成都와는 천 8백 리나 떨어져 있습니다. 지난 해 겨울 오몽의 토부土府에서 동천을 침공하여 약탈한 바 있습니다. 그때 운남의 군대가 그들을 격퇴하였습니다. 그런데 그 후에야 사천성의 지시가 뒤늦게 도달하였습니다. 오몽으로부터 운남의 성성까지도 불과 6백여 리밖에 떨어져 있지 않습니다. 강희 53년(1714) 그 토관土官 녹정건祿鼎乾이 불법 행위를 저질러 흠차독무欽差督撫가 파견되어 조사하였지만, 지방 당국에 인질로 자제를 내놓는 선에서 마무리되었습니다.

---

94) 改土歸流 : 중국의 서남지방 소수민족 지구의 土司制度를 폐지하고 중앙정부에서 파견하는 관원(流官)을 통해 직접 통치함으로써 內地와 동일한 지방행정제도를 실행하는 것. 청대 옹정 연간 서남지방의 滇(雲南), 黔(貴州), 桂(廣西), 川(四川), 湘(湖南), 鄂(湖北)의 6개 성에서 중점적으로 도입되었다.

95) 東川府 : 오늘날의 雲南省 會澤縣 및 巧家縣 일대.

96) 烏蒙府 : 오늘날의 雲南省 昭通縣 일대.

97) 鎭雄府 : 오늘날의 雲南省 鎭雄縣, 彝郞縣, 威信縣 일대.

98) 土司 : 명청 시대 西北과 西南 지구에 설치된 관직. 소수 민족 추장이 세습적으로 담당하였다. 土官이라고도 불렸다.

이후 그들은 더욱 거리낌이 없어졌습니다. 오몽에 필요한 재정은 300여 냥에 지나지 않습니다. 그런데 아래로부터 징수하는 것은 그 백 배에 달합니다. 매년 서너 차례나 작은 징발小派이 있으며 3년에 한 번 씩 큰 징발大派이 있습니다. 작은 징발은 전錢으로 부과되지만 큰 징발은 냥兩으로 부과됩니다. 또 토사가 한 번 며느리를 맞을 일이 있으면 토민土民들은 3년이나 감히 혼인을 치르지 못합니다. 토민이 죄를 범하여 사형에 처해지면 그 친족 또한 수십 냥의 속죄금을 바쳐야 합니다. 그 비용을 대느라 종신토록 하늘이나 해를 쳐다볼 틈도 없을 지경입니다.

동천은 이미 30년 전에 유관流官99)으로 바뀌었지만 토목土目100)이 여전히 또아리를 틀고 있습니다. 파견된 문무 관원은 그저 성성省城에서 머물 뿐입니다. 그리하여 기름진 땅 4백 리가 그냥 버려진 채 아무도 개간하려 들지 않습니다. 만일 동천부·오몽부·진웅부의 소속을 운남성으로 바꾸고 또 신으로 하여금 적절한 기회를 보아 유관으로 바꾸는 조치를 취하게 해 주십시오. 그리하여 3부에 하나의 통합된 관아를 설치함으로써 영원히 변방의 기강을 바로잡겠습니다. 이것이 사천과 관련된 일입니다.

광서廣西의 토부土府101)로서 주현과 동채峒寨102)를 관할하는 기관에 배치된 50여 명은 남녕부南寧府와 태평부太平府103)·사은부思恩

---

99) 流官 : 중앙 정부에서 파견하는 관료. 임기 종료 후 다른 임지로 옮겨가기에 流官이라 칭하였다.
100) 土目 : 土官의 휘하의 세습 관료.
101) 土府 : 土司의 관아.
102) 峒寨 : 소수민족(蠻夷)이 거주하는 계곡 및 산간 지역.

府104)·경원부慶遠府105)에 소속되어 있습니다. 그들은 대부분 적청狄靑106)이 농지고儂智高107)를 정벌했을 때, 그리고 왕양명이 전주田州108)를 정벌했을 때 설치한 것이 지금까지 이어지고 있습니다. 이 일대의 우환 거리는, 사성泗城109) 토부를 제외하고 그 나머지는 모두 토목土目이 토사에서 횡행한다는 것입니다. 더욱이 귀주와 광동은 지금까지 장가강牂牁江을 경계로 하고 있습니다. 그런데 광동의 서륭주西隆州와 귀주의 보안주普安州는 서로 강을 건너 깊숙이 들어가 있는 상태입니다. 이들 지역의 묘족 거주지는 널리 띄엄띄엄 분포하여, 문무 관원들 모두 걸핏하면 서로 관할이 아니라고 떠넘기기 일쑤입니다. 마땅히 강을 경계로 하여 그 북쪽은 귀주에 소속시키고 그 남쪽은 광동에 소속시켜야 합니다. 그리고 주州와 군사 시설을 증설한다면 분명히 통제하여 단속할 수 있을 것입니다. 이것이 광서와 관련된 일입니다.

운남은 서남 지역에 치우쳐 있으며 난창강瀾滄江110)을 서쪽 경계로 하고 있습니다. 그 바깥에는 차리車里·면전緬甸·노과老撾 등의

---

103) 太平府 : 오늘날의 廣西 崇左市 일대.

104) 思恩府 : 오늘날의 廣西 環江縣 일대.

105) 慶遠府 : 오늘날의 廣西 宜山縣 일대.

106) 狄靑(1008~1057) : 북송의 명장, 특히 西夏 전쟁과 儂智高 반란의 진압에서 큰 활약을 하였다.

107) 儂智高(1025~1055) : 11세기 중엽 베트남과 북송의 접경지역에서 반란을 일으킨 인물. 儂智高의 반란은 1053년 狄靑에 의해 진압되었다.

108) 田州 : 오늘날의 廣西 田陽縣 일대.

109) 泗城 : 오늘날의 廣西 百色縣 일대.

110) 瀾滄江 : 메콩강의 상류. 티베트 고원에서 발원하여 운남을 거쳐 흘러간다.

토사가 있습니다. 강 안쪽에 있는 전원演沅·위원威遠·원강元江·신
평新平·보이普洱·다산多産 등의 만이는 그 소굴이 멀고 깊숙한 곳
에 위치해 있습니다. 이들은 노괴魯魁와 애뢰哀牢 사이에 출몰하여,
별 탈이 없을 때는 뱃속 한가운데의 우환 거리에 가깝고 유사시에는
멀리 외국과 통하여 문제를 야기하는 존재입니다. 그리하여 원대로
부터 명대에 이르기까지 대대로 변경의 위해 요인이 되어 왔습니다.
이들에 대해 견식 있는 사람들은, '강 바깥은 토사로 해야만 하고 유
관을 두어서는 안 되며 강 안쪽은 마땅히 유관으로 하고 토사를 두
어서는 안 된다.'고 말하고 있습니다. 이것이 운남에서 변방의 만이
를 다스리는 마땅한 길일 것입니다.

　귀주의 토사에게는 지금까지 묘족苗族을 단속하는 책임이 없었습
니다. 하지만 묘족으로 말미암은 우환은 토사보다 심각합니다. 또
묘족의 영역은 그 둘레가 거의 삼천여 리에 달하며 그 안에는 천 3
백여 개의 채寨가 있습니다. 고주古州[111]가 그 중심을 이루며 그것을
바깥으로 여러 채砦가 둘러싸고 있습니다. 그 왼쪽으로는 청강淸江
이 흘러 이를 통해 가히 북으로 호남湖南에 다다를 수 있고, 오른쪽
으로는 도강都江이 흘러 이를 통해 가히 남으로 광동에 다다릅니다.
이들 지역이 모두 사나운 묘족의 근거지인데 주변의 3개 성과 굳게
단절되어 있어 마침내 별도의 나라가 되어 버렸습니다. 만일 이들
지역에 강을 통한 길을 열어 귀주 및 광동 일대와 통하게 하려거든,
억지로 군대를 깊이 투입하여 강경하게 제압해야만 할 것입니다. 이
것이 귀주에서 변방의 만이를 다스리는 마땅한 길일 것입니다.

---

111) 古州 : 오늘날의 貴州省 榕江縣 일대.

신이 이전 왕조인 명대의 유관·토사의 구분을 생각해 보건대, 토사의 설치 지역은 새로이 개척한 곳인 데다가 장독瘴毒[112])이 있어 중앙에서 풍토에 익숙치 않은 까닭에 지방 사정에 따라 적절히 조치를 취했던 것입니다. 그래서 토사로 하여금 지역을 다스리며 통제하게 했습니다. 그러한 상태가 지금까지 수백년 간 이어져 여전히 만이로 하여금 만이를 다스리게 하고 있습니다. 그리고 마침내 도적으로 하여금 도적을 다스리게 하는 지경에 이르렀습니다. 묘족과 과족保族의 우두머리는 축재에 대한 단속이나 항명에 대한 처벌의 걱정이 없습니다. 토사는 직위 박탈이라든가 영지 삭감의 처벌도 없습니다. 다만 큰 문제가 생기면 중앙에 보고되지만 뇌물을 주면 그냥 넘어갑니다. 상위 관청도 크게 단속하지 않고 조용히 넘기는 것을 능사로 여기니, 변경의 백성들은 아무 데도 하소연할 곳이 없습니다. 이러한 상태에서 만일 덩굴을 잘라내고 근원을 막아버리지 않는다면, 군대를 파견하고 형벌로 처벌하고 막대한 물자를 소모하며 온갖 문제들을 바로잡으려 한들, 그것은 단지 표면만 다스릴 뿐 근본을 다스리는 것이 아닙니다.

개토귀류를 관철하는 방법으로는, 계책을 써서 사로잡듯 하는 것이 상책이요, 군대를 동원하여 토벌하듯 하는 것은 좋지 않습니다. 스스로 자수하도록 하는 것이 상책이지 강제로 내놓도록 하는 것은 좋지 않습니다. 만이를 제압하기 위해서는 먼저 군대를 조련해야만 합니다. 또 군대의 조련을 위해서는 좋은 장수의 선임이 우선되어야 됩니다. 진실로 상벌이 엄정하고 분명하다면 장수와 사졸은 명에 따

---

112) 瘴毒 : 瘴氣를 띤 毒霧. 열대의 풍토병을 야기하는 毒氣.

르게 됩니다. 먼저 안을 다스린 다음에야 바깥의 적을 물리칠 수 있으며, 능히 향하는 곳마다 성과를 이룰 수 있습니다. 이렇게 해야 실로 운남과 귀주의 변경 방어가 두고두고 후대에 이로움을 남길 것입니다."

세종 옹정제는 오르타이의 주장을 읽고 나서 그것이 능히 도적을 다스리는 좋은 방략임을 이해하였다. 그래서 즉시 조령을 내려 동천부·오몽부·진웅부 세 지역을 운남에 예속시키도록 하였다. 옹정 6년(1728) 삼성총독三省總督의 인장을 주조하여 오르타이에게 수여하고 3성과 더불어 광서도 함께 관할하도록 하였다. 이렇게 하여 옹정 4년(1626)부터 옹정 9년(1631)에 이르기까지 만이는 모두 유관의 관할로 바뀌었다. 묘족 역시 중앙의 직접 통제를 받게 되었다.

출전 魏源, 『聖武記』 권 7, 「雍正西南夷改流記」 上.

내용 옹정제의 주요 업적 가운데 하나가 개토귀류 정책이다. 서남부에 위치한 운남과 귀주 등지는 본디 묘족과 이족彝族, 장족藏族 등 여러 소수민족의 거주지로서 대부분 토사의 관할 하에 있었다. 그런데 청 중기 이후 이들 지방으로 한족의 진출이 크게 증가하였다. 그로 인해 한족과 소수민족 사이에 마찰이 발생하여 분쟁이 끊이지 않았다. 이 일대에 대해 옹정제는 강력한 개토귀류 정책을 추진하였다. 이를 통해 소수민족의 자치 체제를 폐지하고 내지와 마찬가지로 지방관을 파견하였다. 이러한 옹정 연간의 개토귀류 정책에서 중심적 역할을 수행한 인물이 오르타이(1680~1745)였다.

군기처軍機處의 설립

군기처는 본디 내각內閣의 분국分局이었다. 국초에는 이전 왕조인 명의 전통을 계승하여 기무機務[113]의 처리는 모두 내각에서 담당하였다. 특히 군사에 관련된 것은 의정왕대신議政王大臣[114]에게 보내 논의하여 품주稟奏토록 하였다. 강희 연간(1662~1722)에는 간혹 황제의 유지諭旨를 남서방南書房에 명하여 작성토록 하였다. 당시 남서방은 마치 당대의 한림학사翰林學士가 내제內制[115]의 작성을 담당했던 것마냥 천자를 가장 가까운 거리에서 보필하는 기관이었다.

옹정(1723~1735) 연간 서북 지방에 전쟁이 발생하였을 때[116] 내각이 태화문太和門 바깥에 위치한 관계로 당직을 서는 관료들은 기밀의 누설을 우려하게 되었다. 그리하여 처음으로 군수방軍需房이 융종문隆宗門 안쪽에 설치되었다. 군수방에는 내각 가운데 글씨체가 신중하고 세밀한 사람을 선발하여 문서 작성을 담당토록 하였다. 이것이 후에 군기처라 불리게 되었다. 그 위치가 궁정에 가까워 천자의 부름을 받는 데도 편리하였다. 군기대신에 임용되는 사람은 모두 신임이 두터운 중신이었다. 이후 천자의 유지를 받들거나 혹은 정령政令을 포고하는 일은 모두 이곳에서 맡게 되었다. 그 관아는 처음에는 목조 건물 수 칸에 불과하였다. 그러다가 건륭(1736~1795)의 초엽에 기와 지붕으로 된 건물을 새로 건축하였다.

출전 趙翼, 『檐曝雜記』 권 1, 「軍機處」.

---

113) 機務 : 중요하면서도 기밀이 필요한 업무.
114) 議政王大臣 : 청초 중요 국사를 협의하던 王과 大臣. 이들의 연석회의에서 중요 안건의 처리 방향이 결정되어 황제에게 稟議하였다.
115) 內制 : 황제의 조칙.
116) 雍正 7년(1729)에 시작된 준가르 정벌을 가리킨다.

내용 1729년 준가르가 침입해 오자 이를 계기로 후일 군기처로 발전하는 군수방을 설치하였다. 신속한 용병用兵과 기밀의 유지를 위해서였다. 군기처는 처음에는 군사 관계의 업무만을 담당하는 임시 기관이었지만, 점차 상설 기관화하고 또 일반 정무 가운데 중요한 것이 모두 이곳에서 다뤄지게 되었다. 내각에는 일상적인 업무만 남게 되고 군기처가 국정의 최고 기관으로 발전하게 된다.

- 翦伯贊·鄭天挺 主編,『中國通史參考資料』古代部分 第1冊, 原始社會 奴隷社會, 北京, 中華書局, 1962.
- 翦伯贊·鄭天挺 主編,『中國通史參考資料』古代部分 第2冊, 封建社會 1 戰國到東漢末, 北京, 中華書局, 1962.
- 翦伯贊·鄭天挺 主編,『中國通史參考資料』古代部分 第3冊, 封建社會 2 魏晉南北朝, 北京, 中華書局, 1965.
- 翦伯贊·鄭天挺 主編,『中國通史參考資料』古代部分 第4冊, 封建社會 3 隋到五代末, 北京, 中華書局, 1965.
- 翦伯贊·鄭天挺 主編,『中國通史參考資料』古代部分 第5冊, 封建社會 4 宋遼金, 北京, 中華書局, 1982.
- 翦伯贊·鄭天挺 主編,『中國通史參考資料』古代部分 第6冊, 封建社會 5 元, 北京, 中華書局, 1981.
- 翦伯贊·鄭天挺 主編,『中國通史參考資料』古代部分 第7冊, 封建社會 6 明, 北京, 中華書局, 1988.
- 翦伯贊·鄭天挺 主編,『中國通史參考資料』古代部分 第8冊, 封建社會 7 清, 北京, 中華書局, 1966.
- 遼寧大學歷史系中國古代史研究室 編,『中國古代史參考資料』(全4冊), 瀋陽, 1982.
- 詹子慶 主編,『中國古代史參考資料』, 北京, 高等教育出版社, 1987.
- 瞿宣穎 纂輯,『中國社會史料叢鈔』(上下), 上海書店, 1985.
- 張久和 編著,『遼夏金元史徵 遼朝卷』, 呼和浩特, 內蒙古大學出版社, 2007.
- 王雄 編著,『遼夏金元史徵 西夏卷』, 呼和浩特, 內蒙古大學出版社, 2007.
- 齊木德道爾吉 編著,『遼夏金元史徵 金朝卷』, 呼和浩特, 內蒙古大學出版社, 2007.

• 葉新民 編著, 『遼夏金元史徵 元朝卷』, 呼和浩特, 內蒙古大學出版社, 2007.

• 中國社會科學院 歷史研究室 編, 『中國古代社會經濟史資料』第1輯, 福州, 福建人民出版社, 1985.

• 中國社會科學院 歷史研究室 編, 『中國古代社會經濟史資料』第2輯, 福州, 福建人民出版社, 1993.

• 謝國楨 編, 『明代社會經濟史料選編』(上中下), 福州, 福建人民出版社, 1980.

• 司馬遷, 『史記』, 北京, 中華書局, 1982.

• 班固, 『漢書』, 北京, 中華書局, 1962.

• 范曄, 『後漢書』, 北京, 中華書局, 2000.

• 房玄齡 等, 『晉書』, 北京, 中華書局, 1974.

• 魏收, 『魏書』, 北京, 中華書局, 1974.

• 慧皎, 『高僧傳』, 北京, 中華書局, 1992.

• 魏徵 等, 『隋書』, 北京, 中華書局, 1973.

• 歐陽修·宋祁, 『新唐書』, 北京, 中華書局, 1975.

• 劉昫 等, 『舊唐書』, 北京, 中華書局, 1975.

• 贊寧, 『宋高僧傳』, 北京, 中華書局, 1987.

• 司馬光, 『資治通鑑』, 北京, 中華書局, 1956.

• 白居易, 『白氏長慶集』, 長春, 吉林出版集團股分有限公司, 2005.

• 宋綬 等, 『唐大詔令集』, 臺北, 鼎文書局, 1978.

• 王欽若 等, 『冊府元龜』, 北京, 中華書局 影印本.

• 李昉 等, 『太平廣記』, 北京, 中華書局, 1961.

• 王昶, 『金石萃編』, 北京, 中國書店, 1985.

• 杜佑, 『通典』, 北京, 中華書局, 1990.

• 王溥 等, 『唐會要』, 上海古籍出版社, 1991.

• 李昉 等, 『文苑英華』, 北京, 中華書局, 1995.

• 脫脫 等, 『宋史』, 北京, 中華書局, 1977.

• 陳襄, 『古靈集』, 四庫全書本.

• 曾棗莊·劉琳 主編, 『全宋文』, 上海辭書出版社·安徽教育出版社, 2006.

• 朱熹, 『五朝名臣言行錄』(『朱子全書』), 上海古籍出版社·安徽教育出版社, 2002.
- 陳邦瞻, 『宋史紀事本末』, 北京, 中華書局, 1977.
- 邵伯溫, 『邵氏聞見錄』, 北京, 中華書局, 1983.
- 朱熹, 『朱熹集』, 成都, 四川教育出版社, 1996.
- 馬端臨, 『文獻通考』, 北京, 中華書局, 1986.
- 蘇軾, 『蘇軾文集』, 北京, 中華書局, 1986.
- 蘇轍, 『欒城集』, 上海古籍出版社, 1987.
- 脫脫 等, 『遼史』, 北京, 中華書局, 1974.
- 脫脫 等, 『金史』, 北京, 中華書局, 1975.
- 宋濂 等, 『元史』, 北京, 中華書局, 1976.
- 李燾, 『續資治通鑑長編』, 北京, 中華書局, 1979~1995.
- 汪大淵, 『島夷志略』, 北京, 中華書局, 1981.
- 徐孚遠 等, 『皇明經世文編』, 臺北, 台聯國風出版社, 1968.
- 黃宗羲, 『行朝錄』, 續修四庫全書本.
- 阮旻錫, 『海上見聞錄』, 續修四庫全書本.
- 魏源, 『聖武記』, 臺北, 世界書局, 1980.
- 趙翼, 『簷曝雜記』, 北京, 中華書局, 1997.
- 許嘉璐 主編, 『二十四史全譯』, 北京, 漢語大詞典出版社, 2004.
- 『明實錄』, 臺北, 中央研究院歷史語言研究所 校印本.
- 趙爾巽 等, 『清史稿』, 北京, 中華書局, 1994.
- 計六奇, 『明季北略』, 北京, 中華書局, 1984.
- 谷應泰, 『明史紀事本末』, 北京, 中華書局, 1985.
- 何良俊, 『四友齋叢說』, 北京, 中華書局, 1983.
- 趙翼, 『廿二史箚記校證』, 北京, 中華書局, 1984.

- 유인선 외, 『사료로 보는 아시아사』, 위더스북, 2014.
- 이근명, 『왕안석자료역주』, 한국외국어대학교 지식출판원, 2017.
- 박세욱 역주, 『영애승람 역주』, 세창출판사, 2023.
- 정수일 역주, 『이븐 바투타 여행기』, 창작과비평사, 2001.
- 김호동 역, 『루브룩의 몽골 기행』, 까치, 2015.
- 유원수 역주, 『몽골비사』, 사계절출판사, 2004.

제**2**장

일본 전근대사 편

1. 일본 고대사(야마타이국邪馬臺國~헤이안平安 시대)

야마타이국邪馬臺國과 히미코卑彌呼

왜인은 대방군 동남쪽의 큰 바다 가운데 있는데, 산지가 많은 섬에 의거하여 국읍國邑을 이루고 있다. 이전에는 1백여 개 국이었는데, 한대漢代에는 조공하여 알현하는 나라도 있었다.1) 지금 교류가 있는 곳은 30국이다. 대방군에서 왜로 가려면, 해안을 따라 물길로 가서 한국韓國을 거쳐 때로는 남쪽으로 갔다가 때로는 동쪽으로 나아가 그 북쪽인 구야한국狗邪韓國에 도착한다. 거리는 7천여 리里이다. 그곳에서 바다를 건너는데, 1천여 리를 가면 쓰시마국對馬國에

---

1) 『後漢書』東夷列傳에는 무제 때 왜에 있던 100여 나라 중 30여 개 나라가 한과 통했으며, 후한 광무제의 中元 2년(57)과 안제 永初 원년(107)에도 왜국이 조공했다고 기록되어 있다. 특히 광무제는 조공 온 奴國 사자에게 印綬를 하사하였다고 기록되어 있는데, 1784년 후쿠오카현에서 발견된 '漢委奴國王'의 명문이 있는 금인이 이때 하사받은 금인으로 비정되고 있다.

도착한다. …(중략)… 육지로 동남쪽으로 5백 리를 가면 이토국伊都國에 이른다. …(중략)… 왕이 있지만 모두 여왕국에 통속되어 있다. 대방군의 사신이 왕래할 때 늘 머무르는 곳이다. 동남쪽으로 1백 리를 가면 나국奴國에 이른다. …(중략)… 남쪽으로 가면 야마타이국邪馬壹國에 이르는데, 여왕이 도읍한 곳이다. …(중략)… 7만여 호 정도가 있다. …(중략)…

여왕국 북쪽에는 특별히 한 사람의 대솔大率을 설치하여 여러 나라를 검찰하게 하므로, 여러 나라가 이를 두려워하면서 꺼렸다. 대솔은 항상 이토국에 거주하며 다스렸는데, 중국의 자사刺史와 같은 존재이다. 왜왕이 경도京都(낙양), 대방군, 여러 한국韓國에 사신을 보내거나, 혹은 대방군이 왜국에 사신을 파견할 때 언제나 [이 대솔이 이토국에서] 항구에 나와서 점검한 다음, 문서와 하사한 물품을 전송하여 여왕에게 전달되도록 했는데, 실수나 착오는 허용되지 않았다. …(중략)…

그 나라도 본래 남자를 왕으로 삼았으나, 70년~80년이 지난 후부터 왜국에서 난리가 일어나 서로 공격하고 정벌한 지 여러 해가 되었다. 마침내 모두 함께 한 여자를 추대하여 왕으로 삼았는데, 이름은 히미코卑彌呼라고 한다. 그녀는 주술을 써서 사람들을 믿게 만든다. 이미 나이가 들었지만 남편은 없고, 남동생이 보좌하여 나라를 다스렸다. 왕이 된 이래 히미코를 본 사람은 거의 없다. 여종 1천 명으로 자신을 모시게 하였고, 다만 남자 1명만이 음식을 올리거나 말을 전달하러 거처에 출입한다. 궁실과 누관樓觀, 성책은 엄중하게 설치되었고, 항상 호위병이 무기를 가지고 지켰다. …(중략)…

[위魏 명제明帝] 경초景初 2년(238) 6월 왜 여왕이 대부大夫 나시메

難升米 등을 대방군에 보내 천자께 가서 조공하겠다고 요청했다. 대방군 태수 유하劉夏는 관리에게 왜 사절을 안내하여 낙양에 이르게 하였다. 그해 12월 조서를 내려 왜 여왕에게 답하여 말하였다. "친위왜왕親魏倭王 히미코에게 조서를 내린다. 대방군 태수 유하가 관리를 보내 너의 대부 나시메와 차사次使 쓰시고리都市牛利를 호송해 왔는데, 네가 바친 남자 생구生口 4인, 여자 생구 6인 그리고 반포斑布 2필 2장丈을 받들고 왔다. 네가 있는 곳은 대단히 먼데도 사신을 보내 조공을 바쳤다. 이는 너의 충성과 효심을 보이는 것이니, 나는 너를 심히 어여삐 여기노라. 이제 너를 친위왜왕으로 삼고, 금인자수金印紫綏를 수여하노라. 그것들을 잘 봉하여 대방태수에게 보내 수여하게 하겠다. 너는 너의 나라 사람들을 편안하게 하고 어루만져주며, 짐에게 효순하는 데 힘쓰도록 하라." …(중략)…

[위魏 소제少帝] 정시正始 원년(240)에 대방군 태수 궁준弓遵이 건충교위建忠校尉 제준梯儁 등으로 하여금 조서와 인수印綏를 받들고 왜국에 가게 하여 왜왕에게 수여하였다. 아울러 왜왕 임명의 조서를 내리고 금, 비단, 융단, 칼, 거울, 채색 깃발과 의복류[采物]를 하사하였다. 왜왕은 이에 사신을 파견하여 은혜로운 조서에 감사하는 답서의 표문表文을 올렸다. …(중략)…

[위 소제 정시] 8년(247)에 대방군 태수 왕기王頎가 관부에 도착하였다. 왜 여왕 히미코는 구누국狗奴國의 남왕男王 히미코코卑彌弓呼와 본래부터 사이가 좋지 않았다. 히미코는 왜인 재사載斯와 오월烏越 등을 대방군에 파견하여 교전 상황을 보고하였다. 이에 왕기는 새조연사塞曹掾史 장정張政 등을 파견하여, 조서와 황색 군기를 나시메에게 수여하고 격문을 만들어서 [히미코가] 그 취지를 깨닫게 하

였다. 얼마 후 히미코가 마침내 죽었다. 크게 무덤을 만들었는데, 지름이 1백여 보步였고, 순장된 자는 노비 1백여 명이었다. 다시 남자 왕을 세웠으나 온 나라가 승복하지 않았다. 서로 주살하여 당시 피살된 사람이 1천여 명이었다. 다시 히미코 일족의 여자인 이요壹與(13세)를 왕으로 세웠는데 온 나라가 마침내 진정되었다.

출전 『三國志』 권30, 「魏書 烏丸鮮卑東夷傳」.

내용 3세기의 왜는 복수의 소국이 야마타이국의 여왕 히미코의 주술적 권위에 의해 간신히 통합되어 있었는데, 구누국처럼 야마타이국과 교전 상태에 이른 나라도 있었다. 히미코가 처음 위魏에 사신을 파견한 것은, 위가 공손씨公孫氏를 멸망시키고 낙랑군과 대방군을 세력권에 넣은 이듬해인 239년이었다. 야마타이국은 위의 권위를 적극적으로 이용하여 구누국을 비롯한 세력권에 있는 나라들을 통제하려 한 것이다. 히미코 사후 266년에 조공한 이후 1세기 이상 왜에서 중국으로의 사절 파견은 단절되었다.

왜의 오왕五王

왜국은 고려高驪의 동남쪽 큰 바다 가운데 있는데, 대대로 공물을 바쳤다. 고조 영초永初 2년(421)에 조하기를,

"왜의 찬讚은 만 리 바깥에서 공물을 바쳤다. 멀리서 온 정성은 현창해야 하므로, 관작을 내려야 할 것이다."

라고 하였다. 태조 원가元嘉 2년(425)에, 찬이 다시 사마司馬 소타쓰曹達를 보내어 표를 올리고 방물方物을 바쳤다.

찬이 죽고, 아우인 진珍이 즉위하였다. 사신을 보내어 공물을 바치고, 스스로 사지절使持節, 도독都督왜·백제·신라·임나任那·진한

秦韓·모한慕韓육국제군사, 안동대장군安東大將軍, 왜국왕이라고 칭하였다. 표를 올려 임명해 주기를 구하므로, 조를 내려 안동장군安東將軍, 왜국왕에 임명하였다. 진이 또 왜수倭隋 등 13인을 평서平西·정로征虜·관군冠軍·보국輔國장군에 임명해 주기를 바라므로, 조를 내려 모두 허락하였다.

[원가] 20년(443)에 왜국왕 제濟가 사신을 보내어 봉헌奉獻하므로, 다시 안동장군, 왜국왕으로 삼았다. [원가] 28년(451)에 사지절, 도독왜·신라·임나·가라·진한·모한육국제군사2)를 더하고, 안동장군은 전과 같이 하였다. 함께 올린 23인을 군軍과 군郡에 제수하였다.3)

제가 죽자, 세자인 흥興이 사신을 보내어 공헌하였다. 세조 대명大明 6년(462) 조하여 말하기를,

"왜왕의 세자 흥은 역대 [왜왕의] 충성을 이어받아 중국의 바깥 울타리[藩屛]가 되어, 황제의 덕화를 입어 국내를 평안히 하고, 지금 이처럼 공손하게 조공하러 왔다. 새로이 변경의 왕업을 이었으니 마땅히 작호를 내리되, 안동장군, 왜국왕으로 한다."

라고 하였다.

흥이 죽자 아우인 무武가 즉위하여, 사지절, 도독왜·백제·신라·임나·가라·진한·모한칠국제군사, 안동대장군, 왜국왕을 자칭하였다. 순제 승명昇明 2년(478)에 사신을 보내 표를 올리기를,

---

2) 신라 이하 5개국은 당시 송의 피책봉국이 아니다. 중국에서는 피책봉국으로부터 중국의 책봉을 받지 않은 지역에 대한 장군 칭호 등의 요청이 있을 경우, 그것을 그대로 승인하였다. 제濟가 승인받은 신라 이하 5개국 도독의 칭호도 군사적 지배라는 실질을 동반하지 않은 것이었다.

3) 장군 칭호와 군태수 칭호를 수여하였다는 의미이다.

"신이 책봉 받은 나라는 중국으로부터 아주 멀리 떨어져 있으며, 바깥에서 번국을 이루고 있습니다. 옛날부터 조상들은 스스로 몸에 갑옷과 투구를 걸치고, 산천을 누비느라 편안히 쉴 겨를이 없었습니다. 동으로는 모인毛人 55국을 정벌하였고, 서로는 중이衆夷 66국을 복속시켰으며, 바다 건너 해북海北 95국을 평정하였습니다. 이에 폐하의 지배는 평화롭고 평안하며, 그 영역은 수도로부터 아득히 먼 곳까지 이르게 되었습니다

왜왕들은 대대로 조공하여 해마다 게을리 한 적이 없습니다. 신은 비록 아주 어리석으나 황공하게도 왕위를 이어받았으므로, 통치하에 있는 자들을 이끌고 폐하께서 계시는 천하의 중심으로 찾아뵈어야 한다고 생각하고, 이에 백제를 경유하기 위해 배도 다 준비해 두었습니다. 그러나 고구려 놈들은 무도하게도 다른 나라를 병탄하려하고, 변경의 예속민을 약탈하며 살육을 그치려 하지 않습니다. 이에 배가 지체되고 순풍을 놓쳐, 비록 길을 나서더라도 도착을 장담할 수 없는 상태가 되어 버렸습니다.

신의 선친인 제濟는 우리의 적인 고구려가 폐하께로 가는 길을 막는 데 분개하였고, 고구려를 규탄하는 정의의 목소리는 백만의 병사들을 감동시켜, 대거 쳐들어가려던 참에 갑자기 아비도 형도 죽어버려서, 거의 다 성취한 공적도 실패로 돌아가고 말았습니다. 아비와 형의 상중에 있으므로 병사를 움직이지 못하고 진군을 멈추고 있어서 아직 승리를 얻지 못하였습니다.

지금은 상도 끝나, 병사를 훈련하여 아비와 형이 남긴 뜻을 잇고자 하면, 의로운 병사는 용맹스레 일어나고 문관도 무관도 군공을 세우려고 번쩍이는 칼날이 눈앞에 닥쳐도 목숨을 아끼지 않을 것입

니다. 만약 천지를 뒤덮는 폐하의 덕으로써 이 강적을 멸망시켜 국
난을 진정시킨다면, 송 왕조에 대한 조공에 힘썼던 이전 왕들의 공
적을 쇠퇴하게 만드는 일도 없을 것입니다. 삼가 스스로 개부의동삼
사開府儀同三司를 가수假授하고 다른 자들에게도 각각 칭호를 가수함
으로써 더욱 충절을 다할 생각입니다."
라고 하였다. 조하여 무를 사지절, 도독왜·신라·임나·가라·진한·
모한육국제군사, 안동대장군, 왜왕에 제수하였다.

출전 『宋書』 권97, 「夷蠻傳」.

내용 진晉 무제 태시泰始 2년(266) 이후 중국에 사절을 파견하지 않았던 왜
는 송宋이 건국된 이듬해인 421년, 100여 년 만에 사절을 파견하였다. 이후
479년까지 50여 년간 5명의 왜왕이 중국의 남조에 조공하였다. 이들 5명의
왜왕을 왜의 오왕이라 부른다. 왜가 5세기 초부터 중국에 조공한 이유로는
대체로 다음과 같은 것을 들 수 있다. 하나는 4세기 말 광개토대왕의 진출에
서 시작되는 고구려의 남진으로 한반도의 남부 지방이 고구려의 영향권에
들어가자, 한반도 남부로부터 철 자원 등의 수입이 어려워진 왜가 송의 권위
를 빌어 이 문제를 해결하려 한 것이다. 그리고 왜왕은 송의 책봉을 받아
중국과의 교섭권을 독점함으로써, 교섭을 통해 수여되는 여러 가지 물품을
독점하게 되었다. 또 왜왕은 신하에 대한 관작 수여를 통해 황제 - 왜왕 -
왜왕의 신하라는 계층조직을 구축함으로써, 황제의 권위를 배경으로 권력을
강화하려 한 것이다.

불교의 일본 전파

[긴메이 흠명欽明 13년(552)]동10월 백제 성명왕[다른 이름은 성왕

이다]이 서부西部 희씨姬氏 달솔 노리사치계 등을 보내 석가불 금동상 1구, 법회용 장식 깃대[幡]와 가리개[蓋] 약간, 경론 몇 권을 바쳤다. 따로 표를 바쳐 불법을 유포하고 예배하는 공덕을 칭송하여 말하기를

"이 법은 모든 법 중에서 가장 뛰어납니다. 이해하기 어렵고 들어가기도 어려워 주공과 공자도 알지 못할 정도입니다. 이 법은 능히 무량무변한 복덕과 과보果報를 낳고 무상의 보리菩提를 이룹니다. 비유하자면 사람이 수의보隨意寶를 품고 사용하면 무엇이든 뜻하는 대로 되는 것과 같이 이 오묘한 법보法寶도 그와 같습니다. 기원한 것이 뜻대로 되어 무엇 하나 부족한 것이 없습니다. 멀리 천축으로부터 삼한까지 모두 가르침에 따르고 받들어 존경하지 않음이 없습니다. 그래서 백제왕 신臣 명明은 삼가 배신陪臣 노리사치계를 보내 제국帝國에 전하니, 기내畿內에 유포시키십시오. 부처가 '나의 법이 동쪽으로 전해질 것이다.'라고 말씀하신 대로 이루어지게 하고자 합니다."

라고 하였다. 이날 천황이 이 말을 듣고 나서 뛸 듯이 기뻐하며 사신에게 조를 내려

"짐은 예로부터 지금까지 이와 같이 오묘한 법은 들은 적이 없다. 그러나 짐이 혼자 결정할 수는 없다."

라고 말했다. 그래서 천황은 신하들 한 사람 한 사람에게

"서번西蕃이 헌상한 부처의 용모가 단아하고 엄숙한데, 지금까지 이런 것은 없었다. 예배해야 할 것인가 말 것인가?"

라고 물으셨다. 소가노오오미 이나메蘇我大臣稻目는

"서번 각국은 하나같이 모두 예배하고 있습니다, 어찌 일본만이

홀로 등지겠습니까?"

라고 아뢰었다. 모노노베노오무라지 오코시物部大連尾輿와 나카토미
노무라지 가마코中臣連鎌子는

"우리 나라에서 천하의 왕이신 분은 늘 천지사직의 180신을 춘하
추동으로 제사지내는 것에 힘쓰고 있습니다. 지금 그것을 변경하여
번신蕃神을 예배하면 국신國神의 노여움을 살까 두렵습니다."

라고 아뢰었다. 천황은

"예배하고자 하는 이나메에게 맡겨서 시험적으로 예배하도록 해
보자."

라고 하셨다. 이나메는 무릎을 꿇어 받고 매우 기뻐하며 오하리다小
墾田의 집에 안치하였다. 불도를 닦는 인연으로 삼기 위해 무쿠하라
의 집을 희사하여 절로 만들었다.

그 후 나라에 역병이 돌아 백성들이 명을 다하지 못하고 죽었다.
시간이 지날수록 더욱 심해지고 치료할 방법이 없었다. 모노노베노
오무라지 오코시와 나카토미노무라지 가마코는 함께 상주하기를

"그 때 신들의 의견을 따르지 않으셔서 이렇게 병들어 죽게 되었
습니다. 지금 곧바로 원래대로 되돌리면 반드시 좋은 일이 있을 것
입니다. 속히 불상을 폐기하고 후일의 복을 구해야 합니다."

라고 하였다. 천황이 "주청한 대로 하라."라고 명하였다. 담당관[有
司]은 곧바로 불상을 나니와難波의 호리에堀江에 던져 버렸다. 또 가
람에 불을 놓아 남김없이 불태웠다. 이때 하늘에 구름도 바람도 없
었는데, 갑자기 대전에 불이 났다.

출전 『日本書紀』 欽明 13년(552) 10월조.

466

내용 불교가 일본에 공식적으로 전파된 것은 백제 성왕이 불상과 경전 등을 전한 것이 최초이지만, 그 연대에 대해서는 552년 설과 538년 설 등 주장이 갈리고 있다. 불교 사상은 당시 일본인의 소박한 신앙에 비하면 훨씬 고도의 이론을 가지고 있어서, 불교 사상이 그대로 일본에 수용된 것은 아니다. 당시의 불교는 종교라기보다는 대륙의 최신 문화라는 의미가 강했고, 그러한 문화를 수용하여 국가 체제를 정비하고 중국과의 교섭을 원활히 하려는 측면이 강했다. 당시 지배층 사이에는 불교 수용을 둘러싼 대립이 발생하기도 했지만, 이후 불교는 일본의 정치와 문화에 커다란 영향을 끼치게 되었다.

견수사遣隋使

대업大業 3년(607) 왜국왕 다리시히코多利思比孤가 사신을 보내 조공하였다. 사신이 말하기를 "왜왕은 해서海西에 보살천자가 있어서 다시 불법을 일으키고 있다고 들었습니다. 그래서 사신을 파견하여 천자를 뵙고 배례하고, 아울러 사문沙門 수십 명을 보내 불교를 배우게 하고자 한다고 말했습니다." 그 나라의 서장에는 "해 뜨는 곳의 천자가 해 지는 곳의 천자에게 치서致書합니다. 무양하게 잘 지내시는지요."라고 적혀 있었다. 황제(양제)는 이 서장을 보고 불쾌해져 홍려경에게 "오랑캐의 서장에 무례한 내용이 있으면, 앞으로는 상주하지 않아도 된다."라고 하였다.

출전 『隋書』 권81, 「東夷傳 倭國」.

내용 589년 수가 중국을 통일하자, 일본(왜)은 600년 왜의 오왕 이래 백수십 년 만에 제1차 견수사를, 607년에는 제2차 견수사를 파견하였디. 일본에서는 제2차 견수사가 지참한 서장의 '日出處天子'라는 표현을 근거로, 당시 일본은 수와 대등한 입장을 주장했다고 보는 것이 통설이다. 그러나 서장의 천자는 지상 최고의 권위를 지니는 유일한 지배자를 가리키는 중화사상의 천자가 아니라 불교를 진흥시키는 불교의 보살 천자라고 보아야 하며, 따라서 이 서장을 가지고 중국과 대등을 주장했다고 할 수 없다는 주장도 제기되어 있다.

견수 유학생·학문승

◎ [스이코推古] 16년(608) 신사일에 당객唐客 배세청裵世淸이 돌아갔다. 즉시 다시 오노노 우마코小野妹子를 대사로 하고 기시노 오나리吉士雄成를 소사로, 후쿠리福利를 통사通事로 삼아 당객에 딸려 보냈다. 이에 천황이 당의 황제에게 안부를 물었다. "동쪽의 천황이 삼가 서쪽의 황제에게 아룁니다. 사신인 홍려시의 장객掌客 배세청 일행이 와서, 오랫동안 [국교를 맺고자] 생각하던 마음이 풀렸습니다. 가을도 저물어 서늘해졌는데, 황제께서는 어떻게 지내시는지요? 잘 지내시는지요? 저도 잘 지냅니다. 지금 대례 소인고蘇因高[4])와 대례 오나리乎那利 등을 보내 삼가 아룁니다."라고 하였다.

이때 당국으로 보낸 학생은 야마토아야노아타이 후쿠인倭漢直福因과 나라노오사 에묘奈羅譯語惠明, 다카무코노아야히토 겐리高向漢人玄理, 이마키노아야히토 오쿠니新漢人大國 및 학문승 니치몬日文, 미나부치노아야히토 쇼안南淵漢人請安, 시가노아야히토 에온志賀漢人慧隱, 이마키노아야히토 고사이新漢人廣濟 등 모두 8명이었다.

---

4) 蘇因高 : 대사 오노노 우마코의 중국식 이름이다.

◎ [스이코] 31년(623) 추7월에 신라가 대사 나말 지세이智洗爾를, 임나가 달솔 나말 지智를 파견하여 함께 내조하였다. 그리고 불상 1구 및 금탑과 사리를 바쳤다. 또 관정번觀頂幡 1구와 작은 번 12개를 바쳤다. 곧바로 불상은 가도노葛野의 우즈마사데라秦寺에 안치하였다. 그밖에 사리와 금탑·관정번 등은 모두 시텐노사四天王寺에 봉납하였다. 이때 대당大唐에 있던 학문승인 에사이恵斉와 에코恵光 및 의원 에니치恵日와 후쿠인福因 등이 모두 지세이 등을 따라 귀국하였다. 그리고 에니치 등이 함께 "당나라에 머무는 학자들은 모두 학업을 성취했습니다. 마땅히 소환해야 합니다. 또 저 대당국은 법식法式이 잘 갖추어진 나라입니다. 항상 왕래해야 합니다."라고 아뢰었다.

출전 『日本書紀』 推古 16년(608) 9월조; 推古 31년(623) 7월조.

내용 제2차 견수사와 함께 방일한 배세청이 돌아갈 때 일본은 다시 오노노 우마코를 파견하였다. 이때 수의 선진문화를 배워 국내 개혁을 추진하기 위해 8명이 유학생이 파견되었다. 수에 간 이들은 홍려시 등에서 교육을 받은 것으로 보인다. 수에서 당으로의 왕조 교체를 목도하고, 길게는 30여 년의 유학 생활을 마치고 일본에 귀국한 이들은 다방면에 걸쳐 활약하게 된다. 특히 미나부치노 쇼안, 다카무코노 겐리, 니치몬은 다이카 개신에 관여하였다.

백강 전투

[사이메이齊明 6년(660년)] 9월 기해 삭 계묘(5일)에 백제가 달솔[이름은 누락] 사미 각종覺從 등을 파견하여 상주하기를[어떤 책에는 도망해 와서 난을 고했다고 한다.], "올해 7월에 신라가 힘을 믿고 기세를

뽐내며 이웃나라와 친하게 지내지 않고 당나라 사람들을 끌어들여 백제를 멸망시켰습니다. 군신이 모두 포로가 되었고 남은 자가 거의 없습니다."라고 하였다[어떤 책에는 "올해 7월 10일에 당의 소정방이 수군을 이끌고 미자진尾資津에 진을 쳤다. 신라왕 춘추지春秋智가 병마를 이끌고 노수리산怒受利山에 진을 치고 백제를 협공하였다. 싸운 지 3일 만에 우리 왕성[사비성]을 함락하였다. 같은 달 13일에 결국 궁궐[웅진성]을 함락하였다. 노수리산은 백제 동쪽 국경이다."라고 기록되어 있다.]. …(중략)…

10월에 백제의 좌평 귀실복신鬼室福信이 좌평 귀지貴智 등을 보내 당의 포로 1백여 명을 바쳤다. 지금 미노국美濃國 후와不破와 가타아 가타군方縣郡에 사는 당나라 사람들이다. 또 구원군 파견을 요청하고, 왕자 여풍장餘豊璋[5]을 보내주기를 청하며 말하였다[어떤 책에는 좌평 귀지, 달솔 정진正珍이라고도 한다.]

"당인이 우리의 숙적인 신라를 이끌고 와서 우리 국경을 어지럽히고, 우리의 사직을 무너뜨리고 우리 임금과 신하를 포로로 잡아갔습니다. …(중략)… 그래서 백제국은 멀리 천황의 가호를 의지하여 사람이 다시 모여 나라를 이루었습니다. 지금 바라옵건대, 백제국에서 천조天朝에 보낸 왕자 풍장을 맞아 국주로 삼고자 합니다."

천황은 조를 내려 말하였다. "구원군을 청하는 것은 오랜 옛날부터 많이 있었다. 위기에 처한 사람을 돕고 끊어진 계통을 이어주는 것은 고전에도 적혀 있다. 백제국이 곤궁하여 나에게 의지해 온 것은 나라가 망하여 의지할 곳도 부탁할 곳도 없기 때문이다. 창을 베

---

5) 의장왕의 아들 扶餘豊

고 자며 쓸개를 맛보고 있으니 반드시 구원해 달라고 멀리서 와서 말했다. 그 뜻은 못 본 척 할 수 없다. 장군들에게 각각 명령하여 백방에서 함께 전진하게 하라. 구름처럼 모이고 번개처럼 움직여 일제히 사훼沙喙에 집결한다면, 그 원수를 베어 당면한 어려움을 덜어줄 수 있을 것이다. 유사들은 잘 준비하여 예를 다하여 왕자를 보내도록 하라." …(중략)…

[덴지天智 원년(662)] 이 해(662년)에 백제를 구원하기 위해 무기를 수선하고 선박을 준비하며 군량미를 비축하였다. 이 해의 간지는 임술이다. …(중략)…

[덴지 2년(663년)] 3월 전군 장군 가미쓰케노노키미 와카코上毛野君稚子와 하시히토노무라지 오후타間人連大蓋, 중군 장군 고세노칸자키노오미 오사巨勢神前臣訳語, 미와노키미 네마로三輪君根麻呂, 후군 장군 아베노히케타노오미 히라부阿倍引田臣比邏夫, 오야케노오미 가마쓰카大宅臣鎌柄를 보내 27,000명을 이끌고 신라를 치게 하였다. …(중략)…

6월에 전군 장군 가미쓰케노노키미 와카코 등이 신라의 사비沙鼻, 기노강岐奴江 두 성을 빼앗았다. 백제왕 풍장은 복신福信이 모반할 생각이 있다고 의심하여, 손바닥을 뚫고 가죽으로 꿰어 묶었다. …(중략)… 왕은 힘센 병사[健兒]들에게 명하여 참수하고, 그 머리로 젓 담그는 형벌에 처했다.

8월 13일에 신라는 백제왕이 스스로 자신의 훌륭한 장수를 죽인 것을 알고, 곧바로 백제로 쳐들어가 우선 주유州柔를 빼앗으려 하였다. 백제왕이 적의 계략을 알고 장군들에게 말하기를, "지금 대일본국의 구원군 장수 이오하라노키미 오미廬原君臣가 힘센 병사 1만여 명을 이끌고 바다를 건너오고 있다. 장군들은 그렇게 알고 미리 준비하도록 하라. 나는 백촌白村에 가서 접대하고 있겠다."라고 말했다.

무술(17일)에 적장이 주유에 도착해 왕성을 에워쌌다. 대당大唐 장군이 전선 170척을 이끌고 백촌강에 진을 쳤다.

무신(27일)에 일본의 수군 중 먼저 온 자들이 대당 수군과 싸웠다. 일본은 물러났다. 대당은 전열을 굳게 지켰다.

기유(28일)에 일본 장수들과 백제왕이 기상 상태를 살피지 않고 "우리가 먼저 공격하면 저들은 스스로 물러날 것이다."라고 하였다. 그리하여 대오가 흐트러진 일본의 중군 병사를 이끌고 나아가 전열을 굳게 지키고 있는 대당 군대를 공격하였다. 그러자 대당 군대가 곧바로 좌우에서 배를 에워싸고 싸웠다. 눈 깜짝할 사이에 관군이 다시 패배하였다. 물속으로 떨어져 익사한 자가 많았다. 선박의 방향을 돌릴 수도 없었다. 에치노 다쿠쓰朴市田來津는 하늘을 우러러 죽음을 맹세하고 이를 갈며 분개하면서 수십 인을 죽이고 마침내 전사하였다. 이때 백제왕 풍장은 몇 사람과 함께 배를 타고 고구려로 도망갔다.

9월 정사(7일)에 백제의 주유성이 마침내 당에 항복하였다.

출전 『日本書紀』 斉明 6년(660) 9월조 ; 天智 원년(662), 2년(663)조.

내용 660년 백제 멸망 후 귀실복신 등을 중심으로 한 백제 부흥군은 일본에 있던 백제 왕자 부여풍의 귀국과 구원군 파견을 요청하였다. 당이 고구려 토벌에 집중하는 것을 본 일본은 지금이 백제 부흥의 호기라고 생각하고, 부여풍을 돌려보내고 군대를 파견하였다. 그러나 그 사이 내부 알력으로 부여풍이 귀실복신을 살해해 버렸다. 내분의 와중에 파견된 일본 원군은 당의 수군에 대패하고, 백제 부흥 운동은 실패로 끝났다. 이후 많은 백제 유민이 일본으로 건너갔다.

견당사의 험난한 여로

[덴표天平 11년(739)] 10월 병술에 입당사 판관 외종 5위하 헤구리노아손 히로나리平郡朝臣廣成가 발해의 객사들과 함께 입경하였다.

11월 신묘에 헤구리노아손 히로나리 등이 천황을 알현하였다. 처음 히로나리는 덴표 5년(733)에 대사 다지히노마히토 히로나리多治比眞人廣成를 따라 입당하였다. 동 6년 10월에 일을 마치고 귀국할 때 4척의 배가 같이 쑤저우蘇州에서 출발하여 바다로 나갔다. 갑자기 광풍이 일어나 피차가 서로를 잃어버렸다. 히로나리가 탄 배의 115명은 곤륜국崑崙國에 표착하였다. 적병이 와서 포위하여, 끝내 붙잡혔다. 배에 탔던 사람들은 살해되거나 도망갔다. 그 밖의 90여 명은 열병에 걸려 사망하였다. 히로나리 등 4명은 간신히 죽음을 면하고 곤륜왕을 알현할 수 있었다. 그들은 얼마 되지 않는 식량을 주고 열악한 곳에 안치하였다.

7년에 이르러 당의 흠주欽州에 사는 곤륜 사람이 그곳에 도착하였다. 이에 몰래 그들의 배를 타고 탈출하여 당에 돌아왔다. 본조 유학생 아베노 나카마로[阿倍仲滿]를 만나, 그를 통해 상주하고 당 조정에 들어가 발해로를 통해 귀국하기를 청하였다. 천자(현종)가 허락하고 배와 양식을 지급하여 떠나게 하였다.

10년 3월 등주에서 출항하여 5월에 발해의 국경에 도착하였다. 때마침 그 국왕 대흠무大欽茂가 우리 조정에 사자를 파견하려 하고 있었는데, 즉시 그 사절에 동행하여 출발하였다. 거친 바다를 건너는 도중에 발해의 배 1척이 파도에 전복되어 대사 서요덕胥要德 등 40명이 빠져 죽고, 히로나리 등이 남은 사람들을 데리고 데와국出羽國6)에 도착하였다.

출전 『續日本紀』 天平 11년(739) 10월, 11월조.

내용 630년부터 시작된 견당사는 백강 전투 등 당 및 신라와의 관계 악화로 인해 몇 차례 중단되었지만, 9세기 전반까지 15차례 파견되었다. 8세기부터 견당사는 한반도의 서해안을 따라 북상하는 항로(북로)가 아니라, 고토五島 열도에서 동중국해를 건너는 항로(남로)가 이용되기 시작하여 도중에 난파하는 경우도 많았다. 견당사는 대체로 4척의 선단으로 이루어졌는데, 8세기 이후 4척의 선박이 모두 무사히 귀국한 것은 717년에 파견된 견당사뿐이다. 이렇게 목숨을 건 위험한 항로였지만, 견당사를 따라 당에 간 유학생과 유학승을 통해 들어온 당의 선진 문물은 일본 고대국가의 건설과 발전에 크게 기여하였다. 때로 감진의 사례에서 보듯 중국인이 견당사를 따라 직접 일본에 건너가 선진 문물을 전파하기도 했다.

감진鑑眞의 계율 전파

대화상大和上7)의 휘諱는 감진鑑眞, 양주楊州 강양현江陽縣 사람이다. 성은 정우淳于. 제齊의 대부 곤髡의 후손이다. 그의 아버지는 일찍이 양주 대운사大雲寺의 지만선사智滿禪師에게 계戒8)를 받고 선문

---

6) 현재의 山形縣과 秋田縣에 해당한다.
7) 大和上 : 受戒僧에 대한 최고의 존칭. 758년 감진에게 수여된 것이 최초이다.
8) 戒 : 불문에 들어간 승니와 재가 신자가 자발적으로 지켜야 할 덕목을 戒, 교

禪門을 배웠다. 대화상은 14세 때 아버지를 따라 절에 들어가 불상을 보고 감동하였다. 이에 아버지에게 출가하겠다고 요청하였고, 아버지는 그의 뜻이 기특하다고 생각하고 허락하였다. 이때 대주大周9)의 측천則天 장안長安 원년(701), 천하의 각 지방에서 출가를 허용한다는 조詔가 있었다. 대화상은 지만선사에게 가서 출가하여 사미沙彌10)가 되어 대운사에 머물렀다. 후에 용흥사龍興寺로 옮겼다. 당 중종 황제 신룡神龍 원년(705) 도안道岸율사에게 보살계11)를 받았다. 경룡景龍 원년(707), 동도東都12)에서 수행하다가 장안으로 갔다. 경룡 2년(708) 3월 28일 서경西京13) 실제사實際寺에서 등단登壇하여 구족계具足戒14)를 받았다. 형주荊州 남천사南泉寺의 홍경弘景율사를 화상으로 삼았다. 낙양과 장안에서 순유巡遊하면서 삼장三藏을 연구하였다. 후에 회남淮南에 돌아가 계율을 교수하였다. 강회江淮 지역에서 홀로 화주化主15)가 되었다. 이에 불사를 일으키고 중생을 제도하였다. 그런 일이 매우 많아 일일이 적을 수 없다.

일본국 덴표天平 5년(733) 계유, 사문沙門 요에이榮叡·후쇼普照 등이 견당대사 다지히노마히토 히로나리多治比眞人廣成를 수행하여 당에 머물면서 학문을 닦았다. 이 해는 당의 개원開元 21년이다. 당나

단이 정한 규칙을 律이라고 한다.

9) 大周 : 측천무후 때의 국호.

10) 沙彌 : 출가하여 十戒를 받았지만, 아직 구족계를 받아 比丘가 되지 않은 남자.

11) 菩薩戒 : 대승불교의 불문에 들어간 보살이 지켜야 할 계율.

12) 東都 : 뤄양

13) 西京 : 장안

14) 具足戒 : 비구와 비구니가 지켜야 할 계율.

15) 化主 : 덕이 높은 승려.

라 사원의 고승들은 모두 계율을 입도의 올바른 문[正門]으로 삼는다. 계가 없는 사람은 승려로 치지 않는다. 이때서야 본국에 계율을 전한 사람이 없음을 알았다. 그래서 동도 낙양洛陽 대광복사大福光寺의 승려 도선율사道璿律師에게 청하여 부사 나카토미노아손 나시로中臣朝臣名代의 배로 먼저 본국으로 가서 계율을 전하게 하려고 하였다.16) 요에이와 후쇼는 당에 유학한 지 이미 10년을 지나, 견당사가 오기를 기다리지 않고 빨리 돌아가고자 했다. 이에 서경 안국사安国寺의 승려 도항道航·징관澄観, 동도의 승려 덕청德清, 고려승高麗僧 여해如海를 청하고, 또 재상 이임보李林甫의 형 임종林宗의 서신을 받아 양주의 창조倉曹 이주李湊에게 주어, 큰 배를 만들고 식량을 준비하여 송환하도록 하였다. 일본국의 동학同學 승려 겐로玄朗·겐호玄法 두 사람과 함께 양주로 갔다.

천보天寶 원년(742) 대화상이 양주 대명사大明寺에서 승려들에게 율律을 강론했다. 요에이와 후쇼가 대명사에 도착해 대화상의 발 아래 정례頂禮를 하고 방문한 뜻을 자세히 말하였다.

"불법이 동쪽으로 전해져 일본에 이르렀습니다. 그러나 법은 있지만 법을 전한 사람이 없었습니다. 옛날에 본국에 쇼토쿠태자라는 사람이 있었습니다. 그는 '200년 후에 불교[聖教]가 일본에서 흥륭할 것이다.'라고 하였는데, 지금에서야 그 운을 만났습니다. 원컨대 대화상께서는 동쪽으로 가서 교화를 일으켜 주십시오."

---

16) 일본에도 이미 588년에 사마 다쓰토(司馬達等)의 딸 젠신니善信尼가 백제에 건너가 계를 받은 경우도 있고, 736년 도선의 방일처럼 당에서 율사가 방일한 경우도 있지만, 구족계를 받기 위해서는 계를 수여하는 戒和尙을 비롯한 10명의 입회 증인, 즉 三師七證이 필요하였다.

대화상은 대답하여

"옛날에 듣기로, 남악의 혜사대사惠思大師가 입적한 후 왜국의 왕자로 전생하여 불법을 흥륭시키고 중생을 구제했다고 들었다. …(중략)… 이것을 가지고 생각하니 진실로 불법 흥륭의 인연이 있는 나라이다. 지금 우리 동료들 중에 누가 이 요청에 부응하여 일본국에 가서 법을 전하겠는가?"

라고 하였다. 그때 승려들이 모두 입을 다물고 대답하는 사람이 없었다. 얼마 후 승려 상언祥彦이란 자가 나와서 말하였다.

"그 나라는 지극히 멀어 생명을 보전하기 어렵습니다. 거친 파도가 이는 바다가 끝없이 펼쳐져, 백 번에 한 번도 도달하지 못했습니다." …(중략)…

대화상이 말하기를

"이는 불법을 위한 것이다. 어찌 목숨을 아끼겠는가? 그대들이 가지 않는다면 내가 갈 것이다."

라고 하였다. …(중략)…

천보 12재(753) 10월 15일 일본국 사신 대사 후지와라노아손 기요카와藤原朝臣淸河, …(중략)… 등이 연광사延光寺에 와서 화상에게 아뢰었다.

"우리는 대화상께서 다섯 차례나 바다를 건너 일본으로 가서 전교하시려 했음을 이미 알고 있습니다. 지금 직접 얼굴을 뵙고 정례를 하게 되어 기쁘기 그지없습니다. …(중략)… [그러나 중국 측 도항허가서가 나지 않았으니] 원컨대 화상께서는 방편을 써서 몰래 가시기를 바랍니다." …(중략)…

11월 10일 밤, 부사 오토모大伴가 몰래 대화상과 제자들을 초청하

여 자기 배에 태우고 아무도 모르게 하였다. …(중략)… 15일 4척의
배가 동시에 출발하였다. …(중략)… 21일 제1·제2선은 오키나와阿
兒奈波에 함께 도착했다. 섬은 다네가시마多禰 서남쪽에 있다. 제3선
은 이미 지난 밤에 그곳에 정박했다. 12월 6일 남풍이 불었다. 제1선
은 암초에 걸려 움직이지 못했다. 제2선은 출발하여 다네가시마로
갔다. 7일 야쿠시마益救島에 도착했다. 18일 야쿠시마에서 출발했다.
19일 폭풍우가 크게 일어나 방향을 알 수 없었다, …(중략)… 26일
엔케이延慶 스님이 대화상을 인도하여 다자이후太宰府에 들어갔다.
…(중략)…

[덴표쇼호天平勝寶 6년(754) 2월] 4일 수도[京]에 들어갔다. 칙勅을
내려 정4위하 아스카베왕安宿王을 보내 나생문羅生門 밖에서 영접
위로하게 하고, 도다이사東大寺로 모시고 가서 쉬게 하였다. 5일에
당의 도선율사, 바라문보리승정婆羅門菩提僧正이 와서 위문하였다.
재상, 우대신, 다이나곤大納言 이하 관인 백여 명이 와서 예배하고
안부를 여쭈었다. 후에 칙사 정4위하 기비노아손 마키비吉備朝臣眞備
가 와서 구두로 조詔를 전했다.

"대덕화상이 멀리 큰 파도를 넘어 이 나라에 오셨다. 참으로 짐의
뜻에 합치한다. 비할 바 없이 기쁘다. 짐이 도다이사를 건립한 지 10
여 년이 지났다. 계단戒壇을 세워 계율을 전수받으려고 한다. 스스로
이런 마음이 있어 밤낮으로 잊은 적이 없다. 지금 여러 고승들이 멀
리서 와서 계戒를 전하니, 깊이 짐의 마음에 합치된다. 지금부터 계
戒를 주고 율律을 전하는 것은 오로지 대화상께 맡길 것이다."
라고 하였다. 또 승도僧都 료벤良辨에게 조칙을 내려 수계에 임할 여
러 고승[大德]들의 이름을 적어 궁궐에 바치게 하였다. 바로 칙을 내

려 전등대법사의 위位를 내렸다.

그해 4월 처음으로 노사나불전 앞에 계단을 세웠다. 천황이 처음으로 단에 올라 보살계를 받으셨다. 다음으로 황후, 황태자도 단에 올라 수계하고, 이어 사미 쇼슈證修 등 440여 명에게 수계하였다. 또 료유靈祐 …(중략)… 등 80여 명의 승려가 구계舊戒를 버리고 대화상이 주는 계를 받았다. 후에 대불전 서쪽에 별도로 계단원을 만들었다. 천황이 수계한 단의 흙을 옮겨 쌓아 이를 만들었다. 대화상은 천보天寶 2재(743)부터 계를 전하기 위해 5번 행장을 꾸려 도항을 도모하다가 표류하여 되돌아갔지만, 중생 교화의 본원本願을 버릴 수 없어 드디어 6번째 일본에 도착했다. …(중략)… 도합 6번과 12년을 거쳐 마침내 본원을 성취하여 성계聖戒를 전했다. …(중략)…

그때 사방에서 와서 계율을 배우려는 자가 있었지만, 공양을 할 수 없어 많은 자들이 되돌아갔다. 이런 사정이 천황의 귀에 들어갔다. 이에 덴표호지天平寶字 원년(757) 정유 11월 23일에 칙을 내려 비젠국備前國의 논 1백 정町을 시주하였다. 대화상은 이 논으로 절을 세우려고 하였다. 그때 칙지가 있어 대화상에게 원지園地 1구획을 시주하였다. 이것은 죽은 일품一品 니이타베新田部 친왕의 구택이었다. 후쇼, 사탁思託은 대화상에게 이 땅에 절을 지어, 길이 사분율장四分律藏, 법려사분율소法勵四分律疏, 진도장식종의기鎭道場飾宗義記, 선율사초宣律師鈔를 전하여, 지계持戒의 힘으로 국가를 보호하자고 청하였다. 대화상은 매우 좋다고 하였다. …(중략)… 지금의 도쇼다이사唐招提寺가 바로 이것이다.

출전 『唐大和尙東征傳』.

내용 불교의 전래와 보급, 승려 집단의 확대와 함께 국가의 허가를 받지 않은 사도승私度僧의 증가와 승려의 일탈 행동이 늘어났다. 이런 가운데 불교계의 규율을 바로잡기 위해 수계授戒 제도의 정비가 요구되었다. 감진(688-763)의 방일에 앞서 736년 요에이와 후쇼의 요청을 받은 도선이 방일했지만, 삼사칠증三師七證의 인원 부족으로 정식 계단의 설립에는 이르지 못하였다. 753년 5번의 도항 실패 끝에 감진이 방일, 이듬해 747년 4월 도다이지 대불전 앞에 계단이 가설되어, 쇼무상황, 고묘황후 등이 보살계를 받고, 사미 등 400여 명이 수계하였다. 이후 지방에도 계단원이 설립되어, 일본에서 삼사칠증에 의한 수계 제도가 확립되었다.

발해와의 교류

천황17)이 삼가 고려국왕18)에게 문안드린다. 짐은 황위를 이어받아 천하를 다스리고 덕화의 은택을 널리 미치려고 생각하여, 백성의 평안과 구제에 힘쓰고 있다. 그리하여 국토의 끝까지 덕화가 미쳐 제도가 통일되고, 온 천하에 천황의 은혜가 이르러 다른 나라라고 해서 차별은 없다. 옛날 고구려가 융성할 적에 그 왕 고씨高氏의 선조는 대대로 바다 저쪽에 있었지만, 친하기는 형제와 같았고, 의리는 군신과 같았다.19) 바다에는 돛을 달아 건너고, 산에는 다리를 놓

---

17) 천황: 고닌光仁 천황(재위 770~781)

18) 高麗國王: 발해 문왕 대흠무(재위 737-793). '고려국왕'이라 한 것은 발해를 고구려의 계승국으로 간주하는 당시 일본의 입장과 그런 일본의 요청에 응함으로써 대일 관계를 원활하게 하려던 발해의 의도가 반영된 것으로 보고 있다.

19) 고구려왕과 천황의 관계가 친족 관계로는 형제. 의리상으로는 군신 관계라는 의미이다. 발해와 일본 양국 모두 발해가 고구려를 계승한 국가라는 점에는 인식이 일치하였다. 그러나 고구려에 대한 인식에는 양국 사이에 큰 차이가

아 조공을 계속하였다. 말년에 이르러 고씨가 멸망한 이후로는 소식이 끊겼다.

진키神龜 4년(727)에 이르러 왕의 선친인 좌금오위대장군左金吾衛 大將軍 발해군왕渤海郡王(무왕)이 사자를 보내 내조하여 처음으로 조 공을 하였다. 선대의 조정(쇼무천황)은 그 진심을 가상히 여겨 후하 게 환대하였다. 왕은 선대의 유풍을 이어받아 전대의 사업을 계승하 여, 일본에 성의를 바쳐 제후의 입장에 서서 집안의 명성을 실추하 지 않았다. 그러나 지금 가져온 국서를 보니, 갑자기 부왕의 방식을 고쳐 날짜 아래에 관품과 성명을 적지 않았고[20], 국서 말미에는 함 부로 천손天孫이라고 참칭하고 있다.[21] 멀리 왕의 의도를 헤아려 보 건대, 어떻게 이러한 일이 있는가? 근자의 형세를 생각해봐도 아마 착오가 아니겠는가? 그러므로 관할 관인에게 명하여 빈례賓禮를 중 지하였다. 다만 사신 일만복壹萬福 등은 그 잘못을 뉘우치고 왕을 대 신하여 사과하였다. 짐은 멀리서 온 점을 불쌍히 여겨 잘못을 뉘우 치고 마음을 고쳐먹은 것을 받아들였다. 왕은 이 뜻을 잘 알고 앞으 로는 영원히 좋은 방책을 행하도록 하라. 또 고씨의 치세에 병란이 끊이지 않아, 고구려는 우리 조정의 위세를 빌리기 위해 일본과 형 제 관계라고 칭했다. 일찍이 다른 나라와 분규가 없었던 대씨大氏는

있었다.

20) 날짜 아래 관품과 성명을 기재하는 것은 신하의 지위에 있음을 명시하는 것 이다. 일본은 이전부터 발해에 군신 관계를 표명하는 상표문 제출을 요구했 지만, 발해는 신臣자를 사용하지 않는 啓라는 형식의 문서를 보냈다.

21) 고구려의 시조 주몽 및 고구려 왕가와의 연속성 및 발해를 중심으로 하는 천 하사상의 존재를 나타내고 있다.

지금 함부로 구생舅甥의 관계라고 칭하고 있는데22), 이는 예의를 잃어버린 것이다. 향후의 사신에 다시는 이런 일이 있어서는 안 된다. 만약 이번의 잘못을 고쳐 스스로 새롭게 한다면 우호는 무궁하게 계속될 것이다. 봄의 기운이 완연해졌는데 왕도 잘 지내고 있을 것으로 생각한다. 지금 사신의 귀국에 즈음하여 마음을 표시하고 아울러 별지에 적은 대로 물품을 보낸다.

출전 『續日本紀』 寶龜 3년(772) 2월 을묘조.

내용 발해와 일본의 교류는 발해 건국 후 727년부터 시작되었다. 초기에는 당 및 신라와 대립하는 동아시아 정세 속에서 발해가 먼저 일본에 접근하여 교류가 이루어졌다. 이후 자국 중심의 천하사상을 가진 양국은 외교 형식 문제로 갈등을 빚기도 했지만, 발해가 거란에 멸망하기 직전인 919년까지 무역을 중심으로 활발하게 교류하였다.

신라와의 외교 관계 단절

천황이 삼가 신라국왕23)에게 문안드린다. 짐은 덕이 부족한 몸으로 황위를 이어받았다. 백성을 다스리고 기르는 데 있어 어찌 국내외를 구별할 필요가 있겠는가? 신라왕은 먼 선조 때부터 항상 해외에서 복속의 태도를 지켜, 오랫동안 표문을 올리고 조調를 바쳐왔다.

---

22) 舅는 장인이나 외삼촌, 甥은 사위나 조카 등을 가리킨다. 발해와 일본 중 어느 쪽이 '구'이고 어느 쪽이 '생'인지 확정할 수 없지만, 천손을 자칭하는 발해의 입장을 고려하면 발해 우위를 주장한 것으로 보는 편이 타당하다고 판단된다.

23) 新羅國王 : 혜공왕(재위 765~780)

요즘에는 번국의 예[蕃禮]를 잃어버리고 오랜 세월 입조하지 않고 있다. 신분이 낮은 사신을 보내도 상표문을 지참하지 않았다. 이에 김태렴金泰廉24)이 귀국할 때 이미 상세하게 약속했고, 김정권金貞卷25)이 올 때도 다시 일깨워 알렸다. 그러나 그 후에 온 사절들은 한 번도 약속대로 행동하지 않았다. 이번에 온 김난손金蘭蓀도 상표문을 지참하지 않고 구두로 진술하였다. 이치로 보자면 통례에 따라 국경에서 돌려보내야 한다. 그러나 견당사 우나카미노 미카리海上三狩26) 등을 일본까지 보내온 일은 가볍게 볼 수 없다. 따라서 빈례賓禮를 적용하여 내조한 의도에 답했다. 신라왕은 이에 대해 잘 살피도록 하라. 앞으로의 사절은 반드시 표함表函을 가져오고 예禮에 따라 행동하도록 하라. 지금 다자이후大宰府와 쓰시마 등 국경의 병사들에게 칙명을 내려 상표문을 지참하지 않은 사절은 국경 안으로 들이지 말도록 칙명을 내렸다. 이 점을 알아두도록 하라. 봄의 경치는 아름답고 평화로운데, 신라왕이 잘 지내시길 바란다. 지금 귀국하는 신라사에 답례의 물품을 보낸다. 서신을 보내는 마음을 다 전하지 못하겠다.

출전 『續日本紀』 寶龜 11년(780) 2월 경술조.

내용 고구려 멸망 이후 당의 압박에 공동으로 대응하기 위해, 668년 신라가 일본에 사신을 파견하여 외교 관계를 재개한 이후 양국은 활발하게 교류하였다. 이후 신라와 당의 관계가 호전되고, 701년 다이호 율령의 완성으로 일

---

24) 金泰廉 : 752년에 일본에 파견된 신라의 왕자.
25) 金貞卷 : 760년에 일본에 파견되었다.
26) 海上三狩 : 777년에 파견된 견당사의 일원으로, 귀국할 때 탐라에 표착하였다.

본의 율령국가 체제가 정비되면서 양국은 외교 형식 문제로 갈등을 빚게 되었다. 일본은 사료에 보이는 것처럼 신라를 하위에 놓는 외교 형식을 고집하였고, 신라 역시 735년 '왕성국王城國'을 칭하다가 쫓겨나는 등 일본이 요구하는 외교 형식을 무시하고 자신을 우위에 두는 외교 형식을 고집했을 가능성이 크다. 이러한 대립에도 불구하고 양국은 교역의 이익, 당 및 발해와의 관계 등의 이유로 교류를 지속하였다. 그러나 위의 779년을 마지막으로 신라는 더 이상 일본에 공식적인 사신을 파견하지 않았다. 신라가 사신 파견을 통한 일본과의 공식적인 교류를 끝낸 이유로는, 발해와 당의 관계 개선으로 인한 동아시아의 긴장 완화, 신라 민간 상인의 활약으로 인한 공적 교역의 필요성 감소 등을 들 수 있다.

박래품舶來品 구입 경쟁

◎ 앞서 대당의 상인이 다자이후에 도착했다. 이날 다자이후 관인에게 명령을 내렸다. 왕신가王臣家27)의 사자와 관내의 이민吏民이 사적으로 비싼 값으로 다투어 외국 물건을 사는 것을 금한다.

◎ 번객蕃客(발해)이 가져온 물건을 사적으로 교역하는 것은 법에 저촉된다. 그런데도 요즘 사람들은 멀리서 온 물건을 선호하여 앞다투어 교역한다. 마땅히 엄하게 금하여 다시는 그런 일이 없도록 해야 한다. 만약 이를 어기면 백성은 장杖 100대, 왕신가가 사람을 보

---

27) 王臣家 : 8세기 말에서 9세기에 친왕 등의 왕족과 대체로 3위 이상의 귀족에 대한 총칭으로 사용되었다. 그들은 유력 농민과 결탁하여 대토지소유를 전개하고, 풍부한 경제력을 바탕으로 외국 물품을 선매하여, 자주 금지의 대상이 되었다.

내 구매하면 사자를 저지하고 보고하며, 국사國司가 왕신가에 아부하거나 자신이 직접 구입하면 특히 무거운 벌에 처함으로써 다시는 어기는 일이 없도록 하라.

◎ 어리석은 인민이 재산을 모두 쓸어 경매에 광분하고 있다. 물건은 잘 감추어두지 않으면 가산이 금세 비어버린다. 인민들은 외국의 명성에 연혹되어 경내의 귀중한 물건을 업신여긴다. 이는 실로 단속을 가하지 않아서 생긴 병폐이다. 마땅히 다자이후에 명령을 내려 엄하게 금하여 교역하지 못하게 하라. [신라] 상인이 도착하면 배의 잡물雜物 중 좋은 물건은 선별하여 수도로 보내 진상하고, 그렇지 않은 물건은 관리가 검찰하여 널리 교역하게 하라. 대가의 귀천은 오로지 가격에 따르라. 만약 어기는 자가 있으면 특히 무거운 벌에 처하고 관대한 법을 적용하지 말라.

출전 『日本三代實錄』 仁和 원년(885) 10월 12일 ; 『類聚三代格』 天長 5년 (828) 정월 2일 太政官符 ; 『類聚三代格』 天長 8년(831) 9월 7일 太政官符.

내용 9세기 동아시아에는 장보고와 같은 해상海商의 활동이 활발해져, 그들을 통해 다양한 정보와 문물이 일본에 수입되었다. 율령의 규정에는 외국과 교역할 경우 관할 관청에서 먼저 교역하고 그 후에 사적인 교역을 허락한다고 되어 있지만 규정은 지켜지지 않았다. 외국 선박이 도착한다는 소식을 들으면 왕신가라 불리는 권력자들이 사자를 파견하여 물건을 구입했고, 그 것을 감독해야 할 관리는 묵인하거나 자신이 직접 교역을 하기도 하였다. 해상을 통해 들어오는 문물의 양은 국가 간 공적 무역을 통해 들어오는 양을 훨씬 능가하였다. 국가의 통제에서 비교적 자유로운 해상을 통해 필요한 문물을 입수할 수 있다면, 부담이 많은 사절 파견은 필요 없게 된다. 이것이 견당사 파견 중지를 가능하게 한 배경 중 하나이며, 견당사 폐지 이후에도 중국이나 한반도로부터 많은 문물이 들어왔다.

견당사 파견 중지

여러 공경들로 하여금 견당사의 존폐를 논의해 정할 것을 청하는 서장

위의 건에 대해 말씀드립니다. 신 아무개(스가와라노 미치자네管原道眞)가 삼가 당에 있는 승려 주칸中瓘이 작년(893) 3월에 상인 왕납王納 등을 통해 보내온 기록을 보았더니, 대당大唐의 쇠퇴한 모습이 자세하게 적혀 있었습니다. 또 주칸은 견당사가 파견되지 않는 사정에 대해 묻는 사람이 있다고 알리면서도, 견당사를 정지하라고 의견을 알려 왔습니다. 주칸은 하잘것없는 승려지만, 우리 조정[聖朝]을 위해 정성을 다하고 있습니다. 주칸이 이런 기록을 보내온 것은 호마[代馬]와 월조越鳥처럼 고향을 생각하기 때문이 아니겠습니까? 신들이 엎드려 옛 기록을 검토해보니, 수차례의 사절 중에 도항하여 임무를 완수하지 못한 자가 있으며, 혹은 적을 만나 죽은 자도 있었지만, 당에 도착한 후 여행의 곤란이나 굶주림, 추위를 만난 적은 아직 없었습니다. 그러나 주칸이 보고한 대로라면 그런 일들이 일어날 가능성이 있음을 미루어 알 수 있습니다. 신 등은 엎드려 원하건대, 주칸의 기록을 널리 공경·박사에게 하부하여 견당사 파견의 가부를 상세하게 심의하여 결정하시기 바랍니다. 이는 국가의 중대사이므로 말씀드리는 것이지, 저 자신을 위해 드리는 말씀이 아닙니다. 저의 성심을 진술하여 엎드려 감히 조치를 요청합니다. 이상

삼가 말씀드립니다.

간표寬平 6年(894) 9月 14日 대사大使 … 스가와라노아손 모菅原朝
臣某

출전 『菅家文草』 권9, 「奏狀」.

내용 838년 이후 50여 년 간 견당사는 파견되지 않았다. 이는 일본 정부의
재정난과 더불어 당시 활발해지기 시작한 신라, 이어 당 상인의 사무역을
통해 경제적, 문화적 수요를 충족시킬 수 있게 되었기 때문이다. 이런 가운
데 견당사 파견 요청이 들어왔고, 자신의 권위 구축에 부심하던 우다宇多천
황은 견당사 파견을 결정하였다. 그러나 견당사에 임명된 스가와라노 미치
자네(845~903)가 황소의 난으로 인한 당의 혼란 등을 이유로 견당사 파견
정지를 건의하였고, 그 결과 견당사는 894년에 마침내 정지되었다. 견당사
중지는 중국과의 관계 단절을 의미하는 것이 아니다. 민간 무역은 이전 시기
에 비해 더욱 활발해졌고, 승려의 도항도 활발하였다. 그러나 중국을 포함한
모든 국가와의 정식 교섭이 사라짐으로써 일본의 정권 내부에 국제 정보가
자세하게 전해지지 않게 된 것은 분명하다.

도이刀伊의 습격

◎ 다자이후가 상신하여 태정관의 결재를 요청하는 건

도이국刀伊國[28] 적도를 격퇴하고 적도가 물러간 것을 보고함

적선 50여 척이 쓰시마에 와서 약탈했다는 사실을 적은 지난달
28일 쓰시마의 해장解狀이 이번 달 7일에 도착했습니다. 이에 대해

---

28) 刀伊 : 고려시대에 여진족을 낮잡아 부르던 '되놈'의 의미이다.

서는 곧바로 문서를 통해 이미 보고했습니다. 배를 준비하고 군병을 동원하여 곳곳의 요충지를 지켰습니다. 그러는 사이에 이키壹岐의 강사講師 조카쿠常覺가 동 7일 신시申時에 와서 말하기를 "전투가 벌어져 도사島司와 섬의 인민이 모두 살해되었고, 조카쿠 홀로 도망왔습니다."라고 했습니다. 같은 날 지쿠젠국筑前國 이토군怡土郡을 습격하고, 시마志摩·사와라早良군 등을 거쳐 사람과 물건을 약탈하고 민가를 불태웠습니다. 적도의 배는 길이가 12심尋29), 혹은 8~9심이고, 배 하나에 노는 30~40개, 배에 탄 사람은 50~60명, 혹은 20~30명입니다. 칼을 번득이며 말을 달렸습니다. 활을 가지고 방패를 짊어진 자 70~80명이 이처럼 서로 뒤를 따랐습니다. 10~20개의 무리가 산에 올라 길을 차단하고 소와 말을 잡아먹고 개를 도륙했습니다. 늙은이와 아이들이 모두 살해되었습니다. 저항하지 않는 남녀를 쫓아가 사로잡아 배에 태운 것이 400~500명이며, 곳곳에서 곡식을 빼앗은 것은 그 수를 알 수 없다고 합니다. 사건이 뜻밖에 일어났고 지켜야 할 요충지가 넓습니다. 병사를 불렀지만 온 자가 많지 않고, 선박을 갖추었지만 세력은 없습니다. 그러나 [다자이후에서] 파견한 병사와 이토군의 주인住人 훈야노 다다미쓰文室忠光 등이 전투를 벌여 적도 중 화살에 맞은 자가 수십 명이었습니다. 부축하여 배에 실으려 하는 자를 쫓아가 벤 것이 또 수 명입니다. 병사 중에 화살에 맞은 자는 10여 명입니다.

동 8일 동국 나카군那珂郡 노코노시마能古島로 이동해 왔습니다. [이것에 대해서도] 문서를 작성하여 이미 보고했습니다. 다만 그 군

---

29) 尋 : 성인 남자가 두 팔을 벌리고 있는 길이로, 1.5미터 정도이다.

의 인민이 전투에 전념하기도 하고 적에게 포로가 되어, 급한 전령을 통해 보고하기 전에는 자세한 것을 보고하지 못했습니다. 전임 소감少監 오쿠라노아손 다네키大藏朝臣種材, 후지와라노아손 아키노리藤原朝臣明範, 산위散位 다이라노아손 다메카타平朝臣爲賢, 다이라노아손 다메타다平朝臣爲忠, 전임 감監 후지와라노 스케타카藤原助高, 겸장傔仗 오쿠라노 미쓰히로大藏光弘, 후지와라노 도모치카藤原友近 등을 경고소警固所에 보내 방어하게 하였습니다. 동 9일 아침에 적선이 습격하여 경고소를 불태우려 했습니다. 막고 물리치는 사이에 소리를 지르며 전투를 벌였습니다. 그 사이 화살에 맞은 자가 10여 명입니다. 적도는 마침내 앞으로 나아가지 못하고 노코노시마에 돌아갔습니다. 그 후 이틀 동안 바람이 거칠고 파도가 높아 서로 공격하지 못했습니다.

11일 새벽에 동국 사와라군에서 시마군 후나코시진船越津에 이르렀습니다. 이에 앞서 정예 병사를 해로와 육로로 나눠 보내 기다리게 했습니다. 동 12일 유시酉時에 [적도가] 상륙하여 오오가노 모리미야大神ノ守宮・권검비위사權檢非違使) 히로노부弘延 등과 전투를 벌였는데, 화살에 맞은 적도는 40여 명이고, 2명을 포로로 잡았습니다. 그중 1명은 상처를 입었고, 1명은 여자입니다. 소이少貳 다이라노아손 무네유키平朝臣致行, 전임 감監 다네키, 대감大監 후지와라노아손 무네타카藤原朝臣致孝, 산위 다메카타爲賢, 동 다메타다爲忠 등이 병사를 증파하여 30여 척의 배로 추격하게 하였습니다.

동 13일 적도는 히젠국肥前國 마쓰라군松浦郡에 이르러 마을을 약탈하였습니다. 이에 동국 전임 차관[前介] 미나모토노 사토스源知가 군내의 병사를 이끌고 싸웠습니다. 화살에 맞은 자는 수십 명이고,

포로는 1명입니다. 적선은 더 이상 공격하지 못하고 마침내 돌아가, 후지시로병선藤白兵船 등을 빼앗고 싸웠다고 합니다. 또 구원병 40여 척을 보냈습니다. 다만, 포로는 모두 고려인이어서 통역을 통해 심문했더니 말하기를 "고려는 도이를 막기 위해 [우리를] 변경에 보냈는데, 도리어 도이의 포로가 되었습니다."라고 했습니다. 그것이 사실인지 확인할 수 없습니다. 적을 추격하는 배가 돌아온 후 실상을 조사하여 다시 보고하겠습니다. 또 획득한 수급과 포로 및 무기 등은 다시 진상하겠습니다. 문서를 작성하여 삼가 상신합니다.

간닌寬仁 3년(1019) 4월 16일

◎ [간닌寬仁 3년(1019)] 4월 17일 갑진, 공경들이 들어와 소제목小除目30)을 실시할 때, 다자이후의 비역사飛驛使31)가 말을 탄 채 좌위문진左衛門陣32)으로 달려 들어왔다. 도이국刀伊國의 적도 50여 척이 와서 이키섬을 습격하여 장관 후지와라노 마사타다藤原理忠를 살해하고 인민을 노략질한 후 지쿠젠국 이토군怡土郡에 왔다고 한다.

18일 을사, 섭정[후지와라노 요리미치藤原賴通] 이하 공경들이 비역飛驛 건에 대해 결정하였다. 다자이후에 칙부勅符를 내렸는데, 합쳐서 5개 조항이었다. 요충지를 굳게 지켜 흉적을 방어하고, 불신佛神에 기도를 올려 강역을 지키라는 내용이었다.

---

30) 小除目 : 부정기적으로 실시하는 관직 임명 의식을 가리킨다.
31) 飛驛使 : 역제를 이용하여 긴급하게 공문을 전달하는 사자를 말한다.
32) 左衛門陣 : 관리들이 궁궐에 출입하는 궁궐 동쪽의 建春門에 포진한 左衛門府의 진

출전 『朝野群載』 寬仁 3년(1019) 4월 16일 ; 『日本紀略』 寬仁 3년(1019) 4월 17일(『日本史史料』 1 古代),

내용 1019년 3월 말에 중국 동부부에 살고 있던 도이, 즉 여진이 50여 척의 병선을 이끌고 쓰시마·이키를 습격하여 주민을 살해하고 납치하는 사건이 일어났다. 도이는 규슈에도 상륙하여 북규슈 연안 일대를 노략질하였다. 당시 일본은 다자이후를 창구로 송과 활발하게 무역을 전개하여, 하카타를 비롯한 북규슈와 쓰시마·이키는 교역의 중계지로 많은 물자가 집적되어 있었다. 여진은 그것을 노린 것이다. 도이의 습격에 대해 일본에서는 다자이후의 장관이 지방의 무사단을 이끌고 격퇴하였다. 여진 병선은 돌아가는 길에 고려 수군에게 격파되었으며, 200여 명의 포로가 구출되어 일본에 보내졌다. 당시 일본은 도이가 발해의 옛땅에 살고 있던 여진족이라는 사실을 몰랐고, 이 사건이 고려와 관계가 없다는 사실은 알았지만 고려에 대한 경계를 늦추지 않았으며, 고려에서 포로가 된 일본인을 송환해도 아무런 대응을 하지 않았다.

의사 파견을 둘러싼 여·일협상

일본국 다자이후가 고려국 예빈성禮賓省에 첩을 보낸다.

　방물方物 등을 돌려보내는 건

첩을 보낸다. 귀성의 첩은 다음과 같다.

"고려국 예빈성이 일본국 다자이후에 첩을 보낸다. 당성이 엎드려 성지聖旨[33])를 받들건대, 귀국에 풍질風疾[34])을 잘 치료하는 의사가

---

33) 聖旨 : 천자의 뜻.
34) 風疾 : 중풍.

있다고 들었다. 지금 고향으로 돌아가는 상객商客 왕칙정王則貞35)의 편에 첩을 맡겨 보낸다. 왕칙정이 그곳에 가서 풍질의 연유를 설명하고 요청할 것인즉, 뛰어난 의사를 선택하여 내년 이른 봄에 보내주기 바란다. 풍질을 치료하여 만약 효험이 있으면 필시 보수가 가볍지 않을 것이다. 지금 우선 왕칙정에게 화면花錦과 대릉大綾·중릉中綾 각 10단段, 사향 10제臍를 지참케 하여 지다자이후知大宰府 관원에게 가지고 가게 하여 신의의 표시로 삼는다. 도착하면 수령하라. 첩은 이상과 같다. 당성이 받든 성지는 앞에 적었다. 바라건대 귀부는 만약 풍질을 빨리 잘 치료하는 좋은 의사가 있다면, 파견을 허용하고, 필단과 사향은 수령하라. 삼가 첩을 보낸다. 기미년(1079) 11월 일 첩을 보낸다."

첩장에서 말한 것처럼 귀국과 우호를 맺은 후 햇수는 천년을 넘었고 화친의 의리는 길이 백대에 이르고 있다. 지금 귀국의 국왕이 침실에 와병하여 외국에서 의사를 구하고 있는데. 멀리서 어려움에 처한 오랜 친구를 생각하니 어찌 안타깝지 않겠는가? 그러나 첩장의 용어는 크게 고사에 어긋나 있다. 처분處分이라 해야 할 것을 성지聖旨라고 한 것은 번왕藩王이 칭할 바가 아니다. 변방에 있으면서 상방上邦을 참월하는 것은 국가 간에 지켜야 할 도리를 깨트린 것이다. 하물며 상인의 객선에 서신을 맡겨 보내고, 정식 사절도 보내지 않았으며, 서신을 함에 넣어 봉하는 예도 지키지 않았다. 따라서 귀성의 첩장은 조정에 보낼 수 없다. 어찌 편작과 같은 명의를 귀국에 보낼 수 있겠는가? 보내온 방물은 모두 돌려보낸다. 지금 첩을 보낸

---

35) 王則貞 : 하카타에 거주하던 중국 상인.

다. 첩이 이르면 첩 조랴쿠承曆 4년(1080) 월 일 장에 준하라. 이에
첩한다.

출전 『本朝續文粹』 권11(『古文書の語る日本史』 平安).

내용 1079년 11월 고려는 문종의 중풍을 치료할 의사 파견을 요청하는 내
용의 첩장을 다자이후에 거주하는 중국계 상인으로 추정되는 왕칙정을 통해
다자이후에 전달하였다. 이를 받은 일본에서는 수개월에 걸친 귀족 회의와
문구 수정을 거쳐, 고려가 첩을 보낸 지 1년 만에 위의 의사 파견 요청을
거절하는 첩이 완성되었다. 거절의 구실로는 상인을 통해 서신을 보낸 점
등 여러 가지가 있지만, 여기에는 고려를 '번국', 일본을 '상방'이라고 칭하
는 데 나타나듯이 고려를 비롯한 한반도의 국가를 번국으로 보고 일본을 상
국, 대국으로 의식하는 일본의 전통적인 대외관이 나타나 있다. 한편, 고려
도 왕명을 '성지'로 칭하고, 책봉을 받은 요의 연호를 사용하지 않고 간지만
사용하는 등 황제국으로 자임했음을 알 수 있다.

입송승入宋僧 가이카쿠戒覺의 성지 순례 청원

원풍元豐 5년(1082) 상표문·신문申文

일본국 천태산天台山 엔랴쿠사승延曆寺僧 전등대법사위 가이카쿠
戒覺36)가 말씀드립니다. 몰래 생각건대 먼 곳의 다른 풍속을 가진
자가 내조하여 황제를 뵙고 성지와 명산을 순례하는 것은 상례입니
다. 가까이는 아사리阿闍梨37) 조진成尋38)이 지난 희녕熙寧 5년(1072)

---

36) 戒覺 : 자신이 기록한 『渡宋記』에 적혀 있는 이력 이외에는 알려진 것이 없다.
37) 阿闍梨 : 일반적으로는 제자의 모범이 되는 고승에 대한 경칭이지만, 일본에

선지를 받아 숙원을 이미 달성했습니다. 그래서 소승도 영원히 부모의 나라와 이별하고 멀리 상객의 선편에 승선해서 왔습니다. 나이를 먹어 노쇠하여 귀향할 가망은 없습니다. 목숨을 풍파의 신에 빼앗기는 일이 있더라도 어찌 고향을 그리워하겠습니까? 그러므로 오대산을 종언의 땅으로 점찍어 두었습니다. 도초상인道超上人39)의 심오한 말씀을 믿어야 합니다. 또 천태산은 우리 종파의 근원이므로 지자대사智者大師40)의 상을 참배하고자 합니다.

대저 소승은 속성이 나카하라中原이고, 헤이안쿄 좌경의 사람입니다. 아비가 돌아가신 후 관직에 나갔지만, 마음에 생각하는 바가 있어 마침내 세속을 떠났습니다. 엔랴쿠사에서 오랫동안 불법을 배웠는데, 자주 생애의 풍랑을 걱정하고 죄장罪障을 참회하며 흘린 눈물이 몇 천, 몇 만 줄기나 됩니다. 조석의 이슬과 추위 속에서 극락정토[安養世界]의 업을 닦기를 40년, 향불도 흐릿한 늙은 몸입니다. 소지한 현밀잡顯密雜의 법문과 관정灌頂도구 등의 목록은 별지에 있습니다. 데리고 온 제자 2명은 승려 류손隆尊과 사미 센세이仙勢입니다. 엎드려 바라옵건대 커다란 은총을 베풀어 황제의 칙허[綸言]를 내려주시기를 바랍니다. 간절하게 진심으로 상표합니다. 일본국 천

서는 승려의 한 계급으로 傳法灌頂의 직위를 받은 승려를 가리킨다.

38) 成尋(1011~1081) : 1072년 62세에 송에 건너가 천태산과 오대산 등지를 순례하고, 경전을 수집하여 일본에 보냈다. 그러나 자신은 송 신종의 만류로 귀국하지 못하고 중국에서 생을 마감하였다. 조진이 쓴 『參天台五臺山記』는 『渡宋記』와 함께 귀중한 사료로 평가받고 있다.

39) 道超上人 : 五臺山 金閣寺의 건립에 진력하고 문수신앙의 포교에 힘쓴 당나라의 승려.

40) 智者大師 : 천태종의 개조인 智顗(538-597).

태산 엔랴쿠사승 전등대법사위 가이카쿠가 삼가 말씀드립니다.

원풍元豊 5년(1072) 8월 18일 일본국 천태산 엔랴쿠사승 전등대법 사위 모는 상표합니다.

신문中文

일본국 승 가이카쿠가 지부知府의 허가를 신청하는 건

특히 부은府恩을 입어 빨리 상표 1통을 상주해 주시기를 청하는 문서

첨부

법문 및 도구 등의 목록 1권

가이카쿠가 삼가 사정을 조사해보았는데, 우선 천태산에 가서 이 번 겨울은 그곳에서 지낼 생각입니다. 내년 봄에 선지를 받아 오대 산에 가려고 합니다. 바라건대 명주부明州府의 은혜를 입어 상표문 을 빨리 천자께 상주해 주시기를 바랍니다. 따라서 서장을 작성하여 상신합니다.

원풍元豊 5년(1082) 10월 일

出전 『渡宋記』(『古文書の語る日本史』平安).

내용 중국에서 당이 멸망하고 오대십국 시대를 거쳐 송이 중국을 다시 통 일했지만, 일본은 소극적인 외교정책을 계속 유지하였다. 이런 가운데 불교 승려를 중심으로 송과의 문화 교류는 계속되었다. 많은 승려들이 불교 성지 인 오대산과 천태산 순례를 위해 조정의 허락을 받거나, 위 사료에 등장하는 가이카쿠처럼 밀항하여 송으로 갔다. 그들은 정식 사절이 아니었고 국서도 지참하지 않았지만, 송에서는 그들을 정식 사절에 준하는 대우를 하였다. 때

로 송의 황제가 그들을 접견하는 알현하는 경우도 있었다.

송과의 무역

가오嘉應 2년(1170) 9월 20일 정유, 오늘 조난사城南寺에서 경마의
식이 있었다고 한다(5번). 그것이 끝나고 [고시라카와後白河] 법황後
白河은 입도入道[41] 대상국大相國(다이라노 기요모리平淸盛)의 후쿠하
라福原 산장으로 가셨다. 이것은 도착한 송인宋人을 만나시기 위함
이라고 한다. 우리나라 엔기延喜(901~923) 이후에는 없던 일이다. 천
마天魔의 소행인가? …(중략)…

조안承安 2년(1172) 9월 17일(계미) …(중략)… [좌소변左少辨 가네
미쓰兼光가] 또 말했다. "대송국에서 법황과 평상국平相國 입도 등에
게 물건을 바쳤다고 합니다. 그 주문注文에 '일본국왕에게 하사[賜]
하는 물색, 태정대신에게 보내는 물색'이라고 적혀 있다고 합니다.
국왕에게 하사한다는 말은 매우 기괴합니다. 그래서 돌려보낼 것인
지, 아니면 받을 것인지에 대해 논의했는데, 결과는 돌려보내지도
않고 반첩返牒도 보내지 않기로 했다고 합니다." 외국은 필시 무어
라 비난할 것이다. 부끄러운 일이다. …(중략)…

22일 무자, …(중략)… 요리나리賴業가 말했다. "대당에서 공물을
보냈는데, 국왕에게 바치는 물품과 태정대신 입도에게 보내는 물품
에 차이가 있었다고 한다. 송문送文은 2통인데(1통에는 일본국왕에게
하사한다고 적혀 있고, 1통에는 일본국 태정대신에게 보낸다고 적혀 있다),

---

41) 入道: 출가한 3위 이상의 귀인을 가리킨다.

이것이 매우 기괴하다. 옛날 스자쿠朱雀천황(930~946) 때 대당국이 천황[公家]과 좌우대신에게 물품을 보냈는데[贈], 천황에게 보낸 물품은 다자이후[西府]가 돌려보냈고(반첩 있음), 좌우대신은 받았다(각각 반첩 있음). 고이치조後一條천황(1016~1036) 때의 외국 공물은 그 첩장에 주상의 어명(다만, 仁懷라고 잘못 적었다)을 적었기 때문에 논의하지 않고 돌려보냈다. 조랴쿠承曆 연간(1077~1081)에도 이런 일이 있었다. 그 첩장에 일본국에 회사한다고 적혀 있었다. 그 때문에 특별히 논의가 있었고, 두 번 제도諸道[42]에 물어서 2, 3년을 지나 마침내 받았는데, 당시 사람들이 비난하였다.

이번 공물은 저 나라의 국왕이 보낸 공물이 아니라 명주 판사(자사?)가 보낸 공물이며, 그 서장이 기괴하므로 당연히 돌려보내야 한다. 상고에는 서로가 사신을 보내고 물건을 증답했는데, 그 서장은 당에서는 천황에게 송상送上이라고 쓰고, 저 나라 국왕은 천자라고 쓰고 우리 나라에서는 송送이라고 써서 서로 차별이 없었다. 이번의 행위는 말이 되지 않는다. 그리고 아무런 말이 없이 받는 것은 송나라가 필시 이상하게 생각할 것이다. 슬프기 그지없는 일이다."라고 하였다. 정말 그렇다 …(중략)…

[조안] 3년(1173) 3월 13일(을사), 오늘 가네미쓰兼光가 말했다. "작년에 처리했던 외국의 공물에 대해 반첩을 작성했습니다. 나가노리永範경이 초안을 작성하고, 노리나가敎長 입도가 청서했다고 합니다. 이 문서는 오직 공물이 아름답고 소중하다고 칭송하는 말밖에

---

42) 諸道 : 중국 역사와 한문학을 익히는 紀傳道를 비롯하여 각종 학문 지식을 바탕으로 그와 관련된 업무에 종사하던 실무 관료를 가리킨다.

없다고 합니다."라고 하였다. 글을 써서 선례를 보고해야 할까? 송조는 필시 의아해할 것이다. 증정하는 물건은 법황이 보내는 것(蒔絵厨子 하나에 色革 10매, 마키에상자 하나에 사금 100량을 넣었다)과 입도상국이 보내는 것(검 1자루, 여러 물건을 넣은 상자 1개)인데, 이 물건들은 모두 선례를 무시한 것이다. 색혁을 상자에 넣는 것은 매우 황당하다. 또 무기류를 경외에 보내는 것은 정말 그래서는 안 된다. 이런 중요한 일은 여러 사람에게 묻고, 공경회의에 회부해야 한다. 또 반첩장에 법황을 태상천황이라고 칭했는데, 이 또한 존호를 사퇴하고 불타의 도에 들어갔는데 어떻게 상황이라고 칭하는가? 매우 의심스러운 일이다. 어떻게 할지 생각하다가 호안保安 연간(1120~1124)의 반첩 초안을 꺼내 보여주었다. 조금 있다가 가네미쓰가 돌아갔다. …(중략)…

22일 갑인 …(중략)… 지난 14일부터 20일까지 입도상국이 후쿠하라에서 호마護摩 의식43)을 행했다고 한다. 그 사이 송조에서 사신을 보냈는데, 입도는 눈을 마주치지 않고 다른 사람을 시켜 만나게 했다. 그래서 당인唐人은 대노하여 돌아갔다고 한다. 이국이 우리 나라와 자주 친밀해지려고 하고 있는데, 조금도 달갑지 않은 일이다.

출전 『玉葉』嘉應 2년(1170) 9월 20일조 ; 承安 2년(1172) 9월 17일조 ; 承安 3년(1173) 3월 13일조 ; 承安 3년 3월 22일조.

내용 11세기 말이 되면 송과의 무역은 다자이후 중심의 관무역에서 사무역으로 변질되었다. 송과 일본은 공식적인 외교는 없었지만, 송 상인은 하카타

---

43) 護摩 : 밀교의 수행방법의 하나로, 不動明王 등의 앞에 단을 설치하고 나무를 태워 번뇌를 불사르고 복을 기원하는 의식.

등지에 와서 활발하게 사무역을 전개하였다. 이러한 사무역의 이익에 착목한 헤이시平氏 정권은 송과의 무역을 직접 장악하여 권력 기반으로 삼았다. 출가했다고는 하지만, 법황과 입도상국이라는 권력의 최상부가 송 상인을 만나거나, 송의 지방관과 서장을 교환하는 등 무역 진흥책을 펴 송과의 무역은 극히 활발하였다. 일본의 수출품은 목재, 사금, 수은, 유황, 진주, 칼 등이었으며, 송에서는 동전, 경전, 서적, 도자기 등이 수입되었다. 특히 막대한 양의 송전이 수입되어, 이후 일본에 화폐경제가 본격적으로 침투되어 나간다.

2. 일본 중세사(가마쿠라鎌倉~무로마치室町 시대)

하카타博多

◎ 축전주築前州에 하카타[1]가 있다. 패가대霸家臺라고도 하고 석성부石城府라고도 하며, 레이제이진冷泉津이라고도 혹은 하코자키진筥崎津이라고도 한다. 거민居民은 1만여 호인데, 쇼니小二와 오토모大友가 나누어 다스린다. 쇼니는 서남쪽 4천여 호, 오토모는 동북 6천여 호이다. 후지와라 사다나리藤原貞成가 대관代官이다. 주민은 행상을 생업으로 삼는데, 류큐琉球와 남만南蠻의 상선이 집결하는 곳이다. 북쪽에는 30여 리나 되는 백사장이 있는데, 소나무가 숲을 이루었다. 일본은 모두 해송이지만 이곳에는 육송이 있다. 일본인들은 이를 그림으로 그려 경치가 좋은 곳으로 여긴다. 우리나라에 왕래하는 자는 규슈 중에서 하카타가 가장 많다.

---

1) 博多 : 현재 九州의 福岡縣 福岡市에 있다.

◎ 우리[倭人]는 하카타 동문東門 밖에 사는데, 지난 몇 년 사이에 당인唐人 1백여 명이 처자를 데리고 하카타로 와서 집을 빌리거나 집을 짓고, 어떤 자는 왜녀倭女에게 장가들어 살았습니다. 지난 2월 12일 당인 10명과 우리 38명은 동시에 배를 타고 난징에 정박하였습니다. 저는 잠시 난징에 머물면서 중국 물품을 구입한 후 6월 3일에 배를 타고 돌아오는데 남풍이 크게 불었기 때문에 표류하게 되었습니다.

출전 『海東諸國紀』 西海島 九州 築前州 ; 『朝鮮王朝實錄』 明宗 8년 (1553) 6월 27일 임인조.

내용 일본 중세 최대의 무역항인 하카타는 11세기경부터 송과의 무역 거점으로 번성하였다. 중국인 마을이 형성되어 외국풍 건물이 늘어서고, 많은 외국인이 거주하는 도시가 되었다. 제1차 몽골 침공 때는 몽골군이 상륙하기도 했지만, 가마쿠라 시대 말에는 사원의 건설비를 조달하기 위해 하카타 상인이 막부의 공인 아래 원에 무역선을 파견하였다. 무로마치 시대 이후에는 명·조선·류큐·동남아시아와의 무역이 번성하였는데, 아시카가 요시미쓰가 명의 책봉을 받아 감합무역을 시작한 것도 하카타 상인의 건의에 따른 것이었다. 센고쿠 시대 말의 전화로 몇 차례 소실되었지만, 도요토미 히데요시에 의해 부흥되어 임진왜란의 병참기지가 되었다. 에도 시대에는 무역도시로서의 기능을 나가사키에 빼앗기고, 후쿠오카번의 항구도시가 되었다.

송전宋錢의 유통

◎ 요즘 천하의 상하上下가 병을 앓고 있다. 이것을 전병錢病이라고 부른다.

◎ 무쓰국陸奧國[2] 군향郡鄕의 세금[所當]에 대해

준포准布[3]를 정지하고 동전으로 납부하게 함에 따라[4], 사타닌沙汰人[5]과 백성 등이 본래 바쳐야 할 종류의 현물 연공年貢을 무시하고, 동전으로 납부하는 것을 좋아한다. 그래서 연공인 비단을 둘러싸고 해가 갈수록 불법이 자행되고 있는데, 이는 단지 잘못된 처사일 뿐 아니라, 이미 공적인 손해의 바탕이 되었다. 지금부터 시라카와관白河關[6] 이동에는 동전의 유포를 정지시킨다. 또한 그곳으로 내려가는 자가 소지하는 것은 상인 이하 모두 분명히 금지하라. 다만, 상경하는 자들이 가지고 있는 경우에는 금지하지 않는다. 더불어 비단의 품질이 조악한 것은 정당한 이유가 없다. 빨리 과거처럼 좋은 품질의 현물을 납부하라고 분부하셨다. 분부에 따라 이와 같이 전달한다.

랴쿠닌曆仁 2년(1239) 정월 22일

출전 『百鍊抄』 治承 3년(1179) 6월 ; 『新編追加』 曆仁 2년(1239) 정월 22일 關東御敎書(『古文書の語る日本史』 鎌倉).

내용 헤이안 시대 후반부터 송과의 무역을 통해 유입된 송전은 화폐를 주조하지 않았던 일본의 실질적인 기준 화폐로 유통되었다. 12세기 말에는 이

---

2) 陸奧國 : 현재의 福島縣県, 宮城縣県, 岩手縣県 靑森縣, 秋田縣県의 일부에 해당한다.
3) 准布 : 쌀 등의 연공을 포로 납부하게 하는 것.
4) 가로쿠嘉禄 2년(1226) 8월의 법령(今日准布を止め銅錢を用ゆべきの由仰せ下さる).
5) 沙汰人 : 장원 영주의 명령을 전달하거나 연공을 징수하는 장원의 하급 관리.
6) 白河關 : 下野國(현 栃木縣)과 陸奧國의 경계에 있던 관문. 현재도 關東 지방과 東北 지방의 경계이다.

미 송전이 대량으로 유입되어 사회적 문제인 '전병錢病'이 유행하였고, 이러한 추세를 이어받아 가마쿠라 막부는 1226년 연공과 구지公事의 대납물로 준포가 아니라 송전을 사용하라고 명령했다. 이 명령에 따라 세금의 전납화와 화폐경제가 촉진되어, 위의 사료에서 보듯 10여 년 후에는 변경 지역인 무쓰국에서도 전납화가 대세를 이루었다. 송전의 유입은 원대에도 활발했는데, 신안 침몰선에 실려 있던 28톤의 송전이 그것을 말해준다.

가마쿠라 막부의 송 선승 초빙

호조 도키무네北條時宗[7]는 마음을 선종의 가르침에 둔 지 오래되었습니다. 사원[梵苑]을 세우고 승려를 안치했습니다. 다만 늘 생각하고 잊지 않는 바가 있었습니다. 나무에는 뿌리가 있고, 물에는 원천이 있습니다. 그러므로 송조宋朝의 명승을 초빙하여 이 수행의 길에 도움을 받고자 합니다. 도쿠센德詮·소에이宗英 두 형은 수고롭겠지만 만경창파의 험난함을 꺼리지 말고 출중한 선승을 권유하여 본국으로 돌아오시기를 바랄 뿐입니다. 불선不宣

고안(弘安) 원년(1278) 12월 23일 도키무네

센 장주선사詮藏主禪師

에이 전주선사英典主禪師

출전 「円覚寺文書」(『古文書の語る日本史』鎌倉).

내용 호조씨는 천태종을 비롯한 구불교에 대항하기 위해 선종을 지원하여,

---

7) 北條時宗(재직 1268-1284) : 가마쿠라 막부의 싯켄執權으로, 그가 싯켄으로 재직할 때 몽골이 침공하였다.

가마쿠라에 큰 선종 사원을 건설하고 고승을 초청하였다. 특히 중국에서 온 승려에게는 순수 중국식 선을 강설하게 하였다. 싯켄執權 도키무네는 도쿠센과 소에이 두 승려에게 중국에 가서 고승을 모셔오라고 의뢰하였다. 이들의 권유에 따라 방일한 것이 무학조원無學祖元인데, 그의 법맥은 일본 선종계의 대세력이 되었다. 이 무렵부터 중국과 일본 승려의 왕래가 매우 활발해졌다.

대마도의 진봉선進奉船 무역

일본에 사신을 보내 해적 행위를 엄단해 줄 것을 요구하다.

대관서승大官署丞 홍저洪泞와 첨사부녹사詹事府錄事 곽왕부郭王府 등을 일본에 파견하여 해적을 금지해줄 것을 요청하였다. 첩문牒文에서 말하기를, "두 나라가 내왕을 튼 이래 해마다 진봉進奉 1회에 선박은 2척을 넘지 않도록 하였으며, 만일 그 밖의 선박이 거짓으로 다른 일을 빙자하여 우리 나라의 연해 지방 마을을 소란스럽게 할 때는 엄격하게 처벌하며 금지하기로 약정하였습니다. 그런데 금년 2월 22일에 귀국의 선박 1척이 이유 없이 우리 나라의 웅신현熊神縣 관내 물도勿島에 침입하여 그 섬에 정박하고 있던 우리 나라의 공물 수송선에 실린 미곡 120석과 세포細布 43필을 약탈하였으며, 또 연도椽島에 침입하여 그곳 주민들의 의복과 식량 등 생필품을 모조리 빼앗아갔으므로 이는 원래 약정하였던 내왕의 뜻에 크게 어긋납니다. 지금 홍저 등을 보내어 첩문을 가지고 가게 하니, 공첩公牒을 상세히 보고 아울러 사신들의 구두 진술을 듣고서 앞에 언급한 약탈자들을 발본색원하여 징계함으로써 두 나라 사이의 화친의 도리를 굳게 하여 주기 바랍니다."라고 하였다.

출전 『高麗史』 元宗 4년(1263) 4월조.

내용 11세기 이후 일본의 지쿠젠筑前·이키壹岐·쓰시마·사쓰마 등지의 민간인이 고려에 건너왔다. 13세기에는 이러한 일본에서 도항하는 선박을 진봉선이라 불렀는데, 쓰시마를 창구로 한 진봉선 무역은 12세기 후반 헤이시 정권의 의향에 따라 시작된 것으로 보인다. 13세기 초에는 일본과 고려 사이에 쓰시마 국아國衙 등 지방행정기관이 주체가 된 교류관계가 지속되었다. 진봉선 무역은 고려가 몽골에 복속하면서 끝나게 되었다.

쿠빌라이 국서

천제[上天]가 어여삐 여겨 보살피는 대몽골국 황제가 일본 국왕에게 서신을 바친다[奉書]. 짐이 생각건대, 예로부터 소국의 군주는 국경을 접하고 있으면 소식을 전하여 우호를 유지하는 데 힘써왔다. 하물며 우리 조상들은 하늘의 명령을 받아 천하를 영유하고 있다. 위세를 두려워하고 덕을 사모하여 머나먼 이역 땅에서 찾아오는 자가 이루 헤아릴 수 없다. 짐은 즉위 초에 고려의 무고한 백성이 오랫동안 전쟁에 피폐해 있어서, 곧바로 병사를 물리고 강역을 돌려주며 노인과 아이를 돌아가게 하였다. 고려의 군신은 감격하여 내조하였다. 의리로는 군신관계이나 기뻐하는 것으로는 부자와 같다. 아마 왕의 군신들도 이 사실을 알고 있을 것이다. 고려는 짐의 동번東藩이다. 일본은 고려와 가까이 접해 있으며, 개국 이래 때때로 중국과도 통교하였다. 그러나 짐의 치세에는 한 번도 사절을 보내 우호를 통한 적이 없다. 아마도 왕의 나라가 이 사실을 아직 자세히 알지 못하는 것이 아닌가 한다. 그래서 특별히 사신을 파견하여 서신으로 짐의 뜻을 포고하는 바이다. 바라건대 앞으로 서로 방문하여 우호 관계를 맺고 친목을 두터이 하고자 한다. 또한 성인聖人은 천하를 일가로 삼는다. 서로 통호通好하지 않으면 어찌 일가라고 할 수 있겠는가? 군대를 사용하는 것을 누가 즐겨 하겠는가? 왕은 잘 생각해서 판단하라. 불선不宣.8)

지원至元 3년(1266) 8월 일

출전 「調伏異朝怨敵抄」(『日本史史料』 中世).

내용 몽골은 1266년부터 일본과의 교섭을 추진하여, 병부시랑 흑적黑的이 위 국서를 가지고 고려에 왔다. 쿠빌라이는 자신이 천명을 받은 군주이며, 고려와 전쟁을 그만두고 평화를 회복하였다고 하면서 일본과의 통호를 요구하고 있다. 그러나 이 국서는 전쟁에 휘말려들 것을 우려한 고려의 방해로 1268년에야 일본에 전달되었다. 이 국서는 말미에 위협하는 문구가 있지만, '奉書'라는 표현이나 신하로 여기지 않는다는 의미의 '不宣'이라는 표현이 사용된 것을 보면, 이 국서는 형식상 정중하게 일본을 설득하여 남송과의 관계를 단절시키려는 의도가 담긴 것으로 보인다. 이 국서를 받은 일본은 아무런 답신을 보내지 않았고, 1274년 몽골의 제1차 침공을 맞이하게 된다.

몽골과의 전투

그런데 [1274년] 11월 20일 몽골군은 배에서 내려 말을 타고 깃발을 높이 들고 쳐들어 왔다. 일본 대장 쇼니뉴도少貳入道 가쿠에覺惠9)

---

8) 不宣 : 쓸 말은 많으나 다 쓰지 못했다는 의미로, 친구 사이의 편지 말미에 사용하는 말이다. 『元文類』 권41(『經世大典』을 인용)에는 不宣은 "신하로 삼지 않음을 말한다."라고 되어 있다.

의 겨우 12, 3세가량 된 손자가 싸움을 시작하기 위한 신호로 작은 명적鳴鏑을 쏘자 몽골군은 일제히 '와~' 하고 웃었다. 큰북을 두드리고 동라銅鑼를 치고 지포紙砲와 철포鐵砲[10]를 발사하고 함성을 질렀다. 그 소리가 매우 커서 일본의 말들이 놀라 꼼짝하지 못했다. 말들은 겨우 진정되었으나 적을 향해 나아갈 기력을 잃었다. 몽골군의 화살은 짧으나 화살촉에 독이 발라져 있어서, 맞으면 독의 해를 입지 않는 자가 없었다. 수만 명이 활을 모아 일제히 비가 내리듯이 쏘아대는데, 창과 무기들 사이의 틈을 노려 빗나간 경우가 없다. 일렬로 늘어서 있다가, 일본군이 쳐들어가면 중앙을 뒤로 후퇴시키고 양쪽 끝으로 에워싸 남김없이 도륙하였다. 분전하다가 죽으면 그 배를 갈라 간을 빼내어 먹는다. 본래부터 소와 말을 맛있는 음식으로 삼는 자들이므로 화살에 맞아 죽은 말이 있으면 포식한다. 몽골군은 갑옷이 가볍고 말을 능수능란하게 잘 타며, 힘이 세고 목숨을 아끼지 않는다. 강하고 용맹하며 자유자재로 어디든지 말을 몰고 간다. 대장군은 높은 곳에 진을 치고 있으면서, 물러날 때는 퇴각용 북을 치고 공격할 때는 공격용 북을 치는데, 군대는 여기에 맞춰 행동한다. 도망갈 때는 철포를 쏘아 정신을 혼란케 하는데, 소리가 매우 커서 일본군은 놀라고 겁을 먹으며, 눈은 멀고 귀는 멍멍하여 넋이 빠져 멍하니 방향도 식별하지 못한다.

일본의 전투는 먼저 서로 자기 집안의 내력을 상대방에게 말한

---

9) 覺惠 : 규슈의 고케닌御家人을 지휘 통제하는 진제이鎭西 봉행 쇼니 스케요시 少貳資能(1198-1281).

10) 鐵砲 : 공 모양의 그릇 안에 쇠나 청동 파편을 화약, 유황 등과 함께 채워넣은 수류탄에 가까운 무기. 조총이 전래된 이후에는 조총을 철포라 불렀다.

후 시작하고, 승리하여 이름을 떨치는 것도 패배하는 것도 일대일로 승부한다고 생각하고 있었다. 그런데 몽골군의 전투는 많은 병사가 한꺼번에 몰려들어 손발을 움직일 수 있는 작은 공간이라도 나면 '나도 나도'라고 하면서 쇄도하여 죽이거나 포로로 잡는다. 이 때문에 돌진하는 일본인은 한사람도 빠짐없이 먹잇감이 되었다.

출전 『八幡愚童訓 甲』.

내용 몇 차례의 협상을 무시당한 몽골은 1274년 일본 원정을 개시했다. 고려군을 포함한 2만 7,000명의 군단은 합포를 출발하여 쓰시마와 이키를 석권하고 하카타만에 상륙하였다. 일본과 몽골은 전투 방식과 무기에도 큰 차이가 있었다. 일대일 혹은 소수의 사람으로 선두 다툼을 하는 일본과 달리 몽골은 조직적인 집단 전법을 구사하였다. 일본의 장궁과 달리 몽골의 단궁은 사거리가 길었을 뿐 아니라 독이 발라져 있었다. 그리고 화약이 장착된 철포는 실제 피해뿐 아니라 전선을 교란시키는 효과를 발휘하였다.

가마쿠라 막부의 무력 동원

몽고인이 쓰시마와 이키를 습격하여 이미 전투가 벌어졌다고 가쿠에覺惠가 보고하였다. 오는 20일 이전에 서둘러 아키安藝[11]로 내려가, 저 흉도들이 몰려오면 아키국의 지토地頭와 고케닌御家人 및 본소本所·영가領家 일원지一圓地[12] 주인住人 등을 이끌고 방어하라. 태만해서는 안 된다. 명령에 따라 전달한다.

---

11) 安藝 : 현재의 히로시마현.
12) 本所領家一圓地 : 지토가 설치되어 있지 않은 장원과 공령公領으로, 장원 영주가 토지와 백성을 일원적으로 지배하는 곳이었다.

분에이文永 11년(1274) 11월 1일

출전 「東寺百合文書」(『日本史史料』中世).

내용 몽골과의 전투에서 고전하고 있다는 보고를 접한 가마쿠라 막부는 지토와 고케닌은 물론 그때까지 막부의 관할 영역 밖에 있던 본소 일원지의 무사를 동원하여 몽골의 침입에 대비하게 하였다. 몽골의 침공을 계기로 막부의 지배권은 획기적으로 확대되었다. 대신 그들에 대한 은상 지급 의무도 막부가 지게 되었다.

신국神國사상의 강화

◎ 밤부터 비가 내렸다. 전하께 가서 여러 가지 일을 말씀드렸다. 고노에近衛 전하께 갔다. 다자이후에서 급한 전령이 왔다. 지난 초하룻날 대풍이 불어, 저들 적선이 많이 침몰했다고 한다. 주살되거나 생포된 자가 수천 명이며, 이키와 쓰시마에 적선 1척도 남지 않게 되었다. 배에서 내린 이적들은 죽거나 포로가 되었다. 이번 일은 신의 뜻[神鑑]임이 매우 명백하다. 천하의 경사로서 무엇이 이보다 더 하겠는가? 예삿일이 아니다. 말세라고 하지만 여전히 존귀하다. 더욱 정성을 들여 신명神明과 불타佛陀를 존중해야 할 것인가?

◎ 뇨엔상인如圓上人이 말하기를 "스미요시住吉 신사 제3 어전 보전寶殿의 문이 열리고 사슬이 끊어졌습니다. 이 사슬은 쇠로 만들었고, 둘레가 6촌寸이라 사람들이 쉽게 끊을 수 없습니다. 상인은 곧바로 스미요시 신사로 가서 그것을 봤는데, '참으로 불가사의하다. 이

것은 이국異國을 항복시키기 위해서이다.13) 과거에 몽골이 내습했을
때 스미요시 신사에 이 상서가 있었다.'고 말했습니다."라고 하였다.
밤에 시게나가茂長 아손朝臣이 또 말하기를 "지쿠젠국 아오키靑木
장원에 모신 기타노北野 신사가 있는데, 그 신사에 상처를 입은 뱀
한 마리가 나왔다고 합니다. 그러나 사람들은 놀라지 않았는데, 그
신이 무녀에게 신탁하여 말하기를 '이국이 내습했으므로 가시이香椎
· 하코자키筥崎 · 다카라高良의 신과 내가 전투를 벌여, 가시이의 신은
반생반사의 상태에 있다고 한다. 나는 대자재大自在14)의 덕에 의해
이렇게 사람들에게 알리기 위해 뱀의 몸으로 나타났다.'라고 했고,
또 '기도를 하면 다시 그곳으로 가서 이국을 정벌할 것이다.'라고 했
다고 합니다." 짐15)이 부덕한 몸으로 함부로 천자의 자리에 있기 때
문에 이런 재난이 있는 것인가? 비탄함은 필설로 다할 수 없다. 오
로지 신불의 명조冥助를 바랄 뿐이다.

출전 『勘仲記』 弘安 4년(1281) 윤7월 14일 : 『花園天皇日記』 正和 3년
(1314) 3월 19일(『日本史史料』 중세).

내용 규슈에서 파견된 전령으로부터 승전 소식을 전해들은 귀족은 망설임
도 없이 적선을 침몰시킨 대풍이 신의 뜻이라고 인식하고, 말세라고는 하지
만 여전히 신은 존귀하며 더욱 신불을 존중해야 한다고 하고 있다. 이러한
의식은 이후에도 지속되어, 신들은 이적과 싸워 피까지 흘리는 실체적인 존

---

13) 외국이 침입해 오자 일본을 수호하는 신이 보전의 쇠사슬을 끊고 문을 열고
　　나와 외국과 전투를 벌였다는 의미이다.
14) 大自在 : 大自在天이라고도 한다. 본래는 힌두교의 시바신을 가리키는데, 불
　　교에 들어와 불법을 수호하는 신이 되었다.
15) 짐 : 花園天皇(재위 1308~1318).

510

재로 인식되었다. 그 이면에는 더 많은 영지와 희사를 바라는 사원과 신사 세력의 세속적인 욕구가 있었지만, 어쨌든 몽골의 침공을 계기로 '일본은 신이 가호하는 신성불가침한 나라'라는 신국神國사상이 강화되고 침투되어 나갔다.

전기 왜구와 여·일협상

고려인 내조의 건

40여 년 간 본조는 크게 어지러워 지방은 잠시도 조용하지 않았다. 이 동란에 편승하여 산길에는 산적이 있어서 여행자들이 숲속을 통과하지 못했고, 바다에는 해적이 많아서 뱃사람들이 해적의 해코지를 피할 수 없었다. 욕심이 강성한 불한당들이 무리를 지어 모였으므로 방방곡곡이 대부분 도적에게 강탈당했다. 역로驛路에는 역의 우두머리도 없고 관關에는 관을 지키는 사람이 바뀌었다. 결국에는 이 적도들이 수천 척의 배를 마련하여 원조·고려의 포구에 몰려들어 명주明州·복주福州의 재보를 탈취하고 관사와 사원을 불태웠으므로 원조·삼한의 이민吏民들이 이를 막아내지 못하고, 포구 근처 지방의 수십 개 주현이 모두 사는 사람도 없이 황폐해졌다.

이 때문에 고려왕이 원조 황제의 칙선勅宣을 받아 첩사牒使 17명이 우리 나라에 내조했다 이 사절은 이국의 지정至正 23년(1363) 8월 13일 고려를 출발하여 일본국 조지貞治 5년(1366) 9월 23일 이즈모出雲에 도착하였다. 이로부터 역을 통과하여 얼마 후 교토에 도착했지만 낙중에는 들어가지 못하고 덴류사天龍寺에 묵게 하였다. 이 때의 장로 슌오쿠 묘하春屋妙葩[16] 화상 지카쿠 후메이知覺普明 국사가 첩장을 상주하였다. 첩장의 내용은 다음과 같다.

"황제의 성지에 따라 정동행중서성은 조사하여 본성 관할 고려와 일본은 땅과 해로가 서로 접해 있다는 사실을 알았다. 본성에서는 표류한 귀국 인물을 만나면 왕왕 이치에 따라 호송하였다. 예기치 않게 지정 10년(1350) 경인년부터 수많은 적선이 귀국에서 출발하여 본성의 합포合浦 등지로 나와 관아를 불태우고 백성을 혼란하게 만들었으며, 심지어는 살육을 일삼았다. 이후 10여 년 간 배가 통하지 않았고 해변의 주민들은 안주할 수 없었다. 이는 대략 도서의 주민들이 국법을 두려워하지 않고 오로지 탐욕에 힘써 숨어서 바다로 나와 겁략하는 것이리라. 그리고 귀국은 땅이 넓어서 능히 주지시킬 수 없을 것으로 생각된다. 우리가 곧바로 군대를 보내 소탕하는 것은 아마 교린의 도리가 아닐 것이다. 이미 만호萬戶 김범귀金凡貴 · 천호 김룡金龍 등을 보내 삼가 국주國主 앞에 가서 아뢰도록 하고, 그밖에 또 그것을 위해 본성은 이문移文을 보낸다. 잘 살펴보기 바란다. 바라건대 관할 육지와 해도에 알려서 엄히 금지하여 이전처럼 출경하여 성가시게 하는 일이 없도록 하라. 그리고 공문의 답장을 바란다. 수지자자須至咨者

위 내용을 일본에 자문한다. 엎드려 조사를 청한다. 삼가 자문을 보낸다."

라고 적혀 있다. 해적선이 이국을 침탈하는 것은 모두 시코쿠와 규슈의 해적들이 하는 것이므로 제도帝都에서 엄벌을 가하는 것은 할 수 없다고 해서 반첩은 보내지 않았다. 다만 입공한 보수라고 해서 안마

---

16) 春屋妙葩(1312-1388) : 남북조 시대의 선종 승려로, 아시카가 요시미쓰의 정치, 외교 고문의 역할을 하였다. 시호는 知覺普明國師.

鞍馬 10필, 은 2령領, 백태도白太刀 3자루, 어릉御綾 10단, 채견綵絹 100단, 부채 300자루를 지방의 봉송사奉送使에 딸려 고려로 보냈다.

출전 『太平記』 권39.

내용 일본에서는 남북조 동란으로 치안이 악화되어 산에는 산적, 바다에는 왜구가 들끓었다. 당시의 왜구는 쓰시마·이키·마쓰라 지방의 토호와 상인, 어민이 주체가 된 무장 집단으로, 많게는 수백 척에 이르는 조직화된 왜구도 있었다. 1350년부터 본격적으로 왜구의 피해를 입고 있던 고려는 1366년 사절을 일본에 보내 왜구의 금지를 요청하였다. 이를 받은 조정은 '고려가 번국蕃國의 예를 잃었다.'는 이유로 답장을 보내지 않기로 결정하였다. 이에 이 사절에 대한 실질적인 대응은 무로마치 막부가 하게 되었는데, 이것이 무로마치 막부 최초의 외교 경험이었다. 막부는 오산 승려인 슌오쿠 묘하에게 승록僧錄의 지위를 주어 왜구 금지에 노력하겠다는 사신私信 형식의 답장을 작성하고, 이듬해 승려를 통해 보냈다. 그러나 이후에도 왜구의 침탈은 계속되어, 조선은 무로마치 막부뿐만 아니라 왜구 금지에 실제적인 효력이 있던 규슈탄다이九州探題 이마가와 료슌今川了俊이나 오우치 요시히로大內義弘와도 교섭하였다.

대마도 정벌

상왕이 병조판서 조말생趙末生에게 명하여, 대마도 슈고守護 도도 웅환都都熊丸[17])에게 글을 보내어 말하기를, "···(전략)··· 대마도라는

---

17) 都都熊丸(1385?~1452) : 대마도주 소 사다모리宗貞盛. 당시는 아직 성인식을 치르지 않았기 때문에 아명을 사용하였다.

섬은 경상도의 계림鷄林에 속해 있었다. 본디 우리나라 땅이란 것이 문적에 실려 있어, 분명히 상고할 수가 있다. 다만 그 땅이 심히 작고, 또 바다 가운데 있어서 왕래를 막고 있으므로 백성이 그곳에 살지 않는다. 이에 왜노倭奴 중 자기 나라에서 쫓겨나서 갈 곳이 없는 자들이 모두 와서 함께 모여 소굴로 삼았다. 때때로 몰래 나가서 평민을 겁략하고 전곡을 약탈하며, 동시에 살육을 자행하여 처자식을 고아나 과부로 만들었고 사람이 사는 집을 불태웠다. 흉악무도함이 여러 해가 되었다. …(중략)… 내가 대통을 이어받아 나라에 임한 이래 전왕의 뜻을 이어 더욱 무휼에 힘썼다. 간혹 좀도둑질을 하는 불손한 일이 있어도, 오히려 도도웅환의 아비 소 사다시게宗貞茂가 의를 사모하고 정성을 다한 것을 생각해서, 범하여도 비교하지 않았으며, 통신하는 사신을 접할 때마다 관館을 정하여 머물게 하고, 예조에 명하여 후하게 위로하게 하였다. 또 그 생활의 어려움을 생각하여 이利를 꾀하는 상선의 교통도 허락하였다. 대마도로 운반하는 경상도의 미곡이 해마다 수만 석을 헤아리는 것은 그것으로 몸을 길러 주림을 면하고 양심을 확충하여 도적질하는 것을 부끄럽게 여겨 함께 천지 사이에 삶을 영위하도록 바랐기 때문이다. 나 또한 부지런히 배려하였다. 그런데 뜻밖에도 근자에 배은망덕하게 스스로 화근을 만들어 스스로 멸망을 취할 줄 몰랐다. 평일에 투화投化한 자와 무역이나 통신 관계로 온 자 및 지금 우리의 위풍을 보고 항복한 자는 모두 죽이지 아니하고 여러 고을에 나누어 두고서 옷과 밥을 주어서 생활하게 하였다. 또 변방 장수에게 명하여 병선을 영솔하고 나아가서 그 섬을 포위하고 온 섬이 항복하기를 기다렸지만, 지금껏 섬사람들이 결단을 내리지 못하고 깨닫지 못하고 있으니, 내 심히 민망히 여긴다. …(중략)… 만약 능히 마음을 바꾸어 뉘우치고 깨달아 온 섬을 들어 항복하면 도도웅환은 좋은 벼슬을 줄 것이고 두터운 녹도 나누어 줄 것이요, 나머지 대관들은 다이라노 도젠平道全[18]의 예와 같이 할 것이며, 그 나머지 여러 군소群小들도 또한 다 옷과 양식을 넉넉히 주어서 비옥한 땅에 살게 하고 다 같이 갈고 심는 일을 얻게 하여, 우리 백성과 꼭 같이 여기고 같이 사랑하여 도적이 되는 것이 부끄러운 것임과 의리를 지키는 것이 기쁜 일임을 다 알게 할 것이다. 이것이 스스로 새롭게 하는 길이며, 살면서 지켜야 될 바이다."

출전 『朝鮮王朝實錄』世宗 원년(1419) 7월 경신조.

내용 왜구의 피해를 입고 있던 조선은 상왕 태종의 주도 아래 왜구의 근거지를 소탕할 목적으로, 1419년 200여 척의 군선과 17,000여 명의 대군으로 대마도를 공격하였다. 그러나 장기전에 대한 불안과 대마도의 요청에 따라 10여 일 만에 철수하였다. 일본에서는 오에이應永의 외구外寇라고 부르는데, 몽골의 재침 혹은 중국의 습격이라는 소문이 돌아 세간이 시끄러웠다. 사료에서 태종이 대마도가 본래 경상도에 속하는 섬이라고 인식하고 있는 점이 주목된다.

왜관의 연혁

처음 고려말에 왜인이 누차 변경을 침략하였는데, 우리 조선이 개

---

18) 平道全 : 1407년 대마도주의 사자로 조선에 왔다가 그대로 남아 수직인受職人
   이 되어, 오랫동안 조선과 대마도 사이의 외교에 활약하였다.

국한 후에는 해항海港 요해처에 모두 만호의 영營 및 수군처치사를 두어 왜구를 막게 하였더니 왜구의 근심이 조금 수그러들었다. 이에 또 삼포에 왜관을 설치하여 사신이 거처하게 하였다.

삼포는 동래의 부산포, 울진(산)의 염포, 웅천의 제포이다. 일본의 여러 대신과 대마도주가 보낸 사선使船은 모두 정해진 수가 있었는데, 대마도의 사선 25척은 부산에, 25척은 제포에 정박하도록 하였다. 나머지 사선은 편의에 따라 나누어 삼포에 정박하도록 하였다. 세종조에 대마도 왜인 60호가 삼포에 와서 살기를 원하므로 조정에서 허락하였다.

중종 5년 경오(1510) 삼포에 거주하고 있던 왜인들이 반란을 일으키자, 유담년類聃年과 황형黃衡을 보내어 그들을 쳐서 평정하였다. 소굴을 불살라 버리고 다시는 거주를 허락하지 않고, 드디어 왜관을 폐지하고 관계를 끊었다.

선조 5년 임신(1572)에 왜가 성의를 다해 복종하고 조빙을 통하기를 애원하므로 다시 부산의 두모포에 왜관을 설치하도록 명하였다. 부산진에서 3리쯤 떨어져 있었으며, 항상 왜관에 머무르는 왜인이 있어 지켰다. 무릇 왜선이 왕래할 때 부산을 경유하지 않는 자는 모두 적으로 논단하였고, 또 훈도와 당해 진장鎭將을 파견하여 맡아 단속하게 하여 왜인들로 하여금 감히 어기지 못하도록 하였다.

인조 18년 경진(1640)에 왜인이 왜관의 땅이 좁다는 이유로 부산성으로 옮기기를 청하였으나 허락하지 않았다. 현종 14년 계축(1673)에 또 웅천으로 옮기기를 청하였지만 역시 허락하지 않았다. 전후 30여 년 동안 간청하고 빌기를 그치지 아니하므로 이때에 이르러서 비로소 허락하였다. 부산진과 10리쯤 떨어진 초량촌으로 옮기도록 하였다. 숙종 4년 무오(1678)에 신관이 완성되었다.

출전 『春官志』 3, 「倭館」

내용 왜관은 조선시대에 조선과의 외교·무역 업무를 위해 왕래하는 일본인들의 숙박, 접대 및 교역을 위한 장소로 설치했던 관사로, 1407년 부산포·내이포(제포)에 설치된 이래 염포와 가배량에 추가로 설치되었지만, 대마도 정벌, 삼포왜란, 사량진왜변, 임진왜란 등으로 폐쇄와 설치를 반복하였다. 임진왜란 직후 국교 회복 과정에서 절영도에 임시 왜관이 설치되었다가, 1607년 두모포 왜관이 설치되었다. 그러나 일본은 두모포 왜관의 부지가 협소하고 수심이 얕으며 남풍을 정면으로 받아 배를 정박하기에 부적당하다는 이유로 지속적으로 이관을 요구하였다. 결국 조선은 1673년에 이관을 허락하였고, 1678년 초량 왜관을 설치하였다. 임진왜란 이후에는 일본 사절의 상경을 금지하였으므로 부산 왜관은 조·일 양국의 외교와 무역의 거점이자 문화 교류의 중요한 통로로 기능하였다.

삼포왜란

대마도의 대관代官 병부兵部 모리치카盛親의 서계에 이르기를 "조선과 일본은 입술과 이빨이 서로 맞닿은 것과 같습니다. 그러므로 대명국大明國의 선지宣旨를 받았는데 그 선지에 이르기를 '양국은 다를 것이 없어 아침저녁으로 통할 수 있다.'라고 하였습니다. 특히 대마도는 서해의 번병藩屏으로서 양국이 왕래하는 인후입니다. 증조 때부터 화친의 약속을 정함이 견고하였으나, 요사이 10년 이래 매사가 변하였습니다. 특히 작년 4월에 부산포 영공令公19)이 내려온 이래로는 되풀이하여 새로운 법도를 세워 일본인에 대해 모순되는 일을 획책합니다. 비록 사선使船을 보내더라도 모두 소선小船과 똑같이 인원수를 기록하며20), 상관인上官人이 각각 서울에 올라가지 못하고 포구에서 허무하게 돌아오고, 또 1년치 양미糧米를 그 해 안에 다 지급하지 않아 2, 3년분이 잠겨 있어 상관인과 선원을 힘들게 하였습니다. 군방장郡房長 또한 간사하여 영공과 마음을 같이하여 난을 부른 것입니다. 이 때문에 대마도 대주代主 소 병부소보 모리치카宗兵部少輔盛親를 대장으로 삼아 수만 병선을 타고 부산포로 건너와 영공의 부자 형제를 죽이고 목을 베어 문 앞에 매달았고, 베어 죽인 자도 한없이 많습니다. 오늘 영공의 목을 빠른 배로 대마도로 보냈습니다. 동래군의 영공에게는 원한이 없으므로 이 뜻을 말하려고 어제 동래군으로 향하였으나, 도중에 군사가 일본인을 향하여 활을 쏘았습니다. 이 때문에 일본인도 성루의 문에서 활을 쏘았습니다. 원한이 없으므로 이 뜻을 서울에 아뢰어, 천하에 선포하는 왕명에 모든 일을 다시 선례와 같이 한다는 증거가 보이면 병선을 즉시 물릴 것이며, 그런 뜻이 안 보이면 침략할 것인즉 두고 보면 알 것입니다."라고 하였다.

출전 『朝鮮王朝實錄』 中宗 5년(1510) 4월 을미조.

내용 고려말 이래 왜구의 피해를 입었던 조선은 왜인을 통교자로 받아들이기로 하고, 그들의 입항지를 부산포·제포(내이포)·염포의 세 항구로 한정하고, 왜관을 설치하여 무역을 허용하였다. 조선은 거주 왜인恒居倭人의 수

---

19) 令公 : 지방 관아의 장관. 여기서는 부산포 첨사.
20) 삼포에 일본 선박이 입항하면 대·중·소로 등급을 나누어 체재비를 지급했는데, 지금은 모두 소선으로 취급한다는 항의.

를 60호로 제한했지만, 몰래 이주하는 자가 늘어나 15세기 말에는 내이포에만 347호 2,500명에 이르렀다. 삼포에 거주하는 왜인의 수가 증가하면서 밀무역을 하는 자도 늘어났다. 편무역과 국고의 결핍에 시달리던 조선은 중종이 즉위하자 일본과의 무역에 대해 엄격한 통제를 가하고 왜인의 거주권도 제한하였다. 이에 불만을 품은 내이포와 부산포의 왜인은 1510년 대마도주로부터 병선 200여 척의 지원을 받아 난을 일으켰지만, 조선군에 의해 격퇴되었다. 이후 통교는 단절되었다가 2년 후 임신약조가 체결되었지만, 교역은 내이포로 한정되고 세사미두 등도 감소했으며 왜인의 국내 거주는 금지되었다. 사료는 대마도 측이 동래현령에게 보낸 서계로, 왜인 측에서 본 사건의 경위를 진술하고 있다.

명과의 국교 수립

◎ 일본 준삼후准三后 모某[21]가 대명 황제 폐하께 국서를 바칩니다. 일본국은 개벽 이래 상방上邦에 사절을 보내지 않은 적이 없습니다. 저는 다행히도 국정을 맡아 국내는 근심이 없습니다. 이에 옛 법규에 따라 고이쓰미肥富를 부사로 삼아, 정사인 소아祖阿와 동행시켜 친교를 맺기 위해 방물方物을 바치게 하였습니다. 금 1,000량, 말 10필, 고급 종이[薄樣] 1,000첩, 부채 100자루, 병풍 3쌍, 갑옷 1벌, 몸통 갑옷[筒丸] 1벌, 검 10자루, 도 1자루, 벼루 1합, 문방구 책상[文臺] 1개입니다. 일본에 표착한 귀국 사람 몇 명을 찾아 송환합니다. 머리 숙여 황공하게 삼가 말씀을 올립니다.

---

21) 日本准三后某 : 무로마치 막부의 3대 쇼군 아시카가 요시미쓰足利義滿(재직 1369-1395). 준삼후는 태황태후·황태후·황후의 삼후에 준하는 대우를 나타내는 칭호로, 출가하여 관직 체계에서 벗어난 요시미쓰의 입장을 나타낸다.

◎ 대명서大明書

천명을 받아 제위를 이어받은 황제가 조서를 내려 말한다. 천지 사이는 토지가 넓어 다 헤아릴 수 없다. 옛 성인이 경계를 나누어 그곳에 적합한 작물을 경작하게 하고, 공부貢賦와 역역力役을 내게 하고 예의를 알며 군신부자의 윤리를 온전하게 하였으므로 우리 나라를 중국이라고 한다. 그리고 중국 밖에 있어도 의리를 사모하여 찾아오는 왕이 있으면 지금껏 어여삐 여겨 못 오게 한 적이 없다. 그것은 천하를 이끌어 함께 착한 도리로 돌아가고자 했기 때문이다. 짐이 대위를 계승한 이래 사이四夷의 군장君長들 중에서 조공하는 자가 수십, 수백 명을 헤아린다. 대의에 어긋나지 않으면 모두를 예로써 보살피고자 하였다.

지금 너 일본국왕 미나모토노 도기源道義는 우리 조정을 흠모하며 천자를 사랑하는 정성으로 파도를 넘어 사절을 보내 조공하였다. 왜구에 끌려간 사람들을 송환하고 보도와 준마, 갑옷과 종이, 벼루를 바치고 좋은 금도 함께 바쳤다. 짐은 매우 가상히 여긴다. 일본은 본래 시서詩書의 나라라고 칭한다. 늘 짐의 마음 속에 있었지만 군사와 군국의 사무가 번잡하여 아직 안부를 물을 여유가 없었다. 지금 왕은 예의를 대단히 경모하고 우리 조정을 위해 천자의 심기를 거슬린 자에게 맞서려 한다. 군신의 도道가 두텁지 않다면 누가 감히 여기에 이를 수 있겠는가? 지금 사자 도이道彝·일여一如를 보내 대통력大統曆을 반포하게 하고 정삭正朔을 받들게 하며 비단[錦綺] 20필을 준다. 도착하면 수령하라. 아, 하늘은 변하지 않는 마음이 없지만 오로지 공경하기를 원하며 천자는 변하지 않고 특별히 좋아하는 것이 없지만 오로지 충성을 편안히 여긴다. 짐은 강동江東에 수도를 정했

520

는데, 해외의 국가 중에는 오직 왕을 가장 가깝게 생각한다. 왕은 짐의 마음을 헤아려 충의를 다하라. 삼가 직분을 다함으로써 대의를 두텁게 하라. 왜구를 받아들이지 말도록 하라. 나쁜 자들을 용서하지 말도록 하라. 천하에서 일본을 충의의 나라로 만든다면 영원한 명예가 될 것이다. 왕은 공경하여 자손의 복을 남겨라. 이에 조유詔諭한다. 늘 마음에 두고 새기도록 하라.

건문建文 4년(1402) 2월 6일

출전 『善隣國寶記』 卷中.

내용 1401년 아시카가 요시미쓰는 '일본준삼후도기道義'의 명의로 승려 도아와 하카타의 상인 고이쓰미를 보내 국교 수립을 요구하며 방물을 바치고 왜구에 포로로 잡힌 자들을 송환하였다. 숙부 연왕(후의 영락제)의 압박을 받고 있던 건문제는 홍무제의 방침을 변경하여 요시미쓰를 '일본국왕'에 책봉하기로 결정하고, 승려 천륜도이天倫道彝와 일암일여一庵一如를 일본에 보냈다. 이듬해 이들은 교토에서 요시미쓰에게 건문제의 조서를 전달하였다. 이로써 일본은 왜의 5왕 이래 900년 만에 중국의 책봉체제에 편입되었다.

감합勘合의 발급

행재行在 예부에서 해관 업무를 처리한다. 황제의 명령에 따라 관련 법령에 비추어 일본국 감합을 편치編置하고, 홍무 16년간을 조사하였다.

태조 황제의 성지를 받들건대 "남해 여러 번국蕃國의 원근이 같지 않지만, 매년 번선蕃船이 왕래하고 있다. 진공하거나 물건을 사고 파는 사람 중에 이름을 가탁하는 자가 많아 그 실상이 실제와 매우 다른데, 자세히 살피기 힘들어 외국으로 하여금 성의를 다하지 못하게 하는 경우가 많다. 또 해외로 나가는 사람들이 조정의 사절을 사칭하여 그곳에서 사단을 일으키고 재물을 요구함으로써 다른 이를 침해하여 불편을 끼치는 경우가 많다. 예부는 반인半印의 감합문부文簿를 만들라. 우리 조정에서 보내는 사람과 저쪽에서 보내오는 사람들 모두 문서를 가지고 대조할 필요가 있다. 주묵자호硃墨字號[22])가 동일할 때만 비로소 믿을 수 있다. 만약 대조해서 합치하지 않거나 문서가 없을 경우는 모두 가짜이니, 모두 잡아 오라."라고 하였다.

이 성지를 받들어 삼가 준수하며, 또한 지금 일자日字 1호부터 100호까지 감합 100매[道], 저부底簿 2책[扇], 본자本字 1호부터 100호까지 감합 100매, 저부 2책을 만드는데, 그중 일자호 감합과 본자호 저부 2책은 이곳에 거두어 보관한다. 그리고 본자호 감합과 일자호 저부 1책은 사람을 보내 일본에서 보관하게 한다. 본자호 저부 1책은 복건포정사福建布政司에 보내 보관하게 한다.

앞으로 진공이나 왕래하는 객상이 있을 때는 반드시 본국에서 감합에 개전開塡[23])하여, 진공 방물의 건수와 방문자의 탑재 물건, 객상의 화물, 승선 선박 수, 승선 인원수를 일일이 감합에 적어 명백하게 하라. 만약 조정에서 사신을 보낸다면 본국에서 반드시 대조하여 주묵자호가 동일하면 준행하라. 사신이 돌아올 때 본국에서 물건을 보내면 또한 마땅히 감합에 일일이 보고해야 한다. 먼 나라 일본이 예의禮意를 알기 바란다. 만약 감합이 없거나 대조했을 때 일치하지 않

---

22) 硃墨字號 : 硃는 관인이고, 墨은 자호를 가리킨다. 감합의 관인 및 자호를 대조한다는 의미이다.

23) 開塡 : 이어지는 문장의 사항을 일일이 기재한다는 의미이다.

으면 사칭하는 것이거나 위조한 것이다. 장본인은 호송하여 수도에서 치죄하라. 지금 일자호 저부 1책과 본자호 감합 100매를 일본에보내 간직하게 한다. 일본에서 글자를 적어 보내오면 대조하여 처리한 다음 문서를 모두 보관토록 한다.

선덕宣德 8년(1433)
이 감합 100매 중 6매는 후코인普廣院[24] 전하 치세 때인 에이쿄永享 4년(1432) 도항 때, 10매는 덴류사선天龍寺船 때 사용하였다. 이상 16매. 나머지 84매는 간쇼寬正 7년(1466) 당에 건너갔을 때 대명국에 반환하였다.

출전 「戊子入明記」.

내용 명은 해적 행위나 밀무역을 단속하기 위해 정식 사절과 상인임을 증명하는 감합을 발급하여 무역을 통제하였다(조선과 류큐는 면제). 일본과의 무역에서 감합이 사용된 것은 1404년부터이다. 중앙에서 반으로 자른 한쪽은 감합, 다른 한쪽은 감합저부라고 불렀는데, 일자감합日字勘合 100매와 본자감합本字勘合 100매 합계 200매, 일자호 감합저부 2책과 본자호 감합저부 2책 합계 4책이 작성되었다. 일본의 무역선은 본자감합에 막부의 감합인이 찍힌 것을, 명 선박은 일자감합을 가져가게 되어 있었다. 일본 무역선이 명에 도착하면 닝보의 절강포정사에서 저부와 대조하고, 또 베이징에서 다시 저부와 대조하여 합치되면 공식 무역선으로 인정하여 교역을 허용하였다. 감합은 배 1척당 1매씩 지참했으며, 명의 황제가 바뀔 때마다 새로 만들어졌다.

<hr>

24) 普廣院 : 무로마치 막부의 6대 쇼군 아시카가 요리노리足利義敎(재직 1429-1441).

감합무역의 이익

◎ [분메이文明 12년(1480)] 12월 21일 내년 견명선[遣唐船] 파견 결정을 위해 쇼군께서 오우치 좌경대부(오우치 마사히로大內政弘)와 상담을 하셨다고 한다. 구스바 사이닌楠葉西忍은 올해 86세이다. 두 번 견명선을 탔던 사람이다. 오늘 그 사람과 얘기를 나눴다. 견명선의 이익으로 생사生絲보다 더한 것이 없다. 중국에서 생사 1근斤25)은 은銀 250문文이다. 그것을 일본에 가져오면 20배인 5관문貫文에 팔린다. 서국의 비젠備前·빗추備中에서는 구리 1짐 값이 10관문이다. 중국의 명주明州·온주溫州에서 생사로 바꾸면, 40~50관문이 된다고 한다.

◎ [분메이 15년(1483) 정월 24일] 어제 구스바 사이닌이 와서 여러 가지 이야기를 하였다. 에이쿄永享 5년(1433) 당선은 6척이다. 1호선은 구보公方26), 2호선은 쇼코쿠사相國寺, 3호선은 야마나山名, 4호선은 13명, 5호선은 산주산겐도三十三間堂이다. 이듬해인 6년에 출발했다. 이 가운데 4호선 13명은 아카마쓰赤松(상좌上佐이다), 호소카와細川, 산슈讚州, 하타케야마畠山, 부에이武衛, 잇시키一色, 산조가三條家, 쇼고인聖護院. 산포인三寶院, 다이조인大乘院, 쇼렌인靑蓮院, 젠포사善法寺, 다나카田中이다. 4호선은 20단反 넓이의 돛을 달았다. 필요 경비는 다음과 같다. 300관문은 뱃삯, 300관문은 수리와 도구류, 400관문

---

25) 斤 : 1근은 600그램이다.

26) 公方 : 쇼군을 가리킨다. 여기서는 무로마치 막부의 6대 쇼군 아시카가 요리노리.

은 선장 40명의 급여, 그 외 10여 명은 선장이 부리는 사람이라고 한다. 500관문은 쌀과 식수통 등의 대금, 통역의 수당, 말 꼴, 소금, 된장, 초, 약 등 여러 가지 잡다한 물건을 마련하는 비용 등이다. 따라서 1인당 부담금은 120관문씩이다.

1인당 외관外官 1명, 종자 2명이므로 도합 39명이다. 이 외관과 종자는 부유한 상인을 임명하는 것이 중요하다. 10분의 1을 취하기 때문인데, 1만 관은 1천 관을 취한다. 일본에 도래한 물건을 팔아 10분의 1을 취하므로 궁핍한 사람은 적절하지 못하다. 잘 기억해 두어야 한다고 하였다.

또 13명이 논의해서 상인 10여 명을 승선시킨다. 그 10분 1은 13명이 분배해서 취한다. 가령 2만 관이라면 2천 관이 10분의 1이다. 상인도 1인당 2명의 종자 상인을 고용해서 데리고 간다. 배 안에 150명 정도는 승선할 것이다. 20단의 배이므로, 외관 20명, 상인 30명이며, 그밖에는 상인들이 알아서 할 것이다.

또 중국에 가서 상의한 후 정해야 할 일이 있다. 왕성(베이징)에 갈 인원은 중국에서 결정한다. 몇 명이 베이징으로 갈 지는 명령이 내려온 후에 결정한다. 이것은 중요한 일이다. 외관은 모두 왕성에 간다. 상인은 아무래도 물건을 많이 가진 대상인을 베이징으로 가게 해야 한다. 이는 비밀이다. 그렇게 해야만 10분의 1의 이익이 있다고 한다.

특히 중국에 가져가야 할 물건은, 가령 100관문의 물건을 가져간다면 여러 가지 물건을 가져가야 한다. 시기마다 가격이 일정하지 않기 때문이다. 어떤 물건은 10배, 20배가 되는 경우도 있다. 어떤 물건은 전혀 소용이 없는 것도 있다. 잘 기억해 두어야 한다. 유황은 구보의 배公方船에만 선적한다. 설령 신청하는 자가 있어도 그렇게 해서는 안 된다. 해달 가죽(중국에서는 겨울에 필요하다), 후추, 태도太刀, 장태도長太刀, 창, 요자시銚子鐁, 적금赤金, 금, 소방蘇芳, 길선吉扇, 대략 이런 물건들이다. 그리고 중국에서 사서 가져오는 물건은 생사(제일 중요한 물건이다), 북견北絹, 단자段子, 금라金羅, 사향, 도사道士의 헌 옷, 부인들의 헌 옷도 그러하다.

출전 「大乘院社寺雜事記」(『日本史史料』 中世 ; 『再訂版詳說日本史史料集』).

내용 감합무역은 무로마치 막부 3대 쇼군 아시카가 요시미쓰 때인 1404년부터 1547년까지 17회 이루어졌다. 명과 일본 사이 책봉관계에 수반되어 이루어진 감합무역은 실은 이익을 추구하는 쇼군을 비롯한 유력 다이묘와 사원, 신사가 파견한 것이며 그 경영 실태는 상인이 쥐고 있었다. 감합무역의 이익은 구체적으로는 알 수 없지만, 사료에 따르면 생사는 20배, 구리는 4, 5배의 이익을 남겼다고 한다. 상인들은 감합선의 경영자인 막부와 다이묘, 사원에 수입품 매상액의 10분의 1을 추분전抽分錢으로 납부했고, 추분전과 필요 경비를 제하고도 충분한 이익을 남길 수 있는 구조였던 것으로 보인다. 오닌의 난 이후에는 사카이堺 상인이 추분전을 미리 납부하고 무역을 독점하였다.

오산五山 승려와 대명 외교

겐추堅中는 장년 때 명나라에서 유학하여 중국어에 능통하였다. 귀국한 후에도 누차 사신으로 파견되었다. 오에이應永 연간에 덴린天倫과 이치안一菴을 따라 간 것은 건문제의 사절 파견에 사례하려는 뜻이었다. 그러나 그 나라에 도착해보니 영락제가 새로 즉위해 있어 덴린과 이치안은 전 황제의 사절이라고 해서 겨우 그 나라에 들어갔을 뿐, 복명하지 못했다. 이에 겐추는 신 황제를 경하하는 사절이라고 칭해서 표문을 통할 수 있었다.

그 나라가 우리 나라의 장상을 왕으로 간주하는 것은 존대하는 의미일 것이므로 문제 삼을 일이 아니다. 하지만 지금 표문 중에 스스로 왕이라고 칭한 것은 그 나라의 책봉을 받은 칭호를 사용한 것이므로 불가한 것으로 생각한다. 또 신臣 자를 사용한 것도 잘못이다. 부득이하다면 일본국 아래에 늘 해오던 것처럼 관위를 적어야 한다. 그 아래 성과 휘 사이에 조신朝臣이라고 두 글자를 적으면 되지 않을까 한다. 이것이 우리 나라 공경公卿의 상례이며, 신이라는 글자는 우리 천황에게 대해서만 사용해야 한다. 그렇게 함으로써 외국의 신하가 되는 우려를 피해야 한다. 또 근자에 대명에 보내는 표문 말미에 그 나라의 연호를 쓰는 것은 잘못이 아닌가? 우리 나라의 연호는 대부분이 『당서唐書』, 『옥해玉海』 등의 서적에 실려 있다. 저쪽의 식자들은 우리 나라가 중고中古부터 별도의 연호를 사용하는 것을 알고 있을 것이다. 그렇다면 의리상 마땅히 우리 나라의 연호를 사용해야 한다. 그렇지 않다면 모두 연호를 적지 않고, 다만 갑자 등 간지만 쓸 것인가? 이는 양국이 상고에 연호가 없을 때의 사례이다. 대저 양국이 통호通好하는 의리는 임하林下[27]가 논할 수 있는 일이 아니다. 국왕이 서신을 통할 때 그 서신은 마땅히 조정에서 나와야 한다. 다른 말로 표현하자면, 근자에 대장군은 나라에 이득을 얻기 위해 몰래 서신을 통하고 있으며, 대개 승려를 사신으로 삼고 서신 또한 승려에게서 나오고 있다.

---

27) 林下 : 선종 사원과 승려를 가리킨다.

출전 『善隣國寶記』卷中.

내용 무로마치 막부가 고려나 조선, 명에 보내는 외교 문서를 작성하거나 사절로 파견된 사람들은 거의 대부분이 오산五山의 승려였다. 오산이란 막부가 주지를 임명하는 최고 격식의 선종 사원이다. 민간 교류와 달리 국가 외교에서는 외교 협상에서 한시나 문장의 응수 등 고도의 지식과 기술이 필요하다. 선승들은 중국 고전을 구사하여 한시나 문장을 작성하는 능력이 있었고, 유학을 통해 중국어에 정통한 자들도 있었으므로, 외교를 담당하는 집단으로 제격이었다. 겐추는 4번이나 명에 갔는데, 특히 첫 번째인 1403년에는 명의 정치적 혼란을 예상하고 건문제와 연왕(영락제)에게 보내는 표문을 2통 지참하고 명에 가서, 새로 즉위한 영락제로부터 감합과 금인을 받아 돌아왔다. 한편 『선린국보기』의 편자 즈이케이 슈호瑞溪周鳳는 전통적인 외교 자세에 입각하여 요시미쓰가 왕王과 신臣을 자칭하고, 중국 연호를 사용하는 것을 비난하고 있다.

사서집주의 유포

송조 이래 유학은 회암晦菴에 입각하지 않으면 학문으로 치지 않았다. 그러므로 아동과 하인배가 모두 '부종주자원비학 간도광려시시산不宗朱子元非學 看到匡盧始是山'[28]이라는 두 구를 외우고 있다. 의미는 한나라 이래 유학자가 많으나 회암이 으뜸이라는 의미이다. 종은 영領이며, 광려산匡盧山은 산에 모든 아름다움이 갖추어져 있다는 의미로 주자의 학문에 비유한 것이다.

---

28) 不宗朱子元非學 看到匡盧始是山 : 주자를 떠받들지 않으면 본디 학문이 아니며, 광려산을 보아야 비로소 산을 봤다고 할 수 있다는 의미이다.

528

신주新註에 대한 여러 학자의 학설 중에 회암의 뜻에 배치되는 것은 취하지 않는다. …(중략)… 남송 순희淳熙 16년(1189) 회암이 대학·중용의 서序를 찬술하였고, 이때 신주가 천하에 유포되었다. 대명 영락 13년(1415) 사서오경의 대전 229권을 편찬하였다. 이때 천하에서는 고주古註를 파기하여 집에 고서 한 권을 소장한 자가 없었다.

후코인普廣院 전하 치세에 도당선渡唐船에 신주를 싣고 오기는 했지만, 총림叢林[29]에서는 이 책의 공부를 일삼지 않았다. 그래서 신주와 고주의 선악을 알지 못했다. 도후쿠사東福寺의 기요 호슈岐陽方秀 화상이 처음으로 이 책을 강론하고 우리 나라에서 전습되어 온 오류를 바로잡았다.

출전 「桂菴和尙家法倭点」(『史料による日本の歩み』).

내용 주자학은 가마쿠라 시대에 일본에 전래되어 귀족[公家]들 사이에서 연구되었다. 이후 선종 승려들이 활발하게 연구하였다. 도후쿠사의 기요 호슈는 유불일치설을 주장하고 주자의 사서집주에 처음으로 화점和点을 붙여 일본어로 읽는 방법을 제시하였다.

닝보寧波의 난

갑인(15일) 일본국 이인夷人 소세쓰 겐도宗設謙導 등이 방물方物을 가지고 왔다. 그러는 사이에 즈이사瑞佐·송소경宋素卿 등이 뒤늦게 왔다. 함께 절강浙江의 닝보에 정박하면서 진위를 다퉜다. 즈이사가

---

29) 叢林 : 선종 사원.

소세쓰 등에게 살해당했다. 송소경은 자계현慈谿縣에 숨었다. 소세쓰 등은 불을 질러 크게 약탈하고, 지휘指揮 유금劉錦·원진袁璡을 죽이고, 닝보와·소흥 사이를 유린하고, 마침내 배를 빼앗아 바다로 나가 사라졌다. …(중략)…

무진, 예부가 아뢰었다. "일본의 이인 송소경이 내조했는데, 감합은 효종(홍치제, 재위 1487~1505) 때 하사한 것입니다. 무종(정덕제, 재위 1505~1521) 때의 감합은 소세쓰에게 빼앗겼다고 변명하지만, 그 말은 믿을 수 없는 것 같습니다. 입조를 허용해서는 안 됩니다. 다만 두 오랑캐의 살상은 그 사단이 소세쓰에게서 시작되었고, 송소경의 편에 피살자가 많습니다. 소경은 중국인으로 오랑캐의 가신이 되었지만, 그것은 어린 시절 일입니다. 장성하여 효순效順을 알아, 이미 무종의 용서를 받았으니 다시 물을 필요가 없습니다. 진순鎭巡 등의 관리를 시켜 송소경에게 효유하여 그 나라로 돌아가게 하고, 그 편에 국왕에게 자문을 보내 감합을 조사하여 스스로 처리하도록 하고, 다음에 조공 올 해를 기다리게 하소서. 논의를 주청합니다."라고 하였다. …(중략)… 주상은 송소경과 소세쓰의 무리를 감옥에 가두고 보고를 듣고 논결하겠다고 명하였다. 그리고 진순관에게 자세하게 두 이인들의 진위를 국문하여 상주하게 하였다.

출전 『明世宗實錄』 嘉靖 2년(1523) 6월 갑인, 무진조.

내용 1523년 오우치大內씨가 보낸 소세쓰 등의 사절이 제16차 견명선에서 빼앗은 정덕正德 감합을 가지고 닝보에 도착하였다. 그 사실을 알게 된 호소카와細川씨는 곧바로 즈이사와 송소경 등을 파견하였고, 오우치 선박보다 약 1주일 늦게 닝보에 도착하였다. 호소카와 측이 소지한 감합은 이미 무효가 된 홍치洪治 감합이었지만, 송소경은 시박사에 뇌물을 써서 1주일 전 먼저 입항한 오우치 선박보다 먼저 화물을 내렸다. 이에 격분한 소세쓰 등이 즈이사를 죽이고, 송소경의 배를 불태웠다. 이후 감합무역의 이권은 오우치 씨가 독점하게 되었다.

왕직王直과 후기 왜구

왕직은 안휘성 휘주 흡현歙縣 사람이다. 어렸을 때 영락했지만 임협의 기질이 있었다. 장성함에 이르러 지략이 많고 남에게 시여를 잘 하였다. 이 때문에 사람들은 그를 크게 믿었다. 한때 불량배 엽종만葉宗滿·서유학徐惟學·사화謝和·방정조方廷助 같은 자가 모두 즐겨 그와 교유했다. 일찍이 몰래 서로 도모하면서 말하기를 "중국은 법도가 삼엄하여 자칫하면 금령에 저촉된다. 나와 함께 해외에 나가 지내지 않겠는가?"라고 하였다. …(중략)…

가정 19년(1540) 그때 해금이 느슨했다. 왕직은 엽종만 등과 관동으로 가서 거함을 만들고, 초석·유황·생사·비단[綿] 등의 금지 물품을 가지고 일본·시암·서양(동남아시아) 등의 나라를 왕래하면서 5, 6년이나 무역에 종사하였다. 치부는 헤아릴 수 없었다. 이인夷人들이 크게 심복하여 오봉선주五峯船主라고 칭했다. 또 호적지를 버리고 유망한 서해徐海·진동陳東·엽명葉明 등을 불러 모아 장령으로 삼고, 재물을 쏟아부어 왜노倭奴 몬타로지로門多郎次郎, 요스케시로四助四郎 등을 끌어들여 이들을 군단으로 삼았다. 이에 덧붙여 조카[從者] 왕여현王汝賢·의붓아들 왕오王滶를 복심으로 삼아 고토五島의 오랑캐를 모아 난을 일으켰다. …(중략)… 다시 거함을 만들었는데,

배들을 연결한 길이가 120보步이며, 2,000명을 태웠다. 나무로 성을 만들고 망루에는 4개의 문을 내어, 그 위에서 말을 달려 왕래할 수 있었다. 이들은 사쓰마(히젠?)의 마쓰라松浦에 의거하고 있는데, 수도[京]라고 참칭하고 휘왕徽王이라고 자칭한다. 부서와 관속도 모두 설치해 두고 있다. 이러한 상태로 요충지를 지배하여 36개 섬의 오랑캐가 모두 그에게 부림을 받고 있다. 때때로 오랑캐와 한의 군사 10여 무리를 보내 근해의 군현을 약탈기도 했다. 이로 인해 주변 수천 리가 모두 고통을 당하였다. 그리하여 복청福淸·황암黃巖·창국昌國·임산臨山·숭덕崇德·동향桐鄉의 여러 성은 모두 함락되고, 집이 불태워지고 노략질 당한 여자와 재물이 수만을 헤아린다. 창과 화살을 맞아 죽어 도랑을 메운 이민吏民 또한 수십만을 헤아린다.

출전 『籌海圖編』 권9, 大捷考 擒獲王直(『日本史史料』 中世).

내용 왕직(?~1560)은 일본 및 동남아시아와의 밀무역을 하던 왜구의 두목으로, 일본에 철포를 전래했던 배도 그의 배였다고 한다. 그는 명군에 의해 밀무역 기지였던 쌍서도가 함락되자 근거지를 일본의 고토五島와 히라도로 옮기고 일본과 중국의 밀무역업자를 이끌고 중국 연안을 약탈하였다.

사카이堺

　◎ 사카이30)는 매우 넓으며 대상인들이 다수 있다. 이 도시는 베네치아처럼 집정관執政官31)에 의해 다스려진다.

---

30) 현재 大阪府에 소속되어 있다.

◎ 일본 전국에 이 사카이보다 안전한 곳은 없다. 다른 지역에 동란이 있어도 이 도시에는 없으며, 패자도 승자도 이 도시에 오면 모두가 평화롭게 생활하며 사람들이 서로 화목하여 타인에게 위해를 가하지 않는다. 시가지에서 분쟁이 일어난 적이 없으며 적과 우리 편을 차별하지 않고, 모두가 큰 애정과 예의를 가지고 손님을 대접한다. 시가지에는 모두 문이 있어서 경비를 세우는데, 분쟁이 있으면 곧바로 문을 잠그는 것도 하나의 이유로 보인다. 분란을 일으켰을 때는 범인과 기타 사람들을 모두 체포하여 처벌한다. 그러나 서로 적대하는 자가 도시의 성벽 밖으로 나가면, 가까운 거리에 있더라도 서로 살상하려 한다. 도시는 매우 견고하다. 서쪽은 바다로, 다른 쪽은 깊은 해자로 에워싸여 있는데 늘 물이 가득 채워져 있다.

출전 『耶蘇會士日本通信』 1561년 8월 17일, 1562년 서간(『再訂版詳說日本史史料』).

내용 사카이는 본래 한적한 어촌에 불과했지만, 남북조 시대 이후 야마나山名, 오우치大內, 호소카와細川 같은 다이묘들이 영유하는 군사 항구, 무역 항구로 발전하였다. 오닌의 난 후에는 감합무역선의 발착 항구가 되었고, 류큐 및 동남아시아, 포르투갈 등과의 무역 거점으로 번영을 누렸다. 이러한 경제력 및 해자와 바다로 둘러싸인 방어시설 등에 기반하여 사카이는 서서히 유력 상인에 의해 시정이 운영되는 자치도시로 발전하였다. 16세기 중엽 사카이를 방문한 크리스트교 선교사의 눈에는 사카이가 이탈리아의 자치도시 베네치아처럼 비쳤다. 이후 오다 노부나가와 도요토미 히데요시에 의해 자치

---

31) 執政官 : 사카이에서는 36명의 유력 상인으로 구성된 에고슈會合衆가 합의제로 시정을 담당하였다.

기능이 부정되고 직할지가 되었다.

류큐와 명의 관계

단오날을 축하드립니다. 기쁜 날을 맞아 예전처럼 지마키粽 200 개, 창포주 3병을 진헌합니다. 최근에 용선龍船[32]은 해마다 더욱 화려해졌습니다. 오늘 경기가 끝났습니다. 이번에 관람하시지 않은 것은 무엇 때문인지요? 이 흥취는 진실로 국가의 경사입니다. 또 그 유래를 생각하건대 굴원은 탄관진의彈冠振衣하여 결백했지만 끝내 세족탁관洗足濯冠의 골라강汨羅江에 빠져 죽었습니다. 지극한 현자에게는 이런 우려가 있습니다. 그런데 지금 제사로서 현자를 존중하는 뜻을 나타내는 것입니다.

제왕은 천하의 마음입니다. 마음이 혼란스러우면 몸에도 근심이 생기며, 몸이 편안하지 않으면 마음도 슬픕니다. 백성을 어루만지고 세상을 다스림은 자비와 정직으로 임해야 하며, 생각을 잘 참아야 헌법의 정도政道를 이룰 수 있습니다.

저는 삼사관三司官[33]의 한 사람으로서 격일로 출두하여 여러 사원의 장로와 만나 함께 고금의 선악을 듣습니다. 오로지 저와 같은 자관紫冠, 혹은 황관黃冠, 적관赤冠, 혹은 청관靑冠, 흑관黑冠, 그리고 견마牽馬, 종자從者 등의 상벌을 바로잡기 위해서입니다. 위에는 직관

---

32) 龍船 : 단오 전날인 5월 4일에 나하, 구메久米, 도마리泊의 3지역에서 爬龍船 (하리)라고 부르는 용선을 만들어 나하강에서 경주를 하였다.
33) 三司官 : 류큐 왕국의 최고 행정 책임자.

織冠이 있는데 제가 제지할 수 있는 바가 아닙니다. 전해들은 바에 따르면, 당산唐山에는 춘관春官, 하관夏官, 추동관秋冬官, 호부戶部, 경조京兆 등의 직책이 있어 천하를 다스린다고 합니다. 이 나라는 협소하므로 겨우 삼사관이 왕명을 받아 여러 가지 일들을 집행합니다. 소국이지만 결정해야 할 사항이 있으면 세 가지를 협의합니다.

우선 분부해야 할 것들인데, 항례의 제사, 신사의 부흥, 어배림御拜林의 청소, 부세의 징수, 월례의 예전禮奠. 이것이 첫째입니다. 가람의 보수, 승도의 공양물, 왕실 선조의 추선공양, 국기國忌, 월기月忌, 등명燈明, 향화香花, 연초 33좌座의 궤공饋貢, 열반회의 공비채供備菜, 우란분盂蘭盆의 백미오채百味五菜, 이계피안二季彼岸의 공물, 불명회佛名會의 전공奠供. 이것이 둘째입니다. 도당渡唐 선박의 출항 채비. 이것이 세 번째입니다. 그런데 당선을 파견할 때는 먼저 표表를 보냅니다. 각 관료들은 격식을 갖추어 제례를 올리고 수종隨從합니다. 선박 건조는 목재가 나오는 곳에 맡깁니다. 오시마大嶋에 분부할 것은 판자의 두께, 못의 대소, 대들보의 강약, 단단한 나무로 만드는 노, 곧은 나무로 만드는 돛대, 돛, 거룻배 등입니다. 잡다한 도구는 용두龍頭, 세롱世籠, 작비酌匕, 냄비, 낫 등입니다. 사람은 선두船頭, 축전舳殿34), 대부大夫35), 장사사長司史36), 방부方副37), 환자宦者38), 과장夥長39), 타공舵公 등이며, 기타 잡사雜司, 선자船子가 있습니다. 비

---

34) 舳殿: 경호를 담당.

35) 大夫: 正義大夫로 副使에 해당. 정사로 파견되는 경우도 있음.

36) 長司史: 대부 다음의 지위에 해당하는데, 久米村의 惣役이 담당한다.

37) 方副: 才副의 오류로 보임. 화물의 매매장부, 즉 무역을 담당함.

38) 宦者: 무역을 담당함.

용은 수도의 창고에서 지출합니다. 출선 직후에는 제산諸山의 중도
衆徒가 배웅 기도를 하고, 각 신사에 참배하여 여재如在의 행법行法
을 소홀히 하지 않습니다. 때를 기다려 마중 기도도 합니다. 무사히
돌아온 것은 정성껏 기도하여 부처님이 가호해 주었기 때문입니다.
이때 관리들은 목록을 만들고 할부割符를 맞춥니다. 운반은 엄중히
하여 창고에 수납합니다.

그리고 내년 6월에 행인行人40)이 옵니다. 왕자王者의 귀경歸敬41)은
우리 나라에게 큰 보물입니다. 정성을 다해 접대해야 합니다. 그들은
승선 인원 5백여 명을 데리고 오는데 배는 무척 넓습니다. 우리 나라
에 도착하면 영은당迎恩堂에서 부절을 받듭니다. 그런 연후에 공봉인
供奉人들이 음악을 연주하여 전후좌우를 에워싼 상태로 천사관天使館
에 이르러 수일간 휴식합니다. 이후 우선 부사행인副使行人이 정사급
중正使給中과 함께 국왕의 묘소墓所인 소겐사崇元寺42)에 가서 선왕을
조문하고 진향소지進香燒紙합니다. 희생물 등 공물은 수효를 알 수
없을 만큼 많습니다. 그리고 며칠 후 정사는 부사와 함께 부중府中에
가서, 신전新殿에서 봉왕封王의 의식을 행하고 황제가 하사한 옥관玉
冠과 금대金帶 등을 바칩니다. 이는 진실로 국가의 큰 행복입니다.
그런 후에 여행의 수고를 위로하기 위해 우리들 삼사관이 격일로 돌

---

39) 夥長 : 항해를 담당함.
40) 行人 : 명의 책봉 사절을 가리킴.
41) 歸依敬禮 : 부처 등을 진심으로 믿어서 존경하는 것. 여기서는 중국의 책봉을
   받아 조공의 의무를 성실하게 하는 것을 가리키는 것으로 보임.
42) 崇元寺 : 1527년에 창건되었다는 임제종 사원. 소겐사는 국왕의 墓所가 아니
   라 왕국의 시조인 舜天 이래 왕들의 위패를 모신 곳이다.

536

아가면서 향응을 합니다. 분골쇄신해서 감사해야 할 중요한 때입니다. 매번 부중을 오르내릴 때의 경호는 무사가 합니다. 그러므로 무구武具를 준비하는 것이 중요합니다. 귀하는 대대로 그것을 비축해두었으므로 분량이 상당할 것입니다. 삼가 아룁니다.

[1603년] 5월 5일

나고관(那吳館)

인인어중(人人御中)

출전 『琉球往来』.

내용 14세기말 이후 류큐는 명의 해금정책이 실시되는 국제 환경 속에서 동아시아와 동남아시아를 연결하는 중계무역 기지로 번영을 누렸다. 류큐는 중국 외에 조선, 시암, 안남, 믈라카, 파나니, 자와, 스마트라, 팔렘방, 순다 등 명과 책봉관계를 맺고 있던 각국과 외교 및 무역 관계를 가졌다. 류큐는 이들 지역에서 명이 필요한 물자를 조달하여, 감합 면제 및 1년 1공 혹은 2년 1공의 특혜를 활용하여 명과 활발하게 무역을 전개하였다. 류큐의 해외 무역은 그 비용이 모두 '수도의 창고'에서 충당된다고 하듯이 국가가 경영하는 국영사업이었으며, 선박에 푸젠성에서 이주한 구매촌의 인물이 승선한 것이 주목된다. 류큐의 중계무역은 명과의 책봉관계를 핵심으로 하고 있었으므로, 명의 책봉사 방문을 국가적으로 환영하였다.

류큐의 중계무역

류큐국 중산왕中山王이 진공을 위해 하는 일입니다. 삼가 살펴보건대 본조는 공물貢物이 적습니다. 이에 지금 정사 후나코제浮那姑是 등을 보내 인자호仁字號 선박43)에 자기磁器를 싣고 귀국의 생산지로 가서 후추, 소목 등의 물화를 사서 돌아와, 대명의 어전에 진공하는데 대비하고자 합니다. 예물을 갖춰 나아가 봉헌하며 멀리서 온 뜻을 아룁니다. 받아주기 바랍니다. 그리고 바라건대 지금 보내는 인원을 빨리 출발시켜 주십시오. 계절풍을 타고 배를 달려 귀국할 수 있도록 조치하여 주시면 사해가 일가가 되어 길이 우호를 통할 수 있게 될 것입니다. 지금 봉헌하는 예물의 목록은 뒤에 적었습니다. 그렇게 아십시오.

목록

　　直金段織金段 5필　　　　　소단素段 20필

　　요도腰刀 5자루　　　　　접지선摺紙扇 30자루

　　유황硫黃 5천 근. 지금 2천 5백 근이라고 보고하였다.

　　대청반大靑盤 20개　　　　소청반小靑盤 400개

　　소청완小靑碗 2천 개

이를 섬라국暹羅國에 자문합니다.

홍희洪熙 원년(1425) 월 일

출전 『歷代寶案』(『日本史史料』 中世).

내용 위 사료는 1425년 류큐의 중산왕 쇼하시尙巴志가 시암 국왕에 보낸 자문咨文으로, 류큐의 중계무역의 모습을 구체적으로 알 수 있는 사료이다. 류큐가 명에 진공할 물품을 조달하러 왔다고 강조하는 것을 보면 류큐의 교역 범위가 명의 책봉체제의 범위와 겹치는 것을 알 수 있다. 또 류큐의 교역품

---

43) 仁字號: 류큐는 명에서 무역선을 하사받았는데, 거기에 '仁', '恭', '盤' 등 한 자 1자를 이름으로 붙였다.

내용을 보면 화약의 재료가 되는 유황은 류큐에서 생산된 것이지만, 나머지 비단과 자기 등은 중국산, 칼과 부채는 일본산이다. 류큐는 중국산 물품을 확보하여 그것을 일본이나 동남아시아 등지에 팔고, 그곳에서 다시 특산물을 사서 자국산 물품과 함께 중국에 수출하는 전형적인 중계무역을 실시하고 있었다.

만국진량지종萬國津梁之鐘

류큐국은 남해의 승지勝地로, 삼한三韓44)의 빼어난 것을 모으고, 대명大明을 보차輔車45)로 삼고 일역日域을 순치脣齒로 삼아, 이 두 나라의 중간에 솟아난 봉래도蓬萊島이다. 선박과 무역을 통해 만국의 가교 역할을 하여 이국의 물산과 귀중한 보물이 국내에 가득 차 있다. 땅에도 사람들에게도 멀리 일본과 중국의 훌륭한 가르침이 전해져 있다. 이에 우리의 왕 대세주大世主, 경인년(1410)에 경사스럽게 탄생한 쇼타이큐尙泰久는 하늘에서 보위를 받아 창생을 풍요로운 땅에서 키운다. 삼보를 융성하게 하고 사은四恩에 보답하기 위해 새로 큰 종을 주조하여 우리 중산국 왕전王殿 앞에 달았다. 삼대三代를 모방하여 헌장憲章을 정하고, 선왕들의 가르침으로부터 문무를 배워, 아래로는 삼계三界의 중생을 구제하고 위로는 만세의 보위를 기원한다. …(중략)… 무인戊寅(1458) 6월 19일

출전 「首里城正殿鐘銘」(『日本史史料』 中世).

---

44) 三韓 : 조선.
45) 輔車 : 수레와 부목副木. 밀접한 관계가 있음을 비유하는 말.

내용 1458년 제1 쇼씨 왕조의 6대 왕 쇼 타이큐(재위 1454~1460)는 큰 종을 주조하여 류큐국의 왕부인 슈리성首里城 정전 앞에 걸었다. 이 종의 명문에는 만국의 가교로서 해양 무역으로 번영을 누리는 류큐의 기개가 잘 나타나 있다.

구메촌久米村

승려 지센智仙(자는 鶴翁)은 류큐에서 왔다. 도후쿠사東福寺의 승려가 되었는데 자못 재주가 많다. 나에게 찾아와 학옹의 의미를 문장으로 작성하여 달라고 청했다가 이윽고 이야기가 그 나라의 풍속에 이르렀다. 지센이 말하기를 "군현은 없고 오직 한 나라이다. 해상에 29개의 섬이 있는데 모두 류큐에 속해 있다. 그 나라 사람들은 글자를 모르며 상업으로 생계를 이어간다. 구메촌이라는 마을이 있는데 옛날에 대당 사람 100여 명이 이 땅에 와서 촌락을 이루었다. 문자를 잘 알고 있으며 자손들이 대를 이어 배웠다. 또 문자를 아는 자들에게 이웃나라와 왕래하는 글을 작성하게 하였다. 하지만 근래에는 공부하는 자가 없어 대당에 가서 국학에 들어가지만 천박하고 고루하여 취하기 부족하다. 그 나라의 왕은 즉위할 때마다 반드시 절 하나를 세운다. 그러므로 승려가 많다. 그러나 유학은 배우지 않으며 선禪도 닦지 않아 선조들이 어떻게 흥했는지 모른다."라고 하였다.

출전 『幻雲文集』(『日本史史料』 中世).

내용 나하那覇의 일각에 있는 구메촌은 14세기 후반에 주로 푸젠성에서 건

540

너온 사람들이 모여 집락을 형성하면서 시작되었다. 그들은 홍무제가 류큐에 하사한 집단이라는 전승을 가져, 이주의 불법 여부와 관계없이 중국과 류큐 쌍방이 공적으로 인정한 이주자 집단이었다. 조선, 항해, 통역, 외교 문서 작성 등 선진 지식과 기술을 가진 이들은 중국·조선·일본·동남아시아 각국과의 외교와 무역, 유학 교육에서 중요한 역할을 하였다.

이와미 은광石見

지쿠젠筑前의 하카타에 가미야 주테이神谷壽禎라는 사람이 있었다. 운슈[雲州, 이즈모出雲]에 가려고 배로 이와미石見의 바다를 건너 멀리 남산을 바라보니 붉게 빛나는 빛이 있었다. 주테이가 선원에게 "남산에 붉고 밝은 빛이 있는 것은 무엇 때문인가?"라고 물었더니, 선원이 대답하여 말하기를 "이와미의 은봉산銀峰山이라고 전해 옵니다. 저 산봉우리에서 옛날에 은이 나왔지만, 지금은 끊어졌습니다. 다만 관음觀音의 영험한 상像만이 이 산을 진호하는데, 세이스이사清水寺라고 합니다. 때때로 관음이 응현應現[46]하는데, 이 산에서 다시 은이 나올 상서가 아닌가 합니다. 오늘 저녁의 영험한 빛은 평소보다 10배나 됩니다. 공의 신심이 관음으로 하여금 이렇게 빛나게 한 것으로 사료됩니다."라고 정중하게 말하였다. 주테이는 크게 기뻐하며 돛을 접고 밧줄을 맨 후 유노쓰溫泉津 항구에 들어간 다음 은봉산에 올라가 관음상에 참배하고, 다시 배를 타고 운슈의 사기우라鷺浦에 들어갔다. 그 초입에 동산銅山이 있었다. 주테이는 적금赤金[47]

---

46) 應現 : 부처나 보살이 중생을 구제하기 위하여 상대방의 성향이나 역량에 따라 모습을 바꾸어 이 세상에 나타나는 일.

을 거래하기 위해 동산의 주인 미시마 세이에몬三嶋清右衛門을 만나 (세이에몬은 운슈 구치타기口田儀의 사람이다), 이와미 은봉산의 영험한 빛에 대해 말하였다. 미시마는 이 말을 듣고 "필시 백은白銀인 것 같다. 200년 전에 스오周防의 국주國主 오우치노스케 히로유키大內之介 弘幸가 북진北辰48)의 탁선에 의해 은을 많이 얻은 적이 있었는데, 지금까지 그 얘기가 전해오고 있다. 의심할 여지가 없다. 바라건대 그 봉우리에 올라 은인지 아닌지 조사해 보자. 그리고 영험한 부처에게도 참배하고 싶다."라고 하였다.

가미야와 미시마는 함께 다이에이大永 6년(1526) 병술 3월 20일, 3명의 굴착 기술자[穿通子] 요시다 요사에몬吉田與三右衛門 · 도자에몬藤左衛門 · 오베니 겐에몬於紅源右衛門을 데리고 가서, 은봉산의 여러 계곡에서 돌을 뚫고 땅을 파서 은을 많이 채취하였다. 주테이는 그것을 모두 모아 규슈로 돌아갔다. 이로부터 이와미국石見國 마지촌馬路村의 나다코류토모다노이와灘古柳鞆岩 항구에 상선이 많이 와서 은광석을 구입하여, 주테이의 집은 크게 부자가 되고 일족과 종자가 널리 번영하였다. 그 후 여러 지방에서 은산으로 많은 사람이 모여 큰 도회지가 되었다.

교로쿠享祿 원년(1528) 오우치 요시오키大內義興는 야타키矢瀧의 성주를 은산의 감독으로 삼았다(야타키성은 은산에서 1리쯤 남쪽에 있다). 이때 오가사와라 나가타카小笠原長隆는 시타니 수리대부志谷修理大夫 · 히라타 가가노카미平田加賀守에게 야타니성을 공략하게 하였

---

47) 赤金 : 구리.
48) 北辰 : 북두칠성, 광산의 신으로 오우치씨가 대대로 신봉하였다.

다. 때는 교로쿠 4년(1531) 2월 하순이다. 나가타카가 은산을 영유한 것은 3년인데, 은을 엄청나게 많이 생산하였다. 덴분天文 2년(1533) 오우치가 다시 은산을 되찾아서, 요시다 와카사노카미吉田若狭守·이이다 이와미노카미飯田石見守 두 사람에게 은산을 지키게 하였다.

이 해에 주테이는 하카타에서 종단宗丹·계수桂壽라는 사람을 데리고 와서, 8월 5일 상의한 후 은광석을 녹여 은을 만들기 시작하였다. 이것이 회취법에 의거한 은정련의 시작이다. 회취 정련기술자[吹大工]는 우네메노조采女の丞·오쿠라노조大藏の丞이다. 요시다 와카사노카미·이이다 이와미노카미를 봉행으로 임명하고, 매년 은 100매를 오우치에게 공납하였다.

출전 『銀山舊記』(『日本史史料』 中世).

내용 이와미 은광은 가마쿠라 시대 말 오우치 히로유키가 발견했다고 하지만, 채굴이 중단된 이와미 은광을 재발견하여 본격적으로 개발한 것은 하카타의 상인 가미야 주테이였다. 그가 하카타에서 데려온 기술자에 의해 회취법이 이와미 은광에 도입되면서 은 생산량이 폭발적으로 늘어났다. 이렇게 은의 생산량이 급증하자 은광을 둘러싸고 오우치·오가사와라·아마고尼子·모리毛利 같은 주변의 호족과 다이묘가 쟁탈전을 벌였다.

3. 일본 근세사(센고쿠戰國 시대~에도江戸 시대)

조총의 전래와 확산

오스미[隅州] 남쪽에 섬 하나가 있다. 오스미에서 18리 떨어져 있는데 다네가種子라고 한다. 우리 선조는 대대로 이곳에 거주하였다. 섬 이름을 다네가라고 명명한 것에 대해서는 예로부터 다음과 같은 말이 전해 오고 있다. 이 섬은 작지만 거주하는 사람이 많고 또 부유하여, 비유하자면 한 개의 종자를 파종하면 무궁하게 생육하는 것과 같아 이런 이름이 붙었다고 한다.

이에 앞서 덴분天文 계묘(1543) 8월 25일 우리 니시노무라西村의 작은 포구에 커다란 배 한 척이 표류하여 왔다. 어느 나라에서 왔는지 알 수 없었다. 승객은 100여 명이었는데, 용모가 다르고 언어도 통하지 않아 보는 자들이 모두 기괴하게 생각했다. 그들 가운데 명나라의 유생 한 명, 이름이 오봉五峯[1]이라는 자가 있었다. 성씨는 모른다. 그때 니시노무라를 주재하던 오리베노조織部丞라는 자가 있었

는데 글을 잘 알았다. 우연히 오봉을 만나 작대기로 모래 위에

"배 안의 사람들은 어느 나라 사람인지 모르겠다. 그 모습은 또 어찌 그리 이상한가?"

라고 썼다. 오봉이 대답하기를

"이들은 남만 상인[西南蠻種之賈胡]이다. 군신 사이의 의리를 조금 알기는 하지만 전연 예의를 모른다. 그래서 마실 때는 그릇째 마시고 잔에 마시지 않으며, 먹을 때는 손으로 먹으며 젓가락을 사용하지 않는다. 그저 원하는 것이 자기 마음에 흡족하도록 하는 것만 알고, 문자로 이치를 통하는 것은 모른다. 오랑캐 상인은 어디든 도착하는 곳에서 바로 눌러앉아 장사를 시작한다고 하는데, 이들이 바로 그 가운데 하나이다. 자신이 가진 것을 없는 것과 교역하기를 바랄 뿐이므로 수상하게 여길 것이 아니다."

라고 하였다. 이에 오리베노조가 다시 쓰기를

"이곳에서 13리 떨어진 곳에 포구가 있는데, 아카오노기赤尾木라고 한다. 우리가 의지하는 종갓집이 대대로 거주하는 곳이다. 포구에 수천 호가 있는데, 모두 부유하고 번창하여 남과 북의 상인들이 베를 짜는 것처럼 오가고 있다. 지금 이곳에 배를 댔지만 포구는 깊고 물결이 잔잔한 곳이 가장 좋다. 이 사실을 우리 할아버지 [다네가시마] 시게토키惠時와 노부老夫 도키타카時堯에게 알리겠다."

라고 하였다. 도키타카는 곧바로 수십 척의 배를 보내, 이 배를 끌고 27일 아카오노기 포구에 입항하도록 하였다.

---

1) 五峯 : 당시 히라도와 고토 열도를 거점으로 활동하던 왜구의 두목 王直을 가리킨다.

그때 포구에 주수좌忠首座라는 자가 있었는데, 휴가日向 류겐龍源의 무리이다. 법화경에서 말하는 일승一乘의 묘법을 듣고자 포구에 기거했는데, 마침내 선禪을 버리고 법화종의 무리가 되어 주조인住乘院이라 하였다. 경서에 능통하였고 붓을 휘두른 것이 민첩하였다. 우연히 오봉을 만나 문자로 소통하였다. 오봉 또한 이국에 있는 지기처럼 생각했다. 이른바 기맥이 상통하고 의기가 투합하는 사람이었다.

오랑캐 상인의 우두머리가 2명 있었는데, 1명은 프란시스코牟良叔舍라고 하고, 1명은 기리시타다모타喜利志多佗孟太라고 했다. 그들은 손에 한 가지 물건을 들고 있었다. 길이는 2, 3척이고 형태는 가운데가 비어 있고 바깥은 곧으며 매우 무거운 재질이었다. 가운데는 늘 비어 있지만 바닥은 엄중하게 밀폐시켜 둔다고 했다. 그리고 옆에는 구멍이 하나 있는데 불을 붙이는 통로였다. 이것의 형상은 달리 비교할 물건이 없다. 사용하는 방법은 묘약(화약)을 안에 넣고 그 위에 작은 납덩어리를 올린다. 그런 다음 우선 작은 술잔(표적)을 바위 위에 두고 그 물건을 손에 들고 자세를 잡은 채 눈을 가늘게 뜨고 겨냥하여 구멍에 불을 붙이면 금세 명중하지 않는 것이 없다. 발사할 때는 번개 같은 빛을 내고, 그 소리는 천둥이 치는 것 같아 그 소리를 듣는 자들이 귀를 막지 않는 자가 없다. 술잔을 두는 것은 활 쏘는 사람이 과녁을 두는 것과 같다. 한번 발사되면 은산銀山도 무너뜨리고 철벽도 뚫어 버린다. 나라에 원한을 품은 나쁜 자가 이것을 보면 곧바로 정신을 잃어버리는데, 전답을 망치는 고라니와 사슴을 내쫓는 정도야 말할 필요도 없다. 그것이 세상에 유용한 바는 일일이 열거할 수 없다. 도키타카가 이를 보고 희대의 진귀한 물건이라고 생각했다. 처음에는 이름이 무엇인지도 몰랐고, 무슨 용도인지도 잘 몰랐다. 그러는 사이에 사람들은 철포鐵砲라 이름을 붙였는데, 명나라 사람이 붙인 이름인지 우리 섬사람이 붙인 이름인지 모르겠다. 하루는 도키타카가 몇 사람의 통역을 거쳐 두 명의 오랑캐에게 말하기를

"내가 능력은 없지만 배우고 싶다."

라고 하였다. 오랑캐도 통역을 통해 대답하기를

"당신이 만약 이것을 배우고자 한다면 나도 가진 비법을 모두 알려 주겠다."

라고 하였다. 도키타카가

"비법을 들을 수 있겠는가?"

라고 하자, 오랑캐가 말하기를

"마음을 바르게 하는 것[正心]과 눈을 가늘게 뜨는 것뿐이다."

라고 하였다.

도키타카가 말하기를

"마음을 바르게 하는 것은 옛 성인들이 사람들을 가르치는 것으로 나도 배우고 있는 바이다. 이에 따르지 않으면 행동거지나 언행에 어긋남이 있을 수밖에 없는 것이 천하의 이치이다. 그대가 말하는 마음을 바르게 하는 것도 어찌 다름이 있겠는가? 한쪽 눈을 가늘게 뜨는 것은, 눈을 크게 떠도 먼 곳을 비추는 데 부족하거늘 어찌 눈을 가늘게 뜨는가?"

라고 하였다. 오랑캐가 대답하기를

"사물은 초점[約]을 맞추는 것이 필요하다. 초점을 맞추는 입장에서 볼 때 넓게 보면 안된다. 눈을 가늘게 뜨는 것은 보는 것이 밝지

않기 때문이 아니라 초점을 맞추려 함이다. 그대는 이것을 잘 이해해 달라."

라고 하였다. 도키타카는 기뻐하며 말하기를

"노자의 이른바 보는 것이 작은 것을 명明이라 한다는 것은 이것을 가리키는가?"

라고 하였다. 이 해 중구절重九節 신해辛亥, 좋은 날을 택하여 시험 삼아 묘약과 작은 납덩어리를 그 안에 넣고 백 보 밖에 술잔을 두고 불을 붙이니 거의 가까이에 도달했다. 그때 사람들은 처음에는 놀라고 중간에는 무서워 두려워하고, 마지막에는 모두가 이것을 배우고 싶다고 했다. 도키타카는 가격이 매우 비쌈에도 불구하고 즉시 오랑캐의 철포 2정을 구매하여 가보로 삼았다. 묘약의 제조 방법은 소신小臣 시노카와 고시로篠河小四郎에게 배우게 하였다. 도키타카는 아침저녁으로 쉼 없이 연마하였다. 앞서는 거의 가까이에 도달했지만 이에 백발백중, 하나도 놓치는 일이 없었다.

이때 기이[紀伊] 네고로사根來寺에 스기노보杉ノ坊 아무개라는 사람이 있었다. 천리를 멀다 하지 않고 와서 우리 철포를 구하려 했다. 도키타카는 사람들이 그것을 간절하게 구하는 데 감동하여, 마음속으로 생각하기를

"옛날에 서군徐君이 계찰季札의 검을 좋아했다. 서군은 입으로 말하지 않았지만, 계찰은 이미 마음으로 그것을 알고 마침내 검을 풀어서 주었다. 우리 섬은 작고 외딴곳에 있지만, 무엇 때문에 물건 하나를 아끼겠는가? 또 나는 스스로 구하지 않고 저절로 얻었는데도 기뻐서 잠을 자지 못하고 10겹으로 싸서 감추었다. 그런데 하물며 구해도 얻을 수 없으면 어찌 마음이 좋겠는가. 내가 가지고 싶은 것

은 다른 사람들도 원한다. 내 어찌 굳이 홀로 이기적으로 상자에 넣어 감추겠는가?"

라고 하였다. 곧바로 쓰다 겐모쓰노조津田監物丞를 보내 그중 하나를 가지고 가서 스기노보에게 주도록 하였다.

도키타카는 너무나 애지중지한 나머지 대장장이들에게 그 형상을 자세히 보여주고, 몇 달 사이에 불리고 단련하여 새로 그것을 만들게 하였다. 그렇게 만든 것은 형상은 그것과 상당히 흡사했지만, 밑부분을 막는 방법을 몰랐다. 이듬해 남만 상인이 다시 우리 섬의 구마노이치노우라熊野一ノ浦에 왔다. 포구의 이름을 구마노라 한 것은 소려산小盧山[2], 소천축小天竺처럼 비유하여 붙인 것이다. 다행히 남만 상인 중에 대장장이가 한 명 있었다. 도키타카는 하늘이 보내주신 것이라고 생각했다. 곧바로 긴베 기요사다金兵衛淸定라는 자에게 밑부분을 막는 방법을 배우게 하였다. 얼마간 시일이 지나 말아서 넣은 방법을 알았다. 이에 약 1년 만에 새로 수십 정의 철포를 제조하였다. 후에 받침대의 형태와 장식의 자물쇠 등을 만들었다. 도키타카의 뜻은 받침대와 장식에 있지 않았다. 군대를 움직일 때 사용하는 데 있었다. 이에 원근에 있는 그의 가신들이 보고 배워, 백발백중하는 자가 이루 다 셀 수 없을 정도가 되었다.

그 후 이즈미和泉의 사카이堺에 다치바나야 마타자부로橘屋又三郎라는 상인이 있었다. 우리 섬에 1, 2년 간 기거하면서 철포를 배워 매우 숙달했다. 돌아간 후에 사람들은 모두 이름을 부르지 않고 뎃포마타鐵砲又라고 불렀다. 그 후 기내畿內 근방에 모두 철포 기술이

---

2) 小盧山 : 중국의 명산인 여산에 빗대어, 작은 여산이라고 한 것이다.

전해졌다. 그저 기내와 관서關西에서만 배울 뿐 아니라 관동關東도 마찬가지였다.

나는 과거에 고로古老에게 다음과 같은 이야기를 들었다.

"덴분 임인(1542), 계묘(1543) 무렵 공물을 실은 대선박 3척이 남쪽의 대명국에 가려고 했다. 이에 기내 이서의 부호 자제로서 자진하여 상인이 된 자 거의 1,000명이 귀신처럼 조종에 능한 뱃사공 수백 명과 함께 배를 우리 섬에 대었다. 그리고 천시天時를 기다려 닻줄을 풀고 노를 저어 대양을 향해 나갔다. 불행하게도 광풍이 바다를 들어 올리고 성난 파도가 눈처럼 뿌려 지축도 부러질 것 같았다. 아아, 운명인가? 제1선은 돛대가 기울고 노가 부러져 사라져 버렸다. 제2선은 간신히 대명국 닝보寧波에 도착하였다. 제3선은 도착하지 못하고 우리 섬으로 돌아왔다. 이듬해 다시 닻을 올리고 남쪽 바다로 가서 이국의 진귀한 화물을 싣고 귀국하려 하였다. 대양의 한가운데 이르렀을 때 갑자기 검은 바람이 일어나 동서를 분간하지 못했다. 배는 표류하다가 마침내 도카이도東海道의 이즈伊豆에 도착하였다. 그곳 사람들이 화물을 약탈하였다. 상인들도 어쩔 줄 몰랐다. 배에 우리 신하 마쓰시타 고로사부로松下五郎三郎라는 자가 있었는데 손에 철포를 가지고 있었다. 발사하여 과녁 중앙에 맞지 않는 것이 없었다. 그곳 사람들이 그것을 보고 신기하게 여겨, 그 모양을 엿보고 흉내를 내면서 배우려는 자가 있었다. 이로부터 관동 8주와 방방곡곡에 전해져, 이를 배우지 않는 곳이 없게 되었다."

지금 이 물건이 우리 나라에 들어와 유포된 것이 60여 년이 되었다. 머리가 흰 늙은이 중에 여전히 이를 기억하는 자가 있다. 이로써 알겠다. 과거에 남만의 철포 2정을 우리 도키타카가 구하여 일본 전국을 놀라게 하였고, 또 대장장이에게 제조법을 알게 하여 전국에 두루 퍼지게 하였다. 그렇다면 철포가 우리 다네가시마에서 처음 시작된 것은 당연한 일이다. 옛날에 종자 하나가 무궁하게 생육한다는 뜻을 따서 우리 섬의 이름을 붙인 것은 지금도 그것에 부합한다고 할 수 있다. 옛날에 이르기를 "조상이 잘한 일이 있는데, 세상에 밝게 빛나지 않는 것은 후대의 잘못이다."라고 하였다. 이에 이를 적는다.

게이초慶長 11년(1606) 병오 중양절

출전 『南浦文集』 「鐵炮記」.

내용 1543년 다네가시마에 표착한 중국 배에 타고 있던 포르투갈인에 의해 조총이 일본에 전해졌다. 다네가시마의 영주 도키타카는 고가임에도 불구하고 2정을 구입하여 대장장이에게 조총의 모조품 제작을 명령하였다. 이듬해 다시 섬을 방문한 포르투갈인을 통해 조총 밑부분을 막는 기술을 습득하여, 전래 후 약 1년 만에 일본산 조총 제작에 성공하였다. 이후 조총 제작 기술은 일본 각지로 퍼져 나갔고, 종래의 전투 방식과 축성 기술에 커다란 변화를 가져왔다.

크리스트교 전래와 확산

◎ 인도 출발 이후 믈라카 도착까지 항해 중에 우리가 한 일에 대해서는 믈라카에서 장문의 서간을 보냈다. 지금 우리 주 데우스가 무한한 자비로 우리를 일본으로 인도하신 것을 기술하기로 한다.

1549년 6월 24일 오후 일본으로 가기 위해 믈라카에서 우리를 인도해 주겠다고 믈라카 사령관에게 신청한 이교도 지나支那 상인의 배에 올라탔다. …(중략)… 데우스는 우리를 희망하는 그곳으로 인도

하시고, 일본의 다른 항구에는 가지 않도록 하셨다. 1549년 8월 15일 산타 후에 바울로(안지로)의 고향인 가고시마鹿兒島에 도착했다. 그의 친척들은 큰 애정을 갖고 우리를 맞아주었다.…(중략)…

일본에 대해 우리가 견문해서 알게 된 바를 적겠다. 첫째 우리가 지금까지 교제한 사람들은 새로운 발견지 중에서 가장 좋은 자들로서, 이교도 중에는 일본인보다 우수한 자들을 볼 수 없을 것으로 생각된다. 이 나라 사람들은 예절을 중시하고 일반적으로 선량하여 악심을 품지 않는다. 특히 무엇보다도 명예를 소중히 여기는 것은 놀라운 일이다. …(중략)…

우리는 좋은 친구인 바울로의 고향에서 그곳의 사령관과 지사, 그리고 일반 민중으로부터 커다란 호의와 친절로 영접을 받았다. 그들은 포르투갈 신부를 보고 매우 놀랐지만 안지로가 크리스트교도가 된 것을 조금도 이상하게 생각하지 않고, 도리어 크게 존경하였다. 친척들은 그가 인도에 가서 그곳 사람들은 보지 못한 것을 견문한 것에 대해 기뻐했다. 그 지방의 태수도 그를 크게 사랑하여 많은 물품을 수여했고, 포르투갈인의 습관, 무용武勇, 정치 및 인도의 영지에 대해 여러 가지 질문을 했다. 안지로가 잘 설명하자 크게 만족하였다. 안지로는 가고시마에서 5레그아里 떨어진 곳에 가서 태수와 면담했을 때 우리가 가지고 온 매우 좋은 성모의 화상을 지니고 갔다. 태수는 그것을 보고 매우 기뻐하며 우리의 주 예수와 성모의 화상 앞에 무릎을 꿇고 공손하게 배례하고, 그와 함께 있던 자들 모두에게도 그렇게 할 것을 명령하였다. …(중략)… 안지로는 다수의 친척과 지인에게 주야 설교를 하여, 모친, 아내, 딸과 남녀 친척, 지인 다수가 크리스크교도가 되었다. 지금 이곳에서는 크리스천이 되는 것을 괴이하게 여기지 않으며, 그들 대부분을 읽고 쓸 줄 알기 때문에 빨리 기도문을 외웠다.

◎ 우리는 처음 상륙한 곳(가고시마)에서 소수의 크리스천을 얻고, 그곳 영주가 수도라고 칭하는 주요 도시로 가기 위해 우리에게 배를 주기로 약속했기 때문에 1년간 그곳에서 체재했다. 그러나 수도에는 전쟁이 그치지 않아서 그곳으로 가지 못하고 전쟁이 끝나기를 기다리라는 권유를 받았다. 프란시스코 신부는 늘 자애심에 불탔는데, 우리가 많은 수확을 얻지 못하는 것을 보고 100레그아 안쪽의 히라도平戶라는 다른 곳으로 옮기기로 결심했다.

그 무렵 히라도에는 포르투갈 선박 1척이 2개월 전부터 체재하면서 화물을 싣고 있어서 우리는 큰 환대를 받았다. 이어서 프란시스코 신부는 이르망[3] 조안 페르난데스와 함께 이 지방[國]의 정황을 시찰하고 데우스의 말씀을 전하기 가장 적합한 지방을 탐험하기 위해 출발했다. …(중략)… 신부는 총독과 주교의 서한, 그리고 정향과 시계, 기타 믈라카의 사령관이 우리에게 준 물건 등을 지참하고 승선했다. 이르망 조안 페르난데스 및 일본인 2명과 함께 내가 있는 곳에서 100레그아 저쪽에 있는 야마구치山口시로 갔다.

야마구치시는 이 나라에 있는 큰 도회지 중 하나이다. 도착 후 서한 등을 영주(오우치 요시타카大內義隆)에게 바쳤는데, 그는 다수의 영지와 신하를 가진 커다란 군주였다. 그는 일찍이 본 적이 없는 물

---

3) 이르망 : 크리스트교 선교사의 한 계급으로 파드레(padre, 신부)의 아래에 있는 평수사. irmão.

건들을 받고서 매우 기뻐하였다. 그리고 이 도시와 전체 영지 내에서 데우스의 가르침을 설교하는 것을 기뻐하면서 누구라도 희망하는 자는 믿어도 좋다는 입간판을 세우는 허가증을 주었다. 또 데우스의 가르침을 전파하는 신부 등에게 조금도 위해를 가하지 말라고 일반 인민에게 명하고, 아울러 동반자들이 거주할 수 있도록 하나의 승원 僧院[4]을 주었다. 사람들은 데우스의 가르침을 듣고 믿기 위해, 혹은 진귀한 것을 듣거나 혹은 공격할 거리가 없는지 보기 위해 왔다. 특히 이 나라의 승려들은 그들이 행하는 모든 것을 금하는 우리 성교聖敎를 매우 증오하였다. 그들은 당파심이 강하고 또 죄악을 부인하며 우리 주께서 증오하시는 많은 일을 이곳에 전파하였다. 그러므로 그들은 우리가 설교를 하고 우리 성교를 유포하는 것을 배우 고통스럽게 여겼다.

1551년 9월 29일 야마구치시에서 적음

무익한 하인 코스모 데 토르레스

◎ 올해(1581) 일본에 있는 크리스트교 신자 수는 비지타도르[5](알렉산드로 바리냐노)가 얻은 보고에 따르면 15만 명 내외이다. 그 중 붕고豊後, 아리마有馬와 도사土佐의 크리스천 왕(오토모 소린大友宗麟, 아리마 하루노부有馬晴信, 이치조 가네사다一條兼定) 이외에도 고귀한 신분으로 친척이나 가신과 함께 크리스트교도가 된 사람이 다수 있다. 대부분의 크리스교 신자는 아래 지방인 아리마, 오무라大

---

4) 僧院: 大道寺.
5) 비지타도르: 가톨릭교회의 순찰사. 관구 내의 포교 상황과 운영 사업을 시찰하고 지도와 조언을 하는 역할을 하였다.

村, 히라도平戸, 아마쿠사天草 등지에 있으며, 또 고토五島와 이키壹岐
에도 크리스트교도가 있어서, 그 수는 11만 5,000명에 이르며, 붕고
에는 1만 명, 수도에는 2만 5,000명 있다.

출전 『耶蘇會士日本通信』 豊後編 상, 1549년 11월 5일 하비에르 서간 ;
『耶蘇會士日本通信』 豊後編 상, 1551년 9월 29일 코스모 데 토르레스 서간 ;
『イエズス会日本年報』(『新日本史史料集, 桐原書店, 1999년, 『國史資料
集』 제2권 하).

내용 일본에 처음 크리스트교를 전파한 사람은 에스파냐 출신 예수회 선교
사 프란시스코 하비에르이다. 그는 1547년 믈라카에서 사쓰마 출신의 청년
안지로를 만나, 그의 안내로 1549년 가고시마에 도착하여 영주의 허락을 받
아 포교를 시작하였다. 이듬해 중앙 포교를 위해 교토로 갔지만, 쇼군을 만
나지 못하고 다시 히라도로 돌아와, 야마구치와 후나이府內에서 포교에 종
사하였다. 하비에르가 방일한 30여 년 후에 일본의 크리스트교 신자는 15만
명에 달했다고 보고하고 있다. 이렇게 신자가 급증한 원인으로서 크리스천
다이묘의 존재를 지적할 수 있다. 크리스트교 전래 후 선교사들은 다이묘를
개종시켜 영지의 주민을 신도로 만들려고 하였고, 다이묘는 무역의 이익을
얻기 위해 개종하여 신도가 되는 경우가 많았다.

예수회의 경제 활동

일본 국왕인 천하인天下人[6]은 특정 종류의 견직물과 사향·약품

---

6) 센고쿠 시대에서 에도 시대 초기에 걸쳐 천하, 즉 일본을 지배할 능력을 가지
고 있거나, 혹은 그것을 지향하던 자를 가리키는데, 주로 오다 노부나가織田
信長·도요토미 히데요시·도쿠가와 이에야스의 3명에 대해 사용한다.

및 그와 유사한 자질구레한 물품을 우리에게 주문하였다. 몇 명의 일본인 크리스트교도 영주뿐만 아니라 국왕의 측근 몇 사람도 동일 물품을 우리에게 주문하였다. 그것은 그들이 우리를 성실하고 정직하다고 평가했기 때문이며, 우리라면 앞의 물건들을 합리적으로 거래할 것이라고 생각해서 그런 것이다.

일본 예수회는 만약 이들 주문품이 도중에 없어졌을 경우 우리 수도원이 그것을 벌충해야 하는 위험을 생각하여, 천하의 통치자 3명에게 그 조건을 없애 주도록 공작하였다. 그러나 그들은 만약 우리가 그렇게 한다면 우리를 일본에서 추방하고, 크리스트 교회의 존재를 허용하지 않을 것이라고 답했다.

이렇게 우리 크리스트 교회는 이들 영주와 측근들에게 크게 의존하고 있는데, 그들은 자신들이 쉽다고 생각하는 것을 우리가 제공하지 않으면 심하게 화를 낸다. 또 그것을 거부할 충분한 이유도 없고, 그들의 요구에 따르지 않을 다른 방도도 없다. 따라서 크리스트 교회를 위험에 빠트리지 않기 위해 우리의 자산을 관리하고 있는 사람들로 하여금 전술한 영주들을 위해 이들 물품을 거래하는 것을 허락하였다. 우리는 이미 돈을 마카오로 보내고, 광동에서 앞의 주문품을 구입하는 허가를 마카오시 당국으로부터 얻고 있었다. 마카오시에는 광동 시장에서 상품을 구입하기 위해 일본인들의 돈을 마카오로 가져와서는 안 된다는 금령이 있었기 때문이다. 현재 이 금령은 포르투갈인의 자금이 궁핍해졌기 때문에 비교적 느슨해졌다. 우리가 보낸 금액은 많지 않았다. 다만, 한, 두 차례의 항해는 예외적으로 나우선[7]이 월동했기 때문에 주문품의 값이 2배 오른 적이 있다. 그러나 월동하면 언제나 2배가 되는 것은 아니다.

출전 카르발루(Carvalho) 『변박서』(1617)(『世界史史料』 12).

내용 쇼군을 비롯한 에도 막부의 고위직과 다이묘들은 크리스트교 포교 금지와 추방을 내비치면서 예수회에 중국산 물품의 수입을 강요하였다. 예수회의 포교 재원은 다양했지만, 이러한 상업 활동을 통해 얻은 소득이 중심이었다. 선교사로서 해서는 안 될 상행위에 대해 다른 선교사회나 예수회 내부에서도 비판이 나왔지만, 예수회는 이러한 비판에 유연하게 대처하면서 상업 활동에서 얻은 재원으로 포교 활동을 전개하였다.

덴쇼견구소년사절단天正遣毆少年使節團

일본의 고귀한 소년 몇 명이 유럽에 가서 크리스트교 왕후王侯의 이름으로 교황 및 폐하의 보호를 청하는 것이 당연하다고 생각하고, 파드레(알렌산드로 바리냐노)는 4명의 고귀한 소년을 동행시키기로 하였다. 한 사람은 아리마有馬 왕의 아들이자 오무라의 영주 돈 바르톨로메우大村純忠 조카(지지와 미구엘)이다. 다른 한 사람은 붕고豊後 왕의 조카이자 휴가日向 왕의 아들을 보낼 작정이었지만, 수도에서 적당한 시기에 도착하지 못해서, 그 사촌이자 휴가 노왕老王의 손자에 해당하는 자(이토 만쇼)로 대신했다. 다른 두 사람은 이 두 사람의 친척에 해당하는 귀족이다(하라 마르치노·나카우라 줄리앙). 유럽에서는 그들을 보고 일본인의 외모와 성품을 알 수 있게 될 것이다. 이 소년들이 비지타도르와 함께 극히 먼 곳을 향해 위험한 항해를 하는 것을 제후들이 승인하였다. 또 달리 아이가 없어 깊은 자애를 쏟아붓고 있던 모친은 그들이 실제로는 가지 못할 것으로 생각

---

7) 나우선: 3개의 돛대가 달린 대형 선박.

하여 승인하였다. 이것은 모두 신의 섭리에 입각한 것으로 생각되었다. 이 어머니들은 자식과 이별하고, 소년들도 모친과 이별하고 선교사와 함께 가는 것을 기뻐했다. 그것은 일본에서는 기대할 수 없던 것이었다. 소년들은 14세를 넘지 않은 것 치고는 놀랄 만큼 사려가 깊고 또 행동이 방정하며 풍채가 좋았다. 그러므로 그들은 유럽의 여러 콜레지오를 순방하여 선교사와 이르망 및 그들을 접대하는 사람들을 만족시킬 것이라 기대한다. 또 존사尊師가 일본의 속인俗人뿐만 아니라 이르망에 대해서도 더욱 많은 지견을 얻고 경험을 쌓기 위해 비지타도르는 한 사람의 일본인 이르망를 동행하였다. 이 이르망은 소년들이 이미 알고 있는 것을 잊지 않도록 자국어 읽기와 쓰기도 가르칠 것이다.

우리의 주께서 일행을 로마로 인도하신다면 존사는 크게 위로를 받을 것이며, 아울러 전 유럽이 예수회의 일본 사업의 중요성을 이해하게 될 것이다. 또 그들이 다행스럽게 일본에 귀국한 후에는 고귀한 신분으로 유럽을 시찰했기 때문에 크리스트교의 번영과 영광에 대해 증언할 것이다. 그것은 의심의 여지 없이 일본의 행복과 크리스트교도를 위해 극히 중요한 일 중 하나가 될 것이다. 특히 그들이 존사 및 크리스트교를 신봉하는 모든 제후에게 우대를 받으면 상당히 만족하고 또 감격할 것이다. 나아가 귀국 후에는 일본의 크리스천 제후도 크게 만족하여 그들을 두텁게 신용할 것이다.

출전 『史料で読む長崎県の歴史』.

내용 포르투갈과의 무역을 통해 수입을 늘리고자 했던 규슈의 다이묘들은 개종하고 영지를 개항하거나, 심지어는 토지를 기진하기도 하였다. 그러한 크리스천 다이묘의 보호를 받은 예수회는 크리스트교 사제를 육성하는 학교를 건설하여 일본에 크리스트교를 더욱 보급하려고 하였다. 이러한 쌍방의 이해관계 속에서 1582년 4명의 소년을 중심으로 한 사절단이 로마로 파견되었다. 일행은 1582년 2월 발리냐노의 안내로 나가사키를 출발, 인도의 고아를 거쳐 1584년 8월 리스본에 상륙하였다. 이후 포르투갈과 에스파냐를 거쳐 1585년 8월 로마에 들어가 교황 그레고리 13세를 알현하였다. 예수회는 일본 포교의 공적을 인정받아, 일본 포교의 특권과 매년 보조금을 받게 되었다. 일행은 1590년에 귀국했지만, 그때는 이미 도요토미 히데요시에 의해 크리스트교 탄압이 진행되고 있어서, 그들이 크게 활약할 여지는 없었다. 이후 일행은 에도 시대 초기에 걸쳐 박해를 받아 처형당하거나 추방당하고, 신앙을 포기하는 등 굴곡진 삶을 살았다.

오무라 스미타다大村純忠의 나가사키 기진

오무라의 영주 돈 바르톨로메우8)의 증여. 제1편便, 우리의 총장 파드레 앞, 인도 순찰사로부터.

이것은 오무라의 영주 돈 바르톨로메우가 모기茂木 및 나가사키를 할양한 내용이다.

오무라의 영주 돈 바르톨로메우와 그의 아들 산초는 예수회의 파드레들에게 의존하는 바가 많은 것을 깊이 생각하여, 예수회와 예수회의 순찰사에게 나가사키를 주위의 모든 토지와 함께 아무것도 남기지 않고 영원히 무상으로 증여한다. 그러므로 나는 지금부터 이들

---

8) 돈 바르톨로메우 : 일본 최초의 크리스천 다이묘 오무라 스미타다大村純忠. 시마바라의 아리마 하루즈미有馬晴純의 차남으로 태어나 오무라씨의 양자가 되었다.

소유권을 부여하고, 예수회의 파드레는 그들이 희망하는 어떤 사람도 그곳의 지배자로 임명할 수 있으며, 또한 그 직에서 해임할 수 있다. 또 파드레가 선택한 어떤 사람에게도 그곳의 적절한 지배 및 그곳의 법령을 위반한 자를 처벌하기 위해 필요한 사형, 기타 재판권을 부여한다. 또 포르투갈인의 선박이 이 항구에 정박 중 지불하는 정박세를 영구히 면제한다. 단, 포르투갈 선박과 이 항구에 들어오는 기타 선박의 관세는 나의 가신에게 징수하게 한다. 그러나 이들 가신은 그곳의 지배에 관한 어떠한 문제에도 개입하지 않는다. 또 마찬가지로 나는 파드레에게 모기의 토지 및 그에 속하는 모든 토지를 증여한다. 이 증여를 장래에 결코 변함없이 영구히 유효한 것으로 만드는 증거로서 나와 나의 아들 산초가 서명한 이 서장을 작성한다.

덴쇼天正 8년(1580) 4월 27일

돈 바르톨로메우

돈 산초

출전 『史料で読む長崎県の歴史』.

내용 나가사키가 기항지가 되기 이전에 포르투갈 선박은 본래 히라도에 입항하였다. 다이묘 마쓰라씨松浦氏는 무역은 환영했지만 포교에는 반대하여 예수회는 다른 항구를 찾기 시작하였다. 이에 예수회는 오무라 스미타다에게 접근하여 개항과 포교의 승인을 얻었다. 스미타다는 시마바라의 아리마 하루즈미有馬晴純의 차남으로 태어나 오무라씨의 양자가 되었기 때문에 권력 기반이 약하고, 주변 다이묘들과의 대립도 심각한 상태였다. 스미타다는 포르투갈 선박을 기항시킴으로써 경제 기반을 강화하고 정치 권력을 안정시키려고 하였다. 1563년에는 자신이 개종하고, 1570년에는 천혜의 항구 나가사키도 개항하였다. 이후 포르투갈 선박이 정기적으로 입항하고 각지에서 크리스트교도들이 이주하면서 나가사키는 급속하게 발전하였다. 그러나 나가사키는 강대한 세력을 가진 류조지씨龍造寺氏 등의 침입으로 불안정하여, 포르투갈 무역의 중심은 아리마씨의 영지로 옮겨가려 하였다. 이러한 상황을 타개하고 나가사키의 권익을 지키기 위해 스미타다가 생각해낸 것이 나가사키의 기진이었다. 기진의 내용은 나가사키와 모기의 토지 및 정박세도 포함되었지만, 막대한 이익을 가져오는 관세 징수권은 오무라씨가 보류하였는데, 이것이 오무라씨가 기진한 진정한 목적이었다. 예수회에 의한 나가사키 통치는 도요토미 히데요시가 나가사키를 직할령으로 삼는 1588년까지 지속되었다.

선교사 추방령

1. 일본은 신국이므로 크리스트교 국가가 사악한 가르침을 포교하는 것은 매우 좋지 않다.

2. 다이묘가 자기 영지[國郡]의 사람들에게 장려하여 신도로 만들고 신사와 불각佛閣을 파괴하고 있다고 하는데, 전대미문의 일이다. 국군과 촌락을 지행지知行地[9]로 다이묘에게 지급한 것은 일시적인 조치이다. 천하天下[10]가 내린 법령을 지켜 모든 일을 그 뜻에 따르도록 해야 하는데, 다이묘들이 아랫사람으로서 제멋대로 하는 것은 괘씸한 일이다.

3. 선교사는 그 교의와 여러 가지 지식을 가지고 사람들에게 포교

---

9) 知行地 : 막부나 다이묘 등 주군이 가신에게 분여한 토지.

10) 天下 : 도요토미 히데요시.

하고, 사람들은 자신의 의사에 따라 신자가 되었다고 생각하고 있었는데, 위와 같이 강제적으로 신자를 늘이거나 일본의 불교를 파괴하는 것은 괘씸한 일이다. 따라서 선교사를 일본에 두어서는 안 된다. 그러므로 오늘부터 20일 이내에 준비하여 귀국하라.

4. 흑선黑船[11]은 교역이 목적이므로 위와는 다르다. 이후 세월이 지나도 교역을 계속하라.

5. 지금부터 불교를 방해하지 않는 자는 상인은 말할 필요도 없이 누구라도 크리스트교 국가에서 왕래해도 상관없으므로 그 뜻을 잘 이해하라. 이상.

덴쇼天正 15년(1587) 6월 19일

출전 『松浦文書』(『日本史史料』近世).

내용 1587년 규슈의 시마즈씨를 평정하고 돌아오는 길에 도요토미 히데요시는 갑자기 선교사 추방령을 내렸다. 그 이유에 대해서는, 규슈 평정 후 나가사키가 예수회 교회령으로 기진되어 있는 것을 알고 포르투갈 등의 영토적 야심에 대해 경계했다는 주장, 일본인이 노예로 팔려가는 것에 대한 분노 등을 들기도 한다. 어쨌든 이 명령은 예수회의 대일 정책에 심각한 영향을 끼쳤다. 그러나 무역은 허락했으므로, 몰래 잠복하여 활동하는 선교사도 많아서 크리스트교 배제에 실제적인 효과는 그다지 크지 않았다.

---

11) 黑船 : 포르투갈과 에스파냐의 선박. 남만선.

임진왜란

각覺

1. 전하殿下[12)]는 출진 준비에 소홀함이 없도록 하라. 내년[13)] 1, 2
   월경에 출발할 것.

2. 고려의 수도[14)]가 지난 2일에 함락되었다. 그러므로 반드시 [히
   데요시 자신이 직접] 바다를 건너 [조선으로 가서] 이번에는
   대명국까지 남김없이 지배하여, 대당의 관백직關白職을 맡아야
   한다.

3. 병사 3만 명을 데리고 가라. 효고兵庫에서 배로 출발할 것이며,
   말은 육지로 보내라.

4. 3국 내에 적대하는 자가 없지만, 세간의 평판과 실제 상황에
   대비하여 무기와 갑옷을 충실히 갖추는 것이 가장 중요하다.
   아랫사람에게까지 그대로 전달하라.

14. 나고야名護屋·고려 곳곳에 군량미가 많이 있으므로 준비할
    필요는 없다. 행군 중의 각오만 단단히 하라.

18. 대당大唐의 수도로 천황을 옮겨야 하므로 그 준비를 해야 한다.
    내후년에 행차해야 한다. 그렇게 되면 수도 주변 10개 국을
    진상할 것이다. 그 범위 내에서 귀족[公家]들에게도 토지를 나
    누어줄 것이다. 하급 귀족들은 [일본에서 받은 토지의] 10배가

---

12) 殿下 : 도요토미 히데요시의 누나의 아들로 히데요시의 양자가 된 도요토미
   히데쓰구豊臣秀次. 임진왜란 직전에 관백직을 물려받았다.

13) 1593년.

14) 고려의 수도 : 한성.

될 것이며, 그보다 상위의 귀족들은 인물에 따라 지급한다.

19. 대당의 관백은 위에서 분부한 바와 같이 히데쓰구秀次에게 물려준다. 그리고 수도 주변 100개 국을 넘겨준다. 일본 관백은 야마토大和 중납언中納言, 비젠備前 재상宰相 두 사람 중에서 정해지는 대로 승계하게 될 것이다.

20. 일본 제위帝位는 와카미야若宮, 하치조전八條殿 가운데 한 사람으로 정한다.

21. 고려에는 기후岐阜 재상15)이나 비젠 재상16)을 둘 것이다. 단바丹波 중납언은 규슈에 둔다.

23. 고려국·대명까지 손쉽게 정복할 수 있을 것이다. 윗사람이나 아랫사람 모두 고생하는 일은 조금도 없으므로, 아랫사람이 도망가는 일은 없을 것이다. 그러므로 제국諸國에 파견한 봉행들을 소환하여 출진의 준비를 명하라.

덴쇼天正 25년(1592)17) 5월 18일 히데요시(주인)

관백 전하

출전 『古蹟文徴』(『日本史史料』 近世).

내용 5월 2일(실제로는 5월 3일) 한양이 함락되었다는 소식을 듣고 우쭐해진 나고야의 히데요시가 교토에 있던 관백 히데쓰구에게 보낸 주인장이다. 여기에는 히데요시의 과대망상적인 삼국 지배 구상이 전개되어 있다. 중국을 정복한 후 히데요시 자신은 닝보에 거처할 생각이었다고 한다.

---

15) 岐阜宰相 : 도요토미 히데쓰구의 동생인 하시바 히데카쓰羽柴秀勝.
16) 備前宰相 : 우키타 히데이에宇喜多秀家.
17) 이 해에 분로쿠文祿으로 연호를 바꿨다.

명·일 강화 협상

대명·일본 화평 조건

1. 화평의 서약이 틀림없으므로 천지가 다하더라도 변경해서는 안 된다. 그러므로 대명 황제의 현녀賢女를 일본의 후비后妃로 삼을 것.

2. 양국은 지난 여러 해 동안 틈이 벌어져 감합勘合[18]이 최근에 단절되었다. 관선官船·상선이 왕래할 것.

3. 대명·일본의 통교는 변경이 있어서는 안 된다. 양국의 책임 있는 대관이 서로 서사誓詞를 쓸 것.

4. 조선은 작년에 군대를 보내 추벌追伐하였다. 지금 국가를 진정시키고 백성을 편안히 하기 위해 좋은 장수를 보내야 하겠지만, 이 조건들을 모두 수용한다면 조선의 역의逆意[19]를 불문에 부치고, 대명에 대해 팔도를 분할하여 4도와 국성國城은 조선국왕에게 돌려줄 것이다. 또 작년에 조선에서 삼사三使를 보내 좋은 선물을 보내왔다. 나머지 일들은 [이시다 미쓰나리石田三成 등] 4명이 구두로 설명한다.

5. 4도는 이미 반환하였다. 그러므로 조선의 왕자와 대신 1, 2명을 인질로 일본에 보낼 것.

6. 작년에 조선의 왕자 2명을 생포하였다. 그 사람들은 비범하므로

---

18) 勘合 : 본래는 명이 일본국왕에게 준 도항증명서를 가리키지만, 여기서는 명 정부의 양해하에 이루어지는 무역을 가리킨다.

19) 조선의 逆意 : 조선이 일본의 의사를 명에 전달하겠다고 하면서도 그것을 실행하지 않아 공격하였다는 것이 명에 대한 일본의 논리였다.

화평에 맞추어 4명이 심유격沈遊擊에게 주어 조선에 돌려줄 것.

7. 조선국왕의 권신이 대대로 어기지 않겠다는 뜻의 서사를 쓸 것.
이와 같은 취지로 4명이 대명 칙사에게 누누이 설명할 것.

분로쿠文祿 2년(1593) 계사 6월 28일

출전 『續善隣國寶記』(『日本史史料』 近世).

내용 1593년 1월 벽제관 전투에서 명군의 진격을 격퇴하기는 했지만, 한성에 주둔하던 일본군은 군량미 부족으로 궁지에 몰려 있었다. 이를 간파한 명의 유격장군 심유경沈惟敬은 고니시 유키나가小西行長와 강화 협상을 시작하였다. 이때 경략經略 송응창宋應昌은 자신의 부하를 명 황제의 사절이라고 사칭하여 일본에 보냈다. 위의 7개조는 히데요시가 일본에 온 이들 사신과 협상할 때의 조건을 제시한 것이다. 이와는 별개로 심유경과 고니시 유키나가는 거짓 강화사절을 꾸려 명에 보내, 히데요시는 책봉과 조공 이외는 바라지 않는다고 보고하였다. 그에 따라 명에서 책봉사가 파견되어 히데요시는 일본국왕에 책봉되었다. 자신의 요구가 완전히 무시된 데 분개한 히데요시는 다시 군대를 보내 정유재란이 일어나게 되었다.

임진왜란의 포로들

1. 나이 60세 가와사키야 스케에몬노조川崎屋助右衛門尉

태어난 나라는 고려. 48년 전(1595?)에 비젠 오카야마岡山에 왔다. 그 후 게이초 19년(1614) 나가사키 가미초上町에 와서 크리스트교도가 되었지만, 다케나카 우네메竹中采女님이 나가사키 봉행에 재임하실 때 소토우라정外浦町에서 크리스트교를 버리고 잇코종一向宗으로 바꾸어 다이코사大光寺에 속하였다.

2. 나이 53세 위 사람의 처

태어난 나라는 고려, 게이초 4년(1599) 히고肥後 야쓰시로八代
에 왔다가, 동 16년에 나가사키로 와서 곧바로 마카오로 팔려
가 크리스트교도가 되었다. 겐나元和 2년(1616)에 귀국하여 소
토우라정으로 왔다. 다케나카 우네메님이 재임하실 때 그곳에
서 크리스트교를 버리고 잇코종으로 바꾸어 다이코사에 속하
였다. 위의 스케에몬노조의 처로 고려 사람이므로 정町에서 조
사한 후 확실한 인수자를 세워 청문請文을 받고 그곳에 두었다.

3. 나이 19세 위 사람의 아들 다쓰たつ

태어난 곳은 나가사키. 어릴 때부터 크리스트교도였지만, 다케
나카 우네메님이 재임하실 때 부모와 마찬가지로 크리스트교
를 버리고 같은 종, 같은 절에 속하였다.

4. 나이 16세 위 사람의 아들 미노리노스케稔の介

태어난 곳은 나가사키. 같은 때에 마찬가지로 크리스트교를 버
리고 같은 종, 같은 절에 속하였다.

출전 「寬永拾九年平戶町人炳生所糺」(『日本史史料』近世).

내용 임진왜란 때의 포로 중에는 강항과 같은 유학자나 도공 같은 기술자
도 있었지만 대부분은 농민이었다. 수만 명에 이르는 포로들 중 전란이 끝난
후 돌아온 사람들은 회답겸쇄환사와 함께 귀국한 사람 등 일부에 불과하였
다. 일본에 남은 이들은 전란으로 부족해진 노동력을 보충하기 위해 사역되
거나 노예로 해외로 팔려가는 등 고통스러운 날을 보냈다.

주인선朱印船 무역의 시작과 일본정日本町

분로쿠文祿(1592~1596) 초부터 나가사키, 교토, 사카이堺 사람들이 주인朱印을 받아 꽝남廣南(호이안), 통킹東京, 참파, 캄보디아, 리고르六昆, 파타니, 시암, 타이완, 루손, 마카오阿媽 등지로 장사하러 바다를 건너가는 것을 허락하였다.

나가사키에서 5척 : 스에쓰구 헤이조末次平藏 2척, 후나키 야헤이지船木彌平次 1척, 아라키 소타로荒木宗太郎 1척, 이토야 즈이에몬絲屋隨右衛門 1척

교토에서 3척 : 자야시로지로茶屋四郎次郎 1척, 스미노쿠라角倉 1척, 후시미야伏見屋 1척

사카이에서 1척 : 이요야伊予屋 1척

출전 『長崎實錄大成』(『再訂版詳說日本史史料集』).

내용 주인선 무역은 분로쿠(1592~1596) 초, 즉 도요토미 히데요시 때부터 시작되었다고 하지만, 도요토미 히데요시가 발급한 주인장은 현재 발견되지 않았다. 도쿠가와 이에야스 집권기부터 주인선 무역은 더욱 발전하였는데, 교토·나가사키·사카이 등지의 유력 상인뿐만 아니라 시마즈島津 등 규슈의 유력 다이묘들도 주인장을 발급받아 활발하게 주인선을 파견하였다. 이들은 일본산 은과 동, 도검, 유황 등을 수출하고 생사와 견직물, 주석 등을 수입하였다. 주인선 무역이 발전하자 해외로 나가는 일본인이 급증하여 동남아시아 각지에 일본정日本町이 건설되었다. 타이의 아유타야에는 1,500명 이상의 일본인이 있었다고 하며, 그중에는 야마다 나가마사山田長政처럼 최고 관직에 오른 자도 있었다. 주인선 무역은 1635년 일본인의 해외 도항과 귀국이 금지되면서 끝났다.

도쿠가와 이에야스와 주인선 무역

◎ 일본국 도쿠가와 이에야스源家康가 루손국呂宋國(필리핀) 돈 프
  란시스코 테요郞巴難至昔高提要 족하足下께 답신을 보냅니다.

예전에 귀국 해변에서 명나라와 우리 나라의 악당들이 노략질했
습니다. 그들 중에서 처벌할 자들은 처벌했습니다. 명나라 사람은
다른 나라의 백성이므로 처벌하지 못하고 본국으로 돌아가게 하였
으나, 필시 명나라에서 주살된 것으로 알고 있습니다. 우리 나라는
작년에 흉도들이 반역을 일으켰지만, 한 달 사이에 남김없이 주살되
었습니다. 그러므로 바다와 육지는 안정되어 있고 국가는 강녕합니
다. 우리 나라에서 출발하는 상선을 많이는 허용하지 않겠다는 족하
의 뜻에 따를 것입니다. 앞으로 우리 나라에서 그곳으로 가는 선박
은 이 서신에 찍힌 도장으로 신뢰 여부를 판단해 주십시오. 그밖의
경우는 무역을 허락하지 마십시오. 우리 나라는 멕시코와 우호를 맺
기를 바랍니다. 매년 왕래하는 귀국 사람들이 아니면 해로로 통하기
어렵습니다. 족하의 지시에 따라 선원과 상인이 때때로 왕래하기를
바랍니다.

귀국의 선물은 잘 받았습니다. 멀리서 보내주신 우호의 후의는 감
사할 따름입니다. 추위가 더욱 심해져 갑니다. 평안하시기를 바랍니
다. 몸을 보전하고 아끼시길 바랍니다.

게이초慶長 6년(1601) 겨울 10월 일

어인御印[20]

---

20) 御印 : 도쿠가와 이에야스의 인장.

◎ 국왕의 명령에 따라 이 루손섬들을 다스리기 위해 올해 이곳에 와서 전하의 서한을 접하였습니다. 전하가 전에 우리 섬에 와서 난동을 피운 일본인과 지나인을 잡아 처벌한 것을 알고 크게 만족했습니다. 대저 선인을 상 주고, 악인을 벌하는 것은 정도正道를 중시하고, 또 현명하며 평화롭게 살려고 하는 군주가 당연히 해야 할 바로서, 위와 같은 것을 전하께 기대했습니다.

요즘 일본 선박 수 척이 우리 섬을 습격하여 배를 포획하고 다른 위해도 가했습니다. 나는 이 소식을 듣고 매우 슬펐습니다. 그러나 전하의 뜻을 받들고 또 허가를 받아 그런 짓을 했다고는 믿을 수 없습니다. 왜냐하면 위대한 군주는 비열하고 나쁜 짓을 하지 않고, 또 신민이 그런 짓을 하는 것을 허용하지 않기 때문입니다. 그러므로 우리 선박이 만약 그들을 붙잡을 수 있다면 벌을 주어 전하의 수고를 덜어드릴 것입니다. 만약 그들을 붙잡을 수 없으면, 전하가 범인을 수색하여 적당한 처분을 하여 그들 및 다른 사람이 훈계로 삼도록 해 주십시오.

일본에서 우리 섬에 오는 선박은 계절풍이 불 때마다 3척, 매년 도합 6척으로 정하고, 그 선박에 전하의 주인장朱印狀을 발급해 주기 바랍니다. 나도 그곳으로 가는 상선에 도항 허가증을 부여할 것입니다. 이렇게 하면 전하가 말씀하시는 것처럼 잘 식별할 수 있을 것입니다. 이곳에 온 일본인은 요청하는 대로 도와주었습니다. 또 늘 그들을 후대하고 박해를 가하지 않으며 재산을 빼앗지 않을 것입니다. 그곳으로 가는 에스파냐인도 그렇게 해 주시기 바랍니다.

전하의 서한과 전임자의 말을 통해 전하가 에스파냐와 통상을 시작하기를 원하신다는 것을 알았습니다. 전임자는 이미 국왕이 멕시

코에 둔 총독에게 요청하여 폐하에게 이 사실을 상주하는 데 진력하고 있다고 합니다. 나는 에스파냐인과 일본인이 친교를 맺고, 또 전하의 희망이 달성되기를 바라므로 다시 이 사실을 말씀드릴 것입니다.

전하가 그곳에 있는 신부 등을 후대하신다는 소식을 전해 듣고 깊이 감사드립니다. 그들은 신을 섬겨 겸손하고 경건하며 선행에 힘쓰는 자들이므로, 우리는 그들을 크게 우러러 받듭니다. 전하가 더욱 그들을 아끼고, 필요에 따라 그들을 원조해 주시기를 간청합니다.

전하가 우리 배들이 무역을 위해 관동關東에 도항하는 것을 바라고 계신다는 것21)을 신부들이 나에게 고하므로, 나는 배를 파견하기로 결정했습니다. 전하가 되도록 빨리 귀항歸港을 명령해 주시기를 바랍니다. 또 몇 명의 네덜란드인이 그곳에 내항했다는 사실을 신부들로부터 보고받았습니다. 네덜란드인은 우리 국왕의 신민이지만, 악인들로서 소동을 즐기고, 국왕을 배신하고 해적을 업으로 삼고 있습니다. 그곳에 간 것도 토지와 항만을 탐험하고 약탈을 하기 위해서이므로 전하는 잘 경계하시기 바랍니다. 또 그들을 붙잡아 최초의 선편으로 그들을 이곳으로 호송해 주시기를 요청합니다.

이 배편으로 거울 및 기타 에스파냐의 변변찮은 물품 몇 종류를 전하께 보냅니다. 전하에 대한 우호의 표시로 받아주시기 바랍니다. 만약 이곳에서 원하시는 물건이 있다면, 나에게 통지하시면 기쁘게

---

21) 도쿠가와 이에야스는 도요토미 히데요시가 사망한 직후인 1598년 11월, 히데요시 때부터 무역 협상의 경험을 가진 선교사를 불러 우라가浦賀에 에스파냐의 상선이 기항하도록 부탁하였다. 1608년 에스파냐 상선이 우라가에 입항하는 등 교류가 이어졌지만, 크리스트교 금지 상황하에서 에스파냐와의 무역은 결실을 맺지 못하였다.

주선하겠습니다. 삼가 신께서 전하를 보호해 주시기를 빕니다.

1602년 6월 1일

돈 페드로 데 아쿠냐

출전 『增訂異國日記抄』「異國所々御書之草案」.

내용 주인선 무역은 도요토미 히데요시 때부터 시작되었지만, 세키가하라 전투 이후 도쿠가와 이에야스는 더욱 적극적으로 해외 무역을 추진하였다. 도쿠가와 이에야스는 해외 도항을 허가제로 전환하고 해외로 나가는 선박에 '원가강홍충서源家康弘忠恕'라는 자신의 도장이 찍힌 주인장을 발급하고 이로써 무역의 이익을 확보하려 하였다. 주인선 무역이 성립하기 위해서는 사전에 양국의 국왕 혹은 지배자 사이에 양해가 존재해야 하였다. 주인장을 소지한 선박은 해적선과 구별되어 무역에서 특별한 편의를 제공받았다. 1616년 도쿠가와 이에야스가 죽은 후 급속하게 쇄국으로 기운 에도 막부는 1631년 해외로 나가는 선박에 대해 주인장 이외에 막부의 로주老中가 발급하는 봉서奉書의 지참을 의무화하였고, 1635년 일본인의 해외 도항과 귀국이 전면적으로 금지되면서 주인선 무역은 끝났다.

윌리엄 애덤스의 일본 도착

우리는 칠레의 해안 남위 37도 12분에 위치한 세인트 마리아섬에서 회의를 열고 1척의 화물을 모두 옮겨 싣고, 다른 배는 불태우려 하였다. 그러나 새로 선임된 두 선장은 그 지위에서 물러나는 것을 기꺼워하지 않았다. 우리도 차마 두 선박 중 하나를 버릴 수 없었다. 그리고 배 안에는 비단이 많았는데, 비단은 일본에서 가장 잘 팔리는 상품이라는 말을 듣고, 페루 해안을 출발하여 일본을 향해 항해

하는 데 동의했다. …(중략)…

이리하여 일본을 향해 직진하여 두 배 모두 적도를 가로질러 북위 28도에 도달한 것은 1600년 2월 2일이었다. 그러나 전대미문의 폭풍우를 만나, 슬프게도 두 선박은 서로를 잃어버렸다. …(중략)…

마침내 4월 19일, 30도 반에 이르러 육지의 모습이 보였다. 따라서 세인트 마리아섬에서 일본 사이를 항해하는 데 4개월 22일이 소요된 것이다. 그때 배에서 스스로 걸어 다닐 수 있는 자는 6명에 불과했다. 이리하여 일행이 안도하면서 닻을 내린 것은 분고豊後라는 곳에서 1리그 떨어진 해상이었다.

<mark>출전</mark> 『異國叢書』(『史料による日本の歩み』).

<mark>내용</mark> 일본에 온 최초의 영국인으로 알려진 윌리엄 애덤스는 네덜란드 선박 리프데호의 수로 안내인으로 1600년 4월 일본에 표착하였다. 후에 도쿠가와 이에야스의 총애를 받아 유럽인과의 협상과 접대를 담당하였다. 그는 귀국을 희망했지만 받아들여지지 않았고, 현재의 요코하마에 해당하는 미우라三浦에 영지를 받은 것을 계기로 미우라 안진三浦按針(안침은 수로 안내인의 의미)이라 불렸다. 막부의 명령을 받아 서양식 범선을 만들었고, 이에야스의 외교 고문으로 네덜란드 및 영국과의 통상 개시에 진력하였다. 1613년 히라도平戸에 영국 상관이 설치되자 상관의 직원으로 근무하기도 하였다.

회답겸쇄환사 파견

조선국왕 이연李昖[22])이 일본국왕 전하께 답하여 올립니다[復奉].

---

22) 李昖 : 선조(재위 1567-1608).

교린에는 도리가 있는데, 예로부터 그러하였습니다. 2백 년 이래 해파海波가 일지 않은 것은 무엇 하나 천조天朝의 덕택이 아닌 것이 없습니다. 그리고 폐방弊邦이 또 무엇 때문에 귀국을 저버렸겠습니까? 임진년의 변란變 때 이유 없이 군대를 움직여 화란을 만들어 참혹함이 극에 이르게 하여, 그것이 선왕의 능묘에까지 이르렀습니다. 폐방의 군신은 마음이 아프고 뼈가 끊어지는 듯하여, 의리로는 귀국과 하늘을 함께 하지 못하게 되었던 것입니다. 6, 7년 사이 대마도가 화의를 청하지만, 이는 실로 폐방이 수치스럽게 여기던 바입니다. 지금 귀국이 옛일을 고치고 새로 먼저 서계를 보내 전대의 잘못을 고쳤다고 하면서 성의를 보이는 것이 이에 이르렀습니다. 참으로 이 말과 같다면 어찌 양국 인민의 복이 아니겠습니까? 이에 사절을 보내 보내온 후의에 답합니다. 변변찮은 토산물은 별폭에 있습니다. 받아주시기 바랍니다.

만력萬曆 35년(1607) 정월 일

조선국왕 이연

출전 『朝鮮通交大紀』(『日本史史料』 近世).

내용 임진왜란으로 단절되었던 조일 양국 간의 강화 교섭은 조선과 에도 막부, 대마도의 실리가 맞물리면서 빠르게 진척되었다. 조선은 1602년부터 대마도의 정세를 정찰하고 강화의 가능성을 탐지하기 위해 사절을 파견하였다. 1604년 탐적사探賊使로 파견된 유정惟政과 손문욱孫文彧은 교토의 후시미伏見에서 도쿠가와 이에야스를 만나, 1,300여 명의 포로를 데리고 돌아왔다. 강화의 움직임이 최종 단계에 이르자, 조선 정부는 사죄의 뜻을 담은 이에야스의 국서를 먼저 보낼 것과 왕릉을 파헤친 범인을 포박해 압송할 것을 요구하였다. 그것이 이행되자, 1607년 조선은 회답겸쇄환사를 파견하였고,

이로써 조일 양국의 국교가 회복되었다. 조선의 국서가 이에야스의 국서에 대한 복서復書의 형식으로 되어 있지만, 이에야스의 국서는 강화 협상을 진척시키기 위해 대마도가 위조한 것이며, 따라서 조선의 국서도 대마도가 내서來書의 형식으로 수정하여 막부에 제출하였다. 이런 국서 위조 사건은 후에 발각되어 큰 사건으로 비화하였다.

기유약조

송사약조送使約條

1. 접대를 허락하는 것은 3가지 경우이다. 국왕사신23)이 1례이다. 쓰시마 도주의 특송사가 1례이다. 쓰시마 수직인受職人24)이 1례이다.

2. 국왕 사신이 올 때는 상선上船과 부선副船만 허용한다.

3. 쓰시마의 세견선은 20척. 그중 특송선은 3척이며, 합하여 20척이다. 대선은 6척, 중·소선은 7척이다.

4. 쓰시마 도주에게 주는 세사미·대두는 100석이다.

5. 수직인은 1년에 1번 내조하고, 다른 사람을 보낼 수는 없다.

6. 배는 3등급이 있다. 25척 이하를 소선으로 한다. 26척·27척을 중선으로 한다. 28척·29척·30척을 대선으로 한다.

7. 선원은 대선 40명, 중선 30명, 소선 20명을 정원으로 한다. 부족할 경우에는 승선 인원수에 따라 식량을 공급한다.

8. 모든 파견 선박은 쓰시마 도주의 문인文引25)을 받은 후에 와야

---

23) 國王使臣 : 쇼군의 사자.
24) 受職人 : 공이 있어 조선 정부로부터 관직을 받은 자.

한다.

9. 쓰시마 도주에게 선례에 따라 도서圖書[26])를 지급한다. 종이에
   그 모양을 찍어 예조와 교서관校書館에 보관한다. 또 부산포에
   두고, 서계가 올 때마다 대조해서 진위를 조사한다. 격식을 어
   긴 선박違格船은 돌려보낸다.

10. 문인이 없는 자와 부산으로 오지 않는 자는 적敵으로 논단한다.

11. 항해의 수고료過海料로 쓰시마 사람은 5일분의 식량을 지급한
    다. 도주의 특송사는 5일분의 식량을 추가하고, 일본 국왕 사
    신은 20일분의 식량을 지급한다.

12. 나머지는 모두 선례에 따른다.

출전 『朝鮮通交大紀』(『日本史史料』 近世).

내용 1607년 회답겸쇄환사가 파견되어 조선과 에도 막부 사이에 국교가 회
복됨에 따라 1609년 조선과 쓰시마 사이에 기유약조가 체결되었다. 조선이
접대를 허락하는 범위, 세견선과 세사미두, 배의 크기와 선원 수, 접대 기준
등에 대해 규정하고 있다.

정묘호란 때 일본의 원병 파견 제의

간에이寛永 4년(1627) 정묘년 달인韃人[27])이 조선의 북변을 침략했

---

25) 文引 : 도항 증명서.
26) 조선 정부가 쓰시마에 지급한 인장으로, 쓰시마에서 조선에 보내는 문서에
    찍어 보냈다.
27) 韃人 : 몽골고원을 비롯한 유라시아 대륙 각지에 흩어져 살던 튀르크 계통의

다고 쓰시마노카미 소 요시나리宗義成가 보고하였다. 이듬해 요시나리가 쓰시마로 돌아갈 때 다이유인大猷院 전하28)가 로주老中29)들에게 요시나리가 영지로 돌아가면 빨리 사신을 조선의 왕성으로 보내 정세를 정탐하고, 상황에 따라서는 원조하겠다는 뜻을 전하라고 하였다. 이에 요시나리는 쓰시마로 돌아가 논의하고, 겐포玄方30) 장로와 노신老臣 스기무라 우네메杉村采女를 사자로 정하고, 이듬해 기사년(1629) 윤2월 두 사자가 출항하여 부산포에 도착하였다. 조선의 집사들이 논의하여 상경을 거부했지만, 쇼군의 명령이므로 반드시 왕성에 가야 한다고 했다. 조선 조정에서 논의를 거쳐 마침내 그것을 허락하였다.

이에 사자들은 4월 5일 부산을 출발하여, 동월 23일 한양에 도착하여 명령을 전달하고, 동 26일에 국왕을 알현하였다. 후에 예조로부터 달인이 패하여 변경은 진정되었으며 또 전례가 없으므로 원병은 필요 없다고 하였다. 5월 21일 사신들은 한양을 출발하여, 6월 19일 쓰시마로 돌아와 복명하였다. 요시나리는 곧바로 그 사실을 에도에 보고하였다.

출전 『通航一覽』 권133.

민족으로 韃靼으로도 표기되는데, 여기서는 여진(만주)을 가리킨다.

28) 大猷院 : 에도 막부의 3대 쇼군 도쿠가와 이에미쓰德川家光(재직 1623~1651).

29) 老中 : 에도 막부의 정무를 총괄하는 최고직. 정원은 3~5명으로 1개월씩 교대로 근무하였다.

30) 玄方 : 임진왜란 전후에 활약했던 겐소玄蘇의 제자로, 당시 이테이안以酊庵의 2대 주지였다.

정묘호란의 소식이 일본에 전해진 것은 정묘호란이 일어난 직후인 1627년 봄, 동래부사가 쓰시마에 보낸 서신을 통해서였다. 후금의 침공으로 국내가 소란스러우므로 쓰시마에서 사신을 보내더라도 정해진 접대를 할 수 없으니 양해해 달라는 내용이었다. 정묘호란이 끝난 1년 이상의 시간이 지난 시점에 일본이 왜 원병 파견을 제의했는지는 알 수 없다. 이 사절은 임진왜란 후 유일하게 한양에 간 사절이다.

히라도平戶의 번영

도아道阿, 松浦隆信님은 운과 무운이 모두 만족할 만한 분이다. 대당으로부터 히라도[31]에 오봉五峯, 王直이라는 자가 도착하여 지금 인산사印山寺에서 중국식으로 집을 지어 살고 있다. 이 때문에 그곳으로 오는 대당의 상선이 끊이지 않는다. 더욱이 남만의 흑선黑船도 처음 히라도에 도착했으므로, 당과 남만의 진귀한 물건이 가득 들어오고 있다. 그래서 교토와 사카이堺, 기타 각 지방에서 모두 모여들기 때문에 사람들은 서쪽의 수도라고 칭한다. 그리고 남만선에서 크리스트교라는 이상한 종교의 승려가 건너왔다. 기존에 있던 신사와 사원에서는 모두 요괴[天狗]라고 하면서 웃는다.

『史料で読む長崎県の歴史』.

히라도는 나가사키현 북부에 위치하는 항구로, 예로부터 대륙으로 가는 항로에 위치하여 견당사선을 비롯하여 중국 등의 무역선이 기항하였다. 1550년 포르투갈 선박이 입항하였고, 예수회 선교사 프란시스코 하비에르도 이곳에 도착하여 크리스트교 포교를 시작하였다. 이후 에스파니아, 네덜란

---

31) 長崎縣 서북부에 위치하고 있다.

드, 영국 선박이 입항하여 상관을 두고 무역을 하였다. 그러나 1641년 네덜란드 상관이 나가사키의 데지마로 이전하면서 히라도에서 전개되었던 무역은 종말을 고하고, 히라도는 무역항으로서의 기능을 상실하였다.

네덜란드·영국의 히라도 상관 개설

◎ 네덜란드에 통상을 허가하는 도쿠가와 이에야스의 주인장

네덜란드 선박이 일본에 도항할 때 어느 항구에 상륙하더라도 상관없다. 앞으로 이 취지를 지켜 문제없이 왕래하라. 조금이라도 소홀한 일이 있어서는 안 될 것이다.

게이초慶長 14년(1609) 7월 25일

주인朱印[도쿠가와 이에야스]

◎ 영국에 통상을 허가하는 도쿠가와 이에야스의 주인장.

1. 이번에 처음 영국에서 일본으로 도항하는 선박은 모든 상거래를 뜻대로 하라. 도항했으므로 관세는 면제할 것.
2. 배안의 화물은 막부의 희망에 따라 목록으로 적어 선적한 화물의 내역을 제출할 것.
3. 일본 국내 어느 항구에 상륙해도 문제없다. 만약 폭풍을 만나 돛과 노가 끊어졌을 경우 어느 포구에 기항하더라도 무방하다.
4. 에도에 희망하는 곳에 부지를 줄 것이므로 집을 세우고 거주하면서 상거래를 하라. 귀국은 언제라도 영국인의 마음에 맡길 것.
5. 일본에서 영국인이 병사하면, 그 자의 화물은 틀림없이 보낼 것.
6. 화물을 강제로 싼값으로 사들이지 말 것.

7. 영국인 중에서 범죄자가 있을 경우, 죄의 경중에 따라 영국의 대장이 처리할 것.

게이초慶長 18년(1613) 8월 28일

어주인御朱印

출전 『異國日記』(『日本史史料』 近世).

내용 1609년 5월 히라도에 2척의 네덜란드 선박이 내항하자 이에야스는 어느 항구에서나 무역을 허용한다는 내용의 주인장을 발급하였다. 이에 네덜란드는 그해 8월 히라도에 상관을 설치하였다. 이에야스는 네덜란드보다 늦게 대일 무역에 참가한 영국에 대해서도 여러 가지 우대 조치를 취하면서 구체적인 권리를 부여하였다. 이에야스는 영국이 에도에 상관을 설치하기를 희망했지만, 대중국 무역과의 관계상 영국 상관도 히라도에 두어졌다. 위 주인장에 따라 신교국인 네덜란드와 영국은 일본의 어느 항구에서나 교역이 허용되었지만, 이에야스가 죽은 후부터 양국의 무역항도 히라도로 한정되었다. 참고로 영국은 1623년 히라도의 상관을 폐쇄하고 철수하였다.

에도 막부의 금교령禁敎令

건乾은 아버지이고 곤坤은 어머니이다. 사람은 그 가운데에서 태어나고 만물은 이에 정해진다. 대저 일본은 원래 신국神國이다. 음양은 헤아릴 수 없다. 이를 이름하여 신神이라고 한다. 성聖이 성스럽고 영靈이 영험한 것을 누가 높이 받들어 숭상하지 않겠는가? 하물며 사람이 태어난 것은 모두 음양이 감응한 것이다. 오체육진五體六塵32)과 기거동정은 잠시라도 신神을 떠나지 않는다. 신은 다른 데서 구하는 것이 아니라 사람들에게 모두 골고루 갖추어져 있다. 개개의 원성圓成은 바로 신의 몸[體]이며 또 불국佛國이라고 칭하는데, 근거가 없는 것이 아니다. 글에 이르기를 [일본은] 신명神明이 응적應迹33)하는 나라로 대일여래大日如來의 본국이라고 하였다. …(중략)…

그런데 크리스트교吉利支丹 도당이 우연히 일본에 왔다. 그들은 단순히 상선을 보내 무역을 할 뿐 아니라, 제멋대로 사악한 교리[邪法]를 유포하여 현혹시킴으로써 신불[正宗]에 거역한다. 그럼으로써 일본의 정치와 명령[政號]을 고치고 자신들의 영토로 만들려고 한다. 이는 큰 화근의 씨앗이니, 제지하지 않을 수 없다. 일본은 신국이자 불국이므로 신을 존중하고 부처를 공경한다. 오직 인의仁義의 도를 따르고 선악의 법을 바로잡으며 범죄를 범한 자는 경중을 따져 묵墨·의劓·비剕·궁宮·대벽大辟의 5형34)에 처한다. …(중략)… 저 크리스트교 도당은 모두가 막부의 정령을 어기고 신도神道를 의심하고 불법[正法]을 비방하여 의義를 해지고 선善을 상하게 한다. 형벌을 받은 사람에게 기뻐하며 교회로 달려가 스스로 예배하도록 하니 사악한 가르침이 아니고 무엇이랴? 실로 신도와 불법의 적이다. 서둘러 금지하지 않으면 후세에 반드시 국가의 우환이 될 것이다. 제지하지 않으면 도리어 하늘의 견책을 받을 것이다. 일본국 안에 조그만 곳이라도 손발을 둘 곳이 없도록 하다. 빨리 쓸어내 버려야 한다. 억지로 명령을 위반하는 자가 있으면 형벌에 처해야 한다.

지금 다행히 하늘의 조명詔命을 받아 일본의 주인이 되어 권력을

---

32) 六塵 : 중생의 참된 마음을 더럽히는 6개의 감각.

33) 應迹 : 신이 여러 가지로 모습을 바꾸어 나타남.

34) 墨은 문신형, 劓는 코를 베는 형, 剕는 발을 베는 형, 宮은 거세형, 大辟은 사형이다.

잡은 지 수 년이 되었다. 이에 밖으로는 오상五常의 덕을 드러내고 안으로는 불교에 귀의하여 나라는 풍요롭고 백성은 평안하다. 경經에 이르기를 법화경을 믿는 사람은 현세現世에는 안온하게 생활하고 후생에는 좋은 곳에 태어난다고 하였다. 공자 또한 말하기를 신체발부는 부모에게서 받은 것이니 감히 훼상하지 않는 것이 효의 시작이라 하였다. 몸을 온전하게 하는 것이 바로 신을 공경하는 것이다. 빨리 저 사악한 가르침을 물리치고 우리의 정법을 번성케 해야 한다. 세상은 이미 말세라고 하지만 신도와 불법을 더욱 번창하게 하는 것이 선정이다. 천하 모두 잘 알아서 어긋남이 없도록 하라.

게이초慶長 18년(1613) 12월 23일

출전 『增訂異國日記抄』.

내용 1612년 직할령에 이어, 1613년 전국에 크리스트교 금지령을 내린 에도 막부의 크리스트교 금지 논리가 나타나 있다. 그 내용은 히데요시의 금교령보다 철저한 것으로, 크리스트교도가 무역을 하면서 사교를 유포하여 신불을 비방하고 있으며, 일본의 정치를 장악하고 일본을 식민지로 만들려고 하고 있으므로 규제하지 않을 수 없다는 것이다. 그러나 무역과 포교를 하나로 생각하는 포르투갈이나 에스파냐를 상대로 교역을 지속하는 한 크리스트교 금지는 효과를 거둘 수 없었다.

쇄국령

◎ 간에이寬永 10년령

1. 외국에 봉서선奉書船35) 이외에 배를 보내는 것을 엄중히 금지

한다.

2. 봉서선 이외에 일본인을 외국에 보내서는 안 된다. 만일 밀항하는 자가 있으면 그 자는 사형에 처하고, 그 배와 선주는 구금하여 막부에 보고하라.

3. 외국에 도항하여 그곳에 주택을 가진 일본인이 귀국하면 사형에 처한다. 다만 부득이한 사정이 있어 외국에 체재하다가 5년 이내에 귀국한 자는 조사를 한 후 일본에 살 경우에는 무죄로 한다. 그러나 다시 외국으로 돌아가려는 자는 사형에 처한다.

5. 바테렌[36]을 밀고하는 자에게 포상을 내린다.

부칙 : 지위가 높은 바테렌을 밀고한 자는 은화 100매를, 그 아래는 충성심에 따라 포상액을 고려한다.

12. 외국선이 싣고 온 생사는 가격을 정하여 모두 5개소 상인[37]에게 분배하도록 하라.

17. 사쓰마, 히라도, 그 외 어떤 항구에 도착한 배라도 나가사키의 생사 가격과 같아야 한다. 나가사키의 가격이 결정되기 이전에 상매매를 해서는 안 된다.

간에이寬永 10년(1633) 2월 28일

---

35) 奉書船 : 주인장 이외에 로주老中가 발급한 봉서를 지참한 선박. 1631년부터 제도화되었다.

36) 바테렌伴天連 : 크리스트교가 일본에 전래되었을 당시 선교사나 신부를 부르던 말. 포르투갈어 파드레(padre)를 음역한 것이다.

37) 사카이, 교토, 나가사키, 에도, 오사카의 상인.

◎ 간에이寬永 12년령

1. 외국에 일본의 배를 보내는 것을 엄중히 금지한다.

2. 일본인을 외국에 보내서는 안 된다. 만약 몰래 숨어 밀항하는 자가 있으면, 그 자는 사형, 그 배와 선주는 구금하고 막부에 보고하라.

3. 외국에 건너가 주택을 가진 일본인이 귀국하면 사형에 처한다.

17. 히라도에 도착한 배라도 나가사키의 생사 가격과 같아야 한다. 나가사키의 가격이 결정되기 이전에 상매매를 해서는 안 된다.

간에이寬永 12년(1635)

◎ 간에이寬永 13년령

5. 크리스트교도를 밀고한 자는 포상한다.

바테렌을 밀고한 자는 바테렌의 지위에 따라, 어떤 자는 은화 300매, 어떤 자는 200매를 포상한다. 그 밖의 사람은 이전과 같이 조치한다.

9. 남만인의 자손³⁸⁾을 일본에 남겨두지 않도록 자세하고 엄중하게 명령한다. 만약 위반하여 남겨두는 자가 있을 경우에는 그 자는 사형, 그에 가담한 자는 그 죄의 경중에 따라 처벌하라.

10. 남만인이 나가사키에서 낳은 자식과 그 자식을 양자로 삼은 양부모는 모두 사형에 처해야 하지만, 목숨을 살려 남만인에게 보내기로 하였다. 그러므로 이들 중에서 다시 일본에 오거나, 혹은 서신 왕래가 있었을 때는 본인은 말할 필요도 없이 사형

---

38) 남만인의 자손: 포르투갈인과의 혼혈아. 마카오로 추방되었다.

에 처하고, 친척까지도 죄의 경중에 따라 처벌하라.

간에이寬永 13년(1636) 5월 9일

◎ 간에이寬永 16년령

1. 일본국에서 크리스트교를 금지한 사실을 알면서도 크리스트교를 전파하려는 자가 지금도 몰래 건너오고 있다.

2. 크리스트교도들이 도당을 지어 사악한 음모를 꾸몄기에 주벌하였다.[39]

3. 바테렌과 신자들이 숨어 있는 곳에 그 나라(포르투갈)에서 물건을 보내준다.

이러한 이유로 향후 포르투갈 선박의 내항을 금지한다. 이후 내항할 경우에는 그 배를 부수고 승선한 자들은 바로 참형에 처하도록 분부하셨다. 이에 하달한다.

간에이寬永 16년(1639) 7월 5일

출전 『德川禁令考』「內外制禁條目」.

내용 쇄국은 크리스트교의 금지와 무역 통제, 일본인의 해외 도항 금지를 주요 골자로 한 것으로, 1633년부터 39년까지 5차례 내려졌다. 크리스트교 금지는 1612, 13년의 금교령에서 시작하여, 37년의 시마바라의 난을 거쳐 1639년 포르투갈 선박의 내항 금지로 이어졌다. 그 사이 크리스트교도에 대한 밀고를 장려하여 포상금도 증액시키고 있다. 무역 통제는 무역 항구의 제한으로 나타나는데, 결국은 나가사키 1항, 그것도 데지마로 국한되었으며, 외국선이 가져온 생사도 5개소 상인이 전매하게 하였다. 일본인의 해외 도

---

39) 1637년에 일어난 시마바라島原의 난을 가리킨다.

항은 봉서선 때까지 일부 허용되었지만, 1635년 모든 일본인의 도항과 재외 일본인의 귀국이 금지되었고, 이듬해에는 포르투갈 혼혈아와 그 가족도 마카오로 추방되었다. 쇄국의 결과 일본과의 통상은 포교와 무역을 일체로 생각하지 않는 네덜란드가 독점하게 되었고, 1641년 히라도의 네덜란드 상관이 나가사키의 데지마로 이전하면서 쇄국체제가 완성되었다.

포르투갈인의 추방

각료 다케에몬공[40]은 각하의 면전에서 포르투갈인을 일본에서 추방하는 문제를 다시 화제로 삼았다. 그리고 만약 황제 폐하(쇼군)가 포르투갈인과의 무역과 통교를 단절하고 국토에서 추방한다면, 네덜란드인이 직물과 기타 물건, 그리고 일본이 필요로 하는 것을 지금과 동일하게 가져와서 공급할 수 있을지 물었다. 화폐 혹은 은은 은광산과 금광산이 있으므로 일본에서는 부족하지 않지만, 생사와 가공된 직물은 부족하다. 그러므로 만약 일본에서 요구되는 필요 상품이 우리(네덜란드인)에 의해 공급되고 보급되지 않는다면, 모든 상품은 값이 올라 상당히 고가로 팔리게 될 것이다. …(중략)…

이 문제에 대해 우리는 이렇게 대답했다. …(중략)… "폐하가 포르투갈인의 통교와 입국을 금지하기를 희망하고 또 인가한다면, 우리도 포르투갈인이 마카오에서 일본 시장으로 가지고 온 것과 동일한 물품과 상품을, 어떤 것은 전부, 다른 것은 우선 일부분을 일본에 공급할 것을 보증한다."

---

40) 다케어몬공 : 에도 막부 도시요리琦 마키노 노부시게牧野信成.

출전 『オランダ商館長日記』 1638년 5월 19일조(『世界史史料』 12).

내용 에도 막부는 1637년에 일어난 시마바라·아마쿠사天草의 난 때 반란군을 강고하게 결집시킨 요소로 크리스트교 신앙이 있다고 생각했다. 또 반란군이 농성을 선택한 것도 포르투갈 등 가톨릭 세력의 지원을 기대했기 때문이라고 판단하였다. 그러나 당시 일본이 필요로 했던 생사와 견직물 대부분은 포르투갈이 마카오에서 공급하는 것에 의존하고 있었다. 그 때문에 시마바라의 난 진압 후 막부 내부에서는 포르투갈을 일본에서 완전히 추방하는 문제가 검토되었다. 가장 큰 문제는 네덜란드가 포르투갈을 대신하여 무역품을 충분히 공급할 수 있는가였다. 네덜란드가 이를 보증했기 때문에 막부는 최종적으로 1639년 포르투갈 추방을 결정하였다. 일본이 끝까지 우려했던 생사 공급은 네덜란드 동인도회사와 정성공 세력 등의 중국 해상海商에 의해 조달되었다.

나가사키 봉행의 성격

나가사키 봉행은 다른 봉행과 달리 교역을 중요 업무로 삼고 있으며 다른 일은 곁다리에 불과하다. 도시의 형벌[仕置], 소송[公事], 출입 등은 모두 넨요年豫가 처리하는데, 봉행소에는 보고만 할 뿐 넨요가 분부를 내린다. 그러므로 넨요는 위세를 자랑하며 멋대로 하는 일이 많다.

출전 『史料で読む長崎県の歴史』.

내용 나가사키 봉행은 도요토미 히데요시가 예수회의 영지가 되어 있던 나가사키를 몰수하여 1592년 대관을 파견한 것이 시작이다. 에도 시대 초기에는 쇼군의 측근이 무역 시기인 여름에만 나가사키에 가서 무역품의 특권적 구매, 무역 통제, 크리스트교 단속 등을 처리하였다. 쇄국 이후에는 여기에 더하여 서국 다이묘에 대한 감독, 이국선 경비, 밀수품 단속, 해안 경비, 외국 사신의 접대, 나가사키의 시정 등을 담당하였다. 그러나 실제로 그들은 업무의 대부분을 현지 관리에게 맡겼다. 쇄국 이후 정원은 대체로 2명(3명, 4명 때도 있음)으로, 1명은 에도에 있다가 가을에 나가사키에서 교대하였다.

데지마出島

◎ 1. 간에이寬永 11년 갑술(1634) 데지마出島의 건물을 새로 축조했다. 데지마의 근원은 네덜란드인 거주를 위한 것이 아니다. 그때까지 남만인(포르투갈인)이 나가사키의 숙소에서 여러 사람과 만나기 때문에 크리스트교 신도가 두절되지 않았다. 이에 시내를 벗어나 바다에 데지마를 만들고 건물을 세워 포르투갈인이 거주하게 하고, 상품 거래를 제외한 모든 불필요한 업무를 지닌 자들의 출입을 엄히 금지하라고 명령을 내리셨다. 그때 이곳의 유력한 조닌町人 25명이 축조비를 출자하여 가옥과 창고 등을 짓고, 포르투갈인으로부터 임대료를 받겠다는 청원이 허가되었다. 간에이 13년(1636) 공사가 완료되어 포르투갈인들이 거주하게 되었고, 임대료로 은 80관貫을 조닌 25명에게 배분하였다. 대문에 정번定番하는 자 2명이 근무하고, 포르투갈 선박이 입항해 있을 때는 정사町使 2명이 추가로 감시 업무를 수행한다.

2. 포르투갈인이 간에이 13년 병자부터 15년 무인(1638)까지 3년간 데지마에 거주했는데, 전년(1637) 11월경부터 아마쿠사·시마바라의 농민이 봉기를 일으켜 농성하다가 이듬해 2월에 모두 주살되었다. 그래서 포르투갈인들을 일본에 두어서는 절대로 안 된다고 하

여 그해 상사上使 빗추노카미備中守가 나가사키로 파견되어 포르투
갈인의 일본 도해는 일체 엄금한다고 전달하고, 거주하던 포르투갈
인을 남김없이 귀국시켰다. 그때 데지마는 빈집이 되었다. 그러다가
간에이 18년(1641) 히라도에서 네덜란드인을 나가사키로 옮길 때
이 데지마를 네덜란드인의 거주지로 명령하셨다.

◎ 금령[禁制]

1. 기생 이외의 여성이 들어가는 것
2. 고야히지리高野聖41) 이외에 일반 승려[出家]나 야마부시山伏42)
   가 들어가는 것
3. 여러 탁발승과 거지가 들어가는 것
4. 데지마 둘레 말뚝 표시 안으로 선박이 들어가는 것
   추가 : 다리 밑으로 배가 통과하는 것
5. 네덜란드인이 무단으로 데지마 밖으로 나가는 것
   위 조항들을 엄히 지켜야 한다.

출전 『史料で読む長崎県の歷史』;『長崎県史』對外交涉編.

내용 데지마는 1634년 에도 막부가 포르투갈인을 수용하기 위해 나가사키
의 상인 25명으로 하여금 만들게 한 부채꼴 모양의 매립지이다. 1639년 포
르투갈인이 추방되고, 1641년 히라도에 있던 상관이 이곳으로 옮겨온 후부
터 1855년까지 네덜란드 상관은 여기에 있었는데, 네덜란드 동인도회사는
매년 임대료를 지불하였다. 네덜란드인은 데지마 밖으로 나갈 수 없었고, 일

---

41) 高野聖 : 고야산 출신 시주승.
42) 山伏 : 산악 수행자.

본인은 관리, 상인, 기생 이외는 출입이 금지되었다. 섬은 남북과 동서로 통하는 길에 의해 4개의 구역으로 나뉘어졌으며, 상관장과 의사를 비롯하여 요리사, 목수 등이 살았다.

중국인 거주지역唐人屋敷

◎ 네덜란드인을 두고 있는 데지마처럼 당인들의 거주지도 내년(1689)부터 둘레를 쳐서 제한하는 것이 마땅하다고 생각하신다. 그러므로 마쓰다이라 도노모노카미松平主殿頭가 마쓰라 히젠노카미松浦肥前守와 상담하여 생각하는 바를 보고하라고 명령하셨다.

◎ 나가사키촌 내 주젠지향十善寺鄕 주거

1. 마고노신孫之進 안에이安永 6년(1777) 12월 23일 투옥

　　　　　동 8년(1779) 2월 2일 히키마와시 옥문引廻獄門[43]

위 사람은 지난 안에이 5년(1776) 3월 하치만정八幡町의 기치지吉次, 고지야정麴屋町의 헤이지兵次와 만났을 때 당소통사 말석唐小通事末席 사카키 기에몬彭城儀右衛門, 게이코통사稽古通事 사카키 하치주로彭城八十郎도 가담하여 밀매의 수단을 획책하는 권유를 받고, 이와하라향岩原鄕의 로쿠헤이지六平次, 후쿠로정袋町의 고로사쿠五郎作에게 위의 수단을 권유하였다. 자택의 마룻바닥에서부터 도진야시키唐人屋敷 안의 외벽 사이 해자 위로 잠입하여 땅굴을 파서 뚫었다. 공

---

43) 引廻는 본보기로 죄인을 말에 태워 시중을 돌아다니게 하는 것, 조리돌리기. 獄門은 효수하는 것.

범들을 불러모아 건해삼을 가지고 밤에 몰래 들어가 유일번酉一番
당선唐船44) 선원 유칙복劉則福, 동 22번 선원 임세가林世可와 상담하
여 달걀 모양의 사향 7개를 받아 돌아와 다시 무게를 달아보니 200
메目였지만 가짜여서 쓸모가 없었다. 헤이지에게 맡기고 그로부터
합력전合力錢 5관문을 받았다.

안에이 6년 2월에 일단 땅굴을 메웠지만, 그해 겨울에 다시 파고
공범들이 모여 건해삼, 건전복, 수달피, 금 2량을 가지고 들어가, 백
설탕 또는 조분繰盆, 다완茶碗皿, 기타 중국 옷을 밀매해서 가지고 나
와, 기치지, 로쿠헤이지가 팔았다. 중국 옷과 설탕 대금 중 아직 분
배하지 않은 것도 있다. 이전 3차례에 걸쳐 가지고 나온 물건들을
판매하고 배분할 돈, 도합 3관 35문을 취하고, 헤이지에게 받은 합력
전 등에 사용하다가 발각되어 붙잡혔다. 그밖에 나쁜 짓은 하지 않
았고, 기치지와 헤이지가 장본인이며, 그들이 획책한 수단에 동의했
다고 말하지만, 위 자들은 사라져 행방을 알지 못하고 대조할 증거
도 없다. 어쨌든 자택의 마루 아래로부터 땅굴을 팠고, 특히 로쿠헤
이지, 고로사쿠에게 권유하였으므로 한편의 주모자임이 분명하다.
수차례 땅굴로 들어가 내벽의 돌담을 오르고 담을 넘어 관내로 잠입
하여 물건을 밀매하여 매각하고, 배분과 합력전을 받은 것은 방법이
교묘하며, 더욱이 적다고는 하지만 중국인에게 금전을 건넨 점은 지
극히 괘씸하므로 보고하였다. 마쓰다이라 우콘쇼겐松平右近將監님의
명령에 따라 조리돌리기 한 다음 옥문에 처한다.

---

44) 酉一番唐船: 1777년 丁酉年에 첫 번째로 나가사키에 입항한 중국 선박.

출전 『長崎縣史』對外交涉編 ; 『史料で読む長崎県の歴史』.

내용 1635년 에도 막부는 중국 상선의 입항을 나가사키로만 제한하는 조치를 취했지만, 중국인이 나가사키 시내에서 숙박하는 것을 허용하였다. 그러나 청 상인 중에 풍기를 문란시키는 자와 밀무역을 하는 자, 크리스트교 신자 등이 있었고, 특히 1684년의 천계령 철폐로 중국 상선의 도항이 급증하였다. 이에 막부는 중국인의 거주지역도 제한하게 되어, 1689년 나가사키 교외에 있는 주젠지향十禪寺鄉에 2,000명 정도를 수용할 수 있는 중국인 거주지역[唐人屋敷]을 건설하였다. 주위는 담과 이중의 해자로 에워싸고, 대문 옆에 감시초소를 두어 출입을 감시했지만, 사원 참배를 위한 외출이 허용되는 등 데지마의 네덜란드인에 비해 비교적 자유롭게 출입이 허용되었다. 위 사료는 중국인 거주지역으로 땅굴을 파고 밀매를 하려다가 붙잡혀 효수된 사람의 이야기이다.

당통사唐通事

당통사 시작의 유래[唐通事始之由緒]

게이초慶長 8년(1603) [나가사키 봉행] 오가사와라 이치안小笠原一庵님이 재임할 때 풍육馮六이라는 중국인에게 처음으로 당통사의 역할을 명령하였다. 그 후 우마다 마사이리馬田昌入·기요카와 다이베淸河太平衛 두 사람에게 풍육과 같은 역할을 명하여 세 사람이 복무하였다. 다이베는 우타노스케歌之助로 개명하였다. 그런데 간에이寬永 원년(1624) 풍육이 병사했으므로 그 후 통역직의 수행을 하야시 조에몬林長右衛門이라는 자에게 명령하였다. 앞의 우타노스케는 병이 들었으므로 청원하여 퇴역하였다. 마사이리·조에몬 두 사람이 근무하였다.

출전 『長崎県史』 史料編 제4 「譯司統譜」.

내용 일본인과 중국인 사이의 통역을 당통사唐通事라고 한다. 일본인과 네덜란드인 사이의 통역인 네덜란드 통사通詞와는 한자로 구별한다. 당통사는 1603년 풍육이라는 중국인을 임명한 것이 시초인데, 이후 일본어를 할 수 있는 중국인과 그 자손이 대대로 임명되었다. 당통사의 기본적인 업무는 통역이지만, 쇼토쿠신레正德新例 이후 신패 교부 업무 등이 추가되고 무역품의 가격 감정 등에 관여하는 등 업무가 확대되었다. 단순한 통역이 아니라 외교관과 상무관 등의 역할도 담당하였고, 일본 거주 중국인 사회의 지도자 역할도 담당하였다. 당통사와 그 자손들은 기요카와, 하야시 등과 같이 일본인 성을 칭하는 경우가 많다.

후미에踏繪

사종문邪宗門(크리스트교) 금지를 게이초慶長(1596~1615) · 겐나元和(1615~1624) 무렵부터 매년 엄밀하게 명령하셨다. 정도正道(불교)로 귀의하여 개종하는 자에게는 사원에서 신도임을 증명하는 문서를 발급하게 하고, 또 크리스트교의 성화[佛像]를 종이에 그려서 한 사람씩 밟도록 하였다. 이것을 후미에踏繪라고 한다. 그런데 여러 사람이 밟으므로 종이가 찢어지기 때문에 후에는 목판에 그 불상을 조각하여 밟게 하였다. 이를 에이타繪板라고 한다. 이것도 몇 년 후에는 목판이 부서졌다. 이에 간분寬文 9년(1669) 이곳(나가사키) 모토후루카와마치本古川町에 유사祐佐라는 대장장이가 있었는데, 그 자에게 청동[唐銅]으로 그 조각 20개를 주조하게 하여 후대까지 이를 사용했다.

출전 『史料で読む長崎県の歴史』.

내용 에도시대에 크리스트교를 엄금하기 위해 나가사키 등지에서 1월 4일부터 8일까지 마리아상이나 예수의 십자가상 등을 목판 또는 동판 등에 새기고, 발로 밟게 하여 크리스트교도가 아님을 증명하게 하였다.

해박호시신례海舶互市新例(쇼토쿠신례正德新例)

나가사키 방면으로 회송하는 구리 정례定例

1. 나가사키로 운송하는 수출용 구리의 1년 정량은 400만 근斤에서 450만 근 사이를 한도로 한다.

   지방의 각 구리 광산에서 산출되는 구리의 양은 해마다 많고 적음이 다르며, 사람들이 채굴하는 양도 해마다 증감이 있어 일정한 수치를 정하기 어렵다. 그러므로 1년의 정량을 400만 근에서 450만 근 사이로 정하고, 이 숫자를 준거로 삼아라. 따라서 해에 따라서는 나가사키로 운송하는 구리의 양이 450만 근보다 적을 경우도 있는데, 그때는 이 지침에 따라 그 수를 조정하여 잘 처리하라.

2. 중국인[唐人]의 상행위 관련 법령은 1년 선박 수가 구선口船[45)] · 오선奧船[46)] 합쳐 30척이다. 교역량은 모두 합쳐 은銀 6,000관貫을 한도로 정하고, 그중에 구리로 변제하는 양은 300만 근 이내로 한다.

   선박 수와 은으로 환산한 선박별 거래량의 규정은 별도로 기록하였다. 다만, 그 규정은 작년에 나가사키의 유력자들이 말한

---

45) 口船 : 중국 본토에서 파견하는 선박.
46) 奧船 : 중국 남방 지역에서 파견하는 선박.

것에 의거하였는데 각기 그 생각이 달라서 다수 의견을 기준으로 삼았다. 당선은 출발하는 지역에 따라 그 상품이 동일하지 않다. 그런데 이번에 정한 법은 장래까지 적용될 예정이지만, 만약 앞으로 약물을 비롯하여 필요한 물자의 부족이 발생할 경우 곤란해지므로, 봉행소에서 이 또한 현지 유력자들이 생각하는 바를 잘 파악하여 별도로 기록해 두라. 사정에 따라 무용한 물품은 줄이고 유용한 물품은 늘리도록 하라. 혹은 선박 수가 많은 쪽을 줄이고 적은 쪽을 늘리거나, 혹은 거래액이 적은 쪽을 늘리고 많은 쪽은 줄이도록 하라. 그리하여 지금 개정한 선박 수 30척, 은 6,000관 이내, 구리 300만 근의 한도를 위반하는 일이 없도록 잘 논의하라.

3. 네덜란드인의 상행위 규칙은 1년 선박 수가 2척이다. 모두 합쳐 은 3,000관을 한도로 하고, 그중에 구리로 변제하는 양은 150만 근 이내로 한다.

   은 3,000관 내에 수출할 금과 구리, 기타 대물(代物47))의 정례는 별도로 기록하였다. 다만 네덜란드와 거래와 관련하여서는 구리와 대물은 그들의 희망에 맡기는 것이 관례라고 들었다. 앞으로 금과 구리, 대물은 각각 정한 수치대로 수출하라. 금과 은의 환전법은 지금까지의 법에 따르도록 하라.

   이 내용은 이번에 명령하신 것이다. 구리의 양과 중국 선박의 수 등이 법에 정한 것과 같은 경우라면 이 규정에 따라 교역을 허락한

---

47) 代物 : 물물교환을 가리킨다. 일본에서 수출하는 물품은 건해삼과 건전복, 다시마 등의 해산물이 주를 이루었다.

다. 만약 구리의 양이 부족하거나 중국 선박의 수가 부족할 경우라
면 이 규정에 준하여 시의에 맞게 교역하게 하라.

쇼토쿠正德 5년(1715) 정월 11일

출전 『德川禁令考』「海舶互市定例」.

내용 쇄국 후 네덜란드인과 중국인의 무역량이 현저하게 증가하자, 막부는
자주 무역량을 제한하는 명령을 내렸다. 특히 천계령 해제로 말미암아 여러
항구에서 내항하는 중국 선박이 급증하여 그대로 돌려보내는 일도 자주 일
어났다. 이에 막부는 1715년 해박호시신례(쇼토쿠신례)를 내려 구리의 산출
능력에 맞게 수출량과 선박 수를 설정하고, 중국과 네덜란드에 그 수치를
확실하게 지키도록 하였다. 중국 선박의 경우 출발 항구별로 척수와 가격을
정하여 그것을 엄수하게 하였다. 이후에도 선박 수와 금액에 다소의 변동이
있었고, 지불 수단도 점차 구리를 제한하고 해산물을 늘렸다.

신패信牌의 발행

당인들에게 신례新例를 전달하는 일에 대해

1. 봉행소에서 전달할 초안은 별도로 적어 보낸다.

    추가 : 종이는 도리코鳥子·대고단지大高壇紙48) 등 우리 나라의
    　　　종이를 사용할 것. 약조나 할부割符49)의 종이도 외국의

---

48) 鳥子는 산닥나무[雁皮]로 만든 일본의 전통 종이. 단지는 닥나무로 만든 두
　　껍고 흰 주름이 있는 고급 종이다. 대고는 큰 종이라는 의미인데, 세로 약 50
　　cm, 가로 약 67cm 정도의 크기이다.
49) 割符 : 신패를 가리킨다.

종이를 사용하지 말 것.

2. 통사通事가 당인唐人과 맺는 약조의 초안을 별도로 적어 보낸다.

   추가 : 약조에 따라 보낼 선박 수 및 선박별 거래액, 신례의 내
   용은 약조의 초안에 있다.

3. 통사가 당인에게 발급하는 할부의 초안을 별도로 적어 보낸다.

   추가 : 할부에는 할인割印 또는 물건의 숫자를 적은 곳에 도장을
   찍어야 한다. 그 주인朱印의 문자는 통사에게 명하여 통
   사들이 제출하는 할부의 취지에 맞는 글자를 선택하여
   전서篆書를 쓰는 자에게 전서로 쓰게 하고, 글자를 새기
   는 것은 봉행소에서 담당한다. 그 도장은 항상 봉행소에
   서 보관하고, 주인을 찍을 때는 봉행 앞에서 찍도록 하
   라. 봉행소에 할부를 발급한 장부50)를 만들어두고, 그 장
   부에 몇 월 어느 곳의 선박, 당인 아무개에게 발급한 할
   부라고 기록하라. 그때 입회한 통사들의 도장도 찍게 하
   고, 장부와 할부를 맞대고 도장을 찍어 훗날 분란이 생기
   지 않도록 명심하라.

6. 신례를 전달하는 날에는 작년부터 체류하는 당인들을 모두 봉
   행소에 불러, 봉행 중에서 감독관이 착좌한 다음 통사들에게
   분부하여 봉행소의 명령 문서를 읽어서 들려주고, 숙소에서 통
   사들과 약조의 내용을 잘 논의하고 약조에 따르겠다고 생각하
   는 자는 통사들에게 증문證文을 제출토록 명한다. 약조에 따르
   기 어렵다는 자는 그 이유를 적은 답변서를 제출하라고 분부하

---

50) 장부 : 왓푸토메쵸(割符留帳)이라고 한다.

고, 약조와 선박 수 결정 등의 문서 두 통을 통사들에게 주어 당인들과 잘 상의하라고 분부한다.

7. 통사들과 상의한 후 약조에 따르기 어렵다고 답변한 당인들은 빨리 귀국을 명령한다. 신례에 대해 호소하는 자가 있어도 일체 허용하지 않는다.

8. 약조를 지키겠다고 증문을 제출한 자들에게 통사들이 할부를 발급한다. 그때 당인들을 봉행소에 불러 앞으로 삼가 국법을 지켜 위반하는 일이 없으면 공험公驗51)을 발급하고 숙소도 예전처럼 정옥町屋52)에 머무르도록 할 것이므로, 그 뜻을 알고 통사로부터 할부를 받아 귀국하고 정한 기일을 어기지 않고 도래하라는 뜻을 통사를 통해 전달하고 봉행 앞에서 통사들에게 할부를 발급하도록 한다.

11. 할부를 받은 당인이 사유가 있어 오지 않고 다른 사람에게 그 할부를 주었을 경우, 할부를 가지고 왔으면 사람에 관계없이 거래를 허용한다는 규정이 이미 약조에 보이므로, 다른 사람이 오더라도 할부에 따라 거래를 허용한다. 그러나 당인들 사이에 할부를 빼앗거나 훔쳐 소송이 일어날 수 있다. 그러므로 이런 일에 대해서도 통사들에게 통지하여 향후 분란이 일어나지 않도록 잘 논의하라.

14. 작년에 와서 거류하던 당인들이 귀국할 때 할부까지 받은 자들 중에도 밀무역을 하려는 자들도 많을 것이다. 할부를 받지 못

---

51) 公驗 : 신패.
52) 町屋 : 중국인 거류를 위해 만든 唐人屋敷를 가리킨다.

한 자들은 반드시 밀무역을 하려고 할 것이므로 귀국할 때 화물 검사와 배웅 감시 등 매사에 명심하라.

출전 『德川禁令考』「海舶互市定例」.

내용 해박호시신례(쇼토쿠신례)에서 중국 선박의 내항 수를 제한하기 위해 신패를 발행하였다. 내항 연도와 무역액을 적은 신패를 입항 제한 수만큼 발행하여 그것을 지참한 자에게만 무역을 허가하였다. 단, 상인들 사이에 양도는 허락되어 받은 자와 내항하는 자가 동일하지 않아도 되었다. 중국 선박이 소지한 신패는 봉행소가 보관하던 왓푸토메초와 대조하여 진위를 판별하였다. 네덜란드와의 무역은 네덜란드 동인도회사가 독점했으므로 신패는 발급하지 않았다.

신패의 내용

신패信牌

나가사키통상조표長崎通商照票53)

나가사키의 당통사[譯司]들[平·葉·鄭·業·陳·劉·陳·薛·劉·陳·馬54)]은 진대鎭臺55)의 엄명을 받들어 상인에게 신패를 지급함으로써 무역의 질서를 엄정하게 하고자 한다. 알고 있는 바에 따르면 너희들 당선唐船이 본국과 통상을 한 지 오래되었고 또 계속 끊임없이 이어지고 있다. 다만 오는 자들이 뒤섞여 구별할 수 없으니 간특한 상행

---

53) 照票 : 허가서·증명서.
54) 당통사들의 姓.
55) 鎭臺 : 나가사키 봉행소.

위를 하고 고의로 법령을 위반한다. 앞으로 각 항구의 선박 수를 제한한다. 을사년(1845)에 오는 선박 중 난징南京 출발 선박은 1척, 소지 화물 가격은 약 9,500량을 한도로 교역하라. 유시한 조항[條款]은 선주 양돈후楊敦厚가 친히 공술한 서약서를 보면 자세하다. 지금 신패 1개를 주니 증명서로 삼아라. 입항일은 신패에 기록되어 있다. 통상이 끝나면 거두어들인다. 증명서가 없는 선박은 즉시 돌아가게 한다. 너희 당상인들은 더욱 삼가고 경계하도록 노력하라. 만약 약속을 위반하면 다시는 신패를 발급하지 않을 것이다. 선례를 살펴 끝까지 다스릴 것이며 결코 가볍게 허락하지 않을 것이다. 각자 삼가야 하며 모름지기 신패대로 하라.

이상 조표를 남경 선주船主 양돈후에게 준다.

안세이安政 4년(1857) 8월 30일

역사인譯司印 도착 예정일[限到] 반납일[日繳]

출전 『敎令類纂』(『日本史史料』 近世).

내용 쇼토쿠신례에 따라 나가사키의 당통사가 중국 상인에게 준 신패의 내용이다. 출발 항구, 내항 연도, 무역량 등이 적혀 있다. 신패는 실질적으로는 에도 막부가 관할했지만 당통사가 발급하는 형식을 취했다. 이는 청의 반발을 우려했기 때문이다. 신패에 일본 연호를 사용하는 것, 원본에서 '본국'이나 '진대' 등을 강조하여 존승하는 방식을 취하고 있는 것, 나아가 신패는 조공국에 주는 것이라는 중국의 전통적 사고 등에 비추어 청과의 마찰이 예상되었다. 실제로 신패를 받지 못한 중국 상인 가운데 일부는 신패를 수령한 것이 일본을 따르고 청을 배반하는 것이라고 청 조정에 탄원하는 자도 있었다. 그러나 신패는 막부가 발급한 것이 아니므로 일본에의 복속을 의미하지 않는다는 강희제의 재가에 따라 신패를 매개로 한 무역이 지속되었다.

표류민 송환

◎ 조선 표류민

구상각서ロ上覺書

작년(1713) 3월 14일 마쓰다이라 민부다이후民部大輔의 영지인 나가토長門 하마사키濱崎 및 가와지리川尻 두 곳에 표착한 조선국 어민을 나가사키 봉행소에 보내 그곳에서 조사했는데, 조선인이 틀림없어 저의 쓰시마번의 가신들에게 인도했습니다. 사자를 붙여서 조선국에 송환했더니 예조참의 답신 두 통이 왔습니다. 열람을 위해 표류민 구상서와 선구, 화물의 문서를 첨부하여 제출합니다. 이상.

(1714) 1월 23일 소 쓰시마노카미宗對馬守

조선 표류민 구상서

1. 저희는 조선국 경상도 울산의 어민입니다. 11명이 같은 배에 타고 올해 3월 11일에 고기를 잡으러 나왔는데, 갑자기 강풍을 만나 돛이 손상되어 접안할 수가 없었습니다, 바람이 부는 대로 표류해서, 동 14일에 나가토 하마사키에 표착했습니다. 포구 사람들이 발견하여 보살펴 주었고, 더욱이 영주께서는 음식을 주셨습니다. 3월 23일에 육지에서 출발하라는 분부를 받고, 4월 4일 나가사키에 도착했습니다. 배도 지체없이 보내주셨는데, 고장 난 곳이 있어서 나가사키에서 보수를 명하셨습니다. 5월 그믐날 나가사키에서 승선해서 이번 달 7일에 출항, 지난 13일에 쓰시마에 도착했습니다. 나가사키에 체류할 때 선원 모두에게 음식을 주셔서 감사하게 생각합니다.

2. 저희들의 종교에 대해 질의하셨는데, 늘 관음 석가를 믿습니다.

◎ 일본 표류민

구상각서

지난 번에 말씀드린 마쓰라 히젠노카미松浦肥前守의 영지인 이키
壹岐 와타라渡良 포구의 인물 2명이 [1714년] 4월 3일에 조선국 당도
唐嶋라는 곳에 표착하였는데, 예조참의의 서한과 함께 조선에 둔 저
의 가신에게 인도되어, 7월 20일에 쓰시마에 도착했습니다. 조사했
지만 별다른 사항이 없었습니다. 또 가까운 곳이므로 규정대로 사자
를 딸려 나가사키 봉행께 보냈습니다. 예조참의의 서한 및 조선에서
준 선물의 목록, 표류민의 구상서, 화물 목록의 사본 등을 각위께 열
람을 위해 보내드립니다. 이상.

[1714년] 9월 25일

소 쓰시마노카미 사자

미우라 사다에몬三浦貞右衛門

구상각서

1. 우리는 이키 와타라 포구의 사람들입니다. 사매범선四枚帆船 1
   척에 타고 차경전재茶鯨煎滓를 조금 싣고 가까운 포구에 장사
   하러 4월 1일 진시辰時에 와타라 포구를 출발했습니다. 5리 정
   도 바다로 나갔을 때 동풍이 강하게 불었습니다. 더욱이 비바
   람이 강하고 안개가 자욱하여 산을 시야에서 놓쳤습니다. 다음
   날 2일에 바다를 표류하다가, 3일 진시에 산이 보였습니다. 어
   느 곳인지 몰랐지만 노를 저어 가까이 갔습니다. 포구 사람들
   이 나와 무어라 말을 했지만 말이 통하지 않았습니다. 그중에
   서 조금 일본어를 하는 사람이 있어, 우리가 표류한 경위를 말

했더니, 조선국의 당도라는 곳이라고 알려주고 보살펴 주었습니다. 그곳에서 양식과 물, 나무, 생선, 채소 등을 매일 주었습니다. 4일에 조선漕船의 호송을 받으며 8일 다대포多大浦로 갔습니다. 14일에 쓰시마 번주님의 관리가 나오셔서 표류한 경위에 대해 조사하셨습니다. 15일에 우암포牛岩浦로 갔는데, 그곳에서도 쓰시마 번주님의 관리가 나오셔서 배 안 사람들에 대해 조사하도록 분부하셨습니다. 7월 11일에 그 관리께서 조선 관리와 만나시고, 우리도 육지로 올라가게 되었습니다. 맛있는 식사와 술 등을 받았습니다.

2. 우암포에 체류할 때 쓰시마의 관리께서 의복 및 아침저녁으로 필요한 도구, 소금, 된장을 주셔서 감사하게 생각합니다.

3. 그밖에 관수館守님, 재판裁判께서도 여러 가지 물건을 주셔서 감사하게 생각합니다.

4. 체류 중에 조선인들이 목록과 함께 술과 안주 등을 주었는데 받아서 사용했습니다.

5. 7월 16일 조선국 우암포를 출발하여 그날 미시未刻에 쓰시마의 사스나佐須奈 관소關所에 도착했습니다. 다음날 17일에 조사를 받고, 18일에 니시토마리西泊 포구로 회항, 19일에 세코노우치瀨呼之內에 도착, 20일에 부내府內 포구에 도착했습니다. 그 사이 쓰시마 번주님의 관리들로부터 아침저녁으로 음식을 받았고, 더욱이 선박 봉행을 통해 목록에 있는 대로 주셔서 감사하게 생각합니다.

6. 우리들이 무기류 및 금은전을 소지하지 않았는지 질문을 하셨

지만 소지한 적이 없습니다.

7. 조선국에서 장사를 하지 않았는지 질문하셨지만 전혀 장사를 하지 않았습니다.

8. 우리들의 종파에 대해 질문하셨는데 두 사람 모두 선종이며 와타라에서 태어난 자들입니다.

9. 왕래 증명서[往來功手]에 대해 질문하셨는데, 영지 내의 가까운 포구에 가려고 했던 것이므로 왕래 증명서는 없습니다. 그밖에 달리 말씀드릴 것이 없습니다. 이상.

출전 『分類紀事大綱』Ⅴ -對馬島宗家文書資料集 6-.

내용 조선의 표류민은 나가사키 봉행소에서 조사를 받고 조선인으로 확인되면, 대조선 외교를 전담하는 쓰시마번을 통해 조선으로 송환되었다. 조선에서는 여행증명서인 노인路引을 소지하지 않은 일본 선박은 해적으로 취급한다는 원칙이 있었지만, 표착한 곳에서 신문을 통해 일본인임이 확인되면 조선 수군의 보고 및 지시 체계를 이용하여 이들을 부산으로 호송하였다. 그리고 부산의 우암포에서 식량과 보급품을 지급하여 보호하다가 예조의 지침을 받아 쓰시마의 선박으로 송환하는 시스템이 기능하였다.

락스만 사절단의 통상 요구

항해용 선박이 난파한 후 일본 상인들이 알류샨열도에서 구조되어, 처음에는 그곳의 수렵인들에게 식료품과 의복을 제공받고 후에 이르쿠츠크로 보내져 한참 동안 국비로 부양을 받은 모습은 귀하(필리 총독)도 알고 있는 그대로이다. 이들 일본인을 조국으로 송환하는 기회에 우리 나라와 통상관계를 수립할 수 있는 희망이 생겼다. 더욱 다행스럽게도 일본은 해로로 근거리에 있으며 또 직접 접하고 있다는 점에서 유럽의 어떤 나라도 러시아만큼 유리한 입장에 있는 나라는 없다.

나(예카테리나 2세)는 이들 일본인의 우두머리격인 고다유光大夫라는 자를 이곳으로 데리고 온 7등관 락스만 교수에게 명령하여 대일 통상 수립에 관한 의견서를 작성하게 하였는데, 그것의 발췌본을 여기에 첨부한다. 나는 락스만의 청원을 고려하고, 또 이것을 통해 우리 나라에 생길 이익을 염두에 두고, 이 사람의 계획을 실현할 것을 귀하에게 위임하면서 다음 사항을 명령한다. …(중략)…

일본인을 송환할 때 귀하는 일본 정부에 사고의 전말을 빠짐없이 기록한 서장을 준비하라. 이들 일본인이 러시아에 표착한 이후 어떤 보호를 받았는지를 명기하라. 또 우리 나라가 과거부터 일본과의 국교와 통상관계 수립을 희망하고 있었기 때문에 솔선해서 이들을 보살펴 주었으며, 앞으로 러시아의 항구와 영역에 오는 모든 일본 국민은 모든 원조와 보호를 받을 것임을 보증토록 하라. …(중략)…

이들을 귀환시킬 때 이르쿠츠크에서 뛰어난 상인을 선별하여 동행시키도록 하라. 아울러 오호츠크에서 일본으로 파견하는 배에는 시험적으로 일본인에게 수요가 있을 것 같은 엄선한 상품을 싣고 가서, 이들 상품을 매각한 후 상인들에게 일본 상품을 구입하게 하라. 이런 시도를 통해 러시아의 기업이 앞으로 일본에 진출할 경우에 대비하고 동시에 유익한 정보를 획득하게 하라.

출전 「예카테리나 2세가 이르쿠츠크 총독에게 보낸 칙서」(『世界史史料』 12).

내용 일본과 통상관계를 수립하려는 예카테리나 2세는 일본인 표류민 다이코쿠야 고다유大黑屋光太夫 등을 송환한다는 명목으로 락스만을 일본에 파견하였다. 1792년 네무로根室에 도착한 락스만은 에도 막부에 통상을 요구하였다. 마쓰마에松前에서 막부 대표와 협상했지만, 막부는 쇄국을 이유로 협상을 거부하고 국서도 수리하지 않았다. 그러나 당시 일본 유일의 통상 창구였던 나가사키라면 협상이 가능하다고 하면서 입항 허가서인 신패를 주었다. 이 락스만 사절단은 유럽 국가의 대표로서 에도 막부에 개국을 요구한 최초의 사례였다. 락스만이 받은 신패는 12년 후 레자노프가 가지고 오게 된다.

레자노프 사절단의 통상 요구 거부

분카文化 2년(1805) 을축 3월 7일 다시 사절을 불러 교유서敎諭書와 봉행의 통지문[諭書]을 읽어주었다. …(중략)…

교유서는 다음과 같다.

우리 나라는 예로부터 해외에서 내도하여 통상과 교류를 타진하는 국가가 적지 않았다. 하지만 일이 성가시기 때문에 엄하게 금지하여, 우리 나라의 상인이 외국에 가는 것을 금지하고 외국의 상선도 우리 나라에 오는 것을 쉽게 허락하지 않았다. 억지로 오는 선박이 있어도 물러나게 하고 들이지 않는다. 다만 중국[唐山], 조선, 류큐, 네덜란드[紅毛]가 왕래하는 것은 호시互市의 이익이 필요해서가 아니라, 오래전부터 교류하고 있기 때문이다.

그런데 그 나라(러시아)의 경우는 옛날부터 지금까지 통신通信한 적이 없다. 뜻하지 않게 몇 년 전에 우리 나라 표류민을 데리고 마쓰마에松前56)로 와서 통상을 요청했는데, 지금 또 나가사키에 와서 우호 관계를 맺고 교역하기를 도모한다. 이미 그런 일이 두 번이나 되므로 우리 나라에 깊이 바라는 바가 절실함을 알겠다. 그러나 요망하는 바의 통신, 통상은 여기서 심각하게 논의할 일이 아니다. 우리 나라가 해외 각국과 교류하지 않은 것은 이미 오래되었다. 외국과 우호를 닦는 것을 모르는 것이 아니라, 풍토가 다르고 우호를 맺을 필요가 없기에 쓸데없이 사절을 번거롭게 하는 것이므로 통하지 않는 것이다. 이것이 우리 나라가 대대로 영토를 지켜온 당당한 법이다. 어찌 그 나라 하나 때문에 조정 역대의 법을 바꿀 수 있겠는가?

예는 왕래를 소중하게 여긴다. 지금 그 나라의 예물을 받고 답하지 않는다면 예를 모르는 나라가 될 것이고, 답하려 하면 해외 만리의 모든 나라가 다 그렇게 하려 들 것이다. 받지 않는 것이 상책이다. 호시는 그 나라에 있는 것을 우리 나라에 없는 것으로 바꾸는 것이므로 서로에게 합당한 것처럼 보이지만, 크게 보면 해외의 가치 없는 물건을 얻고 우리 나라의 유용한 물건을 잃어버리는 것이다. 요컨대 국가에 도움이 되는 것이 아니다. 하물며 경박한 백성과 간교한 상인이 물건을 다투고 가격을 다투어 오직 이익만을 도모하게 되어 자칫하면 풍속을 해친다. 우리 백성을 다스리는 데 해가 있어서 취하지 않는 바이다. 교역하지 않고 다만 통신하고 새롭게 우호를 맺는 것도 우리 나라의 금령을 어기는 바이다. 이에 통하는 것을 허락하지 않는다. 조정의 뜻은 이와 같다. 수고롭게 다시 오는 일이 없도록 하라.

---

56) 北海道 남쪽 끝의 渡島半島 서남부에 위치해 있다.

나가사키 봉행의 통지문

이전에 마쓰마에에 왔을 때 통신과 통상은 하기 어렵다는 것을 대략 알렸다. 또 국서라고 하는, 우리 나라의 가나와 비슷한 서신도 해독하기 어려워 가지고 오는 것을 허가하지 않았다. 무엇보다도 마쓰마에는 외국 관련 사항을 관부에 전달하는 곳이 아니다. 만약 다시 그 나라에 남아 있는 표류민을 데리고 오든지, 혹은 청원할 것이 있어도 마쓰마에에서는 결코 통하지 않으므로, 그런 경우에는 나가사키로 와야 한다. 나가사키는 외국 관련 사항을 담당하는 곳이므로 혹시 귀국이 논의할 일이 있을 것으로 생각하여 나가사키에 올 수 있는 신패를 준 것이다. 그런데 지금 또 국왕의 서신을 지참한 것을 보면 마쓰마에에서 전달한 내용을 잘못 이해하고 있는 것 같다. 경역이 다르고 풍토가 같지 않기 때문에 통하기 어려운 것이다. 이번에 다시 정부로부터 지침을 하달받아 위와 같이 전달하는 바이다. 배에 땔감과 물을 준다. 그러므로 우리 나라에 가까운 섬들에는 결코 배를 대지 말라. 이곳을 떠나 빨리 귀국을 위해 출항하라.

출전 『通航一覽』 권282, 魯西亞國部 10.

내용 1804년 러시아의 사절 레자노프가 나가사키에 입항하여 통상 등을 요구하는 알렉산드르 1세의 친서와 신패를 나가사키 봉행에게 제출하였다. 나가사키 봉행소에서는 번역문을 작성하여 에도에 보냈지만, 막부의 방침은 좀체 정해지지 않았다. 6개월 후 드디어 나온 결정이 통상 거부였다. 이 결정으로 쇄국의 방침이 명확해지고 조법祖法으로 정식화되었다고 평가되고 있다. 6개월에 걸친 사실상의 구금 끝에 답신도 받지 못한 레자노프는 분개하여 보복으로 사할린, 에토로후섬 등지를 약탈하였다.

당선풍설서唐船風說書

화이변태서華夷變態序

숭정崇禎은 붕어하고 홍광弘光은 포로가 되었으며, 당로唐魯만 겨우 남쪽 구석을 유지하고 달로韃虜가 중원을 횡행하고 있다.[57] 이것은 화華가 이夷로 변한 모양새[態]이다. 운해가 아득하여 그 본말을 상세하게 알 수 없다. 초틈소설勦闖小說·중흥위략中興偉略·명계유문明季遺聞 등은 개략을 기술할 뿐이다. 생각건대 주씨朱氏가 천하를 잃어버린 것은 우리 나라 쇼호正保 연간(1644~1648)에 해당한다. 그 후 30년이 되었다. 푸저우福州와 장저우漳州의 상선이 나가사키로 내항하여 전하는 소식이 에도로 전해진다. 그런 가운데 공적으로 사건들을 듣고 진독進讀하며 일본어로 번역하는 데 우리 가문[58]이 관여하지 않는 일이 없었다. 그 초안들이 휴지 더미에 있어서 잃어버리지 않을까 우려된다. 그러므로 차례를 매겨 기록하여 책으로 만들어, 화이변태라고 하였다. 요즘 오吳·정鄭[59]이 여러 성에 격문을 보낸다고 들었다. 회복하려는 거사의 승패는 알 수 없지만, 만약 이를 화로 바꾸는 모양새가 된다면 비록 이방역異方域의 일이나 유쾌하지 않으랴.

엔포延寶 2년(1675) 갑인 6월 8일

홍문학사弘文學士 하야시林 수叟[60] 발제

---

57) 崇禎은 명의 마지막 황제 숭정제, 弘光은 福王 朱由崧, 唐魯는 唐王 朱聿鍵과 魯王 朱以海. 福王, 唐王, 魯王은 모두 남명 정권의 군주들이다. 韃虜는 清이다.

58) 우리 가문 : 유학자로 에도막부에 등용된 하야시林 가문. 하야시 라잔이 도쿠가와 이에야스에 등용된 이래 막부의 외교 문서와 법령 제정 등에 관여하였다.

59) 吳·鄭 : 삼번의 난을 일으킨 오삼계와 타이완의 정경鄭經을 가리킨다.

출전 『華夷變態』序.

내용 에도 막부는 중국에서 나가사키에 온 중국 선박(당선)으로부터 중국을 중심으로 한 해외 정보를 듣고 보고서를 제출하게 하였다. 그것이 당선풍설서인데, 대표적인 것이 라잔 이래 막부의 외교 문서를 관장하던 하야시가문의 가호와 호코鳳岡 부자가 편찬한 『화이변태』이다. 『화이변태』에는 명이 멸망한 1644년부터 1717년까지 약 2,200통의 당선풍설서가 수록되어 있다. 그 시기는 명청 교체기에 해당하여, 명 멸망 후의 남명정권과 삼번의 난 등에 관한 기술 등이 적지 않게 포함되어 있다.

화란풍설서和蘭風說書

◎ 네덜란드 선박의 선장과 기타 승객이 상륙하고 2, 3시간이 지나면 유럽과 동인도의 정보를 듣기 위해 통사通詞들이 데지마의 오토나乙名[61]), 데지마 조닌, 메쓰케目付 등과 함께 상관장이 있는 곳으로 간다. 전쟁과 강화, 전투와 승리, 왕위 계승, 왕의 죽음, 기타 비슷한 종류의 사건 등 일반적인 정보가 이때 제공되고, 통사들이 받아적는다. 그 정보는 다시 일본 문자로 아름답게 청서淸書되어 상관장이 서명하고, 그대로 임시 전령을 통해 에도로 보내진다.

◎ 풍설서

1. 올해 내조한 네덜란드 선박 1척이 5월 19일 자카르타를 출항하여 해상에서 별다른 일 없이 오늘 이곳에 도착했습니다. 그

---

60) 林曳 : 하야시 라잔의 아들 하야시 가호林鵞峰.
61) 乙名 : 나가사키 봉행 아래에서 행정사무를 담당하였다.

밖에 따라오는 선박은 없습니다.

2. 작년에 이곳에서 귀환한 배는 11월 14일 해상에서 무사히 자카르타에 도착했습니다.

3. 작년에 말씀드린 프로이센과 독일 전쟁은 평화를 회복했다고 본국에서 연락이 왔습니다.

4. 프랑스의 신하들이 도당을 꾸려 국왕과 왕자를 시해하고 전국에서 폭동을 일으켰으므로, 네덜란드와 기타 이웃 나라가 그곳으로 몰려가 전쟁을 하고 있다고 합니다. 그래서 자카르타에서도 군선을 보냈습니다. 이런 사정이므로 자카르타는 매우 혼란스럽습니다. 지금 배를 보내기 어려울 정도이지만, 외국이 매우 불온하다는 것을 말씀드리고 싶어서 있는 물건을 모아 이번에 신고 온 것입니다.

5. 재작년에 이곳에서 귀환한 상관장 피터 데오도리스 삿세는 웨스트큐스트의 상관에 있었는데, 프랑스인들이 그곳에 난입하여 상관을 탈취하였습니다. 그런데 그 후 자카르타에서 그곳으로 사람들을 보내 원래대로 탈환하였습니다. 그 밖에 [동]인도 부근의 여러 상관도 위와 마찬가지로 불온하므로, 자카르타에 있는 자들이 나뉘어 여러 방면으로 갔습니다. 그래서 상관장의 지위에 있는 사람들이 자카르타에 있지 않으므로 올해는 헤트르가 타고 왔습니다.

6. 이번에 바다에서 당선을 보지 못하였습니다. 그 밖에 바뀐 풍설은 없습니다.

상관장
게이스펠트 헴미

위 내용은 네덜란드인 선장이 구술한 것을 상관장이 보고받아 말한 대로 일본어로 번역하여 바칩니다. 이상.

인寅[62] 7월 5일 통사메쓰케(通詞目付)

통사

출전 『ヨーロッパ人の日本貿易史概観』; 『和蘭風説書集成』 寛政 6년 風説書.

내용 쇄국정책을 견지하던 일본은 한편으로 해외 정보의 수집에도 노력하였다. 일본은 매년 내항하는 네덜란드 선박으로부터 얻은 정보를 네덜란드 상관장에게 제출하게 했는데, 그것이 화란풍설서이다.

후지와라 세이카

선생의 성은 후지와라藤原, 휘는 숙숙肅이고, 자는 염부斂夫이며, 하리마播磨 호소카와細河 사람이다. 아버지는 위순爲純인데 레이제이冷泉 가문이다. 대대로 호소카와에 식읍이 있었으므로 선생은 여기서 태어났다. 에이로쿠永祿 4년(1561) 신유년이다.…(중략)… 후에 하리마로 돌아가 아카마쓰赤松씨를 찾아뵈었다. 아카마쓰씨가 후대했으므로 아카마쓰씨를 따라 교토와 후시미伏見에서 공부하였다. 선생은 비록 불교 서적을 읽었지만 뜻은 유학에 있었다. 덴쇼天正 18년(1590) 경인년에 조선국 사신 통정대부 황윤길·김성일·허잠許箴[63]

---

62) 1794년.

63) 許箴 : 許筬의 오류이다.

이 내공來貢하였다. 도요토미 히데요시공이 명하여 그들을 무라사키 노紫野의 다이토쿠사大德寺에 묵게 하였다. 선생은 가서 삼사三使를 만났다. 서로 필담을 나누고 시를 응수하였다. …(중략)…

조선 형부원외랑 강항姜沆이 와서 아카마쓰씨의 집에 있었다. 강항은 선생을 보고, 일본에 이런 사람이 있다는 말을 기뻐하면서 며칠 동안 함께 이야기를 나눴다. 강항은 "조선국 3백 년 이래 이와 같은 사람이 있다는 것을 듣지 못했다. 나는 불행하게도 일본에 붙잡혀왔지만, 이 사람을 만난 것이 또한 커다란 행운이 아니겠는가?"라고 하였다. 강항은 선생의 처소를 광반와廣胖窩라고 불렀고, 선생은 세이카惺窩라고 자칭했다. 상채上蔡[64]가 말한 성성惺惺의 법에서 딴 것이다. 본조의 유학자와 박사는 예로부터 한당漢唐의 주소註疏를 읽고, 경전에 방점을 찍고 왜훈倭訓을 달았을 뿐이다. 그러나 정주程朱의 책에 이르러서는 열에 하나도 알지 못한다. 그러므로 성리학을 아는 사람이 드물었다. 이에 선생은 아카마쓰씨에게 권유하여 강항 등 10여 명으로 하여금 사서오경을 정서하게 하고, 선생 자신이 정주의 뜻을 바탕으로 방점을 찍고 훈을 달았다. 그 공이 크다.

출전 『續續群書類從』 제3 史傳部.

내용 후지와라 세이카는 귀족 집안에서 태어났지만, 전란으로 아버지와 형을 잃고 교토의 쇼코쿠사相國寺에 들어가 유학과 불교를 배웠다. 1590년 조선 통신사와 만난 후 유학에 경도되어, 성리학을 배우기 위해 명에 가려고 했으나 실패하였다. 이후 정유재란 때 포로로 연행된 강항과 교유하며, 그의

---

64) 上蔡 : 북송대 관료이자 학자였던 謝良佐(1050~1103)를 가리킨다. 蔡州 上蔡 출신이어서 상채선생으로 불렸다. 정호·정이 형제에게서 배웠다.

도움을 받아 『사서오경왜훈』을 저술하였다. 성리학을 중시했지만, 양명학이나 불교에도 관용적인 태도를 보였다. 도요토미 히데요시와 도쿠가와 이에야스에게 주자학을 진강했으며, 이에야스로부터 관리가 될 것을 요청받았으나 거절하고 제자 하야시 라잔을 추천하였다.

하야시 라잔

선생은 덴쇼天正 11년(1583) 계미 8월 어느 날 교토 시조四條 신마치新町에서 태어났다. …(중략)… 드디어 송유宋儒의 책을 발견하고 6경 4서를 힘써 공부하였다. 이에 처음으로 주자장구집주朱子章句集註를 읽기 시작했다. 때는 18세였다(1600). …(중략)…

게이초 8년(1603) 선생은 강연을 열고 학생들을 모아 『논어집주』를 강론하였다. 집밖에 사람들로 가득 찼다. …(중략)… 9년(1604) 선생은 세이카惺窩가 유학 연구에 명성이 높다는 것을 듣고, 먼저 세이카의 문하생인 요시다 하루유키吉田玄之와 주자와 육상산陸象山의 차이 및 대학의 3강령에 대해 논한 후, 그를 통해 세이카에게 서신을 보내고자 하였다. 하루유키는 그것을 세이카에게 바쳤고, 세이카를 대신하여 답신을 지었다. 이 해 가을에 선생은 처음으로 세이카를 뵙고 도덕과 문장에 대해 평론하였다. 세이카는 이때 그를 처음 보았으나 이미 알고 있는 사람과 같았다. 이후 직접 만나 이야기를 나눴고, 편지도 자주 왕래하였다. …(중략)…

이 해(1605) 도쿠가와 이에야스[大神君]가 교토에 와서 니조성二條城에 있었다. 선생의 이름을 듣고 갑자기 불렀다. 선생은 즉시 가서 뵈었으며 며칠 후 다시 니조성으로 갔다. …(중략)… 11년(1606) 조선국사 승僧 유정송운惟政松雲이 와서 후시미성에서 대신군을 알현하였다. 그가 교토에 머무르는 사이에 선생은 그의 숙소에 가서 필담을 나눴다. 유정은 선생이 독서하는 눈이 있다고 칭하였다. …(중략)… 13년(1608) [도쿠가와 이에야스가 있는] 슨푸駿府로 가서 매일 옆에서 모시면서 『논어』와 『삼략』 등을 읽었다. 그리고 이에야스로부터 집터와 녹봉을 받았다. 또 서고의 열쇠를 관장하면서 관본官本을 보았다. …(중략)… 겐나元和 원년(1615) 선생은 슨푸로 가서 이에야스의 명령을 받들어 『군서치요群書治要』 등의 인쇄를 감독하고, 책에서 결실된 부분을 보충하였다. …(중략)… 간에이寬永 7년(1631) 겨울에 쇼군[兩大君]은 에도성 밖 우에노의 토지를 선생에게 하사했다. 선생의 별장으로 삼아 학교를 세우려고 하였다.65)

출전 『續續群書類從』 제3 史傳部.

내용 하야시 라잔은 일찍부터 성리학을 배워 후지와라 세이카의 문인이 되었다. 스승의 추천으로 도쿠가와 이에야스에게 등용된 이후 4대 쇼군까지 역대 쇼군의 시강으로서 사서와 경서를 강의했으며, 의식과 전례의 조사, 법 제정, 서적의 조사와 간행, 외교 문서의 기초 등에 종사하여 막번체제의 정비에 공헌하였다. 다른 종교나 학문에 관용적이었던 스승 후지와라 세이카와 달리 막번체제의 신분 질서를 정당화하려 한 그는 성리학의 입장을 명확히 하여 양명학과의 구별과 불교 배척에 힘을 쏟았다. 그의 가문은 대대로 외교 실무 등 막부의 교육 정책 전반에 관여하였다.

---

65) 여기에 세워진 私塾은 후에 유시마湯島로 옮겨졌고, 막부 직영의 학교가 되었다. 사숙 안에 성당聖堂(공자묘)이 있었는데, 유시마로 옮긴 후 유시마성당이라 불렸다.

난학蘭學

요즘 세간에 난학이 매우 유행하고 있는데, 뜻을 세운 사람은 독실하게 배우고 무식한 자들은 함부로 이를 과장한다. 난학의 시초를 돌이켜보면 과거에 노인 2, 3명이 뜻하지 않게 이것에 뜻을 가진 데서 시작되는데, 벌써 50년이 다 되어 간다. 이렇게까지 되리라고는 꿈에도 생각하지 않았는데 희한하게도 성행하게 되었다. 한학漢學은 견당사를 당에 보내거나 영특한 승려들을 건너가게 하여 그 나라 사람들로부터 배우게 하고, 돌아온 후에 상하 귀천을 가르치고 이끌도록 했으므로 한학이 점점 성행한 것은 당연한 일이다. 그러나 난학은 그렇지 않다. 그런데도 이렇게 된 이유는 무엇인가 생각하면, 그것은 의학의 경우 가르치는 방식이 모두 실질에 나아가는 것을 우선시하므로 이해하기 쉬운 것이 하나의 이유이다. 그리고 또 하나, 그것이 신기하여 이역의 기묘한 술법이 있는 것처럼 세상 사람들이 생각하고 있기 때문이다. 간교한 자들이 이를 명목으로 삼아 명성을 얻고 이익을 얻기 위해 유포하는 것이다. …(중략)…

이후 함께 고즈캇파라骨ヶ原 사형장에 설치된 인체 해부 장소로 갔다. …(중략)… 마에노 료타쿠前野良澤와 함께 네덜란드 서적(타펠 아나토미아, Taffel Anatomia)과 대조해 보았더니, 이 책 그림과 하나도 어긋남이 없었다. 예로부터 중국 의학서적에 설명된, 폐는 6엽 2귀, 간은 좌 3엽, 우 4엽이라고 볼 수 있는 구분도 없고, 장과 위의 위치와 형태도 옛 설명과 크게 달랐다. 관의官醫 오카다 요센岡田養仙, 후지모토 릿센藤本立泉은 지금까지 7, 8번이나 해부를 했지만, 모두 옛 설과 달라 매번 의혹이 생기고 의심이 풀리지 않았다. 그들이 그때마다 이상하다고 생각한 것을 그려두고, 또 곰곰이 생각해보니 어떤 책에서 '오랑캐[夷=서양인]와 중국인은 사람이 다른가?'라고 쓴 것을 본 적이 있는 것은 이 때문인 것 같다. 그날의 해부가 끝나고, 힘들게 왔으니 해골의 형상도 보자고 해서 형장에 방치된 뼈를 주워 모아 이리저리 관찰하였는데, 이 또한 옛 설과 달랐다. 반면 네덜란드 서적과 정확히 부합하여 모두 경탄할 뿐이었다.

돌아올 때는 료타쿠 및 나카가와 준안中川淳庵, 그리고 나 3명이 동행했다. 도중에 서로 하는 말이 "거참, 오늘의 실험 하나하나가 모두 놀랍습니다. 또 지금까지 신경 쓰지 않았던 것이 부끄럽습니다. 우리가 의사로서 각자 주군을 섬기는 몸이면서 의술의 기본이 되는 인간의 진짜 형태도 모르고, 지금껏 하루하루 의사 일을 해왔다니 면목이 없습니다. 부디 이 실험에 기반해서 대략이라도 신체의 구조 [眞理]를 알고 의술을 행하면 의사 일을 생업으로 삼아 살아가도 세상에 변명이 될 것입니다."라고 하면서 서로 탄식했다. 료타쿠도 실로 너무나 당연하다고 동의했다. 이때 나는 말했다. "이 타펠 아나토미아의 일부를 새로 번역하면, 신체 내외의 모습을 분명하게 인식하여 치료에 커다란 도움이 될 것입니다. 어떻게 해서라도 통역의 손을 빌리지 않고 나누어 읽고 싶어요."라고 하자, 료타쿠가 "나는 수년간 네덜란드 서적을 읽고자 하는 숙원이 있었지만, 그에 뜻을 같이하는 동지가 없어 늘 한탄만 하면서 날을 보냈습니다. 당신들이 원한다면, 나는 과거에 나가사키에 가서 네덜란드어도 조금 배웠어요. 그것을 기반으로 삼아 읽기 시작합시다."라고 말하는 것을 듣고 "기쁜 일입니다. 동지들이 힘을 합쳐 뜻을 세워 힘을 내어봅시다." 라고 대답했다. 료타쿠도 이를 듣고 기뻐하였다. "그렇다면 좋은 일은 서두르라는 말도 있으니, 내일 곧바로 우리 집에 모이면 어떻겠습니까? 어떻게든 궁리해 봐야 하겠지요."라고 굳게 약속하고 그날은 각자 숙소로 돌아갔다.

다음날 료타쿠의 집에 모여 전날 일을 이야기하고, 먼저 타펠 아나토미아와 마주했는데, 참으로 노와 키가 없는 배가 대양으로 나가는 것 같이 망망하여 기댈 곳도 없고 그저 기가 막혀 망연자실하고 있을 뿐이었다. 그러나 료타쿠는 일찍부터 이것에 포부를 가지고 나가사키까지 가서 네덜란드어와 문법 등을 조금 배웠고, 나이도 우리보다 10세 많은 연배이므로, 그를 좌장[盟主]으로 정하고 선생으로 받들게 되었다. 나는 아직 알파벳 25자조차 배우지 못한 채 갑자기 시작한 것이라서 차츰 문자를 외우고 말을 익혀나갔다.

출전 杉田玄白『蘭學事始』.

내용 1815년 83세의 스기타 겐파쿠(1733~1817)가 난학 창시를 둘러싼 추억과 난학 발달의 과정을 서술한 『蘭學事始』의 구절이다. 스기타는 한학의 발달과 난학의 발달을 비교하면서 난학이 발달한 이유에 대해, 명리를 추구하는 당시의 풍조뿐 아니라 난학이 실질을 숭상하기 때문이라고 하였다. 스기타를 비롯한 3명은 1773년 고즈캇파라 사형장에서 해부하는 것을 보고 서양의학서 타펠아나토미를 번역하여 『해체신서』를 간행하였다. 이를 계기로 난학이 본격적으로 발달하기 시작하였다.

지볼트와 일본·네덜란드의 문화 교류

1823년 데지마에 도착한 직후 앞서 종종 언급했던 네덜란드 상관장 브롬호프의 중개로 우리는 당시 나가사키에 체류하고 있던 우수한 의사들을 알게 되었다. 그들 중에는 에도 출신으로 신분이 높은 의사 미나토 조안漆長安, 아와阿波 출신의 젊은 미마 준조美馬順三, 미카와三河에서 온 히라이 가이조平井海藏, 오카 겐카이岡研介 등 여러 지역에서 온 많은 의사와 학자가 있었다. 그들은 네덜란드에서 새로 도착한 의사이자 자연과학자의 명성에 이끌려 나가사키로 온 것이다.

나가사키 봉행 다카하시 에치젠노카미高橋越前守의 특별한 비호를 받아 이들 지식욕에 불타는 사람들은 데지마로 들어와 수업을 받을 수 있는 허가를 받았다. 또 우리는 그들과 함께 나가사키에서 환자를 치료하고 교외에서 약초를 채집하는 것이 허용되었다. 이리하여 광범위하게 연구하고 일본인과 교섭할 길이 열렸다. 요시오 곤노스케吉雄權之助, 이나베 이치고로稻部市五郞, 이시바시 스케자에몬石橋助左衛門, 나라바야시 데쓰노스케楢林鐵之助, 모토키 지로茂土岐次郞, 나무라 산지로名村三次郞, 기타 2, 3명의 유능한 통역이 이 사람들에게 철저한 연구의 관건이 되는 네덜란드어를 가르쳤다. 츤베르크의 오랜 지인이자 존경할 어른 시게 덴노신茂傳之進, 이 도시의 필두 마치토시요리町年寄 스가와라 겐지로菅原研次郞 등은 유럽 과학의 보호자였다. 이들은 우리가 일본의 학자와 교제하는 것에 대해 호의를 가지고 허가해 주었다.

나는 두어 번의 운 좋은 치료와 수술로 말미암아 대가大家라는 명성을 확립하여 문인 수는 나날이 많아졌다. 이 사람들 중에는 먼 지방에서 온 재능 있는 청년도 꽤 있었다. 그들은 매우 가난하여 나가사키에서 생활할 수 없었다. 우리는 박물학을 비롯한 기타 연구를 위해 그들이 크게 기대할 만하다고 확신하여, 그들의 이름은 아직 말할 수 없지만 가장 유능한 몇 명을 몰래 선별하여 덴노신의 집 옆의 나루타키鳴滝 계곡에 있는 색다른 모습의 별장[66])에 그들을 거주하게 하였다. 얼마 후 나루타키는 유럽 학술을 애호하는 일본 친구들의 집합 장소가 되었고, 준조와 겐카이는 우리가 설립한 학교의 첫 교사가 되었다. 이 평범한 곳으로부터 과학적 교양의 새로운 광명이 퍼져나갔고, 그것와 함께 우리의 유대 관계도 일본 전국으로 퍼졌다. 이때부터 우리가 감히 우리 문인이라고 부르는 사람들은 이곳에 그들의 유럽적 교양을 위해 최초의 초석을 쌓고 우리의 연구에 다대한 공헌을 하였다.

출전 『江戸参府紀行』(『日本史史料』 近世).

내용 1823년 나가사키의 네덜란드 상관 소속 의사로 방일한 지볼트는 5년 간 일본에 체재하면서 일본과 네덜란드의 문화 교류에 커다란 역할을 하였다. 나가사키 봉행의 허락을 받아 나가사키에 유학 중이던 일본인 의사들에게 의학 교육을 했고, 데지마에서 나와 식물을 채집하고 환자를 진료했다. 또 나가사키 교외의 나루타키에 토지를 받아 전국에서 온 젊은 의사들에게 의학 교육을 실시하였다. 이후 이들은 일본 의학계를 대표하는 서양 의사로 활약하게 된다.

이국선 격퇴령無二念打拂令

이국선이 도래했을 때의 취급 방법에 대해서는 이전부터 수차례

---

66) 지볼트(1796~1866)가 나가사키 근교에 마련한 2층 목조 건물로 진료소를 겸하였다. 마당에는 지볼트가 채집한 약용식물이 재배되었다. 지볼트는 데지마에서 이곳으로 출근하면서 서양의 의학과 자연과학 등을 가르쳤다.

명령이 내려져 있다. 러시아 선박에 대해서는 분카文化 때(1806) 명령이 내려진 적이 있지만, 영국 선박은 수년 전(1808)에 나가사키에서 난동을 피웠고 최근에는 각지에 작은 선박으로 접근하여 땔감과 물, 식량을 요구하였다. 작년의 경우에는 불법적으로 상륙하여 해상운반선[廻船]의 미곡과 섬에 방목한 소를 탈취하는 등 난폭한 행동이 늘어났다. 더욱이 사교(크리스트교)로의 입신을 권유한다는 소문도 있어서 방치할 수 없게 되었다. 본래 영국뿐 아니라 남만·서양 각국은 일본에서 금하고 있는 사교 국가이다. 그러므로 앞으로 어떤 포구에서도 이국선이 오는 것을 발견했을 때는 그곳에 있는 사람들을 데리고 불문곡직하고 즉시 쫓아내고, 도망가면 추격하여 공격할 필요는 없고 그대로 두어도 좋다. 만약 억지로 상륙을 강행했을 경우에는 포박하거나 혹은 죽여도 무방하다. 선박이 접근했을 때는 부수거나 무엇을 하든 시의적절하게 대처해야 한다. 이런 취지를 해변 촌락의 일반 사람들에게까지 전달하고, 사후에 그 사실을 신고하도록 하라는 명령이 다시 내려졌다. 그 뜻을 잘 이해하여 각 포구의 대비는 지역의 사정에 맞추어 효용을 제일로 여기고 과도하게 하지 않도록 하라. 그리고 태만하지 말고 적절하게 대처하도록 하라. 중국·조선·류큐 등은 선박의 형태와 인물을 분별할 수 있지만, 네덜란드 선박은 분별하기 어려울 것이므로, 만약 이들 선박을 오인하거나 잘못 공격하더라도 결코 조사나 처벌은 없을 것이다. 그러므로 망설일 필요 없이 쫓아버리도록 명심하고, 시기를 놓치지 않고 조치하는 것이 중요하다. 방심하지 않도록 분부하는 바이다.

[분세이文政 8년(1825)] 2월

출전 『御触書天保集成』「異國船幷漂着船等之部」.

내용 유럽에서 나폴레옹 전쟁의 영향으로 영국 군함 페이튼호가 나가사키에 침입하고, 이후에도 수차례 우라가에 선박을 보내는 등 영국은 다각적으로 일본의 개국을 시도하였다. 이에 일본은 1825년 일본 연해에 접근한 외국 선박은 발견 즉시 망설일 필요 없이 무조건 포격을 가하여 쫓아버리라는 이국선 격퇴령을 내렸다. 그러나 1837년 일본 표류민을 송환하러 온 미국 상선 모리슨호를 영국 상선으로 오인하여 포격한 모리슨호 사건 등으로 이국선 격퇴령에 대한 비판이 강해졌다.

신수급여령薪水給與令

이국선이 도래했을 때 망설이지 않고 쫓아버리라고 분세이文政 8년(1825)에 명하셨다. 그러나 현재는 만사를 개혁하여 교호享保(1716~1736)·간세이寬政(1789~1801) 때의 정치로 돌아가 무슨 일이든 인정仁政을 펼치고자 하는 생각을 갖고 있으시다. 이에 이국선이라도 폭풍우를 만나 표류하다가 식량과 땔감, 물을 구하기 위해 도래했을 때, 그런 사정도 모른 채 그저 쫓아버리기만 한다면 다른 여러 나라에 대한 적절한 조치라고 할 수 없다고 생각하셨다. 따라서 분카文化 3년(1806) 이국선이 도래했을 때의 조치 방법으로 되돌아가라고 명령하셨다.

그러므로 이국선을 발견하면 사정을 잘 조사하여, 식량이나 땔감, 물 등이 부족하여 귀국할 수 없는 사정이라면, 원하는 물품을 적당히 주어 귀국하라고 잘 타이르라. 물론 상륙시켜서는 안 된다. 그리고 이런 명령이 내려졌다고 해서 해안 방어 준비를 소홀히 하는 것은 잘못된 생각이다. 또 함부로 이국인과 친해지려 해서도 안 된다.

경비는 더욱 엄중히 하고 인원과 무기 등의 준비는 지금까지보다 더욱 두텁게 하여, 조그만 걱정도 없게 하도록 명심하라.

어쩌면 이국선이 해안의 상황을 엿보거나 그곳 인심의 동정을 시험하기 위해 철포를 쏘는 등의 일이 있을지 모른다. 그런 일에 동요하지 말고 도래한 사실을 잘 파악하여, 구휼하려는 취지를 관철하도록 하라. 그러나 저들이 난폭한 짓을 하거나, 바라는 물품을 주었음에도 돌아가지 않고 이의를 제기할 때는 신속하게 격퇴하고 임기응변의 조치를 취하도록 하라. 그에 대한 조치는 추후에 전달할 것이다. 분카文化 3년(1806)에 명령한 문서가 있지만, 주의를 위해 별지의 사본을 전달한다.

[덴포天保 13년(1842)] 7월

출전 『德川禁令考』「夷艦掃攘諸藩統令」.

내용 19세기 초 외국 선박이 일본에 통상을 요구해 오자, 에도 막부는 1806년 신수급여령을 내려 그들이 원만하게 물러나도록 하였다. 그러나 통상 요구를 거절당한 러시아가 사할린 등을 습격하자, 막부는 이듬해 신수급여령을 철회하고 1825년에는 이국선 격퇴령을 내렸다. 이후 모리슨호 사건 등으로 이국선 격퇴령에 대한 비판이 강해지고 아편전쟁에서 청의 열세가 전해지자, 1842년 막부는 이국선에 식량과 땔감, 물 등을 주어 신속하게 물러나게 하는 신수급여령을 내리고 대외정책을 전환하였다.

네덜란드 국왕의 개국 권고

신의 덕에 의지하는 네덜란드 국왕 빌헬름 2세가 삼가 에도의 정청에 계신 덕이 높고 위엄이 융성한 대일본국군전하大日本國君殿下께 글월을 올려 충심을 표합니다. 바라건대 전하께서 이 글월을 보시고 안정安靜하고 무위無爲한 복을 누리실 것을 기원합니다.

지금으로부터 2백여 년 전 영예로우신 열조烈祖 곤겐權現 이에야스家康로부터 신패(주인장)를 받아, 우리 나라 사람들이 귀국으로 건너가 교역하는 것을 허락받은 이래 대우가 후하였습니다. 상관장이 정해진 해에 전하를 알현하는 것67)이 허용되는 후한 성은은 실로 감격스럽기 그지 없습니다. 나도 역시 신의를 가지고 이 변함없는 은덕에 답하여 귀국의 국내가 평안하고 서민이 안전하기를 바랍니다. 그러나 지금까지 서신을 보내야 할 긴급한 일이 없었고, 또 교역 업무와 일반적인 풍설은 바타비아 및 네덜란드령 동인도의 총독이 보고하였습니다. 그리하여 양국은 국서를 주고받는 일이 없었는데 지금 관망하기 어려운 큰일이 일어났습니다. 물론 양국의 교역에 관련된 일은 아니지만 귀국의 정치에 관련된 일이므로, 미리 우환을 우려하여 처음으로 전하께 서신을 바칩니다. 엎드려 바라건대 이 충고로 미연에 우환을 모면하시기를 바랍니다.

최근에 영국 국왕이 지나국 황제에게 군대를 보내 격렬하게 전쟁을 한 본말은 우리 나라의 배가 매년 나가사키에 이르러 바치는 풍설서를 통해 이미 알고 계실 것입니다. 위무威武가 왕성한 지나국 황제도 오랫동안 싸웠지만 승리하지 못하고, 유럽이 병학兵學에 뛰어난 것이 무서워서 물러나 마침내 영국과 화친을 맺었습니다. 이로써

---

67) 네덜란드 상관장의 에도 참부江戶參府는 1609년부터 시작되었는데, 1633년부터는 매년, 1790년부터는 5년에 1번 이루어졌다.

지나국 고래의 정법政法은 극히 혼란해지고, 5개 항구를 열어 유럽인의 교역지로 삼았습니다.

그 화란의 근원을 찾아보면 지금부터 30년 전 유럽의 대란이 평정되었을 때, 사람들은 모두 영원한 평화를 바랐습니다. 그때 옛 현인의 가르침을 받드는 제왕은 백성을 위해 상업의 길을 열고 백성들을 번식蕃殖하였습니다. 그로부터 기계를 만드는 기술과 화학을 통해 각종 기묘한 것을 발명하여 사람의 힘을 쓰지 않고 화물을 제어할 수 있게 되었으므로, 각국에 상업이 만연하여 국가의 비용國用이 도리어 부족하게 되었습니다. 그중에서 무위武威가 세상에 빛나는 영국은 본래 국력이 풍요롭고 백성이 재주가 있지만, 국용의 부족은 특히 심했습니다. 그리하여 상업의 정도에 따르지 않고 신속하게 이윤을 얻으려 하였습니다. 외국과 분쟁을 일으켜 사태가 부득이하게 되면 본국에서 힘을 다해 그 분쟁을 돕습니다. 이런 것들로 인해 영국의 상인이 지나국 관리와 광둥廣東에서 분쟁을 시작하여 마침내 병란을 일으킨 것입니다. 지나국은 전쟁이 매우 불리하여 수천 명의 사람이 전사하고, 또 몇 개의 지방 정청이 침략을 받아 파괴되었을 뿐 아니라 수백만 금金을 내어 배상금을 지불하게 되었습니다.

귀국도 지금 또 이런 재해를 당하려 하고 있습니다. 대저 재해는 급작스럽게 일어나는 법입니다. 향후 일본 근해에 이국선이 다니는 일이 과거보다 많아져서, 그로 인해 그 선박의 병사와 귀국 백성이 분쟁을 일으켜 마침내 병란으로 발전하게 될 것입니다. 이를 생각하면 매우 마음이 아픕니다. 고명한 식견을 가지신 전하는 반드시 그 재해를 피할 방법을 알고 계실 것입니다. 나도 안녕을 유지할 방책이 있기를 바랍니다.

전하의 총명하심은 1842년 8월 13일, 나가사키 봉행이 상관장에게 전달한 명령서[68]를 통해 분명히 알 수 있습니다. 그 명령서에 이 국선을 후대하라고 자세하게 적혀 있지만 여전히 미진한 부분이 있는 것 같습니다. 그것의 주된 취지는 폭풍을 만나거나 식량이나 땔감, 물이 부족하여 귀국의 해안에 표착하는 선박에 대한 조치입니다. 신의를 표하거나 혹은 다른 이유가 있어서 귀국의 해안을 방문하는 선박이 있을 때의 조치는 보이지 않습니다. 이들 배를 무턱대고 배척하면 필시 분쟁이 일어날 것입니다. 대저 분쟁은 병란을 일으키고 병란은 국가의 황폐를 불러옵니다. 200여 년 간 우리나라 사람이 귀국에 거류하는 은혜에 감사하기 위해 귀국이 이 재해를 모면하기 바랍니다. 옛 현자가 말하기를, 재해가 없기를 바란다면 위험에 임하지 말고 안정을 바란다면 분쟁을 하지 말라고 하였습니다.

　삼가 고금의 시세를 살펴보건대 천하의 인민은 서로 빨리 친해야 하며 그 기세는 사람의 힘으로 막을 수 없습니다. 증기선을 창제한 이후 멀리 떨어진 나라라도 가까운 나라와 다름이 없습니다. 이와 같이 서로 우의를 통하는 때에 홀로 나라의 문을 잠그고 만국과 친하려 하지 않는 것은 사람들이 좋아하는 바가 아닙니다. 귀국 역대의 법이 이국인과의 교류를 엄하게 금지하고 있는 것은 유럽에 널리 알려진 바입니다. 노자가 말하기를 현자가 재위하면 특히 치평을 잘 유지한다고 하였습니다. 그러므로 옛 법을 굳게 준수함으로써 도리어 난을 조성하게 된다면, 그 금령을 완화하는 것이 현자의 올바른 도리입니다. 이를 전하께 정중하게 충고하는 바입니다. 지금 귀국의

---

68) 본서 621-622쪽의 신수급여령을 가리킨다.

행복한 토지가 병란으로 황폐해지지 않기를 바란다면 이국인을 엄금하는 법을 완화해야 할 것입니다. 이는 본래 성의에서 나온 것이지 우리 나라의 이익을 도모하기 위해서가 아닙니다. 대저 평화는 친밀하게 우의를 통하는 데 있고, 친밀하게 우의를 통하는 것은 교역에 있습니다. 바라건대 예지를 가지고 숙고해 주시기를 바랍니다.

이 충고를 받아들이려 하신다면 전하의 친필 서한을 보내주십시오. 그러면 다시 측근 신하를 보내겠습니다. 이 서신에는 개략만 설명했을 뿐이므로 자세한 것은 그 사신에게 물어보십시오.

나는 멀리 떨어져 있는 귀국의 행복과 치안이 걱정되어 매우 마음이 아픕니다. 더욱이 재위 28년 만에 4년 전 양위한 나의 부친 빌헬름 1세도 죽어 비탄에 빠져 있습니다. 전하도 이런 일들을 들으시면 나와 슬픔을 같이 하실 것이 분명합니다.

이 국서를 바치는 데 군함을 보내는 것은 다만 전하의 답신을 잘 지켜서 돌아오기 위해서입니다. 또 나의 초상을 바치는 것은 그저 지극한 신의를 보이기 위해서입니다. 나머지 별폭에 기록한 물품은 우리 영내에 성행하는 학술에 의해 제조된 것들입니다. 변변찮은 것이지만 우리 나라 사람들이 오랫동안 후대를 받은 것에 대해 조금이나마 감사하기 위해 바칩니다. 앞으로도 변함없는 은혜를 바랄 뿐입니다.

명예로웠던 부군의 치세 오랫동안 다복을 누리도록 은혜를 베푸신 신의 덕에 의해 전하 또한 다복을 누리고 대일본국이 영원히 천행天幸을 받아 태평하고 화목하기를 기원합니다.

즉위 4년, 1844년 2월 15일 수도의 궁중에서 씁니다.

빌헬름

식민대신 바우드

출전 東京大学史料編纂所 소장「丁未雜記」19(『開國』).

내용 아편전쟁의 소식을 접한 막부는 1842년 신수급여령을 내려 내항한 선박에 대해 무역은 허용하지 않고 땔감과 물, 식량을 보급하기로 했다. 그러나 네덜란드는 이러한 일본의 정책이 대일 사절단의 파견을 촉진하여, 도리어 일본과의 마찰을 일으킬 가능성이 있다고 우려했다. 이에 일본에 온건한 개국을 권고하기 위해 1844년 사절단이 나가사키에 왔다. 그들은 네덜란드 국왕이 쇼군(도쿠가와 이에요시德川家慶)에게 보내는 친서를 막부에 제출하였다. 네덜란드가 이러한 권고를 한 배경에는 대일 외교의 주도권을 잡으려는 목적도 있었다. 그러나 막부는 다음 해 네덜란드 국왕의 권고를 거부하는 답서를 보냈다.

- 『再訂版詳説日本史史料集』, 山川出版社, 東京, 2016.
- 『新日本史史料集』, 桐原書店, 東京, 1999.
- 歷史学研究会 編, 『日本史史料』 1 古代, 東京, 岩波書店, 2005.
- 歷史学研究会 編, 『日本史史料』 2 中世, 東京, 岩波書店, 1998.
- 歷史学研究会 編, 『日本史史料』 3 近世, 도쿄, 岩波書店, 2006.
- 歷史学研究会 編, 『世界史史料』 12, 東京, 岩波書店, 2013.
- 橋本義彦 編, 『古文書の語る日本史』 2 平安, 東京, 筑摩書房, 1991.
- 安田元久 編, 『古文書の語る日本史』 3 鎌倉, 東京, 筑摩書房, 1990.
- 永原慶二 編, 『古文書の語る日本史』 4 南北朝・室町, 東京, 筑摩書房, 1990.
- 井上光貞 外 編, 『史料により日本の歩み』 古代編, 東京, 吉川弘文館, 1958.
- 安田元久 外 編, 『史料により日本の歩み』 中世編, 東京, 吉川弘文館, 1958.
- 大久保利謙 外 編, 『史料により日本の歩み』 近世編, 東京, 吉川弘文館, 1955.
- 河上麻由子, 『古代日中関係史』, 東京, 中公新書, 2019.
- 『日本書紀』 上・下, 東京, 岩波書店, 1967.
- 『續日本記』, 大阪, 大八洲出版, 1944.
- 淡海三船, 『唐大和尚東征傳』, 国書データベース.
- 鈴木靖民 編, 『訳註日本古代の交文書』, 東京, 八木書店, 2014.
- 『日本三代實錄』, 東京, 吉川弘文館, 2007.
- 『類聚三代格』, 東京, 吉川弘文館, 1987.

- 菅原道真, 『菅家文草 菅家後集』, 東京, 岩波書店, 1966.
- 『朝野群載』, 東京, 吉川弘文館, 1964.
- 藤原兼実, 『玉葉』, 東京, 国書刊行会, 1969.
- 申叔舟, 『海東諸國記』, 도쿄, 岩波書店, 1991.
- 『百錬抄』, 東京, 吉川弘文館, 1965.
- 『寺社縁起』, 東京, 岩波書店, 1975.
- 『太平記』 1-3, 東京, 岩波書店, 1960.
- 田中健夫 編, 『訳注日本史料 善隣国宝記 新訂続善隣国宝記』, 도쿄, 集英社, 1995.
- 『國史資料集』 第二卷 上·下, 도쿄, 龍吟社, 1943.
- 『日本教科書体系往来編』 제8권, 東京, 講談社, 1978.
- 『史料で読む長崎県の歴史』, 大阪, 清文堂, 1993.
- 『異国叢書』, 東京, 雄松堂書店, 1966.
- 『通航一覽』, 東京, 国書刊行会, 1913.
- 『德川禁令考 前集 第六』, 東京, 創文社, 1959.
- 『長崎県史』 對外交涉編·通史編·史料編, 東京, 吉川弘文館, 1986.
- 林春勝·林信篤, 『華夷變態』, 東京, 東洋文庫, 1958.
- 松方冬子, 『オランダ風説書と近世日本』, 東京, 東京大学出版会, 2007.
- 『和蘭風說書集成』 上·下, 東京, 吉川弘文館, 1979.
- 『続々群書類従』, 東京, 八木書店, 1978.
- 杉田玄白, 『蘭學事始』, ウィキソース.
- 『御触書天保集成』, 東京, 岩波書店, 1977.
- 『開国』, 東京, 岩波書店, 1991.

- 유인선 외 지음, 『사료로 보는 아시아사』, 위더스북, 2016.
- 동북아역사재단 편, 『三國志·晉書 外國傳 譯註』, 동북아역사재단, 2009.
- 동북아역사재단 편, 『宋書 外國傳 譯註』, 동북아역사재단, 2010.
- 동북아역사재단 편, 『周書·隋書 外國傳 譯註』, 동북아역사재단, 2010.
- 『역주 일본서기』 1-3, 동북아역사재단, 2013.
- 연민수 역주, 『譯註續日本記』 상·중·하, 혜안, 2022.

- 남기학, 「고려와 일본의 상호인식」, 『日本歷史硏究』 11, 2000.
- 『高麗史』, 국사편찬위원회 한국사 데이터베이스.
- 『朝鮮王朝實錄』, 국사편찬위원회 한국사 데이터베이스.
- 『分類紀事大綱』V -對馬島宗家文書資料集 6-, 국사편찬위원회, 2020.
- 『春官志』, 법제처, 1976.

/ 편역자 소개 /

이근명
한국외국어대학교 사학과 교수. 서울대학교 동양사학과를 졸업하고 같은 대학에서 박사 학위를 취득하였다. 역사학회 회장, 송원사학회 회장 등을 역임하였다. 주된 저작으로 『남송시대 복건 사회의 변화와 식량 수급』, 『왕안석 자료 역주』, 『왕안석 평전』, 『송명신언행록』, 『아틀라스 중국사』(공저) 등이 있다.

조복현
경희대학교 후마니타스 칼리지 교수. 중국 허베이대학 역사연구소에서 박사 학위를 취득하였다. 현재 송원사학회 회장을 지내고 있으며, 주요 저작으로 『송대 관원의 봉록제도』, 『중국 송대 가계 수입과 생활비』(상 하) 등이 있다. 송대 경제사 및 북방민족사의 연구에 주된 관심을 지니고 있다.

서각수
한국외국어대학교 역사문화연구소 초빙연구원. 서울대학교 역사교육과 를 졸업하고, 일본 교토대학 일본사학과에서 박사과정을 수료한 후 교직 에 종사하였다. 주요 역서로 『새로 쓴 일본사』, 『관동대지진 조선인 학 살 관련 번역 자료집 1』, 『고대 중일관계사』 등이 있다.

접경인문학 자료총서 008

사료로 읽는 동아시아의 접경
– 전근대편 –

초판 인쇄 2024년 6월 20일
초판 발행 2024년 6월 29일

편 역 자 | 이근명 · 조복현 · 서각수
펴 낸 이 | 하운근
펴 낸 곳 | 學古房

주   소 | 경기도 고양시 덕양구 통일로 140 삼송테크노밸리 A동 B224
전   화 | (02)353-9908 편집부(02)356-9903
팩   스 | (02)6959-8234
홈페이지 | http://hakgobang.co.kr/
전자우편 | hakgobang@naver.com, hakgobang@chol.com
등록번호 | 제311-1994-000001호

ISBN 979-11-6995-507-2 94910
     979-11-6995-489-1 (세트)

값 : 48,000원

■ 파본은 교환해 드립니다.